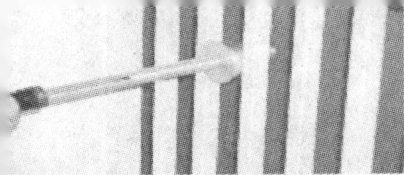

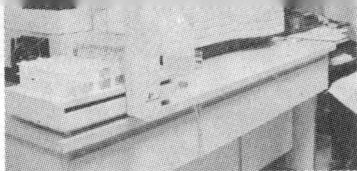

主 编／王 新
副 主 编／黎庆翔 刘世远 宋秀顺
执行主编／张志辉 郭仁宏 杨万山

国内外木制品
家具技术法规与标准

经济管理出版社
ECONOMY & MANAGEMENT PUBLISHING HOUSE

图书在版编目（CIP）数据

国内外木制品　家具技术法规与标准/王新主编. —北京：经济管理出版社，2009.3

ISBN 978-7-5096-0512-7

Ⅰ. 国… Ⅱ. 王… Ⅲ. ①木制品—生产工艺—法规—汇编—世界 ②木制品—生产工艺—标准—汇编—世界 ③家具—生产工艺—法规—汇编—世界 ④家具—生产工艺—标准—汇编—世界 Ⅳ. D912.290.9 TS664.07

中国版本图书馆 CIP 数据核字（2009）第 026006 号

出版发行：**经济管理出版社**

北京市海淀区北蜂窝 8 号中雅大厦 11 层

电话：(010)51915602　　　　邮编：100038

印刷：北京晨旭印刷厂　　　　　　　　经销：新华书店

选题策划：房宪鹏　何颂锋　　　　责任编辑：刘　宏

技术编辑：杨国强　　　　　　　　责任校对：郭　佳

787mm×1092mm/16　　　　　　27.75 印张　　641 千字

2009 年 3 月第 1 版　　　　　　2009 年 3 月第 1 次印刷

定价：60.00 元

书号：ISBN 978-7-5096-0512-7

编委名单

主　　编：王　新

副 主 编：黎庆翔　刘世远　宋秀顺

执行主编：张志辉　郭仁宏　杨万山

主　　审：刘中勇　张晓略　郑建国　韦　锋　矫丽珍
　　　　　曹林青　王建伟　张　涛　戴建平　万　华

主要编写人员：
　　　　　张志辉　郭仁宏　廖建华　朱昌清　罗楚成　费　跃　肖海洋
　　　　　梁　莹　梁金玲　曾嘉欣　叶天安　刘　飞　许　珈　刘卓钦
　　　　　曾　华　王少彬　杨　晔　陈卓雯　黄　箭　殷　丽

序

　　近年来，家具业已成为中国最有活力和竞争力的产业之一，初步建立起了门类齐全、与国际接轨的完整的工业体系，建立了从原材料到成品的设计研发、生产、供应、物流、贸易等一系列成熟的完整产业链，逐渐形成了包括民用家具、办公家具、厨房家具和公共家具等比较完整的门类体系和系列品种。2007年，中国家具总产值已达到5400亿元，同比增长23.85%，已占世界家具总产值的20%。

　　随着时代的发展和科技的进步，人们对产品的安全、环保、卫生、健康、生态等指标日益关注，世界上一些主要发达国家不断地发布并实施了一系列涉及木制品和家具产品的技术法规和标准，对木制品和家具产品的有毒有害物质限量、机械安全、阻燃性能、标识标签和包装等方面提出要求，使我国木制品和家具国际贸易的发展面临严峻的挑战。

　　目前，我国进出口木制品、家具企业有1万余家。及时了解、研究分析发达国家在国际贸易中所实施的技术性贸易措施状况和市场准入规则，无论是对我国的国家经济安全，还是对我国的国际贸易发展、企业和产业的发展都具有十分重要的意义。国家质量监督检验检疫总局检验监管司组织系统内的专家编写了《国内外木制品 家具技术法规与标准》一书，全面系统地介绍了我国木制品、家具出口的主要贸易对象，如美国、欧盟、日本等国家或地区的技术法规和标准。此书一方面可为广大出口生产企业提供技术资料信息，及时帮助出口企业了解和掌握国外的技术法规标准，确保产品质量安全符合输入国或地区的要求，维护企业的合法权益和健康发展；另一方面也可为出入境检验检疫部门提供技术支持和参考依据，协助检验检疫部门做好把关与服务工作。

　　通过加强对国内外技术法规、标准的收集、分析和研究，不仅可以落实出入境检验检疫部门服务企业、服务外贸的目标，积极发挥检验检疫部门的信息、技术、专业优势，积极为出口生产企业提供信息、技术服务，还可及时跟踪和把握我国主要贸易对象的技术法规、标准的发展动向和相关产业的发展动态，分析其对我国产品出口的影响，通过消化吸收并提出有效应对措施，不断提高我国出口木制品、家具产品的国际竞争力，促进相关产业的健康有序发展，服务外贸经济。

国家质量监督检验检疫总局副局长

魏传忠

前　言

随着我国对外贸易的快速增长，木制品、家具行业得到长足发展，近年来我国已逐步成为木制品家具的生产、消费和进出口大国。我国良好的投资环境和产业配套水平，出口国家和地区的多元化，出口产品的多样化是我国家具出口高速发展的有利契机。据2007年海关统计的情况，我国全年木材及木制品进出口总值达187.88亿美元，其中出口达102.00亿美元；全年家具总产值达5400亿元，同比增长23.85%，占世界家具总产值的20%，仅次于美国；全年我国家具进出口总额达243.39亿美元，同比增长35.07%，其中出口达226.17亿美元，是世界最大的家具出口国。2006年我国家具出口额达到174.65亿美元，占世界贸易量的20%左右。木制品家具业已成为在我国外贸出口中占据重要地位的产业之一。

同时，国际贸易在世界贸易组织框架下，传统关税措施正逐渐削弱，以技术法规、标准、合格评定程序为主要表现形式的技术性贸易措施的影响日益明显。近几年来的统计调查显示，"不断提高技术标准"是国外实施家具技术性贸易措施的主要方式。

目前，国外技术性贸易措施在家具贸易方面主要是提高家具产品技术标准，提高家具产品有毒有害物质限量的要求，提高产品防火安全阻燃方面的要求，提高产品对消费者安全性保护方面的要求，加强对产品认证的要求，加强对使用原材料环保、生态方面的认证，提高产品标识、标签和包装要求。

家具是人们工作和生活中不可或缺的重要用品，同时也是室内空气污染的主要来源。家具产品大部分以胶合板、纤维板、木屑板、刨花板、纺织品、皮革、油漆涂料、胶粘剂等制成。家具中的污染物主要源自于其制作过程中使用的化学产品及粉尘，如油漆涂料、胶粘剂、防腐剂、染料等，由于这些产品可能含有甲醛、乙醚、苯、五氯苯酚、重金属、放射性元素等有毒有害物质，极易对环境及人体健康构成危害，引发诸如气管炎、皮炎等疾病，长期置身其中可能影响生育甚至致癌。因此，家具的安全、环保问题一直备受世界各国的关注，相关的法律法规和技术标准纷繁复杂，时有更新。为此，国家质检总局检验监管司组织有关专家对国内外木制品、家具的技术法规进行了收集、翻译、整理和研究，并编写了此书。

本书共分七章，首先介绍了家具的相关概念及分类，接着对国际家具行业和我国家具行业的现状进行了概述，然后对国内外木制品、家具技术法规涉及的质量安全内容要求进行了介绍，对我国出口木制品、家具主要目标市场如美国、欧盟、日本等国家和地区的技术法规标准进行了翔实的分析解读。您若想对家具行业的技术法规要求有系统的了解或想投资家具行业进行国际贸易，本书将是家具企业特别是进出口企业不可或缺的重要工具。

　　鉴于国内外技术法规、标准是不断更新、修正和发展的，同时也由于编者水平有限，本书可能还存在某些不足或错误，恳请读者在使用中多提宝贵意见，以便在以后的修订中不断完善。

　　本书在编写过程中，得到了国家质量监督检验检疫总局以及广东、浙江、江苏、山东、深圳、辽宁等出入境检验检疫局领导和专家的大力支持，在此一并致谢！

编　著

2008 年 12 月 18 日

目　录

第一章　技术法规、标准和合格评定程序简述 ·················· 1

一、技术性贸易措施 ······································· 1

二、当前技术性贸易措施的影响 ····························· 5

三、研究、分析技术性贸易措施的意义 ······················ 6

第二章　我国木制品、家具产业概况 ························· 7

一、木制品、家具产业概况 ································· 7

二、木材、木制品海关统计口泾（2008 年）················· 23

三、家具海关统计口泾（2008 年）······················· 32

第三章　木制品、家具质量安全内容概况 ··················· 35

一、有毒有害物质限量 ···································· 35

二、家具安全要求 ······································· 40

三、防火阻燃安全要求 ···································· 41

四、有关木制品、家具的国际公约及其议定书 ··············· 42

第四章　欧盟及其成员国对木制品家具的技术性贸易措施 ······· 45

一、欧盟技术法规体系简要 ································ 45

二、与木制品及家具有关的欧盟技术法规 ··················· 50

三、欧盟新方法指令及建筑产品指令 89/106/EEC ··········· 76

四、木材防腐剂五氯苯酚的限制指令 ···················· 129

五、木材防腐剂杂酚油限制指令 ························· 133

六、木材防腐剂砷限制指令 ····························· 136

七、挥发性有机物限制指令 1999/13/EC（摘要）··········· 138

八、欧盟 REARC 法规对木制品家具的影响 ··············· 139

九、欧盟生态家具要求 ·································· 141

十、森林产品 FSC 认证 ································· 144

十一、欧盟实施木材进口许可制度（2173/2005/EG 号条例）·· 147

十二、欧盟家具工业现状及主要标准目录 ················· 150

十三、欧洲部分家具标准简介 ··························· 160

十四、欧洲对产品的包装要求：94/62/EC《包装和包装废物指令》 …………… 169

十五、英国家具防火安全条例 ……………………………………………… 178

第五章　美国对木制品、家具的技术性贸易措施 ……………………… 181

一、美国技术性贸易措施概况 ……………………………………………… 181

二、美国环保署 EPA 公布的相关木制品家具技术法规 ……………………… 186

三、美国消费品安全法 ……………………………………………………… 198

四、美国消费品安全修正法案 ……………………………………………… 271

五、美国对消费品（包括家具）中铅限量的法令要求 ……………………… 323

六、美国对木制品家具中的甲醛限量要求 ………………………………… 330

七、美国对儿童家具的安全标准规范 ……………………………………… 368

八、美国对软体家具的防火安全阻燃要求 ………………………………… 371

九、美国家具标准概况及主要标准目录 …………………………………… 373

十、美国雷斯法案修正案 …………………………………………………… 378

十一、美国部分家具标准介绍 ……………………………………………… 382

十二、美国进口木材木制品的检疫要求 …………………………………… 388

十三、美国对包装的要求 …………………………………………………… 392

第六章　日本对木制品、家具的技术性贸易措施 ……………………… 393

一、日本的技术法规、标准 ………………………………………………… 393

二、日本的合格评定 ………………………………………………………… 394

三、日本对木制品、家具的技术法规标准的概述 ………………………… 394

四、与木制品、家具有关的日本农林标准 JAS、日本工业标准 JIS ……… 404

五、木制品技术法规 ………………………………………………………… 406

六、家具技术要求 …………………………………………………………… 412

七、日本木制品、家具主要标准目录 ……………………………………… 415

八、日本部分家具标准介绍 ………………………………………………… 416

第七章　中国有关木制品、家具的技术法规与标准 …………………… 421

一、进出口木制品、家具检验监管依据 …………………………………… 422

二、我国有关木制品、家具的主要强制性标准 …………………………… 424

参考文献 ………………………………………………………………… 433

第一章 技术法规、标准和合格评定程序简述

随着时代的发展和科技的进步，人类的安全环保意识逐步增强，世界政治经济格局不断发生分化重组，使得整个国际贸易呈现出贸易自由化趋势的同时，国际贸易中的保护措施也发生了较大的变化。从过去传统的关税壁垒发展到今天多种多样的非关税壁垒，如外汇管制、进口配额制度、许可制度、反倾销、反补贴、装运前检验、社会责任壁垒、技术性贸易措施、绿色生态壁垒等，这些都表现出人们对安全、健康、环保意识的空前加强，人们越来越关心产品质量、安全对人类身体健康的影响、对生态环境的影响，以致在国际贸易中以健康、安全、卫生、生态为主要内容的新贸易技术壁垒日益增多。

特别是近几年来，越来越多的国家趋向于采用隐蔽性较强、透明度较低、不易监督和预测的保护措施——技术性贸易措施，给他国尤其是发展中国家的对外贸易造成很大的障碍，同时也成为阻挡外国产品进入本国市场，保护本国的产业和就业的屏障，是当今国际贸易中最隐蔽、最难对付的一种贸易壁垒。就目前国际贸易中技术壁垒的具体情况来看，主要是发达国家或地区如欧、美、日等凭借其自身的技术、经济优势，制定了苛刻的技术标准、技术法规、技术认证制度和市场监管制度等，对发展中国家的出口贸易产生了巨大的限制作用。

技术性贸易措施是指成员政府以维护国家安全、保障人类健康、保护生态环境、防止欺诈行为及保证产品质量等为目的所采取的技术性措施。它是通过颁布法律、条例、规定，建立技术标准、认证制度、卫生检验检疫制度等方式而制定的关于商品的技术、卫生检疫、商品包装和标签等要求；它是提高生产效率、保证产品质量和推进国际贸易的不可缺少的手段和依据。

世界贸易组织《技术性贸易壁垒协议》（简称《TBT协议》）要求各成员在制定技术性贸易措施时，首先要基于五大合理目标：①维护国家安全；②保护人类健康与安全；③保护动植物生命健康；④保护环境；⑤防止欺诈。

一、技术性贸易措施

从《TBT协议》所管辖的技术性贸易措施和主要贸易国家技术性贸易措施体系来看，

任何技术性贸易措施体系都可包括三个基本要素，即技术法规、技术标准与合格评定程序。

根据《TBT 协议》的定义，**技术法规（Technical Regulations）** 规定强制执行的产品特性或其相关工艺和生产方法，包括适用的管理规定在内的文件。该文件还可包括或专门关于适用于产品、工艺或生产方法的专门术语、符号、包装、标志或标签要求（《TBT 协议》附录 1）。技术法规的壁垒作用是强制性的。技术法规是一类强制执行的文件，必须是规定了产品特性或是产品生产的技术上的一些规定。但是，它不是一个行政文件，它的法律效力是由文件本身的性质所决定。"技术法规"这个词在 WTO 的定义中，不是个法律的概念，它是指某类强制性的涉及技术要求的文件，它的法律效力由文件本身的效力来决定。依据 WTO 的概念，"技术法规"的表现形式是多种多样的。这类文件既可以包括法律，也可以包括法规、部门规章、强制性标准等。

标准（Standard） 经公认机构批准的、规定非强制执行的、供通用或重复使用的产品或相关工艺和生产方法的规则、指南或特性的文件。该文件还可包括或专门关于适用于产品、工艺或生产方法的专门术语、符号、包装、标志或标签要求（《TBT 协议》附录 1）。标准的壁垒作用是非强制性的。标准也是一类文件，也是规定了产品特性和生产方法，但是它是自愿的，而且制定这类文件的机构就是被认可机构，它能够反复使用。

技术法规和标准的区别在于强制性和自愿性，两者具有不同的法律效力。这种区分的主要目的在于进一步减轻技术法规对国际贸易的阻碍，相比标准而言，技术法规的强制性法律约束力更有可能给国际贸易带来极大的阻碍。

在《TBT 协议》中，对于标准的制订、采用和实施，要求应由成员方保证其中央政府标准化机构接受并遵守关于标准的制订、采用和实施的良好行为规范、标准的制订、通过和执行的原则也必须满足合理性、统一性，其中包括按产品的性能要求来阐述标准的要求以不给国际贸易带来阻碍。在技术法规和标准的关系上，《TBT 协议》指出，在需要制订技术法规并且有关的国际标准已经存在或制订工作即将完成时，各成员应使用这些国际标准或有关部分作为制订技术法规的基础。为尽可能统一技术法规，在相应的国际化机构就各成员方已采用或准备采用的技术法规所涉及的产品制订国际标准时，各成员方应在力所能及的范围内充分参与。

合格评定程序（Conformity Assessment Procedures） 任何直接或间接用以确定是否满足技术法规或标准有关要求的程序（《TBT 协议》附录 1）。对于技术法规的强制性要求，相应的有强制性的合格评定程序，因而其壁垒作用表现为强制性；对于标准中的自愿性要求，相应的有自愿性合格评定程序，其壁垒作用表现为非强制性。

不同名目的技术性贸易措施，在形式上都可分解或归类为这三要素。这三要素之间互相联系、互相作用、互相依存、各有侧重，形成一个不可分割的整体。

技术法规和标准都规定了对产品的技术要求，但技术法规一般是政府部门或其授权机构制定的，遵守技术法规的要求是强制性的；而标准是由标准机构制定的，遵守标准的要求是自愿性的（我国的标准分为强制性标准和推荐性标准，强制性标准相当于国外的技术法规，是强制性的）；而合格评定程序则是"任何一个直接或间接用来确定技术法规或标准中相关要求得到满足的技术程序"。对于技术法规的强制性要求，相应的合格评定程序应是强制性的；对于标准中的自愿性要求，相应的有自愿性合格评定程序。对国际贸易中的技术性贸易措施的统计表明，技术法规的壁垒作用最强、对贸易的影响最大，而合格评定程序次之，标准再次之。对于与人的安全、健康等密切相关的要求，往往选用强制性的技术法规（我国一般采用强制性国家标准）；而对于一般技术指标和要求，则可通过自愿性标准，给出多种可供选择的途径达到预期目标。例如，对于家具产品，防火阻燃性能要求、产品中的有毒有害物质限量要求、安全性能要求等与人身健康和财产安全密切相关的技术要求，许多国家都用技术法规做出强制规定；对家具产品的功能尺寸、外观品质、材料、工艺要求等，一般用标准予以要求。相应的合格评定程序也分别有强制性和自愿性之分。

技术性贸易措施并非都是强制性的。技术法规作为技术性贸易措施，其强制性是主管当局的权威性所赋予的；标准作为技术性贸易措施，其事实上的强制性作用是由市场赋予的。比如各个国家对家具的消费观念不一样，可能要受到经济基础（生活水平）、文化教育、审美观念、传统习惯等因素的影响，如欧式家具的标准不是强制性的，它是自愿的，在欧洲可以很受欢迎，但欧式家具进入到别的国家，如非洲国家就不一定有市场，这就造成了事实上的技术壁垒。合格评定程序的情况与之相似。例如，欧盟要求输欧建筑用木质人造板必须经一定的合格评定取得"CE"标志后才能进入欧洲市场，这种情况下的合格评定程序是强制性的，其壁垒作用也是强制性的。而进入美国的电器产品经合格评定后取得"UL"标志并不是强制性要求，其壁垒作用也是非强制性的。但是，其事实上的强制性在于，在美国市场上，没有"UL"标志的电器几乎无人问津。

符合性评定（Conformity Assessment） 直接或间接确定是否满足相关要求的任何活动（ISO/IEC 指南 2）。在《TBT 协议》中，"合格评定程序"与服务无关，因为《TBT 协议》是货物贸易的协议，而"符合性评定"涵盖产品、过程和服务，《TBT 协议》的"合格评定程序"要评定的不仅是与标准的符合性，更重要的是与技术法规的符合性，ISO/IEC 指南 2 定义的标准可以是强制性的或自愿采用的；在《TBT 协议》中，标准是自愿采用的，技术法规是强制性的。

合格评定程序包括： 抽样、检测和检验程序；符合性的评价、验证和保证程序；注册、认可和批准程序以及它们的组合（《TBT 协议》，附录 1 注脚 2）。

抽样（Sampling） 抽样是取出部分物质、材料或产品作为整体的代表性样品进行测试或校准的规定过程。取样要求也可由物质、材料或产品的测试或校准的有关规范提出。在某种情况下（如法医鉴定），样品可能不是代表性的，而是由实际可得性决定的（ISO/IEC 17025 5.7）。

检测（Testing） 进行一种或多种测试工作的行为（ISO/IEC 指南 2 13.1.1）。

测试（Test） 按照规定程序对给定产品、过程或服务的一种或多种特性加以确定的技术运作（ISO/IEC 指南 2 13.1）。

检验（Inspection） 检验指通过观察和判断（适宜时辅之以测量、测试或度量）进行符合性评价。

符合性评价（Evaluation of Conformity） 系统性检查某个产品、过程或服务满足规定要求的程度（ISO/IEC 指南 2 14.2）。

验证（Verification） 通过检查和提供证据来证实规定的要求已得到满足（ISO/IEC 指南 2 14.1）。

符合性保证（Assurance of Conformity） 其结果是对产品、过程或服务满足规定要求的置信程度给予说明的活动（ISO/IEC 指南 2 5.3.8）。

注册（Registration） 由某个团体用于以某种适宜的、公众可得到的一览表指出产品、过程或服务的特性，或给出团体或人的详细资料的程序（ISO/IEC 指南 2 12.10）。

认可（Accreditation） 由权威团体对团体或个人执行特定任务的胜任能力给予正式承认的程序（ISO/IEC 指南 2 12.11）。

批准（Approval） 允许产品、过程或服务按说明的目的或按说明的条件销售或使用（ISO/IEC 指南 2 16.1）。

认证（Certification） 由第三方用于对产品、过程或服务符合规定要求给出书面保证的程序（ISO/IEC 指南 2 15.1.2）。

合格评定程序的层次 从《TBT 协议》给出的合格评定程序定义和对其内容的注释，可将合格评定程序分成检验程序、认证、认可和注册批准程序四个层次：

第一个层次是检验程序（包括取样、检测、检验、符合性验证等）。它直接检查产品特性或与其有关的工艺和生产方法与技术法规、标准要求的符合性，属于直接确定是否满足技术法规或标准有关要求的"直接的合格评定程序"。

第二个层次是认证，主要分为产品认证和体系认证。产品认证包括安全认证和合格认证等，体系认证包括质量管理体系认证、环境管理体系认证、职业安全和健康体系认证和信息安全体系认证等。

第三个层次是认可，WTO 鼓励成员国通过相互认可协议（MRAs）来减少多重测试和认证，以便利国际贸易。

第四个层次是注册批准，注册批准程序更多的是政府贸易管制的手段，体现了国家的权力、政策和意志。

合格评定程序表现形式 国际标准化组织将合格评定程序总结为 8 种形式（但不限于）：①型式试验；②型式试验＋工厂抽样检验；③型式试验＋市场抽样检验；④型式试验＋工厂抽样检验＋市场抽样检验；⑤型式试验＋工厂抽样检验＋市场抽样检验＋企业质量体系检查＋发证后跟踪监督；⑥企业质量体系检查；⑦批量检验；⑧100%检验。

"合格评定程序"是在《TBT 协议》中首次引入的新概念。合格评定程序的目的在于积极地推动各成员认证制度的相互认可。事实上，某些国家为达到限制进口的目的，都在合格评定程序上大做文章，比如收取高昂费用、制订烦琐程序。协议中有关合格评定程序的规定全面地涉及了合格评定程序的条件、次序、处理时间、资料要求、费用收取、变更通知、相互统一等内容，为了相互承认由各自合格评定程序所确定的结果，协议规定必须通过事先磋商明确出口成员方的有关合格评定机构是否具有充分持久的技术管辖权。各成员方无论是制订、采纳和实施合格评定程序，还是确认合格评定机构是否具有充分持久的技术管辖权，都应以国际标准化机构颁布的有关指南或建议为基础，如果已有国际合格评定程序或区域合格评定程序，成员方应与之一致。

在合格评定程序中值得关注的是认证问题。认证的目的是为了促进国家间的相互认可，简化手续、减少浪费，同时帮助消费者识别优质产品。认证分为管理体系认证和产品质量认证，前者是对企业管理水平的认可，注重的是产品生产全过程的控制，包括加工环境条件及相关配套体系的管理（如空气污染、污水废料处理等），如 ISO9000、ISO 14000 等；产品质量认证则偏重产品标准及产品的质量，通过检测报告及证书的方式证明本产品的实物质量，如 JIS 认证、CSA 认证、CE 认证、Oko-Tex100 生态纺织品认证、方圆产品合格标志认证、中国环境标志认证，等等。

在贸易实务中，产品质量认证分为"自我认证"和"第三方认证"。前者在欧洲各国比较流行，是贸易双方已对出口方企业的检测条件有了充分认可的基础上进行的，为保证质量需要在贸易过程中对拟出口的产品进行封样。"第三方认证"是经济全球化发展的必然结果，是当今国际贸易的主流形式，第三方作为"独立的检测机构（实验室）"能够客观地反映产品的质量内容，能够公平、公正地对待贸易双方。

对某一产品认证后，为明示产品质量，常使用"标志"。标志是产品达到该标志质量要求的直观表达。通常用于表达描述安全性或功能特性，如 CE 标志、Oko-Tex100 标志、NF 标志、GS 标志、CCC 标志，等等。

二、当前技术性贸易措施的影响

技术性贸易措施在当前国际贸易发展中正扮演越来越重要的角色，其影响和作用已经远远超出一般的贸易措施。以技术法规、技术标准和合格评定程序为主要内容的技术性贸易措施，已经成为世界各国调整贸易利益的重要手段，是一国或地区或组织为维护其安全、保障人类健康和安全、保护动植物健康和安全、保护环境、防止欺诈行为、保证产品质量等而采取的强制性的或自愿性的技术性措施。

技术性贸易措施是一把"双刃剑"，既有其积极的一面，也会形成负面的影响。技术性贸易措施就是 WTO 各成员在国际贸易中市场准入的门槛，具有二重性（措施与壁垒）。合理的技术性贸易措施对贸易是有积极作用的，比如它保证了合格产品的市场准入机制，确保了不同国家合格产品之间的公平竞争，充分保护了消费者的合法权益；可以促进发展中国家提高科学技术水平、增加产品的技术含量、保证产品的技术安全，甚至可以促进本国产业发展、保护国家经济安全，从而使产品可以达到或满足其他 WTO 成员市场准入的技术要求，顺利地进入目标市场。因此，在正常状态下，技术性贸易措施并不总是对贸易产生负面影响。

合理制定和运用技术性贸易措施的积极影响表现在：①维护国家安全。《TBT 协议》指出："不应阻止任何国家采取必要的措施以保护其基本安全利益。"因此，适当、合理地建立有效的技术措施可以帮助本国维护国家基本安全，促进科技进步，促进调整和优化产业结构。②保障人类健康和安全。合理的技术性贸易措施可以保障人类的健康和安全，提高生活质量。③保护生态环境，实现可持续发展。在国际贸易中，以保护环境为目的而采取限制甚至禁止贸易的措施，一方面限制甚至禁止了严重危害生态环境产品的国际贸易和投资。根据 WTO 规则，运用技术措施，可以防范和禁止有损国家安全、不利于人类和动植物健康和安全、污染环境等产品和服务的进口。另一方面，又为有利于可持续发展的产业创造了新的发展空间，促进这些产业成为国际贸易和投资的新的增长点。采取合理的技术性贸易措施，通过采用国际标准和取得国际认证，是调整和优化企业出口产品结构的重要手段，是进入国际市场的通行证，也是提升企业竞争力的重要工具。

但是，如果技术性贸易措施制订或实施不当时，它们就会对正常国际贸易造成不必要的障碍，因此把这种措施称为贸易技术壁垒。在许多情况下，技术性贸易措施往往被某些国家特别是发达国家所利用，凭借自身的技术、经济优势，制定了苛刻的技术措施让发展中国家很难达到：或技术标准、法规繁多，让出口国防不胜防；或经过精心设计和研究，专门针对某些国家的产品形成技术壁垒；或利用各国的标准的不一致性，灵活机动地选择对自己有利的标准，使受限制的国家及其产品很难达到要求；或不仅在条文上限制外国产品，而且在产品进入市场后利用市场管理对其设置重重障碍。发达国家设置的技术措施往往给受限制的进口商品增加了技术难度和成本费用负担，这样，技术性贸易措施就对国际贸易产生了负面影响，阻碍了国际贸易的正常发展。

三、研究、分析技术性贸易措施的意义

作为 WTO 成员国，必须遵循国际贸易的游戏规则，按照 WTO 的相关条款参与国际竞争。近几年来，发达国家政府凭借其先进的制造技术，纷纷将环境问题注入到各项贸易政策的制定和实施中，通过并颁布了日趋严格复杂的标准、法律法规或管理文件，如欧洲对产品的技术、环境等方面要求较多、较严，美国则对产品的安全性能方面要求较多、较严。欧、美、日市场又是我国重要的轻纺消费品出口市场，它们的种种技术措施和绿色贸易要求，将成为制约我国商品参与全球竞争的最大障碍。

因此，及时了解、研究分析发达国家在国际贸易中所实施的技术措施状况、市场准入规则，无论是对我国的国家经济安全，还是对我国的国际贸易发展、企业的发展都具有十分重要的意义。

(1) 维护企业的合法权益，了解国外的技术法规是否合理，是否对产品出口造成不必要的障碍；出口产品在国外被召回时，有利于与政府职能部门进行沟通、交涉、处理，维护出口企业和产品信誉，有效防止出口企业发生产品质量安全事故。

(2) 积极应对国外技术法规，利用合理规避和消化吸收来提高我国产品质量，将我国家具产品由量的扩张转向质的提升，进一步加大开发高附加值产品，同时遏制家具出口无序竞争，使对外贸易健康有序发展。

(3) 参考国外相关技术法规标准，吸收、利用其合理、有用的内容，制定出适合我国特点的技术法规、标准、合格评定程序、市场准入规则，保护消费者的健康与安全，促进我国相关产业的健康发展，保护国家经济安全。

第二章 我国木制品、家具产业概况

通常情况下，木材工业包括范围很广，本书中的木制品、家具特指原木、锯材、人造板及其制品，其他木制品（如木家具、木地板、木门、木制装饰装修用品等），其他家具及零件，不含纸及纸浆。

一、木制品、家具产业概况

（一）定义与分类

1. 家具的定义及其功能

从表面字义上来看，家具就是家庭用的器具，有的地方又叫家俬（如广东、港澳等地区），即家用杂物。

确切地说，家具有广义和狭义之分。广义的家具是指人类维持正常生活、从事生产实践和开展社会活动必不可少的一类器具。狭义家具是指在生活、工作或社会实践活动中供人们坐、卧或支承与贮存物品的器具与设备。

按海关商品及品目注释，家具是指：任何可移动的物品，其主要特征是供放置在地上、悬挂或固定在墙壁上，并具有实用价值，用于民宅、旅馆、戏院、影院、办公场所、教堂、学校、实验室、医院、医疗、饭店、咖啡厅、交通运输工具（如飞机、船舶、车辆等）、户外（广场、庭院、公园等）类似用品，包括任何材料（木、柳条、竹、藤、塑料、贱金属、玻璃、皮革、石、陶瓷等）制成的成品或零件。

人们的生活、工作、社会活动都与家具密不可分，不管白天与夜晚、室内与户外都要用它、接触它。家具不仅是一种简单的功能物质产品（使用功能），而且是一种广为普及的大众艺术，它既要满足某些特定的用途，又要满足供人们观赏，使人们在接触和使用过程中产生某种审美快感和引发丰富联想的精神需求。因此，家具既是物质产品，又是艺术作品，这就是人们常说的家具二重性。一般而言，可把家具产品的功能分为四个方面，即技术功能、经济功能、使用功能与审美功能。

2. 家具的分类

家具的功能各不相同，形式多种多样，因此要将所有家具进行详尽的分类是困难的，下面试从不同角度进行分类。

按家具的基本功能，可分为支承类（主要用于支承人体和物体的家具）和贮存类（主要用于贮存各类物品的家具）。

按家具用材分类分为：木质家具（实木类、人造板类、竹藤类）、金属家具（钢家具、钢木家具及其他金属家具）、软体家具（床垫、沙发、软包椅等）、塑料家具、玻璃家具、石料家具等。

按家具结构特点分类分为：拆装式、通用部件式、组合式、支架式、折叠式、多用式等。

按海关商品分类分为：木家具、金属家具、塑料家具、床垫、其他家具、家具零件等。

按北美产业（用途）分类分为：民用家具（家居用）、厨房家具、办公家具、公共家具（如宾馆家具，学校用家具，影剧院家具，车站码头、空港用家具，交通工具如车船机等用家具）和其他家具。民用家具又分为软体家具、木家具、床垫、其他家具。

（二）我国森林资源状况

据国家林业局公布的第六次全国森林资源清查（1999~2003）结果表明，我国森林面积为1.75亿公顷，森林覆盖率18.21%，森林蓄积量124.56亿立方米，其中人工林面积达到0.53亿公顷，蓄积量15.05亿立方米，人工林居世界第一位，占世界的28.7%。但我国是一个贫林国家，根据联合国粮农组织的资料显示，世界森林面积为38.69亿公顷，森林覆盖率为29.6%，森林蓄积量3869.46亿立方米。其中，俄罗斯占有23%、巴西占18%、美国和加拿大各占8%，我国仅占2%。如果从人均占有的概念比较，我国是人均占有木材蓄积量最少的国家之一。从20世纪80年代以来，我国每年都要进口大量木材。

（三）我国木材供需现状

据国家林业局统计数字表明，2004年，我国的木材市场消费总量为3.0710亿立方米，市场总供给3.0669亿立方米，其中：国产原木和其他木质林产品折合木材产量为2亿立方米，进口原木和其他木质林产品折合木材产量为1.1亿立方米（原木产量0.5197亿立方米，锯材产量0.1533亿立方米）。到2006年，我国森林消耗总需求量达到5.5亿立方米，木材进口量比10年前增加了3倍，木材缺口达2亿立方米。2006年我国木材产量7802万立方米，人造板产量6380万立方米；2007年木材产量6974万立方米，人造板产量7365万立方米。

2007年我国原木进口数量达到3709.08万立方米，比2006年的3215.21万立方米增加了 15.36%，2006 年比 2005 年增长 10.9%；2007 年进口金额达到 53.51 亿美元，比 2006 年的 39.29 亿美元增加 36.17%；2007 年进口锯材 649.05 万立方米，比 2006 年的 607 万立方米增加 6.97%；2007 年进口锯材金额达到 17.62 亿美元，比 2006 年的 16.89 亿美元增加 4.36%；进口人造板超过 800 万立方米。据木材流通协会公布的数字，2006 年中国木材及木制品进出口贸易总额（包括原木、锯材、人造板、木家具、木地板和木门等，不含纸及纸浆）达 210.10 亿美元，其中进口 65.1 亿美元，出口则达到 145 亿美元（其中原木 39.0 亿美元、锯材 16.89 亿美元、木制品 89.11 亿美元）；2005 年进出口贸易总额 157.5 亿美元，比 2004 年增长 27.3%，其中进口 54.9 亿美元，同比增长 9.3%，出口 102.6 亿美元，同比增长 39.5%；2004 年进出口贸易总额达 123.9 亿美元，其中进口 50.1 亿美元，出口 73.8 亿美元。按历年我国木材消耗状况进行趋势分析的数据表明，我国的木材约 1/3 靠进口。

表 2-1　我国木材产量及其构成情况

总供给量 3.0669 亿立方米/总消费量 3.0710 亿立方米							
原木 （2004 年）	锯材 （2004 年）	人造板（2005 年）			木地板（2005 年）			家具 （2005 年）
		0.6393（亿立方米）			3（亿平方米）			
0.5197 亿立方米	0.1533 亿立方米	胶合板	纤维板	刨花板	实木地板	实木复合地板	强化地板	410 亿美元
		0.2515	0.2061	0.0576	0.5	0.46	1.9	

2005 年全球木质人造板产量约为 2 亿立方米，其中我国人造板总产量 0.6393 亿立方米（胶合板产量 0.2515 亿立方米，纤维板产量 0.2061 亿立方米，刨花板产量 0.0576 亿立方米，细木工板产量 0.0982 亿立方米），居全球第二（美国第一）；2005 年我国木质人造板消耗量在 5000 万立方米以上，居全球第一。

根据林产工业协会统计，2007 年，我国木地板产量约为 3.5 亿平方米。2005 年为 3 亿平方米，产值 300 亿元人民币，居全球第一。其中强化木地板总产销量约 1.9 亿平方米，实木地板约 0.5 亿平方米，实木复合地板约 0.46 亿平方米。2006 年我国地板产量在 3.3 亿平方米左右，其中，强化地板 2 亿平方米，实木地板 4500 万平方米，实木复合地板 6000 万平方米，竹地板 2500 万平方米。

（四）近年我国木材进出口贸易概况

2007 年，我国木材及木制品进出口总值为 187.88 亿美元，其中出口 102.00 亿美元，进口 85.88 亿美元。2008 年一季度出口 65.35 亿美元，同比增长 30.29%。

1. 原木进出口情况

（1）数量：1999~2007 年我国的原木进口数量连续 9 年增长，2007 年中国原木进口数量达到 3709.08 万立方米，比 2006 年的 3215.21 万立方米增加了 15.36%，2006 年的进口量比 2005 年的 2937 万立方米增长 10.9%；2007 年进口金额达到 53.51 亿美元，比

2006 年的 39.29 亿美元增加 36.17%；2005 年，我国原木进口数量达到 2937 万立方米，比 2004 年增长 11.6%，进口金额达到 32.44 亿美元，比 2004 年增长 15.7%。2005 年原木出口 1 万立方米，比 2004 年增长 12.9%，其中针叶原木进口 1827 万立方米，增长 14.5%，阔叶原木进口 1109.8 万立方米，增长 7.9%。

表 2-2　2003~2007 年我国原木进出口情况

年份 品种		2003		2004		2005		2006		2007	
		数量（万立方米）	金额（亿美元）	数量（万立方米）	金额（亿美元）	数量（万立方米）	金额（亿美元）	数量（万立方米）	金额（亿美元）	数量（万立方米）	金额（亿美元）
原木	出口	1	0.029	0.87	0.019	1	0.02	—	—	—	—
	进口	2545.6	24.48	2631	28.04	2937	32.44	3215.21	39.29	3709.08	53.51

表 2-3　2003~2007 年我国原木进口量同比情况

年份 进口量	数量（万立方米）	金额（亿美元）	与上一年同比增长率（%）
2003	2545.6	24.48	—
2004	2631	28.04	3.3
2005	2937	32.44	11.6
2006	3215.21	39.29	10.9
2007	3709.08	53.51	15.36

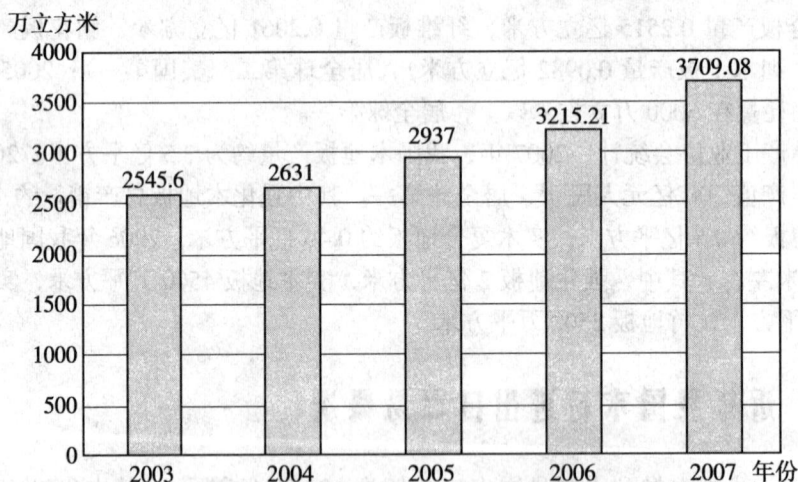

图 2-1　2003~2007 年我国原木历年进口量对比

（2）主要品种：近年来，我国进口原木的主要树种有 20 种，红松、樟子松、落叶松、白松（云杉和冷杉）、奥克曼木 Okoume（奥克榄）、栎木（橡木）是原木进口量前 6 位的树种，占全国进口总量的 65.68%。

（3）主要来源地：近年来我国从 80 多个国家或地区进口原木，主要源自欧洲，占全国原木进口总量的 70.25%，主要货源国是俄罗斯、马来西亚、巴布亚新几内亚、缅甸、加蓬、所罗门群岛和新西兰等 7 个国家。2005 年从俄罗斯进口原木 2004.3 万立方米，同比增加 308 万立方米，增长 18.2%，占我国进口原木比重 68.2%；从马来西亚进口原木居第二位，为 186 万立方米；第三位的是巴布亚新几内亚，2005 年进口 183.5 万立方米，增长 39.5%，巴布亚新几内亚森林资源丰富，森林面积 4000 万公顷，蓄积量 29 亿立方米，覆盖率 86%，该国木材开发较晚，树种与印度尼西亚相近，是我国进口原木很有潜力的货源国之一；第四位的缅甸森林资源达 3800 万公顷，蓄积量达 31 亿立方米，盛产柚木、紫檀等珍贵木材。北美原木质量好，价格稳定，随着我国高档装修、家具需求增加，进口量也稳定增长，2005 年从美国进口原木增长 32%，从加拿大进口原木增长 92.6%。2005 年进口原木口岸价格趋于平稳，价格升幅回落，针叶原木价格同比仅上涨 2.8%，阔叶原木价格上涨 5%。从树种看，针叶原木红松、樟子松进口量增长 13.1%，白松增长 14%，落叶松增长最多，为 26.9%，辐射松由于价格过高，进口量下降了 24.4%；阔叶原木进口量增长最多的是柚木和栎木，分别增长了 33.7% 和 58.9%，印度尼西亚的波罗格由于资源和价格因素，进口量下降了 86.4%。

2005 年我国共有 1395 家企业从事原木的进口业务，其中：有进出口经营权的私营企业达到 735 家，占全国原木进口总量的 71.23%；国有企业达到 332 家，占全国原木进口总量的 21.09%。满洲里盛源进出口贸易有限公司的进口数量最大，占全国进口总量的 5.95%。

2005 年我国共有 24 个省（市）进口了原木，内蒙古、黑龙江、江苏、广东、云南和上海六省（区、市）占了我国原木进口市场的大半江山，占全国原木进口总量的 91.76%。

2. 锯材进出口情况

2006 年我国共进口锯材 607 万立方米，进口金额达到 16.89 亿美元；2005 年为 597.3 万立方米（比 2004 年下降 0.6%），进口金额达到 15.07 亿美元（比 2004 年增长 9.1%）；其中：针叶锯材 188.3 万立方米，增长 10.8%，阔叶锯材 409 万立方米，下降 5.0%。出口锯材 61.5 万立方米，比 2004 年上升 29.6%，出口金额达到 2.79 亿美元，比 2004 年增长 28.1%。俄罗斯是我国 2005 年进口锯材的第一大国，以针叶锯材为主。

我国进口美国锯材排名第二，以阔叶材为主，其品质好，信誉好，价格稳定，是高档装修、家具的重要材料，需求市场稳中有升。近年来，美国硬木产品因其特有的纹理质地越来越受到中国消费者的喜爱。美国贸易处的最新统计数字表明，中国内地以及香港、台湾地区 2004 年从美国进口的硬木产品大幅度增长，高达 36 亿元人民币（相当于 5 亿美元），与 2003 年相比，增长了 29.2%。目前我国已居美国硬木出口产品全球市场的首位。2004 年美国出口中国的硬木产品中板材的出口额最大，达到 20 亿元人民币，比上年增长 19.4%；同年木皮的出口额增长最为强劲，增幅达 54.6%，出口额接近 7 亿元人民币。2005 年我国从美国进口锯材 85.3 万立方米，同比又有大幅增长。

3. 胶合板

2006 年出口胶合板 830 万立方米，出口金额达到 29 亿美元；2005 年出口 559 万立方米（同比增长 29.9%），出口金额达到 18.79 亿美元（比 2004 年增长 50%）。2006 年进口胶合板 41.3 万立方米，进口金额为 1.98 亿美元；2005 年进口 59 万立方米，进口金额为 2.77 亿美元。

4. 纤维板

近年，我国的纤维板产品特别是强化木地板出口发展很快，2005 年纤维板出口 80.6 万吨，同比增长 287.5%，其中强化木地板出口 34.5 万吨，增长了 543%；进口 4.65 吨，只相当出口的 11%，而三年前的 2002 年，强化木地板进口是出口的 11 倍，但是 2005 年出口单价却在下降（2004 年为 577 美元/吨，2005 年为 556.3 美元/吨）。

2000~2005 年我国中密度纤维板（MDF）的出口数量连年增长，2005 年 MDF 的出口在 2004 年大幅增长的基础上，其增幅达到 124.06%，共出口（MDF）485728.27 吨，出口金额达到 1.2 亿美元。

5. 家用或装饰用木制品出口

2005 年家用或装饰用木制品出口 73 万吨，同比增长 10.7%，出口金额 11.84 亿美元，同比增长 13.9%。

（五）我国家具业的基本情况

1. 世界家具业概况

（1）产值。据意大利米兰国际家具信息与咨询中心（CSIL）统计，2007 年世界家具的年生产总产值约为 3070 亿美元（2006 年为 2650 亿美元，2004 年为 2000 亿美元），涵盖 60 个主要国家。其中七个主要产业经济体（美国、意大利、德国、日本、英国、加拿大及法国）的家具产值占世界家具总产值的 50%。发达国家的家具生产总值占世界家具生产总值的 65%。发展中国家的家具生产总值目前为世界总值的 35%，其中中国与波兰家具产业发展相当迅速。其中，2006 年美国产值为 663.6 亿美元，欧盟产值约 900 多亿美元，我国的家具产值约为 540 亿美元（4360 亿元人民币），约占世界家具生产总值的 20%，2007 年我国家具总产值 5400 亿元人民币。

（2）国际贸易量。目前主要有 60 个国家参与世界家具贸易，主要进出口国为美国、德国、英国、法国及加拿大，主要出口国为中国、意大利、德国、波兰及加拿大。2006 年世界家具行业国际贸易量达到 860 亿美元，同比增长约 7.5%；2007 年度及 2008 年度的世界家具贸易的总额分别达到 970 亿与 1020 亿美元左右。其中，我国 2006 年家具出口值达到 174.65 亿美元，2007 年为 243.39 亿美元，占世界贸易量的 20% 左右。据海关统计，2007 年我国家具进出口总额达 243.39 亿美元，同比增长 35.07%，其中出口 226.17 亿美元。

家具业已成为我国最有活力和竞争力的产业之一。

2006 年，美国家具市场年消费 885.9 亿美元，本土生产产值为 663.6 亿美元，进口

254.3 亿美元，出口 3.2 亿美元；欧盟 25 个国家家具市场规模约 1400 亿美元，本土生产产值为 900 亿美元，缺口 500 亿美元，进口 300 多亿美元，出口 280 多亿美元；其中世界第二大家具出口国为意大利，本土生产产值为 253.4 亿美元，出口为 108.97 亿美元，出口量占自身产值总量的 43%；世界第三大家具出口国为德国，本土生产产值为 177 亿美元，出口为 61.95 亿美元，出口量占自身产值总量的 35%；法国 2005 年家具总需求量达 166.72 亿欧元，产值 101 亿欧元，消费额达 96.12 亿欧元，出口贸易总值为 21 亿欧元，家具进口总额为 4.6 亿欧元，法国家具的出口一直保持在欧洲的前三位。作为世界家具出口第一的中国，家具年产值约 540 亿美元，出口 171.3 亿美元，国内消费量约 370 亿美元。

2. 我国家具行业的基本情况

我国现有家具企业约 8 万家，从业人员 500 多万人，2006 年，生产总值达 4360 亿元人民币，产值占世界家具年生产总值的 20%（世界家具年生产总值为 2650 亿美元）。

经过近 20 年的自由发展，我国家具业目前已形成 5 个大的家具产业区，以深圳、东莞、顺德、广州、中山为主的广东珠江三角洲为中心的华南家具产业区，具有产业集群、产业供应链和品牌优势；以苏、沪、浙为主的大范围的长江三角洲为中心的华东家具产业区，包括上海、苏州、常州、杭州、温州、玉环、安吉等主产地，具有产品质量和经营管理的优势；以京津、河北、山东和辽宁为主的环渤海地区为中心的华北家具产业区，具有企业规模较大和市场需求优势；以东北老工业基地为中心的东北家具产业区，具有实木家具生产和木材资源优势；以成都、西安为中心的西部家具产业区，具有供应三级市场产品的优势。前 4 个家具产业区在我国东部沿海地区由南向北分布，家具出口生产企业和大型生产企业集中，是供应我国市场和家具出口的主要地区。西部地区家具产业区主要面向国内市场。其中，广东省和浙江省是我国家具的生产大省和出口大省。广东省家具企业有 6000 余家，从业人数 100 多万人，2006 年家具总产值 1280 亿元人民币。浙江省家具企业 2600 余家，从业人数 25 万人，2006 年家具总产值 460 亿元人民币。

3. 我国家具出口特点

我国家具进出口在国际贸易中占有重要地位，据海关统计，2004 年出口值为 103 亿美元，2005 年为 137.76 亿美元（中国开始成为世界家具出口排名第一，意大利第二，其出口值为 100 亿美元），2006 年约 174.65 亿美元。2007 年进出口总额 243.39 亿美元，其中，出口金额达 232.68 亿美元，同比增长 34.95%；进口金额 10.71 亿美元，同比增长 37.75%。

（1）出口对象相对集中。2007 年美国仍然是我国家具出口最大的市场，全年对其出口 99.98 亿美元，占我国全部出口的 42.97%，同比增长 26.68%（2006 年我国家具出口额达 174.65 亿美元，其中直接出口到美国的大约 80 亿美元，加上有十几亿美元家具先出口到香港，再从我国香港转口到美国，所以，出口到美国的家具占出口总量的一半多。如果按照美国海关的统计数字，还要大 20% 以上）；其次是英国，对其出口 15.15 亿美元，占我国全部出口的 6.51%；日本列第三，对其出口 14.62 亿美元，占 6.28%，同比增长 27.32%；中国香港列第四，对其出口 11.81 亿美元，占 5.08%；加拿大列第五，对其出口 8.46 亿美元，占 3.71%，同比增长 38.51%；出口列居 6~10 位的国家分别是德国、澳大利亚、韩国、法国、荷兰，其出口金额分别为 7.61 亿美元、7.30 亿美元、5.06 亿美元、4.58 亿美元和 4.47 亿美元，同比均有不同幅度增长。我国对欧盟国家的出口相对集中在英国、德国、法国、荷兰、西班牙、意大利、比利时，以上七国已占到我国对欧盟全部出口的 80% 以上。2007 年我国家具出口主要目标市场见图 2-2、表 2-4。

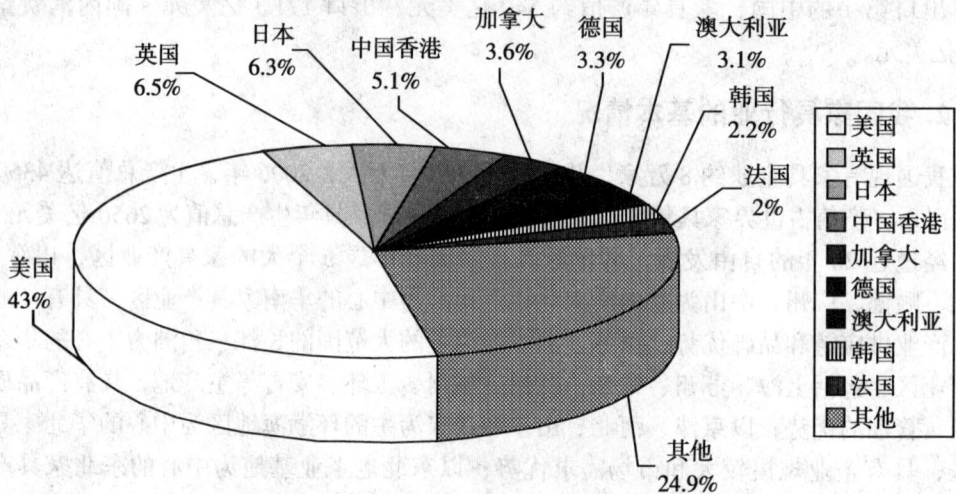

图 2-2 2007 年我国家具出口目标市场情况

表 2-4 2007 年全国家具类产品分国别海关进出口情况

国家（或地区）名称	英文名	2007 年 1~12 月累计出口		2007 年 1~12 月累计进口	
		金额（万美元）	与上年同比增长（%）	金额（万美元）	与上年同比增长（%）
合计	TOTAL	2261734	29.50	110396	37.68
北美洲：	N.AMER.NES	1030942	19.82	10488	19.82
加拿大	CANADA	84476	32.90	1044	32.90
美国	UNITED STATES	946460	18.77	9443	18.77
澳大利亚	AUSTRALIA	73397	37.51	156	37.51
南美洲	S.AMER.NES	42760	66.29	1083	66.29
欧洲：	EUR	540616	55.08	56296	55.08
欧洲联盟		479590	50.76	49613	50.76
比利时	BELGIUM	22712	60.87	729	60.87
丹麦	DENMARK	22599	32.23	793	32.23
英国	UNITED KINGDOM	146613	48.07	4020	48.07
德国	GERMANY, FR	73606	57.27	26683	57.27
法国	FRANCE	44698	60.26	4135	60.26
意大利	ITALY	32090	49.61	8354	49.61
荷兰	NETHERLAND	44725	47.06	343	47.06

续表

国家（或地区）名称	英文名	2007年1~12月累计出口		2007年1~12月累计进口	
		金额（万美元）	与上年同比增长（%）	金额（万美元）	与上年同比增长（%）
西班牙	SPAIN	41389	44.29	683	44.29
俄罗斯联邦	RUSSIA	14824	114.42	341	114.42
波兰	POLAND	12173	100.47	3237	100.47
非洲：	AFRICA.NES	36892	60.86	22	60.86
南非	S.AFRICA	13152	35.05	3.76	35.05
亚洲：	ASIA NES	527956	23.06	42177	23.06
东南亚国家联盟		53278	83.62	6086	83.62
中国香港	HONG KONG，CHINA	119699	−6.51	358	−6.51
日本	JAPAN	145772	23.23	18206	23.23
韩国	KOREA REP.	51140	33.59	6767	33.59
哈萨克斯坦		34174	27.31		27.31
阿联酋	ARAB EMIRATES	29501	66.17	1.59	66.17
沙特阿拉伯	SAUDI ARABIA	24687	27.45	0.40	27.45

数据来源：海关统计。

（2）沿海省份出口比例大。2007年，广东省家具出口金额占全国家具出口总金额的40%，同比增长30.01%，居第一位；第二位是浙江省，出口金额同比增长39.90%；第三位是上海市，出口金额同比增长32.33%；第四位是江苏省，出口金额同比增长25.49%；5~10位依次是福建、山东、辽宁、新疆、天津及北京。以上10个省市的出口已占到全国家具出口总金额的96.41%。如表2-5、图2-3所示。

表2-5　2007年全国家具类产品分国内地区海关进出口情况

地　区	2007年1~12月累计出口		2007年1~12月累计进口	
	金额（万美元）	与上年同比增长（%）	金额（万美元）	与上年同比增长（%）
全国合计	2261734	29.50	110396	37.68
北京	28800	32.16	12684	5.71
天津	46396	12.78	2628	−25.89
河北	14741	58.54	545	109.08
山西	329	−27.91	2.2	−52.63
内蒙古	1062	−2.43	38	
辽宁	51830	10.37	11460	18.81
吉林	6517	5.46	7383	−18.11
黑龙江	22404	12.83	497	411.11
上海	230859	32.33	31080	68.27
江苏	179553	25.49	5556	22.87

续表

地　区	2007 年 1~12 月累计出口		2007 年 1~12 月累计进口	
	金额（万美元）	与上年同比增长（%）	金额（万美元）	与上年同比增长（%）
浙江	433741	39.90	3955	91.02
安徽	4802	35.84	123	96.42
福建	136191	21.58	6299	247.68
江西	3818	157.95	74	−24.27
山东	105426	22.50	1573	−2.29
河南	3662	29.47	94	160.28
湖北	7443	26.16	577	5.62
湖南	1896	122.30	537	46.87
广东	916917	30.01	21080	55.93
广西	2968	24.75	1873	316.07
海南	4763	−13.36	166	−20.83
重庆	600	28.03	733	−2.54
四川	6298	151.35	257	6.12
贵州	97	57.59		−99.77
云南	831	45.53	76	70.42
西藏	237	49.44	0.5	−29.00
陕西	1145	5.44	42	−12.56
甘肃	242			
青海	23	15.39	10	
宁夏	30	−41.91		
新疆	48113	16.48	1055	46.56

数据来源：海关统计。

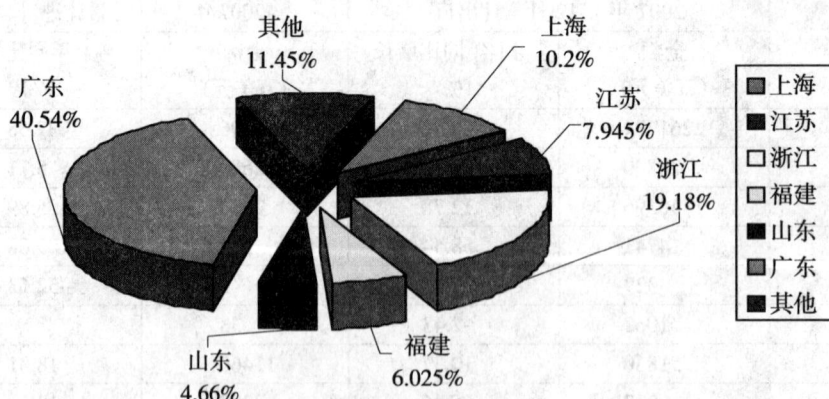

图 2-3　2007 年 1~12 月累计出口情况

（3）一般贸易继续占据主导地位。多年以来，一般贸易方式一直是家具出口的主要方式。2007 年一般贸易出口达 161.53 亿美元，占全部贸易方式的 62.97%；其次是进料加工贸易 73.92 亿美元，占全部贸易方式的 31.77%。

（4）2007 年民营企业出口金额为 56.9 亿美元，占 28.32%，增长 56.94%，增速最快；其次是三资企业出口金额为 133.59 亿美元，出口占到 57.4%，增幅为 29.6%；国有企业列第三位，出口金额为 27.24 亿美元，占 11.71%，增幅为 21.82%；集体企业出口金额为 5.07 亿美元，占 2.18%，同比增长 18.83%。

（5）我国家具出口过去以木家具和金属家具为主，近年来坐具、沙发出口增长很快，2006 年木家具占出口额的近 33%，约 54.5 亿美元；金属家具占出口额的 14%，约 24.8 亿美元；坐具及零件占 42.3%，约 74.1 亿美元，坐具类家具出口比例继续扩大。

表 2-6　2007 年全国"家具产品"海关出口量值

商品编号	商品名称	计量码	2007 年 1~12 月累计出口数量	2007 年 1~12 月累计出口金额（万美元）	累计数量同比增长（%）	累计金额同比增长（%）
	合计			2261734		29.50
94033000	办公室用木家具	01	14862469	50505	9.81	22.72
94034000	厨房用木家具	01	18147583	61590	28.27	26.00
94035010	卧室用红木家具	01	6079	103	−23.91	2.72
94035091	卧室用漆木家具	01	3913425	25837	−3.31	−34.03
94035099	其他卧室用木家具	01	30834584	1861701	4.68	29.09
94036010	其他红木家具	01	112839	1095	−19.46	−7.93
94036091	其他漆木家具	01	8596520	36675	1.57	11.38
94036099	其他木家具	01	115175768	302417	11.31	13.06
94031000	办公室用金属家具	01	11414600	20095		
94032000	其他金属家具	01	268230951	287378		
39263000	塑料制家具、车厢或类似品的附件	09	40324123	10207	−6.24	−0.84
94037000	塑料家具	01	19193418	24038		
94038100	竹制或藤制家具	01	1465182	2236		
94038910	柳条及类似材料制家具	01	260975	324		
94038920	石制家具	01	1383899	4454		
94038990	其他材料制家具	01	25981267	50250		
94011000	飞机用坐具	01	21744	1151	46.77	302.11
94012010	皮革或再生皮革制面的机动车辆用坐具	01	143163	596	43.24	205.90
94012090	非皮革或再生皮革制面的机动车辆用坐具	01	5571672	10185	26.72	54.57
94013000	可调高度的转动坐具	01	39594611	87229	20.60	36.26
94014010	皮革或再生皮革制面的能作床用的两用椅（但庭园坐具或野营设备除外）	01	108040	880	108.77	240.95
94014090	非皮革或再生皮革制面的能作床用的两用椅（但庭园坐具或野营设备除外）	01	2277493	8914	146.07	133.04

商品编号	商品名称	计量码	2007年1~12月累计出口数量	2007年1~12月累计出口金额（万美元）	累计数量同比增长（%）	累计金额同比增长（%）
94015100	竹制或藤制的坐具	01	1150799	1764		
94015900	柳条及类似材料制的坐具	01	221378	313		
94016110	皮革或再生皮革制面装软垫的木框架坐具	01	16478250	190948	42.09	29.72
94016190	非皮革或再生皮革制面装软垫的木框架坐具	01	32030042	125995	15.20	41.82
94016900	其他木框架坐具	01	44052600	87187	24.17	29.71
94017110	皮革或再生皮革制面装软垫的金属框架坐具	01	11483400	32199	91.28	61.40
94017190	非皮革或再生皮革制面装软垫的金属框架坐具	01	82553342	104908	26.64	50.61
94017900	其他金属框架坐具	01	222505274	219940	18.18	36.13
94018010	石制的坐具	01	47489	41	−18.95	−32.79
94018090	其他未列名坐具	01	45976760	32014	27.67	37.35
94019011	机动车辆用座椅调角器	01	5663309	2418	99.16	70.07
94019019	机动车辆用坐具的其他零件	09	40570193	38082	40.09	61.57
94019090	非机动车辆用坐具的零件	09	363108629	89889	43.17	47.12
94021010	理发用椅及其零件	01	1183191	3086		
94021090	牙科用椅及其零件；理发用椅的类似椅及其零件	01	1008730	906		
94029000	其他医用家具	01	11778457	15174		
94041000	弹簧床垫	01	6982653	17722	53.32	47.73
94039000	家具的零件	09	755657390	126816	35.63	50.05

资料来源：海关统计。

目前，美国家具市场年消费 750 亿美元，本土生产力为 520 亿美元，缺口 230 亿美元，如此巨大的缺口量全部依赖进口。美国是我国家具的最大输入国，2003 年我国输入美国的家具达 37.8 亿美元，占我国出口家具的 51.56%，从此开始占据了美国家具进口第一大国的地位。2005 年我国输入美国的家具及家具部件总价值达 81.6 亿美元，占美国进口总额的 2/5 强，比 2004 年增加了 20.1%；2006 年达 110 亿美元（美国统计数据）。

我国已成为亚太地区各国的家具供货基地。我国家具对亚洲地区一些历史悠久、宗教信仰强烈的国家更是有独特的优势。对于近邻的日本和韩国，我国已成为它们家具的第一提供国。

我国家具出口的主要企业类型，一是我国台湾企业，如东莞的"台升"；二是我国香港企业；三是美国、新加坡在华投资的企业，如"环美"家具，上海昆山家具工业园的"优罗莎"、"华达利"等；四是其他国家在中国投资的企业，如意大利在深圳的"迪高东"（Declod）、瑞典的"宜家"（IKEA）等；五是一大批新兴的国内家具企业，如

"光明"、"美克"、"华丰"、"宜华",以及深圳一大批民营企业。

表 2-7　近年来我国主要木材工业进出口概况

单位:亿美元

品种＼年份		2003	2004	2005	2006	2007
木及木制品	出口	16.67	25.09	33.44	45.79	102.00
	进口	39.93	45.71	50.29	57.86	85.88
家具出口		72.97	101.67（其中木家具 36.8）	135.04（其中木家具 69.8）	171.3（其中木家具 87.8）	226.17

表 2-8　我国木材工业基础数据

品种＼年份		2003		2004		2005		2006		2007	
		数量（万立方米）	金额（亿美元）	数量（万立方米）	金额（亿美元）	数量（万立方米）	金额（亿美元）	数量（万立方米）	金额（亿美元）	数量（万立方米）	金额（亿美元）
原木	出口	1	0.029	0.87	0.019	1	0.02	—	—	—	—
	进口	2545.6	24.48	2631	28.04	2937	32.44	3215.2	39.0	3709	53.51
锯材	出口	52.3	2.34	47.3	2.17	61.5	2.79	80.83	3.53	74.75	3.90
	进口	551.2	11.90	601	13.83	597	15.08	607	16.89	650	17.66
胶合板	出口	204.1	6.0	431	12.50	559	18.79	830	29	878	35.8
	进口	80	3.55	80	3.84	59	2.77	41.3	1.97	31	1.71
家用或装饰用木制品出口		—	8.3	—	10.40	—	11.84	—	13.2	—	12.2
家具出口		—	72.97	—	101.67（其中木家具 36.8）	—	135.04（其中木家具 69.8）	—	171.3（其中木家具 87.8）	—	226.17

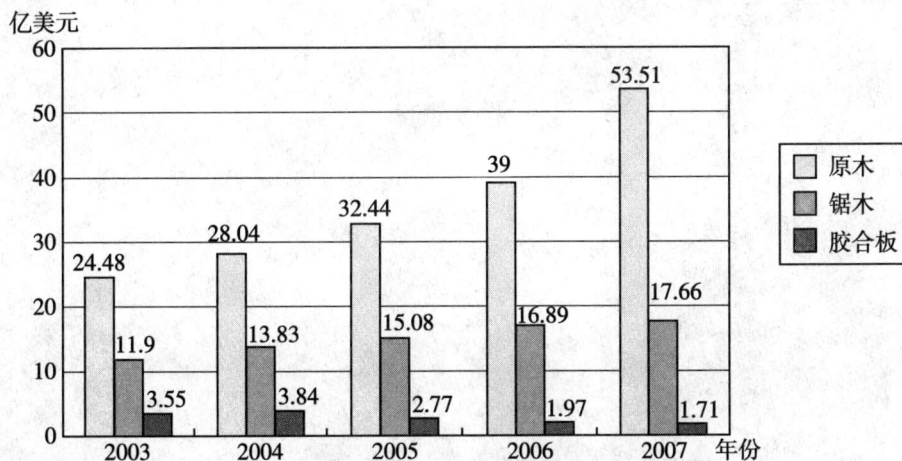

图 2-4　2003~2007 年我国木材进口情况

亿美元

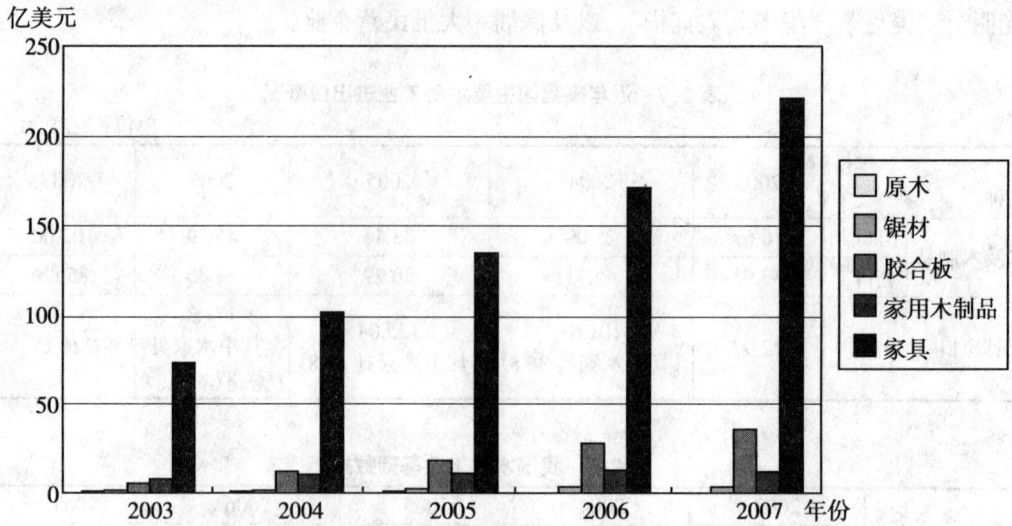

图 2-5　2003~2007 年我国木材、木制品、家具出口情况

亿美元

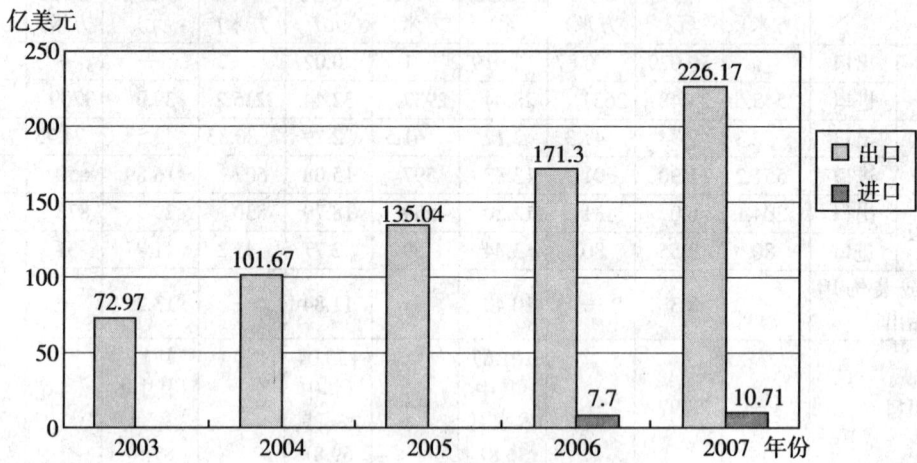

图 2-6　2003~2007 年我国家具进出口情况

表2-9　2006年1-12月全国家具产品海关进出口情况

(1) 出口数据

单位：万美元

商品名称	分类码	计量单位	计量换算值	当月数量	当月金额	至当月数量	至当月额	去年同期量	去年同期额	量同比增长	额同比增长
家具	10		0	0	171080.9	0	174647.2	0	1376512	0	26.88
木家具	1010	万件	10000	1584.7	54948	17327.15	575122.7	149312	465624.7	16.05	23.52
金属家具	1020	吨	1000	154439.5	22893.1	1779140	247639.6	1554256	197341.2	14.47	25.49
塑料家具	1030	吨	1000	15988.78	2809.7	176824	30553.2	153232.2	23927.6	15.4	27.69
其他材料制家具	1040	吨	1000	36758.26	4848.9	362143.8	44481.2	312797.7	37393.2	15.78	18.96
坐具及其零件	1050		0	0	75891.7	0	740948.8	0	564115.1	0	31.35
牙科、理发椅及其零件	1060	吨	1000	1503.66	298.4	15157.89	2754.2	14685.21	2660.3	3.22	3.53
医用家具	1070	吨	1000	2836.1	850.6	29723	8460.3	21417.27	6134.4	38.78	37.92
床垫	1080	万个	10000	38.7	1114.3	455.44	11995.7	317.65	8333.1	43.38	43.95
家具零件	1090	吨	1000	47485.61	7426.2	557130	845158	517617.9	70981.9	7.63	19.07

(2) 进口数据

单位：万美元

商品名称	分类码	计量单位	计量换算值	当月数量	当月金额	至当月数量	至当月额	去年同期量	去年同期额	量同比增长	额同比增长
家具	10		0	0	7045.1	0	80181.9	0	68450.2	0	17.14
木家具	1010	万件	10000	10.86	911.8	105.86	9067.1	72.92	6874.6	45.17	31.89
金属家具	1020	吨	1000	691.75	235.4	6942.36	2580.9	4943.43	2565.1	40.44	0.62
塑料家具	1030	吨	1000	349.18	220	3161.31	2481.4	3448.09	2318.2	-8.32	7.04
其他材料制家具	1040	吨	1000	93.39	37.6	1454.65	578.8	827.05	428.4	75.88	35.11
坐具及其零件	1050		0	0	4704.9	0	57081.5	0	46602.5	0	22.49
牙科、理发椅及其零件	1060	吨	1000	26.28	26.4	194.3	330.8	196.93	414.2	-1.34	-20.14
医用家具	1070	吨	1000	170.05	387.9	1827.16	4038.4	2058.72	5670	-11.25	-28.78
床垫	1080	万个	10000	0.22	33.4	2.78	286.2	2.06	188	34.95	52.23
家具零件	1090	吨	1000	3288.62	487.7	23203.6	3736.9	18907.39	3389.1	22.72	10.26

数据来源：海关统计。

表2-10 2005年1~12月全国家具产品海关进出口情况

(1) 2005年1~12月全国家具产品海关进口情况

单位:万美元

商品名称	分类码	计量单位	计量换算值	当月数量	当月金额	至当月量	至当月额	去年同期量	去年同期额	量同比增长	额同比增长
家具	10		0	0	6912.1	0	6441.4	0	72608.7	0	-5.74
木家具	1010	万件	10000	6.26	770.9	72.92	6874.5	69.5	5822.2	4.92	18.07
金属家具	1020	吨	1000	377.32	124.7	4946.68	2554.2	3307.23	1783.6	49.57	43.2
塑料家具	1030	吨	1000	416.81	204.9	3448.09	2318.2	3554.55	2275.1	-3	1.89
其他家具	1040	吨	1000	6619.72	5495.3	71600.08	53117.4	70186.9	59734.1	2.01	-11.08
床垫	1050	万件	10000	0.26	262	2.06	118	1.96	144.8	5.1	29.83
家具零件	1090	吨	1000	1605.8	290.1	18907.39	3389.1	19581.84	2843.8	-3.44	18.97

(2) 2005年1~12月全国家具产品海关出口情况

单位:万美元

商品名称	分类码	计量单位	计量换算值	当月数量	当月金额	至当月量	至当月额	去年同期量	去年同期额	量同比增长	额同比增长
家具	10		0	0	142001.7	0	137670.1	0	103530.7	0	32.98
木家具	1010	万件	10000	1387	47130	14936.99	465783.2	12823.1	368115.9	16.49	26.53
金属家具	1020	吨	1000	157960.2	22886.5	1554227	197352.5	1237692	138258.2	25.57	42.74
塑料家具	1030	吨	1000	13672.62	2279.5	153235.8	23928.5	127510.7	17740.5	20.17	34.88
其他家具	1040	吨	1000	88832.11	61779.9	93107.2	610306.5	793595.3	455618	17.32	33.95
床垫	1050	万件	10000	30.89	891.6	317.95	8350.7	209.89	6214	51.48	34.39
家具零件	1090	吨	1000	49860.95	7034.1	517590.9	70979.2	399556.6	49360.2	29.54	43.8

数据来源:海关统计。

二、木材、木制品海关统计口径（2008年）

商品编号	商品名称
4401100000	薪柴
4401210010	濒危针叶木木片或木粒
4401210090	其他针叶木木片或木粒
4401220010	濒危非针叶木木片或木粒
4401220090	其他非针叶木木片或木粒
4401300000	锯末、木废料及碎片
4402100000	竹炭
4402900010	以木材为原料直接烧制的木炭
4402900090	其他木炭
4403100010	油漆、着色剂等处理的濒危树种原木
4403100090	其他油漆、着色剂等处理的原木
4403201010	其他红松原木
4403201090	其他樟子松原木
4403202000	其他白松、云杉和冷杉原木
4403203000	其他辐射松原木
4403204000	其他落叶松原木
4403209010	其他濒危针叶木原木
4403209090	其他针叶木原木
4403410000	其他红柳安木原木
4403491000	其他柚木原木
4403492000	其他奥克曼 Okoume 原木
4403493000	其他龙脑香木、克隆原木
4403494000	其他山樟 Kapur 原木
4403495000	其他印加木 Intsia spp.原木
4403496000	其他大干巴豆 Koompassia spp.
4403497000	其他异翅香木 Anisopter spp.
4403499010	其他本章子目注释濒危热带原木
4403499090	其他本章子目注释所列热带原木
4403910000	栎木（橡木）原木
4403920000	山毛榉木原木
4403991000	楠木原木
4403992000	樟木原木

商品编号	商品名称
4403993000	红木原木
4403994000	泡桐木原木
4403995000	水曲柳原木
4403996000	北美硬阔叶木原木
4403998010	其他未列名温带濒危非针叶木原木
4403998090	其他未列名温带非针叶木原木
4403999010	其他未列名濒危非针叶原木
4403999090	其他未列名非针叶原木
4404100010	濒危针叶木的箍木等及类似品
4404100090	其他针叶木的箍木等及类似品
4404200010	濒危非针叶木箍木等
4404200090	其他非针叶木箍木等
4405000000	木丝及木粉
4406100000	未浸渍的铁道及电车道枕木
4406900010	濒危木已浸渍铁道及电车道枕木
4406900090	其他已浸渍的铁道及电车道枕木
4407101011	端部接合的红松厚板材
4407101019	端部接合的樟子松厚板材
4407101090	非端部接合的红松和樟子松厚板材
4407102010	端部接合的白松（云杉、冷杉）厚板材
4407102090	非端部接合白松（云杉、冷杉）厚板材
4407103010	端部接合的辐射松厚板材
4407103090	非端部接合的辐射松厚板材
4407104010	端部接合的花旗松厚板材
4407104090	非端部接合的花旗松厚板材
4407109011	端部接合其他濒危针叶木厚板材
4407109019	端部接合其他针叶木厚板材
4407109091	非端部接合其他濒危针叶木厚板材
4407109099	非端部接合的其他针叶木厚板材
4407210010	端部接合美洲桃花心木
4407210090	非端部接合美洲桃花心木
4407220010	端部接合的苏里南肉豆蔻木、巴西胡桃木及美洲轻木
4407220090	非端部接合的苏里南肉豆蔻木、巴西胡桃木及美洲轻木
4407250010	端部接合的红柳安木板材
4407250090	非端部接合的红柳安木板材
4407260010	端部接合白柳安其他柳安木板
4407260090	非端部接合白柳安其他柳安木板材

商品编号	商品名称
4407270010	端部接合的沙比利木板材
4407270090	非端部接合的沙比利木板材
4407280010	端部接合的伊罗科木板材
4407280090	非端部接合的伊罗科木板材
4407291010	端部接合的柚木板材
4407291090	非端部接合的柚木板材
4407292010	端部接合的非洲桃花心木板材
4407292090	非端部接合的非洲桃花心木板材
4407293010	端部接合的波罗格 Merban 板材
4407293090	非端部接合的波罗格 Merban 板材
4407299011	端部接合拉敏木厚板材
4407299012	端部接合其他未列名濒危热带木厚板材
4407299019	端部接合其他未列名热带木厚板材
4407299091	非端部接合其他未列名濒危热带木板材
4407299099	非端部接合其他未列名热带木板材
4407910010	端部接合的栎木（橡木）厚板材
4407910090	非端部接合的栎木（橡木）厚板材
4407920010	端部接合的山毛榉木厚板材
4407920090	非端部接合的山毛榉木厚板材
4407930010	端部接合的枫木厚板材
4407930090	非端部接合的枫木厚板材
4407940010	端部接合的樱桃木厚板材
4407940090	非端部接合的樱桃木厚板材
4407950010	端部接合的白蜡木厚板材
4407950090	非端部接合的白蜡木厚板材
4407991010	端部接合樟木/楠木/红木厚板材
4407991090	非端部接合樟木/楠木/红木厚板材
4407992010	端部接合的泡桐木厚板材
4407992090	非端部接合的泡桐木厚板材
4407993010	端部接合的北美硬阔叶材厚板材
4407993090	非端部接合的北美硬阔叶材厚板材
4407998011	端部接合其他温带濒危非针叶板材
4407998019	端部接合的其他温带非针叶厚板材
4407998091	非端部接合其他温带濒危非针叶厚板材
4407998099	非端部接合的其他温带非针叶厚板材
4407999012	端部接合的濒危木厚板材
4407999019	端部接合的其他木厚板材

商品编号	商品名称
4407999091	非端部接合的其他濒危木厚板材
4407999099	非端部接合的其他木厚板材
4408101110	胶合板等多层板制濒危针叶木单板
4408101190	其他胶合板等多层板制针叶木单板
4408101910	其他饰面濒危针叶木单板
4408101990	其他饰面针叶木单板
4408102010	制胶合板用濒危针叶木单板
4408102090	其他制胶合板用针叶木单板
4408109010	其他濒危针叶木单板材
4408109090	其他针叶木单板材
4408311100	胶合板多层板制饰面红柳安木单板
4408311900	其他饰面用红柳安木单板
4408312000	红柳安木制的胶合板用单板
4408319000	红柳安木制的其他单板
4408391110	胶合板多层板制饰面桃花心木单板
4408391120	胶合板多层板制饰面拉敏木单板
4408391130	胶合板多层板制饰面濒危木单板
4408391190	胶合板多层板制饰面热带木单板
4408391910	其他饰面用桃花心木单板
4408391920	其他饰面用拉敏木单板
4408391930	其他饰面用濒危木单板
4408391990	其他饰面本章子目注释热带木单板
4408392010	其他桃花心木制的胶合板用单板
4408392020	其他拉敏木制的胶合板用单板
4408392030	其他濒危木制的胶合板用单板
4408392090	其他列名热带木制的胶合板用单板
4408399010	其他桃花心木制的其他单板
4408399020	其他拉敏木制的其他单板
4408399030	其他列名濒危热带木制的其他单板
4408399090	其他列名的热带木制的其他单板
4408901110	胶合板多层板制饰面濒危木单板
4408901190	胶合板多层板制饰面其他木单板
4408901210	温带濒危非针叶木制饰面用木单板
4408901290	其他温带非针叶木制饰面用木单板
4408901911	家具饰面用濒危木单板
4408901919	其他家具饰面用单板
4408901991	其他饰面用濒危木单板

商品编号	商品名称
4408901999	其他饰面用单板
4408902110	温带濒危非针叶木制胶合板用单板
4408902190	其他温带非针叶木制胶合板用单板
4408902911	其他濒危木制胶合板用旋切单板
4408902919	其他濒危木制胶合板用其他单板
4408902991	其他木制胶合板用旋切单板
4408902999	其他木制胶合板用其他单板
4408909110	温带濒危非针叶木制其他单板材
4408909190	温带非针叶木制其他单板材
4408909910	其他濒危木制的其他单板材
4408909990	其他木材，但针叶木热带木除外
4409101010	一边或面制成连续形状的濒危针叶木制地板条、块
4409101090	一边或面制成连续形状的其他针叶木地板条、块
4409109010	一边或面制成连续形状濒危针叶木材
4409109090	其他一边或面制成连续形状的针叶木材
4409211010	一边或面制成连续形状的濒危竹地板条、块
4409211090	一边或面制成连续形状的竹地板条、块
4409219010	一边或面制成连续形状的其他濒危竹材
4409219090	一边或面制成连续形状的其他竹材
4409291010	一边或面制成连续形状的拉敏木地板条、块
4409291020	一边或面制成连续形状的桃花心木地板条、块
4409291030	一边或面制成连续形状的其他濒危木地板条、块
4409291090	一边或面制成连续形状的其他非针叶木地板条、块
4409299010	一边或面制成连续形状的拉敏木
4409299020	一边或面制成连续形状的桃花心木
4409299030	一边或面制成连续形状的其他濒危木
4409299090	一边或面制成连续形状的其他非针叶木材
4410110000	木制碎料板
4410120000	木制定向刨花板（OSB）
4410190000	其他木制板
4410900000	其他板
4411121100	密度>0.8g/cm³ 且厚度≤5mm 的中密度纤维板
4411121900	密度>0.8g/cm³ 且厚度≤5mm 的其他中密度纤维板
4411122000	0.5<密度≤0.8g/cm³ 且厚度≤5mm 的中密度纤维板
4411129100	未经机械加工或盖面的其他厚度≤5mm 的中密度纤维板
4411129900	其他厚度≤5mm 的中密度纤维板
4411131100	密度>0.8g/cm³ 且 5mm<厚度≤9mm 的中密度纤维板

商品编号	商品名称
4411131900	密度>0.8g/cm³ 且 5mm<厚度≤9mm 的其他中密度纤维板
4411132000	0.5<密度≤0.8g/cm³ 且 5mm <厚度≤9mm 中密度纤维板
4411139100	未机械加工或盖面的其他 5mm<厚度≤9mm 中密度纤维板
4411139900	其他 5mm<厚度≤9mm 中密度纤维板
4411141100	密度>0.8g/cm³ 且厚度>9mm 的中密度纤维板
4411141900	密度>0.8g/cm³ 且厚度>9mm 的其他中密度纤维板
4411142000	0.5g/cm³<密度≤0.8g/cm³ 且厚度>9mm 的中密度纤维板
4411149100	未经机械加工或盖面的其他厚度>9mm 的中密度纤维板
4411149900	其他厚度>9mm 的中密度纤维板
4411921000	密度>0.8g/cm³ 的未经机械加工或盖面的其他纤维板
4411929000	密度>0.8g/cm³ 的其他纤维板
4411930000	0.5g/cm³<密度≤0.8g/cm³ 的其他纤维板
4411941000	0.35g/cm³<密度≤0.5g/cm³ 的其他纤维板
4411942100	密度≤0.35g/cm³ 的未经机械加工或盖面的木纤维板
4411942900	密度≤0.35g/cm³ 的其他木纤维板
4412101111	至少有一表层为濒危热带木薄板制濒危竹胶合板
4412101119	至少有一表层为濒危热带木薄板制其他竹胶合板
4412101191	至少有一表层是其他热带木薄板制濒危竹胶合板
4412101199	至少有一表层是其他热带木薄板制其他竹胶合板
4412101911	至少有一表层为濒危非针叶木薄板胶合板
4412101919	其他至少有一表层为非针叶木薄板胶合板
4412101921	濒危竹地板层叠胶合而成的多层板
4412101929	其他竹地板层叠胶合而成的多层板
4412101991	其他濒危竹胶合板
4412101999	其他竹胶合板
4412102011	至少有一表层是濒危非针叶木的濒危竹制多层板
4412102019	至少有一表层是其他非针叶木的其他濒危竹制多层板
4412102091	至少有一表层是濒危非针叶木的其他竹制多层板
4412102099	至少有一表层是其他非针叶木的其他竹制多层板
4412109110	至少有一层是热带木的濒危竹制多层板
4412109190	至少有一层是热带木的其他竹制多层板
4412109210	至少含有一层木碎料板的濒危竹制多层板
4412109290	至少含有一层木碎料板的其他竹制多层板
4412109910	其他濒危竹制多层板
4412109990	其他竹制多层板
4412310010	至少有一表层为桃花心木薄板制胶合板
4412310020	至少有一表层为拉敏木薄板制胶合板

商品编号	商品名称
4412310030	一表层为濒危热带木薄板制胶合板
4412310090	至少有一表层是其他热带木制的胶合板
4412321010	至少有一表层是濒危温带非针叶木薄板制胶合板
4412321090	至少有一表层是其他温带非针叶木薄板制胶合板
4412329010	至少有一表层是濒危其他非针叶胶合板
4412329090	至少有一表层是其他非针叶胶合板
4412390010	其他濒危薄板制胶合板
4412390090	其他薄板制胶合板
4412941010	至少有一表层是桃花心木的木块芯胶合板等
4412941020	至少有一表层是拉敏木的木块芯胶合板等
4412941030	至少有一表层是濒危热带木的木块芯胶合板等
4412941040	至少有一表层是濒危非针叶木的木块芯胶合板等
4412941090	至少有一表层是非针叶木的木块芯胶合板等
4412949110	至少有一层是濒危热带木的针叶木面木块芯胶合板等
4412949190	至少有一层是热带木的针叶木面木块芯胶合板等
4412949210	至少含有一层木碎料板的濒危针叶木面木块芯胶合板等
4412949290	至少含有一层木碎料板的针叶木面木块芯胶合板等
4412949910	其他濒危针叶木面木块芯胶合板等
4412949990	其他针叶木面木块芯胶合板等
4412991010	至少有一表层是桃花心木的多层板
4412991020	至少有一表层是拉敏木的多层板
4412991030	至少有一表层是濒危热带木的多层板
4412991040	其他至少有一表层是濒危非针叶木的多层板
4412991090	其他至少有一表层是非针叶木的多层板
4412999110	其他至少有一层是濒危热带木的针叶木面多层板
4412999190	其他至少有一层是热带木的针叶木面多层板
4412999210	其他至少含有一层木碎料板的濒危针叶木面多层板
4412999290	其他至少含有一层木碎料板的针叶木面多层板
4412999910	其他濒危针叶木面多层板
4412999990	其他针叶木面多层板
4413000000	强化木
4414000010	拉敏木制画框、相框、镜框及类似品
4414000020	濒危木制画框、相框、镜框及类似品
4414000090	木制的画框、相框、镜框及类似品
4415100010	拉敏木制木箱及类似包装容器
4415100020	濒危木制木箱及类似包装容器
4415100090	木箱及类似的包装容器、电缆卷筒

商品编号	商品名称
4415200010	拉敏木托板、箱形托盘及装载木板
4415200020	濒危木托板、箱形托盘及装载木板
4415200090	木托板、箱形托盘及其他装载木板
4416000010	拉敏木制箍桶及其零件（含桶板）
4416000020	濒危木制箍桶及其零件（含桶板）
4416000090	各种木制箍桶及其零件
4417000010	拉敏木制工具、柄，木制鞋楦及楦头
4417000020	濒危木制工具、柄，木制鞋楦及楦头
4417000090	木制工具、柄，木制鞋靴楦及楦头
4418100010	拉敏木制木窗、落地窗及其框架
4418100020	濒危木制木窗、落地窗及其框架
4418100090	木窗、落地窗及其框架
4418200010	拉敏木制的木门及其框架和门槛
4418200020	濒危木制的木门及其框架和门槛
4418200090	木门及其框架和门槛
4418400000	水泥构件的木模板
4418500000	木瓦及盖屋板
4418600010	濒危木制柱和梁
4418600090	其他木制柱和梁
4418710010	已装拼的拉敏木制马赛克地板
4418710020	已装拼的其他濒危木制马赛克地板
4418710090	已装拼的其他木制马赛克地板
4418720010	已装拼的拉敏木制多层地板
4418720020	已装拼的其他濒危木制多层地板
4418720090	已装拼的其他木制多层地板
4418790010	已装拼的拉敏木制其他地板
4418790020	已装拼的其他濒危木制地板
4418790090	已装拼的木制其他地板
4418900010	拉敏木制其他建筑用木工制品
4418900020	濒危木制其他建筑用木工制品
4418900090	其他建筑用木工制品
4419003100	木制一次性筷子
4419003210	酸竹制一次性筷子
4419003290	其他竹制一次性筷子
4419009010	拉敏木制的餐具及厨房用具
4419009020	濒危木制的餐具及厨房用具
4419009090	其他木制餐具及厨房用具

商品编号	商品名称
4420101010	拉敏木制的木刻
4420101020	濒危木制的木刻
4420101090	木刻及竹刻
4420102010	拉敏木制的木扇
4420102020	濒危木制的木扇
4420102090	木扇
4420109010	拉敏木制其他小雕像及其他装饰品
4420109020	濒危木制其他小雕像及其他装饰品
4420109090	其他木制小雕像及其他装饰品
4420901010	拉敏木制的镶嵌木
4420901020	濒危木制的镶嵌木
4420901090	镶嵌木
4420909010	拉敏木盒及类似品，非落地木家具
4420909020	濒危木盒及类似品，非落地木家具
4420909090	木盒子及类似品，非落地式木家具
4421100010	拉敏木制木衣架
4421100020	濒危木制木衣架
4421100090	木衣架
4421901010	拉敏木纤子筒管卷轴线轴及类似品
4421901020	濒危木纤子筒管卷轴线轴及类似品
4421901090	木卷轴，纤子，筒管，线轴及类似品
4421902110	一次性拉敏木制圆签、圆棒、冰果棒、压舌片
4421902120	一次性濒危木制圆签、圆棒、冰果棒、压舌片
4421902190	一次性其他木制圆签、圆棒、冰果棒、压舌片
4421902210	一次性酸竹制圆签、圆棒、冰果棒、压舌片
4421902290	一次性其他竹制圆签、圆棒、冰果棒、压舌片
4421909010	拉敏木制的未列名的木制品
4421909020	濒危木制的未列名的木制品
4421909090	未列名的木制品
4501100000	未加工或简单加工的天然软木
4501901000	软木废料
4501902000	碎的、粒状的或粉状的软木（软木碎、软木粒或软木粉）
4502000000	块、板、片或条状的天然软木
4503100000	天然软木塞子
4503900000	其他天然软木制品
4504100000	块、板、片及条状压制软木
4504900000	其他压制软木及其制品

商品编号	商品名称
4601210000	竹制的席子、席料及帘子
4601220000	藤制的席子、席料及帘子
4601291111	蔺草制的提花席、双臂席、垫子
4601291112	蔺草制的其他席子
4601291119	蔺草制的其他席子、席料及帘子
4601291190	其他灯心草属材料制的席子等
4601291900	其他草制的席子、席料及帘子
4601292100	苇帘
4601292900	芦苇制的席子、席料
4601299000	其他植物材料制的席子、席料及帘子
4601921000	竹制缏条及类似产品
4601929000	竹制的其他编结材料产品
4601931000	藤制的缏条及类似产品
4601939000	藤制的其他编结材料产品
4601941100	稻草制的缏条（绳）及类似产品
4601941900	稻草制的其他编结材料产品
4601949100	其他植物材料制的缏条及类似产品
4601949900	其他植物编结材料产品
4601991000	非植物材料制的缏条及类似产品
4601999000	其他非植物编结材料产品
4602110000	竹编制的篮筐及其他制品
4602120000	藤编制的篮筐及其他制品
4602191000	草编制的篮筐及其他制品
4602192000	玉米皮编制的篮筐及其他制品
4602193000	柳条编制的篮筐及其他制品
4602199000	其他植物材料编制的篮筐及其他制品
4602900000	其他编结材料制品及其他制品

三、家具海关统计口径（2008年）

商品编号	商品名称
9401100000	飞机用坐具
9401201000	皮革或再生皮革面的机动车辆用坐具
9401209000	其他机动车辆用坐具
9401300000	可调高度的转动坐具

商品编号	商品名称
9401401000	皮革或再生皮革面的能作床用的两用椅
9401409000	其他能作床用的两用椅
9401510000	竹制或藤制的坐具
9401590000	柳条及类似材料制的坐具
9401611000	皮革或再生皮革面的装软垫的木框架的其他坐具
9401619000	其他装软垫的木框架的坐具
9401690000	其他木框架的坐具
9401711000	皮革或再生皮革面的装软垫的金属框架的坐具
9401719000	其他装软垫的金属框架的坐具
9401790000	其他金属框架的坐具
9401801000	石制的其他坐具
9401809000	其他坐具
9401901100	机动车辆用座椅调角器
9401901900	机动车辆用其他坐具零件
9401909000	其他坐具的零件
9402101000	理发用椅及其零件
9402109000	牙科及类似用途的椅及其零件
9402900000	其他医疗、外科、兽医用家具及零件
9403100000	办公室用金属家具
9403200000	其他金属家具
9403300010	濒危木制办公室用木家具
9403300090	其他办公室用木家具
9403400010	濒危木制厨房用木家具
9403400090	其他厨房用木家具
9403501010	卧室用濒危红木制家具
9403501090	其他卧室用红木制家具
9403509100	卧室用漆木家具
9403509910	卧室用其他濒危木家具
9403509990	卧室用其他木家具
9403601010	濒危红木制其他家具
9403601090	其他红木制家具
9403609100	其他漆木家具
9403609910	濒危木制其他家具
9403609990	其他木家具
9403700000	塑料家具
9403810000	竹制或藤制的家具
9403891000	柳条及类似材料制的家具

商品编号	商品名称
9403892000	石制的家具
9403899000	其他材料制的家具
9403900010	飞机内厨房家具零件
9403900090	其他编号 9403 所列物品的零件
9404100000	弹簧床垫
9404210010	蔺草包面的垫子
9404210090	海绵橡胶或泡沫塑料制褥垫
9404290000	其他材料制褥垫
9404301010	濒危野禽羽毛或羽绒填充的睡袋
9404301090	其他羽毛或羽绒填充的睡袋
9404309000	其他睡袋
9404901010	濒危野禽羽绒或羽毛填充的其他寝具
9404901090	其他羽绒或羽毛填充的其他寝具
9404902010	濒危兽毛填充的寝具
9404902090	其他兽毛填充的其他寝具
9404903000	丝棉填充的其他寝具及类似品
9404904000	化纤棉填充的其他寝具及类似品
9404909000	其他材料制寝具及类似品
9405100000	枝形吊灯
9405200000	电气台灯、床头灯、落地灯
9405300000	圣诞树用的成套灯具
9405401000	探照灯
9405402000	聚光灯
9405409000	其他电灯及照明装置
9405500000	非电气灯具及照明装置
9405600000	发光标志、发光铭牌及类似品
9405910000	编号 9405 所列物品的玻璃制零件
9405920000	编号 9405 所列物品的塑料制零件
9405990000	编号 9405 所列物品其他材料制零件
9406000010	用动植物材料制作的活动房屋
9406000020	带有风扇的高效空气粒子过滤单元（HEPA）的封闭洁净室
9406000090	其他活动房屋

第三章　木制品、家具质量安全内容概况

国际贸易在世界贸易组织框架下，传统关税壁垒正逐渐削弱，以技术法规、标准、合格评定程序为主要表现形式的技术性贸易的影响日益明显。近几年来的统计调查显示，"不断提高技术标准"是国外实施家具技术性贸易措施的主要方式。

目前，国外技术性贸易措施在家具贸易方面主要是提高家具产品技术标准，提高家具产品有害物质含量的要求，提高产品阻燃方面的要求，提高产品对消费者安全性保护方面的要求；加强对产品认证的要求，加强对使用原材料环保、生态方面的认证；提高产品标识、标签和包装要求。

由于家具的制作材料有木材、金属、塑料、石材、玻璃、橡胶、织物、皮革、海绵、油漆涂料、胶粘剂等，使用时可能产生甲醛、苯、重金属、放射线等有毒有害物质，这些已经成为室内环境的主要污染物。考虑到家具必须满足功能、安全、环保、外观、耐用等要求，因此，涉及木制品、家具的质量安全项目包括了三方面内容：有毒有害物质限量、家具安全要求、防火阻燃安全要求。

一、有毒有害物质限量

（一）有毒有害物质

有毒有害物质项目包括防腐剂（五氯苯酚、砷、杂酚油等）、重金属元素（总量铅Tol.Pb、可溶铅 Sol.Pb、镉 Sol.Cd、铬 Sol.Cr、汞 Sol.Hg、钡 Sol.Ba、砷 Sol.As、硒 Sol.Se、锑 Sol.Sb）、有机锡化合物、禁用偶氮染料、甲醛、增塑剂邻苯二甲酸盐、富马酸二甲酯、挥发性有机化合物、含溴阻燃剂等。

1. 甲醛（Formal dehyde 或 Methanal）

甲醛是一种由碳、氢、氧元素组成的带刺激性气味的无色气体，常以浓度为 37%、商品名为福尔马林（Formalin 或 Formol）的水溶液于市场销售。甲醛在众多产品的制造和合成中有悠久的应用历史，广泛用于各种家用产品，主要来源于家具产品和建筑材料中。在木材工业上，甲醛用于各类人造板、脲醛树脂、胶粘剂、皮革鞣剂、木材防腐

剂等。

甲醛被国际癌症研究机构（IARC）划分为致癌物质，属于致敏物质和致畸变物质，容易发生过敏反应，破坏肌膜，破坏中枢神经系统、肝脏和肾脏。健康危害程度依据暴露级别而定。据研究分析，级别在（1~3）ppm（$1 \text{ mg/m}^3 = 0.81 \text{ ppm}$），对眼睛、鼻子和咽喉有轻微到中等刺激。达到这些级别后的症状包括咳嗽、呼吸困难、恶心等。浓度超过 10 ppm 时，会立即引起严重不适。长期处于这样的极高浓度的环境下，会导致健康受到严重影响，如引发哮喘。如果儿童长期处于甲醛量高于 16ppb 的环境中，将会引起咳嗽和过敏反应；高于 50ppb 的环境将有可能引起哮喘。

许多国家对木制品、家具中的甲醛释放量作了限制。

2. 挥发性有机化合物 VOCs

从消费品和商业产品（如家具、木制品）制造及使用过程中释放的挥发性有机物 VOCs 不仅直接污染空气，而且还可以导致光化学烟雾以及给人类健康带来多方面严重风险。某些个别挥发性有机物可能会增加患上癌症的风险和（或）对皮肤、黏膜和（或）呼吸道产生刺激作用。还有光化学分解产物像对流层的臭氧空洞一样会在全球几个人口密集区域导致危险。为标识这些健康威胁，在欧洲、美国的立法机关都出台了某些特殊的消费品和商业产品中挥发性有机物含量限制强制性法规，如在美国（EPA40 CFR 第 9 和 59 部分）和欧洲（2004/42/EC 指令）。

苯（Benzene）被界定为第一类致癌物质，致诱变以及毒性物质接触和呼吸都存在风险。

甲苯（Toluene）是第三类生殖毒性物质，风险为 R63 的有害物质。存在明显释放出刺激性的、有毒的多环芳烃，对皮肤和眼睛有刺激性。

化学品限制令 76/769/EEC 指令要求苯和甲苯在消费品中的含量不可以超过 0.1%。

3. 重金属（Heavy metals）

从环保和卫生的角度上又习惯将具有毒性的金属元素称为重金属元素。由于木制品、家具中的原材料或助剂中、或原料受到污染（工艺污染）而造成可能含有重金属，如各种油漆涂料、色粉、颜料、稳定剂、防腐剂、催化剂、阻燃剂、皮革鞣制剂、着色剂等材料中可能有 Pb、Hg、Sb、Cr、Cd 等重金属元素。

所有铬的化合物都有毒性。六价铬的毒性最大，三价铬次之，二价铬毒性最小，六价铬的毒性比三价铬几乎大 100 倍。铬的化合物常以溶液、粉尘或蒸气的形式污染环境，危害人体健康。铬可通过消化道、呼吸道、皮肤和黏膜侵入人体，对人体的毒害为全身性的，对皮肤、黏膜具有刺激作用，可引起皮炎、湿疹、气管炎和鼻炎，并有致癌作用，如六价铬化合物可以诱发肺癌和鼻咽癌。德国食品和日用商品法规定不得含有六价铬，目前的检测方法标准有（BS、EN、DIN）ISO17075:2007，检测限为 3mg/kg；CEN/TS14495-2003，检测限为 10mg/kg。

重金属铅（Lead，Pb）

尽管在 20 世纪 70 年代，人们意识到铅及其毒性的危害，但是在人体身上发生的铅中毒一直是一个普遍的但可以预防的环境健康问题。通过了解、识别、安全地消除铅的源头，我们就可以确保人类的长期健康并防止其毁灭性的、不可逆转的后果。

铅是一种具有毒性的金属，用于多种产品与材料中，包括油漆、聚乙烯百叶窗、管子、含铅水晶、餐具及陶瓷制品。铅若被吸收到人体内，会对诸如大脑、肾、神经、生殖、免疫系统等内脏及血细胞造成损害。铅中毒对六岁以下的儿童特别有害。

铅对几乎所有内脏的发育与功能产生干扰，特别对于肾、红血球与中枢神经系统来说更是如此。儿童与铅接触时，铅中毒的问题特别严重。由于他们的身体尚未完全发育，铅中毒会造成如下危害：损坏大脑、肝脏与肾脏；发育减慢；学习与行为方面发生问题；智力（或智商）降低；丧失听力；坐立不安。

铅中毒症状：除非血铅水平非常高，大多数铅中毒的儿童并不显示明显的症状，因此，很多铅中毒的儿童得不到诊断与治疗。不过，有些中毒的症状是：头痛，胃痛，恶心，疲倦，易怒。由于铅中毒的症状与流感或病毒感染的症状相似，因此，了解某个孩子是否中毒的唯一方法是让医生对其进行简单的验血。六个月至两岁小孩的身体对铅的吸收能力更强，因此，化验对他们的健康来说越来越重要。不过，六岁以下的儿童应该在儿科诊所或公共诊所检测其血铅水平，即使他们的健康没有明显的不正常。

（1）铅的主要来源。

①旧的油漆。含铅油漆往往存在于1978年以前建造的旧房子里。如果这些油漆已剥落、龟裂或粉化，就变得不安全了。由于婴儿和小孩常把手和其他东西放进嘴里，他们可能会吞下铅灰或咀嚼漆片。

②铅灰。当门窗、楼梯边缘、护栏或其他带有含铅油漆的表面由于不断摩擦而磨损时（如门窗的开与关），有害而无形的铅灰就产生了。儿童往往因把手放到嘴里摄入铅灰而中毒。在铅灰含量高的空气中呼吸的孕妇会把铅传给自己的胎儿，造成严重的危害。注意：当墙壁或其他带有油漆的表面被砂纸磨光、被刮拭或拆卸时，铅灰就容易散播在整个屋子里。只有经过培训的专业人士才可以在房屋内把旧的油漆表面安全地除去。

③土壤。对屋外含铅油漆的削刮会使房屋周围的土壤受到污染。小孩在屋外（特别是在裸露的泥地上）玩耍时，可能会意外地吞入污染了的土壤或者在室内的地毯与地板上留下带泥的足迹，然后与泥迹接触。

④饮用水。1930年前安装在家里的铅管可能会含铅，当水通过这些旧管子时铅会进入饮用水里。非铅中毒的儿童与铅接触总量的10%~20%来自于饮用水。

⑤食物。铅会依附在食品与饮料中，而食品与饮料往往被储存在进口的瓷器与陶器中。

⑥在工作场所与铅接触。父母在与铅有关的行业工作（如油漆、汽车或回收等行业）或父母把铅用于自己的喜好中（如用于有色玻璃窗）。

⑦家庭用药。化妆品，如眼影与眼影油。

（2）防止铅中毒的措施。

由于对铅中毒的治疗方案有限，最好在铅中毒发生前就加以防止。铅中毒可以用适当方式防止。

①营养。给孩子吃的食物要含铁量高（如蛋、熟的大豆或者红色肉类）、含钙量高

（如奶酪、酸奶或熟的绿叶菜类）、维生素 C 成分高（如柑橘类、青椒或西红柿）。充足地摄入此类养分可以最大限度地减少儿童身体对铅的吸收。

②生活习惯。教孩子们养成健康的生活习惯，如吃饭、睡觉前要洗手；进屋脱鞋子；孩子的玩具或其他可咀嚼的东西表面要洗净；购买无铅百叶窗；用水拖地板及表面，然后再擦干地板与表面。请一位有证书的专业人员把家里的铅源安全地清除出去。家里装修时，孩子与孕妇不能待在家里。

③个人保健。养成良好卫生习惯，经常洗手并给孩子洗手，特别在吃饭与睡觉前要这样。

4. 木材防腐剂（五氯苯酚、砷、杂酚油等）

木材防腐处理是木材表面涂层或在压力下灌注化学药剂，以达到提高木材抵御腐蚀和虫害的能力和提高使用寿命、节约木材资源的目的。木材防腐剂一般分为熏剂型（如氨水、硫黄等）、焦油型（如杂酚油类）、油溶型（如五氯苯酚）和水溶型（如含铜、铬、砷的防腐剂简称 CCA、硼化物、百菌清等）防腐剂，以及目前开始使用的复合型防腐剂。但其中有些药剂对环境有污染和不安全问题，有毒防腐剂通过生物浓缩和食物链，药剂在生物体内残留较高，这种微量积累可造成慢性毒害，对生态造成了污染，对人类的安全构成了威胁，因此木材防腐剂必须有严格的规范于受控条件下使用。为此，各国都十分重视木材保护工作和防腐剂使用的安全性问题，并纷纷制定各种法规、标准对防腐剂的生产使用加以严格限制，如五氯苯酚在大多数国家已被禁止使用，杂酚油类因含有致癌性的多环芳烃而已趋于淘汰，CCA 由于含砷，美、欧已颁布法规于 2004 年禁止在民用场合使用。美国制定了木材防腐的政策法规，并对木材防腐剂及不同木材、不同情况下的防腐剂的使用及保留量进行详细的规范；欧盟、日本对木材防腐剂也有严格规定，如对混合防腐油或五氯苯酚不得用于室内能与人或动物直接接触的结构，并不得用于储存食品或能与饮用水接触的结构。伴随着防腐处理木材在建筑、海港、铁路、家具等行业发挥积极作用的同时，毫无疑问，含有毒防腐剂木材的大量使用也给生态环境和人体健康带来了高风险。

（1）五氯苯酚（Pentachlorophenol，PCP），也称为五氯酚，熔点 187~189℃，沸点 310℃，相对密度 1.978，溶解度 0.008，具高挥发性。五氯苯酚残渣中二噁英对生物、人体有高毒性，对机体、新陈代谢有严重危害，引起皮肤过敏、呼吸道疾病、中毒，重者致癌。

（2）杂酚油（Creosote oil）：化学品危险，而杂酚油属于危险物质（根据指令 67/548/EEC、化学品限制法令 76/769/EEC），属于第二类致癌物质，就其短期毒性而言，对眼睛、皮肤以及呼吸道都有刺激作用。

（3）砷（Arsenic，As）：砷不仅具有遗传性，还是一种致癌物质，而致癌物质的影响是没有界限的。砷的化合物均有剧毒。三氧化二砷（As_2O_3）化合物就是人们熟悉的剧毒物"砒霜"。砷及其化合物可由呼吸道、消化道及皮肤吸收而进入人体。砷化物多经消化道进入人体，引起全身中毒症状，一般为四肢无力、腿反射迟钝、肌肉萎缩、皮肤角质化、黑色素沉着并出现食欲不振、消化不良、呕吐、腹泻等。急性中毒症状为咽干、口渴、流涎、持续性呕吐、腹泻、剧烈头痛、四肢痉挛等，可因心力衰竭或闭尿而死。吸入砷化氢蒸气可发生黄疸、肝硬变、肝脾肿大等，皮肤接触可触发皮炎、湿疹，严重者可出现溃疡。

5. 含溴阻燃剂

欧洲议会和欧盟委员会 2003/11/EC 指令规定全面禁用五溴二苯醚（$C_{12}H_5Br_5O$）和八溴二苯醚（$C_{12}H_2Br_8O$）两种阻燃剂。这两种阻燃剂常用于玩具、家具布和各种床上用品及室内装饰织物。该指令规定，禁止使用和销售五溴二苯醚或八溴二苯醚含量超过 0.1% 的物质或制剂。同时，任何产品中若含有含量超过 0.1% 的上述两种物质也不得使用或在市场上销售。该指令要求所有成员国在 2004 年 2 月 15 日前将此禁令转化成本国的法律、法规或行政命令，并且最迟不晚于 2004 年 8 月 15 日付诸实施。

多年来，制造商一直使用多溴联苯醚阻燃剂（PBDE）来降低日用品的易燃性，包括电子产品的外壳、地毯垫以及装有软垫的家具产品的泡沫垫等。虽然这些耐燃产品挽救了不少生命，防止了财产的损失，但是溴化阻燃剂（BFR），尤其是各种多溴联苯醚阻燃剂对环境和健康的影响也受到越来越多的关注。产品中通常使用的多溴联苯醚阻燃剂是十溴联苯醚、八溴二苯醚和五溴联苯醚。在溴化阻燃剂的整个生命周期中存在多种进入环境的可能途径。生产溴化阻燃剂的工业设备和将溴化阻燃剂掺入消费品中的制造设备会在聚合物的形成、加工或制造过程中释放出此类化合物。泡沫产品的分解、挥发、洗烫或使用时产品的滤除都会释放出溴化阻燃剂。最后，产品的处置，包括废品的燃烧和回收，以及掩埋的垃圾的释放等，是溴化阻燃剂进入环境的最终途径。

6. 增塑剂

邻苯二甲酸盐广泛应用于食品包装材料、塑料制品等产品以及软塑料玩具、塑胶环和摇铃等其他婴儿产品中。邻苯二甲酸二辛酯（DEHP）、邻苯二甲酸二丁酯（DBP）、邻苯二甲酸丁苄酯（BBP）、邻苯二甲酸二异壬酯（DINP）、邻苯二甲酸二异癸酯（DIDP）及邻苯二甲酸二正辛酯（DNOP）等邻苯二甲酸盐，其浓度超过 0.1% 时为禁用。此类邻苯二甲酸盐对人类身体健康有很大危害，可致癌、引起男性生殖器官畸形。

7. 有机锡化合物（如 TBT、TPT、TBTO 等）

有机锡 TBT（76/769/EEC 修订指令为 1999/51/EC；2001/570/EC），有机锡化合物被用作 PVC 的稳定剂、工业催化剂、农药、木材防腐剂、船底涂料，但对生物、人体有很大的毒性，破坏人体淋巴细胞、致癌。

（二）各种木制品、家具材料中的限制内容

1. 木材及其制品

①防腐防霉剂：木材本身对环境没有任何负面影响，但生产时可能采用防腐灭菌处

理，防腐灭菌剂用后能释放出有害气体。许多国家规定，可能与人类接触的场合不许使用经防腐灭菌剂处理过的木质材料，如五氯苯酚、砷、杂酚油、有机锡化合物、富马酸二甲酯等。②木制品中的甲醛释放量。③木制品表面涂层中的重金属，等等。

2. 塑料制品中的限制物

塑料在家具中常以构件的形式或塑料家具出现，如塑料家具、抽屉、拉手、铰链等。使用最多的是尼龙和 ABS 塑料，PVC 也用。塑料对环境的影响主要是由它的添加剂决定的。其添加剂包括一系列的稳定剂、软化剂、颜料和防火剂。许多标准禁止使用：镉、铬、铅或汞等重金属或它们的化合物，增塑剂（邻苯二甲酸盐）、卤化有机物等。

3. 金属及金属制品

钢和铝常用来生产铰链、滑道和其他构件等五金件或金属家具。其表面处理有电镀或涂饰两种方法。电镀可导致镉、铬、镍或锌的化合物，脱脂等工艺可能使用有毒的氯化有机溶剂。有些国家规定金属加工和表面处理不许使用卤化有机溶剂；金属不应使用镉、铬、镍和它们的化合物进行电镀；金属涂料不应含有以铅、铬、镉、汞和它们的化合物为基础的颜料和添加剂。

4. 玻璃

玻璃本身对环境没有危害，但含铅玻璃在许多国家中禁止使用。

5. 胶粘剂和涂料

不应含有机锡化合物、卤化有机物或芳香族溶剂，也不应含有重金属及其化合物。

6. 包装材料

标准规定不许使用含氯的塑料作包装材料。

二、家具安全要求

这里的家具安全要求主要包括设计安全、生产安全、结构安全、机械安全、使用安全等方面内容。例如：家具的设计是否考虑到了安全问题，其在生产过程中是否安全，家具的结构是否牢固。茶几类产品的玻璃搁板上要有承重标签，确保使用在承重范围内。玻璃搁板包装盒及纸箱上必须印刷易碎标志。凡是产品包装中有枪钉、码钉等钉类，都应该在装配说明书中加注说明字样。

（1）3 岁以下儿童使用的玩具和物品不得含有导致哽噎、划破、吸入等危险的小附件。家具中的小附件应符合该法规的规定，家具物品本身属于或包含小部件，或当破碎时会产生小部件（产品在撞击、弯曲、扭曲、绷紧和压缩测试后不能出现能完全进入小部件圆筒的碎片）。小部件是指任何一个能恰好进入一个特殊设计的测试圆筒的物件，该测试圆筒有 2.25 英寸长、1.25 英寸宽，大约是一个 3 岁以下儿童充分扩张的喉头大小。这些测试模拟 3 岁以下儿童在正常使用和滥用的情况下经受的力量。要是这些力量导致产品破裂而出现能进入圆筒的碎块，这些碎块对 3 岁以下儿童就具有窒息、吸入和咽入的危险。

（2）8 岁以下儿童使用的家具和物品不得存在有刺伤、划破人体的锐利尖端。供 8 岁以下儿童使用的玩具、家具和其他物品的锐利尖端要符合测试技术要求。

（3）8 岁以下儿童使用的玩具和家具等物品的金属、玻璃附件不得有锐利边缘。供 8 岁以下儿童使用的玩具和其他物品的金属玻璃锐利边缘要符合测试技术要求。

（4）消费者手、身体接触的部位表面必须光滑、圆滑。产品棱、角部位必须略倒角或倒圆，特别是玻璃、镜子，以免意外伤人。皮肤及衣服能接触到的部位必须做到光滑，不能有碎片、毛刺及钉类等凸出物，保持良好的触摸感。在 1000mm 高度以下，家具不宜有凸出整体的尖锐造型，特别注意茶几类产品。

（5）在产品的设计与生产中，必须高度重视产品的安全性。杜绝使用时可能引起人身危险及物品损坏的可能。家具产品各部位及零部件，在使用中不能出现开裂、松动。家具必须考虑儿童使用时是否安全。家具在高度为 1000mm 以下的部位，应该尽可能不用普通玻璃等危险材料，以免儿童玩耍时打碎玻璃伤人。可选用木门或高强度钢化玻璃等材料。保护儿童安全，要求圆拉手、孔塞、木销、轮子等小零部件尽可能设计得坚固。如果可拆装的，必须标示说明，家长要看护好儿童，以免儿童吞食。在选购儿童家具时尽量选购那些可以调整高度的家具，如为孩子选择睡床不能太软，由于孩子处在生长发育期，骨骼、脊柱没有完全发育到位，睡床过软容易造成儿童骨骼发育变形。儿童家具安全涵盖了摇篮、婴儿床、高脚椅、桌边餐椅、防护门、婴儿围栏、摇椅、背袋等十多个品种的产品安全。

三、防火阻燃安全要求

产品安全已受到国际上的广泛关注。许多火灾是由室内家具或软装饰品起火引起的，家具及其原材料的阻燃能力更直接影响产品的防火安全，防火阻燃安全包括了成品的防火阻燃和原材料（面料和填充料）的防火阻燃。因此，许多国家要求或建议为家具及其原材料产品进行阻燃性测试，确保产品的质量和安全。美国、英国、澳大利亚、日本、中国等国家都制定有家具防火安全法规标准，要求所有装软垫的家具和其他装软垫的产品必须达到阻燃安全要求，全球家具行业最著名的防火法规包括美国加州防火安全法规、英国家具及家饰防火安全条例（1988）等。

四、有关木制品、家具的国际公约及其议定书

　　国际公约是指由国际专业组织制定，参加国承认并适用于各参加国的国际性协议。国际公约适用于所有缔结国和参加国。木制品家具产品涉及的国际公约有《濒危野生动植物种国际贸易公约》（即华盛顿公约，英文简称 CITES）、《保护臭氧层维也纳公约》等。例如木制品、家具产品中使用的木材，就得遵守《濒危野生动植物种国际贸易公约》的规定，不得使用禁止的濒危、保护木材，如榉木、喜马拉雅红豆杉、梭柱木、危地马拉冷杉、大叶桃花心木、愈疮木等。CITES 公约的精神在于管制而非完全禁止野生动植物的国际贸易，其用物种分级与许可证的方式，以达成野生动植物市场的永续利用性。该公约管制国际贸易的物种，可归为三大类，分别列入三个附录中，并采取不同的管理限制办法。附录一的物种为若再进行国际贸易会导致灭绝的动植物（约 567 种），明确规定禁止其国际性的交易；附录二的物种约有 264 种，为现在无灭绝危机，但如果不加以管制就有可能存在灭绝危机，管制其国际贸易的物种，若仍面临贸易压力，族群量继续减少，则将其升级入附录一；附录三的物种约有 240 种，是各国视其国内需要，区域性管制国际贸易的物种。

附：木制品、家具主要质量安全要求（摘要）

产　　品	项目与限量要求	国别/地区	技术法规
家具用人造板	甲醛：E1 级、E2 级	欧盟	89/106/EEC
	五氯苯酚≤5ppm		2003/02/EC
家具用木材、木制品	五氯苯酚≤5ppm		
	砷（砒霜）：禁用		
家具表面油漆涂层	可溶重金属元素		94/62/EC，76/769/EEC
户外家具、儿童家具	产品安全性		2001/95/EC
软体家具面料	禁用偶氮≤30ppm		2002/61/EC
	五氯苯酚≤5ppm		76/769/EEC
	总镉≤100ppm		91/338/EEC
	含溴阻燃剂≤0.1%		2003/11/EC
软体家具	防火阻燃	英国	英国防火法规
家具用原材料（如木材、木制品、人造板、油漆涂料等）	胶合板甲醛≤0.2ppm	美国	40CFRP63
	PB、MDF 甲醛≤0.3ppm		EPA、CPSC 等
	油漆涂层中：总铅≤0.06%　可溶重金属（8 个）		16CFR1303
	砷：禁用		EPA
	五氯苯酚：禁用		EPA
儿童家具	安全性能		儿童家具安全
软体家具	防火阻燃		美国联邦法规、加州防火法规等

续表

产品	项目与限量要求	国别/地区	技术法规
木质材料	甲醛（E1 级、E2 级）	中国	GB18580–2001
家具	甲醛（E1 级）、重金属元素（可溶 Pb、Cd、Hg、Cr）		GB18584–2001
家具用木质材料	防腐剂砷、五氯苯酚		GB50206
软体家具	软体家具		GB17927
家具及其原材料	甲醛 F☆☆☆☆ F☆☆☆ F☆☆ F☆	日本	建筑基准法

第四章 欧盟及其成员国对木制品家具的技术性贸易措施

欧盟即欧洲同盟（European Union，EU）的简称，是由早期的欧洲煤钢共同体、欧洲经济共同体、欧洲原子能共同体合并而成，统称为"欧洲共同体（European Community）"，简称"欧共体（EC）"。1992年2月7日，欧共体各成员的外长、财长在马斯特里赫特签署了《欧洲同盟条约》，也称《马斯特里赫特条约》，标志着欧盟正式建立。到目前为止，欧盟拥有27个成员国，近5亿人口；欧盟经济总值10.8万亿欧元，占世界经济的1/4；是世界上最大的贸易实体，占世界货物贸易的22.8%，服务贸易的27%；为世界第一大货物出口商，约占世界总额的1/5；是全球130个国家的主要出口市场。

一、欧盟技术法规体系简要

欧盟针对产品的法律体系主要由三大部分组成：①欧盟的基础条约和后续条约，如1987年的《统一欧洲法案》、1992年的《欧洲同盟条约》和1997年的《阿姆斯特丹条约》。②欧盟理事会和委员会制定的各种条例、指令、决定等法律文件。③不成文形式的欧洲联盟法。其中涉及商品技术层面的最常用、最常见的是条例、指令、决定、建议和意见等。

（1）条例（Regulations）：《欧洲共同体条约》第189条第2款规定，条例具有普遍的适用性，具有统一的约束力，并在所有成员国直接适用。条例具有基础条约的实施细则的性质。条例相当于议会通过的法令，公布生效后各成员国必须执行，无须变成本国的立法。

（2）指令（Directives）：是要求各成员国将有关立法纳入共同体法律的条文，是对成员国具有约束力的欧共体法律，实施方法可以自行选择，一般给成员国一定的时间开始执行，使其变成成员国的法律。

（3）决定（Decisions）：是有明确针对对象的具有约束力的法律文件。它与条例有类似的效力，但适用的范围不同。条例具有普遍性，对所有成员有约束力，而决定仅指向个别具体、明确的对象。

（4）建议和意见（Recommendation and Opinions）：建议和意见不具有约束力。欧盟的各项政策（技术法规）就是通过以上这一系列法令、指令、决议、建议和意见的颁布和实施来完成的。

欧盟技术法规通常由欧盟委员会提出，经欧盟理事会和欧洲议会讨论通过，然后再颁布实施。目前，欧盟技术法规有 2000 多个，内容涉及机械设备、交通运输、农产食品、医疗设备、化学产品、建筑建材、通信设备以及动植物检验检疫等许多方面。而涉及安全、健康、环境和消费者保护的新方法指令则是欧盟技术法规的一个重要组成部分。欧盟指令规定的是"基本要求"，即商品在投放市场时必须满足的保障健康和安全的基本要求。而欧洲标准化机构的任务是制定符合指令基本要求的相应的技术规范（即"协调标准"）。符合这些技术规范便可以推定（产品）符合指令的基本要求。

（一）欧盟及其成员国的技术法规、标准状况

随着经济全球化和贸易自由化的不断发展，各国采取了形式多样的贸易保护措施，如关税、配额、许可证、技术性贸易壁垒、绿色壁垒、知识产权、社会责任等。发达国家利用自己的经济、技术优势，假借安全、卫生、环保、生态之名，实行贸易保护之实，对其他国家特别是发展中国家设置各种技术壁垒，技术壁垒已越来越成为发达国家在国际贸易中所使用的主要措施。欧盟及其成员国是最先意识到国际贸易中技术性贸易壁垒存在和作用的国家，同时这些成员国也是设置技术壁垒最严重的国家。另外，随着欧盟组织的不断强大，其技术性贸易壁垒也不断完善和统一。欧盟技术性贸易壁垒对国际贸易的影响越来越大。

欧盟及其成员国由于经济、技术实力普遍较高，因而各国的技术标准水平较高，法规较严，尤其是对产品的环境标准要求，让一般发展中国家的产品望尘莫及。仅环境保护指令欧盟现已正式通过了 200 多条，且皆在各成员国中成功实施。大多数指令用于防止空气及水污染并鼓励废物处理，其他重大问题包括自然保护与危险工业过程监管。欧盟十分关注运输业、工业、农业、渔业、能源业及旅游业发展对自然资源的破坏。以欧盟新方法指令中的 89/106/EC 指令为例，对进入欧盟市场的建筑产品中木质材料，不但要求检验木质材料的常规性能、甲醛、五氯苯酚、包装等，还对产品的生产流通过程中的卫生、环保条件和废物回收等方面提出严格要求。欧盟不仅有统一的技术标准、法规，而且各国也有各自的严格标准，它们对进口商品可以随时选择对自己有利的标准。从总体来看，要进入欧盟市场的产品必须至少符合或达到三个条件之一：①符合欧洲标准 EN，取得欧洲标准化委员会 CEN 认证标志；②进入欧盟市场的生产厂商，要取得 ISO9000 体系认证；③与人身安全有关的产品，要取得欧盟安全认证标志 CE。欧盟明确要求进入欧盟市场的产品凡涉及欧盟指令的，必须符合指令的要求并通过一定的认证，才允许在欧洲市场流通。加贴了 CE 标志的商品表示其符合安全、卫生、环保和消费者保护等一系列欧洲指令所要表达的要求。

在技术标准、法规方面，德国目前应用的工业标准约有 1.5 万个，其他标准有 1.2 万个，虽然这些标准并非全部属于强制性规定，即并非要求进口商品全部符合这些标准，但许多德国客户喜欢符合这些标准的商品，因而进口产品是否符合德国工业标准，

实际上已成为推销产品的一个重要因素。除工业标准外，德国法律规定，某些进口产品必须符合特别安全规定或其他强制性技术要求，例如，LMBG（Lebensmittel-und Bedarfsgegenstaende-Gesetz）、BGVO（Bedarfsgegenstaendererordnung）是德国《食品与日用品法》和《日用品法令》的简称，是德国食品和日用品卫生安全管理方面最重要的基本法律文件，是其他专项卫生法律、法规制定的准则和核心。它们作了总的和基本性的规定，所有在德国市场上的食品、日用品都必须符合 LMBG、BGVO 的基本规定。与食品接触的日用品通过测试，符合德国《食品与日用品法》第三十条和三十一条的，可以得到授权机构出具的 LMBG 检测报告证明为"不含有化学有毒物质的产品"，并能在德国市场销售。英国法律规定所有在英国出售的用于电器用品的三相电线必须地线是绿色或黄色，火线为棕色，不带电的线为蓝色；所有在英国销售的软体家具必须符合英国防火安全技术法规要求，标签上应说明。法国政府规定，凡进口或在法国销售的所有进口木质产品防腐剂必须符合法国政府颁布的木质产品防腐处理 NFB 51-297-2004 强制性标准，所有进口玩具必须符合政府颁布的 NFS 51-202 和 NFS 51-203 法令中强制性安全标准。

　　欧盟及其成员国对卫生、安全技术要求不尽相同，质量一般要求较高，对涉及安全、生态环保、卫生等方面的要求特别严格，如对不同形态软体家具的耐燃性安全要求特别严格。软体家具使用的材料必须满足欧共体建筑产品的指令和各种防火试验，对软体家具有统一的防火安全规则。意大利制定了旅馆家具覆盖物、褥（垫）和地板覆盖物等纺织品的安全法规。英国、爱尔兰制定安全法规的依据是香烟试验和火柴试验，并禁止使用聚氨酯材料。在质量标准方面，欧洲共同体规定进口商品的质量必须符合 ISO9000 国际质量标准体系。随着欧盟对食品安全和消费者健康安全的日益重视，有关安全、卫生、环保和消费者保护的技术法规、标准也将越来越严格。如最近欧盟通过的 REACH 制度（《关于化学品注册、评估、授权与限制制度》），从 2007 年 4 月 1 日起正式生效。这是一个空前的绿色贸易壁垒，中国的制药、农药以及广泛应用化学品的纺织、服装、鞋、玩具、家具等下游产业都将受到牵连，家具生产过程中使用到许多化学用品而受到 REACH 制度的约束。

（二）欧盟关于合格评定的技术壁垒状况

　　合格评定程序是指直接或间接用来确定产品是否达到技术法规或标准相关要求的任何程序，包括取样、测试和检查程序，评估、验证和合格保证程序，注册、认可和批准程序，以及它们的综合程序。合格评定程序的内容主要包括两大类：一是对产品的安全、功能特性等进行的实验室检测程序，即产品认证；二是由国家认可机构对企业或其他组织机构内部质量管理或环境管理等进行的认可程序，即所谓体系认证。其中，产品认证又分为安全认证和合格认证两种。安全认证是强制性的，合格认证和体系认证是自愿性的。但有些国家对一些政府采购、招标工程或投放市场的产品要求企业完成相应的体系认证，因而体系认证在某些场合也带有强制性倾向。合格评定程序是检验产品质量的主要手段，同时也是影响出口贸易的一个重要因素。欧盟规定，凡是新方法指令所覆盖的涉及安全、卫生、健康及环境保护等产品，都必须通过相应的合格评定程序，并加附 CE 标志后方能进入欧盟市场，否则，将一律不予进口。近年来，在欧洲市场上使用的 CE 标志对国际贸易的影响越来越大。欧洲以外的国家的产品要进入欧洲市场，必须符合欧盟指令和标准，才能在欧洲流通。欧洲指令规定了哪些产品要经过第三方认证，哪些可以自我认证，对不同产品有不同要求，实行自我认证的要保存一套完整资料并且要先寄样品到该国检验。如今，世界上大多数国家和地区对涉及安全、卫生、环境保护等项目的产品，要求在进入市场之前必须取得安全、环保认证。

1. CE 认证

CE 标志是欧共体 1985 年开始制定的系列安全合格指令，CE 是法语 "Conformite Europeene" 的缩写，中文含意是 "符合欧洲（要求）"。用 CE 缩略词为符号表示加贴 CE 标志的产品符合有关欧洲指令规定的主要要求（Essential Requirements，即安全要求），并用以证实该产品已通过了相应的合格评定程序和（或）制造商的合格声明，真正成为产品被允许进入欧共体市场销售的通行证。世界任何国家的涉及欧盟 25 个新方法指令的产品要想进入欧盟市场，就必须取得欧盟安全认证（CE 认证）、加贴 CE 标签。加贴 CE 标签是用以证明产品已通过相应的安全合格评定程序，成为产品进入欧盟市场的通行证。CE 标志是一种管理产品使其符合相关指令要求的标志制度。它是目前欧盟实施市场监督的一种重要手段。某一产品一经加附上 CE 标志后，便表明该产品符合欧盟新方法指令中关于安全、卫生、健康及环境保护等基本要求，可以在欧盟市场自由流通。但是，CE 标志只是安全合格标志，不是质量合格标志。责任人在其产品上附有 CE 标志，表明该产品符合相关指令规定的不危及人类、动物和产品的安全方面的基本安全要求，它并不能说明产品符合某种质量水平。有关指令要求加贴 CE 标志的工业产品，没有 CE 标志的，不得上市销售，已加贴 CE 标志进入市场的产品，发现不符合安全要求的，要责令从市场收回，持续违反指令有关 CE 标志规定的，将被限制或禁止进入欧盟市场或被迫退出市场。它与美国的 UL、加拿大的 CSA、德国的 VDE 一样都是产品的检验认证标志。

CE 标志不是由某一认证机构或政府管理机构颁发的，而是由制造商或其代理商自己加附在产品上的。它只代表产品责任人的一种声明，告诉消费者，该产品符合欧盟有关法规的要求，并已完成了必要的合格评定程序。给产品加附 CE 标志虽然由产品制造商或代理商自己完成，但它是强制实施的一种标志制度，即对于欧盟新方法指令中所涵盖的要求贴附 CE 标志的产品，都必须在加附 CE 标志后才能进入市场销售或投入使用。对于没有按要求加附 CE 标志却已进入市场销售或投入使用的这类产品，则必须采取相应的纠正措施，直至强制其撤出市场。为了防止 CE 标志被滥用或误用，欧盟各国都通过立法来保障 CE 标志制度的有效实施，欧盟各国在进行市场监督的过程中，如果发现应该加附 CE 标志的产品却没有加附，或者产品虽贴附了 CE 标志，但该产品却不属于任何一个要求加贴 CE 标志的指令范畴，这种做法会被认为是误导消费者的欺诈行为，市场监督机构或其主管部门会运用法律武器来处理这类事情（包括限制产品流通、处罚、向其他成员进行通报等等）。

对于从欧盟以外国家进口的产品，欧盟各成员国同样有管理措施：一是所有的欧盟指令对进口产品普遍适用，而且制造商的责任与欧盟成员国的制造商相同。二是欧盟各成员国的海关会密切注意进口产品的情况，如果某一成员的海关发现产品没有按欧盟的要求携带必要的文件，或者应该加附 CE 标志却没有加附，该海关将会对产品进行扣留，拒绝通关。而且，欧盟各成员的任何一个海关，一旦在检查入关产品时发现这方面的问题，不仅有权中止报关手续，而且会立即通知欧盟成员的所有海关口岸采取相应的措施，杜绝这类产品进入市场。所以说，CE 标志是进入欧盟市场的通行证。

欧盟 25 个新指令把市场上流通的产品都作了规定，这 25 个指令覆盖的产品都必须有 CE 标志，在国家之间互相承认检验（认证）结果之前，外国产品要进入欧洲市场，就必须取得一个欧洲国家的认证。这些指令覆盖的产品生产厂，要想把产品卖到欧洲，生产厂要有较好的质保体系，在取得 CE 标志之前是否应取得体系认证，这要看具体情况。每个指令中对质保体系的要求都作了规定，有的要按 ISO9000 体系、有的没有作规定，有的产品还要求提供样品检验。目前对欧共体出口的产品需加贴 CE 标签的产品有：简单压力容器、安全玩具、建筑产品、电磁相容性产品、机械类产品、个人保护装置、非自动衡器产品、主动式植入医疗器具、医疗设备、电信终端设备、锅炉、民用爆炸物、气体燃料设备、低压电器产品、用于电讯的地面卫星接收站、升降机、使用于易爆炸环境下的设备、休闲用设备、非简单压力容器等大类产品。其中建筑产品范围广泛，包括了建筑用木质人造板。

2. 生态标签（Eco-Label）

近年来，欧盟出台了一系列的环保性政策法规，通过"绿色壁垒"来抬高产品进入欧盟市场的门槛。欧盟对于每一种产品都规定了相应的环保性能标准。这些标准主要是关于自然资源与能源节省情况、废气（液、固体）排放情况及废物和噪声排放情况。如果产品获得生态标签，则企业可以不用担心产品被欧盟的环保性法规阻于欧盟大门之外。在欧盟一个成员国申请的生态标签将成为欧洲其他国家消费者所认可的产品环保标志。生态标签符合了国际消费品市场发展的潮流。目前，国际贸易已进入"绿色时代"。生态标签是欧盟规定的一种自愿性产品标志，为鼓励在欧洲地区生产及消费"绿色产品"，欧盟于 1992 年出台了生态标签体系。因该标签呈一朵绿色小花图样，获得生态标签的产品也常被称为"贴花产品"。经过十多年的发展，"贴花产品"已在欧洲市场上享有了很高的声誉。生态标签是产品畅销"大欧洲"的通行证。欧盟所制定的生态标签在其现有成员国内都予以认可。为使政府带头使用"绿色产品"，欧盟出台了一项《政府采购应符合生态标准》的指南，鼓励政府采购并使用"绿色产品"。如 2004 年希腊雅典奥运村室内用漆全部都是贴加"生态标签"的产品。生态标签制度面向所有日常消费产品，生态标签已授予以下 21 类产品：各种用途的去污剂；灯泡；床垫；个人电脑；复印及画图用纸；手提电脑；洗碗机用洗涤剂；手用餐具洗涤剂；冰箱；洗碗机；土壤改良剂；鞋类；电视机；纺织品；棉纸；硬地板；室内用油漆涂料；旅游住宿服务；衣物清洁产品；真空吸尘器；洗衣机。在近期，欧盟规定环保标志商品要扩大为 30 种，新增加的有：吸尘器、旅游用品、家具、轮胎、垃圾袋、纸制品、日常生活用干电池等。

在人们日益关注环境保护的今天，生产及消费"绿色产品"已成为趋势，成为世界制造业及服务业的潮流。我国企业要想在包括欧盟在内的国际市场上占有一席之地，应对生产过程及产品的环保特性予以足够的重视，申请包括欧盟生态标签认证在内的环保认证，应是一种明智之选。在欧盟最为流行的生态纺织品标签为 Okeo-Tex Standard 100。目前，欧盟已经制订好了生态家具标准"Establishing Ecological Criteria for the Award of the Community Eco-label to Furniture"，待批准实施。

二、与木制品及家具有关的欧盟技术法规

欧洲是全球家具工业的中心。目前，欧盟 27 国家具总产值 993 亿欧元（市场规模 1400 亿美元），雇员 100 万人。欧洲家具产量和消费量都占到全球家具总产量和总消费量的 40%左右。欧洲许多国家在国际家具贸易中扮演了重要的角色。位于十大家具出口国的有 4 个国家：意大利、德国、法国和丹麦；位于十大家具进口国的有 7 个国家：德国、法国、英国、比利时、荷兰、瑞典和奥地利。2007 年，我国对欧盟国家的出口也相对集中在英国、德国、法国、荷兰、西班牙、意大利、比利时，以上七国已占到我国对欧盟全部出口的 80%以上。其中对英国出口最多，达 15.15 亿美元，同比增长 53.73%，对德国出口 7.61 亿美元，同比增长 63.59%。

（一）欧盟有害物质限制指令 76/769/EEC

76/769/EEC 限制指令是 1976 年欧盟理事会通过的"关于统一各成员国有关限制销售和使用某些有害物质和制品的法律法规及管理条例的理事会指令"。该指令覆盖包括玩具、家具产品在内的所有产品，是欧盟指令中非常重要的涉及限制使用有害物质的指令。该指令限制的有害物质范围很广，包括无机、有机化学物质，并及时对某些产品或项目修订指令。

依据 76/769/EEC 指令而修订，涉及木制品及家具产品的指令有：

（1）软体家具中纺织皮革材料的禁用偶氮染料 Azo-dyes（2002/61/EC）：

①在还原条件下可释放出的附录所列芳香胺的浓度≤30ppm。

②2003/02/EEC 指令是关于禁止含有靛蓝染料有害偶氮染料的皮革和纺织制品投放市场的指令。该指令自在欧盟官方公报上公布之日生效，要求各成员国制定并实施与本指令相一致的本国法律、法规或行政规章。

（2）软体家具中的禁用含溴阻燃剂（五溴二苯醚和八溴二苯醚≤0.1%，79/769/EC、83/264/EC、2003/11/EC）：

①2003/11/EC 指令规定，禁止使用和销售五溴二苯醚或八溴二苯醚含量超过 0.1%的物质或制剂。同时，任何产品中若含有含量超过 0.1%的上述两种物质也不得使用或在市场上销售。

②该指令要求所有成员国在 2004 年 2 月 15 日前将此禁令转化成本国的法律、法规或行政命令，并且最迟不晚于 2004 年 8 月 15 日付诸实施。

（3）木材防腐剂五氯苯酚 PCP（PCP≤5ppm，91/173/EC、1999/51/EC、89/106/EC）。（详见后述）

（4）木制品及家具产品中甲醛（E1、E2 级，76/769/EC、89/106/EC）。（详见后述）

（5）木材杀菌防霉剂中的有机锡（TBT≤0.5ppm，89/677/EC、1999/51/EC，2001/570/EC 指令）。

（6）重金属镉（涂料中镉≤0.01%，91/338/EC、1999/51/EC）。

（7）镍指令（身体接触的金属制品，500ppm 或 0.5μg/cm²/week 94/27/EC）。

（8）禁砷指令（As≤5ppm，2003/02/EC 指令、89/654/EEC）。（详见后述）

表 4-1　欧盟对木制品及家具产品中有害物质的项目、指令、限量

项　目	指　令	限　量
禁用偶氮 Azo	2002/61/EC	≤30ppm
甲醛	89/106/EC	E1、E2 级
禁用含溴阻燃剂（五溴二苯醚和八溴二苯醚）	2003/11/EC	≤0.1%
木材防腐剂五氯苯酚	1999/51/EC、89/106/EC	≤5ppm
木材防腐剂杂酚油	76/769/EEC 指令 2001/90/EC	杂酚油（苯并芘含量）：≤50ppm；water extractable phenols（hereinafter WEP）≤30 g/kg
有机锡化合物	89/677/EC、1999/51/EC	TBT≤0.5ppm
重金属镉	91/338/EC、1999/51/EC	镉≤0.01%
镍释出	94/27/EC	500ppm 或 0.5μg/cm²/week
砷	2003/02/EC	As≤5ppm

76/769/EEC 指令中与木制品家具业有关的有害物质名称及其内容：

表 4-2　76/769/EEC《关于统一各成员国有关限制销售、使用某些危险物质和配制品的法律法规和管理条例的指令》（摘录）

物质组或配制品中的物质名称	限制条件
2. 氯-1-乙烯（单体氯乙烯）CAS 编号：75-01-4 EINECS 编号：200-831-0	不可用于任何用途的气体喷射剂。
5 5. 苯 CAS 编号：71-43-2 EINECS 编号：200-753-785	1. 不允许玩具或玩具零件中游离态苯的浓度高于 5mg/kg 的玩具或玩具零件投放市场。 2. 当物质或配制品中苯的质量浓度大于或等于 0.1% 时不可在市场上出售。 3. 但第 2 段不适用于以下场合：a）1998 年 10 月 13 日关于汽油、柴油质量和修订理事会指令 93/12/EC 的欧洲议会和欧盟理事会指令 98/70/EC 所涵盖的汽车燃料。

物质组或配制品中的物质名称	限制条件
	b) 用于工业生产的物质或配制品，其苯散发量不得超过现行法规规定。 c) 理事会指令 75/442/EEC 及 91/689/EEC 所涵盖的废弃物。
2 18. 汞化合物	1. 不可作为物质或配制品的组分而用于以下用途： a) 防止微生物、植物或动物对下列物品的污着： —船壳 —笼子、浮标、网及其他任何用于饲养鱼类和贝类水产养殖场的设施 —任何部分或全部浸没在水中的器具或设备 b) 木材防腐。 c) 用于耐磨损的工业纺织品和用于制造该纺织品的纱线的化学防护剂。 d) 不考虑其用途，用于处理工业用水。 2. 当电池和蓄电池中以重量计的汞浓度大于 0.0005% 时不得上市。此规定包括那些已被整合到电器里的电池和电池组。纽扣电池或由纽扣电池组成的电池组中汞的质量浓度不大于 2% 时可不受此规定限制。
10 19. 砷	1. 不可作为物质或配制品的组分而用于以下用途： a) 防止微生物植物或动物对下列物品的污着： —船壳 —笼子、浮标、网及其他任何用于饲养鱼类和贝类水产养殖场的设施 —任何部分或全部浸没在水中的器具或设备 b) 木材防腐。而且，用其处理过的木材不得在市场上出售。 c) 然而，以部分废除的方式： i) 关于用于木材防腐的物质或配制品：这些物质仅可用于真空或压力浸渗木材的工业设备，且条件是浸渗液是铜、铬、砷（简记为 CCA）的 C 型无机化合物溶液。经此种处理后的木材在防腐剂固着未完成前不可出售。 ii) 关于 (i) 中用 CCA 溶液处理过的工业设备中的木材：在其结构的整体性未经破坏不会威胁人和牲畜的安全而且在其使用期限中与公众的皮肤接触的可能性很小的条件下，可供专业人员或工业使用。 —公共建筑和农业建筑、写字楼、工业用房中使用的建筑木材 —桥梁及架桥工程 —在淡水及咸水地区作为建筑木材，例如桥梁和码头 —作为噪声屏障 —作为防止雪崩的器械 —作为高速公路安全围栏和路障 —作为圆形去树皮针叶树牲畜栏柱 —保持土壤的构造物 —作为电力传输和电信用电线杆 —作为地下铁的枕木

续表

物质组或配制品中的物质名称	限制条件
10 19. 砷	在不与欧共体对有关危险物质和配制品的分类、包装和标签的其他规定的实施相抵触的条件下，所有上市销售的经过处理的木材应单独标注："仅供专业人员及工业设备使用，含砷。"而且，所有成捆销售的木材也应标注：处理时需戴手套，切割或其他手工制作时需戴防尘面具和护目镜。木材产生的废物应作为危害物质由经批准的相关部门处理。 iii)（i）和（ii）中提到的经处理的木材不可用于以下用途： —用于无论何种用途的居家或家庭建筑 —可能会与皮肤频繁接触的任何用途 —用于装船运中的水 —除（ii）中牲畜栏柱和建筑以外的农业用途 —任何可能与供人类或牲畜食用的食品或其半成品接触的用途 2. 不论用于何种用途，不可作为物质或配制品的组分用于处理工业用水。
10 20. 有机锡化合物	1. 当作为物质或配制品的组分用于自由组合涂料的生物杀虫剂中时不可在市场上出售。 2. 不得上市或作为物质或配制品的组分而用于生物杀虫剂以防止微生物、植物或动物对下列物品的污着： a）无论长度，航行于海、海岸、河口以及内陆水道和湖泊的船舶； b）笼子、浮标、网及其他任何用于饲养鱼类和贝类水产养殖场的设施； c）任何部分或全部浸没在水中的器具或设备。 3. 不可作为物质或配制品的组分用于处理工业用水。
12 22. 五氯代苯酚及其酯类 CAS 编号：87-86-5 EINECS 编号：201-778-6	1. 市售物质或配制品中物质的质量浓度不可大于或等于0.1%。 2. 过渡条款： 在 2008 年 12 月 31 日前，以对法规部分废除的方式，法国、爱尔兰、葡萄牙、西班牙和英国等国，对用于工业设备的、散发和（或）排放的五氯代苯酚（PCP）的量不大于现行法规的规定可以选择不受此法规的限制： a）用于处理木材 但是，经处理过的木材不可被用于： —无论是否出于装饰目的用于室内（居家，工作休闲） —用于对下列物品的制造或再处理： i）用于种植的容器 ii）可能与供人类和（或）牲畜食用的食品、半成品或其原材料接触的包装物 iii）其他可能污染上述 i）和 ii）中物品的材料 b）作为化学防护剂用于在任何情况下不拟用于衣物或装饰布料的纤维和耐磨纺织品 c）成员政府可以特别例外的方式，基于个案，在其境上允许专业人员在原位对具有文化、艺术和历史意义的建筑，或在紧急情况下，对由干腐菌和立方腐菌造成的损伤用砖石和木材进行修复

物质组或配制品中的物质名称	限制条件
12 22. 五氯代苯酚及其酯类 CAS 编号：87-86-5 EINECS 编号：201-778-6	在任何场合下： a) 五氯代苯酚单独或作为制品的成分，在上述例外范围内使用时，六氯二苯对二氧芑（HCDD）的总量不得高于 2ppm。 b) 这些物质和配制品不得： —每包装容量低于 20 升时不得上市 —对公众出售 3. 在不与欧共体对有关危险物质和配制品的分类、包装和标签的其他规定的实施相抵触的条件下，对第 1 段和第 2 段所涵盖的物质和配制品的包装应标注清晰可见且难擦掉的如下字样：仅供专业人员及工业使用。 这一规定不适用于理事会指令 75/442/EEC 及 91/689/EEC 涵盖的废弃物。
13 23. 镉及其化合物 CAS 编号：7440-43-9 EINECS 编号：231-152-8	1. 不得用于对由下列物质和配制品生产的成品着色： a) —聚氯乙烯（PVC）[390410] [390421] [390422] —聚亚胺酯（PUR）[390950] —低密度聚乙烯（ld PE），当其用于制造有色母料时除外 [390110] —醋酸纤维素（CA）[391211] [391212] —乙酸丁酸纤维素（CAB）[391211] [391212] —环氧树脂（MF）[390730] —尿素甲醛（UF）树脂 [390920] —不饱和聚酯（UP）[390791] —聚乙烯对苯二酸酯（PET）[390760] —聚丁烯对苯二酸酯（PBT） —透明/普通聚苯乙烯 —丙烯腈甲基丙烯酸酯（AMMA） —交联聚乙烯（VPE） —高压聚苯乙烯 —聚丙烯（PP）[390210] b) 颜料 [3208] [3209] 但是，若颜料中锌的含量较高，镉的残余浓度应越低越好，其质量浓度无论如何不得超过 0.1%。 在任何情况下，不管其用途和最终目的，由上述被镉着色过的物质或制品制造所得的成品或制品的成分，当其塑材中镉的质量含量高于 0.1%时不得在市场上出售。 2. 但是，第 1 段不适用于因安全原因而着色的制品。 3. 不可用作试剂来稳定以下由氯乙烯聚合物或共聚物制造的成品： —包装材料（袋子、容器、瓶子、盖子）[39232910] [392041] [392042] —办公及学校用品 —家具和汽车车身的填充物或类似用途 [392630] —服装和服饰的配件（包括手套）[392620] —地板及墙面的包覆材料 [391810] —经浸渍、涂覆、包裹或压合处理过的纺织品 [590310]

物质组或配制品中的物质名称	限制条件
13 23. 镉及其化合物 CAS 编号：7440-43-9 EINECS 编号：231-152-8	—人造革 [4202] —留声机唱片 [852410] —管件及其接头 [391723] —双开式弹簧门 —公路运输车辆（内部，外部，车身下部） —用于建筑和工业用钢板的涂层 —电线绝缘 在任何情况下，不管其用途和最终目的，由上述由氯乙烯聚合物或共聚物制造，经含镉物质稳定化处理的成品或制品的成分，当其中镉的质量含量高于 0.01%时不得在市场上出售。 4. 但是，第 3 段不适用于因安全原因使用镉基稳定剂的成品。 5. 在本法规中，镉镀层指金属镉以任何形式沉积或包覆于金属表面。 镉镀金属制品或制品成分不可用于以下领域/用途： a) 用于以下用途的设备和机器： —食品生产：[8210] [841720] [841981] [842111] [842122] [8422] [8435] [8437] [8438] [847611] —农业：[841931] [842481] [8432] [8433] [8434] [8436] —冷藏和冷冻 [8418] —印刷和书籍装订 [8440] [8442] [8443] b) 用于生产以下物品的设备和机器： —家用制品 [7321] [842112] [8450] [8509] [8516] —家具 [8465] [8466] [9401] [9402] [9403] [9404] —卫生用具 [7324] —中央空调及中央供暖设备 [7322] [8403] [8404] [8415] 在任何情况下，不管其用途和最终目的，镀镉制品或制品的组成部分，当用于 a) 和 b) 中论及的领域/用途时，b) 中论及的领域/用途的制品不可在市场上出售。 6. 当用于以下 a) 和 b) 中论及的领域/用途，以及以下 b) 中列出的领域生产的制品时，第 5 段所论及的规定也适用于对镀镉制品或此制品的组分： a) 用于生产以下物品的设备和机器： —纸和纸板 [841932] [8439] [8441] —纺织品和服装 [8444] [8445] [8447] [8448] [8449] [8451] [8452] b) 用于生产以下物品的设备和机器： —工业加工设备和机器 [8425] [8426] [8427] [8428] [8429] [8430] [8431] —公路与农用车辆 [第 87 章] —全部车辆 [第 86 章] —船舶 [第 89 章] 7. 但是，第 5、6 段的限制不适用于： —用于航空的、航天的、矿产开采的、近海的和核能部门的，其用途要求高安全标准和公路与农用车辆，全部车辆和船舶中的安全设施时的制品或制品成分； —出于安装设备可靠性的考虑，用于任何部门的电气插头。 由于对镉及其化合物的更安全的替代物的了解的深入，欧共体将在与成员政府磋商后，根据本法规第 113（3）条所规定的程序定期对现有法规进行评估。

续表

物质组或配制品中的物质名称	限制条件
15 27. 镍及其化合物 CAS 编号：7440-02-0 ENIECS 编号：231-111-4	1. 不得用于： a）在由穿刺引起的伤口愈合过程中插入耳孔和人体其他刺穿部位的耳钉或其他类似物品，无论这种物品最终是否被除去。除非这种物品是均质的且镍的质量浓度低于 0.05%； b）与皮肤有直接及长期接触的制品，如： —耳环 —项链，手镯和手链，踝饰，戒指 —手表壳、表带和带扣 —铆扣、搭扣、铆钉、拉链和金属标牌等用在服装上的物件，如果这些与皮肤有直接及长期接触的制品中镍的释放率超过了 0.5μg/cm²/周 c）对于那些在 1 b）中列出的具有无镍镀层的制品，除非这种镀层足以保证在至少两年的正常使用过程中，从这些制品的与皮肤有直接或长期接触的部位释放出的镍的速率不超过 0.5μg/cm²/周 2. 1a）~c）段中的制品，除非其符合那些段落中规定的要求，否则不能投放市场。 为欧洲标准委员会所批准的标准可作为检验制品是否符合第 1、第 2 条要求的测试方法。
28 在理事会指令 67/548/EEC 附件 I 中出现的那些物质，分类为 1 类或 2 类致癌物质，并且至少按照《有毒物质(T)》，据《吸入性致癌的可能性》加 R45 风险标记或《致癌性》加 R49 风险标记，并列表如下： 1 类致癌物质列表于附件 1 中 2 类致癌物质列表于附件 2 中 29 在理事会指令 67/548/EEC 附件 I 中出现的那些物质，分类为 1 类或 2 类诱导有机体突变物质，并且按照《可导致遗传性基因损害》加 R46 风险标记，并列表如下： 1 类诱导有机体突变物质列表于附件 3 中 2 类诱导有机体突变物质列表于附件 4 中	在不违背本附件其他部分的情况下，下述情况适用于条目 28~30： 1. 不得用于以单个浓度大于或等于下列各项的向公众销售的物质和配制品： —根据指令 67/548/ECC 附件 I 中具体规定的相应浓度 —根据指令 1999/45/EC 所具体规定的相应浓度 在不与欧共体对有关危险物质和配制品的分类、包装和标签的其他规定的实施相抵触的条件下，此类物质和配制品的包装必须具有清晰可见和不易擦除的标记如下： "仅限于专业人士使用"
30 在指令 67/548/EEC 的附件中出现的物质分类为 1 类生殖毒性物质或 2 类生殖毒性物质，并且据《可能伤害繁殖力》加 R60 风险标记和（或）《可能伤害胎儿》加R61 风险标记，并列表如下： 1 类生殖毒性物质列表于附件 5 中 2 类生殖毒性物质列表于附件 6 中	1. 以部分废除方式，第 1 段不适用于： a）如欧洲议会和理事会指令 2001/82/EC 和欧洲议会和理事会指令 2001/83/EC 所定义的医药和兽药。 b）如理事会指令 76/768/EEC 所定义的化妆品。 c）指令 98/70/EC 所涵盖的发动机燃料： —拟用作移动或固定燃烧装置燃油的矿物油制品 —装在密闭系统中出售的燃料（如液化气钢瓶） d）指令 1999/45/EC 中涵盖的美术颜料。

续表

物质组或配制品中的物质名称	限制条件
19 31 A) 杂酚油; 清洗用油 CAS 编号: 8001-58-9 EINECS 编号: 232-287-5 B) 杂酚油; 清洗用油 CAS 编号: 61789-28-4 EINECS 编号: 263-047-8 C) 干馏油 (煤焦油), 萘油 CAS 编号: 84650-04-4 EINECS 编号: 283-484-8 D) 杂酚油, 苊的馏分; 清洗用油 CAS 编号: 90640-84-9 EINECS 编号: 292-605-3 E) 干馏油 (煤焦油), 上层馏分; 重蒽油 CAS 编号: 65996-91-0 EINECS 编号: 266-026-1 F) 蒽油 CAS 编号: 90640-80-5 EINECS 编号: 292-602-7 G) 焦油酸, 煤, 原油; 粗苯酚 CAS 编号: 65996-85-2 EINECS 编号: 266-019-3 H) 杂酚油, 木材 CAS 编号: 8021-39-4 EINECS 编号: 232-419-1 I) 碱性的低温焦油; 煤提取物中的碱性低温焦油 CAS 编号: 122384-78-5 EINECS 编号: 310-191-5	1. 不允许作为物质或用于木材加工的配制品使用。而且, 不允许这样加工的木材投放市场。 2. 然而, 以部分废除的方式: (i) 关于这些物质和配制品: 只有当它们包含的成分符合下列条件, 才可以被用于在工业设施中的木材加工, 或由欧共体关于保护工人的法律所涵盖的专业人士就地再处理: a) 苯并芘的质量浓度低于 0.005%; b) 可被水萃取的酚的质量浓度低于 3%。 在工业设施中或由专业人士进行木材加工所用的这类物质和配制品: —只有当包装容积不低于 20L 时才可以投放市场 —不能销售给消费者 在不与欧共体对有关危险物质和配制品分类、包装和标签的其他规定的实施相抵触的条件下, 其包装上应具有清晰可见且难擦掉的如下字样: "仅用于工业设施或专业加工"。 (ii) 关于在工业设施中或由专业人士按照 (i) 加工的第一次投放市场或就地再处理的木材: 仅允许用于专业及工业用途, 如铁路运输, 电力输送及电信行业, 构筑栅栏, 农业用途 (如支撑树木的木桩) 以及港口和航运。 (iii) 第 1 段关于投放市场的禁令不适用于 2002 年 12 月 31 日以前用列于 31 (i) 中的物质处理的木材和投放到二手市场再利用的木材。 3. 尽管如此, 2 (ii) 和 2 (iii) 段提到的经处理的木材不能用于: —建筑物内, 不论用于何种用途 —玩具 —游乐场 —公园、花园以及其他与皮肤有频繁接触风险的户外娱乐休闲设施 —庭院类家具, 如野餐桌 —包括如下内容在内的任何用于制造、使用及再处理的物品: —种植用容器 —可能与原料、中间体及预定为人和 (或) 动物消费用的成品接触的包装 —其他有可能污染上面提到的制品的材料
20 32 氯仿 CAS 编号: 67-66-3 EINECS 编号: 200-663-8 33 碳的四氯化物-四氯化碳 CAS 编号: 56-23-5 EINECS 编号: 200-262-8 34 1, 1, 2-三氯乙烷 CAS 编号: 79-00-5 EINECS 编号: 201-166-9 35 1, 1, 2, 2-四氯乙烷 CAS 编号: 79-34-5 EINECS 编号: 201-197-8	1. 在投向市场销售给公众的物质和配制品中及 (或) 诸如表面清洗或纺织品清洗所用的挥发性溶剂中, 这些物质的质量浓度不能高于或等于 0.1%。 2. 在不与欧共体对有关危险物质和配制品分类、包装和标签的其他规定的实施相抵触的条件下, 含有这些物质的质量浓度不高于或等于 0.1% 的此类物质和配制品, 其包装上应具有清晰可见且难擦掉的如下字样: "仅用于工业设施"。 以部分废除的方式, 本法规不适用于: a) 如指令 2001/82/EC 和指令 2001/83/EC 所定义的医药和兽药; b) 如指令 76/768/EEC 所定义的化妆品。

续表

物质组或配制品中的物质名称	限制条件
36 1，1，1，2-四氯乙烷 CAS 编号：630-20-6 37 氯代戊烷 CAS 编号：76-01-7 EINECS 编号：200-925-1 38 1，1-二氯乙烯 CAS 编号：75-35-4 EINECS 编号：200-864-0 1，1，1-三氯乙烷；三氯	
24 43 偶氮染料	1. 由一个或多个偶氮基团还原裂解产生的偶氮染料，它会释放出一个或几个本法规附件 8 中所列出的芳香胺。据本法规第 113（3）条制定的检测方法，其在成品或已染色部分中达到可检出浓度（即：大于 30ppm），则不允许用于可能会与人类皮肤或口腔有直接或长期接触的纺织品及皮革制品，例如： —服装，床上用品，毛巾，假毛发，头套，帽子，尿布及其他卫生用品，睡袋 —鞋靴，手套，手表表带，手提包，钱夹，公文包，椅套，可挂在颈部的挂包 —布或皮革制玩具及以布或皮革做服装的玩具 —面向最终消费者的纱线和其他纤维制品 2. 此外，第 1 段中所提到的纺织品和皮革制品，除非它们符合其中所提的要求，否则不允许投放市场。 以部分废除的方式，到 2005 年 1 月 1 日以前，本规定不适于以再生纤维制成的纺织品，如果所列胺类是从染色的同种纤维的残留中释放出来的且其释放浓度低于 70ppm。 3. 包含在本法规附件 9"偶氮染料列表"中的偶氮染料，不允许投放市场或以质量浓度超过 0.1%的物质或配制品组分的形式用于纺织品和皮革的染色。 4. 不迟于 2005 年 9 月 11 日，欧委会将根据新的科技成果对偶氮染料的规定进行审议。
26 44 二苯醚的五溴代衍生物 $C_{12}H_5Br_5O$	1. 不允许该物质或以质量浓度高于 0.1%的物质或配制品组分的形式投放市场。 2. 如果该物质在制品或阻燃剂成分中质量浓度高于 0.1%，则该制品就不能投放市场。
26 45 二苯醚的八氯代衍生物 $C_{12}H_2Br_8O$	1. 不允许该物质或以质量浓度高于 0.1%的物质或配制品组分的形式投放市场。 2. 如果该物质在制品或阻燃剂成分中质量浓度高于 0.1%，则该制品就不能投放市场。
46 壬基酚 C_6H_4（OH）C_9H_{19} 乙氧基化壬基酚 (C_2H_4O) $nC_{15}H_{24}O$	不允许该物质或以质量浓度等于或高于 0.1%的物质或配制品组分的形式投放市场，用于下列目的： （1）工业和公共机构清洁，以下情况除外： —受控闭合干洗系统，其洗涤液可再生或焚化 —专业处理洗涤系统，其洗涤液可再生或焚化 （2）家用清洗。 （3）纺织品和皮革加工，以下情况除外： —不排入废水的加工

物质组或配制品中的物质名称	限制条件
46 壬基酚 C_6H_4 (OH) C_9H_{19} 乙氧基化壬基酚 (C_2H_4O) $nC_{15}H_{24}O$	—专业加工系统，其加工用水在有机废水处理前，经预处理完全除去有机成分（羊皮脱脂） (4) 乳化剂，农用乳头浸蘸消毒液。 (5) 金属制品，以下情况除外： —受控闭合系统，其洗涤液可再生或焚化 (6) 纸浆和纸张的制造 (7) 化妆品 (8) 其他个人护理用品，以下除外： —杀精子剂 (9) 农药和生物农药中的复合赋形剂。
48. 甲苯 CAS 编号：108-88-3	在胶粘剂或喷涂用油漆中其浓度大于或等于 0.1% 的不准销售和使用。
49. 三氯代苯 CAS 编号：120-82-1	除了以下用途，任何情况下，其浓度大于或等于 0.1% 的不准销售和使用： —作为合成反应的中间体 —作为密闭的氯化反应的溶剂 —生产 TATB 时。
50. 多环芳香烃 1. 苯并（a）芘（BaP） CAS 编号：50-32-8 2. 苯并（e）芘（BeP） CAS 编号：192-97-2 3. 苯并（a）蒽（BaA） CAS 编号：56-55-3 4. 屈（CHR） CAS 编号：218-01-9 5. 苯并（b）荧蒽（BbFA） CAS 编号：205-99-2 6. 苯并（j）荧蒽（BjFA） CAS 编号：205-82-3 7. 苯并（k）荧蒽（BkFA） CAS 编号：207-08-9 8. 二苯并（a，h）蒽 CAS 编号：53-70-3	1. 如果填充油含有 PAHs 超过以下浓度，则不得投放市场或使用它来生产轮胎或轮胎的部件： —BaP 不能超过 1mg/kg —所列出的 PAHs 的总含量不得超过 10mg/kg。 根据石油学会的标准 IP346：1998 年《测试废弃的润滑原油和不含沥青的石油馏分中的多环芳香族化合物——二甲基亚砜折射率法》测试，如果多环芳香族化合物提取物含量小于 3%，这个限值被认为是保守的。只要是满足 BaP 和所列出的 PAHs 限值，并且所测得的值与 PCA 的相互关系，制造商或进口商每 6 个月进行一次控制，或是在每次作业变更后。 2. 此外，在 2010 年 1 月 1 日后，用于翻新的轮胎或轮胎面，如果含有的填充油超过第 1 段中的限值，则不得投放市场。 根据 ISO 21461《硫化橡胶——测试硫化橡胶化合物中的油的芳香性》测试和计算得到的硫化橡胶化合物不超过 0.35% 贝质子的限值，这个限值被认为是保守的。 3. 通过降低要求，如果被翻新的轮胎的轮胎面含有的填充油不超过第 1 段中的限值，则第 2 段是不适用的。
[51.] 以下的邻苯二甲酸盐（或其他的 CAS 编号或 EINECS 编号所覆盖的物质）： 邻苯二甲酸（2-乙基己基酯）（DEHP） CAS 编号：117-81-7 EINECS 编号：204-211-0 邻苯二甲酸二丁酯（DBP） CAS 编号：84-74-2D EINECS 编号：201-557-4 邻苯二甲酸丁苄酯（BBP） CAS 编号：85-68-7 EINECS 编号：201-622-7	在玩具和儿童护理品中，作为塑化材料的物质或制作成分，其最高浓度不得超过塑化材料质量的 0.1%。 含有浓度超过上述限值的这些邻苯二甲酸盐的玩具和儿童护理品不得投放市场。

物质组或配制品中的物质名称	限制条件
[51a.] 以下的邻苯二甲酸盐（或其他的 CAS 编号或 EINECS 编号所覆盖的物质）： 邻苯二甲酸二异壬酯（DINP） CAS 编号：28553-12-0 和 68515-48-0 EINECS 编号：249-079-5 和 271-090-9 邻苯二甲酸二异癸酯（DIDP） CAS 编号：26761-40-0 和 68515-49-1 EINECS 编号：247-977-1 和 271-091-4 邻苯二甲酸二正辛酯（DNOP） CAS 编号：117-84-0 EINECS 编号：204-214-7	在可以放入口中的玩具和儿童护理品中，作为塑化材料的物质或制作成分，其最高浓度不得超过塑化材料质量的0.1%。含有浓度超过上述限值的这些邻苯二甲酸盐的玩具和儿童护理品不得投放市场。
52. 全氟辛烷磺酰化合物（PFOS） $C_8F_{17}SO_2X$ （X=OH，金属盐（−M⁺），卤化物，氨化合物和其他的衍生物包括聚合物）	（1）使用其作为物质或制品的成分，若其浓度大于或等于0.005%，不得投放于市场。 （2）在半成品或成品中，或它们的部件中，以含有 PFOS 的结构或特殊部件的局部结构计算，浓度不得等于或高于0.1%，对于纺织品和其他有涂层的材料，PFOS 的量不得等于或高于 $1\mu g/m^2$。 （3）通过减量使用的方法，第1节和第2节不适用于以下的物品，也不得适用于制作它们的物质或制品： a）照相平版印刷工序的光阻或抗反射涂层； b）用于胶卷、相纸或印版的照相涂层； c）非装饰性硬六价铬镀层的抗雾剂，或受控制的电镀系统的润湿剂，其中 PFOS 排放到环境中的量采用在理事会1996年9月24日发布的 96/61/EC 指令"关于整合污染防治和控制"的基础上形成的相关的最佳技术来降到最低； d）液压机液体。 （4）通过第1节减量使用的方法，在2006年12月27日之前投放市场的泡沫灭火剂可使用直到2011年6月27日。 （5）第1节与第2节的应用与欧洲议会和欧盟理事会2004年3月31日"关于清洁剂"的第648/2004号法规不相违背。 （6）最迟于2008年12月27日之前，成员国应建立详细清单并将它通知到欧盟委员会，内容包括： a）第3 c）节中的减量使用所包括的工序，所使用的 PFOS 的量及排放量； b）现有含 PFOS 的泡沫灭火剂的库存量。 （7）一旦获得有关用途和安全的替代物质或技术详细的新信息，委员会应当对第3 a）至 d）节的每种减量方法予以审查，所以： a）当使用更安全的替代物质在技术上和经济上可行时，将尽快逐步停止 PFOS 的使用； b）减量使用只允许对关键的使用继续，当其更安全的替代物质不存在且寻找更安全的替代物质所做的努力已经被报道； c）采用最佳技术将 PFOS 排放到环境中的量降低到最少。 （8）委员会应当对当前正在进行的对全氟辛酸（PFOA）和相关的物质的风险评估活动和获得更安全的替代物质或技术的可能性予以继续审查，并提出所有必要的措施来降低风险，包括禁止销售和使用，特别是当技术和经济上可行的更安全的替代物质或技术已经找到。

附件一

表4-3 28节 一类致癌物质

物质名称	索引序号	EC 编号	CAS 编号
三氧化铬（Ⅵ）	024-001-00-0	215-607-8	1333-82-0
包括铬锌酸钾在内的锌的铬酸盐	024-007-00-3		
一氧化镍	028-003-00-2	215-215-7	1313-99-1
二氧化镍	028-004-00-8	234-823-3	12035-36-8
三氧化二镍	028-005-00-3	215-217-8	1314-06-3
硫化镍	028-006-00-9	240-841-2	16812-54-7
亚硫化镍	028-007-00-4	234-829-6	12035-72-2
三氧化二砷；砷的三氧化物	033-003-00-0	215-481-4	1327-53-3
五氧化砷；砷的氧化物	033-004-00-6	215-116-9	1303-28-2
砷酸及其盐类	033-005-00-1		
砷酸氢铅	082-011-00-0	232-064-2	7784-40-9
丁烷 ［丁二烯≥0.1% （203-450-8）］［1］	601-004-01-8	203-448-7 [1]	106-97-8 [1]
异丁烷 ［丁二烯≥0.1% （203-450-8）］［2］		200-857-2 [2]	75-28-5 [2]
1，3-丁二烯	601-013-00-X	203-450-8	106-99-0
苯	601-020-00-8	200-753-7	71-43-2
氯乙烯	602-023-00-7	200-831-0	75-01-4
二（氯甲基）醚	603-046-00-5	208-832-8	542-88-1
氯甲基乙醚	603-075-00-3	203-480-1	107-30-2
2-萘胺；β-萘胺	612-022-00-3	202-080-4	91-59-8
联苯胺；4，4′-联苯胺	612-042-00-2	202-199-1	92-87-5
联苯胺盐	612-070-00-5		
2-萘胺盐	612-071-00-0	209-030-0 [1] 210-313-6 [2]	553-00-4 [1] 61252-2 [2]
4-联苯胺	612-072-00-6	202-177-1	92-67-1
4-联苯胺盐	612-073-00-1		
毛沸石	650-012-00-0		12510-42-8
石棉	650-013-00-6		12001-29-5 12001-28-4 132207-32-0 12172-73-5 77536-66-4 77536-68-6 77536-67-5

附件二

表4-4 28节 二类致癌物质

物质名称	索引序号	EC编号	CAS编号	注释
铍	004-001-00-7	231-150-7	7440-41-7	
除了硅酸铍铝之外的铍的化合物	004-002-00-2			
2003/36/EC Art.1				
氧化铍	004-003-00-8	215-133-1	1304-56-9	
97/56/EC Art.1 point 2 （改编）				
草克死；2-氯二乙基二硫代氨基甲酸盐	006-038-00-4	202-388-9	95-06-7	
二甲基氨基甲酰氯	006-041-00-0	201-208-6	79-44-7	
重氮甲烷	006-068-00-8	206-382-7	334-88-3	
肼	007-008-00-3	206-114-9	302-01-2	
N，N-二甲肼	007-012-00-5	200-316-0	57-14-7	
1，2-二甲肼	007-013-00-0		540-73-8	
肼盐	007-014-00-6			
二苯肼；1，2-二苯肼	007-021-00-4	204-563-5	122-66-7	
双（3-羧基-4-羟基苯磺酸）肼	007-022-00-X	405-030-1		
六甲基磷酸三酰胺	015-106-00-2	211-653-8	680-31-9	
硫酸二甲基	016-023-00-4	201-058-1	77-78-1	
硫酸二乙基	016-027-00-6	200-589-6	64-67-5	
1，3-丙磺酸内酯	016-032-00-3	214-317-9	1120-71-4	
二甲基氨磺酰氯	016-033-00-9	236-412-4	13360-57-1	
1999/43/EC Art.1 （adapted）				
重铬酸钾	024-002-00-6	231-906-6	7778-50-9	
重铬酸铵	024-003-00-1	232-143-0	7789-09-5	
重铬酸钠	024-004-00-7	234-190-3	10588-01-9	
二水重铬酸钠	024-004-01-4	234-190-3	7789-12-0	
铬酰氯（Ⅵ）；氯氧化铬	024-005-00-2	239-056-8	14977-61-8	
铬酸钾	024-006-00-8	232-140-5	7789-00-6	
97/56/EC Art.1 point 2				
铬酸钙	024-008-00-9	237-366-8	13765-19-0	
铬酸锶	024-009-00-4	232-142-6	7789-06-2	
三价铬酸盐	024-010-00-X	246-356-2	24613-89-6	
1999/43/EC Art.1				
铬（Ⅵ）化合物，除了铬酸钡和在附件Ⅰ到指令67/548/ECC 的各种化合物	024-017-00-8	—	—	

物质名称	索引序号	EC 编号	CAS 编号	注释
2003/36/EC Art.1				
铬酸钠	024-018-00-3	231-889-5	7775-11-3	
2003/34/EC Art.1				
二氯化钴	027-004-00-5	231-589-4	7646-79-9	
硫酸钴	027-005-00-0	233-334-2	10124-43-3	
97/56/EC Atr.1 point 2（adapted）				
溴酸钾	035-003-00-6	231-829-8	7758-01-2	
氧化镉	048-002-00-0	215-146-2	1306-19-0	
2003/34/EC Art.1				
氟化铬	048-006-00-2	232-222-0	7790-79-6	
97/56/EC Atr.1 point 2（adapted）				
氯化镉	048-008-00-3	233-296-7	10108-64-2	
硫酸镉	048-009-00-9	233-331-6	10124-36-4	
苯并（a）芘，苯并（d，e，f）屈	601-032-00-3	200-028-5	50-32-8	
苯并（a）蒽	601-033-00-9	200-280-6	56-55-3	
苯并（b）荧蒽 苯并（e）acephenanthrylene	601-034-00-4	205-911-9	205-99-2	
苯并（j）荧蒽	601-035-00-X	205-910-3	205-82-3	
苯并（k）荧蒽	601-036-00-5	205-916-6	207-08-9	
二苯（a，h）蒽	601-041-00-2	200-181-8	53-70-3	
2003/34/EC Art.1				
屈	601-048-00-0	205-923-4	218-01-9	
苯并（e）芘	601-049-00-6	205-892-7	192-97-2	
97/56/EC Atr.1 point 2（adapted）				
1，2-二溴乙烷；二溴乙烯	602-010-00-6	203-444-5	106-93-4	
1，2-二氯乙烷；二氯乙烯	602-012-00-7	203-458-1	107-06-2	
1，2-二溴-3-氯丙烷	602-021-00-6	202-479-3	96-12-8	
99/43/EC Atr.1				
溴乙烯	602-024-00-2	209-800-6	593-60-2	
2003/36/EC Art.1				
三氯乙烯	602-027-00-9	201-167-4	79-01-6	
α-氯甲苯，苄基氯	602-037-00-3	202-853-6	100-44-7	
97/56/EC Art.1 point 2				
丁烷 ［丁二烯的含量≥0.1%（203-450-8）］［1］ 异丁烷 ［丁二烯的含量≥0.1%（203-450-8）］［2］	601-004-01-8	203-448-7［1］ 200-857-2［2］	106-97-8［1］ 75-28-5［2］	
1，3-丁二烯	601-013-00-X	203-450-8	106-99-0	

物质名称	索引序号	EC 编号	CAS 编号	注释
97/56/EC Art.1 point 2				
α，α，α-三氯甲苯	602-038-00-9	202-634-5	98-07-7	
1，3-二氯-2-丙醇	602-064-00-0	202-491-9	96-23-1	
1，2，3，4，5，6-六氯苯	602-065-00-6	204-273-9	118-74-1	
1，4-二氯-2-丁烯	602-073-00-X	212-121-8	764-41-0	
2003/36/EC Art.1				
2，3-二溴丙醇	602-088-00-1	202-480-9	96-13-9	
97/56/EC Art.1 point 2　2003/36/EC Art.1				
环氧乙烷	603-023-00-X	200-849-9	75-21-8	
1-氯-2，3-环氧丙烷，环氧氯丙烷	603-026-00-6	203-439-8	106-89-8	
环氧丙烷；1，2-环氧丙烷	603-055-00-4	200-879-2	75-56-9	
2003/34/EC Art.1				
1，2，3，4-二环氧丁烷	603-060-00-1	215-979-1	1464-53-5	
2，3-环氧丙醇	603-063-00-8	209-128-3	556-52-5	
2003/36/EC Art.1				
缩水甘油苯醚	603-067-00-X	204-557-2	122-60-1	
97/56/EC Art.1 point 2				
氧化苯乙烯	603-084-00-2	202-476-7	96-09-3	
2003/36/EC Art.1				
呋喃	603-105-00-5	203-727-3	110-00-9	
R-2，3-环氧丙醇	03-143-00-2	404-660-4	57044-25-4	
（R）-1-氯-2，3-环氧丙烷	603-166-00-8	424-280-2	51594-55-9	
97/56/EC Art.1 point 2				
4-氨基-3-氟苯酚	604-028-00-X	402-230-0	399-95-1	
1999/43/EC Art.1				
黄樟油精；5-烯丙基-1，3-双间二氧杂环戊烯	605-020-00-9	202-345-4	94-59-7	
97/56/EC Art.1 point 2				
1，3-丙内酯	606-031-00-1	200-340-1	57-57-8	
氨基甲酸酯（INN）	607-149-00-6	200-123-1	51-79-6	
甲基丙烯酰胺甲氧基醋酸酯；[丙烯酰胺的含量≥0.1%]	607-190-00-X	401-890-7	77402-03-0	
甲基丙烯酰胺乙醇酸酯[丙烯酰胺的含量≥0.1%]	607-210-00-7	403-230-3	77402-05-2	
丙烯腈	608-003-004	203-466-5	107-13-1	
2-硝基丙烷	609-002-00-1	201-209-1	79-46-9	

物质名称	索引序号	EC 编号	CAS 编号	注释
2003/34/EC Art.1				
2，4-二硝基甲苯 [1]；二硝基甲苯 [2]；工业级二硝基甲苯	609-007-00-9	204-450-0 [1] 246-836-1 [2]	121-14-2 [1] 25321-14-6 [2]	
97/56/EC Art.1 point 2				
5-硝基萘嵌戊烷	609-037-00-2	210-025-0	602-87-9	
2-硝基萘	609-038-00-8	209-474-5	581-89-5	
4-硝基联苯	609-039-00-3	202-204-7	92-93-3	
除草醚（ISO）；2，4-二氯苯基-4-硝基苯基醚	609-040-00-9	217-406-0	1836-75-5	
2-硝基苯甲醚	609-047-00-7	202-052-1	91-23-6	
2003/34/EC Art.1				
2，6-二硝基甲苯	609-049-00-8	210-106-0	606-20-2	
2003/36/EC Art.1				
2，3-二硝基甲苯	609-050-00-3	210-013-5	602-01-7	
3，4-二硝基甲苯	609-051-00-9	210-222-1	610-39-9	
3，5-二硝基甲苯	609-052-00-4	210-566-2	618-85-9	
2003/34/EC Art.1				
3-硝基甲肼	609-053-00-X	414-850-9	–	
2003/36/EC Art.1				
2，5-二硝基甲苯	609-055-00-0	210-581-4	619-15-8	
2003/34/EC Art.1				
偶氮苯	611-001-00-6	203-102-5	103-33-3	
97/56/EC Art.1 point 2				
甲基氧化偶氮甲基醋酸酯	611-004-00-2	209-765-7	592-62-1	
二钠 {{5-［4'-（（2，6-羟基-3-（（2-羟基-5-苯磺酸基）偶氮）苯基）偶氮）（（1，1'-二苯基）-4-基）偶氮］水杨酸（4-）}}铜酸（2-）；CI 直接棕 95	611-005-00-8	240-221-1	16071-86-6	
4-邻-甲苯偶氮-邻-甲苯胺；4-氨基-2'，3-二甲基偶氮苯；AAT；邻-氨基偶氮甲苯	611-006-00-3	202-591-2	97-56-3	
4-氨基偶氮苯	611-008-00-4	200-453-6	60-09-3	
1999/43/EC Art.1				
对二氨基联苯偶氮染料：4，4'-二芳基偶氮二苯基染料，除了在指令 67/58/ECC 附件 I 所述的除外	611-024-00-1	—	—	

物质名称	索引序号	EC 编号	CAS 编号	注释
二钠-4-氨基-3-[[4′[(2, 4-二氨基苯基) 偶氮][1, 1′-二苯基]-4-基] 偶氮]-5-羟基-6-(苯基偶氮) 萘-2, 7-二硫酸盐；C.I.直接黑 38	611-025-00-7	217-710-3	1937-37-7	
季钠 3, 3′[[1, 1′-二苯基]-4, 4′-二 (偶氮)] 二 [5-氨基-4-羟基萘-2, 7-二硫酸盐]；C.I.直接蓝 6	611-026-00-2	220-012-1	2602-46-2	
二钠 3, 3′-[[1, 1′-二苯基]-4, 4′二 (偶氮) 二 [4-氨基萘-1-硫酸盐]；C.I.直接红 28	611-027-00-8	209-358-4	573-58-0	
2003/34/EC Art.1				
6-羟基-1-(3-异丙氧基丙基)-4-甲基-2-氧-5-[4-(偶氮苯) 偶氮苯]-1, 2-二氢-3-嘧啶腈	611-057-00-1	400-340-3	85136-74-9	
(6-(4-羟基-3-(2-甲氧基偶氮苯基)-2-磺酸基-7-萘氨基)-1, 3, 5-三嗪-2, 4-二基) 二 [(氨基-1-甲乙基)-铵] 甲酸盐	611-058-00-7	402-060-7	108225-03-2	
三钠-[4′-(8-乙酰胺-3, 6-二磺基-2-偶氮萘)-4″-(6-苯甲酰胺-3-磺基-2-偶氮萘) 二苯基-1, 3′, 3″, 1‴-四氧桥-O, O′, O″, O‴] 铜 (II)	611-063-00-4	413-590-3		
苯肼 [1] 氯化苯肼 [2] 盐酸苯肼 [3] 硫酸苯肼 (2：1) [4]	612-023-00-9	202-873-5 [1] 200-444-7 [2] 248-259-0 [3] 257-622-2 [4]	100-63-0 [1] 59-88-1 [2] 27140-08-5 [3] 52033-74-6 [4]	
97/56/EC Art.1 point 2				
2-甲氧基苯胺	612-035-00-4	201-963-1	90-04-0	
3, 3′-二甲氧基联苯胺；邻-联茴香胺	612-036-00-X	204-355-4	119-90-4	
3, 3′-二甲氧基联苯铵盐；邻-联茴香铵盐	612-037-00-5			
3, 3′-二甲基联苯胺；联甲苯胺	612-041-00-7	204-358-0	119-93-7	
4, 4′-二氨基二苯基甲烷	612-051-00-1	202-974-4	101-77-9	
3, 3′-二氯对二氨基苯胺	612-068-00-4	202-109-0	91-94-1	
3, 3′-二氯对二氨基苯铵盐	612-069-00-X	210-323-0 [1] 265-293-1 [2] 277-822-3 [3]	612-83-9 [1] 64969-34-2 [2] 74332-73-3 [3]	

续表

物质名称	索引序号	EC 编号	CAS 编号	注释
N-亚硝基二甲胺	612-077-00-3	200-549-8	62-75-9	
2，2'-二氯-4，4'-二亚甲基联苯二胺	612-078-00-9	209-918-9	101-14-4	
2，2'-二氯-4，4'-二亚甲基联苯二铵盐	612-079-00-4			
3，3'-二甲基对二氨基联苯铵盐	612-081-00-5	210-322-5 [1] 265-294-7 [2] 277-985-0 [3]	612-82-8 [1] 64969-36-4 [2] 74753-18-7 [3]	
1-甲基-3-硝基-1-亚硝基胍	612-083-00-6	200-730-1	70-25-7	
4，4'-亚甲基-二（邻-甲苯胺）	612-085-00-7	212-658-8	838-88-0	
2，2'-亚硝胺基乙二醇	612-090-00-4	214-237-4	1116-54-7	
邻-甲苯胺	612-091-00-X	202-429-0	95-53-4	
亚硝基二丙基胺	612-098-00-8	210-698-0	621-64-7	
4-甲基-间-苯二胺	612-099-00-3	202-453-1	95-80-7	
1999/43/EC Art.1 point 2				
硫酸甲苯磷酸氢二胺	612-126-00-9	265-697-8	65321-67-7	
2001/41/EC Art.1 point 2				
4-氯苯胺	612-137-00-9	203-401-0	106-47-8	
97/56/EC Art.1 point 2				
乙烯基亚胺；环乙基胺	613-001-00-1	205-793-9	151-56-4	
丙烯亚胺	613-033-00-6	200-878-7	75-55-8	
敌菌丹（ISO）；1，2，3，6-四氢-N-(1，1，2，2-四氯乙烷基硫代)苯邻二甲酰亚胺	613-046-00-7	219-363-3	2425-06-1	
卡巴多司（INN）；甲基-3-(喹喔啉-2-亚甲基)卡巴酯-1，4-二氧化物	613-050-00-9	229-879-0	6804-07-5	
丙烯酰胺	616-003-00-0	201-173-7	79-06-1	
硫代乙酰胺	616-026-00-6	200-541-4	62-55-5	
2003/36/EC Art.1				
混合物：N-[3-羟基-2-(2-甲基丙烯酰胺-甲氧基)丙氧甲基]-2-甲基丙烯酰胺；N-[2，3-双-(2-甲基丙烯酰胺-甲氧基)丙氧甲基]-2-甲基丙烯酰胺；甲基丙烯酰胺；2-甲基-N-(2-甲基-丙烯酰胺甲氧基甲基)-丙烯酰胺；N-(2，3-二羟基丙氧甲基)-2-甲基丙烯酰胺	616-057-00-5	412-790-8	—	

附件五

表 4-5   30 节   再生产中的有毒物质

物质名称	索引序号	EC 编号	CAS 编号	附件
一氧化碳	006-001-00-2	211-128-3	630-08-0	
六氟硅酸铅	009-014-00-1	247-278-1	25808-74-6	
铅化合物（本附件中提到的除外）	082-001-00-6			
烷基铅	082-002-00-1			
叠氮化铅	082-003-00-7	236-542-1	13424-46-9	
铬酸铅	082-004-00-2	231-846-0	7758-97-6	
二乙酸铅	082-005-00-8	206-104-4	301-04-2	
二磷酸三铅	082-006-00-3	231-205-5	7446-27-7	
醋酸铅	082-007-00-9	215-630-3	1335-32-6	
甲基磺酸铅（II）	082-008-00-4	401-750-5	17570-76-2	
C.I. 黄色素 34；（这种物质的色素索引序号［Color Index］为 C.I.77603)	082-009-00-X	215-693-7	1344-37-2	
C.I. 红色素 104（这种物质的色素索引序号［Color Index］为 C.I.77605)	082-010-00-5	235-759-9	12656-85-8	
砷酸氢铅	082-011-00-0	232-064-2	7784-40-9	
1999/43/EC Art.1				
1，2-二溴-3-氯丙烷	602-021-00-6	202-479-3	96-12-8	
2003/36/EC Art.1				
2-溴丙烷	602-085-00-5	200-855-1	75-26-3	
97/56/EC Art.1 point 2 （adapted)				
杀鼠灵；4-羟基-3-（3-羰基-1-苯丁基）香豆素	607-056-00-0	201-377-6	81-81-2	
2，4，6-三硝基间苯二酚铅	609-019-00-4	239-290-0	15245-44-0	

附件六

表 4-6   30 节   再生产中的有毒物质

物质名称	索引序号	EC 编号	CAS 编号	附件
2001/41/EC Art.1 point 2				
6-（2-氯乙基）-6-（2-甲氧乙氧基）-2，5，7，10-四氧代-6-硅十一烷	014-014-00-X	253-704-7	37894-46-5	

物质名称	索引序号	EC 编号	CAS 编号	附件
2003/36/ EC Art.1				
Flusilazole（ISO）；二（4-氟苯基）-（甲基）-（1H-1，2，4-三唑-1-基甲基）-硅烷	014-017-00-6	—	85509-19-9	
混合物：4-［［二-（4-氟苯基）-甲基甲硅烷基］甲基］-4H-1，2，4-三唑；1-［［二-（4-氟苯基）甲基-甲硅烷基］甲基］-1H-1，2，4-三唑	014-019-00-7	403-250-2	—	
97/56/EC Art.1 point 2（adapted）				
四羰基镍	028-001-00-1	236-669-2	13463-39-3	
2003/34/EC Art.1				
氟化镉	048-006-00-2	232-222-0	7790-79-6	
氯化镉	048-008-00-3	232-296-7	10108-64-2	
97/56/EC Art.1 point 2（adapted）				
苯并［a］芘；苯并［d，e，f］屈	601-032-00-3	200-028-5	50-32-8	
2-甲氧基乙醇；乙烯基乙二醇的甲基醚；甲基乙二醇	603-011-00-4	203-713-7	109-86-4	
2-乙氧基乙醇；乙烯基乙二醇的乙基醚；乙基乙二醇	603-012-00-X	203-804-1	110-80-5	
2003/34/EC Art.1				
2，3-环氧丙-1-醇；缩水甘油	603-063-00-8	209-128-3	556-52-5	
2003/34/EC Art.1				
2-甲氧基丙醇	603-106-00-0	216-455-5	1589-47-5	
2003/36/EC Art.1				
二（2-甲氧乙基）醚	603-139-00-0	203-924-4	111-96-6	
R-2，3-环氧-1-丙醇	603-143-002	404-660-4	57044-25-4	
2003/34/EC Art.1				
4，4′-异丁基亚乙基二苯酚；2，2-二（4′-羟基苯基）-4-甲基戊烷	604-024-00-8	401-720-1	6807-17-6	
97/56/EC Art.1 point 2（adapted）				
2-甲氧基乙酸乙酯	607-036-00-1	203-772-9	110-49-6	
2-乙氧基乙酸乙酯	607-037-00-7	203-839-2	111-15-9	
2-乙基己基-3，5-二（1，1-二甲基乙基）-4-羟苯基硫代乙酸甲酯	607-203-00-9	279-452-8	80387-97-9	
1999/43/EC Art.1				
邻苯二甲酸二（2-甲氧基乙基）酯	607-228-00-5	204-212-6	117-082-8	

物质名称	索引序号	EC 编号	CAS 编号	附件
2003/34/EC Art.1				
乙酸 2-甲氧丙酯	607–251–00–0	274–724–2	70657–70–4	
2003/36/EC Art.1				
Fluazifop-丁基（ISO）；丁基（RS）-2［4-（5-三氟甲基-2-氧化吡啶）苯氧基]丙酸酯	607–304–00–8	274–125–6	69806–50–4	
Vinclozolin（ISO）；N-3，5-二氯苯基-5-甲基-5-乙烯基-1，3-恶唑烷-2，4-二酮	607–307–00–4	256–599–6	50471–44–8	
甲氧基乙酸	607–312–00–1	210–894–6	625–45–6	
邻苯二甲酸二（2-乙基己基）酯；二-（2-乙基己基）邻苯二甲酸酯；DEHP	607–317–00–9	204–211–0	117–81–7	
二丁基邻苯二甲酸酯；DBP	607–318–00–4	201–557–4	84–74–2	
(+/-) 四氢糠基（R）-2-［4-(6-氯喹恶啉-2-基氧化）氧化苯基]丙酸酯	607–373–00–4	414–200–4	119738–06–6	
97/56/EC Art. 1 point 2				
农药乐杀螨（ISO）；2-仲丁基-4，6-二硝基苯基-3-甲基巴豆酸酯	609–024–00–1	207–612–9	485–31–4	
地乐酚；6-仲丁基-2，4-二硝基苯酚	609–025–00–7	201–861–7	88–85–7	
地乐酚盐和酯类衍生物，本附件中提到的除外	609–026–00–2			
［除草剂]地乐消；2-叔丁基-4，6-二硝基苯酚	609–030–00–4	215–813–8	1420–07–1	
地乐消（dinoterb）盐和酯类衍生物	609–031–00–X			
除草醚（ISO）；2，4-二氯苯基-4-硝基苯基乙醚	609–040–00–9	217–406–0	1836–75–5	
甲基-ONN-氧化偶氮甲基乙酸酯；甲基氧化偶氮乙酸甲酯	611–004–00–2	209–765–7	592–62–1	
2003/34/EC Art.1				
Tridemorph（ISO）；2，6-二甲基-4-十三烷基吗啉	613–020–00–5	246–347–3	24602–86–6	
97/56/EC Art. 1 point 2				
乙烯基硫脲；2-咪唑啉-2-硫醇	613–039–00–9	202–506–9	96–45–7	
2003/34/EC Art.1				
环己酰亚胺	613–140–00–8	200–636–0	66–81–9	

续表

物质名称	索引序号	EC 编号	CAS 编号	附件
2003/36/EC Art.1				
Flumioxazin（ISO）；N−（7−氟−3，4−二氢−3−氧−4−丙−2−炔基−2H−1，4−苯并恶嗪−6−基）环己−1−烯−1，2−二羧草酰胺	613−166−00−X	—	103361−09−7	
(2RS，3RS) −3− （2−氯苯基）−2− （4−氟）− [(1H−1，2，4−三唑−1−基) −甲基] 环氧乙烷	613−175−00−9	406−850−2	106325−08−0	
97/56/EC Art.1 point 2				
(N，N−) 二甲基甲酰胺	616−001−00−X	200−679−5	68−12−2	

附件十七

表 4−7 持久性有机污染物 (POPS)

物质名称（CAS 编号）	条件及限制
1. (杀虫剂) 艾试剂：氯甲桥萘 CAS 编号：309−00−2 EINECS 编号：206−215−8 2. (强力杀虫剂) 氯丹 CAS 编号：57−74−9 EINECS 编号：200−349−0 3. (一种杀虫剂) 狄氏剂：氧桥氯甲桥萘 CAS 编号：60−57−1 EINECS 编号：200−484−5 4. (一种杀虫剂) 异狄氏剂 CAS 编号：72−20−8 EINECS 编号：204−079−4 5. (一种杀虫剂) 七氯 CAS 编号：76−44−8 EINECS 编号：200−962−3 6. 六氯苯 CAS 编号：118−74−1 EINECS 编号：204−273−9 7. (一种杀虫剂) 灭蚁灵 CAS 编号：2385−85−5 EINECS 编号：219−196−6 8. (一种杀虫剂) 毒杀芬，八氯莰烯 CAS 编号：8001−35−2 EINECS 编号：232−283−3 9. (一种杀虫剂) 滴滴涕，二氯二苯三氯乙烷 CAS 编号：50−29−3 EINECS 编号：200−024−3 10. (一种杀虫剂) 十氯酮 CAS 编号：143−50−0 11. 六溴联苯 CAS 编号：36355−01−8	禁产、禁售，禁止个人使用（制备原料或成品）

物质名称（CAS 编号）	条件及限制
12. 多氯化联（二）苯（PCBs）	禁止个人使用（制备原料或成品）；在不违背 96/59/EC 号会议协商规定的前提下，在此规定生效前生产的涉及这些物质的成品可以继续使用（但要逐步削减之）
13. HCH（六氯环己烷）CAS 编号：608-73-1，其中包括林丹（CAS 编号为 58-89-9 的杀虫剂）	1. 除用作有机合成的中间体外，其他情况不应使用 HCH 技术。 2. 99% 以上的 HCH 异构体均为伽玛型（林丹）的此类物质是禁止使用的，除非公共卫生或兽类有局部灭虫的急需。 3. 2006 年 1 月 1 日前，下列使用仍然是允许的，但须逐步停止： a）工业上用于处理旧木料、木材、原木等和专业补救处理 b）家居使用、室内使用和其他工业用途

（二）欧盟一般产品安全指令 The General Product Safety Directive（GPSD）2001/95/EC

1. 一般产品安全指令 2001/95/EC 关键内容及理解要点

2001 年，欧盟部长理事会通过了一项决议 2001/95/EC 指令，要求对输入欧盟的产品加强安全检查，不管从哪个成员国的口岸进来，均需根据统一标准接受安全和卫生检查，任何一个海关，只要在检查时发现进口的产品不符合欧盟的标准，可能会危及消费者的健康和安全，不仅有权中止报关手续，还应该立即通知其他海关口岸。这就是近几年来出现的土耳其等一些欧洲国家加强了对我国出口产品海关检查的主要原因，以前是未出现此种现象的。欧盟主要加强对进口玩具、食品、药品、自行车、家具、灯具等日用消费品的卫生、安全检查。

GPSD 共有七章、二十四条、四个附件，界定了产品安全等基本概念，规定了产品安全基本要求、合格评定程序和标准的采用，明确了产品生产、经营者以及各成员国关于产品安全的法律责任。同时，它还规定了风险产品的信息交流和对风险产品采取的紧急措施，决定由各成员国主管机构组成欧盟食品安全委员会，并规定了委员会的工作职责和程序。GPSD 目的是为了确保欧盟市场产品的质量安全，即确保投放欧盟市场上的产品在正常或可预见的条件下使用时不会出现危险，并将产品附带的风险提醒使用者或消费者，从而保护消费者的健康安全，同时促进欧盟内部统一市场的正常运行。其适用于一切消费产品或可能被消费者使用的产品。GPSD 是一系列产品安全专门法规的基础，从产品风险控制、产品安全责任等方面对这些专门法规进行了补充和完善。

2001/95/EC 指令内容，可以概括为以下几方面（摘要）：①只允许符合安全标准的产品推出市场；②产品符合成员国的国家法律规定或自愿性执行国家标准，才可视为符合安全；③产品如未能通过一般安全规例而引致风险，生产商及分销商必须向执法机关汇报；④生产商必须于情况需要时，有效处理回收工作；⑤分销商必须保存文件记录，以便发现不安全产品时，可追踪产品的流向或来源；⑥如有需要，执法机关可下令进行产品召回；⑦在紧急措施执行期间（例如产品召回），有关产品不得从欧盟地区出口。

根据一般产品安全指令规定，生产商或流通者有责任确保在市场上销售的产品均属安全（符合安全要求）。这项规定适用于在市场销售的所有产品，或以其他方式向消费者供应的一切产品。有关当局或法庭（倘有争议）须根据下列几项因素确定产品是否安全：

①产品的特点，包括成分、包装，以及装配、安装及保养说明；

②外观，包括标签、有关使用及弃置的任何警告或说明，以及任何其他说明或资料（如生产商资料）；

③产品可能对其产生危险的消费者类别（儿童或长者）。

生产商必须承担责任，确保在市场供应及销售的产品安全可靠，例如提供资料及警告。此外，假如产品可能引起危险，生产商必须采取适当行动，例如将产品从市场收回、给予消费者足够或有效警告，或向消费者收回产品。

《欧盟一般产品安全指令》（2001/95/EC）在欧盟内是一项规章性的指令。该指令适用于在欧盟规定中没有适合的产品安全规定的情况下以确保在市场上销售的产品都是安全的。如果产品已存在具体的产品安全法律要求，例如欧盟内的《玩具指令》，那么，《欧盟一般产品安全指令》将仅适用于《玩具指令》中没有涉及的产品危险。如产品出现欧盟指令中没有涉及的产品危险，有关机构单位可根据《欧盟一般产品安全指令》阻止这些不安全产品的流通。

如某些欧洲国家（英国、瑞士等）投诉我国生产的皮沙发引起消费者皮肤过敏事件，本来世界各国对皮沙发中的富马酸二甲酯防霉剂都无任何明确的技术法规或标准进行限制或禁止使用，可当欧洲某些消费者有皮肤过敏现象发生，这些国家说是使用中国制造的沙发引起的，当不能拿出具体技术法规或标准时，就只能拿《欧盟一般产品安全指令》说事，说不符合该指令要求。因此，可以说该指令的杀伤力和影响力比欧洲其他指令还厉害，范围更大，可以适用于任何消费品。

（1）产品。

《欧盟一般产品安全指令》适用于消费者在可预见或无意间的情况下有可能使用的产品，并包括在提供服务过程中使用的产品安全。例如，健身中心供消费者使用的健身设备就是在提供服务过程中使用的产品。

（2）安全产品。

"安全产品"是指在正常的或可预见的情况下使用并无危险的产品。

生产安全产品时，尤其应注意以下内容：

①产品特性，包括产品的成分、包装、组装说明及如需要安装及保养说明；

②在可预见情况下，与其他产品一起使用时对该产品的影响；

③产品介绍，卷标，任何有关产品使用及处理的警告和说明，任何涉及产品的指示或信息；

④消费者类别或年龄组别，尤其是使用产品时较易遭受危害的类别，如儿童和老人。

（3）安全评估。

生产安全产品应遵循以下步骤：

①在没有明确的欧盟安全法律规定的情况下，产品生产应遵守所在销售地的国家安全法律。

②在销售国没有国家安全法律的情况下，产品生产应遵守相关的《欧盟公报》刊登的欧洲标准。

③在没有相关的《欧盟公报》刊登的欧洲标准的情况下，安全评估应考虑如下因素：

● 由相关欧洲标准译制的自愿性的国家标准；

● 产品销售地的国家标准；

● 根据欧盟建议及指引进行产品安全评估；

● 产品安全法则和产品相关领域的良好生产及设计规范；

● 技术发展水准；

● 消费者对产品安全的合理的期望。

在上述因素均具备，欧盟仍有可能会对危险产品的销售进行限制。

随着《欧盟一般产品安全指令》的颁布，《欧盟公报》有可能刊登根据《欧盟一般产品安全指令》制定的相关的欧洲标准。这些被刊登的标准均为《欧盟一般产品安全指令》的共识标准。如果某产品符合了这一标准，那么，该产品即被认为是安全产品。

同时，欧盟于 2001 年依据该指令修正案而设立了"欧盟非食品商品快速预警系统"（RAPEX），是欧盟于 2001 年依据《欧盟一般产品安全指令》修正案而设立的，主要用于欧盟成员国及欧盟委员会相互通报在欧盟市场上发现的相关危险产品的情况。该修正案经过 3 年的过渡期，并于 2004 年 1 月 15 日正式生效。该系统主要用于欧盟成员国及欧盟委员会相互通报在欧盟市场上发现的相关危险产品的情况，涉及的产品主要包括玩具、体育用品、打火机、纺织服装、家具等日用消费品。该修正案第一次明确了生产商和分销商在法律上有义务向政府报告其产品是否安全，并应与政府市场监督管理部门合作，承担追踪产品去向、召回产品或从市场撤出产品等责任，否则受罚。RAPEX 一般每星期公布一次，其影响力非常大，如被通报，产品不合格信息和生产企业资料会通过 RAPEX 系统向欧盟所有成员国进行通报，产品将不得在欧盟所有成员国销售，有时候还会影响到企业的其他产品，对企业的损害非常大。

2. 一般产品安全指令 2001/95/EC 涉及的产品及其标准

2006 年 7 月 22 日，欧盟公布了第 2001/95/EC 号指令（一般产品安全指令）的新欧洲安全标准清单，取代以前公布的所有官方标准清单。有关标准由欧洲标准化组织按欧委会指示制定，涵盖运动设备、童装、奶嘴、打火机、自行车、家具（包括折叠床）等产品。

2006 年 7 月 22 日公布的新欧洲安全标准清单：

● 户外家具——供露营、家居使用及租用的桌、椅——第 1 部分：一般安全规定（参照欧洲标准化委员会 EN 581-1：2006）；

● 家具——折叠床——安全规定及测试——第 1 部分：安全规定（参照欧洲标准化

委员会 EN 1129-1：1995）；

● 家具——折叠床——安全规定及测试——第 2 部分：测试方法（参照欧洲标准化委员会 EN 1129-2：1995）；

● 家具——家用童床及摇篮——第 1 部分：安全规定（参照欧洲标准化委员会 EN 1130-1：1996）；

● 家具——家用童床及摇篮——第 2 部分：测试方法（参照欧洲标准化委员会 EN 1130-2：1996）；

● 儿童专用护理用品——婴儿及幼童用奶嘴——第 1 部分：一般安全规定及产品资料（参照欧洲标准化委员会 EN 1400-1：2002）；

● 儿童专用护理用品——婴儿及幼童用奶嘴——第 2 部分：机械规定及测试（参照欧洲标准化委员会 EN 1400-2：2002）；

● 儿童专用护理用品——婴儿及幼童用奶嘴——第 3 部分：化学规定及测试（参照欧洲标准化委员会 EN 1400-3：2002）；

● 儿童护理用品——手提式婴儿床及支架——安全规定及测试方法（参照欧洲标准化委员会 EN 1466：2004）；

● 打火机——安全规格（国际标准化组织 9994：2005）（参照欧洲标准化委员会 EN ISO 9994：2006）；

● 儿童护理用品——奶嘴挂带——安全规定及测试方法（参照欧洲标准化委员会 EN 12586：1999）；

● 儿童专用护理用品——婴儿车——安全规定及测试方法——第 1 部分：背式婴儿车（参照欧洲标准化委员会 EN 13209-1：2004）；

● 滚轴溜冰运动设备——滚轴溜冰鞋——安全规定及测试方法（参照欧洲标准化委员会 EN 13899：2003）；

● 装饰油灯——安全规定及测试方法（参照欧洲标准化委员会 EN 14059：2002）；

● 儿童专用护理用品——自行车儿童座椅——安全规定及测试方法（参照欧洲标准化委员会 EN 14344：2004）；

● 儿童专用护理用品——饮用设备——第 1 部分：一般及机械规定和测试（参照欧洲标准化委员会 EN 14350-1：2004）；

● 儿童服装安全——儿童服装绳索及束带——规格（参照欧洲标准化委员会 EN 14682：2004）；

● 城市及旅行自行车——安全规定及测试方法（参照欧洲标准化委员会 EN 14764：2005）；

● 登山自行车——安全规定及测试方法（参照欧洲标准化委员会 EN 14766：2005）；

● 竞赛自行车——安全规定及测试方法（参照欧洲标准化委员会 EN 14781：2005）；

● 自行车——自行车配件——行李架（参照欧洲标准化委员会 EN 14872：2006）；

● 健身设备——一般安全规定及测试方法（参照欧洲标准化委员会 EN 913：1996）；

● 固定训练设备——第1部分：一般安全规定及测试方法（参照欧洲标准化委员会 EN 957-1：2005）。

三、欧盟新方法指令及建筑产品指令 89/106/EEC

（一）欧盟新方法指令（The New Approach Directives）

新方法指令主要内容及理解要点：

在欧盟统一市场建立过程中，为了消除各成员国间的众多繁杂不一的贸易技术壁垒，规范和协调其成员之间的技术法规和标准，1985年5月，欧盟颁布实施了《技术协调和标准化新方法》，并相继出台了一系列指令，即"新方法指令"（The New Approach Directives）。新方法指令是欧盟委员会依据 CE 条约（欧共体条约）第95条的规定，按照新方法的原则和要求提出指令建议，由理事会和欧洲议会启动立法程序，并依据 CE 条约第251条规定的联合决策程序批准的欧共体技术法规。目的是履行与欧盟有关的条约上的义务。

所谓"新方法"是指技术协调的改进方法，它改变了旧方法中法规内容过繁过细的做法。"新方法"在商品自由流通的法律框架内分清了欧共体立法机构和欧洲标准化机构 CEN、CENELEC 和 ETSI 之间的职责。欧盟指令规定的是"基本要求"，即商品在投放市场时必须满足的保障健康和安全的基本要求。而欧洲标准化机构的任务是制定符合指令基本要求的相应的技术规范（即"协调标准"）。符合这些技术规范便可以推定（产品）符合指令的基本要求。

根据规定，新方法指令的效力是以成员国执行为条件，在指令被批准、公布后，成员国应在规定的期限内，通过国内立法程序，将指令规则过渡、转化为本国法律。同时规定，各成员必须采取适当的实施措施，确保得到充分的贯彻，并将所采取的措施通告欧盟委员会。如果成员国在过渡期内没有采取措施或没有采取正确的措施或没有转换指令，均属于违反欧共体法律的行为。

新方法指令属于完全协调化的指令，成员国在进行转换时，必须废除所有与之抵触的本国法律法规。另外，原则上不允许成员国保留或引入超越指令要求的更为严格的措施。当然，成员国可依据 CE 条约的有关规定，出于保护工人、其他用户或环境的目的，对特殊产品的投放市场和投入使用可保持或采取附加的国家规定，但这些规定不得要求对符合相关指令规定的产品进行改造，也不得影响其在欧共体市场投放和投入使用时的条件。

新方法指令协调一致的只限于基本要求。"新方法指令"规定的一个重要原则就是只规定有关安全、健康、消费者权益及可持续发展的基本要求。这些基本要求包括了实现指令目标的必要内容，是强制性的，其宗旨是规定和确保对使用者有严格的保护。

只有满足基本要求的产品方可投放市场或投入使用。产品只有满足了基本要求，在正确安装、维护适宜，并按设计目的使用时，才不会危害人身安全和健康、不损害相关指令所涉及的其他利益，才具备了在欧盟市场上投放和投入使用的基本条件。

新方法指令对欧盟各成员均具有约束力，它要求各成员采取一切必要措施，确保投放市场或交付使用的产品不危及人身安全和健康，不违背相关新方法指令所涵盖的其他目的。对从欧盟以外国家进口的产品，在新方法指令中同样有严格的规定：如果欧盟成员以外国家的制造商欲将其产品投放到欧盟市场或在欧盟市场交付使用，则该制造商应与进口成员国制造商的责任相同，即按照所有可采用的新方法指令设计和制造产品，并履行相应的合格评定程序。

在新方法指令批准后，欧盟委员会协议要求欧洲标准组织制定详细的参考性技术标准，由欧盟委员会批准，这些参考性技术标准主要表现为协调标准。协调标准对指令所确立的基本要求提供可担保程度的保证，为指令的实施提供技术支撑。因此，新方法指令赋予协调标准以特殊的法律地位：协调标准可直接作为符合相关指令基本要求的推论，也就是说，满足了协调标准，就可推论为满足了相关指令的有关基本要求，而其他标准或技术规范一般不具备这一效力。新方法指令中的建筑产品指令（Directive 89/106/EEC）涉及的协调标准有 50 多个。

到目前为止，欧盟一共颁布了 24 个新方法指令，即：

①73/23/EEC 低电压指令

②87/404/EEC 简单压力容器指令

③88/378/EEC 玩具安全指令

④89/106/EEC 建筑产品指令

⑤89/336/EEC 电磁兼容指令

⑥89/686/EEC 个人保护设备指令

⑦90/384/EEC 非自动衡器指令

⑧90/385/EEC 可移植医疗器械指令

⑨90/396/EEC 燃气用具指令

⑩92/42/EEC 使用液体或气体燃料的新型热水锅炉指令

⑪93/15/EEC 民用爆炸物指令

⑫93/42/EEC 医疗器械指令

⑬94/9/EC 在爆炸性气体中使用的设备指令

⑭94/25/EC 游船指令

⑮95/16/EC 电梯指令

⑯97/23/EC 压力设备指令

⑰98/13/EC 电信终端设备和卫星地面站设备指令

⑱98/37/EC 机械指令

⑲98/79/EC 在玻璃试管中的诊断医疗器械指令

⑳99/5/EC 无线电通信和电信终端设备指令

㉑00/9/EC 载人索道安装指令

㉒2000/14/EC 户外设备环境噪声传播指令

㉓94/62/EC 包装和包装废弃物指令

㉔96/57/EC 家用冰箱和冷冻设备指令

新方法指令与 CE 标志：

新方法指令不仅规定产品必须满足的基本要求，还规定其他相关市场准入条款，包括投放市场前应采取适当的合格评定程序、加贴 CE 标志等。因此，产品满足了基本要求，只是"可"但还不能投放市场和投入使用，必须完全满足了指令的所有相关条款要求，才能投放市场和投入使用。

新方法指令规定，产品加贴 CE 标识前，必须按照相应指令规定的合格评定程序进行合格评定，确保新方法指令的执行得到验证和确认。制造商通过合格评定程序来声明产品与指令规定的符合性。根据全球方法及补充文件，合格评定程序被划分为 8 种基本模式（即内部生产控制、CE 型式试验、符合型式声明、生产质量保证、产品质量保证、产品验证、单元（单件）验证和完全质量保证）和 8 种变种模式，这些模式可以任何方式结合，从而形成了新方法指令中采用的合格评定程序基础。

产品投放市场前必须加贴 CE 标志。CE 标志是欧盟理事会强制性实施的一种安全合格标志，是产品符合新方法指令规定的有关安全、健康、环境保护以及保护消费者基本要求的、且实施了指令规定的合格评定程序的特殊证明。新方法指令范围内的绝大部分产品，无论是否由欧盟成员国生产，在欧盟市场投放和投入使用前都必须贴附 CE 标志（除非特殊指令另有要求）。产品一经贴附 CE 标志，则表示贴附 CE 标志或对贴附 CE 标志负有责任的责任人声明该产品符合欧共体所有适用的规则，并且已完成必要的合格评定程序。产品接受合格评定程序，并且确保符合所有指令的规定后，才能贴附 CE 标志；CE 标志必须由制造商或其在欧盟的授权代表自行加贴，不需要任何官方当局、认证机构或测试试验机构核发，同时，必须对 CE 标志的正确性或合理性负责；成员国不得引入表示符合 CE 标志相关目标的其他合格标志；投放市场产品上，不能使用与 CE 标志图形相类似的其他标识；CE 标志应贴附到产品上或者包装上，或所附的文件上，并确保容易读、可见、坚实耐磨损。

新方法指令作为欧盟市场准入制度中的重要组成部分，近几年来，无论是在欧盟内部还是外部，都产生了广泛而深远的影响，其影响日益扩大，已成为欧盟市场消除技术性贸易壁垒所采用的最新、最先进的方法。它对统一内部市场、消除技术壁垒，对外构筑技术性贸易壁垒、进行贸易保护，起着非常重要的作用。

随着我国与欧盟贸易的增加，特别是欧盟扩张以后，新方法指令对贸易的影响越来越大。了解、掌握和应用新方法指令这一重要的欧盟市场规则，对于拓展对欧贸易、促进产品出口、保护我国产业发展，具有重要意义。另外，在充分研究和借鉴新方法指令的运行模式上，要加快建设适合我国特点的市场准入体系，为国民经济的发展保驾护航。

（二）建筑产品指令 89/106/EEC（CPD–construction products directive）

建筑产品指令（89/106/EEC）是 1988 年 12 月 21 日颁布并于 1992 年 12 月 31 日前实施的新方法指令之一。指令中对建筑产品的定义是"包括建筑物和土木工程制品在内的建筑场所的永久性装用的产品"。

指令的基本要求涉及以下几个方面：机械强度和稳定性、消防安全、卫生、健康及环境、使用中的安全、噪声防护、节能与保温。这些要求综合反映了欧洲地理与人口特点以及欧洲人的文明程度、文化观念和环境保护意识，正是由于这些因素促使他们十分重视建筑物及其内部用品的质量和性能。依规定欧盟各成员国须在 1991 年 6 月 27 日前将建筑产品指令纳入各自的国家法规中。目前，欧盟成员国都设立了与之相应的建筑产品的试验与认证机构。由某一成员国签发的合格证书为欧盟各国所承认。合格证书表明了产品的安全、可居住性、安装、适用性、质量、耐久性和维护等性能符合有关要求，是可接受的。合格证书是发给企业生产的某一产品的，该产品的生产过程应接受独立的质量控制监督。生产企业有责任保证指令的所有条款获得彻底实施。依建筑产品指令制定的 CNE 与 ELEC 标准，其产品的认证应符合 EC 型式试验和认证的有关政策。CE 认证为厂家的一致性评估提供了具体的程序和模式。模式的选择依欧盟有关的要求而定，产品符合要求的声明一般情况下由指定机构作出，个别情况亦可由企业自身作出。一旦满足了要求产品就可获准使用欧盟合格标志（CE）。

CE 认证名义上是欧盟所推行的一种产品标签，实际上是欧盟在 WTO 规则允许条件下，实施的一种合法的市场保护技术壁垒。按照欧盟建筑用人造板产品准则 89/106/EEC 的规定，从 2004 年 4 月 1 日起对建筑用人造板产品强制实行 CE 认证制度。凡是欧盟以外国家向欧盟成员国地区销售的建筑用人造板产品，都必须获得 CE 认证。

国内企业开展人造板产品 CE 认证，主要在于两个方面：一是攻克欧盟 CE 标志设置的技术壁垒，为产品通向欧盟市场打通脉络、减少障碍；二是借鉴、参考欧盟市场成功的企业经营管理模式、产品质量控制标准的严谨性等多方面，全面提升我国人造板企业产品生产的全过程管理，提高产品品质，向国际接轨、做大做强，牢固树立中国企业品牌，适应未来经济发展形势的需要。

（1）CE 认证的人造板产品。CE 认证产品的范围相当广泛，仅就人造板行业来看，就有胶合板、刨花板、中密度纤维板、定向刨花板、水泥刨花板、实木板、地板、单板层积材、集成材等，此外还有木门、木窗、木玩具等木制、竹材产品，取得 CE 认证，为进一步拓展海外市场，特别是欧盟市场铺平道路。

（2）CE 认证分级。建筑用人造板 CE 认证分为 1 级、1＋级、2 级、2＋级、3 级、4 级共六个等级，涉及普通人造板的通常有两个级别（2＋级和 4 级）。4 级即非结构室内用人造板（通常为家具和内装修用薄型人造板），建筑结构用人造板定为 2＋级。目前国内企业大多采用 2＋级认证，产品的适用性更广，有利于扩大产品出口范围（功能型人造板采用 3 级）。

（3）CE 标准和我国国标 GB 及 ISO9000 质量体系的关系。CE 认证主要涉及两方面的工作：一是建立工厂生产控制体系；二是对产品质量按欧盟标准进行检验和试验。建立工厂生产控制体系和 ISO9000 质量体系可说是相辅相成的，从文件上讲可以等同于 ISO9000 文件体系，在一些标准引用方面采用 CE 认证 EN 标准及相应技术指标。另外，EN 标准对产品性能进行检验和试验却和我国 GB 标准存在较大的不同，这是目前企业开展 CE 认证较为困难的一个方面，它要求企业建立日常的产品检验、试验以及采用数理统计知识对结果进行描述，国内企业限于自身的原因多数不能满足其要求。

CE 认证在我国市场开展的时间不长，却已有多家人造板骨干企业已取得 CE 认证证书（如浙江德仁、山东江泉、邳州天德、徐州胜阳等），还有不少国内企业已提出认证申请，认证工作正在开展中。

（4）建筑产品指令 CPD 涉及的 CE 认证举例。

建筑产品认证：木地板 CE 认证

依据欧盟建筑产品指令 89/106/EEC 的规定，地板类产品出口欧盟国家需要通过欧洲的强制性 CE 认证，其中实木地板强制执行日期为 2008 年 3 月 1 日，强化地板的强制执行日期为 2007 年 1 月 1 日。

欧盟 CE 认证中工厂生产控制（Factory production control）参考采用 ISO9001 体系，CE 认证的产品检测报告中木地板和强化地板测试使用的标准和测试项目如表 4-8 所示：

表 4-8　CE 认证使用的标准和项目

产品类别名称	使用标准
实木地板、实木复合地板、竹地板	Wood flooring–Characteristics, evaluation of conformity and marking EN 14342：2005　木地板-特性、合格评估和标签
强化地板、PVC 地板、纺织地毯、弹性地板	Resilient, textile and laminate floor coverings. Essential characteristics EN 14041：2004　弹性、纺织和层压地板覆盖物　基本特性
测试项目	测试标准
断裂强度 Breaking strength（max load）	Wood and parquet flooring–Determination of bending properties–Test methods EN 1533：2000　木制和拼花地板：弯曲特性的测定：试验方法
防滑系数 Slipperiness	Concrete paving flags–Requirements and test methods EN 1339：2003　铺路用混凝土板-要求和试验方法
导热性 Thermal conductivity	Thermal performance of building materials and products–Determination of thermal resistance by means of guarded hot plate and heat flow meter methods –dry and moist products of medium and low thermal resistance EN 12664：2001　建筑材料和产品的热性能-用保温板和热流计法测定耐热性-中等耐热性和低耐热性的干燥产品和潮湿产品
生物耐久 Durability	EN 335-1：1992　木材和木材制品的耐久性-细菌侵害危险等级的定义-第 1 部分：通则 annex A of EN 14342（Wood's biological durability declaration according to EN 350）EN 335-2：1992　木材和木材制品的耐久性-细菌侵害危险等级的定义-第 2 部分：纯木材制品时的应用

测试项目	测试标准
防火性能 Reaction to fire	建筑制品和构件的防火等级-第1部分：根据对耐火试验反应的试验数据分类 Fire classification of construction products and building elements-Part 1: Classification using test data from reaction to fire tests point 5.1-Table 1 of EN 14342、EN 13501-1-2002
甲醛释放 Emission of formaldehyde	Wood-based panels-Determination of formaldehyde release-Part 1: Formaldehyde emission by the chamber method EN 717-1　木质板材-甲醛释放量的测定-用气候箱法测定甲醛释放量
五氯苯酚 Emission of pentachlorophenol	Durability of wood and wood-based products-Quantitative determination of pentachlorophenol in wood-Gas chromatographic method CEN/TR 14823　木制和木制板材的生物耐久产品-木制产品五氯苯酚定量检测-气体色谱分析

1. 建筑产品指令 89/106/EEC 内容摘要

欧洲共同体理事会
关于使各成员国有关建筑产品的法律、法规和行政条款趋于一致的 89/106/EEC 指令

欧洲共同体理事会

考虑到建立欧洲经济共同体的条约，特别是其第 100a 条；

考虑到欧洲共同体委员会提交的议案；

考虑到与欧洲议会的合作；

考虑到经济与社会委员会的意见；

鉴于各成员国有责任保证其境内的建筑物和土木工程在设计与施工上不对人、家畜（禽）、财产的安全构成威胁，同时为维护普遍的福利所遵循的其他基本要求；

鉴于各成员国规定的条款，包括要求，不但关系到建筑物的安全，而且关系到健康、使用寿命、节约能源、环境保护、经济因素和其他公共利益方面的重要因素；

鉴于欧洲共同体理事会在 1985 年 6 月通过的关于完善内部市场的白皮书第 71 款规定，在总方针范围内对包括建筑在内的某些部门将给予特别重视；鉴于建筑领域的技术壁垒无法通过所有成员国之间的互认等效来消除，应采用 1985 年 5 月 7 日欧洲共同体理事会决议提出的新方法，即要求在不降低各成员国现有合理的保护水平前提下，为安全和涉及普遍福利的其他重要问题规定基本要求；

鉴于这些基本要求包括了建筑工程必须遵守的一般准则和特殊准则；鉴于这些要求必须被理解为一旦法规规定，上述建筑工程就必须以适当的可靠性程度符合一项、几项或全部要求；

鉴于作为欧洲范围的协调标准和其他技术规范，以及制定或授予欧洲技术批准书的基础，应制定解释性文件，以便在其技术水平上为上述基本要求提供一个具体模式；

鉴于这些基本要求为制定建筑产品的欧洲协调标准提供了基础；鉴于为了使单一内

部市场得到尽可能大的好处，为了使尽可能多的制造商进入该市场，为了最大限度地保证市场透明度，还为了在建筑行业，为建立一个协调的通用规则体系创造条件，应尽可能快速制定协调标准；鉴于这些标准是由非官方机构制定的，必须保持其非强制性文本的地位；鉴于为此目的，欧洲标准化委员会（CEN）及欧洲电工标准化委员会（CENELEC），按照它们与欧洲共同体委员会 1984 年 11 月 13 日签署的合作总指导原则，被认可为批准协调标准的主管机构；

鉴于就本指令而言，协调标准是一种技术规范（欧洲标准或协调文件），它是由上述两个委员会之一或两者共同按照欧洲共同体委员会委托书的要求，并按照欧洲共同体理事会 1983 年 3 月 28 日关于在技术标准和法规领域提供信息程序的 83/189/EEC 指令的条款正式通过的；

鉴于建筑产品的特殊性质要求准确地制定协调标准；鉴于必须制定解释性文件，以便在委托制定的协调标准和基本要求之间建立联系；鉴于尽可能通过产品性能来表示的协调标准考虑到这些解释性文件应与各成员国合作起草；

鉴于考虑到对某些建筑工程的基本要求在程度上要求不同，各成员国通行的条件也同应在解释性文件和技术协调规范中对建筑产品在成员国中将要满足的性能水平和要求分类进行规定；

鉴于协调标准应包括给建筑产品分类，这些产品应满足基本要求，并按照当地气候和其他条件所保证的技术传统合法生产和使用，从而达到继续投放市场的目的；

鉴于一种产品，如果它符合某个欧洲协调标准、欧洲技术批准书或在欧洲共同体范围内得到认可的未经协调的技术规范，则被推定为适于使用；鉴于如果基本要求对产品并不重要，且产品偏离现行技术规范，则其适用性可以求助于经批准的机构进行验证；

鉴于由此认为适于使用的产品能通过加贴 CE 标志进行识别；鉴于必须允许它们在欧洲共同体内自由流通并按其预定用途自由使用；

鉴于如果无法在适当的时间周期内给产品制定或预期制定欧洲标准，或者产品严重偏离标准的要求，则这类产品的适用性可以在共同指导原则的基础上求助欧洲技术批准书来验证；鉴于授予欧洲技术批准书的共同指导原则将在解释性文件的基础上予以通过；

鉴于在没有协调标准和欧洲技术批准书的情况下，各成员国或其他未经协调的技术规范可以被认为是推定满足基本要求的适当依据；

鉴于必须通过制造商的生产控制程序以及独立的、合格的第三方或制造商的自我监督、测试评定和认证等程序，保证产品符合协调标准和在欧洲范围得到认可的未经协调的技术规范；

鉴于如果还没有在欧洲范围得到认可的标准或技术批准书，则应提供一个特别程序作为临时标准；鉴于这个程序应有助于按照目的地成员国的技术要求认可在另一成员国进行的测试结果；

鉴于应建立一个由各成员国指派的专家组成的常设建筑委员会，以协助欧洲共同体委员会解决本指令在实施和实际应用中产生的问题；

兹通过本指令：

第 1 章　适用范围——定义——要求——技术规范——商品自由流通（略）

第 2 章　协调标准（略）

第 3 章　欧洲技术批准书（略）

第 4 章　解释性文件（略）

第 5 章　合格证明（略）

第 6 章　特别程序（略）

第 7 章　批准的机构（略）

第 8 章　常设建筑委员会（略）

第 9 章　安全保证条款（略）

第 10 章　最终条款（略）

欧洲共同体理事会主席

V.PAPANDREOU

1988 年 12 月 21 日于布鲁塞尔

附录 I　基本要求

产品必须适用于符合其预定用途的建筑工程（整个工程和工程的各独立部分），同时要考虑到经济性，就此而论，工程必须在遵守包含以下基本要求的法规条件下满足这些要求。在正常维护的情况下，这些要求必须在经济合理的使用寿命内得到满足。本要求通常涉及可预期的行动。

1. 机械阻力及稳定性

建筑工程的设计和施工必须使其在施工和使用过程中可能承受的载荷不会导致下列事故的发生：

——工程整体或部分倒塌；

——变形严重到不允许的程度；

——承载结构严重变形，引起工程其他部分或装置或安装的设备遭到损坏；

——事故造成的损坏与初衷不相称。

2. 防火安全

建筑工程的设计和施工必须在突发火灾时：

——使结构承载能力维持一段特定的时间；

——使工程范围内火、烟的产生与蔓延受到限制；

——使火势向临近建筑工程的蔓延受到限制；

——使人员能逃离该工程或以其他方式得到营救；

——使救援人员的安全得到考虑。

3. 卫生、健康与环境

建筑工程的设计和施工必须保证其不对工程范围内的人员或邻里的卫生和健康构成

威胁，尤其不能发生下列情况：

　　——释放有毒气体；

　　——空气中出现有害微粒或气体；

　　——释放有害辐射；

　　——对土壤或水造成污染和毒化；

　　——对废水、烟、废物或废液清除不当；

　　——工程各部分或其内表面出现潮湿。

4. 使用安全

建筑工程的设计和施工不得造成操作或使用过程中出现诸如滑移、跌落、碰撞、烧伤、触电、爆炸受伤等不能接受的事故危险。

5. 噪声防护

建筑工程的设计和施工必须使工程范围内的人员及附近居民能觉察出来的噪声控制在低水平，使他们的健康不受威胁并能让他们在令人满意的环境中睡眠、休息及工作。

6. 节能及保温

根据当地气候条件及人员情况，建筑工程及其供暖、制冷、通风装置必须在设计和施工上保证使用尽可能少的所需能量。

附录Ⅱ　欧洲技术批准书（略）

附录Ⅲ　符合技术规范的证明

1. 合格控制方法

按照本指令第13条证明产品符合技术规范时，应使用下列合格控制方法确定证明的程序；对任何给定体系选择和组合这些方法，均应按照本指令第13条第3款和第4款所述准则，根据特定产品或一组产品的要求而定：

　　（a）由制造商或某个经批准的机构对产品进行初步型式测试；

　　（b）由制造商或某个经批准的机构按照预定的测试方案进行工厂抽样测试；

　　（c）由制造商或某个经批准的机构进行工厂、市场或施工现场抽样审核测试；

　　（d）由制造商或某个经批准的机构进行准备交货或已交货批次的抽样测试；

　　（e）工厂生产控制；

　　（f）由某个经批准的机构进行工厂和工厂生产控制初检；

　　（g）由某个经批准的机构对工厂生产控制进行连续监督、判断和评定。

　　在本指令中，工厂生产控制是指由制造商实施的永久性内部生产控制。制造商采用的所有要素、要求应以方针和程序的形式形成系统文件。这种生产控制体系文件应确保对质量保证有一致的理解，并有助于检查产品是否达到要求的特性及生产控制体系是否有效运行。

2. 合格证明体系

优先采用下列合格证明体系。

2.1　由批准的认证机构依据下列各项进行产品合格认证

2.1.1　制造商承担的任务

（a）工厂生产控制；

（b）对制造商按照预定测试方案从工厂抽取的样品进行进一步的测试。

2.1.2　经批准的机构承担的任务

（a）产品的初步型式测试；

（b）工厂及工厂生产控制的初检；

（c）对工厂生产控制的连续监督、评定及批准；

（d）如果可能，对工厂、市场或施工现场抽样的审核测试。

2.2　制造商依据下列各项进行产品合格声明

2.2.1　第一种可能性

（a）制造商承担的任务

——产品的初步型式测试；

——工厂生产控制；

——如果可能，对制造商按预定测试方案从工厂进行抽样测试。

（b）认证机构承担的任务

依据下列各项对工厂生产控制的认证：

——工厂及工厂生产控制的初检；

——如果可能，对工厂生产控制的连续监督、评定及批准。

2.2.2　第二种可能性

（a）由批准的实验室对产品的初步型式检验；

（b）工厂生产控制。

2.2.3　第三种可能性

（a）由制造商进行的初步型式检验；

（b）工厂生产控制。

3. 参与合格证明的机构

根据参与合格证明的机构的职能，应对以下机构进行区别。

3.1　认证机构

指具有必要的资格，负责按照规定的程序及管理规则进行合格认证的官方或非官方的公正机构。

3.2　检验机构

指具有组织、人员、资格及职业道德的公正机构，它按照规定的准则行使职能，如按照规定的准则对制造商的质量控制工作进行评定，提出验收建议和后续审核，以及在现场、工厂或其他地方对产品进行选择和评价。

3.3　测试实验室

指对材料或产品的特征或性能进行测量、检验、测试、校准或其他测定的实验室。

在本附录的 2.1 和 2.2 情况下，上述 3.1、3.2 和 3.3 所述的三种职能可以由同一个机构或不同机构完成，此时，参与合格证明的检验机构和/或测试实验室是代表认证机构行使其职能。

有关认证机构和测试实验室的资格、公正性和职业道德方面的准则，见附录Ⅳ。

4. CE 合格标志、EC 合格证书、EC 合格声明

4.1　CE 合格标志
4.1.1　CE 合格标志

CE 合格标志由首字母"CE"组成，形式如下：

图 4-1　CE 合格标志

（a）如果缩小或放大 CE 标志，则应遵守图中规定的比例；

（b）CE 标志各个部分的垂直尺寸必须基本相同，不得小于 5mm；

（c）CE 标志后应有参与生产控制阶段的机构编号。

4.1.2　附加信息

CE 标志应附有生产者的名称或识别标志，加贴标志年份的最后两位数字，适当时附有 EC 合格证书编号以及根据技术规范识别产品特性的标记。

4.2　EC 合格证书

EC 合格证书中应包括：

——认可机构的名称及地址；

——制造商或其在欧洲共同体内的代表名称及地址；

——产品描述（类型、标识、用途……）；

——产品所符合的条款；

——适合产品用途的特殊条件；

——证书编号；

——适当时，证书有效性条件和期限；

——被授权签署证书人的姓名及职务。

4.3 EC 合格声明

EC 合格声明应特别包括：

——制造商或其在欧洲共同体内的代表名称和地址；

——产品描述（类型、标识、用途……）；

——产品所符合的条款；

——适用产品用途的特殊条件；

——适当时，被批准机构的名称和地址；

——被授权代表制造商或其法定代表签署合格声明者的姓名及职务。

4.4 合格证书或合格声明应使用官方语言或产品使用国的语言

附录Ⅳ 对测试实验室、检验机构、认证机构的批准

由各成员国指定的测试实验室、检验机构、认证机构，必须符合下列最低条件：

（1）拥有人员、必要的手段和设备。

（2）人员的技术能力和职业道德。

（3）工作人员和技术人员按照本指令进行测试、准备报告、颁发证书及进行监督时，对所有直接或间接与建筑产品有关的行业、集团或个人保持公正。

（4）人员保守职业秘密。

（5）投保土建责任险，除非该责任险按国内法律规定由国家投保。

对满足上述第（1）点和第（2）点条件的应由各成员国主管当局定期审核。

2. 建筑产品指令 89/106/EEC 涉及木制品的相关产品和标准

表 4-9 建筑产品指令 89/106/EEC 涉及木制品的相关产品和标准

标准号 Standard Reference	标准名称 Title	指令 Directive
EN/TS 13354：2003	Solid wood panels–Bonding quality–Test method 实木板–粘合质量–测试方法	89/106/EEC
CEN/TS 13810–2：2003	Wood–based panels–Floating floors–Part 2：Test methods 人造板–浮式地板–Part 2：测试方法	–
CR 213：1984	Particle boards –Determination of formaldehyde emission under specified conditions–Method called：formaldehyde emission method 刨花板–在特定条件下测定甲醛释放量–方法名称：甲醛释放量方法	89/106/EEC
EN 1072：1995	Plywood–Description of bending properties for structural plywood 胶合板–结构胶合板弯曲强度测试的描述	89/106/EEC
EN 1084：1995	Plywood –Formaldehyde release classes determined by the gas analysis method 胶合板通过气体分析的方法测定甲醛释放量的等级	89/106/EEC
EN 1087–1：1995	Particleboards –Determination of moisture resistance –Part 1：Boil test 刨花板–抗水性测定–Part 1：沸腾试验	89/106/EEC

标准号 Standard Reference	标准名称 Title	指令 Directive
EN 1128：1995	Cement–bonded particleboards–Determination of hard body impact resistance 刨花板–抗冲击测试	89/106/EEC
EN 120：1992	Wood –based panels –Determination of formaldehyde content –Extraction method called the perforator method 人造板–测定甲醛含量–穿孔萃取法	89/106/EEC
EN 12369–1：2001	Wood–based panels–Characteristic values for structural design–Part 1：OSB，particleboards and fibreboards 人造板–结构设计的特征值–Part 1：定向刨花板和纤维板	89/106/EEC
EN 12369–2：2004	Wood–based panels–Characteristic values for structural design–Part 2：Plywood 人造板–结构设计的特征值–Part 2：胶合板	89/106/EEC
EN 12775：2001	Solid wood panels–Classification and terminology 实木板–级别和术语	89/106/EEC
EN 12871：2001	Wood–based panels–Performance specifications and requirements for load bearing boards for use in floors，walls and roofs 人造板–用于地板、墙和屋顶的人造板负荷能力试验的操作规范和要求	89/106/EEC
EN 13017–1：2000	Solid wood panels –Classification by surface appearance –Part 1：Softwood 实木板–表面外观分级–Part 1：软木（针叶木）	89/106/EEC
EN 13017–2：2000	Solid wood panels –Classification by surface appearance –Part 2：Hardwood 实木板–表面外观分级–Part 2：硬木（阔叶木）	89/106/EEC
EN 1328：1996	Cement bonded particleboards–Determination of frost resistance 刨花板 –抗低温测定	89/106/EEC
EN 13353：2003	Solid wood panels （SWP）–Requirements 实木板–要求	89/106/EEC
EN 13446：2002	Wood –based panels –Determination of withdrawal capacity of fasteners 人造板–紧固件的拆卸能力的测定	89/106/EEC
EN 13810–1：2002	Wood –based panels –Floating floors –Part 1：Performance specifications and requirements 人造板–浮式地板–Part 1：操作规范和要求	89/106/EEC
EN 13879：2002	Wood–based panels–Determination of edgewise bending properties 人造板–边缘弯曲性能测定	89/106/EEC
EN 13986：2004	Wood –based panels for use in construction –Characteristics，evaluation of conformity and marking 建筑用人造板–特性、合格评定和标签	89/106/EEC
EN 14279：2004	Laminated Veneer Lumber （LVL）–Definitions，classification and specifications 层积材–定义、分级和规范	–

标准号 Standard Reference	标准名称 Title	指令 Directive
EN 14322：2004	Wood–based panels –Melamine faced boards for interior uses –Definition，requirements and classification 人造板–内部使用三聚氰胺饰面板–定义、要求和分级	89/106/EEC
EN 14323：2004	Wood–based panels –Melamine faced boards for interior uses –Test methods 人造板–内部使用三聚氰胺饰面板 –试验方法	89/106/EEC
EN 14354：2004	Wood–based panels–Wood veneer floor covering 人造板–胶合木地板饰面	89/106/EEC
EN 300：1997	Oriented Strand Boards（OSB）–Definitions，classification and specifications 定向板–定义、分级和规范	89/106/EEC
EN 309：2005	Particleboards–Definition and classification 刨花板 –定义与分类	89/106/EEC
EN 310：1993	Wood–based panels–Determination of modulus of elasticity in bending and of bending strength 人造板–弯曲度弹力模量和弯曲强度的测定	89/106/EEC
EN 311：2002	Wood–based panels–Surface soundness–Test method 人造板–表面坚固性 – 试验方法	89/106/EEC
EN 312：2003	Particleboards–Specifications 刨花板–规范	89/106/EEC
EN 313–1：1996	Plywood–Classification and terminology–Part 1：Classification 胶合板–分级和术语–Part 1：分级	89/106/EEC
EN 313–2：1999	Plywood–Classification and terminology–Part 2：Terminology 胶合板–分级和术语–Part 2：术语	89/106/EEC
EN 314–1：2004	Plywood–Bonding quality–Part 1：Test methods 胶合板 –胶合质量–Part 1：测试方法	89/106/EEC
EN 314–2：1993	Plywood–Bonding quality–Part 2：Requirements 胶合板 –胶合质量–Part 2：要求	89/106/EEC
EN 315：2000	Plywood–Tolerances for dimensions 胶合板–尺寸公差	89/106/EEC
EN 316：1999	Wood fibreboards–Definition，classification and symbols 木质纤维板–定义、分类和符号	89/106/EEC
EN 317：1993	Particleboards and fibreboards –Determination of swelling in thickness after immersion in water 刨花板与纤维板–吸水膨胀厚度的测定	89/106/EEC
EN 318：2002	Wood–based panels–Determination of dimensional changes associated with changes in relative humidity 人造板–与相对湿度改变有关的尺寸变化测定	89/106/EEC
EN 319：1993	Particleboards and fibreboards –Determination of tensile strength perpendicular to the plane of the board 刨花板与纤维板–与板面垂直的拉伸强度的测定	89/106/EEC

标准号 Standard Reference	标准名称 Title	指令 Directive
EN 320：1993	Fibreboards –Determination of resistance to axial withdrawal of screws 纤维板–抗螺钉轴向拔出力的测定	89/106/EEC
EN 321：2001	Wood –based panels –Determination of moisture resistance under cyclic test conditions 人造板–在循环试验条件下抗湿性的测定	89/106/EEC
EN 322：1993	Wood –based panels–Determination of moisture content 人造板–含水率的测定	89/106/EEC
EN 323：1993	Wood –based panels–Determination of density 人造板–密度测定	89/106/EEC
EN 324–1：1993	Wood –based panels–Determination of dimensions of boards–Part 1: Determination of thickness, width and length 人造板–测定人造板尺寸–Part 1：测定厚度、宽度和长度	89/106/EEC
EN 324–2：1993	Wood –based panels–Determination of dimensions of boards–Part 2: Determination of squareness and edge straightness 人造板–测定人造板尺寸–Part 2：垂直度和边缘直线度测定	89/106/EEC
EN 325：1993	Wood –based panels–Determination of dimensions of test pieces 人造板–测定试验样品的尺寸	89/106/EEC
EN 326–1：1994	Wood –based panels –Sampling, cutting and inspection –Part 1: Sampling and cutting of test pieces and expression of test results 人造板–抽样、切割和检测–Part 1：测试样品的取样和切割以及测试结果	89/106/EEC
EN 326–2：2000	Wood –based panels –Sampling, cutting and inspection –Part 2: Quality control in the factory 人造板–抽样、切割和检测–Part 2：工厂的质量控制	89/106/EEC
EN 326–3：2003	Wood –based panels –Sampling, cutting and inspection –Part 3: Inspection of an isolated lot of panels 人造板–抽样、切割和检验–Part 3：隔绝板的检查	89/106/EEC
EN 382–1：1993	Fibreboards –Determination of surface absorption –Part 1: Test method for dry process fibreboards 纤维板–定义–Part 1：干法纤维板试验方法	89/106/EEC
EN 382–2：1993	Fibreboards –Determination of surface absorption –Part 2: Test method for hardboards 纤维板–表面吸湿性测定–Part 2：硬质板的试验方法	89/106/EEC
EN 622–1：2003	Fibreboards–Specifications–Part 1：General requirements 纤维板–规范–Part 1：一般要求	89/106/EEC
EN 622–2：2004	Fibreboards–Specifications–Part 2：Requirements for hardboards 纤维板–规范–Part 2：硬质板的要求	89/106/EEC
EN 622–3：2004	Fibreboards –Specifications –Part 3: Requirements for medium boards 纤维板–规范–Part 3：中密度板的要求	89/106/EEC

标准号 Standard Reference	标准名称 Title	指令 Directive
EN 622-4：1997	Fibreboards–Specifications–Part 4：Requirements for softboards 纤维板–规范–Part 4：软质板的要求	89/106/EEC
EN 622-5：1997	Fibreboards–Specifications–Part 5：Requirements for dry process boards（MDF） 纤维板–规范–Part 5：干法 MDF 的要求	89/106/EEC
EN 633：1993	Cement–bonded particleboards–Definition and classification 刨花板–定义和分级	89/106/EEC
EN 634-1：1995	Cement–bonded particleboards–Specification–Part 1：General requirements 刨花板–规范–Part 1：一般要求	89/106/EEC
EN 634-2：1996	Cement–bonded particleboards–Specifications–Part 2：Requirements for OPC bonded particleboards for use in dry，humid and exterior conditions 刨花板–规范–Part 2：干燥、潮湿和室外条件用普通硅酸盐水泥（OPC）胶粘刨花板的要求	89/106/EEC
EN 635-1：1994	Plywood–Classification by surface appearance–Part 1：General 胶合板–按表面质量分类–Part 1：总则	89/106/EEC
EN 635-2：1995	Plywood–Classification by surface appearance–Part 2：Hardwood 胶合板–按表面质量分类–Part 2：硬木	89/106/EEC
EN 635-3：1995	Plywood–Classification by surface appearance–Part 3：Softwood 胶合板–按表面质量分类–Part 3：软木	89/106/EEC
EN 635-5：1999	Plywood–Classification by surface appearance–Part 5：Methods for measuring and expressing characteristics and defects 胶合板–按表面质量分类–Part 5：评估和表达特征和缺陷的方法	89/106/EEC
EN 636：2003	Plywood–Specifications 胶合板–规范	89/106/EEC
EN 717-1：2004	Wood–based panels–Determination of formaldehyde release–Part 1：Formaldehyde emission by the chamber method 人造板–甲醛释放量的测定–Part 1：气候箱法测定甲醛释放量	89/106/EEC
EN 717-2：1994	Wood–based panels–Determination of formaldehyde release–Part 2：Formaldehyde release by the gas analysis method 人造板–甲醛释放量的测定–Part 2：气体分析法测定甲醛释放量	89/106/EEC
EN 717-2：1994/AC：2002	Wood–based panels–Determination of formaldehyde release–Part 2：Formaldehyde release by the gas analysis method 人造板–甲醛释放量的测定–Part 2：气体分析法测定甲醛释放量	–
EN 717-3：1996	Wood–based panels–Determination of formaldehyde release–Part 3：Formaldehyde release by the flask method 人造板–甲醛释放量的测定–Part 3：烧瓶法测定甲醛释放量	89/106/EEC
ENV 1099：1997	Plywood–Biological durability–Guidance for the assessment of plywood for use in different hazard classes 胶合板–抗生物侵蚀解性–在不同危害级场所使用的胶合板评估指南	89/106/EEC

标准号 Standard Reference	标准名称 Title	指令 Directive
ENV 1156：1998	Wood–based panels–Determination of duration of load and creep factors 人造板–负荷持续时间和蠕变系数的测定	89/106/EEC
ENV 12872：2000	Wood–based panels–Guidance on the use of load–bearing boards in floors，walls and roofs 人造板–地板、墙壁和屋顶承重板的使用指南	89/106/EEC
ENV 14272：2002	Plywood–Calculation method for some mechanical properties 胶合板–某些机械性能的计算方法	–
ENV 635–4：1996	Plywood–Classification by surface appearance–Part 4：Parameters of ability for finishing–Guideline 胶合板–按表面质量分类–Part 4：参数–指南	89/106/EEC
ENV 717–1：1998	Wood–based panels–Determination of formaldehyde release–Part 1：Formaldehyde emission by the chamber method 人造板–甲醛释放量的测定–Part 1：气候箱法测定甲醛释放量	89/106/EEC
EN 1058：1995	Wood –based panels –Determination of characteristics values of mechanical properties and density 人造板–机械性能和密度的特征值的测定	89/106/EEC
EN 1059：1999	Timber structures –Product requirements for prefabricated trusses using punched metal plate fasteners 木结构–使用冲孔金属板紧固件的预制桁架的生产指南	89/106/EEC
EN 1075：1999	Timber structures –Test methods –Joints made with punched metal plate fasteners 木结构–试验方法–冲孔金属板紧固件连接接头	89/106/EEC
EN 1194：1999	Timber structures –Glued laminated timber –Strength classes and determination of characteristic values 木结构–胶合层压木材–强度等级和特征值的测定	89/106/EEC
EN 1195：1997	Timber structures –Test methods –Performance of structural floor decking 木结构–测试方法–装饰结构地板的性能	89/106/EEC
EN 12465：2001	Wood poles for overhead lines–Durability requirements 架空线用木杆–耐用性要求	89/106/EEC
EN 12479：2001	Wood poles for overhead lines–Sizes–Methods of measurement and permissible deviations 架空线用木杆–尺寸–测量方法和极限偏差	89/106/EEC
EN 12509：2001	Timber poles for overhead lines –Test methods –Determination of modulus of elasticity，bending strength，density and moisture content 架空线用木杆–试验方法–弹性模量、抗弯强度、密度和含水量的测定	89/106/EEC
EN 12510：2001	Wood poles for overhead lines–Strength grading criteria 架空线用木杆–强度分级标准	89/106/EEC
EN 12510：2001/AC：2002	Wood poles for overhead lines–Strength grading criteria 架空线用木杆–强度分级标准	–

续表

标准号 Standard Reference	标准名称 Title	指令 Directive
EN 12511：2001	Wood poles for overhead lines–Determination of characteristic values 架空线用木杆–特征值的测定	89/106/EEC
EN 12512：2001	Timber structures–Test methods–Cyclic testing of joints made with mechanical fasteners 结构材–试验方法–机械紧固件接头的周期测试	89/106/EEC
EN 13271：2001	Timber fasteners–Characteristic load–carrying capacities and slip-moduli for connector joints 木材紧固件–连接器接头的特征载荷能力和滑脱系数	89/106/EEC
EN 13271：2001/AC：2003	Timber fasteners–Characteristic load–carrying capacities and slip-moduli for connector joints 木材紧固件–连接器接头的特征载荷能力和滑脱系数	–
EN 1380：1999	Timber structures–Test methods–Load bearing nailed joints 结构材–试验方法–承载的钉固定连接部位	89/106/EEC
EN 1381：1999	Timber structures–Test methods–Load bearing stapled joints 结构材–试验方法–承载的U型钉连接部位	89/106/EEC
EN 1382：1999	Timber structures–Test methods–Withdrawal capacity of timber fasteners 结构材–试验方法–木结构紧固件的拆卸能力	89/106/EEC
EN 1383：1999	Timber structures–Test methods–Pull through resistance of timber fasteners 结构材–试验方法–木结构紧固件的抗拉穿能力	89/106/EEC
EN 14250：2004	Timber structures–Product requirements for prefabricated structural members assembled with punched metal plate fasteners 结构材–装配穿孔金属板紧固件的预制结构组件的生产要求	89/106/EEC
EN 14251：2003	Structural round timber–Test methods 结构原木–试验方法	89/106/EEC
EN 14374：2004	Timber structures–Structural laminated veneer lumber–Requirements 结构材–结构层压胶合板材–要求	89/106/EEC
EN 1912：2004	Structural timber–Strength classes–Assignment of visual grades and species 结构材–强度等级–按目测等级和品种分配	–
EN 26891：1991	Timber structures–Joints made with mechanical fasteners–General principles for the determination of strength and deformation characteristics (ISO 6891：1983) 结构材–用机械紧固件进行的连接–测定强度和变形特性的一般原理（ISO 6891：1983）	89/106/EEC
EN 28970：1991	Timber structures–Testing of joints made with mechanical fasteners–Requirements for wood density (ISO 8970：1989) 结构材–用机械紧固件进行的连接–木材密度的要求（ISO 8970：1989）	89/106/EEC
EN 336：2003	Structural timber–Sizes, permitted deviations 结构材–尺寸，允许偏差	89/106/EEC

续表

标准号 Standard Reference	标准名称 Title	指令 Directive
EN 338：2003	Structural timber–Strength classes 结构材–强度等级	89/106/EEC
EN 380：1993	Timber structures–Test methods–General principles for static load testing 结构材–试验方法–静负荷试验的一般原则	89/106/EEC
EN 383：1993	Timber structures –Test methods –Determination of embedding strength and foundation values for dowel type fasteners 结构材–试验方法–测定榫型紧固件的嵌入强度和基础参数	89/106/EEC
EN 384：2004	Structural timber–Determination of characteristic values of mechanical properties and density 结构材–机械性能特征值和密度值的测定	89/106/EEC
EN 385：2001	Finger jointed structural timber –Performance requirements and minimum production requirements 指接材–性能要求和最低生产要求	89/106/EEC
EN 386：2001	Glued laminated timber –Performance requirements and minimum production requirements 胶接层积材–性能要求和最低生产要求	89/106/EEC
EN 387：2001	Glued laminated timber–Large finger joints–Performance requirements and minimum production requirements 胶粘层积材–大尺寸指型接头–性能要求和最低生产要求	89/106/EEC
EN 390：1994	Glued laminated timber–Sizes–Permissible deviations 胶粘层积材–尺寸–允许偏差	89/106/EEC
EN 391：2001	Glued laminated timber–Delamination test of glue lines 胶粘层积材–胶粘力的剥离试验	89/106/EEC
EN 392：1995	Glued laminated timber–Shear test of glue lines 胶粘层积材–胶粘力的抗剪试验	89/106/EEC
EN 408：2003	Timber structures –Structural timber and glued laminated timber–Determination of some physical and mechanical properties 结构材–结构木料和胶合层压木料–部分物理和机械性能的测定	89/106/EEC
EN 409：1993	Timber structures–Test methods–Determination of the yield moment of dowel type fasteners–Nails 结构材–试验方法–榫型紧固件屈服力矩的测定– 钉子	89/106/EEC
EN 518：1995	Structural timber–Grading–Requirements for visual strength grading standards 结构材–等级–目测强度等级标准的要求	89/106/EEC
EN 519：1995	Structural timber –Grading –Requirements for machine strength graded timber and grading machines 结构材–等级–机械强度分级木材和机械分级的要求	89/106/EEC
EN 594：1995	Timber structures –Test methods –Racking strength and stiffness of timber frame wall panels 结构材–试验方法 –木材框架墙板砌接强度和刚度的试验	89/106/EEC

续表

标准号 Standard Reference	标准名称 Title	指令 Directive
EN 595：1995	Timber structures–Test methods–Test of trusses for the determination of strength and deformation behaviour 结构材–试验方法–T 测量强度和变形特性用桁架试验	89/106/EEC
EN 596：1995	Timber structures –Test methods –Soft body impact test of timber framed walls 结构材–试验方法–木框架墙的软体冲击试验	89/106/EEC
EN 789：2004	Timber structures –Test methods –Determination of mechanical properties of wood based panels 结构材–试验方法 –人造板机械性能的测定	89/106/EEC
EN 912：1999	Timber fasteners–Specifications for connectors for timber 结构材–木料连接器的规范	89/106/EEC
EN 912：1999/AC：2000	Timber fasteners–Specifications for connectors for timber 结构材–木料连接器的规范	89/106/EEC
ENV 387：1999	Glued laminated timber–Large finger joints–Performance requirements and minimum production requirements 胶粘层积材–大尺寸指型接头–性能要求和最低生产要求	89/106/EEC

3. 建筑产品指令中主要木制品产品标准对有害物质（甲醛、五氯苯酚）的要求

（1）胶合板。

标准：EN 636 PLYWOOD–Specifications 中对甲醛释放量的规定

当胶合板作为建材使用时，参照 EN 13986；

当不作为建材使用、而在户外使用的，甲醛不检测。此种情况下，应特别注明仅限于户外用途。

表4-10　对胶合板中有害物质的要求

初始检验 [a]	试验方法	ENV717–1
	要求	释放≤0.124mg/m³ 空气
工厂生产控制	试验方法	EN717–2
	要求	释放≤3.5mg/m²h 或≤5mg/m²h 在生产三天后

[a] 对现有产品，初始检验在现有数据或者在工厂生产控制或外部检查中根据 EN717–2 进行。

（2）人造板–承重地板。

EN 13810–1 Wood–based panels–Floating floors–Part 1：Performance specifications and requirements 人造板–承重地板–性能规范与要求　标准中对甲醛释放量和五氯苯酚含量的要求，参照 EN 13986（甲醛符合 E_1 级或 E_2 级，五氯苯酚含量≤5ppm）。

（3）实木板。

EN 13353 Solid wood panels（SWP）– Requirements 实木板–要求　标准中对甲醛释放量的要求，参照 EN 13986。

（4）实木板与覆面层。

EN 14915：2006 Wood –based paneling and cladding –Characteristics，evaluation of conformity and marking 实木板与覆面–特性、合格评定与标签。

（5）五氯苯酚的含量。

人造板五氯苯酚（PCP）的含量正常小于 5ppm。如果原材料中含有五氯苯酚（PCP）成分，应采用本国相应的检测方法对之进行测定。一旦人造板五氯苯酚（PCP）含量超过 5ppm，在产品标记中必须注明该产品的五氯苯酚（PCP＞5ppm）。

（6）甲醛释放量的要求（EN13986）。

表 4-11　甲醛等级 E1 级

		产品	
		表面未处理 人造板	表面未处理 人造板
初始检验 [a]	试验方法	ENV717-1	
	要求	释放≤0.124mg/m³ 空气	
工厂生产控制	试验方法	EN717-2	
	要求	释放≤3.5mg/m²h 或≤5mg/m²h 在生产三天后	释放≤3.5mg/m²h

[a] 对现有产品，初始检验在现有数据或者在工厂生产控制或外部检查中根据 EN120 和 EN717-2 进行。

表 4-12　甲醛等级 E2 级要求

			板材产品	
			表面未处理 人造板	表面未处理 人造板
初始检验	或	试验方法	ENV717-1	
		要求	释放＞0.124mg/m³ 空气	
	或	试验方法	EN717-2	
		要求	释放＞3.5mg/m²h 到≤8mg/m²h 或＞5mg/ m²h 到≤12mg/m²h 在生产三天后	释放＞3.5mg/m²h 到≤8 mg/m²h
工厂生产控制		试验方法	EN717-2	
		要求	释放＞3.5mg/m²h 到≤8mg/m²h	

4. 89/106/EEC 指令中涉及建筑用人造板的主要标准之———EN 13986

欧盟标准 EN13986：2002.7

建筑用人造板的特性、符合性评价和标记
Wood–based panels for use in construction–characteristics, Evaluation of Conformity and Marking

本标准于 2001 年 4 月 7 日由 CEN 批准实施。

CEN/CENELEC 内部规定确定了不做任何改变地赋予本欧盟标准国家标准地位的条件，所有的 CEN 成员必须受到这一内部规定的约束，关于这些国家标准的最近的清单和参考文献可以从管理中心或者各 CEN 成员处获得。

本欧盟标准以三种官方译本（英语、法语、德语）形式存在。由 CEN 成员负责翻译成本国语言并已通知管理中心的其他语言译本拥有与官方译本相同的地位。

CEN 的主要成员有：奥地利、比利时、捷克共和国、丹麦、芬兰、法国、德国、希腊、冰岛、爱尔兰、意大利、卢森堡、马耳他、荷兰、挪威、葡萄牙、西班牙、瑞典、瑞士和英国。

EN13986（E）

目　录

前言
1. 总则
2. 参考标准
3. 定义和术语
4. 建筑用人造板的性能要求
4.1　人造板作为结构部件在室内干燥条件下使用
4.2　人造板作为结构部件在室内潮湿条件下使用
4.3　人造板作为结构部件在室外条件下使用
4.4　人造板作为非结构部件在室内干燥条件下使用
4.5　人造板作为非结构部件在室内潮湿条件下使用
4.6　人造板作为非结构部件在室外条件下使用
4.7　人造板在室内作为结构地板和屋顶板、结构墙板使用
5. 性能测定
5.1　弯曲强度
5.2　弯曲刚度（弹性模量 MOE）

5.3　胶合质量

5.4　内胶合强度（抗拉强度）

5.5　耐久性（厚度膨胀）

5.6　耐水性（防水性）

5.7　甲醛释放

5.8　防火性能

5.9　水蒸气渗透性

5.10　隔音性能

5.11　吸音性能

5.12　导热性能

5.13　结构用途的强度和刚度

5.14　结构用途的耐冲击性

5.15　结构用途受集中载荷时的强度和刚度

5.16　机械耐久性

5.17　生物耐久性

5.18　五氯苯酚的含量

6. 一致性评估

6.1　总则

6.2　工厂生产控制（EPC）

6.3　初始检验

6.4　初始工厂检查和巡回监督检查

7. 标记

附录 A　（标准的）人造板技术等级

附录 B　（标准的）甲醛技术等级

附录 ZA　（提供资料）本欧盟标准条款提出的基本要求或其他欧盟准则的规定

　　ZA.1　范围和相关特性

　　ZA.2　人造板真实度操作过程

　　ZA.3　CE 标记

　　ZA.4　证书和一致性声明

后记（略）

前言

本标准 EN19386：2002 由 CEN/TC112 人造板技术委员会制定，秘书处由 DIN 承担。

本欧盟标准最迟 2002 年底应取代各欧盟成员国的标准，不论是正文出版还是附件内容。如果存在和成员国标准相冲突的部分，最迟在 2004 年 3 月底前，各国将冲突部分删除。

本文本是在欧盟委员会 CEN 和欧盟自由贸易协会制定的 M/113 规则条件下制定，满足欧盟准则的基本要求。

无现存欧盟标准对照。

附录 A 和 B 是正式的，附录 ZA 是非正式的。

根据 CEN/CENELEC 内部规则，以下国家的标准组织有义务执行该欧盟标准：奥地利、比利时、捷克共和国、丹麦、芬兰、法国、德国、希腊、冰岛、爱尔兰、意大利、卢森堡、马耳他、荷兰、挪威、葡萄牙、西班牙、瑞典、瑞士、英国。

1. 总则

本欧盟标准规定了建筑用人造板，其相关特性，规定了素板、贴面人造板、单板贴面人造板、饰面人造板等相关的检验方法。

——作为结构部件在室内干燥条件下使用[1]；

——作为结构部件在室内（或室外保护状态下）潮湿条件下使用[2]；

——作为结构部件在室外条件下使用[3]；

——作为非结构部件在室内干燥条件下使用[1]；

——作为非结构部件在室内（或室外保护状态下）潮湿条件下使用[2]；

——作为非结构部件在室外条件下使用[3]；

——作为结构地板在室内干燥[1] 或潮湿[2] 条件下使用；

——作为结构屋顶板在室内干燥[1] 或潮湿[2] 条件下使用；

——作为结构墙板在室内干燥[1] 或潮湿[2] 条件下使用。

本标准提供了这些产品的评估条件和标记的规定。

本标准所包含的人造板有：用于建筑的实木板、单板层积材[4]、胶合板、定向刨花板、刨花板、水泥刨花板、湿法纤维板（硬质、中质板、软质）、干法中密度纤维板等。它们可能含有化学助剂用以提高防火、防生物侵蚀，如白蚁和昆虫。

本标准不适用于非建筑用途的人造板。

注：
1) 干燥条件定义在 3.8.2，该类型的板子适用于生物侵蚀 EN335-3 一级。
2) 潮湿条件定义在 3.8.3，该类型的板子适用于生物侵蚀 EN335-3d 中一级和二级。
3) 室外条件定义在 3.8.4，该类型的板子适用于生物侵蚀 EN335-3 一至四级。
4) LVL 的标准正在制定，指导标准出台前，LVL 产品执行此标准。

2. 参考标准

EN 120，人造板测定游离甲醛含量—萃取方法称为穿孔法

EN 300，定向刨花板（OSB）—定义、分级和技术规范

EN 309，木质刨花板—定义和分级

EN 310，人造板—弯曲强度和弯曲弹性模量定义

EN 312-1，刨花板—分类：第一部分—所有类型板的基本要求

EN 312-2，刨花板—分类：第二部分—板材在干燥条件下使用的要求

EN 312-3，刨花板—分类：第三部分—板材在室内干燥条件下使用（包括家具）的要求

EN 312-4，刨花板—分类：第四部分—承载板材在干燥条件下使用的要求

EN 312-5，刨花板—分类：第五部分—承载板材在潮湿条件下使用的要求

EN 312-6，刨花板—分类：第六部分—重载板材在干燥条件下使用的要求

EN 312-7, 刨花板—分类：第七部分—重载板材在潮湿条件下使用的要求

EN 313-2, 胶合板—分类和术语：第二部分：术语

EN 314-1, 胶合板—胶合强度—第一部分：试验方法

EN 314-2, 胶合板—胶合强度—第二部分：要求

EN 316, 木质纤维板—定义、分类和记号

EN 317, 刨花板和纤维板—吸水厚度膨胀的测定

EN 319, 刨花板和纤维板—垂直于板面的抗拉强度的测定

EN 321, 纤维板—在潮湿条件下循环试验

EN 326-1, 人造板—取样、裁切和检验：第一部分：取样和试件锯截和试验结果表示

EN 326-2, 人造板—取样、裁切和检验：第二部分：工厂质量控制

EN 335-1, 木材及其制品的耐久性—生物侵袭危险等级定义：第一部分：总则

EN 335-2, 木材及其制品的耐久性—生物侵袭危险等级定义：第二部分：实木的应用

EN 335-3, 木材及其制品的耐久性—生物侵袭危险等级定义：第三部分：人造板的应用

EN 596, 木结构—试验方法—木结构墙的软物体冲击

EN 622-1, 纤维板—分类—第一部分：总体要求

EN 622-2, 纤维板—分类—第二部分：硬质板的要求

EN 622-3, 纤维板—分类—第三部分：中质板的要求

EN 622-4, 纤维板—分类—第四部分：软质板的要求

EN 622-5, 纤维板—分类—第五部分：干法生产中密度板的要求

EN 633, 水泥刨花板—定义和分类

EN 634-2, 水泥刨花板—分类—第二部分：在干燥、潮湿和室外条件下使用 OPC 胶合刨花板的要求

EN 636-1, 胶合板—分类—第一部分：干燥条件下使用胶合板的要求

EN 636-2, 胶合板—分类—第二部分：潮湿条件下使用胶合板的要求

EN 636-3, 胶合板—分类—第三部分：室外条件下使用胶合板的要求

EN V717-1, 人造板—甲醛释放测定—第一部分：气候箱法测定游离甲醛

EN V717-2, 人造板—甲醛释放测定—第二部分：气体分析法测定游离甲醛

EN 789, 木结构—试验方法—人造板物理力学性能测定

EN 1058, 人造板—物理力学性能测定和密度的测定

EN 1087-1, 刨花板—耐水性测定—第一部分：水煮试验

EN 1156, 人造板—载荷和蠕变的相关因素测定

EN 1195, 木结构—试验方法—结构地板的性能

EN V1995-1-1, 欧盟规范 5—木结构设计—第 1-1 部分，房屋建筑总体规则

EN 12369-1, 人造板—结构设计的价值—第一部分：定向刨花板、刨花板和纤维板

EN 12524，建筑材料和产品—湿热性能—平板值

EN 12664，建筑材料和产品的热学性能—用热平板和热流计方法测定热绝缘性

EN 12775，实木板材—分类和术语

EN 12871，人造板—结构板材用于地板、墙板、屋顶板的性能要求和分类

EN 12872，人造板—用于地板、墙板、屋顶板等结构板材的使用指导

EN 13353，实木板（SWP）—要求

prEN 13354，实木板—胶合质量—试验方法

EN 13501-1，建筑产品和建材构件的防火等级—第一部分：阻燃试验结果分等

EN 20354，音响效果—在混响房间吸音性能测定（ISO354：1985）

EN ISO 12572：2000，建筑材料和产品的热液性能—水蒸气渗透性能测定

3. 定义和术语

本欧盟标准将采用以下定义和术语

3.1　人造板

实木板材、单板层积材、胶合板、定向刨花板、刨花板、水泥刨花板和纤维板

3.2　实木板（SWP）

EN 12775，实木板条经过侧向胶合和多层胶合而成的人造板

3.2.1　实木板作为结构部件在室内干燥条件下使用

性能满足 4.1 要求的实木板材，相当于 EN 13353 中的 SWP/1 型

注：相当于 SWP/1 结构用材的特性和要求如表 A.1 所示

3.2.2　实木板作为结构部件在室内潮湿条件下使用

性能满足 4.2 要求的实木板材，相当于 EN 13353 中的 SWP/2 型

注：相当于 SWP/2 结构用材的特性和要求如表 A.1 所示

3.2.3　实木地板作为结构部件在室外条件下使用

性能满足 4.3 要求的实木板材，相当于 EN 13353 中 SWP/3 型

注：相当于 SWP/3 结构用材的特性和要求如表 A.1 所示

3.2.4　实木板作为非结构部件在室内干燥条件下使用

性能满足 4.4 要求的实木板材，相当于 EN 13353 中 SWP/1 型

注：相当于 SWP/1 非结构用材的特性和要求如表 A.1 所示

3.2.5　实木板作为非结构部件在室内潮湿条件下使用

性能满足 4.5 要求的实木板材，相当于 EN 13353 中 SWP/2 型

注：相当于 SWP/2 非结构用材的特性和要求如表 A.1 所示

3.2.6　实木板作为非结构部件在室外条件下使用

性能满足 4.6 要求的实木板材，相当于 EN 13353 中 SWP/3 型

注：相当于 SWP/3 结构用材的特性和要求如表 A.1 所示

3.3　单板层积材—LVL

由多层通常沿顺纹方向胶合而成的木质板材

注：单板层积材的标准正在制定过程中

3.4　胶合板

根据标准 EN 313-2 所规定的有多层纵横交错胶合而成的人造板

3.4.1　胶合板作为结构件在室内干燥条件下使用

胶合板性能如 4.1 和标准 EN 636-1 所规定

注：该种类的胶合板的性能要求详见表 A.2

3.4.2　胶合板作为结构件在室内潮湿条件下使用

胶合板性能如 4.2 和标准 EN 636-2 所规定

注：该种类的胶合板的性能要求详见表 A.2

3.4.3　胶合板作为结构件在室外条件下使用

胶合板性能如 4.3 和标准 EN 636-3 所规定

注：该种类的胶合板的性能要求详见表 A.2

3.4.4　胶合板作为非结构件在室内干燥条件下使用

胶合板性能如 4.4 和标准 EN 636-1 所规定

注：该种类的胶合板的性能要求详见表 A.2

3.4.5　胶合板作为非结构件在室内潮湿条件下使用

胶合板性能如 4.5 和标准 EN 636-2 所规定

注：该种类的胶合板的性能要求详见表 A.2

3.4.6　胶合板作为非结构件在室外条件下使用

胶合板性能如 4.6 和标准 EN 636-3 所规定

注：该种类的胶合板的性能要求详见表 A.2

3.5　定向刨花板（OSB)

由一定规格和厚度的木材薄片多层胶合而成如标准 EN 300 所定义的人造板。外层薄片通常经过定向平行或垂直于板面，芯层薄片可以随机或定向，但通常芯层薄片与面层垂直。

3.5.1　定向刨花板作为结构件在室内干燥条件下的使用

定向刨花板性能如 4.1 和标准 EN 300 中 OSB/2 型板相当

注：该种类定向刨花板的性能相当于 OSB/2 型板要求详见表 A.3

3.5.2　定向刨花板作为结构件在室内潮湿条件下的使用

定向刨花板性能如 4.2 和标准 EN 300 中 OSB/3 型板（通常用途）或 OSB/4 型板（高性能要求）相当

注：该种类 OSB 性能相当于 OSB/3 型板和 OSB/4 型板要求详见表 A.3

3.5.3　定向刨花板作为非结构件在室内干燥条件下的使用

定向刨花板性能如 4.4 和标准 EN 300 中 OSB/1 型板相当

注：该种类定向刨花板的性能相当于 *OSB/1* 型板要求详见表 *A.3*

3.5.4　定向刨花板作为非结构件在室内潮湿条件下的使用

定向刨花板性能如 4.5 和标准 EN 300 中 OSB/3 型板相当

注：该种类定向刨花板的性能相当于 OSB/3 型板要求详见表 A.3

3.6　刨花板

（详见胶粘剂胶合的刨花板—普通刨花板和水泥刨花板）

3.6.1　用胶粘剂胶合的刨花板（普通刨花板）

以木材（木片、木条、刨花、锯末或类似）和或者植物纤维如（亚麻、大麻、甘蔗渣或类似）为原料经添加胶粘剂热压而成如标准 EN309 所定义的人造板。

3.6.1.1　普通刨花板作为结构件在室内干燥条件下使用

普通刨花板性能如 4.1 和标准 EN312-4 中 P4 型板（用于承重）或 EN312-6 中 P6 型板（用于承受重负荷）相当

注：该种类普通刨花板的性能相当于 P4 型板或 P6 型板要求详见表 A.4

3.6.1.2　普通刨花板作为结构件在室内潮湿条件下使用

普通刨花板性能如 4.2 和标准 EN312-5 中 P5 型板（用于承重）或 EN312-7 中 P7 型板（用于承受重负荷）相当

注：该种类普通刨花板的性能相当于 P5 型板或 P7 型板要求详见表 A.4

3.6.1.3　普通刨花板作为非结构件在室内干燥条件下使用

普通刨花板性能如 4.4 和标准 EN312-2 中 P2 型板（普通用途）或 EN312-3 中 P3 型板（室内建筑构件用途）相当

注：该种类普通刨花板的性能相当于 P2 型板或 P3 型板要求详见表 A.4

3.6.1.4　普通刨花板作为非结构件在室内潮湿条件下使用

普通刨花板性能如 4.5 和标准 EN312-5 中 P5 型板（用于承重）或 EN312-7 中 P7 型板（用于承受重负荷）相当

注：该种类普通刨花板的性能相当于 P5 型板或 P7 型板要求详见表 A.4

3.6.2　水泥刨花板

以植物或其他蔬菜刨花为原材料经添加水泥或其他添加剂热压胶合而成如标准 EN633 所定义的人造板

3.6.2.1　水泥刨花板在干燥、潮湿和室外条件下使用

水泥刨花板性能如第 4 章和标准 EN634-2 相当

注：水泥刨花板的性能特性及要求详见表 A.5

3.7　纤维板

以植物纤维为原材料经拌胶在温度和/或压力作用下压制成的厚度大于等于 1.5 毫米如标准 EN316 所定义的人造板。胶粘剂有：

——用自身木素胶合

——添加合成树脂

或添加其他胶粘剂

3.7.1　硬质纤维板

以植物纤维为原材料用湿法生产工艺，如铺装时纤维的含水率大于 20%，经温度和压力作用下压制成的容重 $\geqslant 900kg/m^3$ 如标准 EN 316 所定义的人造板。

3.7.1.1　硬质纤维板作为结构件在室内干燥条件下使用

硬质纤维板性能如 4.1 和标准 EN622-2 中 HB.LA 型板相当

注：该种类硬质纤维板的性能相当于 HB.LA 型板要求详见表 A.6

3.7.1.2　硬质纤维板作为结构件在室内潮湿条件下使用

硬质纤维板性能如 4.2 和标准 EN622-2 中 HB.HLA1 型板或 HB.HLA2 型板相当

注：该种类硬质纤维板的性能相当于 HB.HLA1 型板或 HB.HLA2 型板要求详见表 A.6

3.7.1.3　硬质纤维板作为非结构件在室内干燥条件下使用

硬质纤维板性能如 4.4 和标准 EN622-2 中 HB 型板相当

注：该种类硬质纤维板的性能相当于 HB 型板要求详见表 A.6

3.7.1.4　硬质纤维板作为非结构件在室内潮湿条件下使用

硬质纤维板性能如 4.5 和标准 EN622-2 中 HB.H 型板相当

注：该种类硬质纤维板的性能相当于 HB.H 型板要求详见表 A.6

3.7.1.5　硬质纤维板作为非结构件在室外条件下使用

硬质纤维板性能如 4.6 和标准 EN622-2 中 HB.E 型板相当

注：该种类硬质纤维板的性能相当于 HB.E 型板要求详见表 A.6

3.7.2　中质板

以植物纤维为原材料用湿法生产工艺，铺装时纤维的含水率大于 20%，经温度和压力作用下压制成的容重≥400kg/m³，且<900kg/m³ 如标准 EN316 所定义的人造板。低密度中质板的容量≥400kg/m³，且<560kg/m³，高密度中质板容量≥560kg/m³，且<900kg/m³。

3.7.2.1　中质板作为结构件在室内干燥条件下使用

中质板性能如 4.1 和标准 EN622-3 中 MBH.LA1 型板（普通结构用）或 MBH.LA2 型板（重型）相当

注：该种类中质板的性能相当于 MBH.LA1 型板和 MBH.LA2 型板要求详见表 A.7

3.7.2.2　中质板作为结构件在室内潮湿条件下使用

中质板性能如 4.2 和标准 EN622-3 中 MBH.HLS1 型板（普通结构用）或 MBH.HLS2 型板（重型）相当

注：该种类中质板的性能相当于 MBH.HLS1 型板和 MBH.HLS2 型板要求详见表 A.7

3.7.2.3　中质板作为非结构件在室内干燥条件下使用

中质板性能如 4.4 和标准 EN622-3 中 MBL 型板或 MBH 型板相当

注：该种类中质板的性能相当于 MBL 型板和 MBH 型板要求详见表 A.7

3.7.2.4　中质板作为非结构件在室内潮湿条件下使用

中质板性能如 4.5 和标准 EN622-3 中 MBL.H 型板或 MBH.H 型板相当

注：该种类中质板的性能相当于 MBL.H 型板和 MBH.H 型板要求详见表 A.7

3.7.2.5　中质板作为非结构件在室外条件下使用

中质板性能如 4.6 和标准 EN622-3 中 MBL.E 型板或 MBH.E 型板相当

注：该种类中质板的性能相当于 MBL.E 型板和 MBH.E 型板要求详见表 A.7

3.7.3　软质板

以植物纤维为原材料用湿法工艺生产，铺装时纤维的含水率大于 20%，经温度和压力作用下压制成的容重<400kg/m³，如标准 EN316 所定义的人造板。

3.7.3.1　软质板作为结构件在室内干燥条件下使用

软质板性能如 4.1 和标准 EN622-4 中 SB.LS 型板相当

注：该种类软质板的性能相当于 SB.LS 型板要求详见表 A.8

3.7.3.2　软质板作为结构件在室内潮湿条件下使用

软质板性能如 4.2 和标准 EN622-4 中 SB.HLS 型板相当

注：该种类软质板的性能相当于 SB.HLS 型板要求详见表 A.8

3.7.3.3　软质板作为非结构件在室内干燥条件下使用

软质板性能如 4.4 和标准 EN622–4 中 SB 型板相当

注：该种类软质板的性能相当于 SB 型板要求详见表 A.8

3.7.3.4 软质板作为非结构件在室内潮湿条件下使用

软质板性能如 4.5 和标准 EN622–4 中 SB.H 型板相当

注：该种类中软质板的性能相当于 SB.H 型板要求详见表 A.8

3.7.3.5 软质板作为非结构件在室外条件下使用

软质板性能如 4.6 和标准 EN622–4 中 SB.E 型板相当

注：该种类中软质板的性能相当于 SB.E 型板要求详见表 A.8

3.7.4 干法纤维板（MDF）

以植物纤维为原材料用干法工艺生产，铺装时纤维的含水率小于 20%，经额外添加胶粘剂，尤其重要的是经温度和压力作用下压制而成的如标准 EN316 所定义的人造板。

3.7.4.1 MDF 作为结构件在室内干燥条件下使用

中密度纤维板的性能如 4.1 和标准 EN622–5 中 MDF.LA 型板相当

注：该种类中质板的性能相当于 MDF.LA 型板要求详见表 A.9

3.7.4.2 MDF 作为结构件在室内潮湿条件下使用

中密度纤维板的性能如 4.2 和标准 EN622–5 中 MDF.HLS 型板相当

注：该种类中质板的性能相当于 MDF.HLS 型板要求详见表 A.9

3.7.4.3 MDF 作为非结构件在室内干燥条件下使用

中密度纤维板的性能如 4.4 和标准 EN622–5 中 MDF 型板相当

注：该种类中质板的性能相当于 MDF 型板要求详见表 A.9

3.7.4.4 MDF 作为非结构件在室内潮湿条件下使用

中密度纤维板的性能如 4.5 和标准 EN622–5 中 MDF.H 型板相当

注：该种类中质板的性能相当于 MDF.H 型板要求详见表 A.9

3.8 总体条件

3.8.1 结构用

板材使用在房子或其他建筑处于承受载荷的条件下

3.8.2 干燥条件使用

根据标准 ENV1995–1–1 等级 1 级所规定材料含水率在环境温度 20℃下其环境空气的相对湿度超过 65%每年仅有几周的条件。

3.8.3 潮湿条件使用

根据标准 ENV1995–1–1 等级 2 级所规定材料含水率在环境温度 20℃下其环境空气的相对湿度超过 85%每年仅有几周的条件。

3.8.4 室外条件

根据标准 ENV1995–1–1 等级 3 级所规定环境空气的相对湿度比第 2 级高的条件。

3.8.5 技术等级

标准中产品在一定条件下使用所规定的性能等级

3.8.6 防火

在规定条件下［EN13501–1：2202］，将产品暴露于火中使之分解。

3.8.7 表面未经处理板——素板

表面未经贴面或饰面的人造板。

3.8.8　贴面板

人造板表面贴上一层或多层薄板或膜，例如浸渍纸、塑料、胶膜、金属、装饰单板等。

3.8.9　饰面板

由于功能或装修需要对人造板表面进行涂饰，所涂的通常为液态。

3.8.10　单板贴面板

人造板表面贴单板。

3.8.11　结构地板

人造板作为地板安装在一定跨度的托梁上。当受载荷时，托梁间的地板能自由弯曲。

注：性能特性如 EN2871 所规定

3.8.12　结构墙板

人造板作为墙板具有一定的机械阻力（强度）。

注：性能特性如 EN2871 所规定

3.8.13　结构屋顶板

人造板作为屋顶板安装在一定跨度的托梁上。当受载荷时，托梁间的地板能自由弯曲。

注：性能特性如 EN2871 所规定

4. 建筑用人造板的性能要求

4.1　人造板作为结构部件在室内干燥条件下使用

表 1 中性能 1~6 为人造板必须测定达到的性能，即保证人造板满足第三节（附录 A）中的具体要求，并且游离甲醛已经分类（附录 B），表 1 中性能 7~15 为人造板在有需要时应测定达到的性能。

表 1　人造板作为结构部件在室内干燥条件下使用时的性能要求

NO	性能	实木板	胶合板	OSB	刨花板	水泥刨花板	纤维板
1	弯曲强度			5.1			
2	弯曲刚度 MOE			5.2			
3	胶合质量	5.3		—			
4	内胶合强度	—		5.4			
5	耐久性（厚度膨胀）	—		5.5			
6	游离甲醛释放			5.7			
7	防火性			5.8			
8	水蒸气渗透性			5.9			
9	隔音性			5.10			
10	吸音性			5.11			
11	导热性			5.12			
12	结构用强度和刚度			5.13			

NO	性能	实木板	胶合板	OSB	刨花板	水泥刨花板	纤维板
13	机械耐久性			5.16			
14	生物耐久性			5.17			
15	五氯苯酚的含量			5.18			

4.2　人造板作为结构部件在室内潮湿条件下使用

表 2 中性能 1~7 为人造板必须测定达到的性能，即保证人造板满足第三节（附录 A）中的具体要求，并且游离甲醛已经分类（附录 B），表 2 中性能 8~16 为人造板在有需要时应测定达到的性能。

表 2　人造板作为结构部件在室内潮湿条件下使用的性能要求

NO	性能	实木板	胶合板	OSB	刨花板	水泥刨花板	纤维板[a]
1	弯曲强度			5.1			
2	弯曲刚度 MOE			5.2			
3	胶合质量		5.3			—	
4	内胶合强度		—		5.4		
5	耐久性（厚度膨胀）		—		5.5		
6	耐水性		5.6.5	5.6.1	5.6.2	5.6.3	5.6.4
7	游离甲醛释放			5.7			
8	防火性			5.8			
9	水蒸气渗透性			5.9			
10	隔音性			5.10			
11	吸音性			5.11			
12	导热性			5.12			
13	结构用强度和刚度			5.13			
14	机械耐久性			5.16			
15	生物耐久性			5.17			
16	五氯苯酚含量			5.18			

a 这气候条件下，高密度中质板和干法 MDF 在作为结构件使用时受到限制，即只能在瞬间和短时间受载条件下。

4.3　人造板作为结构部件在室外条件下使用

表 3 中性能 1~6 为人造板必须测定达到的性能，即保证人造板满足第三节（附录 A）中的具体要求，并且游离甲醛已经分类（附录 B），表 3 中性能 7~14 为人造板在有需要时应测定达到的性能。

表3　人造板作为结构部件在室外条件下使用时的性能要求

NO	性能	实木板	胶合板	水泥刨花板 [a]
1	弯曲强度		5.1	
2	弯曲刚度 MOE		5.2	
3	胶合质量		5.3	—
4	内胶合强度		—	5.4
5	耐久性（厚度膨胀）		—	5.5
6	耐水性		5.6.5	5.6.3
7	防火性		5.8	
8	水蒸气渗透性		5.9	
9	隔音性		5.10	
10	导热性		5.12	
11	结构用强度和刚度		5.13	
12	机械耐久性		5.16	
13	生物耐久性		5.17	
14	五氯苯酚含量		5.18	
a 这些人造板在使用时不应直接和地面、土壤和水接触。				

4.4　人造板作为非结构部件在室内干燥条件下使用

表4 中性能 1~4 为人造板必须测定达到的性能，即保证人造板满足第三节（附录A）中的具体要求，并且游离甲醛已经分类（附录 B），表4 中性能 5~11 为人造板在有需要时应测定达到的性能。

表4　人造板作为非结构部件在室内干燥条件下使用时的性能要求

NO	性能	实木板	胶合板	OSB	刨花板	水泥刨花板	纤维板 [a]
1	耐久性弯曲强度	—			5.1		
2	胶合质量		5.3			—	
3	内胶合强度		—			5.4	
4	游离甲醛释放			5.7			
5	防火性			5.8			
6	水蒸气渗透性			5.9			
7	隔音性			5.10			
8	吸音性			5.11			
9	导热性			5.12			
10	生物耐久性			5.17			
11	五氯苯酚含量			5.18			

4.5　人造板作为非结构部件在室内潮湿条件下使用

表5 中性能 1~6 为人造板必须测定达到的性能，即保证人造板满足第三节（附录A）中的具体要求，并且游离甲醛已经分类（附录 B），表5 中性能 7~13 为人造板在有

需要时应测定达到的性能。

表5 人造板作为非结构部件在室内潮湿条件下使用时的性能要求

NO	性能	实木板	胶合板	OSB	刨花板	水泥刨花板	纤维板[a]
1	耐久性弯曲强度	—			5.1		
2	胶合质量		5.3		—		
3	内胶合强度	—			5.4		
4	耐久性（厚度膨胀）	—			5.5		
5	耐水性		5.6.5	5.6.1	5.6.2	5.6.3	5.6.4
6	游离甲醛释放				5.7		
7	防火性				5.8		
8	水蒸气渗透性				5.9		
9	隔音性				5.10		
10	吸音性				5.11		
11	导热性				5.12		
12	生物耐久性				5.17		
13	五氯苯酚含量				5.18		

4.6 人造板作为非结构部件在室外条件下使用

表6中性能1~4为人造板必须测定达到的性能，即保证人造板满足第三节（附录A）中的具体要求，并且游离甲醛已经分类（附录B），表6中性能5~10为人造板在有需要时应测定达到的性能。

表6 人造板作为非结构部件在室外条件下使用时的性能要求

NO	性能	实木板[a]	胶合板[a]	水泥刨花板	纤维板[a、b]
1	耐久性弯曲强度	—		5.1	
2	胶合质量		5.3	—	
3	内胶合强度	—		5.4	
4	耐水性		5.6.5	5.6.3	5.6.4
5	防火性		5.8		
6	水蒸气渗透性		5.9		
7	隔音性		5.10		
8	导热性		5.12		
9	生物耐久性		5.17		
10	五氯苯酚含量		5.18		

a 这些人造板在使用时不应直接和地面、土壤和水接触。
b 如果人造板表面和边部经耐久性处理达到相应要求，这些人造板可能只适用于室外条件。

4.7 人造板在室内作为结构地板和屋顶板、结构墙板使用

表7中性能1~7为人造板必须测定达到的性能，即保证人造板满足第三节（附录A）中的具体要求，并且游离甲醛已经分类（附录B），表7中性能8~18为人造板在有

需要时应测定达到的性能。

表7 人造板在室内作为结构地板和屋顶板、结构墙板使用时的性能要求

NO	性能	实木板	胶合板	OSB	刨花板	水泥刨花板	纤维板 [a]
1	弯曲强度	5.1					
2	弯曲刚度 MOE	5.2					
3	胶合质量	5.3		—			
4	内胶合强度	—		5.4			
5	耐久性（厚度膨胀）	—		5.5			
6	耐水性 [a]	5.6.5	5.6.1		5.6.2	5.6.3	5.6.4
7	游离甲醛释放	5.7					
8	防火性	5.8					
9	水蒸气渗透性	5.9					
10	隔音性	5.10					
11	吸音性	5.11					
12	导热性	5.12					
13	结构用强度和刚度	5.13					
14	结构用耐冲击强度	5.14					
15	结构用集中载荷下的强度和刚度 [b]	5.15					
16	机械耐久性	5.16					
17	生物耐久性	5.17					
18	五氯苯酚含量	5.18					

a 只适用于潮湿条件下。
b 只适用于结构地板和格栅上屋顶盖板使用。

5. 性能测定

本章给出表1~7 中性能的测定方法

5.1 弯曲强度

根据标准 EN310 来测定弯曲强度，实木板根据 EN789 要求测定。测定结果表示方法按照 EN326-1 的要求。

5.2 弯曲刚度（弹性模量 MOE）

弯曲弹性模量根据标准 EN310 来测定，实木板根据 EN789 要求测定。测定结果表示方法按照 EN326-1 的要求。

5.3 胶合质量

实木板的胶合质量和结果表示按照 prEN13354。

胶合板的胶合质量按照 EN314-1 进行，结果表示按照 EN314-2 的要求。

5.4 内胶合强度（抗拉强度）

对于定向刨花板、刨花板、水泥刨花板和纤维板的内胶合强度按照 EN319 测定，结果按照 EN326-1 的要求。

5.5 耐久性（厚度膨胀）

厚度膨胀率根据 EN317 测定，结果表示按照 EN326-1 执行。

5.6 耐水性（防水性）

5.6.1 OSB

5.6.1.1 耐水性采用以下方法测定：测量经 EN321 循环实验后剩余弯曲强度，或测量经湿循环实验 EN321 或煮沸实验 EN1087-1 剩余的内胶合强度（经 EN300 修改）。

5.6.1.2 经过循环实验 EN321 后的剩余弯曲强度的测定按照 EN310 要求进行。结果表示按照 EN326-1 错判风险为 0.05（即置信概率为 95%）。

5.6.1.3 经过湿循环实验 EN321 或煮沸实验 EN1087-1（经过 EN300 修改）剩余的内胶合强度的测定根据 EN319 要求进行。结果表示按照 EN326-1 错判风险为 0.05（即置信概率为 95%）。

5.6.2 刨花板

5.6.2.1 耐水性可以根据 EN321 测定，也可以根据 EN1087-1 测定。

5.6.2.2 如果耐水性根据 EN321 测定，其结果按照如下表示：

——剩余内胶合强度按照 EN326-1 错判风险为 0.05（即置信概率为 95%），根据 EN319 测定。

——剩余厚度膨胀按照 EN326-1 错判风险为 0.05（即置信概率为 95%），根据 EN317 测定。

5.6.2.3 如果耐水性根据 EN1087-1 测定剩余内胶合强度按照 EN326-1 错判风险为 0.05（即置信概率为 95%），根据 EN319 测定。

5.6.3 水泥刨花板

根据 EN321 循环实验后，测定内胶合强度和厚度膨胀率。结果按照如下表示：

——剩余内胶合强度按照 EN326-1 错判风险为 0.05（即置信概率为 95%），根据 EN319 测定。

——剩余厚度膨胀按照 EN326-1 错判风险为 0.05（即置信概率为 95%），根据 EN317 测定。

5.6.4 纤维板

5.6.4.1 硬质板作为一般用途和承载用途，高密度介质板作为承载用途。

HB.H、HB.HLA1 和 MBH.HLS1（潮湿条件下）和 HB.E（室外条件应用）的耐水性根据 EN1087-1 测定，修改在相应的 EN622-2 或 EN622-3。剩余内胶合强度的结果按照 EN326-1 错判风险为 0.05（即置信概率为 95%），根据 EN319 测定。

5.6.4.2 硬质板和高密度介质板在重型承载场合的应用

HB.HLA2 的耐水性和 MBH.HLS2 在潮湿环境下使用应通过水煮实验 EN1087-1（在 EN622-2 和 EN622-3 做相应修改）来测定剩余内胶合和内胶合强度。结果按如下表示：

——剩余内胶合的结果按照 EN326-1 错判风险为 0.05（即置信概率为 95%），根据 EN319 测定。

——剩余厚度膨胀按照 EN326-1 错判风险为 0.05（即置信概率为 95%），根据 EN317 测定。

5.6.4.3 中密度纤维板（湿法）在通常情况使用

MBL.H 和 MBH.H（在潮湿环境下使用），MBE.L 和 MBH.E（在室外条件下使用）的耐水性应通过 EN 1087-1（在 EN 622-2 和 EN 622-3 做相应修改）来测定，剩余内胶合强度的结果按照 EN 326-1 错判风险为 0.05（即置信概率为 95%），根据 EN 310 测定。

5.6.4.4 干法生产中密度纤维板在室内潮湿条件下使用

5.6.4.4.1 MBL.H、MDF.H 和 MDF.HLS 在潮湿环境下使用的耐水性应通过 EN 321（见 5.6.4.4.2）或 EN 1087-1（在 EN 622-5 做相应修改）（见 5.6.4.4.3）来测定。

5.6.4.4.2 如果耐水性根据 EN 321 测定，其结果按照如下表示：

——剩余内胶合强度按照 EN 326-1 错判风险为 0.05（即置信概率为 95%），根据 EN 319 测定。

——剩余厚度膨胀按照 EN 326-1 错判风险为 0.05（即置信概率为 95%），根据 EN 317 测定。

5.6.4.4.3 如果耐水性根据 EN 1087-1（在 EN 622-5 做相应修改）剩余内胶合强度按照 EN 326-1 错判风险为 0.05（即置信概率为 95%），根据 EN 319 测定。

5.6.5 胶合板和实木板

耐水性根据胶合质量来评估（见 5.3），在一定条件下可以在干燥、潮湿或室外使用。

5.7 甲醛释放

人造板甲醛释放根据附录 B 进行测定。

5.8 防火性能

防火性能可以根据 EN 13501-1 来进行分类或根据表 8。

表 8 防火等级（相当欧洲 EN 13501）

人造板 [a]	EN 产品标准	最低容量 kg/m³	最小厚度 mm	等级 [b] 不含地板	等级 [c] 地板
OSB	EN 300	600	9	D-s2，d0	D_{FL}-s1
刨花板	EN 312	600	9	D-s2，d0	D_{FL}-s1
纤维板，硬质	EN 622-2	900	6	D-s2，d0	D_{FL}-s1
纤维板，中密度	EN 622-3	600	9	D-s2，d0	D_{FL}-s1
		400	9	E，通过	B_{FL}
纤维板，软质	EN 622-4	250	9	E，通过	B_{FL}
纤维板，MDF	EN 622-5	600	9	D-s2，d0	D_{FL}-s1
水泥刨花板 [d]	EN 634-2	1000	10	B-s1，d0	B_{FL}-s1
胶合板	EN 636	400	9	D-s2，d0	D_{FL}-s1
实木板	EN 13353	400	12	D-s2，d0	D_{FL}-s1
上表中登记的是未经铺装连接的板材，开榫开槽后的板材按照 ENV 12872 铺装也包括在等级范围内					
a. 人造板如生产过程中无汽泡直接达到登记 A1 或 A2-s1，d0 产品的最小密度为 10 kg/m³，或 D-s2，d0 等级其产品的最小密度为 400 kg/m³。					
b. 等级由欧盟决定 2000/147/EC 附录表 1。					
c. 等级由欧盟决定 2000/147/EC 附录表 2。					
d. 水泥含量最低为 75%（质量比）。					

5.9 水蒸气渗透性

水蒸气的渗透性既可以根据 EN ISO12572 中耐水蒸气因素测定或根据表9。

表9 人造板耐水蒸气因子（等同于 EN 12572）

人造板	公称密度 kg/m³	耐水蒸气因子	
		湿杯 μ	干杯 μ
实木板胶合板	300	50	150
	500	70	200
	700	90	220
	1000	110	250
定向刨花板	650	30	50
刨花板	300	10	50
	600	15	50
	900	20	50
水泥刨花板	1200	30	50
纤维板	250	2	5
	400	5	10
	600	12	20
	800	20	30

5.10 隔音性能

人造板的隔音性能只有使用在音响效果要求的场合进行测定。单张人造板的声损失 R（分贝）和板面粗糙 m_A（kg/m²）有关并按照以下公式——只适用于频率范围 1kHz 到 3 kHz 和表面粗糙>5 kg/m²。

$$R = 13 \times \lg(m_A) + 14$$

注：建筑物和建筑元件的隔音性可以根据 EN ISO140–3 测定并按 EN ISO717–1 进行分类。

5.11 吸音性能

人造板的吸音性能只有使用在混响效果要求的场合进行测定。吸音性既可以根据 EN 20354 进行测定或根据表10。

表10 人造板的吸音系数

人造板	吸音系数	
	频率250Hz 到 500Hz	频率1000Hz 到 2000Hz
实木板和胶合板	0.10	0.30
OSB 和刨花板	0.10	0.25
水泥刨花板	0.10	0.30
纤维板		
公称密度<400 kg/m³	0.10	0.30
公称密度≥400 kg/m³	0.10	0.20

5.12 导热性能

人造板的导热性能只有使用在有隔热效果要求的场合进行测定。导热性既可以根据

EN 12664 进行测定或根据表 11。

表 11　人造板导热性能（根据容重）

人造板	公称密度 ρ kg/m³	导热性 λ W/(m，K)
实木板和胶合板	300	0.09
	500	0.13
	700	0.17
	1000	0.24
定向刨花板	650	0.13
刨花板	300	0.07
	600	0.12
	900	0.18
水泥刨花板	1200	0.23
纤维板	250	0.05
	400	0.07
	600	0.10
	800	0.14

注：如容重不在表 11 中时，λ 值可以用插入法求得。

5.13　结构用途的强度和刚度

人造板的弯曲强度和刚度用 EN 789 测定，其结果根据 EN 1058 表示。结构设计时的数值从 EN 12369-1 中得到，如已包含。

如需要测人造板的压缩、拉伸和剪切强度和刚度用 EN 789 测定，其结果根据 EN 1058 表示。结构设计时的数值从 EN 12369-1 中得到，如已包含。

5.14　结构用途的耐冲击性

5.14.1　地板

耐冲击性能根据 EN 1195 连同 EN 12871 测定。

5.14.2　屋顶盖板

耐冲击性能根据 EN 12871 测定。

5.14.3　墙板

耐冲击性能根据 EN 596 连同 EN 12871 测定。

5.15　结构用途受集中载荷时的强度和刚度

5.15.1　地板

强度和刚度性能根据 EN 1195 连同 EN 12871 测定。

注：按照 EN 1195 对人造板进行集中载荷实验时，其冲击剪力根据 EN 12871 考虑其中。

5.15.2　屋顶盖板

强度和刚度性能根据 EN 12871 测定。

5.16　机械耐久性

人造板产品的机械耐久性既可以根据 ENV 1156 测定，或根据 ENV 1995-1-1 对系数 K_{mod} 和 K_{def} 进行适当测得。

5.17　生物耐久性

人造板生物耐久性的相应等级在 EN 335 第 1、2 和 3 部分有详细描述。

注：如果是胶合板，参照 ENV 1099 作为参照。

5.18　五氯苯酚的含量

人造板五氯苯酚（PCP）的含量正常小于 5ppm。如果原材料中含有五氯苯酚 (PCP) 成分，应采用本国相应的检测方法对之进行测定。一旦人造板五氯苯酚（PCP）含量超过 5ppm，在产品标记中必须注明该产品的五氯苯酚（PCP>5ppm）。

注：欧盟标准 CEN/TC38 "木材及其衍生材料的耐久性" 正在定制。

6. 一致性评估

6.1　总则

根据本标准的规定，人造板的性能等级需证实如下：

——企业的工厂生产控制；

——初始检验；

——如果需要，对工厂进行初始工厂检查和巡回监督检查。

6.2　工厂生产控制（EPC）

企业应建立自己的工厂生产控制体系以保证其投入市场的产品和所承诺的产品一致。工厂生产控制应包含：操作程序、定期常规检查和检验或评估；目的是控制原料、辅料、元件、设备、生产工序和产品质量，确保产品质量自始至终保持表里如一。

如果企业已经取得 EN ISO9001 认证，其工厂生产控制的管理按照 ISO9001 的要求进行，并根据产品标准的要求有针对性，以上要求可视为达到。

对工厂采取的任何检查、检验或评估都应进行记录，检查结果或测定值达不到指标要求的均需记录。

企业应根据 EN326-2 对产品所需的性能进行控制，表 1~表 7 中相应的性能应采用一定频率的抽样检查（检验）来达到，或比表 12 的要求更高，抽样方法应采用随机抽样。

6.3　初始检验

初始检验应该在此标准执行时首先采用。如果以前检验已经按照本标准进行者例外（同样的产品、性能、试验方法、取样方法以及类型等）。另外，初始检验应该在每一新产品投产和每一新的生产工艺执行时，因这时将影响其产品的显示指标。初始检验应包含表 1~表 7 中所有内容，如果按照第五章诸表执行，其性能指标不需要再次证实。

6.4　初始工厂检查和巡回监督检查

如需要，初始工厂检查和巡回监督检查应根据 EN 326-2 进行，检查项目应包括表 1~表 7 中所有内容。

7. 标记

产品标记应包含表 1~表 7 中相关性能和应用的信息，用表 13 和表 14 方法表示。

标记和相关信息应该标在产品上、标签上、包装上或提交的产品文件上。做到一见其标记就明了产品的相应参照等级。

表 12 每条生产线每一产品的检验频率

产品性能	检验频率
弯曲强度和耐久性	每 8 小时一次 [a]
	对胶合板，非结构材不管什么铺装方式每月二张板；对结构材每千张产品抽一张但不多于每 8 小时一次
	对水泥刨花板，每 8 小时每个厚度抽一次
弯曲强度 (弹性模量 MOE)	每 8 小时一次 [a]
	对胶合板和实木板，每千张产品抽一张但不多于每 8 小时一次
	对水泥刨花板，每 8 小时每个厚度抽一次
胶合质量	每 8 小时一次 [a]
	胶合板，每万张一对胶层（室内干燥使用），每 5 千张一对胶层（室内潮湿），每 200 张一对胶层（室外），但不多于每 8 小时一次
内胶合强度	每 8 小时一次 [a]（水泥刨花板每 24 小时一次）
耐久性（厚度膨胀）	每 8 小时一次 [a]（水泥刨花板每 24 小时一次）
结构材耐冲击强度	详见 6.3
耐水性（耐水性）选择一（EN321）	每周一次
选择二（EN1087-1）	每 8 小时一次 [a]
循环实验后的弯曲强度	每周一次（水泥刨花板每 24 小时一次）
防火性 [b]	详见 6.3
水蒸气渗透性 [b]	详见 6.3
甲醛 [c]：E_1 级	每天一次（胶合板和实木板每周一次）
E_2 级	每周一次
隔音性 [b]	详见 6.3
吸音性 [b]	详见 6.3
导热性 [b]	详见 6.3
结构板强度和刚度 [b]	详见 6.3
结构板在集中载荷作用下强度和刚度 [b]	详见 6.3
机械耐久性 [b]	详见 6.3
五氯苯酚（PCP）[d]	每三个月一次

a. 如果每 8 小时生产多个厚度的产品，工厂生产控制应该对每周生产的各个厚度的产品进行至少一次检查。

b. 如果按照第五章诸表执行，其性能不需要再次证实。

c. 某些种类的 OSB、刨花板、纤维板、胶合板和实木板不含游离甲醛或含量很少，在此情况下，检测间隔可以延长，但企业仍需保证其产品游离甲醛指标要求。

d. 如果有需要。

注：以上表格中的时间为生产时间。

表 13 技术等级对标记的要求

——参照标准
——技术等级 [a]
——防火等级 B，C，D，E 或 F（包括烟和微滴相应等级），或地板相应等级（和表 8 有不同时）
——甲醛等级 [b]：E_1 或 E_2 级
——五氯苯酚（PCP）的含量 [c]
a. 根据 EN 312-2，EN 312-3，EN 312-4，EN 312-5，EN 312-6，EN 312-7（见附录 A），刨花板的技术等级分为 P2，P3，P4，P5，P6 和 P7。 根据 EN 622-2，EN 622-3，EN 622-4 和 EN 622-5（见附录 A），纤维板技术等级分 HB，HB.H，HB.E，HB.LA，HB.HLA1，HB.HLA2，MBL，MBH，MBL.H，MBH.H，MBL.E，MBH.E，MBH.LA1，MBH.LA2，MBH.HLS1，MBH.HLS2，SB，SB.H，SB.LS，SB.HLS，MDF，MDF.LA，MDF.H 和 MDF.HLS。 水泥刨花板的技术等级在 EN 634 中给出。 根据 EN 300（见附录 A）定向刨花板的技术等级分 OSB1，OSB2，OSB3，OSB4。 胶合板技术等级在附录 A 中给出。 结构用和非结构用实木板在 EN 13353 中给出（见附录 A）。 b. 甲醛的等级在附录 B 中给出。 c. 如五氯苯酚（PCP）的含量≤5ppm 将不注释，>5ppm 另行标注。

表 14 根据表 1~表 7 和声明指标、产品标记的要求

参考标准	EN 13986
产品类型	根据表 1~表 7
服务等级	根据 ENV 1995-1-1
产品性能	**声明的指标或等级**
弯曲强度/耐久性	N/mm^2
弯曲刚度（弹性模量 MOE）	N/mm^2
胶合质量	胶合板根据 EN 314-2 实木板根据 prEN 13354
内胶合强度	N/mm^2
耐久性（厚度膨胀）	%
结构用抗冲击强度	mm 或 J
耐久性（耐水性） 选择一：室内级循环实验后内胶合强度 室内级循环实验后厚度膨胀 室内级循环实验后弯曲强度 （适用于 OSB）	N/mm^2 % N/mm^2
选择二：室内级循环实验后内胶合强度 室内级循环实验后弯曲强度（适用于 HB.HLA2，MBH.H，MBH.E，MBH.HLS2） 室内级循环实验后弯曲强度（适用于 OSB）	N/mm^2
防火性	等级（包括烟和微滴相应等级）
水蒸气渗透性（蒸气阻力因子）	（—）
甲醛	E_1 或 E_2 级，mg/100g（干板） mg/m^2h 或 mg/m^3 箱内空气

参考标准	EN 13986
隔音性能	dB
吸音性能	（—）
导热性能	W/(m.K)
结构用强度和刚度	N/mm²
结构用集中载荷作用下强度和刚度	N 或 N/mm²
机械耐久性 　载荷修正（强度） 　刚度修正（蠕变）	 （—） （—）
五氯苯酚（PCP）含量 a	不注释或>5ppm a
a 如五氯苯酚（PCP）含量≤5ppm 将不注释，> 5ppm 另行标注。	

附录 A

（标准的）

人造板技术等级

注：按照表 A.1 至表 A.9 的规定，如需要对于结构用板材应确保产品满足企业声明的性能或 EN 13986-1。

表 A.1　结构用或非结构用实木板的技术等级 SWP/1，SWP/2 和 SWP/3

技术等级	要　求			
	胶合质量	耐久性	弯曲弹性模量	弯曲强度
SWP/1 结构	根据 EN 13353			
SWP/2 结构	根据 EN 13353			
SWP/3 结构	根据 EN 13353			
SWP/1 非结构	根据 EN 13353		—	
SWP/2 非结构	根据 EN 13353		—	
SWP/3 非结构	根据 EN 13353		—	

表 A.2　胶合板在干燥、潮湿或室外条件下应用的技术等级

技术等级	要　求			
	胶合质量	耐久性	弯曲弹性模量	弯曲强度
干燥	根据 EN 636-1			
潮湿	根据 EN 636-2			
室外	根据 EN 636-3			

表 A.3　定向刨花板技术等级 OSB/1，OSB/2，OSB/3 和 OSB/4

技术等级	要　求						
	抗弯强度	内胶合强度	抗弯弹性模量	24h 厚度膨胀	耐水性要求		
					循环试验后内胶合强度	循环试验后弯曲强度	蒸煮试验后内胶合强度
OSB/1	根据 EN 300				—		
OSB/2	根据 EN 300				—		
OSB/3	根据 EN 300				根据 EN 300		
OSB/4	根据 EN 300				根据 EN 300		

表 A.4　刨花板技术等级 P2，P3，P4，P5，P6，P7

技术等级	要　求						
	抗弯强度	内胶合强度	抗弯弹性模量	24h 厚度膨胀	耐水性要求		
					循环试验后内胶合强度	循环试验后弯曲强度	蒸煮试验后内胶合强度
P2	根据 EN 312–2				—		
P3	根据 EN 312–3				—		
P4	根据 EN 312–4				—		
P5	根据 EN 312–5				根据 EN 312–5		
P6	根据 EN 312–6				—		
P7	根据 EN 312–7				根据 EN 312–7		

表 A.5　水泥刨花板技术等级 1 和 2

技术等级	要　求				
	抗弯强度	内胶合强度	抗弯弹性模量	24h 厚度膨胀	耐久性要求
					循环试验后内胶合强度
1	根据 EN 634–2				根据 EN 634–2
2	根据 EN 634–2				根据 EN 634–2

表 A.6　硬质纤维板的技术等级 HB，HB.H，HB.E，HB.LA，HB.LA1，HB.LA2

技术等级	要　求					
	抗弯强度	内胶合强度	抗弯弹性模量	24h 厚度膨胀	耐水性	
					循环试验后内胶合强度	蒸煮试验后弯曲强度
HB	根据 EN 622–2		—	根据 EN 622–2	—	
HB.H	根据 EN 622–2		—	根据 EN 622–2	根据 EN 622–2	—
HB.E	根据 EN 622–2				根据 EN 622–2	—
HB.LA	根据 EN 622–2				—	
HB.LA1	根据 EN 622–2				根据 EN 622–2	—
HB.LA2	根据 EN 622–2				根据 EN 622–2	

表 A.7　中质纤维板的技术等级 MBL，MBH，MBL.H，MBH.H，MBL.E，MBH.E，MBH.LA1，MBH.LA2，MBH.HLS1，MBH.HLS2

技术等级	要　求					
	抗弯强度	内胶合强度	抗弯弹性模量	24h 厚度膨胀	耐水性	
					循环试验后内胶合强度	循环试验后弯曲强度
MBL	根据 EN 622-3	—		根据 EN 622-3		—
MBH	根据 EN 622-3	—		根据 EN 622-3		—
MBL.H	根据 EN 622-3	—		根据 EN 622-3	—	根据 EN 622-3
MBH.H	根据 EN 622-3	—		根据 EN 622-3	—	根据 EN 622-3
MBL.E	根据 EN 622-3				—	根据 EN 622-3
MBH.E	根据 EN 622-3				—	根据 EN 622-3
MBH.LA1	根据 EN 622-3				—	
MBH.LA2	根据 EN 622-3				—	
MBH.HLS1	根据 EN 622-3				根据 EN 622-3	—
MBH.HLS2	根据 EN 622-3				根据 EN 622-3	

表 A.8　软质板技术等级 SB，SB.H，SB.E，SB.LS，SB.HSL

技术等级	要　求		
	弯曲强度	弯曲弹性模量	24h 厚度膨胀
SB	根据 EN 622-4	—	根据 EN 622-4
SB.H	根据 EN 622-4	—	根据 EN 622-4
SB.E	根据 EN 622-4	—	根据 EN 622-4
SB.LS	根据 EN 622-4		
SB.HSL	根据 EN 622-4		

表 A.9　中密度纤维板技术等级 MDF，MDF.LA，MDF.H，MDF.HLS

技术等级	要　求					
	抗弯强度	内胶合强度	抗弯弹性模量	24h 厚度膨胀	耐水性	
					循环试验后内胶合强度	循环试验后弯曲强度
MDF	根据 EN 622-5				—	
MDF.LA	根据 EN 622-5				—	
MDF.H	根据 EN 622-5				根据 EN 622-5	
MDF.HLS	根据 EN 622-5				根据 EN 622-5	

附录 B
（标准的）
甲醛技术等级

对于含甲醛的原材料，特别是氨基树脂，作为生产工艺的部分加入到产品，该产品需要检测甲醛含量并将其分为 E1 和 E2 两个等级。

对原始检验和工厂生产控制或连续监督检查，E1 级产品如表 B.1 所示，E2 级产品如表 B.2 所示。

注 1：根据 ENV 717-1，E1 级板子可以用在室内，室内空气浓度不大于 0.1ppm HCHO。

在生产过程中或先前的生产过程中，对于添加不含甲醛的原材料，人造板的甲醛含量不需测量。其产品被认为是 E1 级产品（见注 2）。

注 2：这类产品有：

——水泥刨花板（未饰面）

——湿法纤维板（未饰面）生产过程中未添加含甲醛胶粘剂

——未经贴面、饰面和涂饰的人造板，产品不释放游离甲醛或释放可以忽略不计，如用异氰酸酯胶或酚醛树脂胶生产。

甲醛释放量的限定 E1 级板如表 B.1，E2 级板如表 B.2。

采用 EN 120 对于刨花板或中纤板进行检测时，应将其板材平衡至含水率 6.5%。如果刨花板和中纤微密度板的含水率不在此数值，EN 120 的结果应乘以一个 f 系数，刨花板的系数如 EN 312-1，中纤板的系数如 EN 622-1。在这两个标准中系数 f 只在一定含水率范围内适用，如该标准所定。

注 3：经验表明，如表 B.1 和 EN 120 数值所示，企业初始检验甲醛的平均值在半年内刨花板和定向刨花板不能超过 6.5mg HCHO/100g，中纤板不能超过 7mg HCHO/100g。

注 4：对于 E2 级板，工厂生产控制相应的指标也同样规定在 EN 120 和 EN 717-2中。

表 B.1 甲醛等级 E1 级

		板材产品		
		表面未处理	表面未处理	贴面或饰面
		刨花板 定向刨花板 中纤板 MDF	胶合板 实木板	刨花板 OSB MDF 胶合板 实木板 湿法纤维板 水泥刨花板
初始检验[a]	试验方法	ENV 717-1		
	要求	释放≤0.124mg/m³ 空气		

		板材产品		
		表面未处理	表面未处理	贴面或饰面
工厂生产控制	试验方法	EN 120	EN 717–2	
	要求	含量≤8mg/100mg 烘干板 见注解 3	释放≤3.5mg/m²h 或≤5mg/m²h 在生产三天后	
a. 对现有产品，初始检验在现有数据或者在工厂生产控制或外部检查中根据 EN 120 和 EN 717–2 进行。				

表 B.2　甲醛等级 E2 级

			板材产品		
			表面未处理	表面未处理	贴面或饰面
			刨花板 定向刨花板 中纤板 MDF	胶合板 实木板	刨花板 OSB MDF 胶合板 实木板 湿法纤维板 水泥刨花板
初始检验	或者	试验方法	ENV 717–1		
		要求	释放>0.124mg/m³ 空气，见注解 4		
	或者	试验方法	EN 120	EN 717–2	
		要求	含量>8mg/100mg 到 ≤30mg/100mg 烘干板	释放>3.5mg/m²h 到 ≤8mg/m²h 或>5mg/m²h 到≤12 mg/m²h 在生产三天后	
工厂生产控制		试验方法	EN 120	EN 717–2	
		要求	含量>8mg/100mg 到 ≤30mg/100mg 烘干板	释放>3.5 mg/m²h 到≤8 mg/m²h 或>5 mg/m²h 到≤12mg/m²h 在生产三天后	

附录 ZA

（提供资料）

本欧盟标准条款提出的基本要求或
其他欧盟准则的规定

ZA.1　范围和相关特性

根据条款 1，本附录 ZA 的范围等同条款 1。

本欧盟标准是根据欧盟委员会和欧盟自由贸易协会 M/113 号令"人造板"的基础上制订。

本附录即欧盟标准的条款在表 1 至表 7 给出的要求满足欧盟建筑产品准则（89/106/EEC）的规定。

按照该条款，建筑产品符合标准规定的使用场合。

警告：其他要求和其他欧盟准则，其建筑产品不符合规定的使用要求将被不满足或达不到本标准要求。

本标准包含了对甲醛和五氯苯酚的要求，标准中规定的一些场合涉及安全相关要求（如同时要满足欧盟立法和各成员国法律、法令和规定等），为了满足欧盟建筑产品准则，这些要求在需要时予以采用。

注：欧盟及其成员国对安全方面的数据可以在建筑网页 EUROPA 上找到（http://europa.eu.int/ comm/ enterprise/ construction/ internal/ hygiene.htm）。

ZA.2 人造板真实度操作过程

不同用途的人造板的真实度在表 ZA.1 中给出。

表 ZA.1 体系真实度

产品	用途	等级（防火）	体系真实度
贴面的和未贴面贴单板和涂饰的人造板	室内结构用或室外用途	A2[a], B[a], C[a]	1
		A2[b], B[b], C[b], D, E（B 到 C）[c], F	2
	非结构在室内或室外使用	A2[a], B[a], C[a]	1
		A2[b], B[b], C[b], D, E	3
		（A2 到 E）[c], F	4

体系 1，参考准则 89/106/EEC 附件Ⅲ第 2 节第Ⅰ条款，样品审核检验除外。

体系 2，参考准则 89/106/EEC 附件Ⅲ第 2 节第Ⅱ条款，第一可能，认证机构对申请企业进行生产现场检查，对申请企业的生产管理体系进行检查，还要进行现场连续监督复查，使得生产体系满足市场的一贯要求。

体系 3，参考准则 89/106/EEC 附件Ⅲ第 2 节第Ⅱ条款，第二可能

体系 4，参考准则 89/106/EEC 附件Ⅲ第 2 节第Ⅱ条款，第三可能

a. 产品或材料有明确的需要达到防火等级要求（如有另加的阻燃剂或限定有机材料）

b. 产品或材料不包含注解内容

c. 产品或材料不需要进行防火试验（如阻燃基本要求 A1 级，根据欧盟决定 96/603/EC 不要求阻燃试验）

注：根据表 8，正常人造板等级的防火等级为 D。相应地被认为坚固耐久的人造板的 D 级人造板作为结构件应用时的体系真实度为 2，对非结构用途人造板的体系真实度为 4。

按照 6.3 款的要求，对产品性能的初始检验性能如表 1 至表 7 所示，企业工厂生产控制体系的操作按照条款 6.2 进行。

ZA.2.1 结构板材

对体系真实度 1 的产品，关于产品的初始检验（企业要求进行检验除非体系 3），用于检测任务的试验室用下列要求来评估：

——防火按照欧洲等级

对体系真实度 1 和 2[+] 的产品，在对工厂生产控制按照附录Ⅲ.1.7 和准则 89/106/EEC 进行连续监督检查时，以下各特性的检验结果需给发证机构汇报：

——防火按照欧洲等级

——强度（拉、压、弯剪，包括压剪）

——刚度（弹性模量——MOE）

——冲击阻力

——胶合强度（胶合质量/内胶合强度）

——吸水厚度膨胀

对体系真实度 1 和 2⁺ 的产品，在对工厂进行现场初始监督检查和工厂生产控制时，按照附录Ⅲ.1.g 和准则 89/106/EEC 进行时，相关特性的检验结果需给发证机构汇报。

ZA.2.2　非结构板材

对体系真实度 1 和 3 的产品，在对工厂参照附录Ⅲ.1.a 和准则 89/106/EEC 进行初始检验时，用于检测任务的试验室用下列要求来评估。

对体系真实度 1 的产品，在对工厂生产控制按照附录Ⅲ.1.g 和准则 89/106/EEC 进行连续监督检查时，以下特性的检验结果需给发证机构汇报。

——防火按照欧洲等级

对体系真实度 1 的产品，在对工厂进行现场初始监督检查和工厂生产控制时，按照附录Ⅲ.1.g 和准则 89/106/EEC 进行时，相关特性的检验结果需给发证机构汇报。

ZA.3　CE 标记

ZA.3.1　总则

生产企业或其在欧盟区域内建立的合法代表处需进行 CE 认证。CE 认证应根据欧盟准则 93/68/EC 进行。

CE 认证（标记）和随附的信息需贴附在产品上，写在标签上，印在包装上，或印在商业材料上。这些地方的顺序代表了参考的重要性程度等级。一旦有可能，CE 认证标记以及其信息需要贴附在产品上面，如果由于操作方面原因，或物理、技术、经济上的原因，应将 CE 认证标记贴附在下一个合适贴附的位置。

对于一些产品，CE 认证标记及相关信息不能同时贴在一处，可以分开贴附。例如，将尽量少的信息贴附在产品上面，将相关信息印刷在商业文件上。对于这种情况，在等级较低处的信息必须重复等级较高处的信息。

对于产品性能限度要求的产品不应采用"不限性能"方案，"不限性能"方案只对那些无规定使用性能要求的场合。

ZA.3.2　非结构件

对于人造板作为非结构件使用时的认证标记需包含表 ZA.2 加上表 13 技术等级和表 14 声明价值的相关信息。

表 ZA.2　人造板作为非结构件使用时的 CE 认证标记内容

CE
(a) 注明发证机构（仅对防火等级 A2^a, B^a 和 C^a 的产品）
(b) 制造者名称或/和（标记）商标
(c) 认证有效年份的后两位数
(d) 得到产品一致性编码（仅对防火等级 A2^a, B^a 和 C^a 的产品）

例如：MDF 的 CE 认证（容重 > 600kg/m³；厚度 > 9mm）非结构材在干燥条件下室内使用。

CE AnyCo. 02 EN 13986 MDF E1

或：

CE
企业名称
02
EN 13986
MDF
E1

该 CE 认证是"AnyCo."公司在 2002 年取得并贴附，根据表 9 随附该产品性能（根据 EN622-5）并根据附录 B 确定该产品等级为 E1 级。

更进一步，根据表 8 该产品满足欧盟标准等级 D 级的要求和 PCP 小于 5ppm 的要求。所以，PCP 含量不在 CE 标记中标出。

制造商可能添加除 CE 标记信息外且与 CE 认证无关的信息，这种方式所提供的这些信息将不贴 CE 标记。

ZA.3.3　结构件

对于人造板作为结构件使用时的认证标记需包含表 ZA.3 加上表 13 技术等级和表 14 声明价值的相关信息。

表 ZA.3　人造板作为结构件使用时的 CE 认证标记内容

CE
(a) 注明发证机构
(b) 制造者名称或/和（标记）商标
(c) 认证有效年份的后两位数
(d) 得到 CE 认证产品的一致性编码

例一：刨花板的 CE 认证，作为结构材在潮湿条件下使用，产品经过防火药剂处理。

CE XXX –CPD–YYY AnyCo. 02 EN 13986–P5 E1 Fire-C

或：

CE
XXX–CPD–YYY
企业名称
02
EN13986
P5
E1
防火 C 级

该 CE 认证是"AnyCo."公司在 2002 年取得并贴附，该公司在 XXX–CPD–YYY 认证机构的监督之下，这里 XXX 是认证机构的编号而 YYY 是该认证机构给予的此产品特殊编号，证实该产品可以作为结构材使用。

根据 EN 312-5 和表 A.4 随附该产品性能特性 P5 并根据附录 B 确定该产品等级为 E1 级。

更进一步，根据 EN 13501-1，该产品经过检验满足欧盟标准等级 C 级的要求，最后该产品的 PCP 小于 5ppm。所以，PCP 含量不在 CE 标记中标出。

制造商可能添加除 CE 标记信息外更多额外与 CE 认证无关的信息。

例二：胶合板的 CE 认证，作为结构材在室外使用。

CE XXX –CPD –YYY AnyCo. 02 EN 13986–BC3

或：

CE
企业名称
02
EN 13986
EN 636-3

该 CE 认证是"AnyCo."公司在 2002 年取得并贴附，该公司在 XXX–CPD–YYY 认证机构的监督之下，这里 XXX 是认证机构的编号而 YYY 是该认证机构给予的此产品特殊编号，证实该产品可以作为结构材使用。

根据 EN 636-3 和表 A.2 随附该胶合板产品的胶合性能为 BC3 级，作为室外使用，游离甲醛将不对其进行测定。

更进一步，根据表 8 该产品满足欧盟标准等级 D 级的要求，该产品的 PCP 小于 5ppm。所以，欧盟等级、游离甲醛和 PCP 含量不在 CE 标记中标出。

制造商可能添加除 CE 标记信息外且与 CE 认证无关的信息，这种方式所提供的这些信息将不贴 CE 标记。

ZA.3.4 人造板在室内作为结构地板、屋顶板和墙板使用

人造板在室内作为结构地板、屋顶板和墙板使用，认证标记的信息根据表 ZA.3 加上表 13（技术等级）和表 14（声明价值）。

例一：OSB/3 的 CE 认证（容重>600kg/m³；厚度>10mm）作为结构墙板在室内使用。

CE XXX –CPD –YYY AnyCo. 02 EN 13986–OSB/3 E1 "墙板"

或：

CE
XXX–CPD–YYY
企业名称
02
EN 13986
OSB/3
E1
墙板

该 CE 认证是"AnyCo."公司在 2002 年取得并贴附，该公司在 XXX–CPD–YYY 认证机构的监督之下，这里 XXX 是认证机构的编号而 YYY 是该认证机构给予的此产品特殊编号，证实该产品可以作为结构材使用。

根据 EN 300 和表 A.3 随附该定向刨花产品的等级为 OSB/3 级。根据附录 B，该产品游离甲醛等级达到 E1 级。

更进一步，根据表 8，该产品满足欧盟标准等级 D 级的防火要求，该产品的 PCP 小于 5ppm。所以，欧盟等级和 PCP 含量不在 CE 标记中标出。

最后，根据 EN 12871，明确标出该产品作为墙板使用。

例二：胶合板的 CE 认证 EN 636–2（容重>400kg/m³；厚度=18mm）作为结构地板在室内使用。

CE XXX–CPD–YYY AnyCo. 02 EN 13986–EN 636–2 E1"地板"

或：

CE XXX–CPD–YYY AnyCo. 02 EN 13986–OSB/3 E1"地板–A–600mm"

或：

CE XXX–CPD–YYY
企业名称 02
EN 13986 EN 636–2 E1
地板

CE XXX–CPD–YYY
企业名称 02
EN 13986 OSB/3 E1
跨距 A = 600 mm 的地板

该 CE 认证是"AnyCo."公司在 2002 年取得并贴附，该公司在 XXX–CPD–YYY 认证机构的监督之下，这里 XXX 是认证机构的编号而 YYY 是该认证机构给予的此产品特殊编号，证实该产品可以作为结构材使用。

根据 EN 636–2 等级该产品随附相应产品性能。根据附录 B，该产品游离甲醛等级达到 E1 级。

更进一步，根据表 8，该产品满足欧盟标准等级 D 级的防火要求，该产品的 PCP 小于 5ppm。所以，欧盟等级和 PCP 含量不在 CE 标记中标出。

最后，根据 EN 12871，明确标出该产品作为地板使用，跨距为 600mm 中间集中承载能力 A。

制造商可能添加除 CE 标记信息外且与 CE 认证无关的信息，这种方式所提供的这些信息将不贴 CE 标记。

ZA.4 证书和一致性声明

加工企业或其产品代理商（在欧盟区域内），应准备并保持声明其产品的一致性，必须贴附 CE 认证标记。声明应包含以下内容：

——工厂的名称和地址，或其在欧盟内合法代表处和生产工厂地址

——产品概述（型号、特性和用途），该信息随附于 CE 标记

——满足哪种产品的规定（如该标准的附录 ZA）

——该产品的特定应用条件（如果必要）

——工厂生产控制证书号码（仅对一致性真实度 2⁺的产品）

——认证机构的名称和地址（或编号）（仅对一致性真实度 2⁺和 3 的产品）

——代表企业或代表处签署质量声明人的名字和职务

对于体系 1 证书产品的特性（防火或相关性能），其产品的一致性声明除上述内容外，还需包含以下信息：

——认证机构的名称和地址

——证书号码

——证书贴附的条件和有效期

——合法发证人的名字和称谓

证书和声明需翻译成产品使用国的官方语言。

5. 欧洲对木制品中甲醛释放量的检测方法简介

EN 120 甲醛穿孔萃取法（适用于未饰面的刨花板、定向刨花板、中纤板，同 GB 18580 中规定的方法一致）。

EN 717-1 气候箱法（适用于所有类型的木制品），且适用于奥地利法规 BGB Ⅰ 1990/194 要求：Formal dehydverordnung，§2 以及德国法规 Chemikalien Verbotsverordnung，每项法规的要求均为 0.1ppm。

EN 717-2 气体分析法（适用于未饰面的胶合板、实木板和已表面处理或饰面的刨花板、定向刨花板、中纤板、胶合板等）。

EN 717-3 烧瓶法（用于儿童用或玩具类木制品中甲醛检测），适用于无涂层人造板，符合 CR 1338 "儿童使用和儿童保护用品———一般常见安全指南" 的要求，此要求规定了除与食品接触产品外的儿童使用和儿童保护产品甲醛限量为 80mg/kg。

表 4–13 方法 EN 717 之 1–3 部分的概述

标准	品种	甲醛释放量测试方法	选用范围
EN 717–1		气候箱	采用气候箱法，模拟日常居住空间的环境
EN 717–2	人造板	气体分析	采用甲醛释放快速检测方法
EN 717–3		烧瓶	用于无涂层人造板

表 4–14 EN 13986 中 E1 级和 E2 级人造板的限值要求

级别	方法	品种	限量
E_1	EN 717–1	人造板–刨花板、中密度纤维板（MDF）、夹板、实木板、纤维板、胶合板	$\leq 0.124 \text{mg/m}^3$
	EN 717–2		$\leq 3.5 \text{mg/m}^2\text{h}$
E_2	EN 717–1		$> 0.124 \text{mg/m}^3$
	EN 717–2		$> 3.5 \text{mg/m}^2\text{h}$ 到 $\leq 8 \text{mg/m}^2\text{h}$
E_1	EN 120	刨花板 定向刨花板 中纤板 MDF	$\leq 8 \text{mg}/100\text{mg}$ 烘干板
E_2			$> 8 \text{mg}/100\text{mg}$ 到 $\leq 30 \text{mg}/100\text{mg}$ 烘干板

四、木材防腐剂五氯苯酚的限制指令

欧盟对木材防腐剂五氯苯酚的限制指令包括 89/106/EC、91/173/EEC、1999/51/EC 等。这几个指令规定，用五氯苯酚防腐剂处理的木材不能用于：建筑室内使用于装饰或其他目的（居住、使用、休闲）；制造有更多用途和任何可回收使用的容器，以及制造任何可回收的食品包装和材料，这些食品包装和材料可能接触或污染与人类或动物的食品接触的原材料、媒介物和制成品或家具。

（一）91/173/EEC（摘要）

91/173/EEC 指令是 76/769/EEC《关于限制销售和使用危险物质》的第 9 次修订。

条款 1：下述各点加入 76/769/EEC 的附录 I。

23. 五氯苯酚（PCP）及其化合物的浓度不能超过重量比的 0.1%。

不适用的例外是：这些材料准备用于工业安装，用现有其他法规的限量指标时不适用。

a）木材的处理。处理过的木材不能用于：建筑室内使用于装饰或其他目的（居住、使用、休闲）；制造有更多用途和任何可回收使用的容器，和制造任何可回收的食品包装和材料，这些食品包装和材料可能接触或污染与人类或动物的食品接触的原材料、媒介物和制成品。

b）用于灌入纤维和高强度纺织品，它们不被用于任何衣物或装饰性家具。

c）作为在工业加工里合成和（或）加工媒介。

d）通过特别的例外情况，成员国应在基于每个案例的基础上，为了文化、艺术、历史的利益或在紧急情况下，授权特定专业机构处于法定地位执行法规，对木材和被真菌腐蚀的石材进行处理。这种例外情况应在修订本法规后，本着知识和技术发展的思维在 3 年内重新验证。

无论何时：

a）PCP 单独或作为试剂在上述例外情况的框架内使用时，必须是总的 H_6CDD 成分低于 4ppm；

b）这些物质和试剂不应：在市场销售，除非用 20 升及以上的包装；卖给普通顾客，在不违反其他欧盟法规的补充条款所涉及的对这些危险物质和试剂的分类、包装和标识的情况下，这些试剂的包装应有清楚和不可擦涂的标识："工业和专业用途。"另外，本法规不应用于 75/442/EEC 和 78/319/EEC 包含的废弃物。

条款 2：

a. 成员国应于 1991 年 12 月 31 日前将采纳本法规的本国法律通告委员会。

b. 成员国应于 1992 年 7 月 1 日前将相应法规生效。他们应如条款 3 所述通知委员会。

（二）1999/51/EC 指令（有机锡化合物、五氯酚、镉限制指令）

该指令明确限制了木材杀菌防霉剂中的有机锡化合物的限量：TBT≤0.5ppm；1999/51/EC 和 91/338/EC 指令中规定涂料中重金属镉：Cd≤0.01%。

欧盟指令 1999/51/EC
1999 年 5 月 26 日

为适应技术进步对欧共体 76/769/EEC 指令附录 I 的第五次修改，与成员国相关的限制具有一定危险性的物质和制品销售及使用的法律、法规、管理规定相似。

（锡、五氯酚、镉）

欧盟委员会，

注意到欧共体条约，

注意到 1976 年 7 月 27 日通过的 76/769/EEC 指令与成员国相关的限制具有一定危险性的物质和制品销售及使用的法律、法规、管理规定的相似性，及最近刚刚经过欧洲议会修正的 97/64/EC 指令，以及 89/678/EEC 指令 2a 条款。

（1）鉴于在增加奥地利、芬兰、瑞典加入欧盟的法令框架下（分别是第 69 条款、84 条款、112 条款），可以预见自 1995 年 1 月 1 日起的四年间，76/769/EEC 指令附录 I 不适用于奥地利、瑞典和芬兰，应评论欧共体条约放弃程序的一致性。

（2）鉴于一些有机锡化合物，特别是三丁基锡（TBT），用作防污剂时对水环境及人体健康产生风险，包括可能的内分泌紊乱；鉴于国际海运组织（IMO）已经认识到 TBT 所带来的风险，国际海运组织海洋水环境保护委员会号召于 2003 年 1 月 1 日起全球禁用有机化合物作为船用防污体系的生物灭杀剂；鉴于有关 TBT 的规定在国际海运组织内在考虑到发展的情况下进行评议；鉴于防污产品控制 TBT 释放的进展及低释放产品可替代自由缔合涂料。

（3）鉴于内陆水域及波罗的海对环境的敏感性；鉴于欧盟内陆水域使用 TBT 应被禁止；鉴于作为折中的办法，奥地利、瑞典在这些敏感环境中使用 TBT 时采用更严格的规定。

（4）鉴于尽管 76/769/EEC 指令作了限制，五氯酚（PCP）仍可引起对健康及环境的风险；鉴于 PCP 的使用应作进一步的限制；鉴于出于技术考虑在海运成员国内 PCP 的某些使用仍是必需的。

（5）鉴于 1988 年 1 月 25 日委员会决议号召与镉对环境污染作斗争的总体战略，包括限制镉的使用及鼓励开发替代品的措施；鉴于镉引起的风险正在依据委员会规则（EEC）No.793/93 进行评估，委员会将根据结果对限制进行评议；鉴于作为一种折中办法，瑞典和奥地利将在偏离限制较远的情况下保留使用。

（6）鉴于毒性、生态毒性及环境科学委员会发表关于有机化合物及 PCP 的观点。

（7）鉴于本指令对关于保护工人的最低要求的欧共体指令 89/391/EEC 以及关于保护工人的健康与安全免于化学物质毒害的欧共体指令 90/394/EEC 和欧盟指令 98/24/EC 并无影响。

（8）鉴于本指令的尺度与欧盟委员会关于适应技术进步，消除危险品引起的技术贸易壁垒的意见相一致。

本指令中已经采用的：

条款 1：76/769/EEC 指令的附录 I 作了相应的修改后作为本指令的附件。

条款 2：成员国至少在 2000 年 2 月 29 日前采用并公布遵守该指令的必要性。成员国随后应立即通知欧盟委员会。成员国应自 2000 年 9 月 1 日起实施本指令。但是奥地利、芬兰、瑞典可自 1999 年 1 月 1 日起实施，附录中另有规定的除外。

当成员国接受该指令时，在公布该指令时应在其官方出版物上附上该指令的参考文件。参考文件的程序应被成员国采用。

条款 3：指令在欧盟委员会官方杂志上出版 20 天后自动生效。

条款 4：本指令送达各成员国。

委员会成员：Matin BANGEMANN

1999 年 5 月 26 日于布鲁塞尔完成。

附　录

76/769/EEC 中附录 I 的第 21 条、第 23 条、第 24 条作如下修改：

一、第 21 条由下列内容取代：

21. 有机锡化合物

（1）当用于自由缔合防污涂料或其组分作为生物灭杀剂时，不可进入市场。

（2）不可在如下物品上用作防止微生物、植物、动物产生污垢的生物灭杀剂的物质或其组分：

（a）船体：

——依据 ISO8666 规定，总长小于 25m 的船只；

——主要用于内陆水域或湖泊的不管何种长度的船舶；

（b）笼、浮舟、网或其他任何用于鱼类或贝壳类动物作业的器具或设施；

（c）任何全部或部分没入水中的器具或设施。

此种物质或制品：

——只可以大于或等于 20L 的包装进入市场；

——除专业用户外，不可售与普通大众。

为不损害欧盟关于危险物质和制品的分类、包装、标签的规定，此类制品的包装应作如下的清晰不易磨损的标记：

"不可用于总长小于 25m 的船只，或主要用于内陆水域或湖泊的不管何种长度的船舶，或任何用于鱼类或贝壳类动物作业的器具或设施只限专业用户。"

（3）（2）（a）条款及条款（2）中关于特别标示的规定自 2003 年 1 月 1 日适用于瑞典和奥地利，此前成员国将对此进行评议。

（4）不可用作用于工业水处理的物质或其组分。

二、第 23 条由下列内容取代：

23. 五氯苯酚（CAS No. 87–86–5）及其盐类、酯类物质或制品中质量百分浓度大于或等于 0.1%时不可进入市场。

为减少损失，在 2008 年 12 月 31 日前，法国、爱尔兰、葡萄牙、西班牙、英国将选择不实施关于用于工业安装的释放或放出五氯苯酚的量超过现有立法规定的物质和制品的规定。

（a）在木材处理中。

经过处理的木材不可用于：

——在建筑物内，不管是装饰用途还是其他任何用途（居住、租用、休闲）；

——下列用途的加工、利用及再生：

（Ⅰ）用于生长的容器；

（Ⅱ）可能与人或动物所消费的原材料、媒介物、制成品接触的包装；

（Ⅲ）可能污染上述（Ⅰ）和（Ⅱ）提及产品的其他材料。

（b）浸入纤维或纺织品后任何情况下不可用于服装或装饰用品。

（c）对特殊的例外，成员国可以在针对个案的基础上，诸如对文化、艺术、历史价值的建筑，授权在其领土上，由专业的专家对被腐败菌和真菌感染的木材采取补救措施。

在任何情况下：

（a）五氯苯酚单独或作为制品的组分使用时，在上述例外的框架下，总的 HCDD 含量必须不超过 2ppm。

（b）此类物质或制品不可：

——进入市场，除大于或等于 20L 的包装之外；

——售与普通大众。

为不损害执行欧盟关于危险物质和制品的分类、包装、标签的规定，此类制品的包装应作如下的清晰不易磨损的标记："保留工业及专业用途。"

另外，本规定不适用于 75/442/EEC 和 91/689/EEC 指令所覆盖的内容。

三、下列部分添加在 24 条款（镉）第三部分以后：（略）

四、奥地利、瑞典已实施比第一、二、三部分更严格的对镉的限制，它们应继续实施至 2002 年 12 月 31 日。在此之前，委员会将依据对镉的风险评估的结果，有关镉的替代品的技术和知识的进步，评议 76/769/EEC 指令的附录 I 关于镉的有关规定。

（三）欧盟限制指令中的木材防腐剂五氯苯酚检测方法

1. 参考方法之一：BS EN 5666.6（详见检测方法一章）

2. 参考方法之二：CEN/TR 14823：2003（详见检测方法一章）

五、木材防腐剂杂酚油限制指令

（一）木材防腐剂杂酚油限制指令 76/769/EEC、2001/90/EC

该指令中明确规定了木材防腐剂杂酚油在工业用途（如枕木、电线杆等）中的有害物质限量：

a) α 苯并芘质量百分浓度低于 0.005%；

b) 水溶性酚质量百分浓度低于 3%。

同时规定，用防腐剂杂酚油处理过的木材不可用于下列用途：

——室内，不管何种用途；

——玩具；

——操场上；

——存在皮肤频繁接触风险的公园、花园、户外娱乐休闲设施；

——在加工花园设施如野餐桌等；包装材料上等。

欧盟指令 2001/90/EC

2001 年 10 月 26 日

为适应技术进步对欧共体 76/769/EEC 指令附录 I 的第七次修改，与成员国相关的限制具有一定危险性的物质和制品销售及使用的法律、法规、管理规定[1] 相似。

（杂酚油）

欧盟委员会，

注意到欧共体条约，

注意到 1976 年 7 月 27 日通过的 76/769/EEC 指令与成员国相关的限制具有一定危险性的物质和制品销售及使用的法律、法规、管理规定的相似性，及最近刚刚经过欧洲议会修正的 2001/41/EC 指令，以及 89/678/EEC 指令 2（a）条款。

鉴于：

（1）欧洲议会 90/60/EC 指令和欧共体委员会于 1994 年 12 月 20 日对 76/769/EEC 指令的第十四次修订，与成员国相关的限制具有一定危险的物质和制品销售及使用的法律、法规、管理规定的相似，对销售和使用杂酚油作了一定的限制。

（2）最近的研究表明，杂酚油具有比先前所认识的更大的潜在致癌危险。

（3）风险分析参考了欧盟毒性、生态污染和环境科学委员会（CSTEE）建立的相似评估。CSTEE 认为研究经过很好的计划，有科学的证据证明杂酚油中低于 0.005%（质量百分比）的 α 苯并芘或含有此种杂酚油的木材对消费者具有致癌风险，风险程度给出了关注的充分理由。

（4）对销售和使用杂酚油的进一步限制的优点和缺点的分析表明含有低于 0.005%（质量百分比）的 α 苯并芘的工业用杂酚油的重要性，以及此种工业用途的杂酚油和/或含有此种杂酚油的木材的健康风险似乎较低。

（5）欧洲议会 98/8/EC 指令及欧盟理事会 1998 年 2 月 16 日关于替代市场上的毁灭生命产品将在欧盟层次协调生物灭杀剂的认可。2000 年 9 月 12 日通过的欧盟法规（EC）No. 1896/2000 依据欧洲议会及欧盟理事会关于毁灭生命产品的 98/8/EC 指令的第 16（2）条款的程序的第一阶段要求在依据 98/8/EC 指令进行重新评估阶段对木材防腐剂进行优先评估。依据 98/8/EC 指令，尚未确定的关于杂酚油限制的协调规则应适应技术进步的要求。

（6）本指令对于 1989 年 6 月 12 日通过的欧共体指令 89/391/EEC 关于鼓励促进工人在工作时的安全和健康状况以及保护工人和个体的最低要求的方法并无损害，特别依据 1990 年 6 月 28 日通过的 90/394/EEC 指令第 16（1）条款关于保护工人免于暴露在致癌物前的危险，以及 1998 年 4 月 7 日通过的 98/24/EC 指令关于保护工人的健康与安全免于化学物质毒害。

（7）本指令的尺度与欧盟委员会关于适应技术进步，消除危险品引起的技术贸易壁垒的意见相一致。

指令中已经采用的：

条款 1：76/769/EEC 指令的附录 I 作了相应的修改后作为本指令的附件。

条款 2：（1）成员国至少在 2002 年 12 月 31 日前采用并公布遵守该指令的必要性。成员国随后应立即通知欧盟委员会。成员国最迟于 2003 年 6 月 30 日前实施本指令。

（2）当成员国接受该指令时，在公布该指令时应在其官方出版物上附上该指令的参考文件。成员国应决定这些参考文件的组成。

条款 3：指令在欧盟委员会官方杂志上出版当日自动生效。

条款4：本指令送达各成员国。

委员会成员：ERKKI LIIKANEN

2001 年 10 月 26 日于布鲁塞尔完成。

附　录
76/769/EEC 中附录 I

32. 物质或包含下列一种或数种物质：	1. 不可用于木材处理。此外，经过此种处理的木材也不可进入市场。
（a）杂酚油 　　EINECS No. 232–287–5 　　CAS No. 8001–58–9	2. 但有如下例外： （Ⅰ）涉及物质及制品：用于工业安装或依据欧盟关于保护工人的立法进行专业的掩蔽处理，可对木材进行此种处理，但必须满足如下要求：
（b）杂酚油 　　EINECS No. 263–047–8 　　CAS No. 61789–28–4	（a）α 苯并芘质量百分浓度低于 0.005%； （b）水溶性酚质量百分浓度低于 3%。
（c）馏出液（煤焦油），萘油 　　EINECS No. 283–484–8 　　CAS No. 84650–04–4	（Ⅱ）　涉及的经过处理的木材用于工业安装或依据 （Ⅰ）进行专业处理后首先或经过再生后进入市场，只可用于专业的和工业用途，例如铁路、电力输送、通信以及用作栅栏、农业用途（例如用于支撑树的树桩）及港口和水道。
（d）杂酚油，范片断 　　EINECS No. 292–605–3 　　CAS No. 90640–84–9	
（e）馏出液（煤焦油），上部的 　　EINECS No. 266–026–1 　　CAS No. 65996–91–0	（Ⅲ）　涉及本指令实施前经过第 32（a）～（i）条款所列物质处理过的木材：第 1 条关于进入市场的禁令不适用于在二手市场上的再生使用。
（f）蒽油 　　EINECS No. 292–602–7 　　CAS No. 90640–80–5	3. 但是符合第 2（Ⅱ）～（Ⅲ）条款的经过处理的木材不可用于下列用途：
（g）焦油酸，煤，天然物质 　　EINECS No. 266–019–3 　　CAS No. 65996–85–2	——室内，不管何种用途； ——玩具； ——操场上； ——存在皮肤频繁接触风险的公园、花园、户外娱乐休闲设施；
（h）杂酚油，木材 　　EINECS No. 232–419–1 　　CAS No. 8021–39–4	——在加工花园设施如野餐桌等； ——下列用途的加工、利用及再生： 　　——用于生长的容器；
（i）低温焦油，碱性的 　　EINECS No. 310–191–5 　　CAS No. 122384–78–5	——可能与人或动物所消费的原材料、媒介物、制成品接触的包装； 　　——可能污染上述提及产品的其他材料。

（二）木材防腐剂杂酚油检测方法 BS EN 1014-3、BS EN 1014-4

（详见检测方法一章）

六、木材防腐剂砷限制指令

（一）欧盟禁砷指令 2003/2/EC

经常与无机砷接触，可能危害人的健康。欧盟毒性、生态污染和环境科学委员会（CSTEE）的风险评估认为，使用含有铜、铬、砷等木材防腐剂处理的木材对人身健康存在威胁；在运动场所使用铬化砷酸铜（CCA）处理的木材对儿童健康存在威胁；使用 CCA 处理的木材对特定海域的水环境也存在风险，并将使用 CCA 处理的木材废料归类为危险性废料。CSTEE 认为，砷不仅具有遗传性，还是一种致癌物质，并且可以认为致癌物质的影响是没有界限的。为此，欧盟指令 2000/532/EC 将铬化砷酸铜（CCA）处理的木材废料被归类为危险性废料。2003 年 1 月 6 日，欧盟委员会通过了 2003/2/EC 指令，严格限制经过砷防腐处理的木材进入市场，这项指令于 2004 年 6 月 30 日起生效。规定要求所有防腐处理过的木材、木制品在投放市场前，需加贴标签"内含有砷，仅作为专业或工业用途"。另外，包装上也应该加贴标签"在搬运这些木料时，请戴上手套；在切削这些木料时，请戴上口罩并保护眼睛，这些木材的废料应作为危险性废料，经过授权后进行适当处理"。而且禁止在以下方面的使用：无论何种用途的家用木制品；任何可能存在皮肤接触风险的设备；农业上用于牲畜的围栏；在海水中；可能接触到人畜使用的木制品或其半成品；不可用于任何用途的工业用水处理。

欧盟委员会的 2003/02/EC 指令（2003 年 1 月 6 日）

（第 10 次修订指令 76/769/EEC，关于限制市场应用砒霜）

主要内容

2003/02/EC 指令主要修订内容限制市场上应用砒霜（第 10 次修订委员会指令 76/769/EEC）。关于木材中使用砒霜和进一步加严砒霜作为一些木材的防腐剂的优缺点的风险评估已完成。风险评估主要依据有毒有害的环境科学委员会（CSTEE）和审查。CSTEE 认为主要的风险已被确认是正确的。这些风险包括经含有铜、铬和砷的防腐材料对木材的防腐处理对人体的健康有害，特别对儿童由于使用处理的木地板造成的危害。对某些水质环境的风险也已证实。CSTEE 进一步建议该物质易致癌。砷已被证实在一定的时间可释放出一种活性物质（根据欧共体的条例 1896/2000 可知）。

成员国应该在不迟于 2003 年 6 月 30 日采用和出版适用于该指令的法律、规定和管理规章，并应立刻通知委员会。它们从 2004 年 6 月 30 日执行这些规定。

附录

指令 76/769/EE 附录 I 第 20 条被下列条款所替代：

砷化合物

1. 不使用这些物质和用做别物质的成分：

a) 防止微生物、植物或动物的腐烂：

——船体的腐烂

——矿井的罐笼、漂浮物、网和其他应用或装置的对鱼类的应用

——任何全部或部分淹没在水中的装置：

b) 用于木材的防腐，这样处理的木材不应投放市场：

i) 与木材的防腐相关的物质：含有铜、铬和砷类的无机化合物的溶液经抽真空或高压的方法处理木材。这种处理的木材在防腐剂不完全挥发前不应进入市场。

ii) 根据（i）木材经工业罐装将 CCA 溶液处理相关的木材：这种木材可以应用特殊的和工业用途，但须保护人类或牲畜的安全及在公共场所不被人们的皮肤接触。

——作为公共和农业的建筑物，办公大楼，工业用；

——桥梁和桥梁工程；

——在淡水区和咸水区如码头和桥梁；

——作为噪声的屏障；

——作为控制雪崩的结构；

——作为高速公路的安全围栏；

——作为牲畜的围栏；

——作为地面的结构；

——作为电信和电力传输的杆；

——作为地铁的枕木。

所有经过砷处理的木材投入市场前应标注："仅用于专业和工业用，含有砷霜。"除此，所有在市场上的木材包装也要标注："当对这些木材进行处理时，戴上手套；锯或雕刻这些木材时，戴上口罩和眼罩；这些木材的废料应该由有资质的机构作为危险品处理。"

iii)（i）和（ii）所说的处理木材不能被用做：

——无论处于何种目的，作为居家的结构材料；

——在任何存在皮肤反复接触的风险的地方；

——在海水里；

——根据（ii），出于农业的目的而不是牲畜的围栏；

——对任何经处理的木材的应用，可能立刻接触或打算作为人类和（或）动物的

产品。

2. 不管是作为何种用途，该物质或作为别的物质成分。

（二）禁砷指令中无机砷的检测方法 BS 5666-3

BS 5666-3:1991

木材防腐剂和经防腐处理的木材

第 3 部分：含铜、铬、砷配方的防腐剂和经防腐处理的木材的定量分析（详见检测方法一章）

七、挥发性有机物限制指令 1999/13/EC（摘要）

欧共体理事会指令 1999/13/EC

1999 年 3 月 11 日

关于对某些活动和设备中使用的有机溶剂释放挥发性有机物的限制

（略）

附件 I
范围

本附件包括第 1 条提及活动的种类。当在高于附件 ⅡA 所列标准运营，本附件提及的活动在本指令范围内。任何情况下活动包括对设备的清洁但不包括对产品的清洁，除非另有规定。

胶粘剂涂层

——任何在表面使用胶粘剂的活动，除了与印刷活动有关的胶粘剂涂层和压膜活动。

涂层活动

——任何连续的薄层涂层制剂进行单面或多面应用；

——木制表面；

——皮革。

卷涂层

——任何对卷曲钢、不锈钢、涂层钢、铜皮包的合金或铝带涂以薄层制剂的连续过程。

干洗

——任何将 VOCS 用于某设备以清洁外套、地毯和类似消费物的工业或商业活动，不包括纺织和制农业中手工去除污物的活动。

鞋类制造

——任何生产完整鞋类或其部分的活动。

涂层制剂、清漆、油墨和胶粘剂的生产。

药品生产

——化学合成、发酵、提取、制造和完成药品生产及同样的地点生产中间产物。

印刷

橡胶工艺

——任何为将自然或合成橡胶转化到终端产品中而进行混合、磨碎、熔合、研光、压形和硫化及其辅助的操作。

表面清洁

——除了包括去油污在内使用有机溶剂去除表面污物的活动外的其他任何清洁活动。

植物油和动物脂肪提取和植物油的提纯。

运输工具修整

线圈涂层

——任何对变压器或发动机线圈中的金属导线进行涂层的活动。

木材灌注

——任何在木材中添加防腐剂的活动。

木材和塑料压层

——任何黏附木材和塑料以生产压层制品的活动。

八、欧盟 REARC 法规对木制品家具的影响

欧盟于 2007 年 6 月起实施《关于化学品注册、评估、授权和限制制度》（REARC 法规），家具制造业作为化工产品的下游产业，也同样受到严重影响，尤其是家具中采用的油漆涂料等大量化学品。欧美大部分家具企业，如著名的瑞典宜家已经全面普及水性漆，而国内大部分家具企业还在使用不环保的油性漆，这将严重制约家具产品的出口，水性木器漆的推广和应用刻不容缓。

1. 什么是 REARC 法规

REARC 法规是欧洲议会和欧盟理事会第 1907/2006（EC）号关于化学品注册、评估、授权和限制的一个法规。

2. REARC 的含义

REARC 是英文 Registration, Evaluation and Authorization and Restriction of Chemicals 的缩写。其中，Registration 注册，Evaluation 评估，Authorization 授权，Restriction 限制，Chemicals 化学品。

3. REARC 实施时间表

2007 年 6 月 1 日，REARC 生效，欧洲化学品管理局建立并投入工作；

2008 年 6 月 1 日~2008 年 12 月 1 日，预注册；

2010 年 12 月 1 日前，出口量大于 1000 吨/年的产品注册完毕；

2013 年 6 月 1 日前，出口量在 100~1000 吨/年的产品注册完毕；

2018 年 6 月 1 日前，出口量在 1~100 吨/年的产品注册完毕。

4. 免予注册的物质

（1）年产量或进口量在 1 吨以下的化学物质，或配制品、物品中所含的化学物质均可豁免。

（2）现行普遍认为低风险而无须注册的物质，如水、空气、氢气、氧气、氮气、惰性气体或纸浆等。

（3）未经化学改性处理的自然存在的物质，如矿物质、矿石、精矿、水泥熟料、天然气、液化石油气、原油、煤等。

（4）在海关监管下临时存放在保税区或保税仓库的用于再进口或过境目的的物质不在本法规管理范围内；通过铁路、公路、内河航运、海运或空运的危险物质和危险配制品也不在本法规管理范围内，因为危险品运输有专门的规定。

（5）废物。

（6）由其他行为者再进口与自欧盟出口的已注册的同一物质，可不再注册，但需要提供是同一物质的依据和证明。再进口者被视为下游用户。

（7）欧盟成员国可以在特殊情况下提出因国防需要的物质豁免注册。

（8）聚合物在尚未建立起实用、省钱的鉴别危害性的科学技术基准之前，可全部豁免。

（9）对下游用户以产品和工艺为导向的研究与开发而使用的物质也可被豁免注册，豁免期限至多 5 年。

（10）现场分离中间体和运输中的分离体。

（11）欧盟理事会 96/29/EEC 指定中规定的放射性物质。

（12）人用或兽用医药产品。

（13）化妆品。

（14）消费用食品中的食品添加剂，包括调味料、饲料添加剂、动物营养剂等。

（15）与人体有直接接触的医疗器械。

5. 企业应对方式

按照 REARC 法规的规定，只有以下 3 类主体才具有注册资格：欧盟境内的生产商、欧盟境内的进口商、非欧盟生产商或出口商指定的欧盟境内的唯一代理。由于我们是国内企业，无注册权利，我们可以采取以下几种应对方式：

（1）对年出口量较小的产品，可设法与欧盟境内多家进口公司进行贸易，使每一家进口公司进口该产品的数量在一年内不超过一吨，从而满足豁免条件。

（2）在欧盟境内设立具有法人资格的分支机构或子公司。

（3）由贸易对方（欧盟境内的进口方）负责注册。

（4）委托第三方唯一代理申请注册。

（5）经由第三国已登记的合格企业出口。

九、欧盟生态家具要求

在木制品、家具生产过程中，必须使用油漆、涂料、胶粘剂、防腐剂等化学用品，这些配套辅助材料都不同程度地含有甲醛、甲苯、苯酚、重金属等有毒有害物质，处理不好将引起消费者身体不适，造成环境污染，欧盟对木制品、家具的生产都有关于自然资源与能源节省情况、废气（液、固体）排放情况及废物和噪声排放情况的严格规定。因此，要积极倡导绿色概念，尽量少用或不用含有害物质的材料，保障人民身体健康，注重环保安全。

（一）生态标签

近年来，欧盟出台了一系列的环保性政策法规，通过"绿色壁垒"来抬高产品进入欧盟市场的门槛。欧盟对于每一种产品都规定了相应的环保性能标准。这些标准主要是关于自然资源与能源节省情况、废气（液、固体）排放情况及废物和噪声排放情况。如果产品获得生态标签，则企业可以不用担心产品被欧盟的环保性法规阻于欧盟大门之外。

生态标签是欧盟规定的一种自愿性产品标志，为鼓励在欧洲地区生产及消费"绿色产品"，欧盟于1992年出台了生态标签体系。因该标签呈一朵绿色小花图样，获得生态标签的产品也常被称为"贴花产品"。近年来，欧盟出台了一系列的环保性政策法规，通过"绿色壁垒"来抬高产品进入欧盟市场的门槛。现已公布有生态纺织品、生态鞋等，生态家具待批准。

与其他生态要求一样，欧盟对生态家具的限制物质包括:

①禁用偶氮染料 Azo Dyes are widely used dyes with outstanding fastnesses. 22 aryl amines (build up from azo dyes) are banned in the EC because they are classified as human carcinogenic. Chlorinated phenols are used for preservatives for different materials, like textiles，wood，dyes etc. They are hazardous to humans and the environment.

②五氯苯酚 Pentachlorophenol (PCP) is also regulated in several countries.

③甲醛 Formaldehyde.

④阻燃剂 Flame retardants are used in textiles and other products to reduce their flammability; some of these substances are harmful to health and also restricted.

⑤有机锡化合物 Organic tin compounds are commonly used as plastic stabilisers, catalytic agents, industrial biocides, and anti-fouling paints. Organic tin compounds are very toxic to marine and freshwater organisms and on focus in the media.

⑥其他杀虫剂 Other pesticides, 分散染料 disperse dyes。

⑦pH 值。

⑧重金属含量 Heavy metal content, chlorinated carrier and others.

（二）拟实施的生态家具标准

Allowed in the final ecolabelled furniture according to the criteria 7.b.

Appendix 1 Limit values of elements and substances

Elements and compounds	Limit values* (mg/kg dry panel)	Test method
Arsenic 砷	2	A wet destruction via H_2SO_4 or HNO_3 or H_2O_2. The determination is carried out via Atomic Absorption Sprectrometry (AAS).
Cadmium 镉	25	Destruction via incineration. Thereafter dissolve the ash in HNO_3. Determination: Flame Atomic Absorption Spectromety (FAAS) or via Electro Thermal Atomic Absorption Spectrometry (ETAAS), depending on the concentration in the extract. For Mercury ETAAS is used.
Chromium 铬	25	
Copper 铜	20	
Lead 铅	30	
Mercury 汞	0.4	
Fluorine 氟利昂	100	
Chlorine 含氯化合物	600	European Standard EN 24260 (Wickbold combustion method).
Pentachlorophenol (PCP) 五氯苯酚	5	Prepare sample and standard solutions. Determination: gas liquid chromatography (GLC).
Creosote Benzo (a) pyrene 杂酚油	0.5	Sampling: EN 1014-2. Use hexane instead of toluene as a reagent. For determination, use the European Standard EN 1014-3. High performance ligquid chromatography (HPLC) is used.

* The natural ambient content, the chromium in stainless steel materials, the recycled material used in each constituting material, and materials exempt according to the criteria 1.2.a/b/c are excluded from calculations.

（三）欧盟生态家具标准要求的主要内容

这个标准，不仅对家具原材料中可能出现的对环境有害的化学成分加以限制，同时对保护森林生态资源也提出了初步要求。其主要内容包括：

1. 木材

木材本身对环境没有任何负面影响，但加工过程中可能采用灭菌防腐处理，防腐剂残留对人和动物引起伤害、环境污染，灭菌剂用后能放出有害气体。用干燥法也能避免细菌侵蚀。标准规定，生态标志产品不许使用经防腐灭菌剂处理过的木制材料。来源于可持续森林管理，木纤维可再利用。

2. 人造板

现在用薄木或塑料、金属等片材贴面或不贴面的人造板在家具材料中占有的比重日益增加。北欧建筑纤维板和人造板的环境标志标准，也被北欧生态标志计划所接受，该标准对甲醛释放量做了规划，为欧洲标准中 E1 标准的 50%。来源于可持续森林管理，木纤维可再利用。

3. 塑料

塑料在家具中常以构件的形式出现，如抽屉、拉手、铰链等。使用最多的是尼龙和 ABS 塑料，PVC 也用。塑料对环境的影响主要是由它的添加剂决定的。其添加剂包括一系列的稳定剂、软化剂、颜料和防火剂。标准禁止使用以下三类化学品为基础的添加剂：镉、铬、铅或汞等重金属或它们的化合物；阻燃剂不大于 0.1%，氯化/卤化烷烃，或溴化二苯醚等有机物；具有甲基、乙基、丙基、辛基等烷基族的酞。重金属和上述卤化有机物被归类为有害物，或推断为有害物，它们可溶解于脂肪，被带入食物链，并存储于脂肪组织中。

4. 金属材料

钢和铝常用来生产铰链、滑道和其他构件。其表面处理有电镀或涂饰两种方法。电镀可导致镉、铬、镍或锌的化合物，它们以排放入水的形式造成较大的环境危害。脱脂等工艺可能使用有毒的氯化有机溶剂。当前，金属涂饰的无溶剂工艺或水性涂料使用日益增多，它们对环境少有危害。标准规定金属加工和表面处理不许使用卤化有机溶剂；除了如螺钉、铰链、饰件等小部件外，金属不应使用镉、铬、镍和它们的化合物进行电镀；金属涂料不应含有以铅、铬、镉、汞和它们的化合物为基础的颜料和添加剂；涂料中的有机溶剂量不能超过 5%。

5. 玻璃

玻璃本身对环境没有危害，但铅装玻璃在标准中是禁止使用的。铅装玻璃是指玻璃嵌入铅制金属框架而成的构件。它的生产与生产废料对环境都有害。铅能积聚于植物、生物链中。

6. 胶粘剂与涂料

标准规定，在胶粘剂和涂料中，凡含有被北欧任何国家标准、法规归类为对环境有害的化学成分，每种的量都不应超过 1%，而且它们的总量也不应超过 2%。并规定化学品不应含有锡的有机化合物、卤化有机物或芳香族溶剂，也不应含有上述塑料材料中所列的酞、重金属及其化合物。

7. 包装材料

标准规定不许使用含氯的塑料作包装材料。

8. 纺织材料

符合欧洲 2002/371/EC 指令中生态纺织品标准要求。

9. 对保护森林资源的要求

本标准提出两点原则要求：①在原材料中，要求标明生产中所用木材的树种、原产地和采伐森林的类型；②在生产中，要求对来自锯刨、成型、砂光、刮光等工序的木质废料与切屑进行再利用，作为新的原材料，或与其他物质构成组合材，或做能源，目的是减少对森林资源的榨取。

注：欧盟生态标签申请的具体步骤如下：①向欧盟成员国生态标签管理机构递交申请。来自欧盟以外的第三国的生产商，可以向欧盟任何一个成员国的生态标签管理机构递交申请。②管理机构审核申请材料。成员国生态标签管理机构有权力根据申请材料审核产品是否达到欧盟制定的生态标准，而无须再征求欧盟委员会的意见。③签订使用合同并获得生态标签的使用权。如果产品的环保标准及性能达到要求，则成员国生态标签管理机构会与生产商签订可以使用生态标签的标准合同。④生态标签的申请费用。欧盟各成员国生态标签的申请费用是不同的，一般在300~1300欧元之间。如果申请者是中小企业或来自发展中国家的企业，则可以获得25%的价格优惠。⑤生态标签的使用费用。产品被允许贴上生态标签后，生产商还应支付生态标签的年度使用费。目前，欧盟为生态标签年付费最高收费标准为25000欧元，对于中小企业及发展中国家企业可相应减少。如果是获得ISO14001认证或EMAS（欧盟生态管理及审计体系）认证的企业，则可以减免25%的标签使用费。所有上述减少的使用费最多不能超过名义应缴金额的50%。如果企业在一种生态标签产品类别中是前三个申请者之一，还可获得25%的年使用费优惠。⑥生态标签的使用及监督。授予生态标签的欧盟成员国机构有权抽查生产商的生产车间及产品，以保证产品的环保真实性。一般而言，生态标签授予机构都有帮助生产商向消费者宣传其产品环保特点的义务，一旦产品贴有生态标签，生产商可以与标签授予机构联系，向其寻求市场宣传的帮助。

十、森林产品 FSC 认证

多年来，随着森林可持续经营的发展，世界森林和林产品认证体系相继建立，世界自然基金会等国际组织和许多国家成立了森林和林产品认证机构，并逐步开展了森林和林产品的认证工作。它包括森林经营认证和产销监管链认证，是由一个独立的第三方按照一套国际上认可的森林可持续经营标准和指标体系，对森林的经营管理方式进行评估，并签发一个书面证书，从经过"森林认证"的森林中采伐出来的木材及其制品可以贴上"绿色标签"，表明该木材和木材产品是来自世界上那些经营良好的森林，方便木制品生产厂家和消费者了解木材和木制品的来源，方便他们以环保的行为选购木材、纸张等林产品，从而支持森林的可持续经营和林业向良性的方向发展。

所谓林产品认证，就是一个对森林进行检验的过程，以检验其是否按照公认的原则和标准进行经营。确切地说，林产品的认证是促进和保证森林可持续经营的一种市场的经营措施，其目的是提高和加强合理利用森林资源的意识，提高森林可持续经营的水平。这种认证属于"绿色标签"、"环境标签"或"生态标签",以向消费者传递有关生产的木材是否来自可持续经营的森林的消息,即认证体系用标签来明确地注明木材和林产品是来自世界上那些可持续经营的森林,用标签使用户对木材和林产品的来源更清楚,并且更容易识别,以此促进森林向可持续方向发展。

现在,国际上森林认证主要是采用以下两种方法:①国际森林管理委员会(FSC)认证法。该法是以评价森林管理为基础,进行连续监测,必须达到各个方面的森林管理标准。现在,国际森林管理委员会正在继续扩大国家包括的范围,并制作一个森林管理委员会的标签,把它贴在被认证的林产品上,作为认证的标记。凡经过国际森林委员会任命的认证员均可使用这种认证标签。有些国家现在正在研制各国应用的认证证书,如荷兰和德国在研究如何验证其市场的供应单位的认证证书,并把证书与市场上的产品联系起来,把最后的产品打上标签。美国森林和纸张协会发起一项可持续林业运动,通过这项运动,使其成员公司承诺转向可持续林业,这是一项强制性的要求。它不但是公司本身承担的原则和准则,而且也可作为今后一个独立的认证的基础。②国际标准化组织认证法。该法也是以评价森林管理标准为基础,但应建立具体的管理系统,并要遵循一些手续。国际标准化组织也写了一份技术报告,以帮助林业组织实施 ISO14001 环境管理标准,并介绍了其他一些团体制定的森林原则、标准和可持续森林经营标准。加拿大标准协会建立了一个以国际标准化组织认证法为基础的认证系统。这一系统允许第三者认证员按照加拿大标准协会制定的标准对公司进行认证。

在 1992 年联合国环境发展大会后,国际上对森林可持续经营的标准和指标进行了广泛的研究讨论,成立了国际森林管理委员会(FSC),制定了一套关于森林可持续经营的国际性原则。目前,以森林管理委员会为代表的森林认证体系已经得到了欧洲和北美国家的普遍认同,世界银行和世界自然基金会(WWF)还专门成立了一个联盟,积极推动 FSC 的认证进程。

森林认证作为一种通过市场需求推动森林经营者实行良好经营的工具,近年来,瑞典、德国、英国、荷兰、波兰、俄罗斯、美国、巴西、玻利维亚、日本、印度尼西亚、马来西亚、中国、越南及其他国家获得了快速发展。全球经过认证的林木产品数量正在迅速扩大。一些国际知名的大家具和装饰建材零售商都已声明要购买认证产品。

为推动认证林产品贸易,世界银行和世界自然基金会(WWF)建立了全球林产品贸易网络,目前已有 900 余家会员,包括世界十大林产品公司(如美国惠好公司)及各大商业连锁店(如瑞典宜家、法国家乐福),一些欧洲国家已将认证作为林产品进口的一个必要条件,还有一些国家将认证林产品采购纳入政府采购。2002 年 2 月,挪威环境部长宣布:禁止从热带森林进口非法采伐的木材,经过认证的木材才准许进口。英、法、德三国政府也相继宣布,它们将改变自己的公共采购政策,包括优先购买经森林认证的木材。德国政府向森林管理委员会承诺,来自热带的木材将只能通过公共办公室购买,以确认是否来自经 FSC 认证的森林。瑞士联邦委员会决定,避免购买可能来自非法采伐的木材。瑞典家具巨匠——宜家公司则完全停止使用一切来自原始森林的木材。德国纸业联合会庄重承诺:抵制一切来自加拿大不列颠哥伦比亚省的木材制品,直至大熊森林的自然保护问题获得圆满解决。

森林认证就是给符合环保标准的木材贴上"标签"，确保森林的可持续发展。获得森林认证，保持企业保护环境的社会形象，也成为越来越多国际林产品企业的选择。全球家居零售业界巨头之一的宜家家居公司（IKEA）的长期目标，就是使所采用的木材全部来自经营良好的森林。而宜家公司目前在全球最大的原料采购地就是中国，它们也开始对中国提供的木材提出了森林认证要求。

目前环保意识较强的欧洲，消费者承诺只购买经过认证的、源自经营良好森林的木材和林产品，即便是这些产品的价格高于未经认证的产品。另外，随着人们环保意识的增强，全球会有更多的消费者通过购买认证产品的方式来保护人类赖以生存的森林。众多跨国公司开始生产和销售 FSC 认证林木产品以迎合消费者的需求，树立公司的绿色形象。在美国，年销售额高达 400 多亿美元的 Home Depot 公司承诺将全部销售认证产品，目前已进入中国市场采购；在英国，百安居公司每年销售 300 万立方米的木制品，其中有 95%经过了认证；Homebase 公司所销售的木制品中已有 29%经过了 FSC 认证；而 Great Mills 公司销售总额的 25%为 FSC 认证产品。此外，Weyerhaeuser、Assi Doman 和 IKEA 等国际大公司也都开始了认证产品的生产或销售。

无疑，木材或家具生产商一旦贴上 FSC 的标签，等于拿到了在全球林业市场畅通无阻的"通行证"。因为 FSC 这面招牌表明了他们的木材及其产品是来自那些经营良好的森林。这样用户对木材及其产品市场的来源也就更清楚，并且容易识别。消费者就可以在选购木材、纸张和投资的过程中能够支持林业向良性的方向发展。

近年来欧盟对包括林产品在内的一些进口商品制定了具体政策。一方面，要求政府采购必须购买生产过程符合欧盟要求的商品；另一方面，采取所谓"贸易鼓励安排"政策，即如果出口到欧盟国家的商品包括林产品，其生产过程符合欧盟的要求，贴上 FSC 标签，就可以享受一定比例的关税折扣。我国政府正在向欧盟申请林产品的"贸易鼓励安排"。

森林认证对中国森林经营和林产品贸易的影响是机遇与挑战并存。森林认证对中国林产品贸易的影响非常大，中国木材产品在国际贸易中占有重要地位。中国是世界上林产品进、出口量最大的国家之一，木材的进口量、出口量逐年递增。例如 2002 年，我国的工业原木进口量为 1600 万立方米，是 1997 年进口量的 11 倍，2005 年进口量为 2937 万立方米。到 2010 年，预计我国将进口 1 亿立方米的木材。2001 年中国胶合板的出口量首次超过了进口量，已成为胶合板的净出口国。中国家具出口额近年来增长非常迅速，2005 年家具出口为 135 亿美元，2006 年为 170 多亿美元。

我国的森林认证工作属于刚刚起步阶段，已经开始被有关方面认识和接受。据悉，目前中国有几十家森林经营单位、木材加工企业通过了 FSC 森林认证和 FSC 产销监管链认证，它们都是外向型木材加工企业、其产品主要出口到欧美国家。对森林经营水平较好的森林经营单位以及外向型的木材加工企业，森林认证意味着其原木和木材产品有着广泛的国内外市场，而对于森林经营水平较低的森林经营单位以及没有能力进行产销监管链认证的木材加工企业，其木材产品出口到国际市场特别是欧美环境敏感市场的前景就将面临严峻的挑战。

因此，要使我国森林经营及林产工业的发展更好地与国际接轨，解决我国林产品在国际市场的准入问题，森林认证是当前森林可持续经营和林产品市场准入的有效手段。开展森林认证工作是我国森林经营和管理工作与国际接轨的重要内容，对实现林业跨越式发展将起到重要的推动作用。促进森林的可持续经营，保护生态环境和生物多样性；开拓国际市场、消除绿色壁垒，促进林产品的国际市场准入。通过建立森林认证制度，不仅会使中国林业和家具企业可以借此扩大市场份额，在认证产品贸易中获得超额利润，也将是中国在国际上建立和维护一个负责任的林产品消费大国形象、保证进口木材来源安全的重要手段。

十一、欧盟实施木材进口许可制度（2173/2005/EG 号条例）

欧盟部长理事会在 2005 年底出台的 2173/2005/EG 号条例中规定，将对木材和木制品进口实行许可制度。该条例主要是依据欧盟"实施森林法律、政策与贸易"的行动计划（FLEGT）制定的。欧盟将与伙伴国在自愿的基础上签订木材合法采伐与贸易的协定。一旦签订协定，伙伴国在向欧盟出口木材和木制品时必须有木材合法采伐的证明，欧盟海关才能放行。欧盟拟采取的具体措施和该行动计划的主要内容如下：

（一）欧盟木材进口许可制度的具体措施

1. 实施办法和监督措施

（1）该许可制度仅适用于欧盟从伙伴国进口木材和木制品，对未与欧盟签订协定的国家没有约束力。各伙伴国执行许可的时间表将在伙伴国协定中予以确定。

（2）每一批在欧盟通关的木材和木制品必须有 FLEGT 许可证，否则欧盟将禁止其进口。伙伴国现行保证木材合法采伐并追踪其根源的体系，如能按照 2173/2005/EG 条例通过评价和审查，则该体系可作为 FLEGT 许可的基础，从而保证木材合法采伐的基本安全要求。

（3）如果出现损害 FLEGT 许可系统功能的问题，欧委会相关机构或由欧委会指定的人或机构将有权查证相关文件及数据；伙伴国相关机构应给予欧盟 FLEGT 监督检查人员或机构查阅相关文件和数据的权利，伙伴国法律规定不许对外的信息除外。检查机构可基于风险分析自行决定是否继续审查。如果对某批木材许可证的真伪表示怀疑，检查机构可根据伙伴国协定请相关伙伴国进行进一步调查，以弄清真相。

（4）如果欧盟成员国经费支出不够，可征收检查费用。除非成员国另有规定，检查费用由进口商支付。如果欧盟海关发现许可证有疑点，有权禁止该批木材进口或扣留该批木材。各成员国应制定有效的处罚规则，规定处罚比例，对非法采伐形成威慑力。

（5）成员国负责指派本条例的执行机构和联络人。欧盟委员会向成员国各执行机构通报伙伴国指定的许可机构等信息，如印章的样章、签字留底等可以证明许可证合法性的信息及其他相关信息。如成员国发现规避行为，应向欧盟委员会通报所有信息。

（6）该许可制度于 2005 年 12 月 30 日起生效。

2. 木材及木制品许可管理目录

为便于管理和控制，条例确定了适合所有伙伴国的许可管理目录，即将海关编码第四十四章中下列木材及木制品纳入许可证管理范围：

4403 原木，不论是否去皮、去边材或粗锯成方形；

4406 铁道及电车道枕木；

4407 经纵锯、纵切、刨切或旋切的木材，不论是否刨平、砂光或指榫接合，厚度超过 6 毫米；

4408 饰面用单板（包括刨切积层木获得的单板）和制胶合板或类似多层板用单板以及其他经纵锯、刨切或旋切的木材，不论是否刨平、砂光、拼接或端部接合，厚度不超过 6 毫米；

4412 胶合板、单面饰板及类似多层板。

（二）欧盟"实施森林法律、政策与贸易"的行动计划

1. 出台 FLEGT 行动计划的背景

（1）国际背景。

1998 年西方八国外长峰会在英国伯明翰举行，非法采伐问题首次作为国际性的问题提出来讨论。为了帮助和促进林业可持续发展，会后"八国外长峰会林业行动计划"应运而生。2000 年在日本冲绳举行的八国经济峰会上提交了"八国外长峰会林业行动计划的进展报告"，主要内容包括引入或实施森林可持续经营理念。2002 年在加拿大卡那那斯基举行的八国峰会上通过了"森林行动计划的最终报告"，将推广林业可持续发展作为森林政策的首要目标。为落实该计划，会议决定制订阻止非法采伐的方案。与此同时，在美国和英国的支持下，世界银行也开始关注此议题；亚太地区和非洲分别召开森林法律和政策会议；欧盟也召开了相关国际研讨会。2003 年 5 月，欧盟出台了 FLEGT 行动计划建议；2004 年 7 月，欧委会提出欧盟进口木材资源审批系统建议，建议同伙伴国就签订伙伴国协定进行谈判，并发表报告评估 FLEGT 行动计划对木材出口国和欧盟可能产生的影响。

（2）国际与欧盟木材贸易情况。

目前，国际木材重点市场包括欧盟、中非、南美、东南亚、美国、日本、中国和俄罗斯等国家和地区。俄罗斯和非洲国家主要出口原木和板材；亚洲和南美洲主要出口高附加值的木材加工品，如家具、纸张和木条等。据经合组织统计，全球每年的木材贸易额高达 1500 亿欧元。欧盟主要从北美进口阔叶木、原木、贴面木料和板材；从俄罗斯进口原木；从非洲、亚洲和拉丁美洲的木材进口量不大。欧盟内部木材贸易所占比重高达 80%。但欧盟不仅是合法采伐木材贸易的重要市场，同时也是第三国非法采伐木材的

销售市场。

（3）非法采伐的木材贸易猖獗。

世界银行的报告显示，全球木材贸易中相当大的部分为非法采伐木材的贸易。非法采伐主要发生在发展中国家及门槛国家。种种迹象表明，印度尼西亚、缅甸和柬埔寨等发展中国家非法采伐的木材量特别大，这些木材大多出口至其他国家，并在当地进行加工，然后以低价向欧洲出售。欧洲合法采伐的木材加工产品因此没有价格竞争力。由于家具、纸张和木条等产品的交货期较长，品种较多，且木材来源广泛，因此很难检查所用原料的合法来源。

2. FLEGT 行动计划的主要内容

（1）建立木材进口许可制度。

欧盟认为 FLEGT 是解决非法采伐木材及其贸易问题的第一步。只有合法采伐木材才能改善现有森林发展的政策并减少采伐量。欧盟将加强多边国际合作，通过建立木材进口许可制度减少非法采伐木材的消耗，从而达到木材生产国森林经济可持续发展的目标。该制度不应阻碍木材的合法正常贸易。欧盟将与相关国家和地区组织签订自愿伙伴协定，有关国家和地区组织有义务在协定规定的时间内建立许可体系。为了落实木材进口许可制度，欧盟将建立木材进口的监督检查系统，以保证所采伐木材的合法性，并由海关负责监督有关协定的执行情况。

（2）加入 FLEGT 体系的主要好处：

①在欧盟的木材进口市场上享有较高的信任度；

②增加海关关税和税收，收入所得超过建立许可体系的支出；

③打击木材来源市场的非法采伐活动；

④可对认证木材进行追踪和审查，也可将该体系扩展成森林可持续发展的组成部分；

⑤欧盟在发展援助国别战略上，将优先考虑向签署协定的伙伴国提供发展援助资金。

（3）对伙伴国建立相关体系的要求。

伙伴国必须具有对木材和木制品合法来源进行审查的可信的法律、管理及技术体系，或将建立管理和技术体系。具体要求如下：

①成立专门负责实施 FLEGT 的机构，任命有权对木材和木制品合法来源进行认证的机构；

②任命独立的检验员，建立透明的争端解决程序；

③认证机构能通过欧盟的有效审查；

④认证机构给合法采伐的木材颁发许可证，伙伴国海关凭许可证放行。许可证的相关信息可通过公开途径如电子商务平台查询；

⑤出口许可证将向欧盟目的港海关出示，海关将对货物与许可证进行核对；如果货物与许可证所提供信息一致，海关才予以放行。

（4）其他法律措施。

目前，欧盟还没有禁止进口非法采伐的木材和木制品的法规。出于各种原因，木材生产国会不顾上面提到的各种好处，不愿签订 FLEGT 伙伴协定。欧盟将考虑采取其他措施的必要性，例如颁布相关法律，阻止非法采伐木材进入欧盟。成员国也将在国家法的层面审查采取法律措施打击非法采伐木材贸易的可能性。

①欧委会将修改现行的建筑、供货和服务及公共采购等方面的法律，今后在建筑承包和公共采购领域将遵循环保原则，着重考虑采用合法采伐的木材和木制品。

②欧盟的银行和金融机构在进行林业领域（如纸浆和造纸厂）的融资和投资时，须对项目的社会和经济因素进行评估，必须保证合法采伐木材的长期供应，确保项目实施过程中无非法采伐木材，以及无类似非法活动造成的威胁。

③审查成员国反洗钱法在林业领域的应用情况，并将相关信息反馈给欧盟的银行、金融机构、非政府组织及反金融犯罪机构；督促成员国制定法律将非法采伐定性为洗钱罪之一种。

十二、欧盟家具工业现状及主要标准目录

1. 欧盟家具工业现状

目前，欧盟的家具工业以 800 亿欧元的产值占据世界家具总产值的 38%（1998 年欧盟的家具产值曾占据世界家具总产值的 50%），欧盟 15 个主要成员国 2003 年家具出口总额为 278 亿欧元，家具进口总额为 313 亿欧元。在大多数发达的欧洲国家中，家具业的份额占到各自国家整个制造业的 2%~4%，而家具消费额则高达年人均 250 欧元。在欧盟，家具业吸引了约 110 万的从业人员。

软体家具和厨房家具是欧洲家具工业中最重要的细分市场，分别占到 14.5% 和13%，而办公家具、餐厅家具和卧室家具则分别占到 11.7%、11.5% 和 10.3%。

德国是欧盟最大的家具生产国，占整个欧盟总产值的 27%，意大利、法国和英国分别以 21.6%、13.5% 和 10.4% 分列第 2~4 位。

2. 欧盟家具标准介绍

20 世纪 60 年代初，欧洲标准委员会（CEN）和欧洲电子技术标准委员会（CENELEC）成立，现在欧盟及其成员国均是两个委员会的成员，共同制定欧洲标准（EN）。根据规定，任何一项欧洲标准必须为上面两委员会接受，成员国接受一项标准后，与此相对应的原国家标准应该取消。鉴于欧洲标准在欧洲的权威性，一旦有 CEN 标准出台，欧盟国家都要采纳。欧洲标准组织非常重视检测方法标准的制定，产品质量标准相对较少。

欧盟成员国均有自己的国家标准，如德国的 DIN、意大利 UNI 标准、英国 BS 标准、法国 NF 标准等。德国的技术标准是由德国标准研究院（Deutsches Institut fuer Normung e.v. DIN）公布的 DIN 标准。德国是欧洲标准组织重要成员国，它规定凡是来自国际标准组织、有欧洲采纳为欧洲标准的国际标准，必须成为德国标准，其标志为

DIN-EN-ISO。同时，DIN 可以直接将其认可的国际标准收进 DIN 标准，标志为 DIN-ISO。同时，德国标准是世界上最严格的标准之一，非常注重保护自然环境和消费者健康，德国政府参照欧盟有关规定制定了一系列法律、法规。例如在皮革业，德国政府率先于 1994 年推出关于禁止使用对人体有害的偶氮染料的规定，并于 1996 年 4 月正式实施。正是在德国的影响下，欧盟于 2002 年 9 月颁布了 2002/61/EEC 指令，在整个欧洲全面禁止使用偶氮染料以及使用了偶氮染料的皮革、皮革制品以及纺织品。

3. 欧洲家具主要标准目录

BS 1186-3-1990	细木工用木材与制品质量.第 3 部分:门窗框类细木工及其固定规范
BS 1694-1990	医院儿科病床规范
BS 1765-1-1990	医院床头柜规范. 第 1 部分：医院用一般用途床头柜
BS 1765-2-1976	医院床头柜规范. 第 2 部分：可挂日常衣物的一般木制床头柜
BS 1895-1973	医院用有轮金属架屏风规范
BS 1979-1985	精神病院用病房床架规范
BS 2099-1989	医院设备用脚轮规范
BS 2483-1977	跨床式小桌规范
BS 2838-1-1988	诊查床. 第 1 部分：固定高诊查床规范
BS 2992-1970	当局机构和公共机关油漆工和装饰工用刷子（填料质量除外）规范
BS 3044-1990	办公室家具设计和选择的人类工效学原理指南
BS 3129-1959	家具用胶乳泡沫橡胶部件规范
BS 3173-1996	床垫用弹簧组合件规范
BS 3475-1976	医院用碗架规范
BS 3622-1975	医院一般用途凳子和麻醉师用椅子规范
BS 3962-1-1980	木制家具漆面的试验方法. 用 85°角的镜面光泽测量做低角度眩光的评定
BS 3962-5-1980	木制家具精整试验方法. 第 5 部分：表面耐冷凝油和脂肪性评定
BS 3962-6-1980	木制家具精整试验方法. 第 6 部分：耐机械损伤性评定
BS 4438-1969	文件柜和悬挂式文件袋规范
BS 4680-1996	小衣柜规范
BS 4723-2002	装饰家具用弹性罩布规范
BS 4751-2005	活动卫生椅
BS 4875-1-2007	家具的强度和稳定性. 家用座椅结构的强度和耐久性要求
BS 4875-5-2001	家具的强度和稳定性. 家用和定做用桌子及小台车的强度、耐用性和稳定性要求

BS 4875-7-2006	家具的强度和稳定性. 家用和定做储藏家具. 性能要求
BS 4875-8-1998	家具. 家具的强度和稳定性. 测定非家用储存家具稳定性的方法
BS 4948-1994	室内装饰织物的身体接触可见污染度的评定方法
BS 5128-1974	形象艺术用薄膜尺寸规范
BS 5223-3-1976	医院用床褥规范. 第3部分：聚氨基甲酸乙酯软枕
BS 5223-4-1976	医院用床褥规范. 第4部分：覆盖尼龙的聚氨基甲酸乙酯床垫罩
BS 5459-2-2000	办公室家具的性能要求与试验规范. 体重在150kg及其以下人员坐的，每天使用时间达24个小时的办公室脚踏椅型号批准试验，包括单个部件
BS 5852-2006	用闷燃和燃烧点火源对软座进行易燃性评价的试验方法
BS 5852-1-1979	家具的防火试验. 第1部分：座椅软垫合成物燃烧材料可燃性的试验方法
BS 5852-2-1982	英国标准的家具用防火试验. 第2部分：用燃烧源测定座椅用软垫合成物可燃性的试验方法
BS 5873-4-1998	教育用具. 第4部分：教育机构用储存柜强度及稳定性规范
BS 6222-3-1999	家用厨房设备. 表面光饰的耐久性及表面处理和边饰材料附着力的性能要求规范
BS 6222-5-1995	家用厨房设备. 第5部分：半岛状厨房用具、岛状厨房用具和早餐台的强度要求和测试方法
BS 6261-1982	装饰性家具构件之间的配合及应用评估方法
BS 6807-2006	一次和二次点火源燃烧类型床垫、装饰沙发床及装饰软床座可燃性评估的试验方法
BS 7176-2007	采用测试复合料的非家用座椅用装饰家具的耐燃性规范
BS 7423-1999	床身长度不小于900mm的儿童旅行帆布床安全要求规范
BS 7972-2001	家用儿童床护栏的安全要求和试验方法
BS 8474-2006	家具. 带电力驱动支持表面的椅子.要求
BS CWA 14249-2002	FunStep（家具产品和商业数据）. FunStep应用参考模型. ARM
BS DD CEN/TS 14175-5-2007	通风柜橱. 安装和维修推荐标准
BS DD CEN/TS 15185-2006	家具. 表面耐摩擦性评定
BS DD CEN/TS 15186-2006	家具. 表面耐擦伤性的评定
BS DD ENV 12520-2000	家具. 座椅. 机械和结构安全性要求

BS DD ENV 12521-2000	家具. 桌子. 机械和结构安全性要求
BS DD ENV 13759-2001	家具. 座椅. 活动沙发床斜靠和（或）微倾机构以及操作机构的耐用性能测定的试验方法
BS DD ENV 14443-2004	家用家具. 座椅. 家具覆盖饰物耐用性测定的试验方法
DD ENV 581-2-2000	室外家具. 野营、家用和工作用桌椅. 桌椅的机械安全性要求和试验方法
BS EN 1021-1-2006	家具. 装饰家具着火性的评估. 燃着的香烟火源
BS EN 1021-2-2006	家具. 装饰家具着火性的评估. 与火柴火焰等同的火源
BS EN 1022-2005	居室家具. 座椅. 稳定性测定
BS EN 1023-1-1997	办公家具. 遮板. 尺寸
BS EN 1023-2-2000	办公家具. 遮板. 机械安全性要求
BS EN 1023-3-2000	办公家具. 遮板. 试验方法
BS EN 1047-1-2005	安全存储装置. 耐火性能的分类和试验方法. 资料柜和磁盘衬套
BS EN 1047-2-2000	安全存储装置. 耐火试验方法和分类. 资料库和资料箱
BS EN 1129-1-1995	家具. 折叠床. 安全技术要求和检验方法.安全性要求
BS EN 1129-2-1995	家具. 折叠床. 安全技术要求和检验方法.试验方法
BS EN 1130-1-1997	家具. 家用框形物和摇篮. 安全性要求
BS EN 1130-2-1996	家具. 家用框形物和摇篮. 试验方法
BS EN 12221-1-2000	家用更换部件. 安全要求
BS EN 12221-2-2000	家用更换部件. 试验方法
BS EN 12227-1-1999	家用婴儿围栏. 安全要求
BS EN 12227-2-1999	家用婴儿围栏. 试验方法
BS EN 12522-1-1998	家具搬运业. 私人家具搬运. 服务规范
BS EN 12522-2-1998	家具搬运业. 私人家具搬运. 服务条款
BS EN 12720-1997	家具. 表面抗冷液性评估
BS EN 12721-1997	家具. 表面湿热抗性评估
BS EN 12721-1998	儿童护理产品. 装有椅子的桌子. 安全性要求和试验方法
BS EN 12722-1997	家具.表面抗干热性评估
BS EN 12727-2000	家具. 成排座椅. 强度和耐久性试验方法和要求
BS EN 12790-2002	护理儿童用品. 摇篮
BS EN 13150-2001	试验室工作台. 尺寸. 安全性要求和试验方法
BS EN 13209-2-2005	儿童使用和护理用品. 婴儿运载工具. 安全要求和检验方法. 软式运载工具
BS EN 1334-1996	家具. 床和床垫. 测量方法和推荐公差
BS EN 1335-1-2000	办公家具. 办公椅. 尺寸. 尺寸的测定
BS EN 1335-2-2000	办公家具. 办公椅. 安全性要求
BS EN 1335-3-2000	办公家具. 办公椅. 安全性试验方法

BS EN 13453-1-2004	家具. 非家用双层床和高床. 安全、强度和耐用性要求
BS EN 13453-2-2004	非家用双层床和高床. 试验方法
BS EN 13721-2004	家具. 表面反射性的评定
BS EN 13722-2004	家具. 表面光泽度的评定
BS EN 13761-2002	办公家具. 来访者用座椅
BS EN 14036-2003	儿童使用及看护用品. 婴儿吊椅. 安全要求及试验方法
BS EN 14056-2003	实验室家具. 设计和安装建议
BS EN 14073-2-2004	办公家具. 储存用家具. 安全要求
BS EN 1415-1997	粘合拉锁. 带裁切边区域的性能
BS EN 1416-1997	粘合拉锁. 曲率的测定
BS EN 14175-3-2003	通风柜橱. 定型试验方法
BS EN 14175-4-2004	通风柜橱. 现场试验方法
BS EN 14175-6-2006	通风柜橱. 空气变量通风柜橱
BS EN 14183-2003	脚踏凳.
BS EN 1466-2004	儿童用品. 便携式帆布床和支架. 安全要求和试验方法
BS EN 14703-2007	家具. 非家用座椅连成一排的链接. 强度要求和试验方法
BS EN 14727-2005	实验室设备. 实验室用存储设备. 要求和试验方法
BS EN 14749-2006	家具和厨房储藏设备和橱柜台面. 安全要求和试验方法
BS EN 14873-1-2005	家具拆卸工作. 家具的存储以及人为影响. 第 1 部分：存储设施规范以及相关存储规定
BS EN 14873-2-2005	家具的存储以及对不同部分的人为影响. 服务条款
BS EN 14988-1-2006	儿童用高脚椅子. 安全要求
BS EN 14988-2-2006	儿童用高脚椅子. 试验方法
BS EN 15187-2006	家具. 曝光量的影响评估
BS EN 15373-2007	家具. 强度、耐久性和安全. 非家用座椅安全
BS EN 1728-2001	家具. 座椅. 强度和耐久性测定方法
BS EN 1730-2000	家具. 桌子. 强度、耐久性和稳定性测定的试验方法
BS EN 1929-1-1998	篮式推车. 带或不带儿童乘坐设备的篮式推车的试验和要求
BS EN 1929-3-2005	篮式手推车. 有或无儿童乘坐设备的带附加载货设施的篮式手推车的要求和试验
BS EN 1929-4-2005	篮式手推车. 用于载客传送带的有或无儿童乘坐设备的带附加载货设施的篮式手推车的要求和试验
BS EN 1957-2000	家具. 床和床垫. 功能特性测定方法
BS EN 1970-2000	残疾人用可调整的床. 要求和试验方法
BS EN 527-1-2000	办公家具. 工作桌和写字台. 尺寸
BS EN 527-2-2003	办公家具. 工作台和写字台. 机械安全要求
BS EN 527-3-2003	办公家具. 工作台和写字台. 结构的稳定性和机械强度测

定的试验方法

BS EN 581-1-2006	户外家具. 野营、家用和指定用座椅和桌子. 一般安全要求
BS EN 581-3-2007	户外家具. 野营、家用和办公用座椅和桌子. 桌子的机械安全要求和试验方法
BS EN 597-1-1995	家具. 床垫和装饰床具的可燃性评定. 火源：阴燃烟卷
BS EN 597-2-1995	家具. 床垫和装饰床具可燃性评定. 火源：与火柴火焰同等的火源
BS EN 716-1-1996	家具. 家用儿童帆布床和折叠床. 安全性要求
BS EN 716-2-1996	家具. 家用儿童帆布床和折叠床. 试验方法
BS EN 747-1-2007	家具. 家用床具. 安全要求
BS EN 747-2-2007	家具. 家用床具. 试验方法
BS PAS 126-1-2008	家具拆卸工作. 商业运输. 服务规范
DB11/T 156-2002	北京市验光配镜经营条件
DB35/ 325-1999	漆器食用具
DD ENV 1178-1-1995	家具. 家用儿童高座椅. 第1部分：安全技术要求
DD ENV 1178-2-1995	家具. 家用儿童高座椅. 第2部分：试验方法
DD ENV 12520-2000	家用家具. 座椅. 机械和结构安全要求
DD ENV 12521-2000	家用家具. 桌子. 机械和结构安全要求
DD ENV 1300-1999	安全存储装置. 防止擅自开启的高安全性要求锁具的分类
DD ENV 13759-2001	家具. 座椅. 活动沙发床向后靠和（或）微倾机构以及操作机构的耐用性测定的试验方法
DD ENV 14027-2001	涂覆金属和组合式眼镜架的镍脱掉检测之前的磨损模拟方法
DD ENV 581-2-2000	户外家具. 野营、家用和定做的座椅和桌子.座椅的机械安全要求和试验方法
DIN 16550-1-2002	办公家具. 腰背挺直式工作位置写字台. 第1部分：尺寸
DIN 32623-2002	医院儿童用金属和塑料制小床. 安全性测定和试验
DIN 4544-1976	带或不带盖卡片盒. 卡片规格. 卡片盒内部尺寸
DIN 4547-1973	钢制衣柜
DIN 4548-1973	钢制车间用柜子
DIN 4550-2004	办公家具. 调节办公座椅高度用自承重增能装置. 安全要求和检验
DIN 4556-1983	办公室家具. 工作位置的搁脚板.要求、尺寸
DIN 68707-1964	胶合板制座椅模型
DIN 68840-2004	家具五金件. 橱柜悬架. 标称承载量的测定
DIN 68841-2004	家具五金件. 折板支撑. 要求和检验
DIN 68851-2004	家具五金件. 家具锁和锁紧系统. 术语和定义

DIN 68852-2004	家具五金件. 家具锁. 要求和检验
DIN 68856-1-2004	家具五金件. 术语和定义. 第 1 部分：组合配件、搁板支撑物和吊架轨
DIN 68856-2-2004	家具五金件. 术语和定义. 第 2 部分：家具铰链和襟翼铰链
DIN 68856-4-1983	家具用五金件. 家具装配附件术语. 闩、挂钩. 调节器
DIN 68856-5-1983	家具用五金件. 家具装配附件术语. 高度调节螺钉、家具腿、底架
DIN 68856-6-2004	家具五金件. 术语和定义. 第 6 部分：橱柜悬架托架
DIN 68856-7-1983	家具用五金件. 家具装配附件术语. 拉手、球形把手、钥匙孔盖、钥匙孔盖镶件
DIN 68856-8-2004	家具用五金件. 术语和定义. 第 8 部分：推拉门齿轮
DIN 68856-9-1983	家具用五金件. 家具装配附件术语. 家具用小脚轮和滑道
DIN 68859-2004	家具五金件. 推拉门用滑轮配件. 要求和检验
DIN 68861-1-2001	家具表面. 第 1 部分：受化学制品影响的性能
DIN 68861-2-1981	家具表面. 耐磨性能
DIN 68861-4-1981	家具表面. 耐划痕性能
DIN 68861-6-1982	家具表面. 耐香烟烧灼性能
DIN 68861-7-2001	家具表面. 第 7 部分：干热反应
DIN 68861-8-2001	家具表面. 第 8 部分：湿热反应
DIN 68871-2001	家具名称
DIN 68872-1976	室内塑料椅的外层. 要求. 检验
DIN 68874-1-1985	柜橱家具用搁板和搁板托架. 要求和检验
DIN 68876-1980	做家务活用的可调转椅. 安全性要求. 试验
DIN 68877-1981	工作转椅. 安全要求、检验
DIN 68880-1-1973	家具. 第 1 部分：概念
DIN 68881-1-1979	厨房家具的概念. 橱柜
DIN 68890-1985	家用衣橱. 功能尺寸、要求和检验
DIN 68930-1998	厨房用具. 要求和试验
DIN 68935-1999	浴室家具、浴具和卫生设备的配合尺寸
DIN 8380-1973	钢制工具柜.
DIN CEN/TS 15185-2006	家具. 表面抗磨性的评定. 德文版本 CEN/TS 15185-2005
DIN CEN/TS 15186-2006	家具. 表面耐划性的评定. 德文版本 CEN/TS 15186-2005
DIN CWA 14248-2002	FunStep（家具和商务数据）. FunStep 应用活动模型 AAM
DIN EN 1021-1-2006	家具. 装潢家具可燃性的评定. 第 1 部分：火源：炽热的香烟
DIN EN 1021-2-2006	家具. 装潢家具可燃性的评定. 第 2 部分：火源. 火柴火焰等同物

DIN EN 1022-2005	居室家具. 座椅. 稳定性测定
DIN EN 1023-1-1996	办公室家具. 搁板. 第1部分：尺寸
DIN EN 1023-2-2001	办公室家具. 隔离屏障. 第2部分：机械安全要求
DIN EN 1023-3-2001	办公室家具. 隔离屏障. 第3部分：试验方法
DIN EN 1116	
Berichtigung 1-2007	厨房家具. 厨房家具和厨房用具的协调尺寸. DIN EN 1116-2004 技术勘误
DIN EN 1116-2004	厨房家具. 厨房家具和器具的协调尺寸
DIN EN 1129-1-1995	家具. 折叠床. 安全要求和检验. 第1部分；安全要求；德文版本 EN 1129-1:1995
DIN EN 1129-2-1995	家具. 折叠床. 安全要求和检验. 第2部分：试验方法；德文版本 EN 1129-2:1995
DIN EN 1130-1-1996	家具. 摇篮和带围栏童床. 第1部分：安全性要求
DIN EN 1130-2-1996	家具. 摇篮和带围栏童床. 第2部分：试验方法
DIN EN 12227-1-2000	家用婴儿围栏. 第1部分：安全要求
DIN EN 12227-2-2000	家用婴幼儿围栏. 第2部分：试验方法
DIN EN 12472-2006	对涂层零部件上脱离的镍进行检测时使用的磨损和腐蚀模拟试验方法
DIN EN 12529	
Berichtigung 1-2007	回旋脚轮和轮子. 家具用回旋脚轮. 转椅用回旋脚轮. 要求. DIN EN 12529-1999 技术勘误
DIN EN 12720-1997	家具. 表面抗冷液体性能的评定
DIN EN 12721-1997	家具. 表面耐湿热性能评定
DIN EN 1272-1998	儿童照料用品. 带小桌的椅子. 安全性要求和试验方法
DIN EN 12722-1997	家具. 表面耐干热性能的评定 （ISO4211-3-1993，修改采用）
DIN EN 12727-2001	家具. 排列座位. 强度和寿命的试验方法和要求
DIN EN 12790-2003	育儿用品. 摇篮
DIN EN 13210-2004	儿童使用和护理用品. 儿童安全带和绳及类似用品. 安全要求和试验方法
DIN EN 1334-1996	居室家具. 床和床垫. 测量方法和公差建议
DIN EN 1335-1-2002	办公家具. 办公椅. 第1部分：尺寸. 尺寸的测定
DIN EN 1335-2-2002	办公家具. 办公椅. 第2部分：安全要求
DIN EN 1335-3-2002	办公家具. 办公椅. 第3部分：安全试验方法
DIN EN 13453-1-2004	家具. 非家用双层床和高床. 第1部分：安全、强度和耐久性要求
DIN EN 13453-2-2004	家具. 非家用双层床和高床. 第2部分：试验方法
DIN EN 13545-2002	托板上部结构. 托板卡套. 试验方法和要求；德文版本

	EN 13545：2002
DIN EN 13721-2004	家具. 表面反射的评估
DIN EN 13722-2004	家具. 表面光泽度的评估
DIN EN 13761-2002	办公家具. 访客座椅
DIN EN 13780-2003	粘接拉链. 纵向剪切强度测定
DIN EN 14036-2003	儿童看护和使用用品. 婴儿吊椅. 安全要求和试验方法
DIN EN 14073-2-2004	办公室家具. 储存家具. 第 2 部分：安全要求
DIN EN 14073-3-2004	办公室家具. 储存家具. 第 3 部分：结构稳定性和强度测定的试验方法
DIN EN 14074-2004	办公室家具. 工作台、办公桌和储存家具. 移动部件的强度和耐用性测定的试验方法
DIN EN 14344-2004	儿童用护理用品. 自行车用儿童座椅. 安全要求和试验方法
DIN EN 1466-2008	婴幼儿用品. 便携式帆布吊床和支杆. 安全性要求和试验方法
DIN EN 14703-2007	家具. 非家用座椅连成一排的链接件. 强度要求和试验方法
DIN EN 14749-2005	家用和厨房存储装置和 Worktops. 安全要求和试验方法
DIN EN 14873-1-2005	家具拆卸工作. 家具的存储以及人为影响. 第 1 部分：存储设施规范以及相关存储规定
DIN EN 14873-2-2005	家具拆卸工作. 家具的存储以及对不同部分的人为影响. 第 2 部分：服务条款
DIN EN 14988-1-2006	儿童高位座椅. 第 1 部分：安全要求
DIN EN 14988-2-2006	儿童高位座椅. 第 2 部分：试验方法
DIN EN 15338-2007	家具五金件. 加长组件及其构成的强度和耐久力
DIN EN 15373-2007	家具. 强度、耐久性和安全.非家用座椅安全
DIN EN 1725-1998	家具. 床和床垫. 安全性要求和试验方法
DIN EN 1728-2004	家具. 座椅. 强度和耐久性测定的试验方法
DIN EN 1729-1-2006	家具. 教育机构用桌椅. 第 1 部分：功能尺寸
DIN EN 1729-2-2006	家具. 教育机构用桌椅. 第 2 部分：安全要求和试验方法
DIN EN 1730-2000	家具. 桌子. 测定强度、寿命和稳定性的试验方法
DIN EN 1929-1-1998	超市购物车. 第 1 部分：带或者不带儿童座位的超市购物车的要求和试验
DIN EN 1929-2-2005	超市购物车. 第 2 部分：用于载客传送带的带或不带儿童座位的超市购物车的要求、试验和检验
DIN EN 1957-2000	家具. 床和床垫. 功能特性测定的试验方法
DIN EN 1970-2005	残疾人用可调整床. 要求和试验方法
DIN EN 310-1993	木基板材. 弯曲弹性模量和弯曲强度测定

DIN EN 350-1-1994	木材和木材制品耐久性. 全木自然耐久性. 第 1 部分：木材自然耐久性试验和分类指南
DIN EN 527-1-2000	办公家具. 工作台和写字台. 第 1 部分：尺寸
DIN EN 527-2-2003	办公家具. 工作台和写字台. 第 2 部分：机械安全性要求
DIN EN 527-3-2003	办公家具. 工作台和写字台. 第 3 部分：测定结构稳定性和机械强度的试验方法
DIN EN 581-1-2006	室外家具. 野营区、住宅区和商业区用桌椅. 第 1 部分：一般安全要求
DIN EN 581-3-2007	室外家具. 野营区、居住区和商业区用座椅和桌. 第 3 部分：桌子的机械安全要求和试验方法
DIN EN 597-1-1995	家具. 床垫和装饰床座的可燃性评估. 第 1 部分：点火源：闷火的香烟；德文版本 EN 597-1:1994
DIN EN 597-2-1995	家具. 床垫和装饰床座的可燃性评估. 第 2 部分：点火源：当量的火柴焰；德文版本 EN 597-2:1994
DIN EN 747-1-2007	家具. 家用双层床和高床. 第 1 部分：安全、强度和耐久性要求
DIN EN 747-2-2007	家具. 家用双层床和高床. 第 2 部分：试验方法
DIN EN ISO16000-10-2006	室内空气. 第 10 部分：建筑产品和家具释放挥发性有机化合物的测定. 释放试验容器法
DIN ISO7170-2007	家具. 储物柜. 强度和耐久性的测定
DIN V 68874-2-2004	储藏柜家具的搁板和搁板支撑. 第 2 部分：搁板支撑的要求和试验
DIN V ENV 12520-2000	家具. 座椅. 机械和结构安全要求
DIN V ENV 12521-2000	家具. 桌子. 机械和结构安全要求
DIN V ENV 13759-2001	家具. 座椅. 测定活动沙发床斜靠力和（或）微倾力以及操作力耐久性的试验方法
DIN V ENV 14443-2004	家用家具. 座椅. 陈设织物耐久性测定的试验方法
DIN V ENV 581-2-2000	户外家具. 野营、家用和指定用座椅和桌子. 第 2 部分：座椅的机械安全性要求和试验方法
DIN-Fachbericht 147-2006	办公家具的要求和试验. 工作台和储藏家具安全要求
DIN-Fachbericht CEN/TR 15119-2005	木材和木基产品的耐久性. 经防腐处理的木材对环境的排放物的估测. 处理后存于堆场的木材以及 3 级（未遮盖，不与地面接触）木制商品、4 或 5 级木制商品（与地面、淡水或海水接触）. 实验室法

DIN-Fachbericht
CEN/TR 581-4-2006　　　户外家具.野营、家用和租用座椅和桌子.第4部分：气
候条件影响下耐久性的要求和试验方法

十三、欧洲部分家具标准简介

1. 户外家具

（1）EN 581-1:2006 Outdoor furniture—Seating and tables for camping, domestic and Common use—Part 1: General safety requirements. 户外家具——露营、家用和公共场所用椅子和桌子——第1部分：通用安全要求。

标准适用范围：

该标准阐述了露营、家用和公共场所用户外家具的总的安全要求。该标准不适用于垫子和表面织物的测试，同样也不适用于固定家具的测试。

标准测试项目包括：

条款 5.1　尖点和利边测试

条款 5.2　使用过程中可接触的管件、孔洞和间隙测试

条款 5.3　剪切点和挤压点测试

条款 5.3.1　折叠和打开过程中产生的剪切点和挤压点

条款 5.3.2　动力装置作用下产生的剪切点和挤压点

条款 5.3.3　使用过程中产生的剪切点和挤压点

（2）ENV 581-2:2000 Outdoor furniture—Seating and tables for camping, domestic and Common use—part 2: Mechanical safety requirements and test methods for seating. 户外家具——露营、家用和公共场所用椅子和桌子——第2部分：椅子的机械安全要求和测试方法。

标准适用范围：

该标准阐述了露营、家用和公共场所用户外成人椅子的机械安全要求和测试方法。这些测试不考虑材质、设计或制造工艺过程。该标准不适用于公共场所较高使用要求的椅子，也不适用于垫子和表面织物的测试，同样不适用于固定家具和路边家具的测试。

标准测试项目包括：

条款 6.1　稳定性测试方法（参照 EN 1022：2005）

条款 6.2　座面强度和疲劳测试

条款 6.2.1　座面静载荷测试

条款 6.2.2　座面疲劳测试

条款 6.2.3　座面冲击测试

条款 6.3　靠背强度和疲劳测试

条款 6.3.1　靠背静载荷测试

条款 6.3.2　靠背疲劳测试

条款 6.3.3　靠背可调节椅靠背交替力测试

条款 6.3.4　靠背冲击测试

条款 6.4　扶手强度和疲劳测试

条款 6.4.1　扶手向下静载荷测试

条款 6.4.2　扶手疲劳测试

条款 6.4.3　扶手冲击测试

条款 6.5　腿部强度测试

条款 6.5.1　腿部前向静载荷测试

条款 6.5.2　腿部侧向静载荷测试

条款附录 A　户外椅子在高低温条件下的性能测试

条款附录 B　躺椅的特殊测试方法和要求

条款 B2.1.1　侧向稳定性

条款 B2.1.2　前向稳定性

条款 B3.1.1　静载荷测试

条款 B3.1.2　疲劳测试

条款 B3.1.3　冲击测试

条款 B3.1.4　抬起测试

条款 B4　标签

（3）EN 581-3:2007 Outdoor furniture—Seating and tables for camping，domestic and Common use—Part 3：Mechanical safety requirements and test methods for tables. 户外家具——露营、家用和公共场所用椅子和桌子——第 3 部分：桌子的机械安全要求和测试方法。

标准适用范围：

该标准阐述了露营、家用和公共场所用户外成人桌子的机械安全要求和测试方法。这些测试不考虑材质、设计或制造工艺过程。该标准不适用于公共场所较高使用要求的椅子，也不适用于垫子和表面织物的测试，同样不适用于固定家具和路边家具的测试。

标准测试项目包括：

条款 6.1　总则

条款 6.2　稳定性测试

条款 6.2.1　垂直载荷下的稳定性测试

条款 6.2.2　用于支撑伞的桌子的测试

条款 6.3　垂直静载荷测试

条款 6.3.1　桌面垂直静载荷测试

条款 6.3.2　尾部可延伸部位的垂直静载荷测试

条款 6.4　水平疲劳测试

条款 7　使用说明

2. 室内用椅子

（1）EN 1022:2005 Domestic furniture–Seating determination of stability. 室内家具——室内用椅子的稳定性测试。

标准适用范围：

该标准阐述了成人室内用椅子的稳定性测试方法和要求。该标准不适用于靠背角度小于等于 10°的几何中心可调节的椅子。

标准测试项目包括：

条款 6　所有椅子的测试步骤和要求：实验方法

条款 6.2　所有椅子的前向稳定性测试

条款 6.3　有搁脚的椅子的侧向稳定性测试

条款 6.4　无扶手椅子的侧向稳定性测试

条款 6.5　带扶手椅子的侧向稳定性测试

条款 6.6　有靠背椅子的后向稳定性测试

条款 7　可变几何中心的椅子的测试过程和要求：实验室方法

条款 7.3　倾斜椅

条款 7.4　摇椅

条款 7.5　带搁脚的活动靠背椅

条款 7.6　搁脚测试

条款 7.7　无搁脚的靠背可活动椅

（2）ENV 12520:2000 Domestic furniture—Seating—Mechanical and structural safety requirements. 室内家具——椅子——机械强度和结构安全要求。

标准适用范围：

该标准阐述了室内成人用各类椅子的机械和结构安全要求。该欧盟标准适用于可转变为床的椅子的测试，但测试是样品应为椅子的适用状态。不适用于轮子的疲劳测试，以及活动结构和倾斜结构的测试，也不适用于椅子的高度调节结构，如汽缸。不适用于室外用椅子的测试。

标准测试项目包括：

条款 4.2　剪切点和挤压点（定义：使用者体重作用后两相对活动部件之间的间隙在 8mm~25mm 时即认为存在剪切点和挤压点）

条款 4.2.1　折叠和打开过程中的剪切点和挤压点

评判指标：使用者在正常折叠或打开过程中样品产生的剪切点和挤压点是可以接受的。

条款 4.2.2　机械结构作用下的剪切点和挤压点

评判指标：由于样品的机械部分作用而产生的剪切点和挤压点是不可以接受的。

条款 4.2.3　使用者体重作用下产生的剪切点和挤压点

评判指标：由于样品部件的意外运动产生的剪切点和挤压点是不可以接受的。在正常的移动和使用过程中产生的剪切点和挤压点也是不能接受的。

条款 4.3　稳定性

评判指标：测试方法和评判指标见 EN1022:2005.

条款 4.4　结构测试（测试项目见表 4–15）

表 4–15

序号	测试项目	测试方法
1	扶手侧向静载荷测试 侧翼侧向静载荷测试	PrEN 1728:1998 条款 6.4 & 6.5
2	扶手向下静载荷测试	PrEN 1728:1998 条款 6.5
3	腿部前向静载荷测试	PrEN 1728:1998 条款 6.11
4	腿部侧向静载荷测试	PrEN 1728:1998 条款 6.12
5a	竖直椅子的座面和靠背静载荷测试	PrEN 1728:1998 条款 6.1
5b	倾斜椅座面和靠背附加静载荷测试	PrEN 1728:1998 条款 6.2
6a	竖直椅子的座面和靠背疲劳测试	PrEN 1728:1998 条款 6.6
6b	倾斜椅、靠背可活动椅、躺椅座面和靠背附加疲劳测试	PrEN 1728:1998 条款 6.8
7	椅子前端疲劳测试	PrEN 1728:1998 条款 6.7
8	稳定性	EN1022

3. 办公椅

（1）EN 1335–1:2000 Office furniture—Office work chair—Part1：Dimensions—Determination of dimensions. 办公家具——办公椅——第 1 部分：尺寸——尺寸测量。

标准适用范围：

本标准阐述了各种类型椅子的尺寸及相应测试方法。

标准测试项目包括：

条款 6　尺寸测量

条款 6.1　座面高度 a 测量

条款 6.2　座面深度 b 测量

条款 6.3　座面深度 c 测量

条款 6.4　座面宽度 d 测量

条款 6.5　座斜角 e 测量

条款 6.6　背支撑点离座面高度测量

条款 6.7　背高 g 测量

条款 6.8　靠背上边缘离座面高度 h 测量

条款 6.9　靠背宽度 i 测量

条款 6.10　靠背水平直径 k 测量

条款 6.11　靠背倾斜调整角度 l 测量

条款 6.12　扶手有效长度 n 测量

条款 6.13　扶手有效宽度 o 测量

条款 6.14　扶手离座面高度 p 测量

条款 6.15　扶手有效前边缘离座面前边缘距离 q 测量

条款 6.16　扶手有效内宽 r 测量

条款 6.17　最大框架偏心度 s 测量

条款 6.18　稳定性尺寸 t 测量

（2）EN 1335-2:2000 Office furniture—Office work chair—Part 2：Safety requirements. 办公家具——办公椅——第 2 部分：安全要求。

标准适用范围：

该标准阐述了办公椅的安全要求。

标准测试项目包括：

条款 4　安全要求

条款 4.1　设计要求总则

条款 4.1.1　角、边、挤压点、剪切点

条款 4.1.2　调节装置

条款 4.1.3　连接

条款 4.1.4　避免污染

条款 4.2　测试流程

条款 4.3　使用过程中的稳定性

条款 4.4　未加载椅子的旋转阻力

条款 4.5　强度和耐久性

条款 5　使用说明

（3）EN 1335-3:2000 Office furniture—Office work chair—Part 3：Safety test methods. 办公家具——办公椅——第 3 部分：安全测试方法。

标准适用范围：

该标准阐述了办公椅安全测试方法，相对应的测试要求见 EN1335-3。该标准未阐述办公椅典型部件的测试方法。条款 7、8 和 9 的测试仅适用于每天工作 8 小时，使用者体重小于 110kg 的办公椅。

标准测试项目包括：

条款 5　稳定性测试

条款 5.1　前边缘稳定性

条款 5.2　前向稳定性

条款 5.3　侧向稳定性

条款 5.3.1　没有扶手的椅子的侧向稳定性

条款 5.3.2　有扶手的椅子的侧向稳定性

条款 5.4　后向稳定性

条款 5.4.1　测量靠背最大偏移量

条款 5.4.2　靠背不可后斜的椅子

条款 5.4.3　靠背可后斜的椅子

条款 6　未加载椅子的轮子抗滚动性测试

条款 6.1　测试方法

条款 6.2　疲劳测试

条款 7　椅面和靠背的测试

条款 8　可以绕一个水平轴旋转的靠背的附加测试

条款 9　扶手测试

条款 9.1　耐久性测试

条款 9.2　垂直静压测试

条款 9.2.1　扶手功能加载

条款 9.2.2　椅子扶手的静压测试（超负载）

4. 桌子

（1）ENV 12521:2000 Domestic furniture—Tables—Mechanical and structural safety requirement. 室内用家具——桌子——机械强度和结构安全要求。

标准适用范围：本标准阐明了室内桌类机械结构安全要求，不包括高度可调的机械装置和脚轮。本标准不适用于儿童用、特殊场所用、户外和可调节桌。本标准不包括高度可调的机械装置和脚轮的耐久性要求，不包括老化的要求。

标准测试项目包括：

条款 4　安全要求

条款 4.1　边、角要求

条款 4.2　剪切点和挤压点

条款 4.2.1　打开或折叠过程中的剪切点和挤压点

条款 4.2.2　强力装置驱动产生的剪切点和挤压点

条款 4.2.3　身体重力下产生的剪切点和挤压点

条款 4.3　稳定性

条款 4.4　结构要求（测试项目见表 4-16）

表 4-16

序号	测试项目	测试方法
1	水平静载荷	Pr EN 1730：1999 条款 6.2
2	垂直静载荷	Pr EN 1730：1999 条款 6.3
3	垂直疲劳	Pr EN 1730：1999 条款 6.5
4	水平疲劳	Pr EN 1730：1999 条款 6.4
5	主工作面的稳定性	Pr EN 1730：1999 条款 6.7
6	副工作面的稳定性	Pr EN 1730：1999 条款 6.7

（2）EN 527-1:2000 Office furniture—Work tables and desks—Part 1：Dimensions. 办公家具——办公桌——第 1 部分：尺寸。

标准适用范围：

本标准阐述了普通使用办公桌的尺寸，不包括抽屉、收银台及其他桌的尺寸。

标准测试项目包括：

条款 3　桌面尺寸

条款 3.1　桌面尺寸要求

条款 3.2　长方桌尺寸要求

条款 4　桌面高度

条款 4.1　固定高度桌要求

条款 4.2　可调高度桌要求

条款 4.3　测量位置确定

条款 5　腿的空间

条款 5.1　固定高度桌要求

条款 5.2　可调高度桌要求

条款 5.3　倾斜桌面测量位置确定

（3）EN 527 –2:2002 Office furniture—Work tables and desks—Part 2：Mechanical safety requirements. 办公家具——办公桌——第2部分：机械安全要求。

标准适用范围：

本标准阐述了办公桌的稳定性和机械安全性的试验方法。

标准测试项目包括：

条款 3　通用设计要求

条款 4　结构安全要求

条款 5　稳定性要求

条款 5.1　稳定性测试

条款 5.1.1　垂直加载稳定性测试

条款 5.1.2　打开抽屉稳定性测试

条款 5.2　垂直加载强度测试

条款 5.3　水平加载强度测试

条款 5.4　水平加载疲劳测试

条款 5.5　垂直加载疲劳测试

条款 5.6　跌落测试

（4）EN 527–3:2003 Office furniture—Work tables and desks—Part 3：Methods of test for the determination of the stability and the mechanical strength of the structure. 办公家具——办公桌——第3部分：结构强度和稳定性测试方法。（该标准的适用范围和测试项目同 EN527–2：2002）

5. 柜子

（1）EN 14749:2005 Domestic and kitchen storage units and worktops—Safety requirements and test methods. 室内和厨房储物柜和工作台——安全要求和测试方法。

标准适用范围：

本标准阐明了各种已安装完待用的厨房、浴室、室内用储物柜的安全要求和测试方法，包括厨房和浴室用的工作台和玻璃部件；本标准仅适用于储物功能，如果家具有其他功能，有必要满足相关欧洲安全标准；本标准不适用于 EN 71-1:1998/A7:2002 中包括的单元及餐饮设备；本标准不适用于安全性由结构决定的单元；稳定性测试包括限定坡度、不平的地面和软地毯作用。

标准测试项目包括：

条款 6　安全要求和测试方法

条款 6.1　通用安全要求

条款 6.2　安全要求的规定

条款 6.3　具体安全要求和测试方法

条款 6.3.1　搁板

条款 6.3.1.1　水平加载力测试

条款 6.3.1.2　垂直加载力测试

条款 6.3.2　搁板支承件测试

条款 6.3.3　铰链门测试

条款 6.3.4　移门测试

条款 6.3.5　延伸部件测试

条款 6.3.6　翻板测试

条款 6.3.7　顶面和工作台面测试

条款 6.3.7.1　顶面测试

条款 6.3.7.2　工作台面测试

条款 6.4　挂壁式和吊顶式单元

条款 6.4.1　移动部分、搁板支承件、顶板测试

条款 6.4.2　过载测试

条款 6.5　玻璃部件的垂直冲击测试

条款 6.6　稳定性测试

条款 6.6.1　单体厨房地柜（带工作台）测试

条款 6.6.2　其他储物柜测试

条款 6.6.2.1　关闭门、延伸部件和翻板，空载

条款 6.6.2.2　打开门、延伸部件和翻板

条款 6.6.2.3　打开门、延伸部件和翻板（不锁）

条款 6.6.2.4　所有储物地方空载

条款 6.6.2.5　所有储物地方加载

条款 6.6.3.4　关闭门、延伸部件和翻板（锁紧）

条款 6.6.4　与墙壁结合的落地单元测试

6. 床类

（1）EN 1725:1998 Domestic furniture—Beds and mattresses—Safety requirements and test methods. 室内家具——床和床垫——安全要求和测试方法。

标准适用范围：

该标准阐述了室内成人用床的机械安全要求和测试方法，包括床架、床板和床垫。该标准不适用于可折叠床、双层床、儿童围栏、残疾人专用床、水床和气床。老化性能评估不包含在该标准中。

标准测试项目包括：

条款 7　测试方法

条款 7.1　总则

条款 7.2　稳定性测试

条款 7.3　耐久性测试

条款 7.4　垂直冲击测试

条款 7.5　床边缘耐久性测试

条款 7.6　垂直静载荷测试

条款 7.7　床边缘垂直静载荷测试

（2）EN 747–1–2007 Furniture—Bunk bed and high bed for domestic use—Part 1: Safety, strength and durability requirements. 家具——室内用双层床和高床——第 1 部分：安全性和耐久性要求。

标准适用范围：

本标准阐述了室内用双层床和高床的安全性、强度和耐久性，强度和耐久性载荷和测试力适用于床板宽度小于 120cm 的床。

标准测试项目包括：

条款 4　安全要求

条款 4.1　材料要求

条款 4.2　结构要求

条款 4.3　安全栏板要求

条款 4.4　孔洞、间隙、开口要求

条款 4.5　床板要求

条款 4.6　楼梯及其他进入方式要求

条款 4.6.1　连接件缺陷及强度

条款 4.6.2　立足点距离

条款 4.7　框架和紧固件强度

条款 4.8　稳定性

条款 4.9　上下床紧固性

（3）EN 747–2–2007 Furniture—Bunk bed and high bed for domestic use—Part 2：Test methods. 家具——室内用双层床和高床——第 2 部分：测试方法。

标准适用范围：

本标准阐述了室内用双层床和高床的安全性、强度和耐久性的测试方法，强度和耐久性载荷和测试力适用于床板宽度小于 120cm 的床。为了减小儿童用风险，仅考虑睡觉功能。

具体测试项目同 EN747-1:2007。

十四、欧洲对产品的包装要求：94/62/EC 《包装和包装废物指令》

欧洲议会和欧盟理事会 1994 年 12 月 20 日通过了关于包装和包装废物 94/62/EC 指令。

包装中重金属浓度水平要求：成员国应保证包装物及包装元件中铅、镉、汞和六价铬的总体浓度水平不超过 100ppm。

该指令全文如下：

欧洲议会和欧盟理事会考虑到建立欧洲共同体条约，尤其是它的第 100a 条款，

考虑到委员会的建议，

考虑到社会和经济专门委员会的意见，

并履行条约第 189b 条款规定的程序，

为防止包装和包装废物对环境的影响，并降低此类影响以提供高水平的环境保护，同时为了发挥共同体内市场的正常作用，避免对贸易的障碍和对共同体内竞争的歪曲和限制，因此，各国之间不同的包装和包装废物的管理措施应协调一致；

鉴于防止包装废物产生的最好措施是降低包装的总量；

考虑到本指令的目的，尊重各国为保护环境所采取措施的总体原则不应显著影响其他国家实现本指令目标的能力是十分重要的；

鉴于降低废物对于欧盟极力倡导的可持续发展是首要必备的；

鉴于该指令应包括所有投放市场的包装及包装废物，同时，欧洲委员会关于人类消费用液体包装容器的 1985 年 6 月 27 日的 85/339/EEC 指令应撤销；

鉴于包装对社会和经济的重要作用，因此本指令所提供的措施应普遍适用，不偏袒对包装或包装物质量和运输有关的其他法规规定；

考虑到 1990 年 5 月 7 日委员会决定所确立的有关废物政策中的废物管理战略，以及委员会 1975 年 7 月 15 日关于废物的 75/442/EEC 指令，包装和包装废物管理的首要内容应包括包装废物的预防、附加的基本原则应包括包装废物的再利用和循环利用，以及其他再生形式，并由此减少对废物的最终处理；

鉴于在再利用措施方面的科学和技术取得重大进步前，再利用和循环利用应优先考虑对环境的影响，鉴于这要求各成员国应建立确保使用过的包装或包装废物能收回的体系；

鉴于生命周期的评估应尽快完成，以便在再利用、可循环利用和可再生之间调整出清晰的层次等级；

鉴于预防包装废物应通过适当的方法，包括按本指令目标在成员国内采取措施的动机；

鉴于各成员国按条约规定可鼓励建立与环境更友好方式的包装再利用系统，以利用

该系统为保护环境发挥作用；

鉴于从环境的观点，尤其考虑到减少能源和初级原料的消耗，以及减少对废物的最终处理，循环利用被当作再生的重要形式；

鉴于能量再生是废物再生的最有效的方式；

鉴于考虑各成员国不同的状况以及防止产生对贸易的壁垒和对竞争的歪曲，各成员国制订的再生和循环利用应限定在一个确定的范围；

鉴于为取得中长期的成果，以及给经济经营者、消费者和公众机构必要的长期前景，应制订取得上述目标的中长期期限和取得下阶段制订的具有实质性进展的目标的长期期限；

鉴于欧洲议会和欧盟理事会应根据委员会的报告，检查各成员国在实现上述目标的努力中所取得的实践经验，以及在诸如生态平衡等方面所取得的科研成果和技术评估；

鉴于应允许已制订或将要制订超过上述范围目标的成员国为了更高水平的环保利益而寻求更高的目标，只要这些措施能避免内部市场的失衡，并不制约各成员国履行本指令；也鉴于委员会在适当证实后应确认这些措施；

由于有些成员国特殊的情形，应允许有的成员国采用较低的目标，只要它们能取得标准限制内的最低再生目标和以后期限的标准目标；

鉴于包装和包装废物的管理要求各成员国建立收回、收集和再利用的系统。根据条约的规定，这些系统应对所有利益团体开放，并力求避免对进口商品造成歧视、对贸易造成限制和对竞争的歪曲，并保证包装和包装废物的最大回收可能；

鉴于共同体的包装条形码的发放不久将要通过，但还需要进一步的研究；

鉴于为使包装和包装废物对环境的不良影响降低到最低限度，并避免对贸易的障碍和对竞争的歪曲，制订管理内容的基本要求，定义再生和再利用的属性是十分必要的；

根据有毒金属物质和其他物质对环境的不良影响程度而限制其在包装上的含量是必要的（尤其是这些物质在焚化、填埋等处理时化为灰烬或释放气体）；鉴于作为迈向降低包装废物毒性的第一步，防止这些重金属累积到包装物上，并确保此类物质不释放入环境中，并按专门委员会程序委员会对一些特定个案进行赦免，这是十分必要的。

鉴于若能取得更高的再生水平，并且可避免对这些包装废物的收集和处理人员的安全和健康问题，这些废物是可以按来源进行分类的；

鉴于这些对包装生产的要求不适用于在本指令实施前已用于某产品的包装；

鉴于对包装的经营需要一个过渡的期限；

鉴于满足所有基本要求的包装投放市场的时间选择应考虑到欧洲标准正由资格标准化组织进行制订的现实，并且关于利用标准一体化的规定不应耽搁；

鉴于应促进基本要求和其他问题的欧洲标准的制订工作；

鉴于本指令提供的措施意味着再生和循环潜能的开发和循环包装的市场出路；

鉴于循环包装材料的内容物质不应和有相关的卫生、健康和消费安全的规定相矛盾；

为了监督本指令目标的履行情况，共同体范围内的包装和包装废物数据是必要的；

鉴于与包装和包装产品的生产、使用、进口和分发有关的所有人员更加意识到包装将在多大范围内成为废物，以及按谁污染谁付钱的原则他们承担这些废物的责任；

鉴于开发和履行本指令提供的措施涉及和需要所有参与者本着共同负责的精神密切合作；

鉴于消费者在包装和包装废物的管理方面发挥着重要的作用，因此他们应得到充分的告知以便他们的行为和态度适应有关规定的要求；

鉴于为实现 75/442/EEC 指令而制订的废物管理计划中的包装及包装废物管理的具体篇章的内容有助于本指令的有效执行；

鉴于为了更容易实现本指令的目标，共同体和成员国根据条约的规定采用经济手段是合适的，以避免形成新的贸易保护主义；

鉴于各成员国应完全执行 1983 年 3 月 28 日制订的关于技术标准和法规领域通知规定的程序的 83/189/EEC 指令，通知委员会他们拟采用的任何措施的草案，以便该体系的建立而不论是否符合本指令；

鉴于在包装识别系统和数据有关的格式方面的科学和技术的进步成果的采用应遵循专门委员会的程序并由委员会确认担保；

鉴于按同一专门委员会的程序，采用具体的措施来解决执行本标准时遇到的困难是必要的；

因此，采用本指令。

第一条　目的

1. 本指令的目的在于协调各成员国与包装和包装废物管理有关的国家措施，一方面为了防止或降低包装和包装废物对各成员国和第三国环境的不良影响；另一方面为了确保内部市场的作用，避免对贸易的障碍、歪曲和对共同体内竞争的限制。

2. 为了这个目标，本指令制订措施的首要目的在于防止包装废物的生产，而其附加的基本作用在于包装的再利用，在于包装废物的循环和其他的再生，由此降低此类废物的最终处理。

第二条　范围

1. 本指令涵盖所有投放市场的包装和包装废物，不论是用于工业、商业、办公室、商店、服务业或家居，或从中丢弃的，或其他的形式，也不考虑所使用的材料。

2. 本指令不排除现有关于包装物质量的要求，例如有关包装产品安全、健康和卫生要求，或现行的运输要求，或 1991 年 12 月 12 日关于危险废物的 91/689/EEC 号指令的有关规定。

第三条　本指令中的定义

1. 包装　应指用各种性质的任何材料制成的，来自生产者至使用者或消费者的，用作从原料到在制品的所有物质的容器、保护、处理、传递和展示的所有产品。用于同样目的的不可回收的元件应不认为含有包装。

包装仅包括：

（a）销售包装或初级包装　如用于在最终消费者或使用者在购物时形成销售单元的包装。

（b）群组包装或二级包装　用于销售时形成一定数量的销售单元的集合的包装，不论这个包装是否销售给最终消费者或使用者，还是仅作为在销售时加固商品的外壳。这类包装在销售时可以被拆离而不影响产品的性能。

（c）运输包装或三级包装　如用于防止处理和运输时的物理损害而形成的便于处理和运输的一定数量单元或群组的包装。运输包装不包括公路、铁路、轮船和飞机的集装箱。

2. 包装废物　是指75/442/EEC指令关于废物的定义中所包括的所有包装及其材料，不包括生产残余物。

3. 包装废物管理　是指对75/442/EEC指令定义所有废物的管理。

4. 防治　指降低以下几个方面的数量和对环境的危害：

——包装和包装废物中所含有的物质；

——到包装及包装废物生产过程水平并在营销、配售、使用和消除阶段，尤其应通过开发清洁产品和技术。

5. 再利用　是指这样的所有活动，通过这些活动，这些作为包装的产品在其生命周期内经过最少次数的跌落和周转后，被重新填充或再用于同一用途，不论有无助剂的辅助。这些可再利用包装在不能再生时将成为废物。

6. 再生　是指75/442/EEC指令附录ⅡB提供的任何实用的操作。

7. 循环　是指废物材料生产过程的再生产，使之具有最初用途的性能或其他性能，包括有机再生，但不包括能源再生。

8. 能源再生　是指将易燃包装物通过直接焚烧产生热量，不论有无废物，但必须有热量的再利用。

9. 有机再生　是指在受控条件下并使用微生物对包装废物可微生物降解部分进行有氧或无氧的处理，将其分解生成为稳定的有机物残渣或甲烷。土埋法不属于有机再生形式。

10. 处理　是指75/442/EEC指令附录ⅡA所提供的任何实用的操作。

11. 与包装有关的经济经营者　是指包装材料的供应者、生产商、转销商、填充商和使用者、进口商、配销商、管理机构和授权组织。

12. 自愿协议　是指成员国有资格的公共机构与有关的经济部门所达成的正式协议。该协议对致力于实现本指令目标，并愿意满足签约条件的所有合作方开放。

第四条　防治

1. 除了按第九条规定采取的防止包装废物的产生措施外，各成员国应确保采取其他的防治措施。这类其他的措施包括合适时与经济经营者磋商后采取的国家程序或收集和利用成员国内就防治工作的积极主动性所采取的相似的行动。这些措施应与本指令第一条确定的目标一致。

2. 根据第十条的规定，委员会应通过开发适当的欧洲标准来帮助促进防治工作。

第五条　再利用

根据条约的规定，成员国可以鼓励与环境更友好的方式的再利用系统。

第六条　再生和循环

1. 为了达到本指令的目标，成员国应确保在其国内所有地方采取措施以达到以下目标：

（a）在本指令成为成员国国内法而执行之日的 5 年内包装废物的可再生率达到总重量的 50%~65%；

（b）在此总体目标内，并在同样的时间期限内，包装废物中的包装材料总重量的 25%~45%应是可循环的，且每种材料的重量可循环率不少于 15%；

（c）在本指令成为成员国国内法而执行之日的 10 年内，一定比率的包装废物将再生和循环，这将由委员会按 3（b）的规定进行确定，以确保（a）和（b）所提及的目标有实质性的进展。

2. 成员国应鼓励使用从可循环包装废物中取得的材料生产包装和其他产品。

3.（a）欧洲议会和欧盟理事会应根据委员会的中期报告和最终报告，从 1（a）规定的时间起每四年对各成员国在实现 1（a）和（b）以及 2 确定的目标中取得的实践经验，以及诸如生态平衡一类的技术评价和科研成果进行检查；

（b）理事会应按绝对多数原则和委员会的建议，在 1（a）规定的第一个五年期结束的 6 个月前制订 1 规定的第二个五年计划；

（c）这个程序此后每五年重复一次。

4. 成员国应公布和出版 1（a）和（b）涉及的措施和目标并使之成为公众和经济经营者信息活动的项目。

5. 希腊、爱尔兰、葡萄牙由于各自特殊的原因，如分别为多小岛，多农村山区和当前低水平的包装消费，可以决定：

（a）在本指令实施 5 年内取得比 1（a）和（b）规定低的目标，但至少应有 25%的再生率；

（b）同时推迟达到 1（a）和（b）规定目标的时间，但不能迟于 2005 年 12 月 31 日这个期限。

6. 允许那些寻求高于 1（a）和（b）目标并为此提供适当再生和循环潜能的国家追逐更高水平的环境保护利益目标，只要这些措施不扭曲内部贸易和妨碍本指令的实施。成员国应将这项措施的内容通知委员会，委员会与成员国核实后应对这些措施与上述目的的一致性和不含有任何歧视和对成员国的内部贸易的隐含限制进行确认。

第七条　收回、收集和再生系统

1. 成员国应采取必要的措施确保这些系统的建立能提供：

（a）从消费者、最终用户或废物流中的包装和（或）包装废物的回收和（或）收集是为了将它引到最适当的废物管理途径；

（b）再利用和再生包括对收集到的包装或包装废物的循环利用以便于达到本指令的规定的目标。该系统应对有关部门的经济经营者的参与和资格公众机构的参与开放。本系统在非歧视的原则下也适用于进口商品，包括详细的处理和使用本系统而征收的关税，并按条约规定设法避免对贸易的障碍和对内部竞争的扭曲。

2. 本条中所涉及的措施应形成包括所有包装和包装废物的政策的一部分，尤其应考虑与环保、消费者安全、健康和卫生，对被包装产品和使用的材料的品质保护，真实性和技术特征等有关的要求。

第八条 标识和识别系统

1. 按条约规定委员会应在本指令实施的两年内决定包装的标识方法。

2. 为了便于收集，包括循环和包装的再利用和再生根据相关工业分类和识别的目的对所使用的材料进行标识。为了此目的，委员会在根据附录Ⅰ和第二十一条的规定程序，在本指令实施后 12 个月内决定作为识别基础的数字编码和字母缩写方式，并详细说明按上述程序和各种材料所适合的识别系统。

3. 应在包装本身或商标上进行适当的标识。标识应清晰可见，浅显易懂。包装标识应牢固持久，包括在它打开以后。

第九条 基本要求

1. 成员国应保证在本指令实施三年后，只有满足本指令附录Ⅱ规定的基本要求的包装才能投放市场。

2. 成员国应在从第二十二条（1）规定的日期后将满足下列条件的包装当作符合本指令附录Ⅱ规定的基本要求：

（a）符合相关的协调标准。标准参考内容应公布在欧盟出版的官方公报上。成员国应公布更换这些协调标准的国家标准。

（b）在没有协调标准时，应符合 3 涉及的涵盖这些范围的国家标准。

3. 成员国应就 2（b）中涉及的国家标准内容与委员会沟通这些标准应被认为与本指令规定的基本要求一致。委员会应将这些标准送交给其他成员国；

4. 当有成员国或委员会认为 2 中的标准不符合 1 中涉及的基本要求时，有关成员国或委员会应向按 83/189/EEC 指令规定成立的专门委员会提出问题，并陈述理由。委员会应不立即表明意见。不论是否要求从 2 或 3 涉及的出版物上取消这些标准，委员会都应通知成员国。

第十条 标准化

委员会应促进与附录Ⅱ规定的基本要求有关的欧洲标准的制订。

委员会特别应促进以下几个方面有关的标准的制订：

——包装物循环周期分析的标准和方法；

——测量和证实包装物中含有重金属或其他有害物质的方法，以及测量和证实重金属或其他有害物质从包装或包装废物进入环境的方法；

——在适当的包装物中可循环物质最低的含量标准；

——循环方法标准；

——堆肥方法和堆肥标准；

——包装标识标准。

第十一条 包装中重金属浓度水平

1. 成员国应保证包装物及包装元件中铅、镉、汞和六价铬的总体浓度水平不超过以下指标：

——在第二十二条（1）规定的日期后的两年内重量的 600ppm；

——在第二十二条（1）规定的日期后的三年内重量的 250ppm；

——在第二十二条（1）规定的日期后的五年内重量的 100ppm。

2.1 中所涉及的浓度水平不适用于 69/493/EEC 指令规定的全部由含铅的水晶玻璃制成的包装容器。

第十二条　信息系统

1. 成员国应采取必要的措施建立有关包装和包装废物的数据库，至少应建立协调的数据库以便有助于各成员国和委员会监测本指令确定的目标的执行情况。

2. 对于这方面的努力，数据库特别应提供各成员国有关包装及包装废物流（包装在包装生产中所用的有害物中危险物质的信息）的数量、特性和发展过程的信息。

3. 考虑到协调数据的特点和表达方式，以及使成员国间的数据相协调，各成员国应按附录Ⅲ的要求以固定的格式向委员会提供可得到的数据，委员会应在本指令实施一年内制订格式式样，程序按第二十一条规定进行。

4. 成员国应考虑中小企业提供数据的特殊问题；

5. 所取得的数据应按第十七条规定公布在国家报告中，并在以后及时更新。

6. 成员国应要求有关的经济组织向资格团体提供如本指令规定的可靠的相关资料。

第十三条　供包装使用者的信息

成员国应在从第二十二条（1）涉及的日期后两年内采取措施确保包装的使用者，特别是消费者获得下列信息：

——可利用的回收、收集和再生系统；

——消费者在包装和包装废物再利用，再生和循环中的贡献的作用；

——市场上包装标识的含义；

——第十四条规定的包装及包装废物管理计划中的适当的基本内容。

第十四条　寻求本指令涉及的目标和方法

成员国应制订包括寻求 75/442/EEC 指令第十七条要求的废物管理计划，有关废物管理的详细篇章，以及实现第 4.5 规定目标的措施。

第十五条　按条约规定所采取的经济手段

委员会应采取措施，以促进本指令确立的目标的实现。在没有具体措施的情况下，成员国可按管理环境、内部事务的政策和谁污染谁付钱的原则，以及由条约产生的义务采取措施实现这些目标。

第十六条　通告

1. 在采取措施前，成员国应完全按 83/189/EEC 指令，将其在本指令框架内拟采取的措施的草案通知委员会，不包括财政性质的措施，但包括财政措施鼓励技术规范，以便于委员会按现行的规范对之进行检查。

2. 若此建议为 83/189/EEC 指令中所确定的技术情况，有关成员国可提示此通知与 83/189/EEC 指令具有同等效力。

第十七条　报告义务

成员国在应用指令执行与环境有关的其他指令时，应根据 1991 年 12 月 23 日 91/692/EEC 指令第五条规定向委员会报告，首份报告应包括 1995~1997 年的情况。

第十八条　投放市场的自由

各成员国应保证符合本指令要求的包装可以自由投放于其国内任何地方。

第十九条　符合科学和技术进步

为适应科技进步，第八条，附录Ⅰ，第十条涉及的识别系统，最后订货以及与数据系统有关的格式——如第十二条（3）和附录Ⅲ的规定的修改应按第二十一条规定的程序予以采纳。

第二十条　具体措施

1. 根据第二十一条规定的程序，委员会应规定解决在执行本指令时所遇到的困难的必要措施，特别是对医疗设备，医药产品、小包装和奢侈品的初级包装。

2. 委员会应向欧洲议会和欧盟理事会汇报所采取的其他任何措施，必要时应附有建议。

第二十一条　专门委员会程序

1. 专门委员会应协助委员会的工作，专门委员会由各成员国代表和委员会代表组成，委员会代表任主席。

2. 委员会代表应向专门委员会提交拟采取措施的建议草案，专门委员会应在主席根据事情紧急程度而限定的时间内提出意见。对理事会建议采纳措施时，对草案提出的意见应达到条约第 148 条规定的多数要求，专门委员会内和成员国代表投票的权重应按该条规定的方式执行。主席不投票。

3. （a）若这些措施是根据专门委员会的意见制订的，委员会应采取这个正面措施。

（b）若这些正面措施不是按专门委员会的意见制订的，或没有提交任何意见，委员会应立即向理事会汇报与拟采取的措施有关的建议。理事会作为绝对多数。

如果超过期限（一般为理事会指定时间的三个月内）理事会还没有表态的，委员会可采取该建议措施。

第二十二条　国内法的执行

1. 成员国应在 1996 年 6 月 30 日前执行与本指令一致的必要的法律、法规和行政规章，并在执行后立即通知委员会。

2. 成员国采取这些措施时，应包含与本指令相对照的资料，或在官方公报上公布上述资料。资料的编号方法由成员国自行制订。

3. 此外，成员国还应就本指令有关范围内的法律、法规和行政规章与委员会交流。

4. 本指令的要求不适用于在本指令实施前已使用的包装。

5. 成员国在本指令实施之日五年内应允许在本指令生效前已生产的包装投放市场，但此包装应符合相关国内法规的规定。

第二十三条

从第二十二条规定的日期撤销 85/339/EEC 指令。

第二十四条

本指令在欧盟官方公报公布之日起实施。

第二十五条

本指令应通知各成员国。

附录Ⅰ

识别系统

塑料的数字编码为 1-19；纸张的数字编码为 20-39；

金属的数字编码为 40-49；木材的数字编码为 50-59；

纺织品的数字编码为 60-69；玻璃的数字编码为 70-79。

识别系统也可以用缩写字母来表示有关材料，如 HDPE 为高密度聚乙烯。

金属可以用数字编码和（或）缩写字母来表示，标识应处于包装中可利用和可再生图标的中心或正下方。

附录Ⅱ

包装物成分和可再用、可再生，包括可循环性能的基本要求

1. 对包装物的生产和包装物成分的详细要求：

——包装物的体积和重量在满足保持被包装产品必要的安全和卫生水平，以及被包装产品和消费者可接受的范围内的最小值；

——包装物的生产、设计和促销应使包装物具有可再生性，再生包装物应可循环，且在废物管理时其对环境的不良影响降到最低；

——包装物的生产应保证包装物及包装废物在管理作业中或焚烧、填埋时所散发出的，或灰烬、析出物中的有害物质和危险物质降到最低。

2. 可再用性能详细要求。应同时满足下列要求：

——包装物的物理性能或物理性在可预见的条件下应能经受多次的跌落和旋转；

——为了符合劳工的健康和安全要求应具有对已使用过的包装物进行处理的可能。

——对可再生的包装物在不再使用或成为废物时应达到具体的要求。

3. 包装物可再生性能的具体要求

（a）材料循环形式的可再生包装物。

生产包装物所使用的材料应达到欧盟现行标准规定的可循环重量比例的方可进入欧洲市场，这个比例不是固定的，应视组成包装物的材料而定；

（b）能量再生形式的可再生包装。

具有能量再生目的的包装废物应达到最低的热量值，以优化能量再生。

（c）堆肥形式的再生包装物。

堆肥形式的可再生包装物应具有生物降解性能以便于收集和堆肥。

（d）可生物降解包装物。

可生物降解包装物应有耐物理、化学、热和微生物分解能力以致以后最终分解为二氧化碳、微小物质和水分。

附录Ⅲ

各成员国关于包装物和包装废物的总结数据（按表1~表4）

对一、二、三级包装

（a）各成员国内按材料大类分类的包装消费总量（生产量 + 进口量 – 出口量）（见表1）。

（b）再利用的数量（见表2）。

家居和非家居包装废物（见表2）

（a）各成员国内按材料大类分类的包装物再生和处理总量（生产量+进口量–出口量）

（见表3）。

（b）各大类材料循环和再生总数量（见表4）。

表1、表2、表3、表4（略）

十五、英国家具防火安全条例

英国家具防火安全条例（The Furniture and Furnishings（Fire）（Safety）Regulations 1988）

要求所有出口到英国的家具产品必须达到防火阻燃要求，并要求符合防火标签规定。

此法案的适用范围：

私人用途的家具，包括儿童家具

床、床头板、床垫（任意尺寸）

沙发床、蒲团以及其他变式

育婴家具

能用于室内的花园家具

在旅行托车（拖车式）活动房屋中的家具

分散的坐垫和软垫

枕头

用于家具的松动的、可延伸的覆面

此法案不适用于：

睡袋

睡衣（包括羽绒被）

床垫的松动覆面

枕套

窗帘

地毯

此法案采用的防火检测标准：BS 5852 用闷燃和燃烧点火源对软座进行易燃性评价的试验方法（Methods of test for assessment of the ignitability of upholstered seating by smouldering and flaming ignition sources），或 BS 6807 一次和二次点火源燃烧类型床垫、装饰沙发床及装饰软床座可燃性评估的试验方法（Methods of test for assessment of ignitability of mattresses, upholstered divans and upholstered bed bases with flaming types of primary and secondary sources of ignition）。

此法案对标签的规定：

1. 除了床垫、床基座、枕头、分散的软垫和坐垫、用于家具的松动的和可延伸的覆面以外的家具，在出售家具的地方，所有的新家具都应该带有一展示标签（这是零售商的职责），这种标签如图 4-2 所示。

2. 除了床垫和床基座以外的所有新家具都应带有一永久性的标签（这是制造商或进口商的责任），这种标签如图4-3所示。

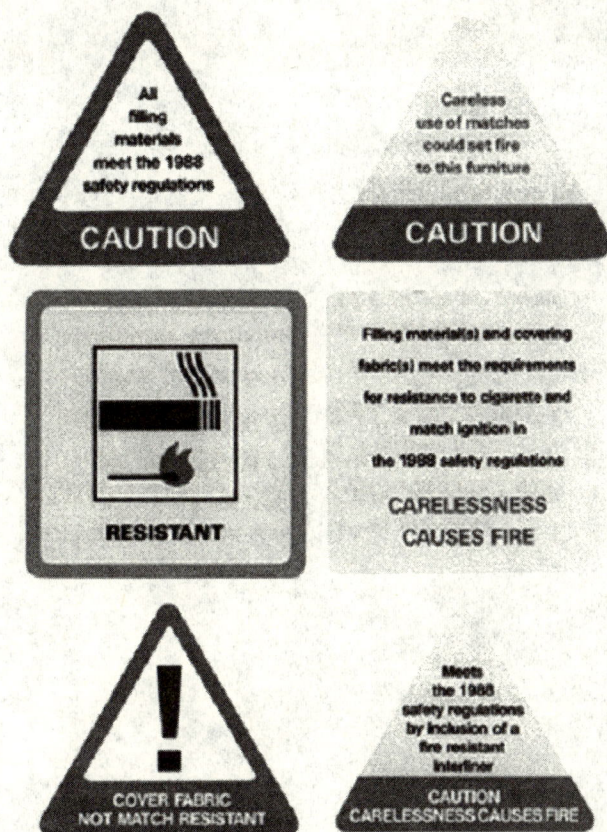

图4-2　展示标签

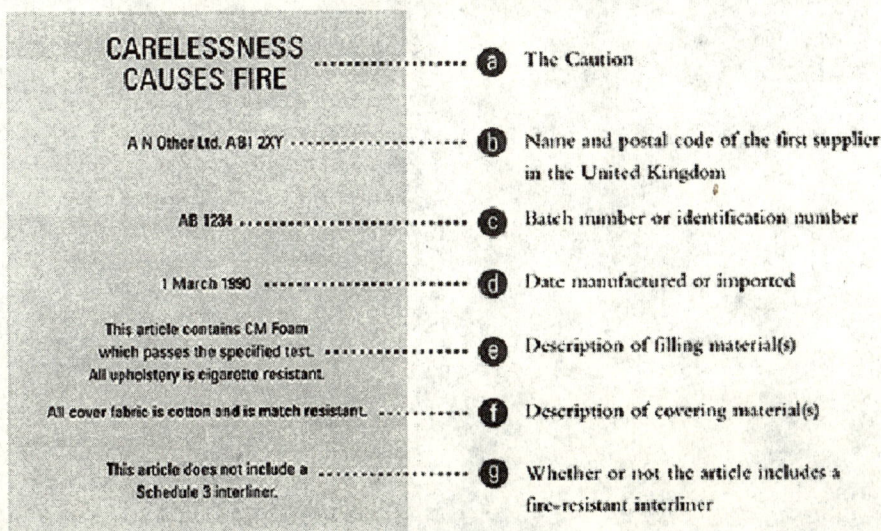

图4-3　永久性标签

第五章 美国对木制品、家具的技术性贸易措施

一、美国技术性贸易措施概况

(一) 具有完善的技术法规

美国是当今世界公认的法制比较健全的国家,其针对产品的技术法规和标准也比较完善和发达。美国表面上极力倡导贸易自由化,但为了维护自身利益,在技术标准、法规等方面却具有较强的保护主义色彩。美国为保护本国的国家安全、人身健康与安全、环境资源、市场、产业发展、劳工就业等各方面利益,由国会、联邦政府各部门对产品制定了许多联邦法律法规(在此指技术法规),规定了实施保护的基本原则、实施机构、具体规定等,要求进入美国市场的任何商品必须符合联邦法律的规定。

美国有关产品的技术法规分散于美国的联邦法律法规体系之中,包括国会制定的成文法——法案(Act)和联邦政府各部门制定的条例、要求、规范中,它们主要收录在《美国法典》(United States Code)或《美国联邦法规典集》(Code of Federal Regulations,简称CFR)中,按照政治、经济、工业、农业、贸易、环境保护等共分50大卷、140多册,每卷又依发布部门分为不同的章节,每一章节再根据法规的特定内容分为不同的部分。联邦政府17个部门和84个独立机构都有权制定技术法规(如EPA法规、CPSC法规),美国地方政府也可制定许多技术法规(如美国著名的加州防火法规CAL116、117)。美国的技术法规是由联邦政府各部门颁布的具有综合性并且长期使用的法典,这些联邦法律规定了有关机构的职能、监管范围。例如,联邦法规第40总题,规定了美国环保总署(EPA)所遵循的政府法令:环境保护法案、控制辐射法等。

在美国消费品安全领域的技术法规有:《消费品安全法规》、《联邦危险品法规》、《可燃纺织物法规》、《包装防毒法规》和《制冷器安全法规》,这5个法案覆盖了由美国消费品安全委员会管辖的15000余种日用或娱乐消费品及其安全要求。

针对不同商品不同的具体要求,消费品安全委员会根据上面5个法案又制定了大量涉及产品的安全、环保、健康的属于技术法规范畴的具体规范、要求等。例如《消费品安全法》规定:①《消费品安全法》规定进入美国市场的消费产品不得含有实质性的危害;

②实质性危害是指产品不符合消费品安全法规要求并具有伤害公众的实质风险，或因产品存在缺陷具有伤害公众的实质性风险；③具有应执行安全法规的产品，产品制造商应提供产品检验证书，证书应随附在产品上，或提供给批发商或销售商；④该法律还规定禁止含铅油漆涂料的使用。在家具产品中，含铅油漆涂料可能存在于各种油漆涂料中。

针对《消费品安全法》，消费品安全委员会（CPSC）制定了大量的部门技术法规，汇编在《美国联邦法规典集》（第 16 卷）的 1101–1406 部分，其主要精神包括：①《消费品安全法》禁止不符合消费品安全委员会所制定的标准的消费品的进口；②消费品出口商必须证明其商品符合美国有关的安全与标签标准；③任何有瑕疵被确定为构成"实际产品危害"的商品或明显有危害的商品可能会被禁止进入美国市场，海关随时都有可能抓住这些不符合标准的商品，为使这样的商品符合美国消费品委员会的标准，可将这些商品进行改造，否则，这样的商品就必须被召回或销毁。

又如美国加州防火法规中的软体家具防火法规 Cal 116、117 规定，所有在美国加州销售的软体家具都被强制执行，包括对纤维或多孔状泡沫体填充材料的防火性能测试，在加利福尼亚州销售的软体家具还会被贴上符合 TB-117 性能测试的标签，禁止进口未达到防火安全要求的软体家具及其材料；国家能源保护法则要求所有进口消费品与国产产品一样具备能源效率。

（二）制定、实施严密具体的技术标准

根据美国法律，为了保护健康与安全、环境和消费者利益，联邦机构和各州都可以自行制定产品标准和性能标准，规定产品的性质如质量等级、安全、性能或规格、包装及标签等标准体系。美国国家标准学会（ANSI）是这一标准体系的协调者，ANSI 本身并不制定标准。美国政府部门执行非常严格的标准，并采用强有力的手段来禁止、控制、限制国外不符合其规定的产品进入市场。联邦政府相关机构负责管理一些强制性的安全标准，主要涉及制造业、交通业、环保业、食品业和药品业等。这些强制性标准实际上是以技术法规的形式出现的，公布在每日出版的《美国联邦纪事》中，并定期收录在 CFR 的对应篇章中。目前，美国是一个标准大国，技术标准数量庞杂，包括政府部门制定的涵盖于技术法规和政府采购细则等在内的标准有 5 万多个和私营标准机构、专业学会、行业协会等制定的标准 4 万多个，还有一些约定俗成的事实上的行业标准。数量繁多、苛刻的技术标准则给其他国家产品进入美国造成了巨大的障碍。如凡是与人体有接触的有关健康与安全的商品，食品与药品管理局（FDA）都要过问，凡是涉及安全的消费品（如玩具、家具、自行车等），消费品安全委员会（CPSC）都有权管理。FDA、CPSC 负责对进口监管货品的检验。根据法律规定，FDA 负责对进口的食品、药品、化妆品、医护器材、具辐射能的电子产品进行检验，CPSC 负责对进口的消费品进行监督管理。其主要包括以下几个步骤：验货—扣留—召回—通报。每年 FDA 和 CPSC 都要扣留 2 万~3 万批不合要求的货品，对已进入市场的产品，一旦发现有违规情节，FDA、CPSC 要求厂家或进口商收回该产品，并将监督其执行。

（三）严谨、有效的合格评定程序

合格评定又称符合性评定，是指对一种产品是否符合特定标准或技术法规要求进行确认并给予证明的活动。

在美国技术性贸易措施体系中，合格评定程序被认为是十分有效的技术壁垒措施。在合格评定程序上，美国普遍采用第三方评定的方式，即由独立实验室和测评机构等测试后，再提供有关产品是否符合标准的正式评定结果。目前美国有55种认证体系，但却无统一的质量认证管理机构，政府部门、地方政府机构、民间组织都可以开展质量认证工作。

美国的第三方评定制度，有很多通过联邦或州一级的法规将其转化为强制性的要求，如美国有名的 UL 认证、DOT 认证、ASME 认证等。

在美国，评定合格的标志不是强制性的，如通过美国保险商实验室公司安全评定体系而取得 UL 标志，但该标志的强制性作用是由市场力量形成的，美国一些连锁店基本上不销售未取得 UL 安全认证的电器，这是因为美国公众对有 UL 认证标志的产品有很强的认同感。

在合格评定领域，美国近年来对涉及安全、健康、环保等方面越来越重视，这意味着，相关企业在认证方面有时会面临额外要求。作为一个相对成熟的国际市场，美国的消费者对来自世界各地的产品也大多采取"来者不拒，一视同仁"的宽容态度，决定某一产品在美国可否流通的关键是产品能否通过美国权威检测部门的检测后获取相关证明。对于进口的商品，美国会利用安全、卫生检疫及各种包装、标签规定进行严格的检查和实施严密的市场准入制度。

（四）严厉的绿色技术壁垒

这是美国相对较为严厉的一种技术贸易壁垒，主要有以下几种：

（1）绿色包装制度。美国的绿色包装制度要求节约资源，减少废弃物，用后能易于回收再用或者再生，易于自然分解，不会污染环境的包装。它在美国市场广泛流行。

（2）绿色技术标准。美国科学技术水平、经济属超级大国，处于技术垄断地位，他们在保护环境的名义下，通过立法手段，制定严格的强制性技术限制，这些标准都是根据美国生产和技术水平制定的。

（3）绿色卫生检疫制度。美国 FDA、CPSC 对食品、消费品的安全卫生指标十分敏感和重视，尤其对农药残留、放射性残留、重金属含量、安全的要求十分严格。

（4）绿色环保标志。它是一种在产品或其包装上的图形，表明该产品不但质量符合标准，而且在生产、使用、消费、处理过程中符合环保要求，对生态环境和人类健康均无损害。其他国家的产品为了进入美国市场必须提出申请，经过批准才能得到"绿色通行证"及"绿色环保标志"。

（五）美国技术性贸易措施体系

美国对于安全、环保、人身健康等方面采用强制性的技术法规，用合格评定程序对进口产品制造障碍，在技术领先的领域率先制定技术标准，并使之具有事实上的强制性作用。

美国在技术法规、标准、合格评定等方面做到相辅相成、炉火纯青。美国技术法规对于自愿性标准的采用规定了原则和程序。例如《消费品安全法》规定，消费品安全委员会在制定产品的安全法规时，首先要识别产品及其发生的风险的性质，其次考虑消除风险的各种选择（包括采纳自愿性的产品安全标准），再通过法定的程序（例如对标准是否能满足法规的基本要求、达到法规消除风险的目的进行评估，确定是否对现有标准进行修改采纳，还是需要制定新的安全标准，邀请相关利益方的参与，以及有关的通报发布程序等）将自愿性的产品安全标准纳入到安全法规的范畴，在《美国联邦纪事》公布并进行相关说明。自愿性标准一旦为技术法规所引用，就成为技术法规的组成部分，因此其性质也就在不知不觉中从自愿性转变为强制性。

美国技术法规通常包括有许多管理内容，规定对产品的合格评定的形式和准则，从原材料采购到整个生产过程，到产品的包装、运输、销售都有严格的规定，规定产品需完成的测试和取得的检验证书或认证证书等。技术法规的要求是强制性的，是技术性贸易措施体系的核心。例如，由美国消费品安全委员会（CPSC）负责执行的《消费品安全法规》，对消费品的标签制定了严格的规定，对于进口消费品，CPSC首先检查其标签，只要不符合技术法规的要求，尽管产品的内在质量可能很高，也会遭到退货、扣留、销毁、记入黑名单等严厉处置。又如2008年美国生效的《消费品安全修正法案》，不仅对儿童产品安全等提出了新的规定要求（重金属铅、增塑剂的限量），而且须接受经过授权的第三方检测和认证，生产商必须在产品包装上加贴溯源性标签，生产商须在产品及其包装上贴上永久的清晰标记，等等。

从上述内容可以看出，美国的技术性贸易措施体系的特点是：以严格、复杂而又分散的技术法规体系为主体；以具有美国特色的技术标准体系和合格评定体系为两翼，二者紧紧围绕着主体，三者组成一个严密的完整坚固的保护壁垒。

美国的技术性贸易壁垒已成为中国产品进入美国市场的首要非关税壁垒，严重影响我国对美国出口的进一步发展。我国具有比较优势的传统产业如纺织、服装、玩具、鞋类、家具、陶瓷等轻纺产品，继配额、许可证、原产地限制、反倾销之后，又受到来自美国严格的技术法规的限制。法规不仅对产品中有害化学品的使用有严格限制，而且对产品生产过程中的各个阶段，包括产品的加工制造、产品包装、运输、销售到消费者使用和产品回收处理等都有明确的环保要求和规定，如美国EPA对木家具、金属制家具、胶合板及木质复合板、木质建筑产品等，分别制定有相对应的联邦法规40 CFR 63 Part JJ、40 CFR 63 Part RRRR、40 CFR 63 Part DDDD、40 CFR 63 Part QQQQ，这些法规通过对家具生产商进行约束来保护环境。美国家具设计协会的执行董事Christine Evans说："采取的措施包括：限制废气排放，工厂内部的空气指数要达到一定的标准，制定工厂周围尘埃量的标准。挥发物的散播也受到严格的控制，废水和化学原料必须经过处理。除此之外，对原材料中甲醛、铅、汞以及石棉等有害物质的含量也有规定。"

近年来，在家具行业，美国联邦和地方政府分别制定了许多针对消费者的保护性法律。例如，要求软体家具产品必须用阻止燃烧的材料，塑料制的家用产品和电器也必须有阻燃的效果，布制品也一样；对于婴儿和青少年的家具产品更有一些特殊的规定，例如家具产品不能有锐利边缘和尖端，婴儿的床头、栏杆之间的距离必须保证不能伸进孩子的头部；床垫的硬度要适当，以保护孩子的身体；附有梯子的双层床的结构安全也有明确的标准；为了保持稳固，电视机架的受力角度也有规定。总之，很多产品都有其详尽的规定或者技术标准，生产者必须严格遵守。

据我国商务部的不完全统计，我国出口商品不符合"绿色"要求的覆盖面在15%左右，影响出口上百亿美元。包装、标签规定对我国外贸发展的影响也日益突出。美国的环保法规中对商品包装材料的易处理性和可收回性有较高的要求和标准。而我国的包装材料落后、不易处理、可回收率低，对进口国的环境污染严重，这就造成了我国许多产品因为包装问题而影响出口。例如，美国的环保法规中对动植物检疫提出较高的要求，规定对一些天然材料生产的包装物，要进行卫生和动植物检疫，以防止动植物病虫害的进入，而我国的出口产品包装往往不注重这方面的要求，加之包装材料较差，部分出口的包装中还在大量使用初加工的木材、稻草等材料，不仅外观粗陋，而且常常因为其中含有病虫害而一再受到美国的责难和限制，甚至经常因为通不过动植物检疫而影响有关产品的出口，中美木材包装案就是一个典型例子。美国环保法规鼓励对商品进行合理包装，以利于资源的节约，美国的消费者也具有较高的环保意识，在挑选和购买商品时会较多地考虑产品包装对环境的污染和可回收性，对产品包装的观念由追求豪华、精美转向简明、实用和对环境的改善，而我国企业在这方面还存在较大的差距，不利于我国出口产品在美国市场上的形象和竞争。

（六）严厉、有效的市场管理

美国在日用消费品市场准入制度执行管理方式上与其他国家相比较，具有"宽进严出"的特点。一般情况下，经销商在办理对美国准入的手续时政府不实施任何强制性准入措施，表面上给人一种宽松进入的感觉，相对其他国家或地区显得简单一些，但产品一旦进入美国市场，将会受到严格的监管。美国消费品安全委员会（CPSC）对市场上销售的产品一般采取市场检查或根据消费者投诉进行测试两种方式进行市场销售产品安全性的控制。一旦产品在美国市场上或在消费者使用过程中被发现一些已经存在或潜在的问题时，则强制性要求制造商或销售商回收全部产品，并依据有关法律对制造商或销售商进行处罚；如在产品检查或测试中发现潜在的可能对消费者带来伤害的危险，一般则要求销售商自愿收回产品进行改进或以其他方式进行处理，直至销毁。

二、美国环保署 EPA 公布的相关木制品家具技术法规

（一）有毒污染物质

美国环保总署 EPA 公布了 33 类国家级的有毒污染物质（污染源）National-Scale Air Toxics：The 33 Pollutants。

表 5-1　美国 EPA 公布的国家级污染物清单

AIR POLLUTANTS INCLUDED IN THE ASSESSMENT	
1. acetaldehyde 乙醛	18. formaldehyde 甲醛
2. acrolein 丙烯醛	19. hexachlorobenzene 六氯苯
3. acrylonitrile 丙烯腈	20. hydrazine 肼
4. arsenic compounds 含砷化合物	21. lead compounds 含铅化合物
5. benzene 苯	22. manganese compounds 含锰化合物
6. beryllium compounds 含铍化合物	23. mercury compounds 含汞化合物
7. 1，3-butadiene 丁二烯	24. methylene chloride 二氯甲烷
8. cadmium compounds 含镉化合物	25. nickel compounds 含镍化合物
9. carbon tetrachloride 四氯化碳	26. perchloroethylene 全氯乙烯
10. chloroform 氯仿	27. polychlorinated biphenyls（PCBs）多氯联苯
11. chromium compounds 含铬化合物	28. polycyclic organic matter（POM）* 多环有机物
12. coke oven emissions 炼焦气	29. propylene dichloride 二氯苯烯
13. 1，3-dichloropropene1，3 氯苯烯	30. quinoline 喹啉
14. diesel particulate matter 燃油尘埃	31. 1，1，2，2-tetrachloroethane 四氯乙烷
15. ethylene dibromide 二溴化乙烯	32. trichloroethylene 三氯乙烯
16. ethylene dichloride 二氯乙烯	33. vinyl chloride 氯乙烯
17. ethylene oxide 乙烯	

（二）美国环保署公布的有毒气体污染物质国家释放标准

National Emission Standards for Hazardous Air Pollutants last updated：5/7/05

(Alphabetical Order)

表 5-2　EPA 公布的有毒气体污染物清单

NESHAP (MACT) STANDARD Source Categories Affected	CFR Sub Parts	Final Federal Register Date & Citation 公布日期	Compliance Date 执行日期
Aerospace	GG	09/01/95 (60FR45948)	09/01/98
Asbestos	M	CFR 61.140	
Asphalt Processing and Asphalt Roofing Manufacturing	LLLLL	04/29/03 (68 FR 22975)	5/1/06
Auto & Light Duty Truck* (surface coating)	IIII	04/26/04 (69FR22601)	04/26/07
Benzene Waste Operations*	FF	12/04/03 (68FR67931)	12/04/06
Boat Manufacturing	VVVV	8/22/01 (66FR44217)	8/22/04
Brick and Structural Clay Products Manufacturing	JJJJJ	05/16/03 (68FR26689)	5/16/06
Clay Ceramics Manufacturing	KKKKK		
Cellulose Products Manufacturing ⦾ Miscellaneous Viscose Processes 　○ Cellulose Food Casing 　○ Rayon 　○ Cellulosic Sponge 　○ Cellophane 　● Cellulose Ethers Production 　○ Caroxymethyl Cellulose 　○ Methyl Cellulose 　○ Cellulose Ethers	UUUU	06/11/2002 (67FR40043)	06/11/2005
Chromium Electroplating ● Chromic Acid Anodizing ● Decorative Chromium Electroplating ● Hard Chromium Electroplating	N	01/25/95 (60FR4948)	01/25/96 deco 01/25/97 others
Clean Air Mercury Rule	Da, HHHH	Signed 3/15/2005 (TBA)	
Coke Ovens: Pushing, Quenching, & Battery Stacks*	CCCCC	4/14/03 (68FR18007)	4/14/06
Coke Ovens ● Charging, Top Side, and Door Leaks	L	10/27/93 (58FR57898)	Contact Project Lead
Combustion Sources at Kraft, Soda, and Sulfite Pulp & Paper Mills (Pulp and Paper MACT II)	MM	01/12/01 (66FR3180)	01/12/04
Commercial Sterilizers ● Commercial Sterilization Facilities	O	12/06/94 (59FR62585)	12/06/98
Degreasing Organic Cleaners ● Halogenated Solvent Cleaners	T	12/02/94 (59FR61801)	12/02/97

NESHAP (MACT) STANDARD Source Categories Affected	CFR Sub Parts	Final Federal Register Date & Citation 公布日期	Compliance Date 执行日期
Dry Cleaning ● Commercial drycleaning dry-to-dry ● Commercial drycleaning transfer machines ● Industrial drycleaning dry-to-dry ● Industrial drycleaning transfer machines	M	09/22/93 (58FR49354)	09/23/96
Engine Test Cells/Stands (Combined with Rocket Testing Facilities)	PPPPP	05/27/03 (68FR28774)	see FR
Fabric Printing, Coating & Dyeing	OOOO	05/29/03 68FR32171	05/29/06
Ferroalloys Production	XXX	05/20/99 (64FR27450)	05/20/01
Flexible Polyurethane Foam Fabrication Operation	MMMMM	04/14/03 (68FR18061)	04/14/04
Flexible Polyurethane Foam Production	III	10/07/98 (63FR53980)	10/08/01
Friction Products Manufacturing	QQQQQ	10/18/02 (67FR64497)	10/18/05
Gasoline Distribution （Stage 1）	R	12/14/94 (59FR64303)	12/15/97
General Provisions	A	*	*
Generic MACT + ● Acetal Resins ● Hydrogen Fluoride ● Polycarbonates Production ● Acrylic/Modacrylic Fibers	YY	6/29/99 (64FR34853)	06/29/02
Generic MACT + ● Carbon black production ● Cyanide chemicals mfg. ● Ethylene processes ● Spandex production	YY	7/12/02 (67FR46257)	07/12/05
Hazardous Waste Combustion ● Hazardous Waste Incinerators （A） ● Hazardous Waste Incinerators （M）	Parts 63, 261 and 270	09/30/99 (64FR52827)	09/30/03
Hazardous Organic NESHAP	F, G, H, I	04/22/94 (59FR19402)	F/G-05/14/01 H-05/12/99 New Sources 05/12/98
Hydrochloric Acid Production ● Fumed Silica Production	NNNNN	4/17/03 (68FR19075)	4/17/06
Industrial, Commercial and Institutional Boilers and Process Heaters	DDDDD	09/13/04 (69FR55217)	09/13/07

NESHAP (MACT) STANDARD Source Categories Affected	CFR Sub Parts	Final Federal Register Date & Citation 公布日期	Compliance Date 执行日期
Industrial Cooling Towers	Q	09/08/94 (59FR46339)	03/08/95
Integrated Iron and Steel	FFFFF	5/20/03 (68FR27645)	5/20/06
Iron and Steel Foundries*	EEEEE	4/22/04 (69FR21905)	4/22/07
Large Appliances (surface coating)	NNNN	7/23/02 (67FR48253)	07/23/05
Leather Finishing Operations	TTTT	02/27/02 (67FR915510)	02/27/05
Lime Manufacturing	AAAAA	01/05/04 (69FR393)	01/05/07
Magnetic Tape (surface coating)	EE	12/15/94 (59FR64580)	without new control devices 12/15/96 with new control devices 12/15/97
Manufacturing Nutritional Yeast (formerly Bakers Yeast)	CCCC	5/21/01 (66FR27876)	5/21/04
Marine Vessel Loading Operations	Y	09/19/95 (60FR48388)	MACT–09/19/99 RACT–09/19/98
Mercury Cell Chlor-Alkali Plants (formerly Chlorine Production)	IIIII	12/19/03 (68FR70903)	12/19/06
Metal Can (surface coating)	KKKK	11/13/03 (68FR64431)	11/13/2006
Metal Coil (surface coating)	SSSS	06/10/2002 (67FR39793)	6/10/2005
Metal Furniture (surface coating)	RRRR	05/23/03 (68FR28605)	05/23/06
Mineral Wool Production	DDD	06/01/99 (64FR29489)	06/01/02
Misc. Coating Manufacturing	HHHHH	12/11/03 (68FR69163)	12/11/06
Misc. Metal Parts and Products (surface coating) ● Asphalt/Coal Tar Application to Metal Pipes	MMMM	01/02/04 (69FR129)	01/02/07

NESHAP (MACT) STANDARD Source Categories Affected	CFR Sub Parts	Final Federal Register Date & Citation 公布日期	Compliance Date 执行日期
Misc. Organic Chemical Production and Processes (MON) ● Alkyd Resins Production ● Ammonium Sulfate Production ● Benzyltrimethylammonium Chloride Prod. ● Carbonyl Sulfide Production ● Chelating Agents Production ● Chlorinated Paraffins Production ● Ethyllidene Norbomene Production ● Explosives Production ● Hydrazine Production ● Maleic Anhydride Copolymers Production ● Manufacture of Paints, Coatings, & Adhesives ● OBPA/1, 3-diisocyanate Production ● Photographic Chemicals Production ● Phthalate Plasticizers Production ● Polyester Resins Production ● Polymerized Vinylidene Chloride Prod. ● Polymethyl Methacrylate Resins Prod. ● Polyvinyl Acetate Emulsions Prod. ● Polyvinyl Alcohol Production ● Polyvinyl Butyral Production ● Quaternary Ammonium Comp. Prod. ● Rubber Chemicals Production ● Symmetrical Tetrachloropyridine Production	FFFF	11/10/03 (68FR63851)	11/10/06
Municipal Solid Waste Landfills	AAAA	01/16/03 (68FR2227)	contact project lead
Natural Gas Transmission and Storage	HHH	06/17/99 (64FR32610)	06/17/02
Off-Site Waste Recovery Operations	DD	07/01/96 (61FR34140)	02/01/00
Oil & Natural Gas Production	HH	06/17/99 (64FR32609)	06/17/02
Organic Liquids Distribution (non-gasoline)	EEEE	02/03/04 (69FR5038)	02/03/07
Paper and Other Web (surface coating)	JJJJ	12/04/02 (67FR72329)	12/04/05
Pesticide Active Ingredient Production ● 4-Chlror-2-Methyl Acid Production ● 2, 4 Salts & Esters Production ● 4, 6-dinitro-o-cresol Production ● Butadiene Furfural Cotrimer ● Captafol Production ● Captan Production ● Chloroneb Production ● Chlorothalonil Production ● Dacthal (tm) production ● Sodium Pentachlorophenate Production ● Tordon (tm) Acid Production	MMM	06/23/99 (64FR33549)	12/23/03

NESHAP (MACT) STANDARD Source Categories Affected	CFR Sub Parts	Final Federal Register Date & Citation 公布日期	Compliance Date 执行日期
Petroleum Refineries	CC	08/18/95 (60FR43244)	08/18/98
Petroleum Refineries ● Catalytic Cracking ● Catalytic Reforming ● Sulfur Plant Units	UUU	04/11/02 (67FR17761)	04/11/05
Pharmaceuticals Production	GGG	09/21/98 (63FR50280)	09/21/01
Phosphoric Acid Phosphate Fertilizers	AA BB	06/10/99 (64FR31358)	06/10/02
Plastic Parts (surface coating)	PPPP	4/19/04 (69FR20968)	4/19/07
Plywood and Composite Wood Products 胶合板和复合人造板 (formerly Plywood and Particle Board Manu- facturing)	DDDD	7/30/04 (69FR45943)	xxxx
Polyether Polyols Production	PPP	06/01/99 (64FR29419)	06/01/02
Polymers & Resins I ● Butyl Rubber ● Epichlorohydrin Elastomers ● Ethylene Propylene Rubber ● Hypalon (TM) Production ● Neoprene Production ● Nitrile Butadiene Rubber ● Polybutadiene Rubber ● Polysulfide Rubber ● Styrene-Butadiene Rubber & Latex	U	09/05/96 (61FR46906)	07/31/97
Polymers & Resins II ● Epoxy Resins Production ● Non-Nylon Polyamides Production	W	03/08/95 (60FR12670)	03/03/98
Polymers & Resins III ● Amino Resins ● Phenolic Resins	OOO	01/20/2000 (65FR3275)	01/20/2003
Polymers & Resins IV ● Acrylonitrile-Butadiene-Styrene ● Methyl Methacrylate-Acrylonitrile+ ● Methyl Methacrylate-Butadiene++ ● Polystrene ● Styrene Acrylonitrile ● Polyethylene Terephthalate ● Nitrile Resins	JJJ	09/12/96 (61FR48208)	07/31/97
Polyvinyl Chloride and Copolymers Production	J	7/10/02 (67FR45885)	7/10/05
Portland Cement Manufacturing	LLL	06/14/99 (64FR31898)	06/10/02
Primary Aluminum	LL	10/07/97 (62FR52384)	10/07/99
Primary Lead Smelting	TTT	06/04/99 (64FR30194)	05/04/01

续表

NESHAP (MACT) STANDARD Source Categories Affected	CFR Sub Parts	Final Federal Register Date & Citation 公布日期	Compliance Date 执行日期
Primary Copper	QQQ	06/12/02 (67FR40477)	06/12/05
Primary Magnesium Refining	TTTTT	10/10/03 (68FR58615)	10/10/04
Printing and Publishing (surface coating)	KK	05/30/96 (61FR27132)	05/30/99
Publicly Owned Treatment Works (POTW)	VVV	10/26/99 (64FR57572)	10/26/02
Pulp & Paper (non-combust) MACT I	S	04/15/98 (63FR18504)	04/15/01
Pulp & Paper (non-chem) MACT III	S	03/08/96 (61FR9383)	04/16/01
Reciprocating Internal Combustion Engines (RICE) (NESHAP/NSPS)	ZZZZ	6/15/04 (69FR33473)	6/15/07
Refractory Products Manufacturing	SSSSS	04/16/03 (68FR18729)	New or Reconstructed 04/16/03 Existing 4/17/06
Reinforced Plastic Composites Production	WWWW	04/21/03 (68FR19375)	4/21/06
Rubber Tire Manufacturing	XXXX	7/9/02 (67FR45598)	7/11/2005
Secondary Aluminum	RRR	03/23/00 (65FR15689)	Existing Sources 3/24/2003 New Sources 3/23/2000 or Startup
Secondary Lead Smelters	X	06/23/95 (60FR32587)	06/23/97
Semiconductor Manufacturing	BBBBB	05/22/03 (68FR30848)	05/22/06
Shipbuilding & Ship Repair (surface coating)	II	12/15/95 (60FR64330)	12/16/96
Site Remediation	GGGGG	10/08/03 (68FR58171)	10/08/06
Solvent Extraction for Vegetable Oil Production	GGGG	4/12/2001 (66FR19006)	4/12/2004
Stationary Combustion Turbines*	YYYY	03/05/04 (69FR10511)	03/05/07
Steel Pickling-HCL Process	CCC	06/22/99 (64FR33202)	06/22/01
Taconite Iron Ore Processing	RRRRR	10/30/03 (68FR61867)	10/30/06
Tetrahydrobenzaldehyde Manufacture (Formerly Butadiene Dimers Production)	F	05/12/98 (63FR26078)	05/12/01
Wet Formed Fiberglass Mat Production	HHHH	04/11/02 (67FR17823)	04/11/05
Wood Building Products 木质建筑产品（木质建材）(surface coating) (formerly Flat Wood Paneling Products)	QQQQ	05/28/03 (68FR31746)	05/28/06
Wood Furniture 木家具 (surface coating)	JJ	12/07/95 (60FR62930)	11/21/97
Wool Fiberglass Manufacturing	NNN	06/14/99 (64FR31695)	06/14/02

从以上 EPA 公布的美国危险气体污染物质国家释放标准列表中，涉及木制品、家具的产品包括金属家具、胶合板及木质复合板、木质建材、木家具等，分别对应相关的美国联邦法规 40 CFR Part 63 RRRR、40 CFR Part 63 DDDD、40 CFR Part 63 QQQQ、40 CFR Part 63 JJ 部分。

（三）美国对金属家具的联邦法规 40 CFR Part 63 RRRR

Friday，
May 23，2003

Federal Register

Part III

Environmental Protection Agency

40 CFR Part 63
National Emission Standards for Hazardous Air
Pollutants：Surface Coating of Metal Furniture；
Final Rule

图 5-1　美国对金属家具的联邦法规

法规摘要：金属家具表面涂层中的有毒气体污染物包括二甲苯 xylene，甲苯 toluene，乙二醇醚 ethylene glycol monobutyl ether，其他乙二醇醚 other glycol ethers，乙苯 ethylbenzene，甲基酮 methyl ethyl ketone。其国家释放限量是不大于 0.10 kg/L（0.83 lb/gal）。其有毒气体释放量的控制主要在生产过程中进行。

（四）美国对胶合板与复合木质产品中有害气体污染释放标准

40 CFR Part 63 DDDD

Thursday
January 9, 2003

Federal Register

Part III

Environmental Protection Agency

40 CFR Part 63
National Emission Standards for Hazardous Air
Pollutants: Plywood and Composite Wood
Products; Proposed Rule

图 5-2　美国对胶合板与复合木质产品中有害气体污染释放标准

法规摘要：此法令根据空气洁净法案（CAA），针对胶合板和复合木制品（PCWP）产品源的类别颁布了有害空气污染物国家排放标准（NESHAP），并根据水洁净法案（CWA）对木制品处理的源类别的释放限量、指导方针和标准进行了修订。国家环保署（EPA）已经确定胶合板和复合木制品（PCWP）产品中包含了主要的有害空气污染物（HAP）来源，包括（但并不限于）：乙醛、丙烯醛、甲醛、甲醇、苯酚以及丙酸酯甲醛。这些有害空气污染物与大量的健康负面作用有关，这些健康负面作用包括慢性健康系统紊乱（例如鼻腔黏膜损害、肠胃不适）和急性健康系统紊乱（例如喉部和眼部不适，黏膜损害、头昏眼花、头痛和恶心反胃）。六种主要有害空气污染物的三类对人体可产生致癌物。

此法令通过要求所有主要的产品服从最终准则来符合 HAP 释放标准反映的最大可控技术（MACT）的要求，以此来贯彻执行 CAA 中的第 112（d）条款的要求。最终准则将胶合板和复合木制品（PCWP）产品中释放的 HAP 减少到每年 5900~9900 吨（以前是每年 6600~11000 吨）。另外，最终准则将挥发性有机化合物（VOC）从每年的 14000~27000 吨减少到 13000~25000 吨。美国环保署也正在对木制品的主要种类（单板饰面胶合板、胶合板、干法硬质板、刨花板类）的排放限量、指导方针和标准进行了修订。这些修订调整了废水处理的定义以区别于空气污染控制装置所确定的废水处理，并期望这些改正能生效以遵守胶合板和复合木制品（PCWP）的有害空气污染物国家排放标准（NESHAP）。美国环保署也正依照 CAA 第 112（c）（1）节规定进行修订，清除胶合板和复合木制品（PCWP）产品中低风险的子类。

此法案基于美国环保署关于暴露在夹板和复合木制品中所释放的有害空气污染物的潜在危害的可利用信息的评估，并且包含了从各产品种类清单中排除低风险胶合板和复合木制品中受到影响的产品源的详细基本原理。

日期：最终的有害空气污染物国家排放标准（NESHAP）和排放指导方针的修订于 2004 年 9 月 28 日生效。被罗列在最终的有害空气污染物国家排放标准（NESHAP）中确定公告所涉及的法人组织从 2004 年 9 月 28 日被联邦登记处办公室主任批准。

此法令中的 PCWP 产品包括：胶合板（阔叶木或针叶木）、干燥单板、刨花板、纤维板、中纤板、硬质板、定向刨花板、层积材、木质工字梁、烘干材、胶粘层积梁等。

（五）美国对木质建材表面涂层有毒气体污染物的国家标准

40 CFR Part 63 QQQQ

美国联邦法规：40 CFR Part 63 QQQQ 木质建材的表面涂层：有毒气体污染物的国家释放标准 2004 年 7 月 1 日修订，由 EPA 颁布。

Wednesday,
May 28, 2003

Part II

Environmental Protection Agency

40 CFR Part 63
National Emission Standards for Hazardous Air Pollutants：Surface Coating of Wood Building Products；Final Rule

图 5-3 美国对木质建材表面涂层有毒气体污染物的国家标准

该法规摘要：

第 40 章　环境保护
第 63 部分　国家排放标准：有害气体污染物的来源目录
次部分：QQQQ——有害气体污染物国家排放标准：
木质建材的表面涂饰

目的：

制定有害气体污染物国家排放标准（NESHAP）：木质建材的表面涂饰，同时也制定了符合排放限制的行动要求。

范围：

指的是有表面涂层木质建筑产品，例如，表面经处理的木质建材，无论是用于室外或是室内，居民、商用或是机构的建筑。木质建材目录包括（a）段的（1）到（5）所列出的子目录。

（1）门、窗和杂件，门、窗和杂件子目录包括门、窗、成型的门皮、门和窗的配件（例如模板、装饰板或其他杂件）等木料建筑产品，但不只限于所有的模板和装饰板、百叶窗和招牌。有机 HAP≤231g/L。

（2）地板，地板的子目录包括实木地板、强化木地板、实木复合木地板等。有机 HAP≤93g/L。

（3）室内墙壁用的镶嵌板和花砖饰板，此子目录包括所有的室内墙壁用的镶嵌板产品，其中花砖饰板是最好的镶嵌板产品。有机 HAP≤183g/L。

（4）其他室内用的镶嵌板，包括如饰面微粒板、硬纸板、穿孔镶嵌板等不限用于室内墙壁的镶嵌板。有机 HAP≤20g/L。

（5）围边和首层门皮，此目录包括围边、饰面和首层门板。如果门皮饰面超过 1 层，应归于门、窗和杂件子目录。有机 HAP≤7g/L。

检测方法：ASTM 方法 D2697-86（1998 年重新修订）或 D6093-97。

（六）美国对木家具有毒污染物质标准 40 CFR Parts 9 & 63

Thursday,
December 7, 1995

federal register

Part II

Environmental Protection Agency

40 CFR Parts 9 and 63
Final Standards for Hazardous Air Pollutant Emissions From Wood Furniture Manufacturing Operations; Final Rule

图5-4 美国对木家具有毒污染物质标准

（七）美国 EPA 对木材防腐剂的要求

1. 建立相关信息明示制度

EPA 对木材保护中使用的杂酚油、五氯苯酚和无机砷的登记确定了许多情形以确保这样的使用不会给人类健康造成危险。EPA 和木材保护行业规定，木材防腐行业应建立相关信息明示制度，以便消费者知晓计划并用来教育消费者正确使用和经杂酚油、五氯苯酚和无机砷处理的木材有关的预防操作，确保使用不会对健康造成危险，并要求经处理的木材含水率应在18%以下。此计划中，有关经处理的木材的信息公布在一信息单上于销售或交货时提供给终端使用者。

2. 家居场所中禁止使用砷（砒霜）、杂酚油、五氯苯酚

砷（砒霜）、杂酚油、五氯苯酚是已知的人体致癌物，美国 EPA 规定，经杂酚油、五氯苯酚、无机砷等防腐剂处理的木材，不能用在与人类或动物可能接触到的场所、器具上和室内居住场所中，包括儿童乐园、阳台、野餐桌、景观木材、民用围栏、人行道等。如果人类皮肤接触到此类防腐木材时，应尽快用清水清洗，在加工处理此类防腐木材时，应做好保护措施。

三、美国消费品安全法

美国消费品安全委员会（CPSC）是美国政府负责美国消费品安全的机构，它的责任是保护广大消费者的利益，通过减少消费品存在的伤害及死亡的危险来维护人身及家庭安全。它负责发布强制性产品安全标准，同时也通过与产业界的合作制定各种共识性（也叫做自愿性）安全标准。此外，委员会还负责监督与消费品相关的伤害与死亡案例，并与有关公司合作从市场上召回有缺陷的产品。

1. 安全法摘要

美国国会通过《消费品安全法案》（CPSA）公共法第 92-537 条，希望保护消费者免遭来自消费品不合理的危害："商品流通领域存在着大量的具有不合理危险的消费品；消费品本身的复杂性、消费者的多样化及其使用这些产品的能力的差别常常导致消费者没有能力预先防备危害并充分地保护自己；公众应该受到保护，防止受到消费品带来的不合常理的危害。"因此，美国《消费品安全法案》规定（摘要）：

（1）进入美国市场的消费产品不得含有实质性的危害。

（2）在设计和制造消费品的过程中就必须把产品安全性考虑进去。

（3）原材料、半成品或成品材料必须符合产品设计中所具体规定的构造和条件要求。

（4）消费品在销售前必须经过检查和测试，确保它们符合规定的要求。具有应执行安全法规的产品，产品制造商应提供产品检验证书，证书应随附在产品上，或提供给批发商或销售商。

（5）向消费者提供充分信息的必要性，通过使用说明书或其他方式指导消费者如何装配和使用产品，以防止安全危害；使用说明书应明确规定安装、固定要求。

（6）要求制造商和其他人——如批发商和零售商等——在发现产品不符合相关的消费品安全规定或者包含有可能引起重大产品危害的缺陷的情况下向美国消费品安全委员会报告。

（7）对产品的缺陷的定义进行说明。缺陷有生产缺陷、标识缺陷、设计缺陷、安全警告或使用提示缺陷等。如婴儿床、儿童床的栏杆间隔不能过大或过小，否则易引起小

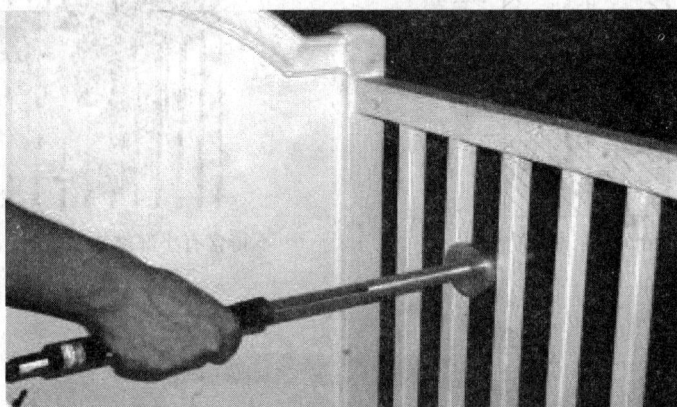

孩伤害。

（8）16 CFR Parts 1501 and 1500.50–53 小部件法规摘要：美国消费品安全委员会在 1979 年 6 月通过了小部件法规，并于 1980 年 1 月 1 日生效。针对 3 岁以下儿童使用的玩具和产品（如婴儿床等）必须通过旨在排除小部件的测试，以防止儿童发生窒息事故。

（9）在 16 CFR Parts 1501 and 1500.50–53 小部件法规中规定，3 岁以下儿童使用的玩具和物品不得含有导致哽噎、划破、吸入等危险的小部件，小部件就是任何一个能恰好进入一个特殊设计的测试圆筒的物件，该测试圆筒有 2.25 英寸长，1.25 英寸宽，大约是一个 3 岁以下儿童充分扩张的喉头大小。家具的小部件应符合该法规的规定，不管家具本身属于或包含小部件，或当破碎时会产生小部件。

（10）危险物质的定义：危险物质包括任何带有毒性、腐蚀性、刺激性、强过敏性等物质，以及那些在平时正常的可预见的使用过程中，被儿童误吞而造成人身伤害或疾病的物质。

（11）8 岁以下儿童使用的家具和物品不得存在有刺伤、划破人体的锐利尖端。须符合供 8 岁以下儿童使用的玩具、家具和其他物品的锐利尖端测试技术要求。

（12）8 岁以下儿童使用的玩具和家具等物品的金属、玻璃附件不得有锐利边缘。须符合供 8 岁以下儿童使用的玩具和其他物品的金属玻璃锐利边缘测试技术要求。

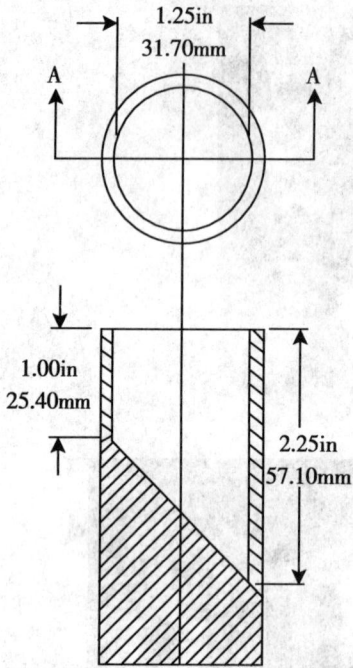

1.25in
31.70mm

A — — A

1.00in
25.40mm

2.25in
57.10mm

小部件测试装置

不得含有小部件或易松脱、取出的小部件

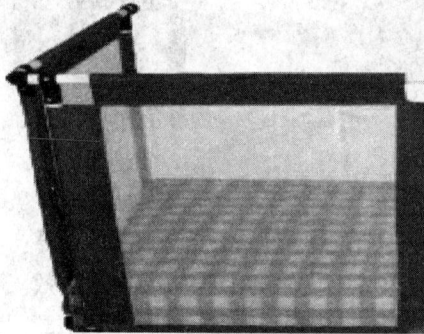

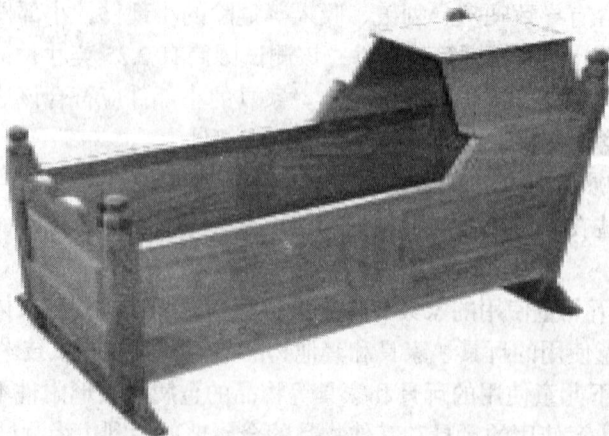

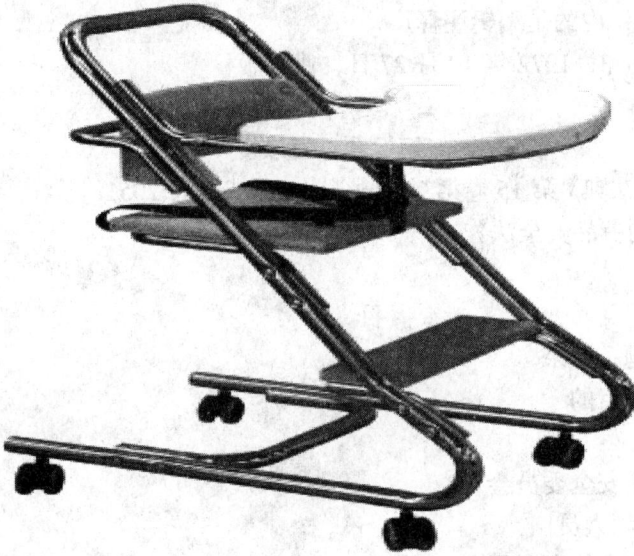

2.《消费品安全法》内容

（本翻译文本仅供一般性参考，如需法律指导，请查阅正式英文本）

《消费品安全法》

（《美国法典》编号 15 U.S.C. §§ 2051-2089）

（公法编号 92-573；美国法令全书编号 86 Stat. 1207，1972 年 10 月 27 日）

（本法包含以下各项法律所作修正案或制定的有关条款：1976 年《消费品安全委员会改进法》，公法编号 94-284，美国法令全书编号 90 Stat. 503，1976 年 5 月 11 日；1978 年《紧急暂行消费品安全标准法》，公法编号 95-319，美国法令全书编号 92 Stat. 386，1978 年 7 月 11 日；1978 年《消费品安全法授权法》，公法编号 95-631，美国法令全书编号 92 Stat. 3742，1978 年 11 月 10 日；公法编号 96-373，美国法令全书编号 94 Stat. 1366，1980 年 10 月 3 日；1981 年《消费品安全法修正案》，公法编号 97-35，第 12 卷，第 A 条，美国法令全书编号 95 Stat. 703，1981 年 8 月 13 日；1983 年《罕用药法》，公法编号 97-414，美国法令全书编号 96 Stat. 2049，1983 年 1 月 4 日；1988 年《铅污染控制法》，公法编号 100-572，美国法令全书编号 102 Stat. 2884，1988 年 10 月 31 日；1988 年《反毒品滥用法》，公法编号 100-690，美国法令全书编号 102 Stat. 4181，1988 年 11 月 18 日；1990 年《消费品安全改进法》，公法编号 101-608，美国法令全书编号 104 Stat. 3110，1990 年 11 月 16 日；1994 年《儿童安全保护法》，公法编号 103-267，美国法令全书编号 108 Stat. 722，1994 年 6 月 16 日；公法编号 103-437，美国法令全书编号 108 Stat. 4581，1994 年 11 月 2 日；以及 2008 年《消费品安全改进法》，公法编号 110-314，美国法令全书编号 122 Stat. 3016，2008 年 8 月 14 日。

（方括号 [   ] 中的内容为《美国法典》和《美国联邦法规》编号或是编辑注释）

（大括号 ｛ ｝ 内的是编辑注释）

［公法编号 92-573；1972 年 10 月 27 日，修订版］

短标题；目录

第 1 条 《美国法典》第 15 卷第 2051n 条 ［15 U.S.C. § 2051n］

本法可称为《消费品安全法》。

目　录

第 1 条　短标题；目录

第 2 条　认定和目的

第 3 条　定义

第 4 条　消费品安全委员会

｛临时法定人数和人员｝

第 5 条　产品安全信息和研究

｛雇员培训交流｝

第 6 条　信息的公开披露

第 6A 条　可供公开查阅的消费品安全信息数据库

第 7 条　消费品安全标准

第 8 条　被禁止的危险产品

｛禁用亚硝酸丁酯｝

｛禁用亚硝酸异丙酯和其他亚硝酸｝

｛禁止销售某些含特定邻苯二甲酸盐的产品｝

第 9 条　制定消费品安全规定的程序

｛割草机标准的修正案｝

｛草地飞镖｝

｛车库自动门开关器｝

｛自行车头盔｝

｛耐用婴幼儿产品的标准和消费品登记｝

｛强制性玩具安全标准｝

第 10 条　［废止］

第 11 条　消费品安全规定的司法审查

第 12 条　迫在眉睫的危险

｛召回有铅衬内胆的饮用水冷却器｝

第 13 条　［废止］

第 14 条　产品的证书和标签

第 15 条　重大产品危险

｛关于小部件事件的报告｝

第 16 条　检查和保留记录

第 17 条　进口产品

第 18 条　出口

第 19 条　被禁止的行为

第 20 条　民事处罚

{民事处罚的报告}

{民事处罚的标准}

第 21 条　刑事处罚

第 22 条　强制执行和没收

第 23 条　受害人要求赔偿的诉讼

第 24 条　消费品安全规定和第 15 条命令的其他执行行动

第 25 条　对私人补救的影响

第 26 条　对州的标准的影响

{联邦法规至上}

第 27 条　委员会的其他职能

第 28 条　慢性危险咨询小组

第 29 条　与各州和其他联邦机构的合作

{职员培训交流}

{进口安全管理和机构之间合作}

第 30 条　转移职能

第 31 条　消费品安全委员会管辖权的限制

第 32 条　拨款授权

第 33 条　可分性条款

第 34 条　生效日期

第 35 条　暂行纤维素绝缘材料安全标准

第 36 条　国会否决消费品安全规定

第 37 条　关于资料的报告

第 38 条　低速电动自行车

第 39 条　禁止由企业赞助的旅行

第 40 条　对揭发者的保护

第 41 条　经济责任

第 42 条　全地形车辆

认定和目的

第 2 条　《美国法典》第 15 卷第 2051 条［15 U.S.C. § 2051］

1. 国会认定：

（1）流通在商业渠道中具有超出合理范围致伤隐患的消费品的数量之多达到了令人不可接受的程度；

（2）消费品的性质复杂，使用消费品的消费者的类型和能力各不相同，往往使得使用者无法预先看到风险并适当保护自己；

（3）公众应该受到保护，避免超出合理范围的消费品致伤隐患；

（4）州政府和地方政府对于超出合理范围的消费品致伤隐患管制不足，而且可能给制造商造成负担；

（5）现有的联邦管辖权不足以保护消费者免于接触具有超出合理范围致伤害隐患的消费品；

（6）为执行本法，对于其销售或使用影响到州际或国际商务的消费品必须进行管理。

2. 本法的目的是：

（1）保护公众，避免超出合理范围的消费品致伤隐患；

（2）帮助消费者评估消费品的相对安全性；

（3）制定消费品的统一安全标准，尽量减少州和地方在法规方面的冲突；

（4）对于产品造成的死亡、疾病和伤害，就其构成原因及预防方式进行研究和调查。

定义

第3条 《美国法典》第15卷第2052条 ［15 U.S.C. § 2052］

1. 通则——在本法中：

（1）有关的国会委员会——"有关的国会委员会"是指众议院的能源和商务委员会和参议院的商务、科学和运输委员会。

（2）儿童产品——"儿童产品"是指主要为12岁以下儿童设计或提供使用的消费品。消费品是否主要供12岁以下儿童使用，要考虑到以下因素：

（A）制造商关于该产品用途的说明，包括产品上的标签，视其合理与否。

（B）该产品在其包装、展示、宣传或广告中是否表明适合12岁以下儿童使用。

（C）消费者是否普遍认为该产品适合供12岁以下儿童使用。

（D）本委员会工作人员在2002年9月发布的年龄认定指导原则以及任何后继指导原则。

（3）商务——"商务"是指在以下情况的贸易、交易、商业或运输：

（A）在一个州内的地点与州外任何地点之间，或

（B）影响到（A）项所述的贸易、交易、商业或运输。

（4）委员会——"委员会"是指消费品安全委员会，根据本法第4条设立［15 U.S.C. § 2053］。

（5）消费品——"消费品"是指为以下目的生产或销售的商品或其零部件：①出售给消费者，用于长期或临时房屋或住所、学校、娱乐场所或其他地点；②供在长期或临时房屋或住所、学校、娱乐场所或其他地点的消费者的个人使用、消费或享用；但是"消费品"一词不包括：

（A）通常不是为出售给消费者使用、消费或享用目的而设计或销售的任何商品；

（B）烟草和烟草制品；

（C）机动车辆或其设备（按照1966年《国家交通和机动车辆安全法》第102条第（3）和第（4）款，第49卷第30102条第（a）款第（6）项和第（7）项的定义）；

（D）杀虫剂（按照《联邦杀虫剂、杀真菌剂、灭鼠剂法》的定义）[7 U.S.C. § 136, et seq.]；

（E）如果由制造商、生产者或进口商出售，必须按照 1986 年《国内税收法》[26 U.S.C. § 4181] 第 4181 条交税的任何商品（不论是否按照该法第 4182 条或第 4221 条或其他任何规定豁免交税），或该商品的任何部件，{枪支和弹药} 4；

（F）飞机、飞机引擎、螺旋桨或装置（按照 1958 年《联邦航空法》第 101 条，第 49 卷第 40102 条第（a）款）；

（G）受 1971 年《联邦船只安全法》第 46 卷第 43 章的安全规定管辖的船只；受到海岸警卫队据以进行管理的修正法规第 52 卷或其他海上安全法规的安全规定管辖的船舶或船舶的附属物（不包括该船舶）；以及设备（包括按照第 46 卷第 2101（1）章 1971 年《联邦船只安全法》第 3 条第（8）款定义的相关设备），只要根据本款所述任何法规采取的行动可以消除或减少使用该船舶设备引起的伤害风险；

（H）药品、装置或化妆品（按照《联邦食品、药品和化妆品法》[21 U.S.C. § 321（g），（h），and（i）] 第 201 条第（g）、（h）和（i）款加以定义）；

（I）食品。本款所用"食品"一词是指《联邦食品、药品和化妆品法》[21 U.S.C.§ 321(f)] 第 201 条第（f）款定义的所有"食品"，包括禽肉和禽肉制品（按照《禽肉制品核查法》[21 U.S.C. § 453（e），(f)] 第 4 条第（e）款和第（f）款的定义），肉类和肉类产品（按照《联邦肉类核查法》[21 U.S.C. § 601(j)] 第 1 条第（j）款的定义），以及蛋类和蛋类产品（按照《蛋类产品核查法》[21 U.S.C. § 1033（f）、（g）] 第 4 条的定义）。

该词汇包括在固定或限定途径或在指定范围内装载乘客的任何机械装置，目的在为乘客提供娱乐，通常由一名为此目的雇用的人控制或指挥，并且该人不是该装置的消费者，而且该装置没有固定在一个地点。该词汇不包括固定在一个地点的此种装置。除委员会根据本法或《联邦有害物质管理法》[15 U.S.C. §§ 1261 et seq.] 对烟火装置或打算作为此种装置的部件使用的任何物品的监管职能外，在根据本法第 30 条 [15 U.S.C. § 2079] 移交委员会的职能项下，委员会无权管理本项（E）款所述的任何产品或商品，或管理《美国法典》第 18 卷第 845 条第（a）款第（5）项所述的任何数量的产品或商品。关于委员会管理某些消费品权力的其他限制，请参看本法[①] [15 U.S.C. §§ 2079（d）and 2080] 第 30 条第（d）款和第 31 条。

（6）消费品安全规定——"消费品安全规定"是指本卷第 7 条第（a）款和第 2056 条第（a）款所述的消费品安全标准，或根据本章宣布某一消费品属于被禁止的有害产品的规定。

（7）分销商——"分销商"是指消费品运达或售予之人，目的在进行商业行销，但该词汇不包括该产品的制造商或零售商。

（8）商业分销——"商业分销"是指在商业渠道中销售，投放到或送达以便投放到商

业渠道中，或在投放到商业渠道中之后存放以便出售或分销。

（9）进口——"进口"包括重新进口全部或部分在美国制造或加工的消费品。

（10）制造——"制造"是指制造、生产或组装。

（11）制造商——"制造商"是指制造或进口消费品的任何人。

（12）（A）自有品牌商——"自有品牌商"是指自有品牌消费品标签上品牌或商标的所有人。

（B）下列情况下的消费品具有自有品牌：①产品（或其容器）标有的品牌或商标不属于产品制造商；②产品（或其容器）上的品牌或商标已经其所有人授权或是因其所有人要求而如此标识；③该产品制造商的品牌或商标没有出现在标签上。

（13）零售商——"零售商"是指消费品运达或售予之人，目的在于由该人出售或分销给消费者。

（14）致伤隐患——"致伤隐患"是指死亡、人身伤害或严重或屡发疾病的风险。

（15）州——"州"是指一个州、哥伦比亚特区、波多黎各自由联邦、维尔京群岛、关岛、威克岛、中途岛、金曼礁、约翰斯顿岛、巴拿马运河区、美属萨摩亚或太平洋群岛托管领土。［关于太平洋群岛托管领土的终止，见 48 U.S.C.A. § 1681 前面的注解。］

（16）第三方物流提供商——"第三方物流提供商"是指在正常商业运作过程中仅接受、存放或以其他方式运输消费品的人，但不是产品的所有人。

（17）美国——"美国"是指地理意义上的所有各州。

2. 公共承运人、契约承运人和货运代理人——在本法中，公共承运人、契约承运人、第三方物流提供商或货运代理人不能仅因为在正常商业运作过程中进行了接收或运输工作就被视为该消费品的制造商、分销商或零售商。

消费品安全委员会

第 4 条 《美国法典》第 15 卷第 2053 条 ［15 U.S.C. § 2053］

1. 特此设立一个独立监管委员会，称为消费品安全委员会，由总统咨询参议院并征得其同意后任命 5 名委员组成。[①] 总统在任命时，应考虑在消费品以及保护公众免于伤害风险等领域的背景和经验足以胜任委员会委员的人选。主席应由总统咨询参议院并征得其同意从委员会委员中任命。一个人可以同时兼任委员会委员和主席。委员会任何委员如果玩忽职守或滥用职权，总统可以将其撤职，但不能以任何其他理由将其撤职。

2.（1）除了在第（2）项另有规定：①第一次依本法任命委员的任期应分别为三年、四年、五年、六年和七年，自本法颁布之日开始［1972 年 10 月 27 日颁布］，每一委员的任期由总统在任命时指定；②各委员继任者的任期应为七年，自其前任任期终止之日

---

① ［消费品安全委员会；薪金和费用。Act Oct. 6, 1992, P.L. 102-389, Title III, 106 Stat. 1596, 规定为 1993 年 9 月 30 日结束的财政年度拨付以下款项："消费品安全委员会的必要费用，包括载人汽车，5 U.S.C.3109, 批准的服务，但个人的每日津贴不得超过相当于 GS-18 的费率，购买象征性奖品奖励非联邦官员对委员会作出的贡献，以及不超过 $ 500 的正式招待费和交际费，共 $ 48400000；但是，这笔款项不得用于在 1993 财政年度及以后消费品安全委员会三位成员以上的个人报酬和津贴；并且，在这笔款项中，$ 6300000 应该用于委员会总部工作人员的搬迁，直到搬迁完成。"］见 P.L. 102-389, Title III, 106 Stat. 1596 (emphasis added)。

开始。

（2）任何委员获得任命以填补其前任尚未任满的任期，只能担任该任期的剩余部分。委员在任期终止之后可继续任职，直到其继任者就任，但其留任时间不得超过根据本款规定任期终止之日后一年。

3. 不得有三名以上委员属于同一政党。任何人有以下情况不得担任委员职务：①受雇于出售或制造消费品的任何人或与其有任何正式关系；②拥有从事此业之人的相当大价值的股票或债券；③以任何其他方式与这样的人有特殊利益，或与该人的主要供应商有特殊利益。

4. 委员会的任何空缺不应妨碍其余的委员行使委员会的所有权力，但是委员会执行任务的法定人数应为至少三名委员；如果由于委员会的空缺，只有三名委员任职，执行任务的法定人数则为至少两名委员；如果由于委员会的空缺，只有两名委员任职，则两名委员应可构成法定人数，为期六个月，自空缺开始造成只有两名委员任职之日开始。委员会应有一个法院认可的正式印章。委员会应每年选出一名副主席，在主席缺席或无法执行任务时，或在主席职位空缺时，代理主席。

5. 委员会应有一个主要办公室以及它认为必要的任何地方办事处，并可在任何其他地点会晤及行使权力。

6.（1）委员会主席是委员会的首席执行官，由他行使委员会的所有最高管理和行政职能，包括委员会在以下方面的职能：①任命和监督委员会雇用的人员（但不包括主席以外其他委员直属办公室正式雇用的专职人员）；②给主席任命和监督的人员以及委员会的其他行政单位分配工作；③资金的使用和支付。

（2）委员会主席在根据本款规定履行职能时应遵守委员会的一般政策以及委员会根据法律授权作出的监管决定、认定和裁定。

（3）未经委员会事先批准，主席不得代表委员会提交一般、补充或亏空拨款的请求或估算。

7.（1）①主席在征得委员会同意的情况下，应任命委员会的以下官员：一名执行主任，一名法律总顾问，一名负责工程学的副执行主任，一名负责流行病学的副执行主任，一名负责履约和行政诉讼的副执行主任，一名负责医疗卫生的副执行主任，一名负责经济分析的副执行主任，一名负责行政工作的副执行主任，一名负责地方业务的副执行主任，一名项目、管理和预算办公室主任，以及一名信息和公共事务办公室主任。任何其他担任副执行主任职位的人选必须由主席征得委员会同意后任命。主席只能任命律师担任负责履约和行政诉讼的副执行主任一职，但负责履约和行政诉讼的代理副执行主任的职位不在此限。

②（i）不得任命任何人代理此种职位超过 90 天，除非该任命得到委员会同意。（ii）主席征得委员会同意，可以免去任何根据①目任命官员的职位。

③第①目的规定不得解释为禁止对分类进行适当的重组或改变。

（2）主席依照第（6）款第（2）项的规定，可以雇用履行委员会职能所需要的任何其他官员和雇员（包括律师）。

（3）除了《美国法典》第 5 卷第 5108 条第（a）款授权的职位，主席在征得委员会同意的情况下，并依照《美国法典》第 5 卷第 51 章规定的标准和程序 [5 U.S.C. §§ 5101 et seq.] 可以任命 GS-16、GS-17 和 GS-18 级别一共 12 个职位。{注：公法编号 95-454 第 414 条第（a）款第（1）项第（B）目规定："不论任何其他法律如何规定（第 5 卷第 5108 条除外），根据此种规定授予任何（按照第 5 卷第 5102 条第（a）款第（1）项定义的）机构任命一名或多名公务员工资表 GS-16、GS-17 或 GS-18 级别职位的权利特此终止。}[GS 16-18 工资法 1990 年 11 月 5 日，公法编号 101-509，第 5 卷，§ 529 [第一卷，§ 101（c）-（e）]，美国法令全书编号 104 Stat. 1442，是 5 USCS Section 5376 的注，规定了 GS 16-18 级别雇员的薪金水平]。

（4）委员会（除委员之外的）任何官员和雇员的任命不应直接或间接地受到总统办事机构下属任何官员或实体的审查或批准。

[{h} 省略]。

8.《美国法典》第 28 卷第 2680 条第（a）和第（h）款的规定不禁止在以下情况下对美国政府提起民事赔偿诉讼：

（1）诉讼是根据：

①委员会或其任何雇员不符合事实的陈述或欺骗行为；

②委员会或其任何雇员行使或履行、或没有行使或履行其拥有自由裁量权的职责，因此构成严重过失行为；

（2）诉讼不是对任何（根据《美国法典》第 5 卷第 551 条第（13）款定义的）机构行为而提起的。如果是基于行使或履行、或没有行使或履行其拥有自由裁量权的职责而提起的民事赔偿诉讼，除非受理诉讼的法院（考虑到所有有关情况，包括委员会的法定责任以及出于公共利益的考虑对自由裁量权的行使加以鼓励而不是禁止）裁定此种行使、履行或没有行使或履行是不合理的，否则不得判决美国败诉。

9. 在每个财政年度开始前至少 30 天，委员会应根据本法制定属于其管辖范围的行动议程，并在可行的情况下确定行动的优先次序。委员会在决定优先次序之前，应该举办关于议程和优先次序的公开听证会，让公众有合理的机会提出意见。

临时法定人数和人员

[2008 年《消费品安全改进法》第 202 条，公法编号 110-314，美国法令全书编号 122 Stat. 3016（2008 年 8 月 14 日）]

{不是《消费品安全法》的一部分}

1. 临时法定人数——虽有《消费品安全法》（《美国法典》第 15 卷第 2053 条第（d）款）第 4 条第（d）款的规定，在本法颁布之日起的一年之内，委员会两名委员，只要他们不属于同一政党，即可构成执行任务的法定人数。

2. 取消法定人数的限制：

（1）取消——修改公法编号 102-389 第 3 卷，取消题为"消费品安全委员会 薪金和费用"项目内的第一个限制性条款（15 U.S.C. §2053 note）。

（2）生效日期——第（1）项中的修正在本法颁布之日起一年后生效。

3. 人员：

（1）专业工作人员——如果有充足拨款，委员会应在 2013 年 10 月 1 日之前把委员会雇用的全职人员至少增加到 500 名。

（2）入境口岸；海外核查员——如果有充足拨款，在第（1）项中要求委员会雇用的 500 名全职人员中，应该有部分派驻美国入境口岸，或派往海外核查制造设施。

产品安全信息和研究

第 5 条 《美国法典》第 15 卷第 2054 条 [15 U.S.C. § 2054]

1. 委员会应：

（1）设立一个伤害信息交流中心，收集、调查、分析和传播伤害数据以及与消费品有关的死亡、伤害和疾病的原因和预防信息；

（2）视情况需要不断研究和调查消费品事故引起的死亡、伤害、疾病、其他危害健康情况和经济损失；

（3）在依其拥有的管辖权限发出任何关于制定产品安全规则的通知之后，在行政和技术上协助公共和私人组织或制造商团体针对通知中指出的伤害风险制定安全标准；

（4）在可行和适当的情况下（考虑到委员会的资源和工作重点），在行政和技术上协助公共和私人组织或制造商团体制定产品安全标准和检测方法。

2. 委员会可：

（1）研究和调查消费品安全并改进该类产品的安全；

（2）检测消费品，研制产品安全检测方法和检测器械；

（3）提供产品安全调查和检测方法的培训。

3. 委员会为执行本条规定的职能，可以提供赠款或与任何人（包括政府实体）签订合同。

4. 如果联邦政府对于本法授权的任何信息、研究或发展活动作出的贡献超过最低限度，委员会应在此种活动的任何合同、赠款或其他安排中列入规定，有效地保证关于该活动产生的所有信息、使用、占有、专利和其他发展的权利将以非专属的方式免费提供给公众。本款的任何规定不得解释为剥夺任何人在参加本款所述的任何安排之前对任何专利、专利申请或发明可能具有的任何权利。

{注：《美国法典》第 35 卷第 200-211 条和《美国联邦法规》第 37 卷第 401 章特别取代《消费品安全法》第 5 条第 4 款，内容涉及大多数小型公司和非营利组织保留在委员会资助下所取得的发明的专属商业权利。}

雇员培训交流

[2008 年《消费品安全改进法》第 208 条，公法编号 110-314，美国法令全书编号 122 Stat. 3016（2008 年 8 月 14 日）]

{不属于《消费品安全法》}

1. 通则——委员会可：

（1）按照《消费品安全法》第 4 条（15 U.S.C. § 2053）或《美国法典》第 5 卷第 3101

或第 3109 条临时留用或雇用外国政府机构的官员或雇员；

（2）派遣委员会的官员或雇员临时为适当的外国政府机构工作，目的在于提供或接受培训。

2. 对等性和费用的补偿——委员会可行使第 1 款所述授权，不论是否取得金钱或实物补偿，也不论有关外国政府机构是否提供对等安排。委员会根据本条规定收到的任何数额的补偿应该记入支付该费用的拨款项目。

3. 行为标准——根据第 1 款第（1）项留用或雇用的人员在雇用或留用期间应被视为联邦政府雇员，目的在于适用以下法规：

（1）《美国法典》第 5 卷第 81 章规定的伤害赔偿以及《美国法典》第 28 卷第 171 章规定的侵权赔偿责任；

（2）政府道德操守法（5 U.S.C. App.）和《美国法典》第 18 卷第 11 章的条款；

（3）任何其他关于联邦政府雇员行为的法规或条例。

信息的公开披露

第 6 条 《美国法典》第 15 卷第 2055 条 [15 U.S.C. § 2055]

1.（1）本法任何规定不得解释为要求披露《美国法典》第 5 卷第 552 条第 2 款所述的信息，或要求披露受到其他法律保护不向公众披露的信息。

（2）委员会或其代表收到的或以其他方式取得的任何信息，如果含有或涉及《美国法典》第 18 卷第 1905 条所述的商业秘密或其他事项，或受到《美国法典》第 5 卷第 552 条第 2 款第（4）项的制约，都应视为机密，不得披露。

（3）在披露任何信息使得公众能够立即确定消费品的制造商或自有品牌商的身份之前，委员会应让该制造商或自有品牌商有机会将此种信息标明为机密，从而不得根据第（2）项加以披露。制造商或自有品牌商应在接到委员会通知后 15 个日历日之内提出加以如此标明。

（4）不得披露任何制造商或自有品牌商在提交时或根据第（3）项的规定标明为机密的信息，除非按照第（5）项和第（6）项规定的程序。

（5）如果委员会决定制造商或自有品牌商依据第（2）项标明为机密且不得加以披露的文件并不是第（2）项规定的机密信息，则可予以披露。委员会应以书面形式通知该人，说明委员会打算在通知收到至少 10 日之后披露该文件。

（6）接到此种通知的任何人如果认为披露是第（2）项所禁止的，可以在文件拟定披露之日前向居住地区、主要业务地点或文件所在地区的美国地区法院提起诉讼，或向哥伦比亚特区的美国地区法院提起诉讼，阻止文件的披露。接到此种通知的任何人可以酌情向适当的美国地区法院或上诉法院提出申请，要求延期披露。在法院对延期申请作出裁决之前，不得披露该文件。

（7）本法的任何规定不应授予委员会或其下属的任何官员或雇员任何拒绝对有正当授权的国会委员会或小组委员会披露信息的权利，第（2）项到第（6）项的规定不应适用于此种披露，但委员会应立即通知制造商或自有品牌商，已经接到关于将该制造商或自有品牌商标明的机密信息予以披露的请求。

（8）第（2）项到第（6）项的规定不应禁止向委员会的其他负责本法执行的，或涉及依据本法进行的任何行政程序的，或涉及委员会作为当事方的司法程序的官员、雇员或代表（包括合同工）披露信息。

①在委员会的行政程序中，或在委员会作为当事方的司法程序中；

②向委员会的代表（包括合同工）披露有关信息时，应该遵守委员会关于此种程序的规定（包括机密材料的非公开审阅规定）、关于向此种代表披露的规定或法院的规定或命令，但委员会对规定的修改不应与本条规定的目的相违背。

2.（1）如果在公开披露依据本法所取得的任何信息或公开披露涉及本法的任何信息的过程中提到的消费品能让公众立即确定其制造商或自有品牌商的身份，委员会应提前至少15天（除非委员会宣布出于公共卫生和安全考虑必须缩短通知时限），尽其可能向与该信息有关的任何消费品的制造商或自有品牌商发出通知并提供给他们信息的摘要，让该制造商或自有品牌商有合理的机会就该信息向委员会提出意见。委员会应在公开披露之前采取合理的步骤，确保可以立即确定该制造商或自有品牌商身份的信息正确无误，确保此信息的披露在当时情况下是公正的，而且与执行本法的目的有合理的关系。在根据本款披露的任何信息中，委员会经制造商或自有品牌商提出请求，可以包括该制造商或自有品牌商提出的任何意见、其他信息或信息的摘要，但必须遵守和符合本条的规定。本款第（4）项中规定的情况除外。

（2）如果制造商或自有品牌商认为第（1）项中所述的某份文件并不正确，但委员会决定按照第（1）项应该予以披露，那么委员会应通知制造商或自有品牌商委员会打算在通知收到之日起至少5天之后披露该文件。如果委员会宣布，出于公共卫生和安全的考虑必须缩短通知时限，委员会可将通知披露意图的时限缩短。

（3）①在文件指定披露日之前，接到第（2）项所述通知的制造商或自有品牌商可以向居住地区、主要业务地点或文件所在地区的美国地区法院提起诉讼，或向哥伦比亚特区的美国地区法院提起诉讼，要求禁止披露该文件。委员会如果没有按照第（1）项的规定采取合理步骤，地区法院可以禁止该项披露。

②如果委员会决定，出于公共卫生和安全考虑必须加速审理依据①目所采取的行动，委员会可以向地区法院要求加速审理。如果委员会提出此种要求，地区法院应：

a. 尽早指定听讯日期；

b. 尽一切可能将该案排在法院其他待审案件的前面；

c. 尽一切可能加速审理该案；

d. 在委员会向法院提出请求之日后30天内同意或拒绝签发其所要求的禁止令。

（4）本款第（1）到第（3）项的规定不应适用于以下信息的公开披露：①对于与信息有关的任何消费品，委员会已经根据第12条〔15 U.S.C. § 2061〕（有关危险迫在眉睫的产品）提起诉讼，或者委员会有理由相信该信息违反了任何消费品安全规定或本法的任何条款或委员会执行的任何其他法律的类似规定或条款；②有关制定法规过程中产生的或与法规制定程序（从预先通知准备制定法规或颁布法规草案开始）有关的信息，有关裁决程序（自提起投诉时开始）的信息，或有关依据本法采取的其他行政或司法程序的信息。

（5）除了第（1）项的规定之外，委员会不应向公众披露按照第 15 条第 2 款［15 U.S.C.§2064（b）］提交的关于消费品的信息，除非：

①委员会已经根据第 15 条第 3 款或第 4 款［15 U.S.C. § 2064（c）or（d）］提起诉讼，指称该产品具有重大产品危险；

②没有根据第 15 条第 3 款或第 4 款［15 U.S.C. § 2064（c）or（d）］采取行动，取而代之的是委员会接受了关于该产品补救办法的书面协定；

③依照第 15 条第 2 款［15 U.S.C. § 2064（b）］提交信息的人同意将信息公开披露；

④委员会宣布出于公共卫生和安全考虑必须缩短第（1）项规定的通知时限。本项的规定不应适用于以下消费品信息的公开披露：依据第 12 条［15U.S.C. § 2061］被提起诉讼的消费品；委员会有理由相信违反了任何消费品安全规定或本法的任何条款的消费品；违反了委员会执行的任何其他法律的类似规定或条款的消费品；在司法程序中产生的或与司法程序有关的信息。

（6）如果委员会公开披露的信息涉及一种或一组消费品的安全性，不论该信息是否能使公众立即确定制造商或自有品牌商的身份，委员会都应制订程序，确保该信息正确无误。

（7）如果委员会认定，在执行本法的过程中，公开披露了不正确或有误导性的信息，以致对任何一种或一组消费品的安全性，或对消费品的制造商、自有品牌商、分销商或零售商的业务造成不利影响，委员会应以等同于此种披露的方式，采取合理步骤宣布收回该项不正确或有误导性的信息。

（8）如果在制定法规程序开始或裁决程序启动之后，委员会决定在采取最后行动之前结束该程序，则应以等同于宣布此程序开始或启动的方式，采取合理步骤宣布终止程序的决定。

3. 委员会应尽其所能通知消费品的各制造商关于该产品的任何重大致伤隐患的信息。

4.（1）在本条中，"法"指的是《消费品安全法》［15 U.S.C. § 2051 et seq.］、《可燃纺织品法》［15 U.S.C. § 1191 et seq.］、《防毒包装法》［15 U.S.C. § 1471 et seq.］和《联邦有害物质法》［15 U.S.C. § 261 et seq.］。

（2）本条的规定应适用于委员会、委员会任何委员，或委员会任何雇员、代理人或代表以公职身份披露的任何信息。

5.（1）虽有《美国法典》第 5 卷第 552 条、本条第 1 款第（7）项或任何其他法律的规定，除了第（2）、（3）和（4）款的规定外，委员会的任何官员或雇员以及司法部的任何官员或雇员都不得：

①公开披露根据第 37 条第 3 款第（1）项或第 3 款第（2）项第①目提供的信息；

②把此种信息用于履行委员会责任以外的任何目的；

③准许任何人（除非是委员会的委员、官员和雇员或司法部的官员或雇员需要此种信息以委员会的名义提起诉讼）查阅此种信息。

（2）根据第 37 条第 3 款第（1）项或第 3 款第（2）项第①目提交的任何报告应享有法律程序豁免，并不得在州或联邦法院的民事诉讼中或在任何行政诉讼中成为传唤或调查的对象，除非是根据第 20、21 或 22 条［本卷第 2069 条、2070 条或 2071 条］对没有按照第 37 条 ［15 U.S.C. § 2084］ 提供信息的制造商提起的诉讼。

（3）委员会接到书面请求，并在收到关于检索记录和提供报告副本的实际费用或估计费用之后，可以向任何制造商或该制造商授权的代理人提供该制造商依第 37 条提交报告的认证副本。

（4）经有关国会委员会或其任何小组委员会的主席或少数党首席委员提出书面请求，委员会应提供给主席或少数党首席委员根据第 37 条 ［15 U.S.C. § 2084］ 向委员会提交的任何与该委员会或小组委员会管辖范围相关的信息。

（5）收到依据第 37 条 ［15 U.S.C. § 2084］ 提交的信息的委员会任何官员或雇员或联邦政府的任何其他官员或雇员，如果故意违反本款的规定，应按照人事管理局制定的程序和要求，予以免职或其他处分。

第 6A 条　可供公开查阅的消费品安全信息数据库

1. 数据库需要：

（1）通则——视获得拨款与否而定，委员会应按照本条的要求，建立和维护一个关于受委员会监管的消费品以及其他产品或物质安全性的数据库，数据库应可：

①公开查阅；

②检索；

③通过委员会的因特网网站查阅。

（2）向国会提出详细的执行计划——不迟于 2008 年《消费品安全改进法》颁布之日后 180 天，委员会应向有关的国会委员会提交关于建立和维护第（1）项规定的数据库的详细计划，包括关于数据库的运作、内容、维护和功能的计划。该计划应该详细说明数据库如何成为委员会整体信息技术改进目标和计划的一部分。根据本款提出的计划应包括一个详细的数据库工作进度表，以及委员会如何提高公众认识、增加消费者对数据库了解的计划。

（3）开始运作的日期——委员会应在提交第（2）项规定的计划之日后的 18 个月内，建立起第（1）项规定的数据库。

2. 内容和组织：

（1）内容——第 1 款第（4）项中的规定除外，数据库应包括以下内容：

①关于因使用受委员会监管的消费品和其他产品或物质受到伤害的报告，这些报告来自：

● 消费者；

● 地方、州或联邦政府机构；

● 医疗卫生专业人员；

● 儿童保育人员；

● 公共安全实体。

②委员会从根据第 15 条第 3 款发出的通知或任何其他向公众发出的通知获得的信息，这些通知涉及制造商咨询委员会之后自愿采取的纠正行动，而委员会将此行动通知公众。

③委员会根据第 3 款第（2）项第①目收到的意见，这些意见是根据第 3 款第（2）项

第②目的要求提出。

(2) 提交信息——委员会为建立数据库应制定以下办法：

①以电子、电话和书面方式提交本款第 (1) 项第①目所述的报告，以便收入该数据库；

②要求为收入该数据库而提交的第 (1) 项第①目所述的任何报告应至少包括：

a. 对有关消费品（或受委员会监管的其他产品或物质）的描述；

b. 列明消费品（或受委员会监管的其他产品或物质）的制造商或自有品牌商；

c. 说明使用消费品（或受委员会监管的其他产品或物质）受到的伤害；

d. 信息提供者的联络资料；

e. 信息提供者核实就他所知所提供的信息真实正确，而且该人同意把该信息列入数据库。

(3) 其他信息——除第 (1) 项所述的报告，委员会应根据第 6 条 1 和 2 的规定将其认为符合公共利益的任何其他信息收入数据库。

(4) 数据库的组织——委员会应将数据库的信息分类，其方式应符合公共利益，方便消费者使用，并尽可能确保按照以下检索方式使数据库能够排序和查阅：

①信息提供给数据库的日期；

②消费品（或委员会监管的其他产品或物品）的名称；

③型号的名称；

④制造商或自有品牌商的名称；

⑤委员会从公共利益出发考虑采用的其他方式。

(5) 关于通知的要求——委员会应清楚明白地通知数据库的使用者，委员会不能保证数据库内容正确、完整或充分。

(6) 提供联络资料——委员会不得根据本条规定披露向委员会提交第 (1) ①项所述报告的任何个人或实体的姓名、地址或其他联络资料，但如果提供信息的人以书面形式明确表示同意，委员会可将此类信息提供给制造商或自有品牌商。根据本条规定提供给制造商或自有品牌商的消费者信息只能用来核实根据第 (1) ①项提出的报告，不能用于任何其他目的或传播给任何其他人。

3. 程序方面的要求：

(1) 把报告转交制造商和自有品牌商——委员会一旦收到第 1 (1) ①款所述、载有第 2 (2) ②款规定的信息，应在收到之日 5 个工作日之内尽可能把报告转交报告中指出的制造商或自有品牌商，但须遵守第 2 (6) 款的规定。

(2) 提出意见的机会：

①通则——如果委员会根据第 (1) 项将报告转交制造商或自有品牌商，委员会应让该制造商或自有品牌商有机会就该报告所载信息向委员会提出意见。

②请求列入数据库——制造商或自有品牌商可以请求委员会将其意见列入数据库。

③机密信息：

a. 通则——如果委员会将根据第 (1) 项收到的报告转交制造商或自有品牌商，制造商或自有品牌商可以审查报告，确定有无机密信息，并请求将其确认为机密信息的部分定为机密性质。

b. 遮蔽——如果委员会确定，定为机密的信息含有或关系到《美国法典》第 18 编第 1905 条所指的行业秘密或其他事项，或受《美国法典》第 5 编第 552 (b) (4) 条的制约，则委员会应先遮蔽该信息，然后输入数据库。

c. 审查——如果委员会确定，该信息并非上文 b 项所述的机密，委员会应通知制造商或自有品牌商，把信息输入数据库。制造商或自有品牌商可向投诉者居住地区或主要业务地点的美国地区法院提起诉讼，或向哥伦比亚特区的美国地区法院提起诉讼，要求从数据库删除该信息。

(3) 报告和意见的公布：

①报告——除第 (4) ①项的规定，如果委员会收到第 2 (1) ①项所述的报告，委员会应在根据本款第 (1) 项转交该报告之日后 10 个工作日内将报告输入数据库。

②意见——除第 (4) ①项的规定，如果委员会收到根据第 (2) ①项对第 2 (1) ①项所述报告提出的意见，并收到根据本款第 (2) ②项提出的把该意见收录进数据库的请求，委员会应将该意见与该报告同时输入数据库，或尽快将其输入。

(4) 失实信息：

①收到的报告和意见中的失实信息——如果在将第 1 (1) ①项所述报告或本款第 (2) 项所述意见输入数据库之前，委员会确定该报告或意见中的信息严重失实，委员会应：

a. 拒绝将严重失实的信息输入数据库；

b. 纠正报告或意见中严重失实的信息，然后将报告或意见输入数据库；

c. 在数据库中增补信息以纠正失实信息。

②数据库中的失实信息——如果委员会在调查后确定，以前输入数据库的信息严重失实或与数据库中的信息重复，委员会应在其后 7 个工作日之内：

a. 从数据库删除该信息；

b. 纠正该信息；

c. 在数据库中增补信息以纠正失实信息。

4. 年度报告——委员会应向有关的国会委员会提交关于数据库的年度报告，内容包括：

(1) 数据库在报告所述年份的运作、内容、维持、功能和费用；

(2) 该年份收录的报告和意见：

①由委员会根据本条收到的报告和意见的数目；

②在数据库张贴的报告和意见的数目；

③在数据库纠正或删除的报告和意见的数目。

5. 审计局的研究——在委员会根据本条规定建立数据库之日后两年内，总审计长应向国会的有关委员会提交报告，内容包括：

(1) 关于数据库一般功用的分析，包括：

①关于消费者使用数据库程度的评估，包括查阅数据库的公众是否来自社会各界以及消费者是否认为数据库有用；

②委员会就数据库向公众所作的宣传介绍。

（2）建议采取什么措施，使消费者更多使用数据库并确保各界公众都使用。

6. 某些通知和披露规定的适用：

（1）通则——第6条1和2的规定不适用于本条第2（1）①项所述报告根据本条所作的披露。

（2）法律解释——第（1）项不应解释为委员会根据以下规定收到的信息不受第6条1和2规定的限制：

①第15（b）条；

②零售商、制造商或自有品牌商与委员会制定的任何其他强制性或自愿性报告机制。

7. 伤害的定义——在本条中，"伤害"一词是指：

（1）受伤、疾病或死亡；

（2）委员会认定的导致受伤、疾病或死亡的风险。

［2008年《消费品安全改进法》第212（b）条，公法，110-314，122 Stat. 3016（2008年8月14日）］

｛不是《消费品安全法》的一部分｝

8. 委员会信息技术系统的升级换代——委员会应加快本法生效时委员会所使用的信息技术系统的升级和改进。

消费品安全标准

第7条 《美国法典》第15卷第2056条 ［15 U.S.C. § 2056］

1. 委员会可根据第9条 ［15 U.S.C. § 2058］ 的规定颁布消费品安全标准。消费品安全标准应包括以下一种或几种规定：

（1）性能要求方面的规定。

（2）关于消费品标明或附有明确和足够的警告或使用说明的规定，或关于警告或使用说明的形式的规定。此种标准的任何规定在防止或减少此种产品导致伤害的过分风险方面必须具备合理的必要性。

2.（1）只要遵守自愿性标准能够消除或充分减少致伤隐患，而且此种自愿性标准有可能真正得到遵守，委员会就应依靠此种自愿性消费品安全标准，无需颁布第1款所述的关于消费品安全标准的规定。

（2）委员会应制定相关程序，监测任何自愿性标准的遵守情况，只要此种自愿性标准：

①是委员会根据第（1）项所依靠的；

②是在委员会参与下制订的；

③是在委员会监测下制订的。

3. 如果任何人参与委员会制订消费品安全标准的工作，委员会可同意分担该人参与该工作的费用，只要委员会确认，分担此种费用情况下所制订的标准会比不分担更令人满意，而且该人在财务上可靠。委员会的条例 ［16 CFR Part 1105］ 应规定委员会可分担费用的类别，并规定不得分担用于购买土地或建筑物的费用。根据本款所订协定承担的款项可在不受《美国修订法规》第 3648 条（31 U.S.C. § 529），[31 U.S.C. § 3324（a），(b)]制约的情况下支付。

被禁止的危险产品

第 8 条　《美国法典》第 15 卷第 2057 条 [15 U.S.C. § 2057]

如果委员会认定：

（1）消费品正在或将要在商业销售，而该消费品具有过高的致伤隐患；

（2）根据本法制定的所有可行的消费品安全标准均不能充分保护公众免于此种产品的过高致伤隐患，委员会可按照第 9 条 [15 U.S.C. § 2058] 制订规则，宣布该产品属于被禁止的危险产品。

禁用亚硝酸丁酯

[Sec. 2404 of Pub. L. 100-690；15 U.S.C. 2057a]

{严格意义上不是《消费品安全法》的一部分}

1. 通则。除了第 2 款的规定，根据《消费品安全法》第 8 条（15 U.S.C. § 2057），亚硝酸丁酯应视为被禁止的危险产品。

2. 合法用途。在《消费品安全法》第 8 条（15 U.S.C. §2057）中，任何人制造亚硝酸丁酯以供出售、提议出售或通过商业渠道分销、或为商业目的或《联邦食品、药品和化妆品法》批准的任何其他目的进口到美国，不属违法行为。

3. 定义。在本条中：

（1）"亚硝酸丁酯"一词包括亚硝酸正丁酯、亚硝酸乙丁酯、亚硝酸仲丁酯、亚硝酸叔丁酯以及含有这些化学物的混合物。

（2）"商业目的"一词是指任何商业目的，但生产可用于将亚硝酸丁酯吸入或以其他方式进入人体引起兴奋或身体反应的、含有亚硝酸丁酯的消费品除外。

4. 生效日期。本条在本编成为法律之日后 90 天生效 [1988 年 11 月 18 日成为法律]。

禁用亚硝酸异丙酯和其他亚硝酸

[Title XXIII，Sec. 3202 of Pub. L. 101-647；15 U.S.C. 2057b]

{严格意义上不是《消费品安全法》的一部分}

1. 通则。除了第 2 款的规定，根据《消费品安全法》第 8 条（15 U.S.C. § 2057），挥发性烷基亚硝酸应视为被禁止的危险产品。

2. 合法用途。在《消费品安全法》第 8 条（15 U.S.C. § 2057）中，任何人制造挥发性烷基亚硝酸以供出售、提议出售或通过商业渠道分销、或为商业目的或《联邦食品、药品和化妆品法》批准的任何其他目的进口到美国，不属违法行为。

3. "商业目的"的定义。在本条中，"商业目的"一词是指任何商业目的，但生产可用于将挥发性烷基亚硝酸吸入或以其他方式进入人体引起兴奋或身体反应、含有挥发性烷基亚硝酸的消费品除外。

4. 生效日期。本条在本编成为法律之日后 90 天生效 [1990 年 11 月 29 日成为法律]。

禁止销售某些含特定邻苯二甲酸盐的产品

[2008 年《消费品安全改进法》第 108 条，Public Law 110-314，122 Stat. 3016（August 14，2008）]

{不是《消费品安全法》的一部分}

1. 禁止销售某些含特定邻苯二甲酸盐的产品——自本法生效之日后 180 天开始，任何人制造邻苯二甲酸二（2-乙基己基）酯（DEHP）、邻苯二甲酸二丁酯（DBP）或邻苯二甲酸苯基丁酯（BBP）浓度超过 0.1% 的任何儿童玩具或儿童护理用品，以图出售、提议出售或通过商业渠道分销，或进口到美国，均属违法行为。

2. 禁止销售含特定邻苯二甲酸盐的其他产品：

（1）暂时禁止——自本法生效之日后 180 天开始，直到根据第（3）项颁布最终规定，任何人制造邻苯二甲酸二异壬酯（DINP）、邻苯二甲酸二异癸酯（DIDP）或邻苯二甲酸二正辛酯（DnOP）浓度超过 0.1%、儿童可以放入口中的任何儿童玩具或儿童护理用品，以图出售或通过商业渠道分销，或进口到美国，均属违法行为。

（2）慢性危险咨询小组：

①任命——委员会应不早于本法生效之日后 180 天按照《消费品安全法》（15 U.S.C. 2077）第 28 条的程序着手任命一个慢性危险咨询小组，研究儿童玩具和儿童护理用品使用的所有邻苯二甲酸盐和邻苯二甲酸盐替代品对儿童健康的影响。

②审查——咨询小组根据①目任命组成后 18 个月内应完成对儿童产品中使用的各种邻苯二甲酸盐的审查，并应：

a. 审查各种邻苯二甲酸盐可能对健康造成的所有影响（包括内分泌干扰作用）；

b. 考虑每一种邻苯二甲酸盐单独或与其他邻苯二甲酸盐混合后可能对健康造成的影响；

c. 根据对此种产品的正常和可预计的使用和滥用情况的合理估计，审查儿童、孕妇和其他人可能接触到邻苯二甲酸盐的程度；

d. 考虑从儿童产品和诸如个人护理产品等其他来源接触到邻苯二甲酸盐的累积影响；

e. 审查所有有关数据，包括关于邻苯二甲酸盐和邻苯二甲酸盐替代品的最新、最容易找到和经过同行审查的、使用了客观的数据收集方法或其他客观方法的科学研究；

f. 不仅是考虑邻苯二甲酸盐的食入吸收，而且考虑皮肤接触、手到口接触或其他接触方式对健康造成的影响；

g. 根据现有科学认识加以足够抵消儿童、孕妇和其他易受影响的个人接触到和受影响等不定因素的安全系数，考虑能合理确保儿童、孕妇或其他易受影响的个人不会受到伤害的含量的额定上限；

h. 考虑儿童玩具和儿童护理用品使用的邻苯二甲酸盐替代品可能对健康造成的类似影响。小组根据本项进行的审查工作应重新从头开始。以前任何慢性危险咨询小组关于这个问题以及委员会进行的其他研究的决定和结论都应由小组审查，不应视为定论。

③报告——根据①目任命的小组应在审查工作完成后不迟于 180 天向委员会报告根据本条进行审查的结果，并就小组认为应该宣布为被禁止危险物品的、第 1 款规定以外的任何邻苯二甲酸盐（或邻苯二甲酸盐的混合物）或邻苯二甲酸盐替代品向委员会提

出建议。

（3）以规定形式永远禁止——委员会在收到小组根据第（2）③项所提交的报告后应不迟于 180 天按照《美国法典》第 5 篇第 553 条制定最终规定，目的是：

①根据该报告确定是否继续第（1）项规定的禁令，以便在具有足够安全边际的情况下确保能够合理地肯定儿童、孕妇或其他易受影响的个人不会受到伤害；

②评估慢性危险咨询小组的结论和建议，并在委员会确定为保护儿童健康而有必要的情况下，宣布任何含有邻苯二甲酸盐的儿童产品为《消费品安全法》第 8 条（15 U.S.C. 2057）所禁止的危险产品。

3. 违规行为的处理——违反第 1 款或第 2（1）款或委员会根据第 2（3）款制定的任何规定，均将作为违反《消费品安全法》第 19（a）（1）条（15 U.S.C. 2068（a）（1））予以处理。

4. 作为消费品安全标准对待；对州法的影响——第 1 款和第 2（1）款以及根据第 2（3）款制定的任何规定均应视为《消费品安全法》规定的消费品安全标准。就《消费品安全法》的消费品安全标准中没有具体加以监管的任何邻苯二甲酸盐替代品而言，本条或《消费品安全法》（15 U.S.C. 2051 et seq.）的任何规定均不得解释为优先于或以其他方式影响任何州的规定。

5. 定义：

（1）经定义的词汇——本条中所用的：

① "邻苯二甲酸盐替代品" 是指邻苯二甲酸盐的任何普通替代品、邻苯二甲酸盐的替代材料或替代增塑剂。

② "儿童玩具" 是指制造商设计或意图供 12 岁以下儿童在玩耍时使用的消费品。

③ "儿童护理用品" 是指制造商设计或意图用来帮助 3 岁以下儿童睡眠或喂食、或帮助此种儿童吮吸或咬嚼的消费品。

④ "消费品" 是指《消费品安全法》（15 U.S.C.2052（a）（1））第 3（a）（1）条规定的含义。

（2）用于认定的指导原则：

①年龄——认定（1）项所述产品是否设计或意图用于某一年龄的儿童，应该考虑到以下因素：

a. 制造商有关该产品打算供什么人使用的合理说明，包括在该产品上的标签。

b. 产品在其包装、展示、宣传或广告中是否说明适合特定年龄的儿童使用。

c. 消费者是否普遍认为产品打算供特定年龄的儿童使用。

d. 委员会工作人员 2002 年 9 月发布的用于年龄认定的指导原则以及任何后继的指导原则。

②儿童可以放入口中的玩具——在本条中，如果玩具的任何部分可以实际上被儿童放在口中吮吸或咬嚼，该玩具就是儿童可以放入口中的玩具。如果儿童产品只能被舔，就不能视为可以放入口中。如果玩具或玩具的部分的长度、宽度或厚度小于 5 厘米，就能够放入口中。

制定消费品安全规定的程序

第 9 条 《美国法典》第 15 卷第 2058 条 [15 U.S.C. § 2058]

1. 在《联邦纪事》上预先发出打算制定规章的通知，制定消费品安全规定的程序即告开始，通知应：

（1）指明产品和产品致伤隐患的性质；

（2）简要列出委员会正在考虑的每一种可选监管手段（包括自愿性消费品安全标准）；

（3）列出委员会了解的与程序可能有关的任何现有标准，并简要说明为什么委员会初步认为此种标准不能消除或充分减少第（1）项所述的致伤隐患；

（4）邀请有关人士在委员会通知中规定的时间内（在发布通知后不得少于 30 天或多于 60 天）就委员会提出的致伤隐患、正在考虑的可选监管手段以及关于解决隐患的其他可能替代手段向委员会提出意见；

（5）邀请（委员会之外的）任何人在委员会通知中规定的时间内（在发布通知后不得少于 30 天）向委员会提出现有标准或现有标准的部分内容，作为拟议的消费品安全标准；

（6）邀请（委员会之外的）任何人在委员会通知中规定的时间内（在发布通知后不得少于 30 天）向委员会提出要修改或制订涉及（1）项所述致伤隐患的自愿性消费品安全标准的意向声明，并提出关于修改或制订标准的计划的说明。委员会应在 10 个日历日之内将该通知转交国会有关委员会。如果委员会认为把根据第 1（5）款公布通知中的邀请提出的任何标准（全部、部分或与委员会提出的任何其他标准或该标准的任何部分的混合）颁布为消费品安全标准可以消除或充分减少根据第 1（1）款发出的通知中所述的致伤隐患，委员会可以公布未经实质性修改的该标准的全部、部分或组合，作为拟议的消费品安全规定。

2. 如果委员会认为：

①根据第 1（6）款公布通知中的邀请提出的任何标准得到遵守就很可能消除或充分减少该通知所述的致伤隐患；

②该标准很有可能基本上得到遵守，委员会就应终止关于制订该致伤隐患的消费品安全规定的一切程序，并在《联邦纪事》上发布通知，说明委员会的决定，并告诉公众，委员会将依靠自愿性标准来消除或减少致伤隐患，但委员会只能在此种自愿性标准已经存在的情况下才能终止此种程序并依靠自愿性标准。在本条中，自愿性标准如果得到制定该标准的组织或其他人最终批准，不论该标准在什么日期生效，均应该视为自愿性标准已经存在。委员会在依靠任何自愿性消费品安全标准之前，应让有关人士（包括制造商、消费者和消费者组织）有合理的机会对该标准提出书面意见。委员会就依靠本款所述自愿性标准作出任何决定之前应该考虑到此种意见。

3. 委员会拟议颁布任何消费品安全规定前，必须首先在《联邦纪事》上公布规定的文本，包括任何替代办法，并同时公布一份初步法规分析，内容包括：

（1）关于拟议规定的潜在益处和潜在费用的初步描述，包括不能用金额量化的益处或费用，并说明哪些人可能得益和承担费用；

（2）讨论委员会没有把根据第 1（5）款提交委员会的任何标准或部分标准公布为拟

议的规定或部分规定的理由；

（3）讨论为什么委员会初步断定根据第1（6）款进行并得到委员会按照第5条第1（3）款〔15 U.S.C. §2054（a）（3）〕协助的工作不大可能在合理的时间内发展成为足以消除或充分减少拟议的规定所述致伤隐患的自愿性消费品安全标准；

（4）描述任何可以合理替代拟议规定的办法，简述替代办法的潜在费用和益处，以及简短说明这些替代办法为什么不应作为拟议规定予以公布。

委员会应在10个日历日内将该通知转交有关的国会委员会。任何拟议的消费品安全规定应在通知公布之日后12个月内发布，除非委员会确定该拟议的规定对于消除或减少产品致伤的隐患没有合理的必要性或者不符合公共利益。委员会可以出于正当的理由把12个月的期限延长。如果委员会延长该期限，则应立即将延长通知送交参议院的商业、科学和运输委员会以及众议院的能源和商业委员会｛商业委员会｝。此种通知应说明延长的理由，并估计委员会预期在什么日期完成制定规定的工作。委员会应在《联邦纪事》上公布延长限期的通知和送交国会的信息。本款的任何规定不应阻止任何人提现有标准或部分标准作为拟议的消费品安全标准。

4.（1）在根据第3款提出的关于消费品致伤隐患的拟议消费品安全规定公布之后60天内，委员会应：

①颁布针对此种产品致伤隐患的消费品安全规定，如果委员会按照本条第6款的规定作出认定；

②撤销关于制定拟议规定的通知，如果委员会确定该规定对于消除或减少产品过高的致伤隐患没有合理的必要性，或不符合公共利益，但委员会可以出于正当的理由（如果在《联邦纪事》上公布了理由）把60天的期限延长。

（2）消费品安全规定应按照《美国法典》第5篇第553条颁布，但委员会除应让有关人士有机会提出书面意见外，还应让他们有机会口头提出数据、看法或论证。所有口头陈述均应保留记录。

5. 消费品安全规定应在其条文中说明准备消除或减少什么样的致伤隐患。委员会在颁布该规定时，应考虑到有关的产品数据，包括在一般情况下和根据本法进行研究、发展、测试和调查活动的结果。委员会在颁布该规定时，还应考虑到老年人和残疾人的特殊需要，以确定这些人在多大程度上可能受到该规定的不利影响。

6.（1）委员会在颁布消费品安全规定之前，应考虑到以下因素，并对将这些因素列入该规定进行适当调查：

①规定准备加以消除或减少的致伤隐患的严重程度和性质；

②受该规定制约的消费品的大致数目和种类；

③公众是否需要让该消费品受该规定制约，以及为满足此种需要该规定对该消费品的使用、费用或供应可能产生的影响；

④如何实现该规定的目标，同时尽量缩小对竞争的不利影响、尽量缩小对符合公共卫生和安全利益的制造业和其他商业活动的干扰或造成的混乱。

（2）委员会在颁布消费品安全规定以前，必须首先基于委员会根据第（1）项的认定和根据委员会收到的其他信息提出关于规定的最终法规分析，内容包括：

①关于规定的潜在益处和费用的描述，包括不能用金额量化的费用和益处，并说明哪些人可能得益和承担费用。

②关于委员会考虑过的最终规定的替代办法的描述，关于替代办法潜在的益处和费用的简要描述，并简短说明没有选择这些替代办法的理由。

③简要说明公众对初步法规分析提出的意见所引起的任何重要问题，简要介绍委员会对这些问题的评估。委员会应公布关于规定的最终法规分析。

（3）委员会应首先认定存在下列情况（并将此种认定列入规定），方可颁布消费品安全规定：

①规定（包括规定生效的日期）对于消除或减少该产品致伤的过高隐患具有合理的必要性；

②颁布规则符合公共利益；

③在本法项下没有可行的消费品安全标准能够充分保护公众免于该产品致伤的过高隐患，因而规定要宣布产品属于被禁危险产品；

④如规定涉及致伤隐患，而将受该规定制约的人已经采取和实施自愿性消费品安全标准，但：

a. 遵守该自愿性消费品安全标准不大可能消除或充分减少此种致伤隐患；

b. 此种自愿性消费品安全标准不大可能基本上得到遵守；

⑤规定预期的益处与其费用具有合理的关系；

⑥颁布规定是为了防止或充分减少致伤隐患，而规定施加的要求负担最小。

（4）①根据第3或第6（2）款提出的任何初步或最终法规分析不应受到独立的司法审查，除非在决定对规定进行司法审查时，任何此种法规分析的内容应成为该机构关于进行此种审查的全部规章制定记录的一部分。

②第①款的规定不应解释为改变了在其他情况下对委员会的行动进行司法审查时所适用的实质性或程序性标准。

7.（1）每一则消费品安全规定均应明确在颁布之日后180天内开始生效的日期，除非委员会出于正当理由认定，将生效日期推迟符合公共利益并公布推迟生效的理由。根据本法规定的消费品安全标准的生效日期至少应定在颁布之日30天后，除非委员会出于正当理由确定将生效日期提前符合公共利益。在任何情况下均不得让生效日期早于颁布日期。消费品安全标准只能适用于在生效日期后制造的消费品。

（2）委员会可以规定形式禁止消费品的制造商囤积消费品安全规定适用的任何产品，或本法的规定或根据委员会执行的任何其他法律的类似规定、条例、标准或禁令适用的任何产品，以防该制造商逃避此种规定、条例、标准或禁令的目的。本项中的"囤积"是指从此种规定、条例、标准或禁令颁布之日到生效之日期间制造或进口产品，其速度远远超过（根据本项所述规则决定）在该规定、条例、标准或禁令颁布之日前的基准时期（根据本项的规则的规定）该产品的生产或进口速度。

8. 委员会可以规定形式修订或撤销任何消费品安全规定。此种修订或撤销应明确生效的日期，该日期不得超过修订或撤销公布之日后180天，除非委员会出于正当理由确定将生效日期推迟符合公共利益并将推迟的理由公布。如果修订对消费品安全规定有实质性修改，应适用第 7 和第 8 条 ［15 U.S.C. §§2056 and 2057］以及本条的第 1 到 7 款。委员会为撤销消费品安全规定，应在《联邦纪事》上公布关于撤销该规定的提议，并按照本条第 4（2）款让各界提出口头和书面意见。委员会只有在认定规定对消除或减少产品致伤的过高隐患没有合理的必要性之后，才可撤销该规定。第 11 条 ［15 U.S.C. § 2060］适用于给消费品安全规定带来实质性改变的修订以及消费品安全规定的撤销，其方式和程度与委员会在颁布该规定时对该条的适用相同。

9. 委员会应全部或部分准许或拒绝根据《美国法典》第 5 篇第 553（e）条提出的、要求委员会在合理的时间内启动制定规则程序的请求。委员会应说明批准或拒绝此种请求的理由。委员会不得根据自愿性标准拒绝任何请求，除非该自愿性标准在拒绝请求时已经存在，而且委员会确定，自愿性标准有可能消除或充分减少请求所涉及的致伤隐患，并且该标准有可能基本上得到遵守。

割草机标准的修正案

［Public. L. 97-35，sec. 1212；95 Stat. 724；Aug. 13，1981］

｛不是《消费品安全法》的一部分｝

1. 在本法生效后不迟于 90 天，消费品安全委员会应修订其关于手推机动割草机的消费品安全标准，规定人力启动的旋刀式割草机如果具有符合旋刀控制系统标准（16 C. F.R. §1205.5）的旋刀控制系统，而且该系统可导致引擎停止转动并需要以人力将引擎再度启动，在以下情况下应视为符合要求：如果割草机引擎启动控制的位置距离割草机扶手上端不到 24 英寸，或割草机的旋刀护壳配有 360 度护脚圈。《消费品安全法》不适用本款规定的修正案的颁布。

2. 委员会应就第 1 款规定的修正案对消费者造成的影响进行研究，在第 1 款修订的标准生效两年后提出研究报告。委员会在报告根据本款提交之前不得修改第 1 款规定的修正案。

草地飞镖

［Public Law 100-613，102 Stat. 3183，November 5，1989］

｛不是《消费品安全法》的一部分｝

法律规定消费品安全委员会修订其关于草地飞镖的条例。

在国会开会的美国参议院和众议院颁布，不论其他法律如何规定，在本法颁布之日后不迟于 60 天 ｛1988 年 11 月 5 日颁布｝，消费品安全委员会应修订其条例，撤销《联邦法规汇典》第 16 篇第 1500.86（a）（3）条所载关于草地飞镖和其他类似尖头玩具的豁免规定，除非委员会认定此种产品没有可能造成穿刺性伤害。

车库自动门开关器

［Sec. 203 of Public Law 101-608，104 Stat. 3110，November 16，1990，15 U.S.C. 2056 Note］

｛不是《消费品安全法》的一部分｝

1. 消费品安全规定——第 2 款的规定应视为消费品安全委员会根据《消费品安全法》第 9 条发布的消费品安全规定。

2. 规定：

（1）从 1991 年 1 月 1 日起，在此日期或其后制造并在美国出售的所有住宅车库自动门开关器均应符合美国国家标准学会安全检测实验室公司在 1988 年 5 月 4 日修订的安全标准——UL 325 第三版的挤压防护要求。

（2）①从 1993 年 1 月 1 日起，在此日期或其后制造并在美国销售的所有住宅车库自动门开关器均应符合美国国家标准学会安全检测实验室公司的安全标准——UL325 第三版的任何其他挤压防护要求，该安全标准是在本法颁布之日后于 1993 年 1 月 1 日当天或之前生效的。

②如果到 1992 年 6 月 1 日美国安全检测实验室公司还没有发布关于 1988 年 5 月 4 日安全标准——UL325 第三版的修订，要求对 1988 年 5 月 4 日的标准增加关于挤压防护的功能或装置，消费品安全委员会应启动规章制定程序，在 1992 年 10 月 31 日之前完成，要求在 1993 年 1 月 1 日或其后制造并在美国销售的所有住宅车库自动门开关器增加此种功能或装置。如果美国安全检测实验室公司在规章制定程序启动后发布了此种修订，规章制定程序应告停止，修订应列入第 1 款所述消费品安全规定，除非委员会根据 3 款认定，该修订没有实现第 2 款的目的。

3. 修订既有规定——如果在 1992 年 6 月 1 日之后，或在第 2（2）②款所述修订日期之后，安全检测实验室公司提议进一步修订美国国家标准学会安全检测实验室公司安全标准——UL 325 第三版中有关挤压防护的要求，实验室应将拟议的修订通知消费品安全委员会，并将该修订列入第（1）款的消费品安全规定，除非在该通知收到后 30 天内委员会通知实验室，委员会认定该项修订没有实现第 2 款的目的。

4. 标签——从 1991 年 1 月 1 日起，在美国销售或许诺销售于 1991 年 1 月 1 日或其后制造的住宅车库自动门开关器的制造商应在该系统的任何容器上或在该系统上标明该系统制造的月份或周数及年份，并标明遵守第 2 款的规定。在容器和系统上标明 UL 标识或登记标志以及遵守 UL325 中有关标明制造日期的要求，即满足了本款的要求。

5. 通知——从 1991 年 7 月 1 日起，住宅车库自动门开关器的所有制造商均应咨询消费品安全委员会的意见，通知公众装有车库自动门开关器的车库门有发生挤压事故的隐患，并告诉公众要测试他们的开关器是否具备第 2 款规定的挤压防护功能或装置。

6. 联邦法规至上——在涉及消费品安全委员会根据第 1 款颁布的消费品安全规定运用《消费品安全法》（15U.S.C.2075）第 26（a）条时，只有各州或其下的行政地区就住宅车库自动门开关器的标识所定的法律条款以及就住宅车库自动门开关器的致伤隐患所定的条款不能提供至少等同于消费品安全规定的保护的情况下，该条才优先于这些条款。

7. 条例——《美国法典》第 5 篇第 553 条应适用于消费品安全委员会为执行本条要求所发布的任何条例，而《消费品安全法》第 7 条和第 9 条不适用于此种发布。委员会追加发布的任何其他规定或修订规定均应为公众提供足够程度的保护。

8. 解释——本条的任何规定均不得影响或限制任何人根据普通法或任何联邦或州法承担的义务或赔偿责任。

自行车头盔

[Sec. 205 of Public Law 103-267, 108 Stat. 722, June 16, 1994, 15 U.S.C. § 6004]

{不是《消费品安全法》的一部分}

1. 通则——在本法颁布之日后 9 个月或更久以后制造的自行车头盔均应：

(1) 在最终标准按照第 3 款出台之前，遵守第 2 款所述的暂行标准；

(2) 在最终标准根据第 3 款出台之后，遵守最终标准。

2. 暂行标准——暂行标准如下：

(1) 美国国家标准学会称为 "Z90.4-1984" 的标准。

(2) 斯内尔纪念基金会称为 "B-90" 的标准。

(3) 美国材料与试验协会（ASTM）称为 "F 1447" 的标准。

(4) 委员会认为适当的任何其他标准。[16 C.F.R. §1203]

3. 最终标准——在本法颁布之日后不迟于 60 天，委员会应启动《美国法典》第 5 篇第 553 条规定的程序，以：

(1) 审查第 1 款规定的暂行标准中的规定，并根据该规定制定最终标准；

(2) 在最终标准中列入防止骑车人头盔脱落的措施要求；

(3) 在最终标准中列入解决儿童受伤隐患的措施要求；

(4) 酌情列入其他规定。《消费品安全法》第 7、第 9 和第 30（d）条（15 U.S.C. §§ 2056，2058，2079（d））不适用于本款的程序，本法第 11 条（15 U.S.C. § 2060）不适用于根据此种程序发布的任何标准。最终标准应在发布之日后一年生效。

4. 不符合标准——(1) 不符合暂行标准——在最终标准生效之前，不符合第 1（1）款规定的暂行标准的自行车头盔应视为违反了根据《消费品安全法》颁布的消费品安全标准。

(2) 最终标准的地位——根据第 3 款制定的最终标准应视为根据《消费品安全法》颁布的消费品安全标准。

耐用婴幼儿产品的标准和消费者登记

[2008 年《消费品安全改进法》第 104 条，Public Law 110-314，122 Stat. 3016（August 14，2008）]

{不是《消费品安全法》的一部分}

1. 短标题——本条可称为 "Danny Keysar 儿童产品安全通知法"。

2. 安全标准：

(1) 通则——委员会应该：

①咨询消费者团体的代表、青少年产品的制造商和独立的儿童产品工程师和专家的意见，研究和评估婴儿或幼儿耐用产品的自愿性消费品安全标准的效用；

②按照《美国法典》第 5 篇第 553 条颁布消费品安全标准，此种标准务必：

a. 在实质上与此种自愿性标准相同；

b. 比此种自愿性标准更为严格，如果委员会认定更为严格的标准可以进一步减少此种产品致伤的隐患。

（2）制定规章的时间表——在本法颁布之日后不迟于一年，委员会应开始第（1）项规定的制定规章程序，并在其后每六个月颁布至少2类婴儿或幼儿耐用产品的标准，从委员会认为具有最高优先的产品类开始，直到委员会为所有此种产品类颁布了标准。此后，委员会应定期审查和修订根据本款颁布的标准，确保这些标准为所涉产品提供了最高程度的安全。

（3）司法审查——任何受到此种标准不利影响的人均可根据本法第236条在《消费品安全法》中增设的第11（g）条（15 U.S.C. 2060（g））请求进行审查。

3. 婴儿床：

（1）通则——本款适用的任何人制造、销售、订约销售或转售、出租、分租、兜销、提供使用或以其他方式将不符合第2款颁布的标准的婴儿床引入商业流通，即为违反《消费品安全法》第19（a）（1）条（15 U.S.C. 2068（a）（1））。

（2）本款的适用对象——本款适用于以下任何人：

①制造、商业销售或订约出售婴儿床的；

②基于其职业自称对婴儿床，包括儿童护理设施以及提供家庭式儿童护理的住户具有专门知识或技能的；

③从事的业务是订约销售或转售、出租、分租婴儿床或以其他方式将其引入商业流通的；

④拥有或经营影响商业的公共住房（按照1970年《联邦火灾预防和控制法》第4条的定义（15 U.S.C.2203），即使有"非联邦政府所有"的短语也照样适用）。

（3）婴儿床的定义——在本款中，"婴儿床"一词包括：

①新的或旧的婴儿床；

②标准尺寸或非标准尺寸的婴儿床；

③便携式婴儿床或婴儿床围栏。

4. 消费者登记的规定：

（1）规章制定——虽有《美国法典》第5篇第6章或1980年《文书工作精简法》（44 U.S.C. 3501 et seq.）的规定，委员会应在本法颁布之日后不迟于一年根据其在《消费品安全法》第16（b）条的授权（15 U.S.C. 2065（b））颁布一项最终的消费品安全规定，要求耐用婴幼儿商品的制造商：

①就每一产品向消费者提供一份已付邮资的消费者登记表格；

②在此种产品的消费者向制造商登记所有权时保留他们的姓名、地址、电子邮件地址和其他联络资料的记录，以便提高制造商在召回此种产品时的效率；

③在每一耐用婴幼儿产品上永久印上制造商的名称和联络资料、产品型号名称和号码以及制造日期。

（2）关于登记表格的规定——根据第（1）项提供给消费者的登记表格应：

①包括给消费者填写消费者姓名、地址、电话号码和电子邮件地址的空间；

②有足够的空间以便填写所有需要的信息；

③贴在每一项耐用婴幼儿产品上，使得消费者在购买产品之后实际上一定看到和必

须处理该表格;

④包括制造商的名称、产品型号名称和号码以及制造的日期;

⑤包括关于登记目的的说明,以便鼓励消费者完成登记;

⑥包括让消费者通过互联网登记的备选办法;

⑦包括一项声明,说明消费者提供的信息除了方便产品的召回或发出安全警告之外,不会用于任何其他目的。委员会根据本条发布条例时,可以规定所需登记表格的表述和格式。

(3)关于保留记录和通知的规定——根据本条颁布的规则应该规定,耐用婴幼儿产品的每一个制造商必须保留其制造的产品的登记者记录,其中包括每一个登记的消费者提供的全部信息,在产品发生自愿性或非自愿性召回或发布安全警告时根据此种信息通知每一个消费者。制造商应在制造之日后保留此种记录至少六年。制造商根据本法收集的消费者信息除了供制造商用来通知消费者关于产品召回或安全警告的消息,不能用于任何其他目的,也不能散发给任何其他方面。

(4)研究——委员会应在其认为适当的时间展开研究,以确定本条规定的登记表格是否有助于产品的召回以及此种登记表格是否应该用于其他儿童产品。在本法颁布之日后四年之内,委员会应将研究结果向有关的国会委员会提出报告。

5. 使用其他召回通知技术:

(1)技术评估和报告——委员会应:

①从根据第4款颁布规则后二年开始,经常审查召回通知技术,并评估此种技术对于召回耐用婴幼儿产品的效果;

②在本法颁布之日后不迟于三年,将此种评估的报告送交有关的国会委员会。其后,由委员会酌情定期提交报告。

(2)决定——如果根据第(1)项所进行的评估,委员会按照规则决定,收回通知的技术在帮助召回耐用婴幼儿产品方面可能与第4款规定的登记表格同样有效或更为有效,委员会应:

①将此种决定向有关的国会委员会报告;

②准许耐用婴幼儿产品的制造商用此种技术取代登记表格,以便利召回耐用婴幼儿产品。

6. 耐用婴幼儿产品的定义——在本款中,"耐用婴幼儿产品"一词:

(1)是指意图供5岁以下儿童使用或可以合理期待供他们使用的耐用产品;

(2)包括:

①标准尺寸或非标准尺寸的婴儿床;

②幼儿床;

③高脚椅、垫高椅和悬挂椅;

④沐浴椅;

⑤限制儿童活动范围的门或围栏;

⑥游戏园;

⑦供活动用的固定家具;

⑧婴儿提篮，婴儿背带；

⑨婴儿车；

⑩学步车；

⑪摇篮；

⑫新生儿小床和摇篮。

强制性玩具安全标准

[2008 年《消费品安全改进法》第 106 条，Public Law 110–314，122 Stat. 3016（August 14，2008）]

{不是《消费品安全法》的一部分}

1. 通则——从本法颁布之日后 180 天开始，本法颁布之日就已经存在的（但第 4.2 条和附件 4 或重申或收入委员会颁布的强制性标准或禁令的任何规定除外）ASTM 国际标准 F963–07 涉及玩具安全的消费品安全规格（ASTM F963）应视为委员会根据《消费品安全法》(15 U.S.C. 2058）第 9 条发布的消费品安全标准。

2. 关于具体玩具、零部件和隐患的规章制定：

（1）评估——在本法颁布之日后不迟于一年，委员会在咨询消费者团体的代表、青少年产品的制造商以及独立的儿童产品工程师和专家的意见之后，应审查和评估 ASTM F963 或其后继标准（但第 4.2 条和附件 4 除外）的效果，包括在以下方面的安全要求、安全标签要求和检测方法：

①吞入或吸入儿童玩具内的磁块可造成的体内损害或伤害；

②有毒物质；

③末端为球形的玩具；

④半球形物件；

⑤绳索、绑带和弹性带；

⑥电动玩具。

（2）规章制定——在第（1）项规定的评估完成后一年之内，委员会应根据《美国法典》第 5 篇第 553 条颁布规则，该规则：

①考虑到其他儿童玩具的安全规定；

②比此类标准更为严格，如果委员会确定更严格的标准可以进一步减少此种玩具的致伤隐患。

3. 定期审查——委员会应定期审查和修订根据本条制定的规定，确保此种规定为此种产品尽可能提供最高程度的安全。

4. 考虑其余的 ASTM 标准——委员会在颁布第 2 款规定的规则之后，应：

（1）咨询消费者团体的代表、青少年产品的制造商以及独立的儿童产品工程师和专家的意见，审查和评估 ASTMF963（和其他关于预防或减少儿童产品的易燃性的健康保护规定）或其后继标准的效果，并评估此种标准是否足以保护儿童免于安全隐患。

（2）根据《美国法典》第 5 篇第 553 条颁布消费品安全规定，该规定务必：

①考虑到其他儿童玩具的安全规定；

②比此种标准更为严格，如果委员会决定更严格的标准可以进一步减少此种玩具的致伤隐患。

5. 优先次序——委员会应从委员会认定具有最高优先的产品类开始颁布规定，直到委员会已经为所有此种产品类颁布了标准。

6. 视为消费品安全标准——根据本条发布的规定应视为委员会根据《消费品安全法》(15 U.S.C. 2058) 第9条发布的消费品安全标准。

7. 修订——如果美国材料测试协会（或其后继实体）提议修订 ASTM F963-07 或其后继标准，则应将拟议的修订通知委员会。委员会应将修订或修订的部分内容纳入消费品安全规定。修订后的标准应视为消费品安全委员会根据《消费品安全法》(15 U.S.C. 2058) 第9条发布的消费品安全标准，在美国材料测试协会将修订通知委员会之日后180天开始生效，除非委员会在接到该通知后90天内告诉美国材料测试协会，委员会已经决定，拟议的修订没有改善该标准涉及的消费品的安全。如果委员会就拟议的修订如此通知美国材料测试协会，则现行的标准应继续视为消费品安全规则，不必考虑拟议的修订。

8. 制定规章考虑联邦法规至上的免则——

（1）州法免受联邦法规至上的制约——州或其下的行政地区提出申请后，委员会在发出通知和给予提出口头陈述意见的机会之后，应考虑制定规章，让申请所涉及的、为消除儿童产品致伤隐患的安全标准或条例（按照规则规定的条件）不受《消费品安全法》第26 (a) 条的制约，但须符合 (a) 款规定的消费品安全标准或根据本条颁布的规定。委员会应该准许此种豁免，如果州或其下的行政地区的标准或条例：

①为消除致伤隐患所提供的保护远远大于根据本条颁布的消费品安全标准或规定；

②没有对州际商业造成过分负担。委员会为了确定州或其下的行政地区的标准或条例对州际商业造成的负担，应考虑和对（委员会自行决定的）适当因素做出判定：遵守此种标准或条例在技术上和经济上的可行性、遵守此种标准或条例的费用、适用标准或条例的消费品的地理分布、其他州或其下的行政地区根据本款规定请求对类似的标准或条例给予豁免的可能性，以及此种消费品根据本法是否需要一个全国统一的标准。

（2）标准对各州既有法律的影响——各州或其下的行政地区为解决本条颁布的消费品安全标准所针对的同样致伤隐患而订立的玩具或其他儿童产品的安全规定只要在本法颁布之日前已经生效、只要这些州或其下的行政地区按照委员会规定的表格和方式在本法颁布之日后90天内将此种规定提交委员会，本条或《消费品安全法》第26条（15 U.S.C.2075）的任何规定就不应妨碍这些州或其下的行政地区让其安全规定继续有效。

9. 司法审查——根据本条发布的任何规定按照本法第236条增加的《消费品安全法》第11 (g) 条（15 U.S.C.2060 (g)）接受司法审查。

委员会的责任——申请订立消费品安全规定

第10条《美国法典》第15编第2059条 [15 U.S.C. § 2059]. {废止}

消费品安全规定的司法审查

第 11 条 《美国法典》第 15 编第 2060 条 [15 U.S.C. § 2060]

1. 在委员会颁布消费品安全规定后不迟于 60 天，受到该规定不利影响的任何人或任何消费者或消费者组织，均可向哥伦比亚特区的美国上诉法院或该人、消费者或组织居住地区或主要业务所在地点的巡回法院提出申诉，要求对该规定进行司法审查。法院的书记官应立即将申诉书的副本送交委员会或其为此目的指定的官员，并送交司法部长。按照《美国法典》第 28 编第 2112 条的规定，委员会应将制定规定的程序记录送交法院。在本条中，"记录"是指：该消费品安全规定、根据第 7、第 8 或第 9 条公布的任何通知或提议 [15U.S.C. § 2056，2057，or 2058]；第 9 条 4（2）[15U.S.C. § 2058（d）（2）] 规定的任何口头陈述的文字记录、有关各方提出的任何书面意见，以及委员会认为与该规则有关的任何其他信息。

2. 如果申诉人请求法院准许援引补充的数据、意见或论证，并说服法院，补充的数据、意见或论证相当重要，而且申诉人在委员会以前的程序中具有合理的理由没有援引此种数据、意见或论证，法院可命令委员会给予更多的机会，接受关于数据、意见或论证的口头陈述和书面意见。委员会可改变其决定，或根据收到的补充数据、意见或论证作出新的决定，并根据此种补充数据、意见或论证建议改变或撤销原来的决定。

3. 根据本条第 1 款提出申诉后，法院有权根据《美国法典》第 5 编第 7 章 [5 U.S.C. § 701 et seq.] 审查消费品安全规定，并准许该章规定的适当的补救办法，包括临时补救办法。法院为了主持正义，可在补救办法中包括关于诉讼费用的赔偿，其中包括合理的律师费（按照第 6 条的规定确定）和合理的专家证人费用。可要求联邦政府（或联邦政府的任何机构或官员）赔偿律师费，不论《美国法典》第 28 编第 2412 条或任何其他法律条款如何规定。除非委员会根据第 9 条第 6（1）和第 6（3）[15 U.S.C. § 2058（f）（1）and（f）（3）] 所作的决定得到记录在案的重要证据的整体支持，否则不得确认消费品安全规定。

4. 法院关于确认或撤销全部或部分消费品安全规定的裁决是最后裁决，根据《美国法典》第 28 编第 1254 条的规定 [15 U.S.A. §1254]，只有美国最高法院可调取案卷或认证书进行复审。

5. 本条规定的补救办法是法律规定的任何其他补救办法的补充，而不是替代。

6. 在本条以及第 23（a）和第 24 条 [15 U.S.C. §2072（a）and 2073] 中，合理的律师费是：

（1）根据以下两个因素：律师在根据本条提出的诉讼中代表某人提出咨询意见和其他法律服务所实际花费的时间；律师在提供此种服务时可能发生的合理费用。

（2）所采用的费率是在判决一方负担此种费用的法院受理的诉讼中提供类似服务的通行费率。

7. 加快司法审查：

（1）适用性——本项取代本款的以上各项，适用于关于以下情况的司法审查：

①委员会根据第 15 条第 10 款颁布的消费品安全规定（涉及确定重大隐患）；

②委员会根据第 42 条颁布的任何消费品安全标准（涉及全地形车）；

③委员会根据 2008 年《消费品安全改善法案》第 104 条颁布的任何标准（涉及耐用婴幼儿产品）；

④委员会根据 2008 年《消费品安全改善法案》第 106 条颁布的任何消费品安全标准（涉及强制性玩具安全标准）。

（2）通则——在委员会颁布本款适用的规定或标准后不迟于 60 天，受到该规定或标准的不利影响的任何人均可向哥伦比亚特区巡回法院的美国上诉法院提出申诉，要求对此种规定进行司法审查。法院的书记官应将申诉书的副本立即送交委员会或其为此目的指定的官员。根据《美国法典》第 28 编第 2112 条的规定，委员会据以颁布规则的程序记录应提交法院。

（3）审查——在根据本款第（2）项提出申诉后，法院有权根据《美国法典》第 5 编第 7 章审查规则，并根据该章的规定准许适当的补救办法，包括临时补救办法。

（4）最后判决——法院根据本条规定全部或部分确认或撤销任何最终规定的判决是最后判决，根据《美国法典》第 28 编第 1254 条的规定，只有美国最高法院可以调取案卷或认证书进行复审。

（5）进一步审查——本款适用的规定或标准不得受到根据第 17 条提出的诉讼（关于进口产品）或关于执行的民事或刑事诉讼的司法审查。

迫在眉睫的危险

第 12 条 《美国法典》第 15 编第 2061 条 ［15 U.S.C. § 2061］

1. 委员会可针对以下对象在美国地区法院提起诉讼：

具有迫在眉睫的危险的消费品，以便根据第 2（2）款没收该产品；或制造、分销或零售该产品的任何人；或产品和人。

虽然有适用于该产品的消费品安全规定存在，或根据本法的任何其他规定正在进行的任何行政或司法程序，仍然可以提起此种诉讼。在本条中，以及此后在本法中，"具有迫在眉睫的危险的消费品"一词是指具有立即引起死亡、严重疾病或严重人身伤害的、隐患过大的消费品。

2.（1）受理诉讼的地区法院有权宣布该产品属于具有迫在眉睫的危险的消费品，并且（如果根据第 1（2）款提起诉讼）准许在必要时（作为此种宣布的辅助或替代办法）为保护公众免于此种隐患而采取必要的临时或长期补救办法。此种补救可包括下达强制性命令，要求将此种风险通知被告所知道的每一个产品购买人，并包括发布公告、召回、修理或更换此种产品，或准许退款。

（2）如果根据第 1（1）款起诉，可在发现此种消费品所在地的美国地区法院以原告诉状对该消费品提起诉讼，以便加以扣押和没收。根据上面提起的诉讼应尽可能符合在海事法庭提起的对物诉讼。

3. 委员会应酌情在提起此种诉讼的同时或在起诉后尽快启动程序，颁布适用于受到起诉的消费品的消费品安全规定。

4.（1）根据本条第 1（2）款提起的诉讼可在哥伦比亚特区或被告所在地、居住地或营业所在地的任何司法辖区的美国地区法院提出；此种诉讼的传票可以送达在被告居住或所在的任何其他地区的被告。要求证人出庭的此种诉讼的传票可送达任何其他地区。如该诉讼可在一个以上的司法辖区提出，委员会在决定到哪一辖区提起诉讼时，应考虑到方便有关各方。

（2）如根据本条提起的多项诉讼涉及实质上类似的消费品并同时在两个以上司法辖区的法院提出，经有关任何一方提出合理请求，并通知所有有关各方，应由受理法院之一发布命令将审判合并进行。

5. 不论法律的任何其他规定，委员会在根据本条提起的诉讼中可要求委员会雇用的律师代表委员会出庭。

6. 本条的任何规定不应解释为要求委员会在决定是否根据本条对某一消费品或某人提起诉讼时，对遵守该诉讼可能规定的补救办法要承担的费用与该补救办法给公众带来的利益进行比较。

召回有铅衬内胆的饮用水冷却器

[《安全饮用水法》第 1462 条，added by Public Law 100–572，1988 年 《铅污染控制法》，42 U.S.C.300j–22.]

{不是《消费品安全法》的一部分}

在《消费品安全法》中，{环境保护署} 署长根据第 1463 条 [42 U.S.C. § 300j–23] 在名单中确定的具有铅衬内胆的水柜都应视为该法第 12 条 （15 U.S.C. § 2061） 所述具有迫在眉睫的危险的消费品。在发出通知并给予提出意见的机会，包括举行公开听证会之后，消费品安全委员会应发布命令，责成此种冷却器的制造商和进口商在 1988 年 《铅污染控制法》{1988 年 10 月 31 日制定} 颁布后一年之内修理、更换或退款召回此种饮用水水冷却器。此项命令在执行时应视为根据该法第 15 （d） 条 （15 U.S.C. § 2064 (d)） 发布的命令。

新产品

第 13 条 《美国法典》第 15 编 [15 U.S.C. § [废止]]

产品的证书和标签

第 14 条 《美国法典》第 15 编第 2063 条 [15 U.S.C. § 2063]

1. （1）普通合格证书——除第 （2） 和第 （3） 项的规定外，受到本法的消费品安全规定制约或受到委员会执行的其他法律的类似规定、禁令、标准或条例制约的产品，如果进口的目的是消费、储存或商业销售，则该产品的每一个制造商 （如果是自有品牌产品，则是该产品的自有品牌商） 应签发证书，该证书应：

①根据每一产品的检测或根据合理的检测办法，证明该产品符合根据本法或委员会执行的任何其他法律适用于产品的所有规定、禁令、标准或条例；

②具体列出适用于产品的每一项规定、禁令、标准或条例。[生效日期—不是《消费品安全法》的一部分——2008 年《消费品安全改善法案》第 102 （a） （1） （A） 条作出的

上述修订应在本法颁布之日后 90 天生效。]

（2）第三方检测要求——从第（3）项规定的日期开始，在将受到儿童产品安全规定制约的任何儿童产品进口用于消费、储存或通过商业渠道分销目的之前，该儿童产品的每一个制造商（如果是自有品牌的儿童产品，则是该儿童产品的自有品牌商）均应：

①提出足够的儿童产品的样品或在所有重要方面与产品相同的样品给根据第（3）项得到认可的第三方合格评估机构，检测该儿童产品是否符合安全规定；

②根据该检测签发证书，证明根据得到认可进行检测的第三方合格评估机构的评估结果，该儿童产品符合儿童产品安全规定。制造商或自有品牌商应为每一项适用于产品的儿童产品安全规定单独发出证书，或发出合并的证书，证明符合所有适用的儿童产品安全规定，但须列出每一项规定的名称。

（3）执行第三方检测的时间表：

①一般适用——除了第⑥目的规定，第（2）项的要求应适用于在委员会制定并公布通知、要求得到认可的第三方合格评估机构评估该儿童产品是否符合适用的儿童产品安全规则之后超过 90 天制造的任何儿童产品。

②认可的时间：

a. 含铅油漆——不迟于 2008 年《消费品安全改善法案》颁布之日后 30 天，委员会应公布通告，说明评估产品是否符合《美国联邦法规典集》第 16 篇第 1303 编规定的第三方检测机构的认可要求。

b. 标准尺寸婴儿床；非标准尺寸婴儿床；安抚奶嘴——不迟于 2008 年《消费品安全改善法案》颁布之日后 60 天，委员会应公布通告，说明评估产品是否符合该篇第 1508、1509 和 1511 编规定的第三方合格评估机构的认可要求。

c. 小部件——不迟于 2008 年《消费品安全改进法》颁布之日后 90 天，委员会应公布通告，说明评估产品是否符合该篇第 1501 编规定的第三方合格评估机构的认可要求。

d. 儿童金属饰品——不迟于 2008 年《消费品安全改善法案》颁布之日后 120 天，委员会应公布通告，说明评估儿童金属饰品是否符合该法第 101（a）（2）条规定的第三方合格评估机构的认可要求。

e. 婴儿吊篮/吊椅、学步车和蹦蹦床——不迟于 2008 年《消费品安全改善法案》颁布之日后 210 天，委员会应公布通告，说明评估产品是否符合该篇第 1500.18（a）（6）和第 1500.86（a）编规定的第三方合格评估机构的认可要求。

f. 所有其他婴儿产品安全规定——委员会应在至迟不超过 2008 年《消费品安全改进法》颁布之后 10 个月的前提下，尽早公布通告，说明评估产品是否符合其他儿童产品安全规定的第三方合格评估机构的认可要求。如果儿童产品安全规定是在该法颁布之日后一年或更多时间制定或修订的，则不得迟于该规定或修订条款生效之前 90 天公布通告。

③认可——按照第②款规定关于第三方合格评估机构的认可工作可由委员会或委员会指定的独立认证组织实施。

④定期审查——委员会应定期审查和修订②款规定的认可要求，确保合格评估机构具有尽可能高的资质。

⑤公布得到认可的机构——委员会应在其互联网网站上公布根据委员会在本项下公

布的要求得到认可、评估产品是否符合儿童产品安全规定的机构的最新名单。

⑥延期——如果委员会决定，得到认可的第三方合格评估机构的数目不足，无法根据本项规定的加快时间表就儿童产品安全规定作出认证，委员会可延长此种认证的最后期限，但不得多于 60 天。

⑦规章的制定——直到 2008 年《消费品安全改善法案》生效满三年之日，委员会根据本项规定进行的程序不受《美国法典》第 5 编第 553 条和第 601 条到 612 条规定的制约。[美国消费品安全委员会审议现行规定——2008 年《消费品安全改善法案》第 102（c）条。[不是《消费品安全法》的一部分。] 委员会在根据《消费品安全法》第 14（a）（3）条制定第三方合格评估机构的认可标准时，可以考虑在 2008 年《消费品安全改善法案》颁布之日独立认可组织已经在使用的认可标准和规程，但应确保，第 14（a）（3）条规定的规程、标准和要求作为认可标准必须才采用最新的科技标准和可以获得的工艺。]

（4）如果一种产品有一个以上的制造商或一个以上的自有品牌商，委员会可以规定形式指定一个或多个制造商或一个或多个自有品牌商（视情况而定）签发第（1）、（2）或（3）项规定的证书，而该产品的所有其他制造商或自有品牌商（视情况而定）可不必按照第（1）、（2）或（3）项的要求签发该产品的证书。

（5）从 2008 年《消费品安全改善法案》颁布之日后一年开始，儿童产品的制造商应在产品及其包装上尽可能贴上永久、显目的标识，使得：

①制造商能够明确产品的生产地点和日期、群组信息（包括批号、停机序号或其他识别特点）以及制造商认为有助于用标识确认产品的特定来源的任何其他信息；

②最终的购买者能够确认制造商或自有品牌商、产品的生产地点和日期，以及群组信息（包括批号、停机序号或其他识别特点）。

2. 任何产品如果根据本法受到消费品安全规定的制约或根据委员会执行的任何其他法律受到类似的规定、条例、标准或禁令的制约，并且需要根据第 1 款发出证书，委员会即可以规定形式责令实行合理的检测项目。按照第 1 款签发证书所依据的任何检测或测试项目可由签发产品证书者自行决定交由能够进行检测的独立的第三方执行，除非委员会以规定形式要求由一个独立的第三方对某一规定、条例、标准或禁令、或对某一类产品进行检测。

3. 委员会可以规定形式要求使用标签并规定标签的格式和内容，其中包含以下信息（或规则中规定的部分信息）：

（1）任何消费品的制造日期和地点。

（2）产品的群组信息（包括批号、停机序号或其他识别特点）。

（3）消费品制造商的适当标识，如果是自有品牌的产品，则标明自有品牌商，并且有代码标识，让出售者在购买者提出要求时能指出该产品的制造商。

（4）如果是受到消费品安全规定管辖的消费品，要有证书说明产品符合所有适用的消费品安全标准，并具体说明标准的内容。

在可行情况下，委员会可以规定将这种标签永久印在或附在此种消费品上。委员会可以酌情准许用代码代表第（1）和第（2）项规定的信息。

4. 关于广告的规定——除非产品符合适用规定或标准的安全要求，任何消费品或该产品的标签或包装的广告均不得提及消费品安全规定或自愿性消费品安全标准。[生效日期——不是《消费品安全法》的一部分——本条在2008年《消费品安全改善法案》颁布后的第60天开始生效。]

关于第三方检测的补充条例：

（1）审计——不迟于2008年《消费品安全改善法案》颁布之日后10个月，委员会应根据条例制定关于定期对第三方合格评估机构进行审计的规定，作为该合格评估机构根据第1（3）③款继续得到认可的条件。

（2）合格；继续检测——不迟于2008年《消费品安全改善法案》颁布之日后15个月，委员会应根据条例：

①启动一套做法，让制造商或自有品牌商可以标明消费品符合第1款有关认证的规定。

②制定规程和标准：

a. 以确保对经过检测符合适用的儿童产品安全规定的儿童产品定期进行检测，或在产品的设计或制造过程包括零部件的来源发生重大改变时进行检测。

b. 进行随机抽样检测、确保产品继续符合标准；

c. 核实经过合格评估机构检测的儿童产品符合适用的儿童产品安全规定；

d. 防止制造商或自有品牌商对第三方合格评估机构施加不当的影响力。

5. 撤销认可：

（1）通则——委员会在经过通知和调查之后如果发现下列情况，可撤销根据本款得到认可的第三方合格评估机构的资格或不接受其得到的认可：

①制造商、自有品牌商或政府实体在合格评估机构根据本款对儿童产品进行认证时对其行使了不当影响力，或以其他方式干预或破坏检测过程的诚信度；

②此合格评估机构未能遵守委员会根据第4款制定的规程、标准或要求。

（2）程序——委员会在撤销合格评估机构得到的认可时：

① 应考虑到合格评估机构的行为或无为的严重性，包括：

a. 该行为或无为的结果是否造成伤害、死亡或伤害或死亡的风险；

b. 该行为或无为是孤立事件还是代表某种模式或惯例；

c. 合格评估机构是否或者在什么时候采取了补救行动；

②可以：

a. 永久或暂时不接受合格评估机构得到的认可；

b. 制定合格评估机构重新得到认可的要求。

（3）拒绝合作——如果合格评估机构拒绝在委员会根据本条进行的调查中与委员会合作，委员会可暂停其得到的认可。

6. 定义——在本条中：

（1）儿童产品安全规定——"儿童产品安全规定"是指根据本法或根据委员会执行的任何其他法律制定的类似规定、条例、标准或禁令制定的消费品安全规定，包括宣布某消费品属于被禁止的危险产品或物品的裁定。

（2）第三方合格评估机构：

①通则——"第三方合格评估机构"是指除了第④目的规定外，不为标的产品的制造商或自有品牌商所拥有、经营或控制的合格评估机构。

②政府参加——这一用语可包括由政府全部或部分拥有或控制的实体，如果：

a. 在切实可行的情况下，位于任何国家的制造商或自有品牌商可以选择不是该国政府拥有或控制的合格评估机构；

b. 该实体的检测结果不受任何其他人包括另一政府实体的不当影响；

c. 该实体不比在同一国家根据本款获得认可的其他第三方合格评估机构受到更有利的待遇；

d. 该实体的检测结果与其他根据本条获得认可的第三方合格评估机构比较，没有被其他政府当局赋予更大的权威；

e. 该实体没有就影响其运作的事务对其他政府当局施加不当影响，也没有不当影响其他政府当局根据该实体的合格评估所作的控制产品的销售的决定。

③艺术材料和产品的检测和认证——按照本款或《联邦有害物质法案》（15 U.S.C. 1261 et seq.）规定的条例符合第①款关于艺术材料和艺术产品的认证要求的一个核证组织（按照《美国联邦法规典集》第 16 篇第 1500.14（b）（8）条附录 A（或任何后继条例或裁定）的定义）。

④有防火墙的合格评估机构——委员会在接到请求后，可以把制造商或自有品牌商拥有、管理或控制的合格评估机构作为第三方合格评估机构予以认可，如果委员会根据命令认为：

a. 与制造商或自有品牌商使用独立的第三方合格评估机构相比，认可该合格评估机构将提供同样或更大的消费者安全保护。

b. 合格评估机构具有既定程序以确保：

（a）检测结果不会受到制造商、自有品牌商或其他利益相关方的不当影响；

（b）把制造商、自有品牌商或其他利益相关方对检测结果隐瞒或施加不当影响的任何企图立即通报委员会；

（c）可以秘密向委员会报告有关受到不当影响的指称。

7. 证书的要求：

（1）标明证书签发方以及合格评估机构——根据本款规定，每一份证书均应标明签发证书的制造商或自有品牌商以及进行测试作为证书依据的第三方合格评估机构。证书至少应包括制造的日期和地点、检测产品的日期和地点、每一方的名称、邮寄地址、电话号码以及负责保留检测结果记录的个人的联络信息。

（2）英文——本款规定的每一份证书均应字迹清楚，本款规定的所有内容均应用英文写成。证书的同一内容可同时用任何其他文字表述。

（3）证书的放置——本款规定的每份证书均应附随于每个产品或每批产品，应把证书的副本提供给产品的每一个分销商或零售商。签发证书的制造商或自有品牌商在委员会索取证书副本时应不讳提供。

（4）进口产品证书的电子报备——委员会征求海关署署长的意见之后，可以规则形式规定，在进口产品到达前 24 小时将本款规定的证书用电子手段报备。签发证书的制造商或自有品牌商在委员会或海关署索取证书副本时应不讳提供给委员会和海关署署长。

8.关于解释的规则——任何儿童产品符合本款规定的第三方检测和认证或一般合格认证要求，也不得解释为该儿童产品免于任何其他要求，即该产品实际上必须符合委员会执行的任何法律项下的所有适用规定、条例、标准或禁令。

重大产品危险

第 15 条 ［15 U.S.C. § 2064］

1.本条中，"重大产品危险"是指：

（1）未能遵守本法项下或根据委员会执行的任何其他法律项下的类似规定、条例、标准或禁令中适用消费品安全规定，对公众构成重大致伤隐患；

（2）一种产品缺陷（由于缺陷的模式、在商业中销售的缺陷产品的数量、隐患的严重性、或其他因素）对公众造成重大致伤隐患。

2.每一个制造商，只要其制造的消费品或其他产品或物品在委员会所执行的任何法律的制约范围（《美国法典》第 49 编第 30102（a）（7）条界定的机动车辆设备除外）并在商业渠道分销，以及该产品的每一个分销商和零售商，一旦得到信息可以合理地认定该产品：

（1）未能遵守适用的消费品安全规定或委员会基于第 9 条［15 U.S.C. § 2058］作为依据的自愿性消费品安全标准；

（2）未能遵守本法或委员会执行的任何其他法律项下的任何其他规定、条例、标准或禁令；

（3）具有足以造成第 1（2）款所述重大产品危险的（本条的标题是：通知和修理、更换或退款）缺陷；

（4）构成严重致伤或导致死亡的过高隐患，则应立即将此类违规、此类缺陷或此类隐患通知委员会，除非该制造商、分销商或零售商的确知道委员会已经充分了解此类缺陷、违规或此类隐患。按照第（2）项提出的报告不能作为根据《联邦有害物品法案》（15 U.S.C. 1264）对提出报告的人提起刑事诉讼的依据，但需要表明具有欺骗或误导意图的非法行为除外。

3.（1）如果委员会（在按照本条第 6 款规定让有关各方包括消费者和消费者组织参加听证会之后）认定，在商业渠道分销的产品构成重大产品危险，需要发出通知以充分保护公众免于此种重大产品危险，或者如果委员会在通知制造商之后，认定产品属于危险迫在眉睫的消费品，并根据第 12 条提起诉讼，委员会可命令产品的制造商或任何分销商或零售商采取以下任何一种或几种行动：

①停止分销该产品。

②通告所有运输、储存、分销或以其他方式经手该产品的所有人，或在产品被运输、出售、分销或以其他方式经手后收到该产品的人，立即停止分销该产品。

③通告州级和地方卫生部门的有关官员。

④就缺陷或违规定情况通告公众，包括在其互联网网站上张贴清楚显目的通知，通知此种制造商、零售商、分销商或许可证发放人借以出售产品的任何第三方互联网网

站；如果委员会认为，在一些地方无法以其他方式把召回产品的通告传播给相当数目的消费者，则应用英文以外的语言通过广播和电视宣布。

⑤将通告邮寄给此种产品的每个制造商、分销商或零售商。

⑥将通告邮寄给此产品的每一个递送收件人或售出对象，只要其为有义务传播通告的人所知。此种命令应具体规定命令所涉通告的格式和内容。

（2）委员会可以要求第（1）项所述的通告用英文以外的文字发布，如果委员会认定必须这样做才能充分保护公众。

（3）如果地区法院在根据第12条提起的诉讼中裁定，诉讼涉及的产品不属危险迫在眉睫的消费品，委员会应撤销根据本款发出的有关该产品的任何命令。

4.（1）如果委员会（在按照第6款规定让有关各方包括消费者和消费者组织有机会参加听证会之后）认定，在商业渠道分销的产品构成重大的产品危险，而根据本款采取行动符合公众利益，则可命令该产品的制造商或分销商或零售商提供第3款所述的通告，并采取以下的一种或多种行动，只要委员会认为这种行动符合公众利益：

①使得该产品符合适用的规定、条例、标准或禁令的要求，或修理该产品的缺陷。

②用符合适用的规定、条例、标准或禁令的或没有缺陷的类似或同等产品替换该产品。

③按该产品的购买价格退款（可以合理地扣减用损费用，如果该产品在根据第3款发出公共通告时，或消费者实际收到产品缺陷或违规的通告时，已经由消费者使用一年或更多时间。上述两种情况以先发生者为限）。根据本款发出的命令还应规定命令对象就上述各项中任何一项命令所应采取的行动提出计划，由委员会审批。委员会如果命令采取第③项所述的行动，则应在命令中具体规定必须向什么人退款。本款规定的命令可以禁止命令适用对象制造命令所涉的产品用于出售、许诺销售、通过商业渠道分销或进口到美国的海关管辖领地（按照美国关税税则总卷首提要2的定义）[19 U.S.C. § 1202]，或禁止其以任何组合方式同时从事上述多种活动。

（2）①委员会如果批准行动计划，应以书面形式表示批准。

②如果委员会认为，经批准的行动计划在具体情况下并非有效或适当，或者制造商、零售商或分销商没有有效执行经批准的行动计划，委员会可以发布命令的方式修订或责令修订行动计划。委员会在决定经过批准的计划是否有效或适当时，应考虑到修理或更换是否改变产品应有的功用。

③如果委员会在发出通知并给予提出意见的机会之后确定，制造商、零售商或分销商实质上未能履行其行动计划下的义务，委员会可以撤销对行动计划的批准。行动计划所涉的制造商、零售商或销售商在收到撤销行动计划的通知之后，不得通过商业渠道分销行动计划所涉的产品。

5.（1）任何人（制造商、分销商或零售商除外）采取根据第4款所下达的命令中规定的补救办法，不得向其收费，命令所涉的人应向有权获得此种补救的所有人（制造商、分销商或零售商除外）偿还该人为采取此种补救办法而发生的任何合理和可以预见的费用。

（2）根据第3或第4款发布的关于产品的命令可规定产品的制造商、分销商或零售商向该产品的任何其他制造商、分销商或零售商偿还其为执行命令而发生的费用，如果委员会认定此种偿还符合公众利益。

6.（1）除第（2）项的规定以外，只有在按照《美国法典》第5编第554条给予参加听证会的机会之后，才可根据第3或第4款发出命令，但下列情况除外：只要委员会认定，希望参加听证会的人中有人与其他与会人员利益相同，构成同类与会人，委员会即可限该类人员指派一名代表参加听证会（如其未能指派代表，则由委员会代为指派）。在根据本款举行的听证会上提交主持人的任何解决提议应由该主持人转交委员会审议，除非该解决提议显然毫无意义或与以前的提议重复。

（2）如委员会已根据第12条对危险迫在眉睫的消费品提起诉讼，则第（1）项项下举行听证会的要求不适用于针对该消费品根据第3或第4款发布的命令。[生效日期——不是《消费品安全法》的一部分——2008年《消费品安全改善法案》第214（a）（2）条中所作的修订应在2008年《消费品安全改善法案》颁布之日后第60天生效。]

7.（1）如果委员会已经根据本条启动程序，着手对委员会有理由相信造成重大产品危险的产品根据第4款发出命令，委员会（不论第27（b）（7）如何规定）[15 U.S.C. § 2076（b）（7）]）或司法部长可根据第12（d）（1）条 [15 U.S.C.§ 2061（d）（1）]请求美国地区法院发出初步禁止令，禁止该产品通过商业渠道分销，直到完成上述程序。如果初步禁止令业已发出，委员会（或司法部长，如果初步禁止令是应司法部长的申请发出的）可请求发出禁止令的法院延长初步禁止令的期限。

（2）根据本款针对一产品发出的任何初步禁止令或禁止令的延长应在发出命令法院规定的期间有效，但不得超过初步禁止令发出之日30天后（如果初步禁止令被延长，则从延长之日算起），或根据本条规定针对该产品的程序完成或停止之日，以先到之日为准。

（3）《美国法典》第28编第1331条关于争议数额的规定不适用于美国地区法院根据本款发出初步禁止令或延长初步禁止令的管辖权。

8. 在委员会确定通过商业渠道分销的某产品构成重大产品危险而应根据本条规定发出通知或采取其他行动时，本条的任何规定不应解释为要求委员会就根据本条发出通知和采取其他行动所承担的费用与此种通知或行动的收益进行比较。

9. 关于召回通知的规定：

（1）指导原则——委员会应不迟于2008年《消费品安全改善法案》颁布之日后180天根据规则制定指导原则，规定根据本条第3或第4款或根据第12条的命令发出的通知必须包括的一套统一的信息。此种指导原则应包括委员会认为在以下方面有助于消费者的任何信息：

①识别该命令涉及的具体产品；

②了解关于该产品的危险（包括已知的关于该产品的事件或伤害）；

③了解购买产品的消费者可以采取的补救办法。

（2）内容——除了委员会决定对于某一产品在当前情况下不必要或不适宜列入以下一种或多种项目，通知应包括以下内容：

①对产品的描述，包括：

a. 产品的型号或库存单位号；

b. 产品的通俗名称；

c. 产品的相片。

②描述对产品采取的行动。

③行动所涉及的产品的数量。

④描述产品的重大危险和采取行动的理由。

⑤指出产品的制造商和主要零售商。

⑥产品的制造日期和出售日期。

⑦与产品有关的任何受伤或死亡事件的数目和描述，伤亡者的年龄，以及委员会收到伤亡事件有关信息的日期。

⑧关于以下情况的描述：

a. 消费者能够获得的补救办法；

b. 消费者要获得补救必须采取什么行动；

c. 消费者为获得补救需要知道的任何信息，或关于补救办法的信息，例如邮寄地址、电话号码、电传号码和电子邮件地址。

⑨委员会认为适当的其他信息。

10. 重大产品危险名单：

（1）通则——委员会可按照规则具体列出一种或一类消费品被视为存在第 1（2）款所述的重大产品危险所必须具备或缺乏的某些特点，如果委员会决定：

①此种特点明显易见，并已在自愿性标准中规定；

②此种标准已有效减少消费品的致伤隐患，而且此种标准得到相当大程度的遵守。

（2）司法审查——第（1）项规定的规则颁布后的 60 天内，受到该规则不利影响的任何人可根据本法第 11 条规定的程序要求进行审查。

关于小部件事件的报告

[Sec. 102 of Public Law 103-267，108 Stat. 722，June 16，1994]

{不是《消费品安全法》的一部分}

1. 提交消费品安全委员会的报告：

（1）关于报告的规定——玻璃弹子、小球或乳胶气球或含有玻璃弹子、小球、乳胶气球或其他小部件的玩具或游戏用具的每一个制造商、分销商、零售商和进口商均应向委员会报告任何其获得的、足以合理地支持以下结论信息：

①发生了由于儿童（无论年龄大小）吞下此种玻璃弹子、小球、乳胶气球或此种玩具或游戏用具所含的玻璃弹子、小球、乳胶气球或其他小部件而导致的哽噎事件；

②该事件造成儿童死亡、重伤、停止呼吸一段时间或需要接受医护治疗。

（2）《消费品安全法》的处理——在《消费品安全法》（15 U.S.C. § 2068（a）（3））第 19（a）（3）条中，本款有关把信息上报的规定应视为该法规定的要求。

（3）对赔偿责任的影响——制造商、分销商、零售商或进口商根据第（1）款提出的报告在任何情况下不应解释为承认赔偿责任或承认报告中信息的真实性。

2. 保护隐私——《消费品安全法》（15 U.S.C. §2055（b））第 6（b）条对隐私的保护适用于根据本法第 1 款上报委员会的任何信息。该法第 6（b）（5）条中所涉上报的信息应视为根据该法第 15（b）条提交的关于消费品的信息。

<h2 style="text-align:center">检查和保留记录</h2>

第 16 条　[15 U.S.C. § 2065]

1. 检查——为了执行本法或根据本法制定的规定或下达的命令，委员会正式指派的官员或职员只要出示适当的证书以及委员会给业主、经营人或负责代理人的书面通知，就已经被授权：

（1）在合理的时间进入。

①制造或储存消费品准备通过商业渠道销售的任何工厂、仓库或企业机构。

②根据第 14 条第 6（2）④得到认可的任何有防火墙的合格评估机构。

③用来传递准备通过商业渠道分销的消费品的任何运输工具。

（2）在合理的时间、以合理的方式检查工厂、有防火墙的合格评估机构、仓库或企业机构用来传递、制造、储存或运输此种产品因而会涉及此种产品的安全的地段。此种检查应合理地尽快开始和结束。

2. 保留记录——消费品的每一个制造商、自有品牌商或分销商均应建立和保留记录、提交报告并提供信息，以满足委员会为执行本法或为确定本法项下的规定或命令的遵从情况而根据规定提出的合理要求。委员会正式委派的官员或职员一旦提出要求，此种制造商、自有品牌商或分销商即应准许检查有关账簿、记录和有关文件，以确定该制造商、自有品牌商或分销商过去和现在是否遵守本法和本法的规定。

3. 识别制造商、进口商、零售商和分销商——委员会正式委派的官员或职员一旦提出要求：

（1）消费品（或属于委员会根据本法或任何其他法律监管的其他产品或物品）的进口商、零售商或分销商应出具该产品的制造商的名称、地址或委员会官员或职员可能索取的其他用于识别目的的信息，只要此种信息是进口商、零售商或分销商知道或能够立即确定的；

（2）制造商应该出具以下人员的名称、地址或委员会官员或职员可能索取的其他用于识别目的的信息：

①向零售商或分销商直接供应某一消费品（或属于委员会根据本法或任何其他法律监管的其他产品或物品）的制造商；

②生产或组装此种产品或物品的分包商；

③向制造商供应零部件的分包商。

4. 委员会应以规则形式规定，任何消费品或其他产品制造出售、许诺销售、通过商业渠道分销或进口到美国的前提必须是，其制造商遵守本法关于检查和保留记录的要求，并遵守委员会关于此种要求的规定。

进口产品

第 17 条 〔15 U.S.C. § 2066〕

1. 任何准备进口到美国海关管辖领地（按照美国关税税则总卷首 2 的定义 5）的消费品如存在下列情况均不得进入该海关管辖领地：

(1) 不符合适用的消费品安全规定；

(2) 没有附具本法或委员会执行的任何其他法律所要求的认证证书，或在制造商行使适当谨慎之后有理由知道该证书是假造的或在任何重要方面有误导作用的情况下仍然提供假证书，或没有附具第 14 条或该条的任何规定或条例所要求的任何标识或证书（包括跟踪标签）；

(3) 在根据第 12 条 〔15 U.S.C. § 2061〕提出的程序中已经或正在被认定属于危险迫在眉睫的消费品；

(4) 具有属于重大产品危险的产品缺陷（在第 15 (a)(2) 条规定的范围内）〔15 U.S.C. §2064 (a)(2)〕；

(5) 产品的制造商已经被委员会作为违反第 7 款规定者向财政部长报备。

2. 经委员会提出要求，财政部长应免费取得准备进口的消费品的合理数目的样品，送交委员会。委员会应让产品的货主或收货人有机会参加根据《美国法典》第 5 编第 554 条为把此种产品进口到美国海关管辖领地所举办的听证会，但现在或过去有机会参加根据第 12 条的程序 〔15 U.S.C. §2061〕为危险迫在眉睫的产品举办的听证会的货主或收货人除外。如果通过检查此种样品或以其他方式认定，根据第 1 款的规定必须不准予进入，则该产品不得进口，除非本条第 3 款的规定适用并得到遵从。

3. 如果委员会认为，根据本条第 1 款不准进口的任何消费品经过改动之后不需要（根据第 1 款 (1) 到 (4) 项的规定）拒绝其进口，则委员会可以推迟决定是否准许该产品进口，并按照委员会和财政部长共同商定的条例，准许货主或收货人交 〔第 1 款提到的 "美国协调关税税则" 是指没有在《美国法典》公布的协调关税税则。协调关税税则的最新版本定期由美国国际贸易委员会维持和公布，可以向 Superintendent of Documents, U.S. Government Printing Office, Washington, D.C. 20402 购买。见 15 U.S.C.2066 注 1。〕纳保证金将该产品从海关监护下领出，让其有机会改动该产品。

4. 货主或收货人根据第 3 款改动该产品的所有行动均可由委员会和财政部的官员或职员监督。如果委员会认为产品无法改动或货主或收货人未能采取令人满意的行动改动该产品，产品就不得进入美国海关管辖领地，而且委员会遂可责成财政部长要求把产品重新送交海关监护，如果没有重新送交，则根据第 22 条第 2 款 〔15 U.S.C.§ 2071 (b)〕予以扣押。

5. 被拒不得进入美国海关管辖领地的产品应予以销毁，除非经货主、收货人或记录在案的进口商提出申请，财政部长准许将产品出口，不予销毁。如果货主、收货人或记录在案的进口商在得到出口批准的 90 天内未将产品出口，则该产品应予销毁。〔生效日期——不是《消费品安全法》的一部分——2008 年《消费品安全改善法案》第 223 (b)条对《消费品安全法》第 17 (e) 条的修订应在 2008 年《消费品安全改善法案》颁布之日后第 30 天生效。〕

6. 与本条规定的销毁工作有关的所有费用（包括美国官员或职员的旅费、每日津贴或生活津贴以及薪金）（费用的数额按照财政部长的规章决定）以及与本条规定不准进口的任何消费品的仓储、运输或劳务有关的所有费用均应由货主或收货人支付；如发生拒付情况，则可对该货主或收货人未来进口的任何货物实施留置。

7. 进口品的制造商应遵守第16条关于该产品的所有检查和保留记录的规定，委员会应将任何没有遵守第16条的所有检查和保留记录规定的制造商通报财政部长。

8.（1）委员会应与其他有关联邦机构合作，建立和维持永久性的产品监视办法，以履行本法和委员会执行的其他法律为委员会规定的责任，防止不安全的消费品进入美国商业渠道。

（2）委员会可以向第（1）项所述合作机构提供必要或有用的信息、数据、违规者名单、检测结果以及其他支持、指导和文件，以便于此种机构与委员会合作执行第（1）项规定的产品监视办法。

（3）委员会应定期向有关的国会委员会报告第（1）项所述监视办法的工作成果。

出口

第18条 ［15 U.S.C. § 2067］

1. 本法不适用于符合下列情况的消费品：

（1）能够证明制造、出售或存留待售的该产品准备从美国出口（或该产品是进口后准备出口），除非该消费品实际上正通过美国商业渠道分销使用，或委员会认定该产品的出口对美国境内的消费者构成致伤的过高隐患。

（2）该消费品通过商业渠道分销时或在包装消费品的容器上贴有印花或标签，说明该消费品准备出口；但本法适用于制成后出售到、许诺出售到或出售后运送到美国境外的任何美国设施的所有消费品。

2. 把不符合本法规定的有效消费品安全规定的任何产品出口到外国的任何人应在出口前至少30天向委员会提交声明，将此种出口通知委员会；委员会在收到此种声明后应立即通知有关国家的政府此种出口以及相关安全标准或规定的根据。提交委员会的上述任何声明应具体说明该产品预计付运的日期、该产品的目的国和口岸，以及该产品的数量，还应包括委员会根据条例可能索取的其他信息。根据本款关于出口的规定应提交声明的任何人可向委员会提出申请，委员会如果认为有足够的理由，则可以准许该人免于本款的规定，不必在出口之日前至少30天提出声明，但委员会在任何情况下不得准许迟于该日期前第十天提出声明。

3. 委员会可禁止将任何根据本法不符合适用的消费品安全规定的消费品从美国出口进行销售，除非进口国通知委员会，该国接受此种消费品的进口，但如果进口国在委员会通知进口国货物即将付运后30天内没有通知委员会表示接受，委员会可以在其权限内采取适当行动，根据当时情况处理该产品。

4. 本条的任何规定不适用于财政部长根据第17（e）条准许出口的任何消费品。

被禁止的行为

第 19 条　［15 U.S.C. § 2068］

1. 任何人从事下列行为均属违法：

（1）销售、许诺销售、生产以便销售、通过商业渠道分销，或向美国进口任何本法或委员会执行的其他法律所制约的、不符合本法中适用的消费品安全规定的，或不符合委员会执行的任何其他法律所规定的类似的规定、条例、标准或禁令的消费品或其他产品或物品。

（2）销售、许诺销售、生产以便销售、通过商业渠道分销存在下列情况的任何消费品或其他产品或物品：

①TEXT IS MISSING；

②需要对之采取制造商咨询过委员会意见后并已由委员会通知公众的自愿性纠正行动，或如果出售商、分销商或制造商知道或应该知道这种自愿性纠正行动；

③受制于根据本法第 12 条或第 15 条发出的命令；

④属于《联邦有害物质法案》第 2（q）（1）条（15 U.S.C.1261（q）（1））范围内的违禁危险品；

（3）没有或拒绝根据本法或其他规定的要求允许查阅或复制记录，或没有或拒绝建立或保存记录，或没有或拒绝提出报告或提供资料，或没有或拒绝允许进入或检查。

（4）没有根据第 15（b）条［15 U.S.C. §2064（b）］的要求提供资料。

（5）没有遵守根据第 15（c）或（d）条［15 U.S.C. § 2064（c）or（d）］发出的（与通知、修理、更换、退款以及被禁止的行为有关的）命令。

（6）没有根据本法或委员会执行的任何其他法律的要求提供证书，或在该人在行使适当谨慎之后有理由知道该证书是假造的或在任何重要方面有误导作用的情况下仍然提供假证书；或没有遵守第 14 条的规定（包括关于跟踪标签的规定）或根据这一条设立的任何规定或条例。

（7）没有遵守任何根据第 9 条第 7（2）项［15 U.S.C. § 2058（g）（2）］设立的（与储存有关的）规定。

（8）没有遵守根据第 27 条第 5 款［15 U.S.C. §2076（e）］设立的（与性能和技术数据条款有关的）规定。

（9）没有遵守根据第 35 条［15 U.S.C. §2076（e）］设立的（与纤维素绝缘的标签和检测有关的）规定或要求。

（10）没有根据第 18 条第 2 款［15 U.S.C. §2067（b）］向委员会提交陈述。

（11）没有根据第 37 条［15 U.S.C. §2067（b）］的要求向委员会提交资料。

（12）销售、许诺销售、通过商业渠道分销或向美国进口任何带有得到认可的合格评估机构所有的注册安全证书标志的消费品，而该人知道或应该知道这种标志的使用方式并没有得到这种证书标志所有者的授权。

（13）对委员会任何官员或职员曲解适用根据第 12 条或第 15 条所要求的行动的消费品的范围，或在根据本法或委员会执行的任何其他法律进行的调查过程中对该官员或职员作出重大曲解。

（14）对第三方合格评估机构（按照第14（f）（2）条的定义）在产品符合本法或委员会执行的任何其他法律的检测或检测结果报告方面施加或企图施加不当影响。

（15）从美国出口以便销售委员会管辖的属于下述类别的消费品或其他产品或物品（除了财政部长根据第17（e）条允许出口的消费品或物品以外）。

①需要服从根据本法第12条或第15条发出的命令或属于《联邦有害物质法案》第2（q）（1）条（15 U.S.C. 1261（q）（1））范围内的违禁危险品；

②需要服从制造商咨询委员会后采取并由委员会通知公众的自愿性纠正行动。

（16）违反委员会根据第18（c）条发出的命令。

［生效日期——不是《消费品安全法》的一部分——2008年《消费品安全改善法案》第216条所做的修订将在2008年《消费品安全改善法案》颁布之日后30天生效。］

2.本条第1款（1）和（2）项对下述人不适用：（1）持有根据第14（a）条［15 U.S.C. §2063（a）］颁发的证书的人，证明这种消费品符合所有适用的消费品安全规定，除非该人知道这种消费品不符合这些规定，或（2）诚实地相信制造商或分销商对这种产品的介绍、表示该产品不必服从适用的产品安全规定的人。

民事处罚

第20条　［15 U.S.C.§ 2069］

{增加的处罚；参见69 FR 68884}

1.（1）任何人故意违反本法第19条［15 U.S.C. §2068］应该受到每一项违反行为不超过100000美元的民事处罚。根据第（2）项，对第19（a）（1）、19（a）（2）、19（a）（4）、19（a）（5）、19（a）（6）、19（a）（7）、19（a）（8）、19（a）（9）、19（a）（10）或19（a）（11）条［15 U.S.C. §2068（a）（1）—（11）］的违反应构成每一个有关消费品的一次单独违反行为，不过，对任何相关的系列违反行为的最高民事处罚不得超过15000000美元。对于第19（a）（3）条的违反，每一次没有采取或拒绝允许采取或没有执行该条要求的行动，应构成一次单独的违反行为；如果这种违反行为是持续行为，违反的每一天应算作一次单独违反行为，不过，对任何相关的系列违反行为的最高民事处罚不得超过5000000美元。

［生效日期——{严格意义上不是《消费品安全法》的一部分——本款所作的修订将在解释第20（b）条所述之处罚因素的最后条例颁布之日以前的一天生效，或在2008年《消费品安全改善法案》颁布之日后一年生效。］

（2）本款第（1）项的第二句话在下述情况下不适用于对第19条第1款第（1）或（2）项的违反：

①如果违反这些项规定的人不是有关产品的制造商或自有品牌商或分销商；

②如果该人并没有真正了解他分销或出售该产品违反了这些项的规定，或收到委员会有关这种分销或出售违反了这些项规定的通知。

（3）①第（1）项授权的最高处罚金额应根据本项规定的通货膨胀率进行调整。

②委员会将在2011年12月1日之前，并在以后每个第五日历年的12月1日规定并在《联邦纪事》上发表一份最高授权处罚金额表，适用于发表后的下一年1月1日发生

的违反行为。

③最高授权处罚金额表应该根据前五年的生活费用调整来增加第（1）项中所列每一项金额数字。根据上述这句话确定的金额增加都应该凑成整数：

a. 在处罚高于 1000 美元但是低于 10000 美元时，最接近的 1000 美元的倍数；

b. 在处罚高于 10000 美元但是低于 100000 美元时，最接近的 5000 美元的倍数；

c. 在处罚高于 100000 美元但是低于 200000 美元时，最接近的 10000 美元的倍数；

d. 在处罚高于 200000 美元时，最接近的 25000 美元的倍数。

④在本款中：

a. "消费物价指数"是指劳工部发布的所有城市消费者的消费物价指数。

b. "前五年生活费用调整"是指下述数字的百分比：

调整前一年 6 月份的消费物价指数；超出上次最高授权处罚金额调整之日前的 6 月份的消费物价指数。

2. 为处罚违反第 19 条第 1 款的行为提起诉讼，委员会在决定处罚数额时，应考虑这种违反行为的性质、情况、范围和严重程度，包括产品缺陷的性质、致伤隐患的严重性、伤人或没有伤人的情况、已发售的缺陷产品的数目、受到起诉的人的业务规模与处罚之间的适当性（包括如何减轻对小企业过分的不利经济影响）以及其他这类有关因素。

3. 本条规定的任何民事处罚都可以被委员会减免。在决定这种处罚的金额或是否应该免除或减少处罚以及减免多少的过程中，委员会应考虑受到起诉的人的业务规模与处罚之间的适当性，包括如何减轻对小企业过分的不利经济影响、违反行为的性质、具体情况、范围，以及严重程度，包括产品缺陷的性质、致伤隐患的严重性、伤人或没有伤人的情况、已发售的缺陷产品的数目，以及其他这类有关因素。在最后决定以后，这种处罚的金额或同意减免以后的金额可以从美国欠受到起诉的人的总金额中扣除。

4. 在本条第 1（1）款第一句话中使用"故意"这个词指的是：实际上了解情况，或按道理一个在当时情况下有理智的人应该掌握的知识，包括为了确定陈述的真实性经过应有的注意后能够获得的知识。

民事处罚的报告

[公共法律 101-608 第 115（d）条]　[Sec. 115 (d) of Public Law 101-608]

{不是《消费品安全法》的一部分}

（1）自本法颁布之日后一年 {1990 年 11 月 16 日颁布} 以及其后的每一年，消费品安全委员会应向国会参议院商业、科学及运输委员会 {现在是商业委员会} 和众议院能源及商业委员会提交本款第（2）项指明的资料。这种资料可以包括在委员会向国会提交的年度报告里。

（2）委员会应提交根据委员会执行的法律所实施的民事处罚的有关资料。这种资料应包括已实施的民事处罚数目、导致实施这些处罚的违反行为的名称，以及实施这种处罚所获收入的金额。

民事处罚的标准

［2008 年《消费品安全改善法案》第 217（b）（2）条，公共法律（Public Law）110–314，122 Stat. 3016（2008 年 8 月 14 日）］

｛不是《消费品安全法》的一部分｝

民事处罚标准——

不迟于本法颁布之日后一年，根据《美国法典》第 5 编第 553 条所述程序，委员会应发布一份最后条例，按照第 1 款所作的修订，提供委员会对《消费品安全法》第 20（b）条（15 U.S.C.2069（b））、《联邦有害物质法案》第 5（c）（3）条（15 U.S.C.1264（c）（3）），以及《易燃性织物法案》第 5（e）（2）条（15 U.S.C.1194（e）（2））中所述处罚因素的解释。

刑事处罚

第 21 条　［15 U.S.C. § 2070］

1. 违反本法第 19 条可以受到下述惩罚：

（1）故意和蓄意违反该条法律，处 5 年以下徒刑；

（2）根据《美国法典》第 18 编第 3571 条处以罚款；

（3）上述两罚并用。

2. 一家公司的任何董事、高级职员或代理人故意和蓄意地授权、命令或实施任何完全或部分违反第 19 条的行为或做法，都应该根据本条规定受到惩罚，不论该公司可能根据第 1 款受到何种惩罚。

3.（1）除了第 1 款规定的惩罚，对刑事触犯本法或委员会执行的任何其他法律的惩罚可以包括没收与触犯行为有关的资产。

（2）在本款中，"刑事触犯"是指违反者被判处罚款、服刑或两罚并处的那种对本法或委员会执行的任何其他法律的违反行为。

强制执行和没收

第 22 条　［15 U.S.C. § 2071］

1. 美国地区法院应该拥有采取下列行动的管辖权：

（1）限制对第 19 条［15 U.S.C. § 2068］的任何违反行为。

（2）限制任何人生产销售、许诺销售、通过商业渠道分销或向美国进口违反根据第 15（d）条发出的命令的产品。

（3）限制任何人通过商业渠道分销不符合消费品安全规定的产品。

这种行动可以由委员会提出（不必考虑第 27（b）（7）（A）条的规定，［15U.S.C.§ 2076（b）（7）（A）］），或由司法部长在任何构成违反的行为、不履行责任或交易的发生地点的美国地区法院提出，或在发现被告或业务交易地区的法院提出。根据本条采取的任何行动可向任何其他地区的被告递送传票，不论是被告居住地区或发现被告的地区。

2. 任何消费品：

（1）不符合适用的消费品安全规定；

（2）属于根据第 15（d）条［15 U.S.C. §2064（d）］发出的有效命令所禁止的生产销售、许诺销售、通过商业渠道分销或向美国进口的，在被引入商业，或在商业领域中，或在商业运输以后存放待售时，都会根据标签上的资料受到法律诉讼，并且在发现该消费品的具有司法管辖权的任何美国地区法院受到起诉。根据本款授权提起的诉讼程序应尽量与海事法院的诉讼程序一致。如果涉及非常类似消费品的诉讼在两个或两个以上司法辖区的法院审理，在任何有关方提出合理申请并通知所有其他有关方后，任何这种法院应下令将这些诉讼合并审理。

受害人要求赔偿的诉讼

第 23 条　［15 U.S.C. § 2072］

1. 任何人由于故意（包括蓄意）违反消费品安全规定或委员会发布的任何其他规定或命令而受到伤害，可以在被告居住的地区、或发现被告的地区、或被告有代理人的地区的任何美国地区法院上起诉任何故意（包括蓄意）违反任何这种规定或命令的人，应获得所受损失的赔偿，同时，如果法院决定为了伸张正义，可以收回诉讼费用，包括合理的律师费（根据第 11（f）条［15 U.S.C.§ 2060（f）］确定），以及合理的专家证人费用。但是，所争议的事要超过 10000 美元的金额或价值，不包括利息和费用，除非这种索赔是针对美国、任何美国机构或任何具有官方身份的官员或职员。

2. 除了在美国法规中有明确规定，如果原告在最后判决中获得的赔偿少于 10000 美元的金额或价值，计算时没有考虑任何被告可能在判决中获得的任何赔偿抵消或反诉赔偿，而且不包括利息和费用，地区法院可以拒绝原告提出的赔偿费用的要求，此外，还可以要原告支付费用。

3. 本条所述赔偿是对根据普通法或联邦或州法规定的赔偿的补充，不能予以取代。

消费品安全规定和第 15 条命令的其他执行行动

第 24 条　［15 U.S.C. § 2073］

1. 通则——任何有关的人（包括任何个人或非营利机构、企业或其他实体）都可以在发现被告或被告从事交易的所在地区的美国地区法院提起诉讼，以便执行根据第 15 条［15 U.S.C. §2064］发出的消费品规定或命令，并且获得适当的强制性补救办法。在开始这种诉讼前至少 30 天，该有关的人应该以挂号邮件通知委员会、司法部长以及诉讼针对的那个人。通知应该说明所指控的对任何这种标准或命令违反行为的性质、所要求的补救办法以及提出这种诉讼的法院。如果在提出这种诉讼的时候，美国政府已经根据本法对同一被指控的违反行为提出了民事或刑事诉讼，则不应再依据本条提起诉讼。在根据本条提起的任何诉讼中，法院可以为了正义而判决由任何一方支付诉讼费用，包括合理的律师费（根据第 11（f）条［15 U.S.C.§ 2060（f）］确定）以及合理的专家证人费用。

2. 州司法部长的执行：

（1）诉讼权——

除了第（5）项的规定之外，一个州的司法部长，或其他获得授权的州官员，指控发生了影响或可能影响该州或该州居民的违反本法第 19（a）（1）、（2）、（5）、（6）、（7）、（9）或（12）条的情况，可以在发现被告或被告从事交易所在地区的任何美国地区法院提起诉讼，以便获得适当的强制性补救办法。

（2）开始民事诉讼：

①所有案子必须通知委员会——

一个州根据第（1）项提起的任何民事诉讼应以书面通知委员会。除根据第③项进行的诉讼之外，州应在该州准备起诉、开始民事诉讼之日前至少 30 天通知委员会。

②提起诉讼书——州可以提起诉讼书，开始民事诉讼——

a. 在 30 天到期之后的任何时候；

b. 如果委员会同意州提前开始民事诉讼，在这个日期之前。

③涉及重大产品危险的诉讼——

无论第②项如何规定，州可以先通知委员会，该州已经确定必须立即采取这种诉讼行动，以保护该州居民免受重大产品危险（按照第 15 条第 1 款的定义），然后立即开始民事诉讼。

④通知的形式——

本项规定的书面通知可以通过电子邮件、传真机或任何其他委员会接受的通信手段提交。

⑤起诉书副本——

州在提起诉讼书时或提起诉讼书后尽快向委员会提交起诉书副本。

（3）委员会干预——委员会可以干预这种民事诉讼，在进行干预时——

有权在这种民事诉讼引起的所有事务中发表意见；而且有权对这种民事诉讼的裁决提出上诉。

（4）解释——本条、《联邦有害物质法案》（15 U.S.C.1264（d））第 5（d）条、1970 年《防止中毒包装法》第 9 条或《易燃性织物法案》第 5（a）条（15 U.S.C. 1194（d））中的任何规定不应解释为：

①防止州司法部长或其他得到授权的州政府官员行使该州法律赋予司法部长或其他得到授权的州政府官员的权力；

②禁止州司法部长或其他得到授权的州政府官员基于指控被告违反任何该州民事或刑事法律而在州或联邦法院提起诉讼。

（5）限制——

如果在提起诉讼时，美国正在根据本法对同样的受到指控的违反进行民事或刑事诉讼，则不得再根据本款起诉（除非是指控违反第 19（a）条的（1）或（2）项的起诉）。

（6）对私人律师的限制——

如果雇用私人律师协助根据第（1）项提起的任何民事诉讼，所雇协助该州的私人律师不得：

①与同一批活动事实引发的其他私人民事诉讼中的参与人分享任何下述资料：

a. 属于律师—顾客特许保密资料或表白事实的特许保密资料；

b. 在根据第（1）项提起的诉讼中获得的情况。

②在同一批活动事实引发的任何其他私人民事诉讼中使用任何在协助州根据第（1）项进行的诉讼中获得的属于律师—顾客特许保密的资料或表白事实的特许保密资料。

对私人补救的影响

第 25 条　［15 U.S.C. § 2074］

1. 遵守消费品安全规定或其他根据本法发布的规定或命令并不能使任何人免于根据普通法或州成文法对任何其他人的赔偿责任。

2. 委员会没有就某种消费品的安全提起任何诉讼或开始诉讼程序并不能成为根据普通法或州成文法就这种消费品提起的诉讼中的证据。

3. 根据第 6 条第 1（2）款和第 6 条第 2 款［15 U.S.C. § 2055（a）（2）and（b）］，但是无论第 6 条第 1（1）款［15 U.S.C. §2055（a）（1）］如何规定，委员会官员或职员提出的任何事件或调查报告都应向公众公开，但不得在未经受害人或为他治疗者同意的情况下披露其身份；所有研究方案报告、展示方案报告以及其他有关活动的报告都应成为公共资料。

对州的标准的影响

第 26 条　［15 U.S.C. § 2075］

1. 当根据本法制定的消费品安全标准继续有效，并且适用于与一种消费品有关的致伤隐患，州或其下属的行政地区都无权制定或继续执行其目的是处理同样的与这种消费品有关的致伤隐患的安全标准或条例，对这种产品的性能、构成、内容、设计、表面、构造、包装或标签提出任何要求，除非这种要求与联邦标准的要求相同。

2. 具有比联邦标准更严格的性能标准的消费品安全要求。本条第 1 款并不阻碍联邦政府或任何州或其下属的行政地区的政府制定或继续执行适用于一种消费品自身使用的安全要求，这种要求的目的在于防止发生与这种产品有关、适用于这种产品的致伤隐患，而且与根据本法制定的消费品安全标准不一样，条件是联邦、州或其下属的行政地区的要求提供了比根据本法制定的标准更高程度的保护。

3. 当一个州或其下属的行政地区提出申请以后，委员会可以规定形式，在发出通知和提供口头表达意见的机会之后，使这种申请中任何提议的、目的在于保护人们免受与一种受根据本法制定的消费品安全标准管辖的消费品有关的致伤隐患的安全标准或条例不受第 1 款规定的制约（按照规则中规定的条件），如果州或政治分区的标准或条例：

（1）提供比根据本法制定的消费品安全标准高得多的免遭这种致伤隐患的保护。

（2）不给州际商业造成不合理的负担。在确定一个州或其下属的行政地区的标准或规则对州际商业造成任何负担时，委员会应考虑和作出适当的（由委员会斟酌决定）结论，包括遵守这种标准或规定在技术和经济上的可行性、遵守这种标准或规定的费用、适用这种标准或规则的消费品的地理散布、其他州或下级行政地区为一种类似的标准或规定申请本款所允许的豁免的可能性，以及根据本法为这种消费品制定全国统一标准的必要性。

联邦法规至上

[2008 年《消费品安全改善法案》第 231 条，公共法律（Public Law）110-314，122 Stat. 3016（2008 年 8 月 14 日）]

{不是《消费品安全法》的一部分}

1. 有关联邦法规至上的规定——《消费品安全法》（15 U.S.C. 2074 and 2075 respectively）第 25 条和 26 条、《联邦有害物质法案》（15 U.S.C. 1261note）第 18 条、《易燃性织物法案》（15 U.S.C.1203）第 16 条，以及 1970 年《防止中毒包装法》（15 U.S.C. 1476）第 7 条中确立了这些法律优先于、限制或影响任何其他联邦、州或地方法律的范围，任何规定、程序或条例，或任何根据州或地方法律提起诉讼的原因都不得根据任何规定或条例，或根据与发表这种规定或条例有关的任何前言、政策声明、行政部门声明或其他事情，在范围上扩大或缩小，或在应用上进行限制、修改或延伸。根据这些法律的规定，委员会不得将这种法律解释为优先于有关损失索赔的任何根据州或地方普通法或州成文法提出的诉讼的原因。

2. 保留某种州法律——本法或《联邦有害物质法案》的任何规定不应解释为优先于或会影响根据 2003 年 8 月 31 日生效的任何州法律制定的与消费品或消费物品有关的警告规定。

委员会的其他职能

第 27 条 [15 U.S.C. § 2076]

1. 委员会可通过一个或几个委员或委员会指定的代理人或代理机构在美国任何地点举办行使职能所必需或适当的任何听证会会或其他调查。参加这种听证会或其他调查的委员不应仅仅由于参加这种听证会或调查而被剥夺参与委员会在同样一件事情上作出决策的资格。委员会应在《联邦纪事》上发布任何提议进行的听证会通知，并且给有关人员提出相关证词和数据的合理机会。

2. 委员会还应有权：

（1）通过特别或一般命令要求任何人对委员会为了行使委员会特定的监管或执法职能而要求以书面提交的报告和答复问题；报告和答复的提交应在合理时间内完成，并且需要宣誓，或以委员会确定的其他方式进行：

（2）主持宣誓；

（3）用传票要求证人出席和作证，以及出示所有与执行职责有关的文件证据；

（4）在任何审理或调查过程中命令通过宣誓作证的方式在任何委员会指定的、得到授权主持宣誓的、而且在这种情况下有权根据本款第（3）项授权的同样方式要求作证和要求出示证据的人的面前作证；

（5）向证人支付类似情况下美国的法院会支付的同样的费用和汽车里程费；

（6）接受赠送的、自愿性的和不支付报酬的服务，无论《修改的法规》（31 U.S.C. § 665（b））[现在是 31 U.S.C. §1342] 第 3679 条如何规定；

（7）有权——①如果任何委员会以书面请求司法部长在民事诉讼中代表委员会，而且司法部长没有在这个请求提出之日后 45 天之内以书面通知说司法部长会在这种民事诉讼中代表委员会，委员会可以通过其法律代表并以委员会的名义开始、起诉、辩护或提出上诉（除了向美国最高法院提出之外）任何民事诉讼，而且②通过委员会自己的法律代表，经司法部长同意或通过司法部长，为了执行委员会司法管辖范围内的法律而开始、起诉或上诉任何刑事诉讼；

（8）在哥伦比亚特区租赁房屋或部分房屋供委员会使用，不必考虑《1877 年 3 月 3 日法》（40 U.S.C. 34）[40 U.S.C. § 8141]；

（9）将委员会的任何职能或权力授权给委员会的任何官员或职员，除了第（3）项规定的发出传票权。根据第（1）项发出的命令应包含一份完整的声明，说明委员会为什么要求提供命令所述的报告或答复，以便实施委员会具体的管理或执法职能。这种命令应该考虑发出该命令的目的，在切实可行时给命令涉及的人最少的负担。

3. 在其管辖范围内进行调查的任何美国地区法院，经委员会提出请求（受第 2 (7)款管辖）或司法部长提出请求之后，对于发生拒绝服从委员会根据本条第 2 款发出的传票或命令的情况，可以发出命令，要求服从；任何不服从法院这个命令的行为都可以被法院以蔑视法院罪惩处。

4. 任何人不应由于应委员会的请求提供资料而对任何人（除了对委员会或联邦政府以外）承担民事赔偿责任。

5. 委员会可以根据规则，基于实施本法的需要，要求任何消费品制造商向委员会提供与性能和安全有关的性能和技术数据，而且基于实施本法的需要，在最初购买的时候将这种性能和技术数据提供给可能的购买者和第一个不以转售为目的的这种产品的第一购买者。

6. 为了执行本法，委员会可以购买任何消费品，并要求任何消费品的制造商、分销售或零售商以制造商、分销商或零售商的成本价格向委员会出售这种产品。

7. 委员会得到授权，可以与政府实体、私人组织或个人签订合同，从事本法授权的活动。

8. 委员会可以计划、建造以及运作适合研究、开发和检测消费品的一个或多个设施，以便实施本章规定。

9.（1）任何人根据本法获得协助并未经竞标程序而得到赠款或合同，应按照委员会根据规则提出的要求保存记录，包括全面说明获得这种协助的人的收入数额和花费的记录，与给予或使用这种协助有关的方案的总费用，这个方案或工作由其他来源提供费用的数额，以及有助于进行有效审计的其他记录。

（2）委员会和美国总审计长或他们正式授权的代表为了进行审计和检查，应查阅任何根据本法未经竞标程序获得的赠款或合同的接受者的账本、文件、文书和记录。

10. 无论 1995 年《联邦报告销毁和夕阳法》（31 U.S.C. 1113note）第 3003 条如何规定，委员会应在国会每次正式会期开始的时候准备并且向总统和国会提交一份有关上个财政年度本法执行情况的全面报告。这份报告应包括：

（1）全面评价，包括全国人口受到消费品伤害和影响的事件的统计分析、估计和长期预测，在切实可行时将这种伤害的各种来源分类。

（2）一份这一年里制定或生效的消费品安全规定清单。

（3）一份对于遵守消费品安全规定的程度评价，包括按地点和公司名称分列关于被指控的违反行为的执法行动、法院裁决与和解办法的名单。

（4）一份按优先次序排列的执行本法遇到的尚待解决问题的简要说明。

（5）在这一年根据第12条和第15条发出的召回产品命令的数目和简要说明，以及制造商与委员会磋商并由委员会通知公众后采取的自愿性纠正行动的简要说明，以及对这种命令和行动的评估。

（6）自2008年《消费品安全改善法案》颁布之日起一年之内开始：

①根据第15（d）条实施的行动计划的进展报告和最新事件情况；

②关于委员会确认根据第15（c）条有重大产品危险的产品的伤亡统计数字；

③消费者就每一种委员会根据第15（d）条采取行动的产品与委员会联系的数目和分类。

（7）一份对公共和私人消费品安全研究活动的分析和评估。

（8）一份附有有关问题简要说明的根据本法完成或正在进行的司法行动名单。

（9）技术资料被传播给科学界和商界的程度，以及消费者资料向公众提供的程度。

（10）委员会官员和行业代表以及其他有关方面在执行本法方面合作的程度，包括一份委员会官员与行业代表和其他有关方面会晤的记录表或摘要。

（11）一份与委员会职责有关的州政府和地方政府采取的重大行动的评估。

（12）关于委员会通过监督或提供协助参与制定的自愿性消费品安全标准，以及关于委员会管辖的与致伤隐患有关的自愿性消费品安全标准，需要有下述描述：

①已经实行的这种标准的数目；

②适用这种标准的产品的性质和数目；

③这种标准在降低消费品潜在危害方面的有效性；

④委员会工作人员参与制定这种标准的程度；

⑤委员会用于鼓励制定这种标准的资源数量；

⑥委员会认为应向国会汇报的有关自愿性消费品安全标准方案的其他适当或必要的资料，以及委员会认为达到本法之目的所必需的其他立法的建议。［生效日期——不是《消费品安全法》的一部分——2008年《消费品安全改善法案》第209条所做的修订应该适用于2009财政年度提交的报告以及以后的报告。］

11. 概算和请求；立法建议；证词；对立法的评论。

（1）在委员会向总统或行政管理和预算局提交概算或请求时，应该同时提交给国会这个概算或请求。

（2）在委员会向总统或白宫管理和预算办公室提交任何立法建议、证词或对立法的评论时，应该同时向国会提交。任何美国政府官员或机构都无权要求委员会在向国会提交这种建议、证词或评论之前将委员会的立法建议、证词或对立法的评论提交给任何美国政府官员或机构审批。［2008年《消费品安全改善法案》(the Consumer Product Safety Improvement Act of 2008) 第203 (a) 条，公共法律 (Public Law) 110-314, 122 Stat. 3016 (2008年8月14日)］{不属《消费品安全法》(the Consumer Product Safety Act) 的

{内容}

第 203 条　向国会提交某些文件的副本

1. 通则。

无论任何与之相反的规定、规则或命令如何，在本法颁布之后，委员会在向总统或白宫管理和预算办公室提交预算建议、立法建议、证词和对立法评论方面将遵守《消费品安全法》(the Consumer Product Safety Act (15 U.S.C. 2076 (k)) 第 27 (k) 条的要求。[2008 年《消费品安全改善法案》(the Consumer Product Safety Improvement Act of 2008) 第 205 条，公共法律 (Public Law) 110-314, 122 Stat. 3016 (2008 年 8 月 14 日)]

{不属《消费品安全法》(the Consumer Product Safety Act) 的内容}

第 205 条　监察长的审计和报告

1. 委员会所作的改进——委员会的监察长应进行审查和审计，以便评估：

(1) 委员会根据《消费品安全法》第 6A 条和本法第 212 条补充的规定进行的设备改建工作，包括委员会信息技术构造和系统的改进和更新以及公众可以查阅的有关伤亡事件的资料数据库的建立；

(2) 根据《消费品安全法》第 14 (a) (3) 条 (15 U.S.C.2063 (a) (3)) 授权和本法修正的得到认可的合格评估机构和根据该条要求的监督第三方检测的程序是否适当。

2. 职员投诉——在本法颁布之日后一年之内，监察长应审查：

(1) 监察长收到的来自委员会职员提出的投诉，涉及其他职员没有执行《消费品安全法》或委员会执行的任何其他法律的规定或条例，或没有执行职责，这种失职引发了利益冲突、违反道德或缺少诚意的问题；

(2) 委员会采取的处理这种失职和投诉的行动，包括对这种行动的及时性和有效性进行的评估。

3. 公共互联网网站链接——在本法颁布之日后 30 天之内，委员会应建立并且维持：

(1) 委员会互联网网站主页与委员会监察长办公室互联网网页的直接链接；

(2) 在委员会监察长办公室网页上的一种机制，可以让个人匿名报告委员会浪费、欺诈或滥用职权的案子。

4. 报告：

(1) 监察长的活动与需要。在本法颁布之日后 60 天之内，委员会监察长将向国会有关的委员会提交一份有关监察长活动、任何阻止监察长对委员会活动进行积极监督的制度障碍，以及任何其他能够实现更有效监督的附加授权或资源的报告。

(2) 审查改进工作和职员投诉。从 2010 财政年度开始，委员会监察长将在一份提交给国会有关委员会的年度报告中包括监察长根据第 1 和第 2 款进行审查和审计以后发现的情况、结论以及建议的内容。

民事处罚的报告

第 27a 条　[15 U.S.C. § 2076a]。{根据 Pub. L. 104-66, §3003, 这个向国会报告的要求已经在 1999 年 12 月 21 日失效。}

(1) 自本法颁布之日后一年开始 [1990 年 11 月 16 日颁布]，以及以后每一年，消费品安全委员会应向参议院的商业、科学及运输委员会和众议院的能源及商业委员会提交本款第（2）项规定的资料。这种资料可以包括在委员会向国会提交的年度报告里。{根据 Pub. L. 104-66，§ 3003，这个向国会报告的要求已经在 1999 年 12 月 21 日失效。}

（2）委员会应提交有关根据委员会执行的法规而实施的民事处罚的资料。这种资料应包括所实施民事处罚的数目、导致实施这种处罚的违反行为名称以及实施这种处罚所得收入的金额。{根据 Pub. L. 104-66，§3003，这个向国会报告的要求已经在 '1999 年 12 月 21 日失效。}

慢性危险咨询小组

第 28 条　[15 U.S.C. § 2077]

1. 委员会应任命慢性危险咨询小组（以下称为小组）根据第 31（b）条 [15 U.S.C. §2080（b）] 向委员会提供与消费品有关的癌症、先天缺陷和基因突变等慢性危险的咨询。

2. 每个小组应由委员会从一份由总统和国家科学院从科学家中提名的提名人名单上任命 7 位成员组成：

（1）他们不是联邦政府的官员或职员（除国立卫生研究所、国家毒物学研究所或国家毒物学研究中心的职员以外），而且不从任何一种消费品的生产商、分销商或零售商那里获得报酬或在他们身上有很大的财务利益；

（2）他们显示出有能力谨严地评估人类接触有毒物品或动物接触这种物品以后对人的健康构成的慢性危险和隐患。国家科学院院长应为每一个小组提名候选人，其人数相当于被任命为小组成员人数的 3 倍。

3. 小组主席和副主席将从小组成员中选举产生，任期与小组存在时间一样。

4. 小组的决定以小组多数成员的意见作出。

5. 委员会应向每一个小组提供小组根据第 31 条 [15 U.S.C. §2080] 行使职责可能需要的行政支援服务。

6. 根据第 1 款任命的小组成员在实际参与小组工作期间（包括旅行时间）按天数获得报酬，金额不超过相当于联邦政府总薪金表中 GS-18 级 [在 5 U.S.C. 5332 之后的 "General Schedule"] 的基本年薪每天的水平。

7. 每一个小组应根据第 8 款规定，只通过委员会要求获得资料以及向公众公布资料。

8. （1）无论任何法规对联邦政府机构和部门分享资料的限制如何规定，这些机构和部门应向小组提供这种资料和数据，而每一个小组可以通过委员会要求获得为完成第 31 条 [15 U.S.C. §2080] 的职责所需的资料和数据。每一个小组可以通过委员会向各州、工商业界以及其他私人来源要求获得为完成它的职责而可能需要的资料。

（2）第 6 条 [15 U.S.C. §2055] 适用于小组发布资料，但是不适用于向小组发布资料。{参见第 31（b）条了解更多的规定。}

与各州和其他联邦机构的合作

第 29 条　[15 U.S.C. § 2078]

1. 委员会应建立一个方案促进联邦与州为了实施本法而进行的合作。在实施这种方案的过程中，委员会可以：

（1）接受来自从事与健康、安全或消费者保护工作的州或地方当局在伤害数据收集、调查以及教育方案方面的协助，以及各州或地方当局可能有能力而且愿意提供的在执行和实施本法方面的其他协助，而且在双方同意的情况下，可以事先或任何时候支付合理的协助费用。

（2）授权任何合格的州或地方政府机构官员或职员作为委员会的官员，进行检查、调查和核查。

2. 为了确定一个拟议中的州和地方方案是否适合实施本法的目的，委员会应该优先考虑那些建立单独的州或地方机构来统筹产品安全和其他消费者保护工作的方案。

3. 委员会可以从任何联邦政府部门或机构获得它认为为执行本法规定的职能所必需的统计数字、数据、方案报告和其他材料。每一个这种部门或机构都可以在法律允许的范围内与委员会合作，向委员会提供这种材料。委员会和其他管理与产品安全有关的方案的政府部门或机构的负责人应尽可能进行合作与磋商，确保全面协调工作。

4. 委员会尽可能以偿还费用的方式利用国家标准局｛现在的国家标准与技术研究院｝的资源和设施，进行与消费品有关的伤害风险研究和分析（包括起火和易燃风险），制定测试方法，研究和调查，以及提供与委员会职责有关的技术咨询和协助。

5. （1）无论第 6 条第 1（3）款如何规定，委员会可以向另一个从事与健康、安全或消费者保护有关的工作的联邦机构或州或地方机构或部门提供任何委员会官员、职员或代理人根据本法完成的任何事件报告或调查报告的副本，但是（1）根据第 6 条第 1（2）款 ［15 U.S.C.§2055（a）（2）］ 被视为保密资料的资料没有被包括在根据本款提供的这种报告的任何副本之中。

（2）每一个可以根据本款接到这种报告副本的联邦机构或州和地方机构和部门都向委员会提供满意的保证，没有受伤者和为受伤者提供治疗的人的同意，不得在下述文件中列入他们的身份：

①任何这种报告的副本；

②任何机构或部门向任何公众成员提供的这种报告中的资料。联邦机构或州或地方机构或部门不得向公众透露该机构或部门根据本款收到的报告中的任何资料，除非委员会在这种资料方面已经满足了第 6（b）条 ［15 U.S.C. §2055（b）］ 的适用规定。

6. 与联邦、州、地方以及外国政府机构分享资料：

（1）协议和条件——无论第 6 条（a）（3）和（b）款在向公众透露资料方面如何规定，如果任何联邦、州、地方或外国政府机构的有关官员通过事先与委员会达成的协议或谅解备忘录保证，或其他书面保证，表示这种材料会得到保密，而且只会用于官方执法或消费者保护的目的，委员会可以将委员会获得的资料提供给任何这种机构，条件是：

①该机构已经奠定正当的法律基础，有权对这种材料保密。

②这些材料将用于调查对下述情况可能的违反行为，或用于有关的执法程序：

a. 管辖有缺陷或不安全的消费品的生产、进口、分销或出售的法律，或与委员会执行的任何法律所禁止的做法非常类似的其他做法；

b. 委员会执行的一种法律，如果透露这种材料会促使委员会进行调查或执法程序；

c. 在遇有外国执法机构时，经司法部长批准的其他外国刑法，条件是这种外国刑法属于美国政府和该外国执法机构的政府之间有效的刑事司法互助条约所界定或包括的罪行。

③在遇有外国政府机构时，该机构不属于国务卿根据 1979 年《出口管理法》第 6 (j) 条（50 U.S.C. App.2405 (j)）确认的一再支持国际恐怖主义行为的机构，除非而且直到根据那项法律第 6 (j) (4) 条（50 U.S.C. App. 2405 (j) (4)）撤销这种确认。

（2）废除协议——如果委员会认定，另外一个机构没有根据协议或谅解备忘录进行保密，或将这种资料用于该协议或谅解备忘录规定以外的目的，委员会可以废除与另一个机构的任何协议或谅解备忘录。

（3）不得透露材料的附加规定——除第（4）项的规定之外，不得要求委员会根据《美国法典》第 5 编第 552 条或任何其他法律条文透露：

①任何从外国政府机构获得的材料，如果该外国政府机构要求保密，或根据其他使用限制规定预先将不透露这种材料作为提供材料的条件；

②任何从任何其他外国来源获得的反映消费者投诉的材料，如果提供材料的该外国来源要求将保密作为提供这种材料的条件；

③任何向部分由外国政府机构赞助的委员会报告机制提交的反映消费者投诉的材料。

（4）限制——本款的任何规定没有授权委员会不向国会提供资料或阻止委员会服从美国法院在美国政府或委员会启动的诉讼中发出的命令。

（5）定义——在本款中，"外国政府机构"是指：

①外国政府的任何机构或司法部门，包括外国、外国的一个行政地区或由从事民事、刑事或行政事务的执法或调查的一些外国组成的多国组织；

②任何代表①目中所述机构的多国组织。

7. 通知州卫生保健部门——如果委员会得到通知，获悉任何制造商（或根据自己的标签零售一种产品的零售商）与委员会磋商后采取自愿性纠正行动，或根据第 15 (c) 或 (d) 条针对任何产品发出命令，委员会应该将这种自愿性纠正行动或命令通知每一个州的卫生保健部门（或州指定的其他机构）。

职员培训交流

[2008 年《消费品安全改善法案》第 208 条，公共法律（Public Law）110-314，122 Stat. 3016 （2008 年 8 月 14 日）]

{不是《消费品安全法》的一部分}

1. 通则——委员会可以：

（1）根据《消费品安全法》（15 U.S.C.2053）第 4 条或《美国法典》第 5 编第 3101 条或第 3109 条临时使用或雇用外国政府机构的官员或职员；

（2）派遣委员会的官员或职员临时为有关外国政府机构工作，以便提供或获得培训。

2. 互惠和报销——委员会行使第 1 款的授权，可以报销或不报销金钱或实物，与有关外国政府机构或其代表可以有或没有互惠安排。委员会根据本条获得的任何费用的报销金额应该计入支付这种费用的账户。

3. 行为标准——根据第 1 (1) 款使用或雇用的人在被使用或雇用期间应该视为联邦职员，目的在适用：

（1）根据《美国法典》第 5 编第 81 章的伤害赔偿和《美国法典》第 28 编第 171 章的侵权求偿；

（2）《政府道德法》（5 U.S.C.App.）和《美国法典》第 18 编第 11 章的规定；

（3）任何管辖联邦职员行为的其他法规。

进口安全管理和机构之间合作

[2008 年《消费品安全改善法案》第 222 条，公共法律 (Public Law) 110–314，122 Stat. 3016（2008 年 8 月 14 日）]

{不是《消费品安全法》的一部分}

1. 风险评估方法——

自本法颁布之日后两年之内，委员会应该制定一种识别消费品货物的风险评估方法，这种货物：

（1）意图进口到美国；

（2）有可能包括违反《消费者安全法》第 17 (a) 条 (15 U.S.C.2066 (a)) 或委员会执行的其他进口规定的消费品。

2. 国际贸易数据系统和其他数据库的使用——在根据第 1 款制定方法时，委员会应该：

（1）在可行的情况下，规定使用根据 1930 年《贸易法》第 411 (d) 条 (19 U.S.C. 1411 (d)) 建立的国际贸易数据系统来评估意图进口到美国海关管辖领地的消费品货物的情况；

（2）将本条规定的风险评估方法纳入委员会信息技术现代化计划；

（3）与美国海关与边防保护局协商，审议如何分享委员会收集和获得的资料，包括《消费品安全法》第 6A 条要求的数据库资料，以便识别违反该法 (15 U.S.C.2066 (a)) 第 17 (a) 条或委员会执行的其他进口规定的消费品货物；以及

（4）与美国海关与边防保护局协商，审议如何分享本法第 223 条增加的《消费品安全法》第 15 (j) 条要求的资料，以便识别违反《消费品安全法》(15 U.S.C. 2066 (a)) 第 17(a) 条或委员会执行的其他进口规定的消费品货物。

3. 与美国海关与边防保护局合作——

在本法颁布之日以后的一年之内，委员会应制定一个与美国海关与边防保护局分享资料和协调的计划。该计划至少应考虑下述情况：

（1）为了识别违反《消费品安全法》(15 U.S.C.2066 (a)) 第 17 (a) 条或委员会执行的其他进口规定的消费品货物而应派驻美国入境口岸的委员会雇用的相当于专职职员的人数。

（2）委员会和美国海关与边防保护局派驻入境口岸的人员在识别违反《消费品安全法》第 17 (a) 条或委员会根据本法或任何其他法律条文执行的其他进口规定的消费品货物工作中合作的范围和性质。

（3）委员会雇用的应当派驻美国海关与边防保护局全国目标导向中心（或同等机构）相当于全职人员的数目，包括：

（A）委员会和美国海关与边防保护局派驻全国目标寻找中心（或同等机构）以及美国输入港的人员之间合作的范围和性质；

（B）根据第2（3）款指派到全国目标导向中心（或同等机构）的委员会人员的职责；

（C）全国目标导向中心（或同等机构）的资料是否对委员会或美国海关与边防保护局识别第1款中所述消费品有作用。

（4）为自动化目标寻找系统以及委员会快速进入自动化目标寻找系统制定成套规则。

（5）开发、更新以及有效实施第1款规定的风险评估方式所需要的资料与资源。

4.向国会报告——在完成根据本条要求制定的风险评估方法之后的180天之内，委员会应该向国会有关委员会提交一份报告，至少包括下述内容：

（1）委员会实施根据本条要求的风险评估方法的计划。

（2）对委员会与美国海关与边防保护局之间的谅解备忘录所做的或有必要做的修改。

（3）下述情况：

①根据本条第3（4）款的要求开发的自动目标寻找系统的成套规则；

②委员会进入自动化目标寻找系统；

③国际贸易数据系统对于委员会和美国海关与边防保护局加强以识别违反《消费品安全法》第17（a）条（15 U.S.C.2066（a））或委员会执行的其他进口规定的消费品货物的作用；

（4）委员会是否根据《消费品安全法》、《联邦有害物质法案》、《易燃性织物法案》、1970年《防止中毒包装法》要求获得更多的法定授权，以便按照本条规定实施风险评估方法。

（5）实施本条规定的风险评估方法所需的拨款数目。

转移职能

第30条　[15 U.S.C. § 2079]

1.卫生、教育和福利部长在《联邦危险品法》（15 U.S.C. §1261 et seq.）和《1970年防毒包装法》（15 U.S.C. §1471 et seq.）下的职能转移给委员会。卫生、教育和福利部长在《联邦食品、药品及化妆品法》（15 U.S.C. §301 et seq.）下的职能，只要这种职能与管理和执行1970年《防止中毒包装法》有关，一律转移给委员会。

2.卫生、教育和福利部长和联邦贸易委员会在《易燃性织物法案》（15 U.S.C. § 1191 et seq.）下的职能转移给委员会。联邦贸易委员会在《联邦贸易委员会法》（15 U.S. C. § 41 et seq.）下的职能，只要这种职能与管理和执行《易燃性织物法案》有关，一律转移给委员会。

3.商务部长和联邦贸易委员会在《1956年8月2日法》（15 U.S.C.95 § 1211）{《冰箱安全法》}下的职能转移给委员会。

4.（1）①所有主要用于根据本条第1、2和3款的规定转移的职能的人员、财产、记录、职责和承诺应转移给委员会，那些与国家标准局{现在的国家标准和技术标准研究院) 防火和易燃品研究有关的除外。根据本项转移的人员在转移一年之内得降低级别或报酬,但委员会主席完全有权在这一年里分配人员的工作,以便有效率地实施根据本条转移给委员会的职能。

②任何公共卫生部任命的官员,在本条生效之日前主要在根据本法转移给委员会的职能领域里工作,如果本人愿意,在符合本项第①目的情况下,根据 1970 年《清洁空气修正案》(84 Stat. 1676;42 U.S.C. § 215nt) 第 15 (b) 条 (3) 至 (8) (A) 项的规定,可以参加竞争,在委员会以竞争取得职位。

(2) 所有命令、决定、规定、条例、许可、合同、证书、执照和特权,由任何部门或机构在实施根据本条转移的职能的过程中发出、形成、批准或允许生效,其职能是根据本条转移,以及在本条生效时已经生效,将根据各自的条款继续有效,直至委员会、任何有适当管辖权的法院或法律行动加以修改、终止、取代、搁置或废除为止。

(3) 本条的规定不应影响在本条生效时正在由任何部门或机构审理的任何程序,而这些部门或机构的职能已经转移给委员会,除非这种程序与被转出的职能有关,应该继续由委员会处理。这种程序应发出命令,接受相关的上诉,并且根据这种命令支付款项,如同本条没有颁布一样。这种程序发出的命令应该继续有效,直至委员会、具有适当管辖权的法院或法律行动加以修改、终止、取代或废除为止。

(4) 本条的规定不应影响在本条生效之日前已开始的诉讼,而且在所有这种诉讼中应该如同本条没有颁布一样,以同样的方式和效果展开诉讼程序,接受上诉,做出裁决。除非在本条生效之前,任何部门或机构 (或具有官方身份的官员) 是一桩与被转移给委员会的职能有关的诉讼中的一方,在这种情况下,该诉讼应该由委员会继续处理。其职能已经根据本条转移的部门或机构 (或具有官方身份的官员) 提出或受到控告的诉讼理由、诉讼、行动或其他程序不得以本条颁布为理由而撤销。联邦政府或适当的情况下委员会可以提出或受到诉讼理由、诉讼、行动或其他程序:在本条生效时正在审理的诉讼,法院可以在任何时候自行或根据任何一方的动议发出让本项条文生效的命令。

5. 在本条中,"职能"一词包括权力和义务,而且根据任何法律条文实行的一个机构或部门首脑的职能转移也应该是这种机构或部门的办公室或官员根据这种法律执行的所有职能的转移。

消费品安全委员会管辖权的限制

第 31 条 [15 U.S.C. § 2080]

1. 如果任何与消费品有关的致伤隐患可以由根据 1970 年《职业安全和健康法》[29 U.S.C. § 651 et seq.]、1954 年《原子能法》[42 U.S.C. § 2011 et seq.] 或《清洁空气法》[42 U.S.C. § 7401 et seq.] 采取的行动消除或降低到相当程度,则委员会不应有权根据本法管辖这种致伤隐患。如果任何与电子产品发出的电子产品辐射 (根据《公共保健服务法》第 355 (1) 和 (2) 条的定义 [现在是 21 U.S.C. § 360hh]) 有关的致伤隐患可以受到《公共健康服务法》[现在是 21 U.S.C. § 360kk] 第三篇 F 编 3 分编管辖,则委员会不应有权根据本法管辖这种致伤隐患。

2.（1）委员会不得发出：

①关于消费品安全规则拟议中的规章制定的预先通知；

②关于根据第 27（e）条［15 U.S.C. § 2076（e）］下的规则拟议中的规章制定的通知；

③关于《联邦有害物质法案》第 2（q）（1）条［15 U.S.C. § 1261（q）（1）］下的规则拟议中的条例制定的预先通知，这些规章制定关系到消费品造成的癌症风险、先天缺陷或基因突变，除非根据第 28 条［15 U.S.C. § 2077］建立的慢性危险咨询小组根据第（2）项向委员会提交了一份报告，说明这种产品所含的物质是否属于致癌物、诱变剂或畸胎剂。

（2）①在委员会发出对以下诸项的拟议规章制定的预先通知之前：

a. 一种消费品安全规定；

b. 根据第 27（e）条［15 U.S.C. § 2076（e）］制定的规则；

c. 根据《联邦有害物质法案》第 2（q）（1）条［15 U.S.C. § 1261（q）（1）］制定的条例，关系到消费品造成的癌症风险、先天缺陷或基因突变，委员会应要求慢性危险咨询小组审查与这种风险有关的科学数据和其他相关资料，确定该产品中的任何物质是否属于致癌物、诱变剂或畸胎剂，并且将结论报告给委员会。

②在委员会任命慢性危险咨询小组以后，小组应该在小组的最后任命之日后的 30 天之内开会。小组应在小组开会之日的 120 天之内，或如果小组要求延长时间，在委员会规定的一个时间之内，将结论报告给委员会。如果向委员会报告的结论说明某种产品中的物质属于致癌物、诱变剂或畸胎剂，小组应在可行的情况下在报告中包含对接触这种物品可能会给人体健康造成的伤害做出的估计。

③根据第 28 条［15 U.S.C. § 2077］任命的慢性危险咨询小组在提交报告以后就应停止工作，除非委员会延长该小组的任期。

④《联邦顾问委员会法》不应适用于根据本条设立的任何小组。

⑤每个小组的报告应该载列小组结论的依据的完整陈述。委员会应考虑小组报告，并且将报告加入拟议的规章制定的预先通知和最后规则中。

拨款授权

第 32 条 ［15 U.S.C. § 2081］

1. 一般拨款授权：

（1）通则——以下款项得到授权拨给委员会，以便执行本法条款和任何委员会受权或奉命执行的其他法律条款：

①2010 财政年度 118200000 美元；

②2011 财政年度 115640000 美元；

③2012 财政年度 123994000 美元；

④2013 财政年度 131783000 美元；

⑤2014 财政年度 136409000 美元。

（2）旅费——在根据第（1）项拨出的款项中，应为 2010 财政年度拨出 1200000 美元，2011 财政年度拨出 1248000 美元，2012 财政年度拨出 1297000 美元，2013 财政年度拨出 1350000 美元，2014 财政年度拨出 1403000 美元，用于支付委员会委员和职员参加会议或类似工作，以便完成工作职责的旅行、生活费用和相关费用，这些款项应由委员会用于这些目的，而不必接受以下人士的付款或垫款，这些人：

①争取委员会采取正式行动、与委员会打交道或从事委员会负责管辖的活动；

②这些人的利益可能会受到委员会委员或职员履行或不履行责任的重大影响。

2. 限制——根据第 1 款拨出的款项不得用来支付第 4（i）条 [15 U.S.C. § 2053（h）(i)] 中所述任何索赔，不论是根据法院对这种索赔的判决，还是 {由委员会主席} 根据《美国法典》第 28 编第 2672 条或根据任何其他法律条款对这种索赔的裁决、妥协或和解。[2008 年《消费品安全改善法案》第 201（b）条，公共法律 (Public Law) 110-314,122 Stat. 3016（2008 年 8 月 14 日）]

{不是《消费品安全法》的一部分}

报告——在本法颁布之日后 180 天内，委员会应向国会有关委员会提交报告，说明分配根据第 1 款授权的拨款的计划。这种报告应该包括：

（1）委员会准备雇用的专职调查员和其他相等的专职人员的数目；

（2）委员会制定标准来培训委员会雇用的产品安全检查员和技术人员的工作；

（3）委员会鼓励委员会科学人员在同行审议的杂志和其他媒体争取适当的出版机会的工作和政策；

（4）委员会对于消费品安全规定和产品召回等事务，尤其是与耐用保育室产品有关的事务，接触和教育二手货产品的零售商和非正规零售者的工作，例如廉价旧货店和后院甩卖，以便防止重新销售任何已经被收回的产品，包括在本法颁布之日后一年内制定教育材料进行分发。

可分性条款

第 33 条 [15 U.S.C. § 2051]

如果本法的任何条款，或这种条款对于任何人或情况的实施被认定是无效的，那些被认定无效的条款之外的本法其他部分，或这些条款对人或情况的实施，不应因此受到影响。

生效日期

第 34 条 [15 U.S.C. 2051n]

本法将自颁布之日 {1972 年 10 月 27 日} 的第 60 天生效，除了：

（1）第 4 条和第 32 条应在本法颁布之日生效。

（2）第 30 条应该在本法颁布之日 150 天以后，或至少三名委员会委员上任之日以后生效，以较晚的日期为准。{1973 年 5 月 14 日}

暂行纤维素绝缘材料安全标准

第 35 条 [15 U.S.C. § 2082]

1.（1）根据第（2）项规定，从 1978 年 7 月 11 日 [本条生效之日] 以后的第 60 天开始及其以后，美国总务管理局对纤维素绝缘材料 HH–I–515C 规格（1978 年 2 月 1 日生效的规格）中所述耐火和耐腐蚀要求应该被视为暂行消费品安全标准，具有委员会根据本法宣布的任何其他消费品安全标准的一切权威和效力。在本条生效之日起 45 天里，委员会可以对这种要求进行委员会认为适合颁布为消费品安全标准的技术性、非实质性的修改，并且在《联邦纪事》内发布。在本项第一句所述的 60 天结束时，委员会应该在《联邦纪事》内发表这种委员会根据本项修改的暂行消费品安全标准。

（2）在第（1）项中制定的暂行消费品安全标准应该规定，作为消费品生产、销售或使用的任何纤维素绝缘材料应该具备 0–25 等级的火焰蔓延度，如同美国总务管理局纤维素绝缘材料规格 HH–I–515C 中规定的级别。

（3）在第 1 款制定的暂行消费品安全标准生效期间，除了符合委员会根据本法制定的任何标签要求之外，每一个纤维素绝缘材料的制造商或自有品牌商应在任何这种绝缘材料的包装上贴上下述声明："注意：本材料符合适用的联邦最低易燃标准。这个标准仅仅基于实验室测试结果，并不代表可能在家中发生的实际情况。"这种声明应该放在这种包装的醒目位置，而且应该在字形、布置以及颜色上醒目、清晰，与这种包装上的其他印刷物形成鲜明对比。对第 1 款中制定的对暂行消费品安全标准进行的司法审查，即在该款所述的 60 天期间的最后一天及其以后生效的这种标准的司法审查，应该仅限于审查委员会根据第（1）项所作的任何修改是否属于技术性的非实质性修改这个问题。为了进行这种审查，委员会根据第（1）项所作的任何修改，如果要求任何确定绝缘材料火焰蔓延度级别的测试应该包括由测试使用的设备造成的测试结果中的参数校正，都应该视为技术性的非实质性修改。

2.（1）①根据本条制定的任何暂行消费品安全标准应该和任何其他消费品安全标准一样执行，直至委员会根据第②目颁布的最后消费品安全标准生效之时为止，或直至委员会根据第 9 条第 5 款 ［15 U.S.C. § 2058（e）］取消暂行标准为止。违反暂行消费品安全标准应该视为违反委员会根据第 9 条 ［15 U.S.C. § 2058］颁布的消费品安全标准。

②如果委员会确认暂行消费品安全标准没有妥善保护公众免遭与易燃或腐蚀性绝缘材料有关的致伤危险，委员会应该颁布最后消费品安全标准来保护公众免遭这种危险。这种最后标准应该根据《美国法典》第 5 编第 553 条颁布，只是委员会在给予相关人员提交书面说明的机会之外，还应该让他们有机会以口头方式陈述数据、意见或论证。任何口头陈述应该保留文字记录。第 9（b）、（c）和（d）条 ［15 U.S.C. § 2058（b）–（d）］的规定应该适用于任何颁布这种最后标准的程序。在根据第 11 条 ［15 U.S.C. § 2060］对这种最后标准进行司法审查时，法院不应要求委员会以实质证据支持根据第 9（c）条 ［15 U.S.C. § 2058（c）］作出的每一项具体的结论。法院应该确认委员会的行动，除非法院确认这种行动并没有在整体上获得记录中的实质证据的支持。

（2）①在这种最后消费品安全标准生效之前，委员会应该根据本项的规定，将第 1 款中所指的和美国总务管理局宣布的每一种替代耐火和耐腐蚀要求的修订安全标准。

②在任何替代这种要求的修订生效至少 45 天之前，美国总务管理局局长应该通知委员会这种修订。如果这种修订在 1978 年 2 月 1 日以后到本条生效之日为止期间生效，美国总务管理局局长的这种通知应该视为是在本条生效之日发出。

③ a.在收到根据第②目发出的任何通知的 45 天之内，委员会应在《联邦纪事》中将这种修订作为拟议的对暂行消费品安全标准的修正案发布，包括委员会认为对于宣布暂行消费品安全标准修正案适当的修订中的改变。

b. 如果委员会确认有必要延长以上所述 45 天的期限，以便研究有关修订的技术和科学依据，或研究这种修订的安全和经济后果，委员会可以将这个期限延长最多 150 天。

④ a. 委员会可以多次延长③a 目所述 45 天期限，如果：

（a）委员会对每一次延长做出③b 目所要求的确认；

（b）在委员会根据本规定初次延长之后提议再延长时，这种延长没有根据以下 d 的规定遭到拒绝。

b. 委员会根据本目做出的任何延长不应该超出 45 天。

c. 委员会过去根据本目发出延长的通知，加上这种延长的理由陈述，以及委员会要求的完成有关修订所需时间的估计，应发表在《联邦纪事》上，并应该提交给有关的国会委员会。{终止报告要求：根据 31 U.S.C.A. § 1113 一个注释修正的 Pub. L. 104-66，§3003，这个向国会报告的要求在 1999 年 12 月 21 日终止生效。}

d. 在委员会根据 a 目初次延长 45 天的任何情况中，如果 c 目所述的每一个委员会都在委员会根据 c 目发出初次延长的通知之后的 15 天结束之前通过委员会决议不批准继续予以延长，委员会不得再根据 a 目进行任何延长。

⑤委员会应该让有关人士在委员会根据③目发布拟议修正案之后的 30 天之内有机会对任何暂行消费品安全标准拟议修正案提出意见。

⑥在⑤目规定的时间结束以后的 90 天之内，委员会应颁布对暂行消费品安全标准的修正案，除非委员会在与能源部长磋商之后确认：

a. 这种修正案对于保护消费者免遭与易燃或腐蚀性纤维素绝缘材料有关的过分的致伤风险是没有必要的；

b. 实施这种修正案会给适用这种暂行消费品安全标准的人造成不恰当的负担。

⑦第 11 条［15 U.S.C. §2060］的规定不应适用于根据本项发布的任何对于暂行消费品安全标准修正案的司法审查。

3. 向其他联邦部门、机构报告违反行为的要求。任何联邦部门、机构、或工作单位、或任何联邦独立管理机构，如果得到合理地显示正在生产或销售的纤维素绝缘材料违反本法的资料，应该立即将这种资料告知委员会。

4.（1）在本条生效之日后 45 天之内，委员会应该向有关的国会委员会提交一份报告，其中详细说明委员会准备执行本条的方式。

（2）在第（1）项中要求报告之日后的 6 个月之内（并自那时起每 6 个月之内），委员会应该向第（1）项中提到的每一个委员会提交一份报告，描述委员会在最近 6 个月里对本条的执行活动，合理地显示正在违反本法生产或分销的纤维素绝缘材料的情况应该立即告知委员会。

5.（1）委员会应有权规定，任何被要求遵守第 14 条［15 U.S.C. § 2063］中关于生产纤维素绝缘材料的证书规定的人，应该使用有资格进行测试或测试方案的独立的第三方提供这种证书要求的任何测试或测试方案的结果。委员会可以提出这种要求，无论委员会是否已经根据第 14 条第 2 款〔15 U.S.C. § 2063（b）〕制定了纤维素绝缘材料测试方案。

（2）根据制造商的请求，如果委员会认定没有必要使用独立的第三方来使该制造商遵守第 14 条〔15 U.S.C. § 2063〕的证书规定，委员会可以对该制造商免除第（1）项的规定。

（3）委员会为了实施本款规定可以规定它认为必要的规则。

6. 已经得到授权为 1978、1979、1980 和 1981 财政年度分别拨出实施本条规定所需要的款项。

国会否决消费品安全规定

第 36 条 〔15 U.S.C. § 2083〕

1. 委员会应向参议院秘书和众议院书记官提交一份委员会根据第 9 条〔15 U.S.C. § 2058〕颁布的任何消费品安全规定的副本。

2. 如果出现下列情况，第 1 款所述任何规定不应生效：

（1）在发布这种规定之日以后开始的国会会期持续 90 天之内，国会两院通过一项共同决议案，其中的决议条文之后的内容如下（空白的地方应适当填写）："国会不同意消费品安全委员会颁布的并提交国会的消费品安全规定，不同意的理由是：   "；

（2）在颁布这种规定之日以后开始的国会会期持续 60 天之内，国会两院之一通过了这种共同决议案，并将此决议送交另外一院，另一院没有在这个决议案提交后的会期持续 30 天之内不同意这个决议案。

3. 国会对本条这个不同意的共同决议案不采取行动或予以拒绝不应解释为对相关规定表示同意，也不应解释为对这种规定形成了任何有效性的推定。

4. 为本条的目的：

（1）会期的持续只有在国会无限期休会时才被打断；

（2）国会两院任何一院由于休会到某一日期三天以上的没有开会的日子不计算在第 2 款所述的国会持续会期之中。

关于资料的报告

第 37 条 〔15 U.S.C. § 2084〕

1. 如果一个消费品的某种型号在第 2 款定义的每个由 24 个月构成的期间至少受到 3 个由于死亡或严重身体伤害而在联邦或州法院提出的民事诉讼，结果是由制造商和解或法院判决原告胜诉，这种产品的制造商应根据第 3 款在第三桩民事诉讼的最后庭外和解或法院判决的 30 天之内向委员会报告每一桩这种民事诉讼，并在该 24 个月期间任何和解或法院判决之后的 30 天之内向委员会报告任何其他这种诉讼。

2. 第 1 款所述 24 个月期间指的是 1991 年 1 月 1 日开始的 24 个月期间，以及其后从前一个 24 个月期间开始算起的两年后的 1 月 1 日开始的 24 个月期间。

3.（1）第 1 款要求要向委员会报告的关于第 1 款所述每一桩民事诉讼的资料，应该包括以下资料，并除了根据第（2）项提供的任何自愿性资料之外，应该限于以下资料：

①制造商的名称和地址。

②民事诉讼针对的消费品的类型和型号或牌号。

③关于该民事诉讼是否涉及死亡或严重身体伤害的陈述，如果涉及严重身体伤害，关于这种伤害的类型的陈述。

④关于民事诉讼是否最后和解或法院判决原告胜诉的陈述。

⑤如果法院判决原告胜诉，案件的编号、民事诉讼的名称、民事诉讼的编号以及审理民事诉讼的法院。

（2）制造商根据第（1）项要求提交的报告可以包括关于原告胜诉的判决是否正在受到上诉或将会上诉的陈述，或该制造商愿意提供的任何其他资料。根据第1款向委员会报告的制造商不必承认或可以具体否认它提供的资料合理地支持这种结论，即它的消费品造成了死亡或严重身体伤害。

（3）不应要求在根据第1款提供的报告中陈述制造商在最后和解中支付的金额，也不应根据本法任何其他条款要求陈述这种和解金额。

4. 制造商如第1款所述报告民事诉讼，并不构成承认：

（1）过高的致伤隐患。

（2）这种诉讼针对的消费品存在重大缺陷。

（3）重大的产品危险。

（4）迫在眉睫的危险。

（5）根据任何法规或任何普通法的其他赔偿责任。

5. 在本条中：

（1）严重身体伤害包括任何下列伤害：肢体残缺、截肢、肢解、毁容、身体重要机能丧失、体内器官紊乱使人衰弱、严重烧伤、严重电击以及可能需要长期住院的伤害。

（2）在本条中，消费品的型号指的是与安全、功能、使用者或其他可能影响该产品安全方面性能的特点有关的、在性能设计、构造、警告或说明上与众不同的型号。

低速电动自行车

第38条　［15 U.S.C. § 2085］

1. 无论任何其他法律如何规定，低速电动自行车属于第3条第1（1）项［15 U.S.C. § 2052（a）（1）］内的消费品，应该受《美国联邦法规典集》第16篇第1500.18（a）（12）条和1512编的制约。

2. 在本条中，"低速电动自行车"是指一种两轮或三轮车，具有可以踩动的踏板和一个功率不超过750瓦（1匹马力）的电动机，在铺设的平路上由一个重170磅的人驾驶、单靠电动机的最高时速低于20英里。

3. 为了进一步保护骑低速电动自行车的消费者的安全，在必要和适当的时候，委员会可以颁布对这种车辆新的或修订的要求。

4. 在任何关于低速电动自行车的州法或规定比第1款中的联邦法律或规定更严格时，本条应该取代任何这种州法或规定。

禁止由企业赞助的旅行

第 39 条 [15 U.S.C. § 2086]

无论《美国法典》第 31 编第 1353 条和本法第 27 条第 2 (6) 项如何规定，任何委员会委员或职员不应在参加与委员或职员官方身份有关的任何会议或类似的活动时接受下述人士提供的旅行、生活费用或相关费用：

(1) 此人争取委员会采取官方行动、与委员会有业务往来或从事委员会负责管辖的活动；

(2) 此人的利益会在很大程度上受到委员会委员或职员履行或不履行责任的影响。

对揭发者的保护

第 40 条 [15 U.S.C. §2087]

1. 任何制造商、自有品牌商、分销商或零售商不得由于职员的下述行为予以解雇或在报酬、工作规定、条件或雇用优待方面加以歧视，不管这种行为是否为该职员的自发行为，还是在该职员行使正常职责过程中的行为（或是任何人在该职员要求下的行为）：

(1) 向雇主、联邦政府或一个州的司法部长提供、促使提供、或准备提供，或促使准备提供资料，涉及任何违反行为，或该职员有理由相信任何履行或不履行责任违反了本法任何条款或委员会执行的任何其他法律，或根据这些法律发出的任何命令、规定、条例、标准或禁令；

(2) 在与这种违反有关的程序中作证或准备作证；

(3) 协助或参与，或准备协助或参与这种程序；

(4) 反对或拒绝参与该职员（或其他人）有理由相信属于违反本法任何条款、或委员会执行的任何其他法律、或根据这些法律发出的任何命令、规定、条例、标准或禁令的任何活动、政策、做法或指定的任务。

2. (1) 一个人如果相信自己被解雇或受到任何人的歧视，从而违反了第 1 款，可以在发生这种违反行为之日起 180 天之内向劳工部长提出投诉（或委托任何人代理提出投诉)，指控这种解雇或歧视，指明对这种行为负责的人。劳工部长在接到这种投诉之后，应将这个投诉、投诉中指控的问题、支持投诉的证据内容以及这个人根据第 (2) 项将会得到的机会以书面通知投诉中点名的人。

(2) ①在收到根据第 (1) 项提出投诉之日 60 天内，并且在让投诉人和投诉中点名的人有机会向劳工部长提出对投诉的书面答复，而且有机会与劳工部长的一位代表见面以呈递证人的证词以后，劳工部长应展开调查，确定是否有理由相信投诉有道理，并且将劳工部长的结论以书面通知投诉人和被指控违反第 1 款的人。如果劳工部长得出结论认为有理由相信发生了违反第 1 款的行为，劳工部长应在劳工部长的结论中附上一份临时命令，提供第 (3) ②项所述的补救办法。在根据本项发出结论通知之日的 30 天之内，被指控有违反行为的人或投诉人可以对结论或临时命令，或同时对两者表示反对，并且要求进行一场有记录的听证会。提出这种反对不得拖延临时命令中包含的恢复权利的补救办法。任何这种听证会都应该迅速举行。如果没有在这个 30 天期间要求举行听证会，临时命令就应该视为无须司法审查的最后命令。

②a. 如果投诉人没有提出初步表面证据，显示第 1 款（1）至（4）项所述任何行为造成了投诉所述的不利人事行动，劳工部长应该驳回根据本款提出的投诉，而且不应展开第①目规定的调查。

b. 尽管劳工部长得出结论认为投诉人提出了 a 目要求的证据，如果雇主以清楚和令人信服的证据表明，在没有那种行为的情况下，雇主也会采取同样的不利人事行动，则不应展开第①目要求的调查。

c. 只有投诉人表明第 1 款（1）至（4）项所述任何行为造成了投诉中所指控的不利人事行动，劳工部长才可能确认发生了违反第 1 款的情况。

d. 如果雇主以清楚和令人信服的证据表明，在没有那种举动的情况下，雇主也会采取同样的不利人事行动，则不应根据第①目下令实施补救办法。

（3）①在完成根据第（2）项进行的任何听证会之日后的 120 天之内，劳工部长应发出最后命令，提供本项所述补救办法，或驳回投诉。在发出最后命令之前的任何时候，可以基于劳工部长、投诉人以及被指控有违反行为的人达成的和解协议，终止根据本目进行的程序。

②如果劳工部长在办理根据第（1）项提出的投诉时确认，发生了违反第 1 款的情况，劳工部长应命令违反规定的人：

a. 采取反歧视行动，消除违反现象；

b. 恢复投诉人原来的职位，同时支付报酬（包括补发工资），并且恢复与就业有关的工作规定、条件和优待；

c. 向投诉人提供损失补偿。如果这种命令是根据本项发出，在投诉人的要求下，劳工部长应裁决该命令针对之人赔偿相当于所有劳工部长确认的、投诉人为了提起该命令所指的投诉而付出或与之有关的合理费用与开支的总额（包括律师和专家证人费）。

③如果劳工部长认定根据第（1）项提出的投诉毫无根据或恶意投诉，可以命令投诉人向胜诉的雇主支付合理的律师费，金额不超过 1000 美元。

（4）如果劳工部长没有在提出投诉的 210 天之内，或在收到书面结论之后 90 天之内发出最后决定，投诉人可在具有管辖权的适当的美国地区法院提出法律诉讼或衡平法诉讼，要求复议。该法院应该对这种诉讼拥有管辖权，不论争议金额多少。经这种诉讼的任何一方提出请求，应该由法院以陪审团审理。这种程序需要遵守第（2）②项中所述的同样的举证责任要求。法院应该有权下令采取一切必要的补救办法，补发该职员的薪水，包括强制性赔偿和损失赔偿，包括：

①恢复该职员在没有被解雇或歧视的情况下应该拥有的同等资历；

②补发薪水，包括利息；

③任何由于解雇或歧视造成的特别损失的补偿，包括诉讼费用、专家证人费以及合理的律师费。

（5）a. 除非投诉人根据第（4）项提起诉讼，任何受到根据第（3）项发出的最后命令不利影响或因此受害的人可以请求据以发出命令的违反行为发生地区的美国巡回上诉法院，或违反行为发生之日投诉人居住地区的美国巡回上诉法院审查该命令。审查请求必须在劳工部长最后命令发出之日后 60 天以内提出。审查应该符合《美国法典》第 5 编第

7 章。根据本目进行的程序的开始不得延缓最后命令的执行，除非法院下令。

b. 可能已经根据 a 目受到审查的劳工部长的命令，不应该受到任何刑事或其他民事程序的司法审查。

（6）任何人如果没有遵守根据第（3）项发出的命令，劳工部长可以在违反行为发生地区的美国地区法院或哥伦比亚特区的美国地区法院提起民事诉讼，以便执行该命令。对于根据本项提出的诉讼，地区法院应该有权裁决一切适当的补救办法，包括但不限于强制性补救办法和损失赔偿。

（7）①根据第（3）项发出的命令所代表的人可以对这个命令所针对的人提起民事诉讼，要求其遵守命令。适当的美国地区法院应该有权执行这个命令，不论争议的金额多少或诉讼双方的国籍如何。

②根据本项发出任何最后命令的法院，可以裁决任何一方获得诉讼费用补偿（包括合理的律师费和专家证人费），只要法院认定费用补偿是合适的。

3. 本条规定的任何非自行裁量的义务应该能够根据《美国法典》第 28 编第 1361 条提出的上级法院的命令状程序加以执行。

4. 对于任何制造商、自创品牌商、销售商或零售商的职员，在没有这种制造商、自创品牌商、销售商或零售商（或这种人的代理人）指示的情况下采取行动，故意违反或据称违反根据本法或委员会执行的任何其他法律发出的任何命令、条例或消费品安全标准，第 1 款不应适用。

经济责任

第 41 条　［15 U.S.C. § 2088］

1. 确认和决定保证金——委员会在与美国海关边境保护局和其他相关联邦机构磋商以后，应该确认本法或委员会执行的其他任何法律管辖的、销毁成本一般会超过根据 1930 年《关税法》第 623 条和第 624 条（19 U.S.C. 1623，1624）决定的保证金数额的消费品或其他产品或物品，并且向美国海关边境保护局建议一个足以支付这种产品或物品销毁费用的保证金数额。

2. 要求设立收回和销毁产品的第三方保存的备交契约之研究：

（1）研究——总审计长应该进行研究，确定要求下述事务的可行性：

①提供在数额上足以支付本法或任何其他委员会执行的法律管辖、在国内生产的产品或物品的销毁费用的第三方保存的备交契约、保险证明或保证金；

②提供在数额上足以支付本法或任何其他委员会执行的法律管辖、在国内生产或进口的产品或物品的收回费用的第三方保存的备交契约、保险证明或保证金。

（2）报告——在 2008 年《消费品安全改善法案》颁布之日后的 180 天之内，总审计长应该向有关的国会委员会提交一份关于根据第（1）项进行的研究的结论的报告，包括评估提供这种第三方保存的备交契约是否能够实施，以及关于这种实施的任何建议。

全地形车辆

第 42 条　［15 U.S.C. § 2089］

1. 通则：

（1）强制标准——无论其他法律如何规定，在 2008 年《消费品安全改善法案》颁布之日以后的 90 天之内，委员会应该在《联邦纪事》上公布美国特别车辆研究所制定的《美国国家四轮全地形车辆设备配置和性能要求》（American National Standard, ANSI/SVIA-1-2007），作为强制性消费品安全标准。这个标准应该在公布 150 天之后生效。

（2）符合标准——在这种标准生效之后，任何制造商或销售商向美国进口或在美国商业销售任何新组装或没有组装的全地形车辆均为非法，除非：

①该全地形车辆符合每一项适用的标准规定；

②该全地形车辆受到在本法颁布之日之前向委员会提交的、或随后向委员会提交并获得委员会批准的全地形车辆行动计划管辖，而且带有一个证明符合标准并指明制造商、进口商或自有品牌商以及所符合的那个全地形车辆行动计划的标签；

③该制造商或分销商遵守适用的全地形车辆行动计划的所有规定。

（3）违反——不遵守第（2）项中的任何规定应视为不遵守根据本法制定的消费品安全标准，按照本法规定的所有惩罚和补救办法处理。

（4）带有其他特性的符合规定的产品型号——第（2）项不应解释为禁止通过商业渠道分销符合该项规定但是也包含那些没有列入规定的特性或零部件的新的全地形车辆。任何这种特性或零部件应该符合本法第 15 条的规定。

2. 标准修订：

（1）美国国家标准研究所的修改——如果在《联邦纪事》公布全地形车辆的产品安全标准之日以后美国国家标准 ANSI/SVIA-1-2007 通过适用的共识标准制定程序得到修订，美国国家标准研究院应该将修订通知委员会。

（2）委员会的行动——在委员会收到美国国家标准研究所这种修订通知之后的 120 天之内，委员会应该根据《美国法典》第 5 编第 553 条发出拟议规章制定的通知，修正全地形车辆的产品安全标准，列入任何委员会认为与全地形车辆安全性能有关的任何修订，并且通知该研究所任何委员会认为没有关系的任何条文。委员会应该在修正案拟议规章制定通知在《联邦纪事》上公布之日后 180 天之内公布全地形车辆标准的修正案。

（3）过高致伤隐患——无论本法其他条款如何规定，委员会可以根据本法第 7 条和第 9 条修正全地形车辆的产品安全标准，列入委员会认为合理和必要的其他条款，以便降低与全地形车辆性能有关的过高致伤隐患。

（4）某些不适用的条款——本法第 7 条和第 9 条不应适用于根据第（2）项发出的产品安全标准的任何修正案。根据第（2）项发出的关于标准的任何修正案的司法审查应该符合《美国法典》第 5 编第 7 章的规定。

3. 对三轮全地形车辆的要求——在根据本法颁布的一项适用于三轮全地形车辆的强制性消费品安全标准生效之前，新的三轮全地形车辆不得进口到美国或在美国通过商业渠道分销。任何对本款的违反应视为违反了本法第 19 条第 1（1）项，也可以根据本法第 17 条执行。[生效日期——不是《消费品安全法》的一部分——2008 年《消费品安全改善法案》第 232 节增加的《消费品安全法》第 42 条（c）款的修正案，应在 2008 年《消费品安全改善法案》颁布之日后 30 天起生效。]

4. 进一步的程序：

（1）最后期限——委员会应在题为"全地形车辆标准及禁止三轮全地形车辆"的程序中发出最后规定。

（2）年轻人全地形车辆类别——在最后规定中，委员会在与全国公路交通安全管理局磋商之后，可以提出一个多元素分类方法，至少考虑到下述因素：

①全地形车辆的重量；

②全地形车辆的最大速度；

③某一重量的全地形车辆以最大速度行驶时的速率；

④设计的驾驶全地形车辆儿童的年龄或可以合理预想的驾驶者的年龄；

⑤设计的驾驶全地形车辆儿童或可以合理预想的驾驶者的平均重量。

（3）其他安全标准——在最后规定中，委员会在与全国公路交通安全管理局磋商之后，应审查根据第 1（1）款公布的标准，建立保护公共健康与安全所需要的全地形车辆其他安全标准。作为审查的一个组成部分，委员会至少应考虑建立或加强下述方面的标准：

①减震系统；

②刹车性能；

③速度控制；

④警示标签；

⑤市场营销；

⑥动态稳定。

5. 定义——在本条中：

（1）全地形车辆或 ATV——"全地形车辆"或 ATV 是指：

①任何机动的、不能上高速公路的三轮或四轮车辆，有一个座位让驾驶者跨坐在上面并且有控制方向的车把；

②不包括机动的、不上高速公路的、全地形车辆的设计原型或其他纯粹用于研发目的的机动的、不上高速公路的、全地形车辆，除非这种车辆上市销售。

（2）全地形车辆行动计划——"全地形车辆行动计划"是指一种书面计划或担保书，描述制造商或销售商同意采取的提高全地形车辆安全的行动，包括驾驶者培训、传播安全资料、驾驶者年龄建议、其他有关全地形车辆市场营销和销售的政策、对这种销售的监督以及其他与安全相关的行动，而且这种计划或担保书与 1998 年 9 月 9 日《联邦纪事》（63 FR 48199-48204）公布的标题为"委员会通知中的公司担保"所描述的计划非常类似。

四、美国消费品安全修正法案

美国《消费品安全法》修正案（众议院第 H.R.4040 法案）摘要

2008 年 8 月 14 日，美国总统布什签署了《消费品安全修正法案》，使这一关注已久、众议院已于 2007 年通过的法案正式成为法律并开始生效。该修正法案重点对儿童产品安全等提出了新的规定要求。此项法案是针对所有进口和在美国销售的儿童用品。美国进口的儿童产品中半数以上是中国制造的，因此，该法案的颁布实施，将对我国儿童产品的出口提出更严峻的挑战。

根据该法案要求，规定：

（1）在该法案作为法律生效一年后（2009 年 9 月 15 日始），玩具、其他儿童用品和家具上的油漆和表面涂层中的总铅含量降低为 90ppm（ppm：毫克/千克）。

（2）对所有儿童产品中总铅的限量为：

——600ppm，在该法案作为法律生效 180 天后（2009 年 3 月 15 日始）

——300ppm，在该法案作为法律生效一年后（2009 年 9 月 15 日始）

——100ppm，在该法案作为法律生效三年后（2011 年 9 月 15 日始）

（3）对用于儿童玩具和儿童护理用品的部分邻苯二甲酸盐及其替代品作出限量规定：永久性禁止所有儿童产品中含有超过 0.1%的邻苯二甲酸二辛酯（DEHP）、邻苯二甲酸二丁酯（DBP）及邻苯二甲酸丁苄酯（BBP）三种物质。对于可放入口中的儿童产品，禁止含浓度超过 0.1%的邻苯二甲酸二异壬酯（DINP）、邻苯二甲酸二异癸酯（DIDP）及邻苯二甲酸二正辛酯（DnOP）。

（4）《法案》实施半年后，美 ASTMF 963–07 玩具标准将成为强制性安全标准。

（5）强制由经认可的第三方检测和认证。

儿童用品须接受经过授权的第三方检测和认证。这些儿童用品的所有制造商在出口或销售用品之前，需提交样品并委托独立的第三方合格测试机构测试是否含铅，最后出具第三方认可证书；出口货物须随附每批适用证书，并发送证书副本至任何接收该用品的经销商或零售商；如有需要，制造商应向消费品安全委员会或海关总署提供证书副本，以便委员会对产品实施 24 小时电子证书备案；每本证书至少须包括产品制造、测试的日期和地址、检测机构联络资料等信息。

以上强制措施必然给儿童用品出口增加成本，出口手续更加繁杂。影响成本的具体数据需视相关第三方检测和认证的具体程序及要求而定。

（6）强制性追溯标签要求。

在该法案作为法律生效一年后（2009 年 9 月 15 日始），儿童产品的生产商必须在产品包装上加贴溯源性标签，儿童用品生产商须在产品及其包装上贴上永久的清晰标记，包括这些产品的生产日期、批号信息及产品的其他识别特征，以便于采取回收行动或通报时更好追溯来源。该要求于法案生效当日起一年后生效。

（7）加重罚则。

法案规定，违反此《消费品安全法》、《易燃性织物法案》及《联邦危险物质法案》的一系列民事罚款总额上限，将大幅增至 1500 万美元，违反单个《消费品安全法》处以最高 10 万美元罚款。违反消费品安全委员会任何法规的刑事惩罚，将面临 5 年以下的监禁或罚金，或两者并罚，甚至包括资产没收。

美国《消费品安全法》修正案（众议院第 H.R.4040 法案）全文

H.R.4040

美利坚合众国第一百一十届国会

第二次会议

二零零八年一月三日（星期四）于华盛顿市开始举行

有关儿童消费品安全标准和其他安全要求的设立以及消费品安全委员会的重新授权和现代化的法案

本法案由美利坚合众国参议院和众议院于召集的国会会议上通过。

第 1 条　简称；目录

（a）简称——该法案可称为 2008 年《消费品安全改善法案》（Consumer Product Safety Improvement Act of 2008）

（b）目录——本法案目录如下：

第 1 条　简称；目录

第 2 条　参考

第 3 条　发布实施条例的权力

第一编　儿童产品安全

第 101 节　含铅儿童产品；含铅涂料标准

第 102 节　某些儿童产品的强制性第三方测试

第 103 节　儿童产品的跟踪标签

第 104 节　耐用婴幼儿产品标准和消费者登记

第 105 节　玩具与游戏器具的广告标签要求

第 106 节　强制性玩具安全标准

第 107 节　对少数民族儿童的与消费品相关的可预防性伤亡研究

第 108 节　禁止销售含特定邻苯二甲酸盐的产品

第二编　消费品安全委员会改革

第一章　经营管理改善

第 201 节　委员会的授权

第 202 节　委员会全员要求；临时法定人数；员工

第 203 节　部分递送给国会的文件

第 204 节　加速制定法律

第 205 节　监察长的审查与报告

第 206 节　禁止行业赞助的差旅

第 207 节　与联邦政府、州政府、地方政府和外国政府机构信息共享

第 208 节　交换雇员培训

273

第 209 节　年度报告要求

第二章　加强的执行权力

第 211 节　公开信息披露

第 212 节　建立一个公众消费品安全数据库

第 213 节　依据其他由消费品安全委员会执行的法令制定的储存强制令

第 214 节　加强的召回权利以及改正措施计划

第 215 节　对于由防火墙隔开的符合性评估机构的检查；供应链的识别

第 216 节　禁止行为

第 217 节　处罚

第 218 节　由州总检察长执行

第 219 节　举报人保护

第三章　详细的进出口相关规定

第 221 节　召回品及不合格品的出口

第 222 节　进口安全管理及跨部门间的合作

第 223 节　重大产品隐患清单及不合格进口产品的销毁

第 224 节　财政责任

第 225 节　与进口消费品安全相关的公权力效力研究及报告

第四章　杂项规定及顺应性修订

第 231 节　先占性

第 232 节　各类地形用车辆标准

第 233 节　按照 1970 年的《危险物品包装法案》实施成本效益分析

第 234 节　织物及服饰产品中的甲醛使用研究

第 235 节　技术及顺应性变化

第 236 节　加快复审

第 237 节　撤销

第 238 节　浴池及温泉安全技术修订

第 239 节　生效日期及可分割性

第 2 条　参考

1. 本法案中使用的术语定义：

（1）"相关国会委员会"指的是众议院能源及商业委员会（Committee on Energy and Commerce of the House of Representatives）和参议院商业、科学及运输委员会（Committee on Commerce，Science，and Transportation of the Senate）；

（2）术语"委员会"指的是消费品安全委员会。

2.《消费品安全法》——除了以别的方式进行清楚的规定外，本法案中修订被表述为对某条规定或其他规定的修订，其参考应被认为是作为《消费品安全法案》（《美国法典》第 15 编第 2051 条以下）的某条规定或其他规定。

第 3 条　发布实施条例的权力

委员会在必要时可发布条例来实施本法案和本法案所做的修订。

第一编　儿童产品安全

第 101 节　含铅儿童产品；含铅涂料标准

1. 铅含量总禁令

（1）作为禁用危险物质处理——除非自第（2）项规定的日期开始实施的第②款有清楚规定以外，任何儿童产品（《消费品安全法》第 3（a）（16）条《美国法典》第 15 编第 2052（a）（16）条）对儿童产品进行了定义）将根据《联邦有害物质法案》《美国法典》第 15 编第 1261 条以下）作为禁用有害物质处理。

（2）铅限制量：

（A）600ppm（百万分之一）——除了第（B）、（C）、（D）、（E）目规定的情形以外，自本法案通过后第 180 天起，对于第（1）项涉及的铅限制量，产品任一部分的总铅含量为 600ppm（按重量）。

（B）300ppm——除了第（C）、（D）、（E）目规定的情形外，自本法案通过后第 1 年起，对于第（1）项涉及的铅限制量，产品任一部分的总铅含量为 300ppm（按重量）。

（C）100ppm——除了第（D）、（E）目规定的情形外，自本法案通过后第 3 年起，适用第（B）目时应将 "300ppm" 替换成 "100ppm"，除非委员会确定 100ppm 对产品或产品种类来说在技术上不可行。只有在通知和听证会后以及在分析有关减少儿童产品铅含量的公共健康保护问题后，委员会才能做出该决定。

（D）如果委员会根据第（C）目确定的 100ppm 限制量对产品或产品种类来说在技术上不可行，则该委员会应根据法规设定对产品或产品种类来说在技术上可行的低于 300ppm 的最低铅含量。委员会在前一句确定的铅含量应替换第（B）目规定的自本法案通过后第 3 年起规定实施的 300ppm 限制量。

（E）定期审查和进一步减少——委员会应根据最佳可用科技信息，在第（C）或（D）目规定的限制量要求公布后，至少每五年对根据本款规定发布的法规定期进行一次审查和修订（减少限制量），要求委员会确定的最低铅含量在技术上是可行的。委员会在前一句设定的铅含量将取代在该修订前立即生效的铅限制量。

2. 排除某些原料或产品以及不能触及的组成部分

（1）某些产品或原料——委员会可根据法规将某种具体产品或材料排除在第 1 款的禁用范围之外，前提条件是委员会在通知和听证会后根据最方便、客观、专业、科学的证据确定该产品或原料将不会造成以下不利影响：

（A）考虑到儿童正常合理地使用或滥用此类产品的可预见情形，包括吞食、放入嘴中、打碎或其他儿童活动，以及考虑到产品的使用年龄，会造成铅被吸入人体；

（B）对公共健康或安全有其他有害影响。

（2）不易触及的组成部分除外：

（A）如果对于儿童通过正常合理地使用或滥用此类产品，包括吞食、放入嘴中、打碎或其他儿童活动，而不易触及任何组成部分的儿童产品，则第 1 款设定的限量值将不适应该产品的任何组成部分。如果该组成部分具有密封盖或密封罩而不外露，并在产品被合理使用或滥用的情况下也不外露，则根据本款规定认为该组成部分不易触及。合理使用和滥用应包括吞食、放入嘴中、打碎或其他儿童活动。

（B）有关不易触及的行动——在本法案通过后一年内，委员会应发布一项规定，对何种产品组件或组件种类将被考虑符合第（A）目中不易触及的情形提供指导。

（C）CPSC（消费品安全委员会）指导申请未决——在委员会发布根据第（B）目制定的规定前，根据第（A）目列出的要求来做出有关儿童是否不易触及某种产品组件的决定。

（3）排除某些障碍——根据本款目的，确定儿童通过正常合理使用或滥用某项产品而不易接触到产品中铅或不会将任何铅吸入人体时，涂料、涂层或电镀层不能被认为构成相关障碍。

（4）某些电子设备——如果委员会确定某些电子设备（包括带电池的设备）在技术上不可行，则为了符合第1款的要求，根据法规委员会应：

（A）公布相关要求来消除或最小化暴露或接触到此类电子设备中铅的可能性，其中可包括有关此类电子设备使用儿童安全盖或儿童安全罩来防止暴露或接触到产品中含铅部分的要求；

（B）制定时间表来规定此类电子设备应完全符合第1款设定的限制量要求，除非委员会确定对此类设备来说，在委员会设定的时间表内无法从技术上完全符合相关限制量要求。

（5）定期审查——委员会应根据最佳可用科技信息，在根据本款规定制定的法规第一次公布后，至少每五年对根据该法规定期进行一次审查和修订，使法规要求更为严格，以及要求委员会确定的最低铅含量在技术上是可行的。

3. 适用美国玩具安全标准（ASTM F963）——应根据委员会根据本条规定（或《消费品安全法》或由委员会要求实施的任何其他法案的任何一条规定）发布的任何规定与ASTM F963标准的不一致程度，使用该已发布法规代替ASTM F963标准。

4. 技术可行性定义——从本条的目的出发，如果具备以下条件，则对某项产品或某产品种类，某限制量应视为具有技术可行性：

（1）符合限制量要求的某项产品在该产品种类中可商业供应；

（2）制造商可获得用来符合限制量要求的技术，或根据该术语常识可获得相关技术；

（3）已开发出的新产业策略或设备可在相关限制量规定生效前达到该限制量，而且该产业策略或设备一般能够采用；

（4）其他实践、最佳实践或其他运行变化可使制造商满足相关限制量要求。

5. 未决立法行动无效——立法行动未决考虑的因素有：

（1）有关技术可行性的本条规定的限制量或替换限制量的生效日期的延迟；

（2）本条第2款规定的某些产品的例外情况或不可执行的指导；

（3）任何其他有关对任何本法案规定的或其他法案要求实施的法规、规定、标准或禁令的修改或豁免申请，不应延缓根据本条的任何规定或限制量要求的生效，也不应延缓本条要求的全面实施。

6. 更严格的铅涂料禁令

（1）总则——更严格的铅涂料禁令自本法案通过1年后当天起生效，委员会应修改该条例第1303.1条（《美国法典》第1301.1条），将该条第1款的"0.06%"改为

"0.009%"。

（2）定期审查和减少——委员会应在其根据第（1）项修改条例后，至少每5年对《美国法典》（经第（1）项修订）第16编第1031.1条设定的涂料中铅的限制量定期进行一次审查，确保委员会确定的最低铅含量在技术上是可行的。

（3）小面积铅涂料确定方法——为了有效实施《美国法典》第16编第1031.1条设定的铅限制量要求，对于本条规定的涂料或表面涂层中铅的重量不超过10毫克，以及涂料或表面涂层面积不超过1平方厘米的产品，委员会可使用X射线荧光技术或其他替代方法来测量涂料或表面涂层中铅的含量。其他测量方法应不允许不超过10毫克的涂料、其他涂层或不超过1平方厘米的表面区域中铅的总重量超过2微克。

（4）测量涂料中铅含量的常规方法：

（A）研究——本法案通过后1年内，委员会应完成相关研究，以评估用来测量儿童产品或家具上涂料或其他表面涂层中铅含量的X射线荧光技术或其他替代方法的有效性、精确度和可靠性，确定其是否符合经本款修订的《美国法典》第16编第1303条。

（B）立法——如果委员会根据第（A）目的研究确定，对于用来测量涂料中铅含量的X射线荧光技术或其他替代方法，如果与委员会于本法案通过前规定的合规方法同样有效、精确、可靠，则委员会可发布条例来控制这类方法的使用情况，即有关确定产品是否符合经本款修订的《美国法典》第16编第1303条的规定的情况。

（5）定期审查——委员会应在完成第（4）（A）项要求的研究后，至少每5年对委员会根据第（3）项或第（4）项规定的任何条例采用的测量方法定期进行一次审查和修订，确保该方法是保护人类健康的最有效的方法。委员会应持续研究和鼓励进一步开发测量涂料或表面涂层中铅含量的其他替代方法，以有效、精确、可靠地检测《美国法典》第16编第1303条设定的铅含量或更低铅含量或根据法规设定的更低铅含量。

（6）法定限制量无效——第（3）项的任何规定、委员会根据该项提及的其他替代方法、根据第（4）项制定的任何规定，第（5）项设定的任何方法不应解释为改变经本款修订的《美国法典》第16编第1303条中设定的限制量或免受该限制量的约束。

（7）解释——本款中的任何规定不应解释为影响委员会或其他人使用其他替代方法作为筛选法来检测铅含量以确定是否需要进一步测试或行动的权利。

7. 作为《联邦有害物质法案》的法规处理——第1款规定的任何禁令、根据本条第1或2款公布的规定、《美国法典》第16编第1303.1条（经第7（1）或（2）项修订）或任何后续法规，应被认为是委员会依据或为实施《联邦有害物质法案》第2（q）条《美国法典》第15编第1261（q）条）而公布的。

第102节　某些儿童产品的强制性第三方测试

1. 强制性第三方测试

（1）合格性认证。

（A）修订——第14条第1款第（1）项（《美国法典》第15编第2063（a）条）修订如下：

"（1）合格性认证——除了第（2）、（3）项另有规定以外，对于受制于本法案中的消费品安全规定或委员会要求实施的其他法案中的类似规定、禁令、标准或法规的产品，以及进口用于消费、入库或商业分销的产品，其制造商（如果该产品具有自有品牌，则为自有品牌商）应发放具有以下特征的证书——

"（A）应在每件产品通过合理的测试程序的基础上，证明该产品符合本法案或委员会要求实施的其他法案中的所有规定、禁令、标准或法规；

"（B）应指定适用于该产品的每项此类规定、禁令、标准或法规。"

（B）生效日期——第（A）目所作修订将于本法案实施第 90 天后开始生效。

（2）第三方测试要求——修订第 14（2）条（《美国法典》第 15 编第 2063（2）条）时，在第（1）项后增加以下两款，原来的第（2）项变为第（4）项：

"（2）第三方测试要求——对于受制于儿童产品安全规定的任何儿童产品，在进口用于消费、入库或商业分销时，制造商（如果此类儿童产品具有私有品牌，则为私有品牌商）应：

"（A）根据第（3）项向授权的第三方合格性评估机构提交足够的儿童产品样品或所有材料等同于该产品的样品，由第三方合格性评估机构测试其是否符合这类儿童产品安全规定；

"（B）根据测试结果，发放证书以证明根据进行测试的经认可的第三方合格性评估机构的评估结果，此类儿童产品符合儿童产品安全规定。制造商或私有品牌商应根据适用于某种产品的每项儿童产品安全规定发放独立证书，或发放符合所有儿童产品安全规定的联合证书，证书上应指明每项具体规定。

"（3）——第三方测试执行时间表

"（A）一般适用——除了第（F）目另有规定外，第（2）项的要求应适用于自委员会确定和发布相关通知 90 天后制造的产品，其中相关通知针对根据适用的儿童产品安全规定评估规定进行合格性评估的第三方合格性评估机构的认可做出要求。

"（B）认可时间表——

"（i）铅涂料——《2008 年消费品安全改善法案》通过后 30 天内，委员会应发布相关通知，其中相关通知对根据《美国法典》第 16 编第 1303 条进行合格性评估的第三方合格性评估机构的认可做出要求。

"（ii）标准尺寸婴儿床；非标准尺寸婴儿床；橡皮奶头——2008 年《消费品安全改善法案》通过后 60 天内，委员会应发布相关通知，其中相关通知对根据该编第 1508、1509、1511 条进行合格性评估的第三方合格性评估机构的认可做出要求。

"（iii）小型零部件——2008 年《消费品安全改善法案》通过后 90 天内，委员会应发布相关通知，其中相关通知对根据该编第 1501 条进行合格性评估的第三方合格性评估机构的认可做出要求。

"（iv）儿童金属饰品——2008 年《消费品安全改善法案》通过后 120 天内，委员会应发布相关通知，其中相关通知对根据该法案有关儿童金属饰品的第 101（a）（2）条进行合格性评估的第三方合格性评估机构的认可做出要求。

"（v）婴儿学站带、学步车、连衫裤童装——2008 年《消费品安全改善法案》通过后 210 天内，委员会应发布相关通知，其中相关通知对根据该编第 1500.18（a）（6）、1500.86（a）条进行合格性评估的第三方合格性评估机构的认可做出要求。

"(vi) 所有其他儿童产品安全规定——委员会应尽早发布相关通知，其中相关通知对根据其他儿童产品安全规定进行合格性评估的第三方合格性评估机构的认可做出要求，但通知发布时间不能迟于 2008 年《消费品安全改善法案》通过后 10 个月，如果该法案通过至少一年后设定或修订了儿童产品安全规定，则通知发布时间应在该规定和修订生效前 90 天内。

"(C) 认可——根据第（B）目设定的要求对第三方合格性评估机构的认可，由委员会或该委员指定的独立认可机构完成。

"(D) 定期审查——委员会应定期审查和修订根据第（B）目设定的认可要求，确保合格性评估机构达到最高可行质量。

"(E) 公布经认可的机构——委员会应在互联网网站上公布经认可的机构的最新名单，这些机构可根据本委员会在本款中设定的要求评估是否符合儿童产品安全规定。

"(F) 延期——如果委员会确定，对于经认可能如本款要求加快进度来评估是否符合儿童产品安全规定的机构，如果机构数量不够，则委员会可增加不超过 60 天的评估时间。

"(G) 立法——直到 2008 年《消费品安全改善法案》通过 3 年后，本项所述委员会行动可免受《美国法典》第 5 编第 553 条和第 601 至 612 条要求的限制。"

(3) 一致性修订——第 14（a）（4）条（《美国法典》第 15 编第 2063（a）（4）条）经本款第（2）项修订为：

(A) 删除"本款第（1）项所要求的"，插入"第（1）、（2）或（3）项所要求的"；

(B) 删除"第（1）项的要求"，插入"第（1）、（2）或（3）项的要求"。

(b) 附加要求；定义——修订第 14 条（《美国法典》第 15 编第 2063 条）时，在其结尾处增加了以下内容：

"4. 第三方测试附加条例——

"(1) 审核——2008 年《消费品安全改善法案》通过后 10 个月内，委员会应根据法规设立有关定期审核第三方合格性评估机构，以作为根据第（a）（3）（C）款对第三方合格性评估机构进行持续认可的条件。

"(2) 合规性；持续测试——2008 年《消费品安全改善法案》通过后 15 个月内，委员会应根据法规——

"(A) 制定方案，使制造商或私有品牌商可在产品上进行相关标记，表明符合第（a）款的合格性认证要求；

"(B) 指定协议和标准以——

"(i) 确保对经测试以确定是否符合儿童产品安全规定的儿童产品，定期进行测试，当产品设计或制造工业出现材料变化，则包含组件的采购；

"(ii) 测试随机样品，确保持续合规性；

"(iii) 检验由合格性评估机构测试的儿童产品是否符合儿童产品安全规定；

"(iv) 防止制造商或私有品牌商对第三方合格性评估机构施加不当影响。

"5. 认可撤回——

"(1) 总则——如果委员会发现以下情形，则在通知和调查后，可撤销根据本条经鉴定合格的第三方合格性评估机构的认可：

"（A）制造商、私有品牌商或政府机构已经对该合格性评估机构施加不当影响，或干扰、破坏有关根据本条进行某项儿童产品的合格性验证的测试程序完整性。

"（B）该合格性评估机构不符合适用的协议、标准或委员会在第 （d）款中设定的要求。

"（2）程序——在撤销对某合格性评估机构的认可的行动中，委员会：

"（A）应考虑该合格性评估机构的行动或行动失败带来的重大后果，包括：

"（i）该行动或行动失败是否造成伤亡或潜在伤亡；

"（ii）该行动或行动失败是否构成个别事件或代表一种类型和实践；

"（iii）该合格性评估机构是否以及何时采取补救行动。

"（B）可：

"（i）永久或暂时撤销对该合格性评估机构的认可；

"（ii）为该合格性评估机构制定再次认可的要求。

"（3）合作失败——如果某合格性评估机构不与委员会在根据本条规定进行的调查上合作，则委员会可中止对该机构的认可。

"5. 定义——在本条中：

"（1）儿童产品安全规定——术语'儿童产品安全规定'指的是本法案中的消费品安全规定或委员会要求实施的其他法案中的类似规定、法规、标准或禁令，包括声明某项消费品为禁用危害产品或物质的规定。

"（2）第三方合格性评估机构

"（A）总则——术语'第三方合格性评估机构'指的是除第 （D）目规定以外的，不由需要进行评估的产品的制造商或私有品牌商拥有、管理或控制的合格性评估机构。

"（B）政府参与——该术语包含一个由政府全部或部分拥有的机构，如果：

"（i）在最大可行范围内，允许任何国家的制造商或私有品牌商选择不由该国拥有或控制的合格性评估机构；

"（ii）该机构的测试结果不受任何其他个人（包括其他政府机构）的不当影响；

"（iii）与根据本节规定认可的同一国家中其他机构相比，该机构并没有享受更优惠的待遇；

"（iv）与根据本节规定认可的同一国家中其他第三方合格性评估机构相比，该机构的测试结果并不能从其他政府机构获得更大的分量。

"（v）在本身运行方面，或在其他政府机构根据该机构的合格性评估做出产品分配控制的决策方面，该机构未向相关政府机构施加不当影响。

"（C）艺术品金属原料和艺术品的测试和认证——认证机构（《美国法典》第 16 编第 1500.14（b）（8）条的附录 A （或任何后续法规或规定）符合第 （A）目中有关根据本条或《联邦有害物质法案》（《美国法典》第 15 编第 1261 条以下）指定条例要求的进行艺术品原料或艺术品认证的要求。

"（D）合格性评估机构——应请求时，委员会可认可由制造商或私有品牌商拥有、管理或控制的合格性评估机构作为第三方合格性评估机构，前提条件为：

"(i) 相对于制造商或私有品牌商使用独立第三方合格性评估机构，对合格性评估机构的认可具有相同或更好的消费者安全保护效果；

"(ii) 合格性评估机构已经设立确保以下效果的程序：

"(I) 其测试结果不受制造商、私有品牌商或其他利益相关的不当影响；

"(II) 制造商、私有品牌商或其他利益相关方试图隐瞒测试结果或对测试结果施加不当影响时，立即向委员会通报；

"(III) 可向委员会秘密报告不当影响的主张。

"6. 证书要求——

"(1) 发放者和合格性评估机构的识别——本条要求的每个证书应能识别出其发放制造商或私有品牌商以及进行测试的第三方评估机构。该证书至少应包括产品制造日期和地点、测试日期和地点、各方名称、有效通信地址、电话号码、保留测试结果负责人的联系方式。

"(2) 英文——本条要求的每个证书应易于阅读，本节要求的所有内容应用英文书写。用英文书写的证书内容还可用其他语言书写。

"(3) 证书的有效性——本条要求的每个证书应附在适用的产品上或该证书涵盖范围内的一批产品上，该产品的每个分销商或零售商应拥有一份证书。发放此证书的制造商或私有品牌商在应要求时应向委员会提供一份证书。

"(4) 进口产品证书的电子存档——通过与海关税务司协商，委员会可根据规定在进口产品到达前 24 小时内为本条规定的证书进行电子归档。在应要求时，发放该证书的制造商或私有品牌商应向委员会和海关税务司提供一份证书。

"7. 解释规定——任何儿童产品符合本条规定的第三方测试要求、认可要求或全面合格性认可要求，并不能解释为该儿童产品实际上符合委员会要求实施的所有适用的规定、法规、标准或禁令。"

2. 消费品安全委员会的考虑因素和现有要求——在根据《消费品安全法案》第14(a)(3)条设定第三方合格性评估机构的认可标准中，如第 1 款增加的内容一样，委员会可考虑通过独立认可组织自该法案通过日起适用此类合格性评估机构的认可标准和协议，但应确保根据第 14 (a)(3)条指定作为认可标准的协议、标准和要求整合了最先进的科技标准和措施。

3. 一致性修订——第 14 (b) 条 (《美国法典》第 15 编第 2063 (b) 条) 修订为：

(1) 删除"受本法案中消费品安全标准限制的消费品"，插入"符合本法案中消费品安全规定或委员会要求实施的其他法案中的类似规定、禁令、标准或法规的产品"；

(2) 删除"或测试方案"，插入"除非委员会根据法规要求由某独立第三方针对某项具体规定、法规、标准或禁令进行测试，或针对产品的具体等级进行测试"。

第 103 节 儿童产品的跟踪标签

1. 总则——第 14 (a) 条 (《美国法典》第 15 编第 2063 (a) 条) 经本法案的第 102 条修订，该条结尾处增加了以下内容：

"(5) 2008 年《消费品安全改善法案》通过一年后，儿童产品制造商应在产品包装上附上易于辨别的持久性标记，使：

"（A）制造商能查明产品的生产地点和日期、批次信息（包括批次、批号或其他识别特征）以及制造商使用这些标记用来查明产品具体来源的其他信息。

"（B）最终消费者能查明制造商或自有品牌商、产品生产地点和日期、批次信息（包括批次、批号或其他识别特征）。"

2. 标签信息——修订第 14（c）条《美国法典》第 15 编第 2063（c）条）时在第（1）项后增加以下一项，而原来的第（2）、（3）项变为第（3）、（4）项。

"（2）批次信息（包括批次、批号或其他识别信息）。"

3. 广告、标记、包装表示——修订第 14 条《美国法典》第 15 编第 2063 条）时在结尾处增加了以下内容：

"（d）广告要求——消费品广告或此类产品的标记和包装不能涉及有关消费品安全标准或推荐性消费者安全规定或标准，除非此类产品符合此类规定或标准的相关安全要求。

第 104 节　耐用婴幼儿产品标准和消费者登记

1. 简称——本条可称为"《丹尼·凯泽儿童产品安全通报法案》（Danny Keysar Child Product Safety Notification Act）"

2. 安全标准

（1）总则——委员会应：

（A）咨询消费者团体、青少年产品制造商、独立儿童产品工程师和专家的代表，对有关耐用婴幼儿产品的所有推荐性消费品安全标准的有效性进行检查和评估。

（B）根据《美国法典》第 5 编第 553 条，发布以下消费品安全标准：

（i）与此类推荐性标准非常类似的标准；

（ii）比此类推荐性标准更为严格的标准，前提是委员会确定该更严格的标准能进一步减少这类产品的潜在危害。

（2）立法时间表——该法规通过后 1 年内，委员会应根据第（1）项的要求开始立法，此后还应每六个月为不少于两种婴幼儿产品发布标准。最先应为委员会确定为优先级别最高的产品种类的发布标准，直到委员会已经为此类产品的所有种类发布了标准为止。其后，委员会应定期审查和修订根据本款制定的标准，以确保此类标准为此类产品的最高可行安全级别进行规定。

（3）司法审查——任何受到此类标准带来的不利影响的个人可提出申请，要求根据《消费品安全法》第 11（g）条《美国法典》第 15 编第 2060（g）条，经本法案的第 236条补充）设定的程序进行审查。

3. 婴儿床

（1）总则——对于适用于本款规定的生产、销售、订约销售或转售、租赁、转租、供应、提供或以其他方式将婴儿床用于商业流通的任何人，如果不遵守根据第 2 款发布的标准，则违反了《消费品安全法》第 19（a）（1）条《美国法典》第 15 编第 2068（a）（1）条）。

（2）适用于本款规定的个人——本款规定适用于：

（A）制造、分销和订约销售婴儿床的任何人；

（B）专门通过利用关于婴儿床（包括儿童看护设施和家庭儿童看护所）的知识和技

能作为职业的任何人；

（C）订约销售或转售、租赁、转租或以其他方式将婴儿床用于商业流通的任何人；

（D）拥有或经营而非"不由联邦政府拥有"的，影响商业的公共膳宿场所的任何个人。

（3）婴儿床定义——在本款中，术语"婴儿床"包括：

（A）新的和使用过的婴儿床；

（B）标准尺寸或非标准尺寸的婴儿床；

（C）便携式婴儿床和婴儿床围栏。

4. 消费者登记要求

（1）立法——尽管《美国法典》第5编第6章或1980年《文书精简法案》（《美国法典》第44编第3501条以下）做出了相关规定，但在本法案通过后1年内，委员会应根据《消费品安全法》赋予的权力制定最终消费品安全标准来要求耐用婴幼儿产品的每个生产商：

（A）为每件产品向消费者提供一张邮资已付的消费者登记表；

（B）保留向制造商登记了此类产品所有权的消费者的有关名字、地址、电子邮箱以及其他联系方式的记录，以提高制造商召回此类产品的有效性；

（C）在每件婴幼儿产品上永久性附上制造商名称、联系方式、型号名称、型号、制造日期。

（2）登记表要求——根据第（1）项的要求，提供给消费者的登记表应：

（A）为消费者提供消费者名称、地址、电话号码、电子邮箱地址留有空白处；

（B）为简单清晰地记录所有必要信息留有足够大的空白处；

（C）附在每个耐用婴幼儿产品的表面，实际上必须使消费者在购买产品后能注意到并处理登记表；

（D）包含制造商的名称以及产品的型号名称、型号、制造日期；

（E）包含解释登记目的以及鼓励消费者完成登记的信息；

（F）包含消费者可选择在互联网上完成登记的选项；

（G）包含一项声明，即消费者提供的信息不能用于方便该产品的召回或安全警告以外的用途。

根据本条规定发布法规时，委员会应指定相关登记表的准确文本和格式。

（3）记录保存和通报要求——根据本条规定制定的相关规定应要求耐用婴幼儿产品制造商保留每件产品的登记者记录，其中记录包含每个登记消费者提供的所有信息，并要求制造商在该产品需要自愿召回、强制召回或安全警告时利用相关信息通知此类消费者。自产品制造日起，每个制造商应保留此类记录的时间不少于6年。除了在产品召回或安全警告时通知消费者以外，制造商根据本法案收集到的消费者信息不能用于其他用途。

（4）研究——对于本条规定的用来方便召回产品的消费者登记表，委员会应适时进行研究，而不管是否要求其他儿童产品使用此类登记表。本法案通过后4年以内，该委员会应向相关国会委员会报告其结论。

5. 其他召回通报技术的使用

（1）技术评估和报告——委员会应：

（A）自根据第 4 款发布某项标准 2 年后起，定期审查召回通报技术，评估耐用婴幼儿产品召回技术的有效性；

（B）本法案通过后 3 年内，委员会应根据自己的判断，定期将此类评估报告提交给相关国会委员会。

（2）决定——如果委员会根据第（1）项规定的评估确定，某项召回通报技术可能在召回耐用婴幼儿产品上与第 4 款规定的登记表一样有效或更有效，则委员会：

（A）应向相关国会委员会提供该决定的报告；

（B）允许耐用婴幼儿产品制造商使用该技术来替代登记表用于召回耐用婴幼儿产品。

6. 耐用婴幼儿产品的定义

本条中使用的术语"耐用婴幼儿产品"：

（1）指的是供 5 岁以下儿童使用的耐用产品；

（2）包括：

（A）标准尺寸的婴儿床和非标准尺寸的婴儿床；

（B）儿童床；

（C）高脚椅（high chair）、增高椅（booster chair）、桌边椅（hook-on chair）；

（D）沐浴躺椅；

（E）围住儿童的门和其他围栏；

（F）游戏围栏；

（G）固定活动中心；

（H）婴儿背袋；

（I）婴儿推车；

（J）学步车；

（K）秋千；

（L）摇篮车和摇篮。

第 105 节　玩具与游戏器具的广告标签要求

《联邦有害物质法案》（15 U.S.C.之下第 1278 条）的第 24 条修改如下：

（1）将第（c）和（d）款分别修改为第（d）和（e）款；

（2）在第（b）款后增加如下内容：

"3. 广告

"（1）要求：

"（A）警示声明：任何零售商、生产厂家、进口商、批发商或个人标签商为提供直接购销或订购产品作广告（包括在互联网上或备有目录或其他印制资料上）时，按第（a）或（b）条所要求的警示声明应该展示在广告中或紧随在广告后面；警示声明展示要求在第（3）款的规定中进行了修正。

"（B）以下条款适用于零售商：

"（i）明确告知：生产商、进口商、批发商或个人标签商在提供如此产品给零售商时应该明确告诉零售商任何关于适用于该产品警示声明的要求。

"(ii) 零售商咨询的要求：零售商在向生产商、进口商、批发商或个人标签商问询关于警示声明方面的如下信息时不违背第（A）款的规定：第（A）款所要求的警示声明是否适用于所广告的产品；生产商、进口商、批发商或个人标签商所提供的信息是否属实，或是否提供了如此信息。

"(C) 标示：第（A）款所要求的警示声明应该显著地标示出来：

"(i) 使用广告中所用主要语言说明；

"(ii) 在此类广告中印制或展示警示声明时要使用与其他印刷材料不同的版面、布局或颜色，要显眼而易识；并且

"(iii) 与《美国法典》第 16 编第 1500 章所要求的样式保持一致。

"(D) 定义：本节中

"(i) 术语"生产商"、"批发商"，和"个人标签商"的定义与《消费品安全法》（15 U.S.C.之下第 2052 条）第 3 章所规定的相同。

"(ii) 术语"零售商"有《消费品安全法》（15 U.S.C.之下第 2052 条）第 3 款所规定的内容，但不包括从事零散销售而未形成行业或商业的个人。

"(2) 生效期：第（1）条中的要求应该在下列情况下生效：

"(A) 对于在互联网上的广告，在 2008 年《消费品安全改善法案》颁布之日后 120 天；

"(B) 对于备用目录或其他印刷资料，在 2008 年《消费品安全改善法案》颁布之日后 180 天。

"(3) 法规制定：虽在《美国法典》第 5 编第 6 章中的任何条款，或 1980 年《减低公文法案》（第 44 U.S.C. 3501 条及以下）中的任何条款所规定，消费品安全委员会必须发布促使本节关于备用目录和其他印刷资料的规定生效的法规，并且在 2008 年《消费品安全改善法案》颁布之日后 90 天之内。按照此法规的规定，对于在第（1）条生效日前已经印刷出的备用目录和其他印刷资料，委员会可以提供 180 天以内的宽限期，在此宽限期内这些备用目录和其他印刷资料的发行不得认定为有违此条款。委员会可以就本节第（1）款中所要求的警示声明的尺寸与排版发布规定，规定该备用目录与其他印刷资料中广告中的合适尺寸与排版。委员会应该发布法规，明确指明这些要求适用于仍只在商户间而没有在个人消费者中传播的备用目录与其他印刷资料。

（4）法规执行：第（1）条的要求必须视为《消费品安全法》（15 U.S.C.之下第 2056 条）第 9 章中规定的消费品安全标准。与第（1）款的规定相违背的广告、公告或传播应视为《消费品安全法》（15 U.S.C. 之下第 2068 条）第 19（a）（1）条中所禁止的。

第 106 节　强制性玩具安全标准

1. 总述：在本法案颁布之日后的前 180 天，在本法案颁布之日已经存在的《ASTM 消费品安全国际标准 F963–07——玩具安全》（ASTM F963）的规定应视为消费品安全标准，消费品安全委员会在《消费品安全法》（15 U.S.C.之下第 2058 条）第 9 章中规定其内容；本法案的颁布不包括本法案中第 4.2 章和附录 4，或由消费品安全委员会（或法律法规）所规定的已经存在的强制性标准（或禁令）所规定的任何条款。

2. 与特定的玩具、部件及危险相关的法规制定：

（1）评估：在本法案颁布之日后一年内，消费品安全委员会在咨询消费者群体代表、儿童产品厂家以及独立儿童产品工程师和专家后，要检查与评测 ASTM F963 或其后相继发布的标准的效力（不包括第 4.2 章和附录 4），因为这些标准与下面的安全要求、安全标签要求和检测方法有关：

（A）由吞入或吸入儿童产品中的磁件而可能导致体内受到伤害的危险；

（B）含有毒物质；

（C）玩具有球形端面；

（D）含半球状的物件；

（E）绳索，带子，橡皮圈；

（F）电池玩具。

（2）法规制定：按第（1）条要求进行的评估完成后一年内，委员会要颁布与《美国法典》第 5 编第 553 章相一致的条例，条例要：

（A）参照其他儿童产品安全法规；并且

（B）比这些标准更严格，如果委员会确认更严格的标准可以进一步减少此类玩具的危险。

3. 定期复查：委员会应定期地复查与修正本章所制定的条例，确保这些条例提供更高水平的可执行安全标准。

4. 参考其余 ASTM 标准：在颁布第 2 款所要求的条例后，委员会应该：

（1）在咨询消费者群体代表、儿童产品厂家以及独立儿童产品工程师和专家后，检查与评估 ASTM F963 标准的有效性（与相应健康保护规定以阻止或最小化儿童产品的可燃性）或其相继标准的有效性，并且评估这些标准在保护儿童免受伤害方面的合适程度。

（2）颁布与《美国法典》第 5 编第 553 章相符的消费产品安全条例，这些条例要：

（A）参照其他儿童产品安全法规；

（B）比这些标准更严格，如果委员会确认更严格的标准可以进一步减少与此类玩具相关的受伤危险。

5. 优先权：委员会在颁布适用所有类型产品目录的标准前应该颁布法规，以具最高优先权的产品目录作为法规的开端。

6. 视同于消费品安全标准：本章所颁布的条例应视同消费品安全委员会按《消费品安全法》（15 U.S.C. 之下第 2058 条）第 9 章要求颁布的消费品安全标准。

7. 修正：如果 ASTM 国际协会（或其后继实体）提议修正 ASTM F963-07，或后继标准，应该向消费品安全委员会通告修正提案。消费品安全委员会必须将修正案或修正的章节补加进《消费品安全法》。除非消费品安全委员会在接到修正通知后 90 天内回应 ASTM 国际协会并申明该修正提案没有提高标准法案所涉消费品的安全性，在 ASTM 国际协会就有关修正通知消费品安全委员会之日后 180 天，所提议的修正标准生效，并视为消费品安全委员会按《消费品安全法》（15 U.S.C.之下第 2058 条）第 9 章规定颁布的消费品安全标准。如果委员会就所提议的标准修正案这样通知了 ASTM 国际协会，那么，现存标准继续作为消费品安全标准，而不考虑修正案的规定。

8. 关于先占豁免的法规制定：

（1）州法律先占豁免：

在州或州级以下部门的申请下，消费品安全委员会在其口头陈述和通告观点之后，应考虑制定法规，按《消费品安全法》第 26 条第 1 款中规定的条款豁免所提议的安全标准或规定（《消费品安全法》也会在条款中考虑并体现此状况）；所提议的安全标准或规定应在申请中陈述清楚，并且是为保护儿童免受与产品伤害相关而设计的标准或规定，而且符合第 1 款中所规定的消费品安全标准或本节所颁布的任何条例。消费品安全委员会必须授予如此豁免，如果州或相关部门的标准或规定：

（A）在保护免受伤害危险方面提供远高于本章所列消费品安全标准或条例。

（B）不给州际执法增加过多负担。如果的确存在增加负担的问题的话，在确定州或相关部门的标准或规定对州际执法增加的负担量时，消费品安全委员会在酌情处理时应该考虑下面几方面并找到相应证据：遵从此标准或规定的技术可行性和经济可行性、成本，适用于此标准或规定的消费品的地理分布，其他州或部门申请本节所适用的相似标准或规定的豁免可能性，为此法案所适用的消费品制定全国性通用标准的必要性。

（2）标准对州法律标准的影响：

无论是本章的任何条例还是《消费品安全法》（15 U.S.C. 之下第 2075 条）第 26 章中任何条列，都不得阻止州或相应部门继续有效执行可适用于专为处理与本章所规定消费品安全标准中相同伤害危险的玩具或其他儿童产品所设计的安全规定，而这些安全规定是在本法案颁布之日前就已经生效的，而且州或相应部门也在本法案颁布之日后 90 天内以消费品安全委员会所要求形式与方式在消费品安全委员会备案了该规定。

9. 司法审查：

颁布本章中任何条例都要遵守《消费品安全法》（15 U.S.C. 之下第 2060（g）条）第 11 条第 9 款所列的法律审查，与本法案中第 236 章中所列相同。

第 107 节　对少数民族儿童的与消费品相关的可预防性伤亡研究

1. 总述：

在本法案颁布之日后 90 天内，由国家审计总局或以合同方式由独立机构的总审计师主持研究、评估少数民族儿童中可预防性伤亡的发生率与危险的差异性，这些少数民族包括在美国的黑人、西班牙人、美国印第安人、阿拉斯加土族居民、夏威夷土族居民、亚太岛民。总审计师必要时应该咨询消费品安全委员会。

2. 要求：

该研究应该检查可预防性伤亡比率的种族差异，这些伤亡与窒息、中毒和溺水有关，这些伤亡的产生也可能与使用童床、床垫、垫底材料、游泳池和游泳泉、儿童专用的玩具或其他物件有关。

3. 报告：

在本法案颁布之日后一年内，总审计师必须向消费品安全委员会的相关委员报告其研究发现。报告内容必须包括：

（1）总审计师在少数民族儿童中伤亡的可预防性危险发生率方面的研究发现和减少此类危险的建议；

（2）在少数民族中特别进行的安全意识普及与安全预防活动方面的建议；

（3）在减少统计差异可能性的教育动议方面建议。

第108节　禁止销售含特定邻苯二甲酸盐的产品

1. 禁止销售含特定邻苯二甲酸盐的产品：

从本法案颁布之日后180天起，任何人不得违法生产销售、提供销售、批发销售含有浓度含量超过0.1%的邻苯二甲酸（DEHP）、邻苯二甲酸二丁酯（DBP）或邻苯二甲酸丁苄酯（BBP）的儿童玩具或健康产品，或进口该类产品到美利坚合众国来。

2. 禁止销售含邻苯二甲酸盐的添加物：

（1）临时禁止：

从本法案颁布之日后180天起，在按第（3）条规定颁布最终法规前，任何人不得违法生产销售、提供销售、批发销售含有浓度含量超过0.1%的邻苯二甲酸二异壬酯（DINP）、邻苯二甲酸二丁异癸酯（DIDP）或邻苯二甲酸二正辛酯（DnOP）的可放入儿童口腔中的儿童玩具或健康产品，或进口该类产品到美利坚合众国来。

（2）慢性危险咨询专家组：

（A）任命指定：

在本法案颁布之日后180天内，消费品安全委员会必须按《消费品安全法》（15 U.S.C.之下第2077条）第28章的程序开始着手任命指定慢性危险咨询专家组成员，他们的使命是研究所有含有邻苯二甲酸盐和邻苯二甲酸盐替代品的儿童玩具和儿童保健产品对儿童健康的影响。

（B）检测：

在按第（A）条指定任命后18个月内，专家组要完成关于儿童产品中所有类型的邻苯二甲酸盐的检测，而且必须

（i）检测所有类型的邻苯二甲酸盐的所有潜在健康影响（包括内分泌干扰影响）；

（ii）要考虑每一类邻苯二甲酸盐在单独存在和与其他类型的邻苯二甲酸盐混合一起时对健康的潜在影响；

（iii）在合理预测正常使用或可预测性使用与滥用此类产品的基础上，检测儿童、孕妇和其他人接触邻苯二甲酸盐的可能性程度；

（iv）考虑儿童产品及其他如个人保健产品两方面接触邻苯二甲酸盐的累积影响；

（v）复核所有相关数据资料，这些数据资料包括行业内流通的对邻苯二甲酸盐的最新可用科学研究，这些研究使用数据收集额观法或其他额观方法；

（vi）要考虑通过食人、皮肤接触、手口传入或其他方式接触邻苯二甲酸盐而对健康的影响；

（vii）在研究最佳的理论和使用充足的安全手段来防止儿童、孕妇和其他易受影响的个人有接触邻苯二甲酸盐和受影响的不确定性的基础上，研究出对儿童、孕妇或其他易受影响的个人和其后代不会构成危害的有把握的合理水准；

（viii）考虑在儿童玩具和儿童保健品中邻苯二甲酸盐替代品可能产生的类似健康影响。

专家组按照本款所进行的检测必须可重新进行。由消费品安全委员会组织开展的由

前任慢性危险咨询专家组就此方面及其他方面进行研究所得到的发现与结论必须由本届专家组复核，但不必作为最后决定性的结论。

（C）报告：

在检测完成后 180 天内，依第（A）款规定指定任命的专家组必须向消费品安全委员会报告按本章要求进行的检测的结果，同时也要向委员会提供一些建议，这些建议包括与第 1 款中规定的各类邻苯二甲酸盐（或邻苯二甲酸盐混合物）相关，或与专家组认为属于应该禁止危险品的邻苯二甲酸盐替代品相关。

（3）法律永久禁止：

在收到第（2）（C）款规定的专家组报告后 180 天内，消费品安全委员会必须按《美国法典》第 5 编第 553 章的规定颁布最终法律：

（A）基于此报告，决定是否继续推行第（1）条所规定的禁止令，以确保儿童、孕妇或其他易受影响的个人不受伤害的充裕安全确定性；

（B）评估慢性危险咨询专家组的发现与建议，并且在消费品安全委员会认为必须保护儿童健康的情况下，公布任何被认定是《消费品安全法》（15 U.S.C. 之下第 2057 条）第 8 款规定禁止危险产品并含有邻苯二甲酸盐的儿童产品。

3. 违法处理：

违背第 1 或 2 款的规定，或是第 2（3）款中由委员会颁布的任何条例，都将认定为违背《消费品安全法案》（15 U.S.C. 之下第 2068 条第 1（1）款）第 19 章第 1（1）款。

4. 视同为《消费品安全标准》：

对州立法律的影响：

第 1 款和第 2（1）款及按第 2（3）款颁布的任何条例都应该视为遵从《消费品安全法》的消费品安全标准。本章中或《消费品安全法》（15 U.S.C. 之下第 2051 条及以下）中任何条例不得认定为先占，也不得影响州关于按《消费品安全法》制定的消费品安全标准中没有指定的邻苯二甲酸盐替代品的任何规定。

5. 定义：

（1）定义的术语：

在本章中使用的：

（A）术语"邻苯二甲酸盐替代品"（phthalate alternative）是指邻苯二甲酸盐的任何常见替代品、替代物质或替代增塑剂。

（B）术语"儿童玩具"（children's toy）是指生产厂家为 12 岁或以下年龄的孩子在玩耍时使用而设计制造的消费产品。

（C）术语"儿童保健品"（child care article）是指生产厂家为 3 岁或以下年龄的孩子设计制造的帮助睡眠或喂食、吸吮或长牙的消费品。

（D）术语"消费品"（consumer product）具有《消费品安全法》（15 U.S.C. 之下第 2052 条第 1（1）款）的第 3 条第 1（1）款所给定的定义。

（2）认定指南：

（A）年龄：

在认定第（1）款中所列消费品是否为所指定的年龄的孩子设计的，应该考虑下列因素：

（i）生产厂家关于该产品设定用途的声明，包括产品上的标签。

（ii）产品在包装、展示、推广或广告中是否指明适用于特定年龄的孩子。

（iii）产品是否是消费者公认的适用于特定年龄阶段的孩子使用的。

（iv）按消费品安全委员会于 2002 年 9 月颁布的《年龄认定指南》及类似的后续指南进行。

（B）可放入儿童口腔中的玩具：

本章所指可放入儿童口腔中的玩具是指玩具的任何部件可以放入儿童口腔中并可在其中吸吮与咀嚼。如果该儿童产品只能舔，则不得认定是可放入口腔中。如果玩具或其部件的一个面小于 5 厘米，则为可放入口腔中。

第二编　消费品安全委员会改革

第一章　经营管理改善

第 201 节　委员会的授权

1. 授权拨款：

第 32 章（15 U.S.C. 之下第 2081 条）的第 1 款修正为如下：

"1. 总授权拨款：

（1）总述：

授权拨款给消费品安全委员会，以完成本法案中的规定任务或其他法律规定的消费品安全委员会被授权或指定完成的任务：

（A）2010 财政年：$118200000 美元；

（B）2011 财政年：$115640000 美元；

（C）2012 财政年：$123994000 美元；

（D）2013 财政年：$131783000 美元；

（E）2014 财政年：$136409000 美元。

（2）差旅费：

按第（1）款所拨款相符的金额，可获得的差旅费及其他相关费用在 2010 财政年为 $1200000 美元，2011 财政年为 $1248000 美元，2012 财政年为 $1,297000 美元，2013 财政年为 $1350000 美元，2014 财政年为 $1403000 美元；此相关费用是委员会委员在执行公务时参加会议或类似活动所发生的，而他们在执行公务中不接受此类费用的报酬或补偿。

（A）完成委员会规定的正式行动、事务或活动；

（B）其利益可能因为委员会委员或其雇员执行或不执行公职职责而受到明显影响。"

2. 报告：

在本法案颁布之日后 180 天内，委员会必须向相关国会议员报告其关于如何划拨第 1 款中的授权拨款的计划。报告内容必须包括：

（1）委员会意欲雇佣的全职调查员和其他同类全职人员的数量；

（2）委员会努力为培训雇佣的产品安全稽查员与技术人员所做出的标准；

（3）委员会为鼓励从事科学研究的委员在行业刊物上寻求合适的发表机会所做的努力与所制定的政策；

（4）委员会为宣传与教育旧货零售商和如旧货店及庭院旧货卖场等非正式生意的卖家所做的努力，宣传教育的内容包括消费品安全法规和产品回收，特别包括与婴幼耐用产品相关的内容，以防止将已经回收的产品再销售。这些努力方面包括在本法案颁布之日后一年内形成与发布教育资料。

3. 修正保持一致：

将第2款与第3款重新指定为第2款并在其后加入下面的内容，从而进一步修正了第32章（15 U.S.C. 之下第 2081 条）："局限。"

第 202 节　委员会全员要求；临时法定人数；员工

1. 临时法定人数：

尽管《消费品安全法》（15 U.S.C. 之下第 2053 条第 4 款）中第 4 条第 4 款有所规定，两名委员会委员，如果不附属于同一政党，必须构成法定人数，在本法案颁布之日起一年内处理事务。

2. 法定人数时限撤销：

（1）撤销：

通过在标有"消费品安全委员会、工资与费用"（15 U.S.C. 之下第 2053 条注释）的条款下删除第一条件修正了《公法 102-389》第三编。

（2）生效日期：

第（1）款中所作修正在本法案颁布之日后一年生效。

3. 员工：

（1）专业人员：

在拨款可行的情况下，委员会在 2013 年 10 月 1 日前必须将全职员工增加到至少500 人。

（2）进口港；海外稽查员：

第（1）条要求，在拨款可行的情况下，委员会要将 500 名全职员工中的一部分指派到美国的进口港工作地点，或稽查海外生产设施。

第 203 节　部分递送给国会的文件

1. 概述：

尽管有相反的法规条例或命令，委员会在涉及财政预算建议、立法建议、听证、在法案颁布之日后向总统或管理预算办公室递交关于立法的意见等方面事务时必须按《消费品安全法》（15 U.S.C. 之下第 2076 条第 12 款）的第 27 条第 12 款的要求进行。

2. 恢复规定：

《公法 104-66》（31 U.S.C. 之下第 1113 条 注释）中第 3003（d）条修正如下：

（1）在第（31）条的分号后删去"或"；

（2）重新指定第（32）条为第（33）条；

（3）在第 2 款后增加如下内容："(32)《消费品安全法》（15 U.S.C.之下 第 2076 条第 12 款）的第 27 条第 12 款。"

第 204 节　加速制定法律

1.《法规制定提案预告》（ANPR）　要求：

（1）总述：

第 9 章（15 U.S.C.之下第 2058 条）修正如下：

（A）在第 1 款中删去"必须进行"并改为"可以进行"；

（B）在第 2 款中删去"在此通知中"并改为"在通知中"；

（C）在第 3 款中删去"除非，在第 1 款中所要求的通知公布后 60 天内，那"并改为"除非那"；

（D）在第 3 款的第三句中删去"在第 1 款中与所涉产品相关的法规制定提案预告"改为"通知，"；

（E）在第 3 款中第（4）段之后删去"注册。"并改为"注册。本节中任何条例都不阻止任何人将已经存在的标准或部分标准作为消费品安全标准的提案。"

（2）保持修正一致：

第 5 章第（a）（3）款（15 U.S.C.之下第 2054（a）（3）条）修正为选择"法规制定提案预告或"。

2.《联邦有害物质法案》法规制定：

（1）总述：

《联邦有害物质法案》（15 U.S.C.之下第 1262 条第 1 款）中第 3 条第 1 款修正为如下：

"1.法规制定：

（1）总述：

委员会在任何时候提升本法案的目标并避免应用时的不确定性而采取行动时，可以根据规定宣布任何类型的危险物质或混合物，只要这些物质达到了第 2 条第 6（1）A 项所列标准。

（2）程序：

本节条例的颁布、修正、撤销的程序及此程序在其他程序中记录的可采性，由本章第 6 款到第 8 款的条例确定。"

（2）步骤：

《联邦有害物质法案》（15 U.S.C.之下第 1261 条第 17（2）项）中第 2 条第 17（2）项修正如下：删去"与本款中第（1）小款第（B）条相符的条例颁布、修正或撤销程序由《联邦食品、药品、化妆品管理法案》的第 701 章第 5、6 和 7 款中条例确定；除非有"并且改为"与本款中第（1）条的第（B）条相符的条例的颁布、修正或撤销程序由本法案第 3 章第 6 条到第（i）条中条例确定，除非有"。

（3）《法规制定提案预告》（ANPR）要求：

《联邦有害物质法案》（15 U.S.C.之下第 1262 条）的第 3 条修改如下：

（A）在第 6 款中删去"必须进行"并改为"可以进行"；

（B）在第 7（1）款中删去"在此通知中"并改为"在通知中"；

（C）在第 8 款中删去"除非，在第 6 款中所要求的通知公布后 60 天内，那"并改

为"除非那";和

（D）在第8款中从"从事商贸的委员"开始一直到"代表们。"都删去，并改为"相关国会议员。本节中任何条例都不阻止任何人将已经存在的标准或部分标准作法规提案。"

（4）其他修正保持一致：

《联邦有害物质法案》（15 U.S.C. 之下第1261条）修正如下：

（A）删除第2条中第3款和第4款并改为：

"3.术语'委员会'是指消费品安全委员会。";

（B）删去所有出现了的"秘书"一词，改为"委员会"，除了：

（i）在第10条第2款（15 U.S.C. 之下第1269条第2款）中；

（ii）在第14条（15 U.S.C. 之下第1273条）中；

（iii）在第21条第1款（15 U.S.C. 之下第1276条第1款）中；

（C）凡出现"该部门"的地方都删去并改为"委员会"，不包括在第5条第3（6）D（i）项和第14条第2款（15 U.S.C. 之下第1264条和第1273条2款）中的；

（D）在代指"秘书"一词的代词分别统一为"他/她"和"他/她的";

（E）在第10条第2款（第15 U.S.C. 1269条第2款）中删去所有"卫生部、教育部和福利部部长"并改为"委员会";

（F）在第14条（第15 U.S.C. 1273条）中删去所有的"卫生部、教育部和福利部部长"并改为"委员会";

（G）在第14条第2款（第15 U.S.C. 1273条第2款）中删去所有的"卫生部、教育部和福利部"并改为"委员会";

（H）凡出现"消费品安全委员会"的地方都改为"委员会";

（I）在第14条第4款（15 U.S.C.之下 第1273条第4款）和第20条第1（1）项（15 U.S.C. 之下第1275条第1（1）项）中选择"（在本章中此后称为'委员会'）";

（J）删除第18条第2款（15 U.S.C.之下 第1261条注释）中第（5）款。

3.《易燃性织物法案》法规制定：

（1）总述：

《易燃性织物法案》（15 U.S.C. 之下第1193条）的第4条修改如下：

（A）在第1款中选择"必须进行"并改为"可以通过法规制定提案通知来进行或";

（B）在第（i）款中选择"除非，在第8款中所要求的通知公布后60天内，那"并改为"除非那";

（C）在第（i）款中从"从事商贸的委员"开始一直到"代表们。"都选择上，并改为"合适的国会议员。本节中任何条例都不阻止任何人将已经存在的标准或部分标准作法规提案。"

（2）其他修正保持一致：

《易燃性织物法案》（15 U.S.C. 之下第1193条）修改如下：

（A）删除第2条（15 U.S.C. 之下第1191（i）条）中第（i）款，并改为：

"（i）术语'委员会'是指消费品安全委员会。";

(B) 选择所有出现了的"商务部长"一词，改为"委员会"；

(C) 凡出现"秘书"的地方都选择上并改为"委员会"，不包括在第9章和第14章（15 U.S.C. 之下第1198条和第1201条）；

(D) 在代指"秘书"一词的代词分别统一为"他/她"和"他/她的"；

(E) 删除第4条第5款（15 U.S.C. 之下第1193（e）条）中第（5）款，并将第（6）款改为第（5）款；

(F) 删去在第15条（15 U.S.C. 之下第1202条）中"消费品安全委员会（本章此后称为'委员会'"并改为"委员会"；

(G) 修正第16条（第15 U.S.C. 1203条）的第4款为如下：

"4. 在本章中，对与织物相关的物资或本法案中有效的产品所制定的易燃性标准或其他规定的参考包括在《1967年12月14日法案》（《公法90-189》）中第11章继续生效的易燃性标准。"；

(H) 删去第17条（15 U.S.C. 之下第1204条）中的"消费品安全委员会"，并改为"委员会"。

第205节　监察长的审查与报告

1. 由委员会改善：

委员会的监察长必须进行复核与审查，以完成

(1) 委员会主要努力改善的方面，包括委员会的信息技术构建和系统的改进与升级，也包括公众涉及伤亡事故的信息数据库建立，这些伤亡事故在《消费品安全法》第6A章中规定了，也在本法案的第212节中加入了；

(2) 检查各办事程序是否对《消费品安全法》（15 U.S.C.之下 第2063（a）（3）条）中第14（a）（3）条所授权的合格评定机构合适，在本法案中也有修正，并且监查第三方机构按此章中所要求的进行测试。

2. 雇员投诉：

在本法案颁布之日后一年内，监察长要复核以下内容：

(1) 监察长收到委员会员工投诉其他员工不能执行《消费品安全法》或委员会推行的其他条例条款中的规定，或是投诉其他员工在所陈述的失当执行会导致利益冲突、违反伦理或信任缺失等情况下仍然执行其职责；

(2) 委员会处理此类不当执行或投诉所采取的行动，包括此类行动的及时性与有效性的评价。

3. 公共互联网链接：

在本法案颁布之日后30天内，委员会必须建立与维护：

(1) 在委员会的互联网网址首页上要有直接链接到监察长办公的互联网页；

(2) 监察长办公网页上要有途径可以让个人匿名报告委员会浪费、欺诈、滥用的现象。

4. 报告：

(1) 监察长的活动与需要：

在本法案颁布之日后60天内，监察长要向相关国会议员报告监察长的活动、任何

阻止监察长对委员会进行有力监督的障碍和任何可以增强监督效果的更多授权或资源。

（2）复核改进与雇员投诉：

从 2010 财政年开始，委员会监察长必须每年向相关国会议员报告，报告监察长的发现、结论以及按第 1 条和第 2 条进行的复核和审查中所得出的建议。

第 206 节　禁止行业赞助的差旅

1. 总述：

在《法案》（15 U.S.C. 之下第 1251 条及以下条款）后增加了下面新条款：

"第 39 条　禁止行业赞助的差旅。按照《美国法典》第 31 编第 1353 章和本法案第 27 条第 2（6）款，委员会任何委员或雇员在参加与作为委员或雇员公职相关联的会议或类似活动时不得接受任何个人赞助的差旅、实物或相关费用，如果该个人：

（1）完成委员会规定的正式行动、事务或活动；

（2）其利益可能因为委员会委员或其雇员的公职责任的执行或不执行而明显受到影响。"

2. 文字修正：

在第 1 章（15 U.S.C. 之下第 2051 条注释）中目录表增加下面内容：

"第 39 条　禁止行业赞助的差旅。"

第 207 节　与联邦政府、州政府、地方政府和外国政府机构信息共享

第 29 章（15 U.S.C. 之下第 2078 条）通过在结束处增加下面内容进行修正：

"6. 与联邦政府、州政府、地方政府和外国政府机构信息共享：

（1）前提与合同：

除了第 6 章中第 1（3）款和第 2 款有关于信息公开披露的规定之外，委员会可让联邦政府、州政府、地方政府或外国政府机构获得由委员会所取得的信息，前提是要获得该机构事先的相应正式证明，此证明可以是与委员会事先达成的协议或谅解备忘录，也可以用其他书面证明承诺对此信息的保密与只用于正式法律执行或消费者保护目的，如果：

（A）该机构已经建立了保证信息保密的真实法律基础。

（B）该信息资料用于调查目的，或对与下面相关的、可能有违背的方面进行执行诉讼：

（i）监管有缺陷或不安全消费品的生产、进口、批发或销售以及其他明显与委员会推行法规所禁止活动相类似的活动的法律；

（ii）由委员会执行的法律，如果此资料的泄露会导致委员会的进一步调查或执行诉讼；

（iii）涉及国外法律执行机构，在司法部长的批准下，其他国外刑法，如果这些国外刑法在美利坚合众国政府与外国法律执行机构的政府所达成并生效的刑事法律互助条约中有定义或涵盖到；

（C）涉及外国政府机构，此机构应该不是国务卿按照 1979 年《出口管理法》（50 U.S.C. 之下第 2405 条第 10 款）中第 6 条第 10 款确定为反复资助国际恐怖主义行为的国家，除非也只有在此决定按照 1979 年《出口管理法》（50 U.S.C. 之下第 2405 条第 10（4）

款）规定撤销之后。

（2）协议废除：

如果委员会确认另一机构不能按协议或谅解备忘录中所承诺的对资料保密，或是将按协议或谅解备忘录所提供的资料用于协议或谅解备忘录中所规定的目的，委员会都可废除协议或谅解备忘录。

（3）反泄密的其他法规：

不包括第（4）款所提到的，按照《美国法典》第5编第552章或其他法律要求，委员会不得泄露：

（A）如果外国政府机构已经要求保密或是已经通过设置限制使用作为提供资料的前提条件来确保资料保密，外国政府机构所获得的任何资料；

（B）如果国外渠道提供资料前要求保密的话，任何从国外渠道得到的反映消费者投诉的资料；

（C）任何由外国政府机构资助的委员会报告渠道所获得的反映消费者投诉的资料。

（4）限制：

本章中没有任何条例授权委员会向国会截留信息或在由美利坚政府或委员会所开展的行动中不遵从在美利坚境内的法庭裁定。

（5）定义：

在本小节中，术语"外国政府机构"是指：

（A）外国政府的任何机构或司法机关，包括外国国家、外国国家的政治团体或由多个外国国家组成的多国组织，并授予了在民事、刑事或行政事务方面的执法权或调查权；

（B）任何多国组织，代表如上面第（A）款中所述的机构行使权力。

7. 知会国家卫生部门：

委员会在知晓生产厂商（或销售有此标签产品的零售商）在咨询委员会过程中采取任何自愿改正行为时，或是发布涉及任何产品的与第15条第3款或第4款相符的命令时，都必须向国家的每个卫生部门（或由国家指定的其他机构）知会此自愿改过行为或命令。"

第208节　交换雇员培训

1. 总述：

委员会可以：

（1）按照《消费品安全法》（第15 U.S.C. 2053条）第4章或《美国法典》第5编第3101章或第3109章的规定临时聘请或雇佣外国政府机构的官员或员工；

（2）向委员会官员或雇员详细说明与相应外国政府机构的临时培训合作。

2. 互惠与补偿：

不论在资金或类似方面有没有补偿，也不论与所涉及的外国政府机构是否有互惠协议，委员会都可以执行第1款中所赋予的权力。委员会在收到任何资金作为按本节完成任务所得补偿费用，必须划交到该笔资金划出的相应账户上。

3. 行为标准：

只有在下面所列目的之下，按第1（1）款被聘请或雇佣的个人应该视为联邦政府雇员：

（1）享有如《美国法典》第 5 编第 81 章中规定的伤害补偿，和《美国法典》第 28 编第 171 章规定的侵权索赔法责；

（2）遵守《政府伦理法案》（Ethics in Government Act）（5 U.S.C. 附录）和《美国法典》第 18 编第 11 章中的条款规定；

（3）适用任何其他监管联邦雇员行为的法律或条例。

第 209 节　年度报告要求

1. 总述：

第 27（j）章（15 U.S.C. 之下第 2076（j）条）修正如下：

（1）在第（1）款前的内容中选择"委员会"，并改为"除了《1995 年联邦报告解除与落日法案》（Federal Reports Elimination and Sunset Act）（31 U.S.C. 之下第 1113 条注释）第 3003 条，委员会还"；

（2）把第（5）款到第（11）款分别改为第（7）款到第（13）款，并在第（4）款后加上下面内容：

"（5）在本年度按第 12 章或第 15 章规定发布的召回命令的数字与总量，生产厂家在咨询委员会后所采取的且委员会也公示了的自愿改过行为的总量，及对这些命令与行为的评估；

（6）在 2008 年《消费品安全改善法》颁布之日后一年内，

（A）对按第 15 条第 4 款执行的行动计划报告进展与事件更新状况；

（B）对与委员会按第 15 条第 3 款确定为危险物资产品的产品相关的伤亡进行统计；

（C）委员会按第 15 条第 4 款规定采取行动的相关产品的消费者与委员会信息交流的数量与类型；"。

2. 生效日期：

本章的修正与所递交的 2009 财政年报告一同适用，且后同。

第二章　加强的执行权力

第 211 节　公开信息披露

对第 6 节（《美国法典》第 15 编第 2055 节）进行如下修订：

（1）在第（a）（3）条"第（2）款"后插入"制造商或私人商标持有人应当在收到消费品安全委员会的提议之日起 15 个日历日内提交任何此类标识"；

（2）删去第（b）条第（1）款中的"30 天"，插入"15 天"；

（3）删去第（b）条第（1）款中的"发现，公众"，替换为"公布结果，公众"；

（4）删去第（b）条第（1）款中的"通知并在《联邦登记簿》上公布该结果）"，插入"通知）"；

（5）删去第（b）条第（2）款中的"10 天"，替换为"5 天"；

（6）删去第（b）条第（2）款中的"发现，公众"，替换为"公布结果，公众"；

（7）删去第（b）条第（2）款中的"通知并在《联邦登记簿》上公布该结果"，插入"通知"；

（8）在第（b）条中：

（A）删去"（3）"，插入"（3）（A）"；

（B）然后在其后增加下列内容：

（B）如果消费品安全委员会认定公众健康和安全要求加快审议依据（A）项提起的措施，其可以向地方法院提出请求进行快速审议。如果消费品安全委员会提出此类请求，相关地方法院应当：

（i）尽早为该事项安排听证；

（ii）给予该事项较之法院在此时需处理的所有其他悬而未决的案件最大程度的优先权；

（iii）尽可能加快对该事项的审议；

（iv）"受理法院应在消费品安全委员会向其提起申请 30 天内决定授予或拒绝所请求的强制令。"

（9）在第（4）条第 2 款中，删去"第 19 节（与禁止行为有关）"，插入"依据本法制定的任何安全法规或条例或由依据消费品安全委员会负责执行的任何其他法案制定的类似法规或条例"；

（10）删去第 2 条第（5）款（B）项中的分号后的"或者"；

（11）在第 2 条第（5）款（C）项中删去"披露"，插入"披露；或者"；

（12）在第 2 条第（5）款中，在（C）项后插入下列内容：

"（D）消费品安全委员会公布一项研究结果，表明，公众健康和安全要求比第（1）款所规定的更短的公开信息披露；"

（13）对于第 2 条第（5）款（D）项后的内容（由本节的第（12）款增加），删去"第 19 节第 1 条"，插入"依据本法制定的任何消费品安全法规或条例或依据由消费品安全委员会负责执行的任何其他法案制定的类似法规或条例"。

第 212 节　建立一个公众消费品安全数据库

1. 一般地——对《消费品安全法》进行修订，在第 6 节（《美国法典》第 15 编第 2055 节）后插入下列内容：

"第 6 节 A　公众可利用的消费品安全信息数据库

1. 所要求的数据库——

（1）一般地，消费品安全委员会应当基于拨款情况，依照本节的要求建立并维护一个关于消费品以及该委员会管辖的其他产品或物质的安全性的数据库，该数据库应当：

（A）可供公众使用；

（B）可检索；

（C）能够通过消费品安全委员会的网站访问。

（2）向国会提交详细的实施计划——自 2008 年《消费品安全改善法案》颁布之日起 180 天内，消费品安全委员会应当向国会的有关委员会提交一份关于建立和维护第（1）款中所要求数据库的详细计划，其中应包括关于该数据库的运行、内容、维护以及功能的计划。该计划应当对该数据库与消费品安全委员会的总体信息技术改进目标和计划的整合进行详细说明。依据本条规定提交的计划应当包括该数据库的详细实施计划以及由消费品安全委员会开展的旨在提高公众对该数据库的知晓程度的公众知晓活动。

（3）初始可用日期——消费品安全委员会应当在其提交第（2）款中所要求的计划之日起 18 个月内建立第（1）款所要求的数据库。

2. 内容和组织：

（1）内容——除第 3 条第（4）款中规定的内容外，该数据库还应包括下列内容：

（A）消费品安全委员会从下列来源收到的与消费品以及由其管辖的其他产品或物质的使用有关的伤害报告：

（i）消费者；

（ii）地方、州以及联邦政府部门；

（iii）专业保健人员；

（iv）儿童服务提供者；

（v）公共安全单位。

（B）消费品安全委员会从依据第 15 节第 3 条发出的通知以及对公众发出的任何有关制造商在咨询该委员会后采取的自愿性改正措施（消费品委员会已就该措施向公众进行了通报）的通知中获得的信息。

（C）消费品安全委员会依据第 3 条第（2）款（A）项，在第 3 条第（2）款（B）项所要求的范围内所收到的评议。

（2）信息的提交——建立该数据库时，消费品安全委员会应当提供：

（A）通过电子、电话以及纸质形式提交第（1）款（A）项中所述的报告，以将其收录到该数据库中。

（B）所提交的已被收录到该数据库中的报告至少应包括：

（i）所涉及的消费品（或其他由消费品安全委员会管辖的产品或物质）的描述；

（ii）该消费品（或其他由消费品安全委员会管辖的产品或物质）的制造商或私人商标持有人的识别信息；

（iii）与该消费品（或其他由消费品安全委员会管辖的产品或物质）的使用相关的伤害的描述；

（iv）报告提交人的联系方式；

（v）由信息提交人确认该信息就其所知是真实、准确的，且同意该信息被收录到数据库中。

（3）其他信息：除了依据第（1）款所收到的报告外，消费品安全委员会还应依照第 6 节第 1 条和第 2 条的要求在该数据库中包括任何其认为符合公众利益的其他信息。

（4）数据库的组织：消费品安全委员会应当对数据库中的可用信息进行分类，使其符合公众利益且便于消费者使用，同时，应确保该数据库在可行的最大程度上能够按照下列条件进行分类和访问：

（A）信息的提交日期；

（B）消费品（或其他由消费品安全委员会管辖的产品或物质）的名称；

（C）型号；

（D）制造商或私人商标持有人的名称；

（E）消费品安全委员会认为符合公众利益的其他要素。

（5）告知要求：消费品安全委员会应当向该数据库的用户提供清楚、醒目的告示，告知其消费品安全委员会不保证该数据库中的内容的准确、完整和充分。

（6）联系方式的提供：消费品安全委员会不得披露向其提交第（1）款（A）项中所述报告的任何个人或单位的名称、地址或其他联系信息，不过，在得到信息提交人明确的书面许可的情况下，消费品安全委员会可以将这些信息提供给所涉及产品的制造商或私人商标持有人。除了对依据第（1）款（A）项提交的报告进行核实以外，依据本节提供给制造商或私人商标持有人的消费者信息不得传播给任何第三方或用于任何其他目的。

3. 程序性要求：

（1）向制造商和私人商标持有人转交报告——消费品安全委员会应在收到第（b）节第（1）款（A）项中所述的包括第（b）节第（2）款（B）项所要求的信息的报告之日起 5 个工作日内，依据第（b）节第（6）款的规定，尽早将该报告转交给其中涉及的制造商或私人商标持有人。

（2）发表意见的机会：

（A）通常，在依据第（1）款将一份报告转交给一家制造商或私人商标持有人时，消费品安全委员会将允许该制造商或私人商标持有人就上述报告中所包含信息发表意见。

（B）请求被收录到数据库中——制造商或私人商标持有人可以要求消费品安全委员会将其意见收录到数据库中。

（C）保密事项：

（i）通常，如果消费品安全委员会将一份依据第（1）款的规定收到的报告转交给某个制造商或私人商标持有人，该制造商或私人商标持有人有权评估该报告是否包含机密信息，并要求将该报告的某些部分标示为机密。

（ii）编辑——如果消费品安全委员会认定所指定的信息包含或涉及商业秘密或《美国法典》第 18 编第 1905 节中所述或必须符合《美国法典》第 5 编第 552 节第（b）条第（4）款的规定的其他事项，在将其收入数据库之前，消费品安全委员会应事先对报告中所指定信息进行编辑。

（iii）评估——如果消费品安全委员会认定所指定信息并非第（ii）款所规定的机密信息，其应当通知制造商或私人商标持有人并将该信息收入数据库。制造商或私人商标持有人可以向投诉人所在地、其主要营业地的美国地方法院或美国哥伦比亚特区地方法院起诉，寻求将上述信息从数据库中删去。

（3）报告以及关于其的意见的公布：

（A）报告：除了第（4）款（A）项中规定的情况以外，如果消费品安全委员会收到一份第 2 条第（1）款（A）项所述的报告，其应当在依据该条第（1）款转交该报告之日起 10 个工作日内将其收录到数据库中。

（B）意见——除第（4）款（A）项规定的情况以外，如果消费品安全委员会收到一份依据第（2）款（A）项提出的关于一份 2（1）（A）中所述的报告，以及依据该条第（2）款（B）项的意见，则消费品安全委员会应当在收录报告的同时或尽快将该意见收入。

（4）不准确信息——

（A）所收到的报告和意见中的不准确信息——如果在将一份第（b）节第（1）款（A）

项中所述的报告或该节第（2）款所述的评论收入数据库之前，消费品安全委员会认定该报告或评论存在实质性错误，则其应当：

（i）拒绝将存在实质性错误的信息添加到数据库中；

（ii）对其中存在实质性错误的信息进行纠正以后，将该报告或意见收录到数据库中；

（iii）在数据库中收录用以纠正不正确信息的信息。

（B）数据库中的不准确信息：如果消费品安全委员会在调查后认定，此前被收录到该数据库中的某些信息存在实质性错误或重复，则其应当在做出该认定之日起 7 个工作日内：

（i）将这些信息从数据库中删去；

（ii）纠正这些信息；

（iii）在数据库中添加用以纠正不准确信息的信息。

4. 年度报告：消费品安全委员会应当向国会的有关委员会提交关于该数据库的年度报告，其中应包括：

（1）该数据库在该报告年度的运行、内容、维护、功能以及费用。

（2）该年度收录的各类报告或意见的数量：

（A）消费品安全委员会收到的报告和意见的数量；

（B）被收录到数据库中的报告和意见的数量；

（C）被修正过或从数据库中删除的报告和意见的数量。

5. 总审计署报告：自消费品安全委员会依据本节规定建立数据库之日起 2 年内，总审计长应当向国会的有关委员会提交一份包含下列信息的报告：

（1）一份关于该数据库的总体效用的分析报告，其中应包括：

（A）对于消费者对该数据库的使用情况的评估，包括该数据库是否被公众广泛访问，以及消费者是否认为该数据库有用；

（B）消费品安全委员会扩大该数据库的公众知晓度的努力。

（2）关于增加消费者对该数据库的使用，确保其被更广范围内的公众使用的建议措施。

6. 特定告知和披露要求的适用：

（1）一般地，第 6 节第 1 条和第 2 条的规定不适用于本节第 2 条第（1）款（A）项中所述报告的披露。

（2）解释：第（1）款不应被理解为免除消费品安全委员会依据下列法规收到的信息符合第 6 节第 1 条和第 2 条的要求：

（A）第 15（b）条；

（B）零售商、制造商以及私人商标持有人与消费品安全委员会之间建立的任何其他强制或自愿报告程序。

7. 伤害定义：在本节中，"伤害"一词是指：

"（1）损伤、疾病或者死亡；

（2）消费品安全委员会所认定的损伤、疾病以及死亡危险。"

8. 消费品安全委员会信息技术系统的升级：消费品安全委员会应当加快对其在本法

颁布时所使用的信息技术系统的升级和改进。

9. 文书修订：对经第 206 节修订过的第 1 节（《美国法典》第 15 编第 2051 节 注释）中的目录进行修订，在第 6 节的有关项目后插入下列项目：

"第 6 节　A 公众可用消费品安全信息数据库"

第 213 节　依据其他由消费品安全委员会执行的法令制定的储存强制令

对第 9 节第 7 条第（2）款（《美国法典》第 15 编第 205 节）进行如下修订：

（1）在"适用，"后插入"或其适用依据本法制定的某项法规或依据由消费品安全委员会负责执行的任何其他法案制定的类似法规、条例、标准或禁令"；

（2）删去第二、三、四个"消费品安全法规"，插入"法规、条例、标准或禁令"。

第 214 节　加强的召回权利以及改正措施计划

1. 加强的召回权利——对第 15 节（《美国法典》第 15 编第 2064 节）进行如下修订：

（1）在第 1 条第（1）款中，在"消费品安全法规"后插入"依据本法或依据由消费品安全委员会负责执行的任何其他法案制定的类似法规、条例、标准或禁令"。

（2）在第 2 条中：

（A）删去"供商业销售的消费品，"插入"供商业销售的消费品，以及依据消费品安全委员会负责执行的任何其他法案，其拥有管辖权的其他产品或物质（《美国法典》第 49 编第 30102 节第 1 条第（7）款定义的机动车设备除外）"。

（B）分别将第（2）款和第（3）款重编为第（3）款和第（4）款。

（C）在第（1）款后插入下列内容：

"（2）不符合依据消费品安全委员会负责执行的任何其他法案制定的任何其他法规、条例、标准以及强制令；"

（D）在其后增加下列内容：

"依据第（2）款提供的报告不能用作依据《联邦有害物质法案》第 5 节（《美国法典》第 15 编第 1264 节），对报告人进行刑事指控的根据。要求表现出欺骗或误导意图的违反行为除外。"

（3）在第 3 条中，在条标号后插入"（1）"；

（A）在"由此类重大产品危险"后插入"或者如果消费品安全委员会在通知制造商后，认定某种产品为紧急危险消费品，且依据第 12 节提起了诉讼"。

（B）将第（1）、（2）、（3）款对应重编为（D）、（E）、（F）项。

（C）在"下列措施："后插入下列内容：

"（A）停止产品的销售。

（B）通知负责运输、储存、分销或处理该产品以及接收所运输、销售以及配送产品的所有人员，立即停止该产品的销售。

（C）通知相应的州及地方公众健康官员。"

（D）在重标后的（D）项中删去"符合"，然后插入"符合，包括要求在互联网网站上显示清楚、醒目的通告，向该制造商、零售商或许可人借助其发布产品的第三方互联网网站发出通告，如果消费品安全委员会认为，该召回行动针对的消费者中有相当数量无法通过其他通告方式告知，还应以除英语外的其他语言在广播和电视上发布公告。"

（E）在最后增加下列内容：

"（2）消费品安全委员会可能要求以某种非英语语言提供第（1）款中所述通知，如果其认为有必要这样做以充分保护公众。

（3）如果地方法院在依据第12节提起的诉讼中认定，作为诉讼标的该产品并不是紧急危险消费品，则消费品安全委员会应当撤销依据该条款针对上述产品发出的任何法令。"

（4）在第6条中：

（A）删去"一项命令"，插入"（1）除非第（2）款中另行规定，一项命令"；

（B）在其后插入下列内容：

"（2）第（1）款中关于听证的要求不适用于依据第3条或第4条针对消费品安全委员会已依据第12节提起诉讼的紧急危险消费品颁发的命令；"

2. 改正措施计划——对第15节第（d）条（《美国法典》第15编第2064（d））进行如下修订：

（1）在条标号前插入"（1）"；

（2）在第一个"此类产品"后插入"提供（c）条所要求的告示和"；

（3）删去"该命令的相对人选择的下列措施中的任何一项："，插入"其认为符合公众利益的下列措施中的任意一项或几项："；

（4）将第（1）、（2）、（3）款对应重新标示为第（D）、（E）、（F）项；

（5）在（A）项和（B）项（重标后）中，删去所有的"消费品安全法规"，插入"法规、条例、标准或禁令"；

（6）在（C）项中删去"更多（A）"，插入"更多（i）"；

（7）在（C）款中删去"或者（B）"，插入"或者（ii）"；

（8）删去"依据本条规定颁布的命令可以"并插入：

"（2）依据本条颁布的法令将"：

（9）删去"令消费品安全委员会满意"，插入"经消费品委员会批准"；

（10）删去"此人选择依照其进行行动的本节中的条款"，插入"命令此人进行行动的条款"；

（11）删去"如果该命令的相对人选择采取第（3）款中所述的措施"，插入"如果消费品安全委员会命令采取（C）项中所述的措施"；

（12）删去从"如果依据本节发出的命令针对"到"可以选择依据本条"之间的所有内容；

（13）删去"第（3）款中所述"，插入"第（1）款（C）项中所述"；

（14）在其后增加下列内容：

"（3）（A）消费品安全委员会对某项行动计划的批准应以书面形式进行。

（B）如果消费品安全委员会发现已批准的行动计划在某些情况下无效或不合适，或者制造商、零售商、经销商并未有效执行某项已批准的行动计划，其有权通过法令修订或要求修订该行动计划。在确定某项已获批准的计划在当前情况下是否仍然有效或适当时，消费品安全委员会将考虑对产品进行修理或更换是否会改变其设计功能。

（C）如果消费品安全委员会在经过通告和听取意见后认定，有制造商、零售商或经销商未能充分遵守该行动计划规定的义务，那么，其有权撤销对该行动计划的批准。该行动计划适用的制造商、零售商或经销商在收到对该行动计划的撤销通知后，不得再销售该计划涉及的产品。"

3. 告示的内容：对第 15 节（《美国法典》第 15 编第 2064 节）进行进一步修订，在其后增加下列内容：

"（1）对于召回通知的要求：（1）准则——自《消费品安全改进法》（2008）颁布之日起 180 天内，消费品安全委员会应当依照有关法规制定出准则，为第 3 条或第 4 条中所述法令所要求的通知以及第 12 节中的规定的法令所要求的通知信息建立统一标准。这些准则应当包括消费品安全委员会认为在以下方面对消费者有帮助的任何信息：

（A）确定需服从该法令的具体产品；

（B）了解已确定的该产品具有的危险（包括曾经发生过的涉及该产品的事故或伤害的相关信息）；

（C）了解购买了该产品的消费者可以采取哪些救济措施（如果有）。

（2）内容：告示应包括下列内容（消费品安全委员会认定的特定产品在特定情况下不适用的其中一项或几项除外）：

（A）产品描述，包括：

（i）产品的型号或库存单位（SKU）编号；

（ii）产品的通用名称；

（iii）产品的图片。

（B）对该产品所采取措施的描述。

（C）被采取措施的产品的数量。

（D）重大产品危险以及采取上述措施的原因描述。

（E）该产品的制造商和重要零售商的识别信息。

（F）产品的生产日期和销售日期之间的时间差。

（G）所发生的与该产品相关的任何伤害或死亡的数量、任何受伤或死亡个体的年龄，以及消费品安全委员会收到关于这些伤害或死亡事件的信息的日期。

（H）关于下列事项的描述：

（i）可供消费者选择的救济措施；

（ii）消费者获得救济需要采取的行动；

（iii）消费者获得赔偿所需的任何信息以及赔偿的有关信息，比如邮政地址、电话号码、传真号码以及电子邮件地址。

（I）消费品安全委员会认为适当的其他信息。"

第 215 节　对于由防火墙隔开的符合性评估机构的检查；供应链的识别

1. 对于由防火墙隔开的符合性评估机构的检查——对第 16 节第 1 条（《美国法典》第 15 编第 2065 节第 1 条）进行如下修订：

（1）在第（1）款中，删去"或者（B）"，插入"（B）任何已依据第 14 节第 5 条第（2）款（D）项或（C）项经过认可的由防火墙隔开的符合性评估机构"。

（2）在第（2）款中的"工厂"后插入"由防火墙隔开的符合性评估机构"。

2. 制造商、进口商、零售商和经销商的识别——对第 16 节（《美国法典》第 15 编第 2065 节）进行进一步修订，在其后增加下列内容：

"3. 制造商、进口商、零售商和经销商的识别——如果经消费品安全委员会正式指定的官员或雇员要求：

（1）所有消费品（或依据本法或其他法案，消费品安全委员会享有管辖权的其他产品或物质）进口商、零售商或经销商都应当在其所知或容易得到的范围内通过名称、地址或上述官员或雇员要求的其他识别信息来标识制造商；

（2）所有制造商都必须通过名称、地址或该官员或雇员要求的其他识别信息来识别制造商：

（A）所有由制造商直接供应给定消费品（或依据本法或其他法案，消费品安全委员会享有管辖权的其他产品或物质）的零售商或经销商；

（B）该产品或物质的生产或制造过程中涉及的所有分包商；

（C）制造商从其处获得部件的所有分包商。"

3. 符合修订——对第 16 节（《美国法典》第 15 编第 2065 节）进一步修订如下：

（1）在第 1 条中，在条标号后插入"检查"；

（2）在第 2 条中，在条标号后插入"记录保存"。

第 216 节　禁止行为

1. 召回产品的销售——对第 19 节第 1 条（《美国法典》第 15 编第 2068 节第 1 条）进行如下修订：

（1）删去第（1）款和第（2）款，插入下列内容：

"（1）销售、许诺销售、制造销售、商业经销、或者进口到美国任何不符合所适用的依据本法制定的消费品安全法规或依据消费品安全委员会负责执行的任何其他法案制定的类似法规、条例、标准或禁令的消费品或由本法或消费品安全委员会负责执行的其他法案管辖的其他产品或物质：

（2）销售、许诺销售、制造销售、商业经销、或者进口到美国任何属于下列情况的消费品或者其他产品或物质：

（A）需要对其采取制造商在咨询消费品安全委员会后采取的自愿性改正措施（消费品安全委员会已就该措施向公众进行了通报或者销售商、经销商或制造商知晓或者应当知晓该自愿性改正措施）的产品；

（B）需符合依据本法第 12 或 15 节发出的某项命令；

（C）《联邦有害物质法案》第 2 节第 17 条第（1）款（《美国法典》第 15 编第 1261 节第 17 条第（1）款）中定义的禁用有害物质。"

（2）将第（6）款修订如下：

"（6）不能提供本法或消费品安全委员会负责执行的任何其他法案所要求的某项证书，或颁发假证书且相关人员在适当注意的情况下有理由知道该证书是假的或在某一方面存在重大误导情况；或不符合第 14 节的要求（包括对于追溯标签的要求）或依据该节制定的任何法规或条例；"。

（3）删去第（7）款分号后的"或者"。

（4）删去第（8）款分号后的"和"。

（5）删去第（9）款中的"绝缘）."，插入"绝缘）;"。

（6）删去第（10）款末尾的句号，插入一个分号。

（7）在第（11）款后面插入下列内容：

"（12）销售、许诺销售、制造销售、商业经销，或者进口到美国任何贴有由经认可的符合性评估机构所有的安全认证标志的产品，而该认证标志已知或者应当已知被其他人员以未经该认证标志所有人授权的方式使用。

（13）向消费品安全委员会的任何官员或雇员错误报告需要实施第12或15节中所要求的措施的消费品范围，在依据本法或由消费品安全委员会执行的任何其他法案开展的调查过程中，向这些官员或雇员做出重大虚假陈述。

（14）对第三方符合性评估机构（见第14节第7条（2）款中的定义）在对任何产品对于本法或由消费品安全委员会执行的任何其他法案中所要求的法规的符合情况的检测、检测结果的报告等施加或试图施加不当影响。

（15）从美国出口任何具有下列情况的消费品或其他归消费品安全委员会管辖的产品或物质到国外市场销售（财政部依据第17节第5条允许出口的消费品或物质除外）：

（A）受依据本法第12或15节颁发的法令管辖或属于《联邦有害物质法案》第2节第17条第（1）款（《美国法典》第15编第1261节（q）条第（1）款）中所定义的禁用有害物质；

（B）需要对其采取制造商在咨询消费品安全委员会后采取的已向公众通告的自愿性改正措施；

（16）违反消费品安全委员会依据第18节第3条颁布的某项法令。"

2. 符合性修订——将第17节第（2）条第（2）款（《美国法典》第15编第2066节第（2）条第（6）款）修订如下：

"（2）不能提供本法或消费品安全委员会负责执行的任何其他法案要求的某项证书，或者提供假证书，且制造商在适当注意的情况下有理由知道该证书在某些重大方面存在虚假或误导陈述；或不能提供本法第14节或依据该节制定的任何法规或条例要求的任何标签或证书（包括追溯标签）;"。

第217节 处罚

1. 消费品安全委员会有权处以的最高民事处罚：

（1）《消费品安全法》——第20节第1条第（1）款（《美国法典》第15编第2069节第1条第（1）款）进行如下修订：

（A）删去"5000美元"，插入"10000美元"；

（B）删去出现的两个"1250000美元"，替换为"15000000美元"；

（C）在第3款（B）项中删去"1994年12月1日,"，插入"2011年12月1日"。

（2）《联邦有害物质法案》——对《联邦有害物质法案》的第5节第3条第（1）款（《美国法典》第15编第1264节第3条第（1）款）进行如下修订：

（A）在第（1）款中，删去"5000美元"，插入"10000美元"；

（B）删去两个"1250000美元"，插入"15000000美元"；

（C）删去第 6 款（B）项中的"1994 年 12 月 1 日"，插入"2011 年 12 月 1 日"。

（3）《易燃性织物法案》——对《易燃性织物法案》的第 5 节第 5 条第（1）款（《美国法典》第 15 篇第 1194 节第 5 条第（1）款）进行如下修订：

（A）在第（1）款中删去"5000 美元"，插入"10000 美元"；

（B）删去"1250000 美元"，插入"15000000"美元；

（C）删去第 6 款（B）项中的"1994 年 12 月 1 日，"，插入"2011 年 12 月 1 日"。

（4）生效日期——本节所做的修订将于下列两个日期中的较早一个生效：依据第（b）条第（2）款颁布最终实施条例的日期或本法案颁布 1 年后。

2. 消费品安全委员会对处罚的判定：

（1）需要考虑的因素——（A）《消费品安全法》——对《消费品安全法》第 20 节（《美国法典》第 15 编第 2069 节）进行如下修订：

（i）第 2 条中：

（Ⅰ）在"将考虑"后插入"违反行为的性质、环境、范围以及严重程度，包括"；

（Ⅱ）删去"已分销产品，和"，插入"已分销产品"；

（Ⅲ）在句号前插入"，包括如何适当减轻对小型企业的过度负面经济影响以及其他因素"。

（ii）第（c）条中：

（Ⅰ）在"负责人"后插入"，包括如何减轻对小型企业的负面经济影响，违反行为的性质、情况、范围以及严重程度"；

（Ⅱ）在"已分销产品"后插入"，其他适当的因素"。

（B）《联邦有害物质法案》——对《联邦有害物质法案》第 5 节第 3 条（《美国法典》第 15 编第 1264 节第 3 条）进行如下修订：

（i）第（3）款中：

（Ⅰ）在"将考虑"后插入"违反行为的性质、环境、范围以及严重程度，包括"；

（Ⅱ）删去"已配送物质，和"，插入"已配送物质"；

（Ⅲ）在句号前插入"，包括如何适当减轻对小型企业的过度负面经济影响以及其他适当的因素"。

（ii）第（4）款中：

（Ⅰ）在"负责人"后插入"，包括如何减轻对小型企业的负面经济影响，违反行为的性质、情况、范围以及严重程度"；

（Ⅱ）在"已配送的物质"后插入"，以及其他适当的因素"。

（C）《易燃性织物法案》——对《易燃性织物法案》第 5 节第 5 条（《美国法典》第 15 编第 1194 节第 5 条）进行如下修订：

（i）第（2）款中：

（Ⅰ）删去"性质和数量"，插入"性质、情况、范围和严重程度"；

（Ⅱ）删去"没有伤害，"，插入"没有伤害，和"；

（Ⅲ）在句号前插入"，以及其他合适的因素"。

（ii）第（3）款中：

（Ⅰ）删去"性质和数量"，插入"性质、情况、范围和严重程度"；

（Ⅱ）删去"没有伤害，"，插入"没有伤害，和"；

（Ⅲ）在句号前插入"，以及其他相关因素"。

（2）民事处罚标准——消费品安全委员会应在本法颁布之日起1年内依照《美国法典》第5编第553节中规定的程序颁布最终法规，给出其对《消费品安全法》第20节第2条（《美国法典》第15编第2069节第2条）、《联邦有害物质法案》第5节第3条第（3）款（《美国法典》第15编1264节第3条第（3）款）以及《易燃性织物法案》第5节第3条第（2）款（《美国法典》第15编第1194节第5条第（2）款）（经第1条修订后）所述处罚考虑因素的解释。

3. 刑事处罚：

（1）一般地，将第21节第1条（《美国法典》第15编第2070节第1条）修订如下：

"1. 对于违反本法第19节的行为，应处以：

（1）对于故意违反本节规定的行为，处5年以下监禁；

（2）依据《美国法典》第18编第3571节确定的罚金；

（3）二者并处。"

（2）理事、官员和代理人——对第21节第2条（《美国法典》第15编第2070节第2条）进行修订，删去"19，以及知晓该公司收到消费品安全委员会的不符合通知的人"，插入"19"。

（3）《联邦有害物质法案》——对《联邦有害物质法案》第5节第1条（《美国法典》第15编第1264节第1条）进行如下修订：删去"1年，或处3000美元以下罚金，或并处监禁和罚金。"，插入"5年，或处依据美国法典第18编第3571节确定的罚金，或二者并处。"。

（4）《易燃性织物法案》——将《易燃性织物法案》第7节（《美国法典》第15编第1196节）修订如下：

"处罚

第7节　违反本法第3节或第8节第2条或不符合本法第15节第3条将被处以：

（1）故意违反本节规定的，处5年以下监禁；

（2）依据《美国法典》第18编第3571节确定的罚金；

（3）二者并处。"

4. 包括没收财产在内的刑事处罚

对第21节（《美国法典》第15编第2070节）进行修订，在其后增加以下内容：

"3.（1）除第1条规定的处罚以外，对于对本法或消费品安全委员会负责执行的任何其他法案的刑事违反行为的处罚还可以包括没收与违反行为相关的财产；

（2）在本条中，'刑事违反'是指对本法或由消费品安全委员会执行的任何其他法案的违反，其中，违反人被处罚金、监禁或二者并处。"

第218节　由州总检察长执行

1. 一般地

对第24节（《美国法典》第15编第2073节）进行如下修订：

（1）删去该节开头处的"私人"，插入"其他"；

（2）在"任何利害关系人"前插入"（a）一般地——"；

（3）在其后增加下列内容：

"2. 由州总检察长执行

（1）起诉权——除第（5）款中所规定的情况以外，如果某项违反本法第19节第1条第（1）款、第（2）款、第（5）款、第（6）款、第（7）款、第（9）款或第（12）款的行为影响或可能影响到某一州或其居民，该州的检察长或其他经授权的官员有权代表该州居民在被告被发现或开展业务的地区的地方法院提起诉讼，以获得适当的禁令救济。

（2）发起民事诉讼

（A）在任何情况下都要求对消费品安全委员会进行通报——州应当就其依据第（1）款提起的任何诉讼向消费品安全委员会发出书面通知。除（C）项规定的情况以外，该州应当在其计划通过起诉发起民事诉讼前至少30天通知消费品安全委员会。

（B）投诉——一州可以通过起诉来发起民事诉讼：

（i）30天期限结束后的任何时间；

（ii）某个更早的时间，如果消费品安全委员会同意该州在某个更早些时候发起民事诉讼。

（C）涉及重大产品危险的诉讼——尽管有（B）项的规定，一州有权在通知消费品安全委员会该州认为需要立即采取措施以保护该州居民不遭受某种重大产品危害的伤害（见第15节第1条中的定义）后，立即通过上诉立即发起民事诉讼。

（D）通知的形式——本款所要求的书面通知可以为电子邮件、传真或消费品安全委员会接受的其他任何通信形式。

（E）起诉书复印件——相关州应在提起诉讼时或提起诉讼后第一时间向消费品安全委员会提供一份起诉书复印件。

（3）消费品安全委员会介入——消费品安全委员会可以介入此类民事诉讼，且在介入时：

（A）给出其关于该民事诉讼中产生的所有事项的意见；

（B）对民事诉讼的裁决提起上诉。

（4）解释——本节、《联邦有害物质法》第5节第4条（《美国法典》第15编第1264节第4条）、1970年的《危险物品包装法案》第9节以及《易燃性织物法案》第5节第1项（《美国法典》第15编第1194节第4条）的任何规定都：

（A）不影响州检察长以及其他授权官员执行该州法律赋予其的权利。

（B）不影响州检察长或其他经授权的官员对任何违反该州的任何民事或刑事法令的行为向州或联邦法院提起诉讼。

（5）限制——如果在提起该诉讼时，同样的违反指控也是某件悬而未决的刑事或民事诉讼的诉讼标的，则不得依据本条另外提起诉讼（关于对第19节第1条的第（1）款和第（2）款的违反行为的指控除外）。

（6）对私人顾问的限制——如果聘请了私人顾问来协助处理依据第（1）款提起的民事诉讼，则该私人顾问不得有下列行为：

（A）与任何由同样的事实引起的其他私人民事诉讼的当事人共享符合下列情况的信息：

（i）受律师—当事人或工作成果特免权管辖；

（ii）在诉讼的调查过程中取得；

（B）在任何由同样的事实引起的其他私人民事诉讼中使用其在协助该州处理依据第（1）款提起的诉讼中获得的任何受律师—当事人或工作成果特免权管辖的信息。"

2. 符合修订

（1）《危险物品包装法案》——对 1970 年的《危险物品包装法案》（《美国法典》第 15 编第 1471 节及以下）进行修订，在其后增加下列内容：

"第 9 节　由州检察长执行——如果认为对依据第 3 节颁布的某项标准或法规的违反行为会影响或可能会影响到该州或其居民，该州的检察长或其他授权官员可以以该州居民的名义向被告被发现或开展业务的地区的任何一家美国地方法院提起诉讼，以获得适当的禁令救济。《消费品安全法》第 24 节第 2 条（《美国法典》第 15 编第 2073 节第（b）条）中的程序要求适用于此类诉讼。"

（2）文书修订：对第 1 节（《美国法典》第 15 编第 2051 节注释）中的目录进行修订，删去与第 24 节相关的项目，插入下列内容：

"第 24 节　产品安全法规以及第 15 节法令的其他执行事宜。"

第 219 节　举报人保护

1. 一般地——对已经本法第 206 节修订过的《消费品安全法》（《美国法典》第 15 篇第 2051 节及以下）进行进一步修订，在其后加入下列内容：

"对检举人的保护

第 40 节　1. 任何厂家、私人标签商、销售商、或零售商均不得由于员工，不管是员工主动，还是员工在履行其正常职责过程中（或任何人员按照所述员工的要求），实施以下行为的原因，而将员工予以解雇或以其他方式在补偿、规定、条款、或在工作特别待遇方面对员工进行歧视：

（1）向雇主、联邦政府、或首席检察官已经提供、导致已经提供、或将要提供、或导致将要提供，与违反、或任何该雇员按照常理认为会违反本《法案》、或其他任何由'委员会'制定的其他任何《法案》、命令、规则、条例、标准、或按照任何此《法案》规定的禁令的行为或疏漏有关的国家机密信息；

（2）在有关此类违法的诉讼程序中出庭证明或将要出庭证明；

（3）在此类诉讼程序中提供协助或亲自参与或将要提供协助或将要亲自参与；

（4）反对或拒绝参与任何活动、政策、实践、或该员工（或其他此类人员）按照常理认为违反本《法案》或违反由'委员会'所颁布的其他任何《法案》、或反对或拒绝参与违反任何此《法案》中所要求的命令、规则、条例、标准、或禁令。

2.（1）一个人，若其认为自己受到来自任何人违反第 1 子条的解雇或歧视，其可，在此类违法性的解雇和歧视发生之日后的 180 日或 180 日以内，向劳工部长提起投诉（或委托任何人来代表其提起投诉），来宣称此类解雇和歧视行为，并明确此类违法行为的责任人。在收到此投诉后，部长应以书面形式通知投诉书中所提及的责任人员，向其说明投诉书中对其的指控事项、提供支持该投诉的证据材料，以及按照第（2）段可给予该责任人改过机会。

（2）（A） 在收到按第（1）段所提起的诉讼之日后的 60 日或 60 日之内，以及在向原告及投诉书所提的被告给予了一次向部长提交针对此投诉的回复机会，以及一次向部长代表面呈证据及声明的机会后，部长便开始启动一项调查，并确定是否有合理理由来认定投诉的合理性，并将认定的结果以书面形式通知原告及被部长认定的涉嫌违反前述第 1 子节中的被告。若部长有合理理由相信，该个人确实违反了第 1 子节，则其在发布部长事实认定书时，还会附带一份初步的命令，在该初步命令中须提供有在第（3）（B） 段所描述的法律补救措施。在按本段规定发布了事实认定通知后的 30 日或 30 日内，原告和嫌疑被告均可对事实认定情况和/或初步命令情况提起异议，并要求对该案件进行听证。提出此类异议不会导致对在初步命令中包含的任何恢复原状的补救措施的延缓。任何此类听证会应快速举行，不得无故拖延。若在上述 30 日期限内未要求举行听证会，初始命令将被视为最终命令，其将无须进行复审。

（B）（i） 除非在初步印象上，原告就能让人感觉在上述第 1 子节的第（1）段到第（4）段描述的任何行为，是对投诉书中所宣称的对原告的不利的贡献因素，否则，部长将驳回按本子节所提起的投诉，而且，也不会实施第（A） 子段中所要求的调查。

（ii） 尽管原告按照第（i）款要求已经作了证明，部长也已经据此完成了事实认定，并得到了结果，然而，若雇主通过清晰以及有说服力的证据证明，雇主本想实施所述的对员工的不利的行为，但实际上却并未付诸实施时，按照第（A）子段的相关规定，也并不要求实施额外的调查。

（iii） 仅当原告能够证明，在第 1 子节的第（1）到（4）段描述的任何行为，是对投诉书中所宣称的不利行为的贡献因素时，部长才会认定第 1 子段的违法行为确实发生过。

（iv） 若雇主通过清晰以及有说服力的证据证明，雇主本想实施所述的对其员工不利的行为，但实际上却并未付诸实施时，按照第（A）子段的相关规定，也并不会发布补救措施命令。

（3）（A） 在按照第（2）段决定举行任何听证会之日之后的 120 天或 120 天以内，部长应发布一份最终命令，其中，须确定出本段所描述的补救措施，或在最终命令中将投诉书予以驳回。在发布最终命令之前的任何时间，本子节的诉讼程序均可按照由部长、原告，以及宣称违法的人员间所共同达成的争议解决协议予以中止。

（B） 若作为对第（1）段所提起的投诉的回应，部长认定确实违反了第 1 子节时，部长应对实施了该违法行为的个人发布命令，要求其：

（i） 采取切实的行动来减少违法行为；

（ii） 恢复原告此前的职务，补偿其损失（包括欠薪），恢复其工作条款、条件，以及与其工作有关的特别待遇；

（iii） 对原告进行伤害补偿。

若按照本段发布了该命令后，若原告有此要求，部长应对命令的接受人，评估由原告在提起上述获得该命令的投诉过程中与之相关的所有合理支出及开支的总额（包括律师费及专家出庭证明费用），具体情况要按照部长的决定。

(C) 若部长发现按照第（1）段的投诉无意义或有不诚实的情况，部长可判给在该问题上无过错的雇主一笔合理的律师费，其金额不超过 1000 美元，该金额须由原告支付。

（4）在提起投诉后的 210 天内、或在收到书面决定后的 90 天内，若部长仍未发布最终决议，则原告可在具有管辖权的美国联邦地方法院提起法律诉讼，或要求有管辖权的美国联邦地方法院采用衡平法对之进行重新审查，所述法院应对此类诉讼有相关权限，而不管其争议金额的多少，而且，该类诉讼应在每一方要求实施此项法律诉讼时，应由该法庭实施审判，审判时应有一个陪审团进行陪审。应按照与第（2）（B）段中规定证据的相同法律责任，对该诉讼程序进行管理。法庭有权作出保持雇员的利益完整时所需的所有必要补救措施的判决，包括命令性补救措施及强制性损失补偿，包括：

（A）恢复该雇员在实施所述的解雇及歧视之前所本该拥有的同样的高级位置；

（B）偿付其欠薪总额，连同利息；

（C）赔偿因解雇或歧视所造成的任何特殊损失，包括诉讼成本、专家出庭作证费用，以及合理的律师费用。

（5）（A）除非原告按第（4）段规定提起了法律诉讼，否则，任何受第（3）段发布的最终命令负面影响的或因之受到不公平待遇的个人，均可在美国地方法院对之发布命令的相关违法行为的巡回法庭上，或在宣称的该违法行为发生之日，在原告所属辖区的巡回法庭上，要求法庭对该命令进行审查。审查陈情书须于部长发布最终命令日期之后的 60 日以内进行提交。审查须符合《美国法典》第 5 编第 7 章相关规定。除非法庭另外发布了命令，否则，在启动本子段的程序时，不得对命令的执行造成延缓。

（B）按照第（A）子段，可能对之得到审查的部长命令不应因任何刑事或其他民事程序而受到复审。

（6）无论何时，任何个人若未遵守第（3）段所发布的命令时，部长均可对之在违法行为发生的辖区的美国联邦地方法院提起民事诉讼，或在哥伦比亚特区的美国联邦地方法院对之提起诉讼，并执行此类命令。在本段提起的诉讼中，联邦地方法院有权批准所有必要的补救措施，包括但不限于命令性补救措施及强制性损失补偿。

（7）（A）其利益按照第（3）段的发布命令得到维护的个人，可对该发布命令所针对的个人提起诉讼，以要求对方遵守该命令。适当的美国联邦地方法院应有权执行此命令，而与争议数额的大小或各方的公民身份情况无关。

（B）该法院，在按照本段的要求发布任何最终命令时，可将诉讼费（包括合理的律师费用及专家出庭作证费）判决给本法院认为合适的任何一方。

3. 本节中强制规定的任何不可任意支配的职责，在按照《美国法典》第 28 编第 1361 节要求所发布的诉讼程序中，应可得以执行。

4. 对于一个未按照厂家、私人标签商、分销商、或零售商（或此类人员的代理人）的指令来行事，并故意性地引起此类厂家、私人标签商、分销商、或零售商违反、或宣称违反任何命令、规则，或按照本《法案》的消费品安全标准或任何其他由委员会所制定的其他法律的此类厂家、私人标签商、分销商、或零售商的员工来说，第 1 子节并不适用。"

2. 顺应性修订——本《法案》第 206 节所修订的内容目录可通过在第 39 节相关条目

之后插入以下内容，作进行进一步修订：

"第40节 对检举人的保护"。

第三章 详细的进出口相关规定

第221节 召回品及不合格品的出口

1. 大体上来讲，对第18节（《美国法典》第2067节部分）作了修订：

（1）在第2子节中，通过突出"任何产品"——以及"按照第9节所公布的"之后的所有内容，以及插入了"不符合本《法案》中的依然有效力的适用的消费品安全规则的任何产品"；

（2）通过在末尾加入以下内容：

"3. 该委员会禁止个人出于销售的目的，来从美国出口任何不符合本《法案》中有效的以及适用的消费品安全规则的任何消费品；除非进口国已经通知了该委员会：他们国家接受该类消费品的进口；假若在该委员会向进口国将发往进口国的货物情况通报了进口国后的30天以内，进口国未对委员会作出上述通知，该委员会可在适当的情况下，在其辖区内，按照具体情形，针对该产品的处理情况提起法律诉讼程序。

"4. 本节中的任何一条，均不适用于任何消费品，对任何消费品的出口按照第17节第5条的要求，均得到财政部长的许可。"

2.《易燃性织物法案的顺应性修订》——通过对《易燃性织物法案》（《美国法典》第15编第1202部分）的末尾部分增加了以下内容，从而对之作了修订：

"4. 尽管有本节中的任何其他规定，然而，'消费品安全委员会'可通过发布命令，禁止个人出于销售的目的，来从美国出口任何本'委员会'认定为不符合本《法案》中的适用标准或规则的任何织物或相关材料；除非进口国已经通知了该委员会：他们国家接受该类织物或相关材料的输入；否则，假若在该委员会向进口国将发往进口国的货物情况通报了进口国后30天以内，进口国未对委员会作出上述通知，该委员会可在适当的情况下，在其辖区内，按照具体情形，针对该类织物或相关材料的处理情况采取法律诉讼程序。

"5. 本节中的任何一条，均不适用于任何织物或相关材料，对任何织物或相关材料的出口，按照第17节第5条的要求，均得到财政部长的许可。"

第222节 进口安全管理及跨部门间的合作

1. "风险评估方法"——在本《法案》颁布日后的两年或两年之内，该委员会应对符合以下情况的消费品货物，编制一套用于对之进行识别的"风险评估方法"。

（1）目的地为向美国输入的产品；

（2）可能包含有不符合《消费品安全法》（《美国法典》第15编第2066（a）部分）的第17（a）节规定的，或由委员会所制定的其他进口规定的产品。

2. 使用"国际贸易数据系统"及其他数据——来编制按照第（a）子节所要求的"风险评估方法"，该委员会应：

（1）在实际可能的范围内，提供使用按1930年的《关税法案》（《美国法典》第19编第14114部分）的第411节第4条所制定的"国际贸易数据系统"，用以评价及估算输入到美国客户区的消费品货物的相关信息；

（2）将本节所要求的风险评估方法整合到其信息技术现代化方案中去；

（3）经过与海关与边防保护局协商后，商讨如何共享由该委员会所收集及保有的信息，包括《消费品安全法》的第6A节所要求的信息，用来识别不符合该《法案》（《美国法典》第15编第2066部分第1条）的第17节第1条规定的、或由委员会所制定的其他进口相关规定的消费品货物；

（4）经过与"美国海关与边防保护局"协商后，商讨如何共享由《消费品安全法CPSA》的第15（j）节所要求的信息。该第15节第10条是按照本《法案》的第223节，为了识别不符合该《消费品安全法》（《美国法典第15编第2066部分第1条》）的第17节第1条规定的、或由委员会所制定的其他进口相关规定的消费品货物而增加的。

3. 与"美国海关与边防保护局"合作——在本《法案》颁布日后的一年或一年之内，该委员会应对共享信息及与"美国海关与边防保护局"间的协调编制一份计划，在该计划中，应至少要考虑以下内容：

（1）应固定性地在美国海关进行工作，来对不符合该《消费品安全法》（《美国法典》第15编第2066部分第1条》）的第17节第1条规定的、或不符合由委员会所制定的其他进口规定的消费品货物进行识别的、相当于该委员会全职雇佣的人员的数量。

（2）该委员会员工与应固定性地在美国海关进行工作，来对不符合该《消费品安全法案》（《美国法典》第15编第2066部分第1条》）的第17节第1条规定的、或不符合由委员会所制定的其他进口规定的消费品货物进行识别的"美国海关与边防保护局"员工间合作的程度及性质。

（3）由该委员会全职雇佣的、应固定性地在"美国海关与边防保护局"的"国家目标导向中心（或其相应机构）"进行工作的人员的数量，包括：

（A）该委员会员工与"美国海关与边防保护局"在其"国家目标导向中心（或其相应机构）"或在其美国海关所固定全职雇佣的人员进行合作的程度及性质；

（B）按照第2（3）子节被指派到"国家目标导向中心（或其相应机构）"的委员会员工的责任；

（C）在识别于第1子节中描述的消费品的过程中，"国家目标导向中心（或其相应机构）"的可提供信息，是否对于该委员会及对于"美国海关与边防保护局"有用。

（4）对于"自动目标导向系统"编制规则时的设置，以及对于委员会快速登录"自动目标导向系统"的编制规则时的设置。

（5）编制、更新，以及有效执行在第1子节所要求的风险评估方法时所需的信息及资源。

4. 向国会报告——在完成本节要求的风险评估方法之后的180天或180天以内，该委员会应向适当的国会委员会提交一份报告，其中须至少包括以下内容：

（1）由委员会编制的完成本节要求的风险评估方法的计划。

（2）该委员会与"美国海关与边防保护局"间达成的，以及将要达成的谅解备忘录方面的改变。

（3）以下事项的相关状态：

（A）本节第3（4）子节所要求的"自动目标定向系统"规则设置的编制进展状态；

（B）该委员会登录"自动目标定向系统"的方法状态；

（C）在加强该委员会与"美国海关与边防保护局"在对不符合该《消费品安全法案》（《美国法典》第 15 编第 2066 部分第 1 条）的第 17 节第 1 条规定的、或不符合由该"委员会"所制定的其他进口规定的消费品货物进行识别的合作中，"国际贸易数据系统"所能起到的效力；

（4）为了编制完成本节中所要求的风险评估方法，《消费品安全法》、《联邦有害物质法案》、《易燃性织物法案》、或 1970 年的《危险物品包装法案》，该"委员会"是否需要额外的法定权力。

（5）由委员会编制完成本节要求的风险评估方法所需的拨款数量。

第 223 节　重大产品隐患清单及不合格进口产品的销毁

1. 重大风险的识别——在第 214 节中作了修订的第 15 节（《美国法典》第 15 编第 2064 部分），通过在末尾增加了以下内容而对之进行了修订：

"10. 重大产品隐患清单——

（1）总体而言——该委员会将按照规则确定任何消费品或消费品类别、特性，有或无此类的特性将被视为一项按照第 1（2）子节中所述的重大产品隐患，若该"委员会"认定：

（A）此类特性易于观察，且业界已经有自定的标准进行了界定；

（B）此类的标准在减少消费品伤害风险方面非常有效；而且，大量的业界团体已经能够符合此类的标准。

（2）复审——在按照第（1）段进行颁布之后的 60 天或 60 天以内，任何受此规则的负面影响的个人可提交一份陈情书，要求按照本《法案》的第 11 节中规定的程序对其自身进行复审。"

2. 不合格进口产品的销毁——对第 17 节第 5 条（《美国法典》第 15 编第 2066 部分第 5 条）进行修订之后的结果如下："5. 被拒绝进入美国海关辖区的产品应进行销毁，除非按照业主、收件人、或记录中的进口商的申请，财政部长允许将此产品不进行销毁，而是使之重新出口到别处去。"若业主、收件人、或记录中的进口商在允许其将该产品进行出口之后的 90 天内，未对其进行出口，则会将此产品予以销毁。

3. 检查及记录维护要求——对该《法案》进行了进一步的修订——

（1）对第 17 节第 7 条（《美国法典》第 15 编第 2066 部分第 7 条）作了修订，结果文本如下：

"7. 进口产品的厂家应符合适用于该类产品的第 16 节的所有检查及记录维护要求，而且，该'委员会'应向财政部长对任何未遵守第 16 节的所有检查及记录维护要求的厂家发出建议。"

（2）在第 16 节（《美国法典》第 15 编第 2065 部分）的末尾加入了以下内容：

"4. 该'委员会'应按照规则，对任何消费品、或厂家需要符合本《法案》的检查及记录维护要求及与此类要求相关的委员会规则其他产品的生产、销售、出售、商业销售，以及向美国的进口的状况进行调节，使之达到相关要求。"

第 224 节　财政责任

1. 总体而言——在第 219 节中作了修订的本《法案》(《美国法典》第 15 编第 2051 部分)，进行修订时，在末尾增加了以下内容：

"第 41 节　财政责任

1. 保证金识别及确认——在咨询过'美国海关与边防保护局'及其他相关的联邦机构后，该委员会应对任何消费品、或本《法案》、或任何由该委员会通过的任何其他《法案》所规定的其他产品或物质进行识别；对于此类产品或物质的销毁成本通常会超过按照 1930 年的《税法》的第 623 及 624 节 (《美国法典》第 19 编第 1623 及 1624 部分) 确定的保证金金额，并应向'美国海关与边防保护局'交付一笔保证金，保证金的金额应足以补偿销毁此类产品及物质时的开支成本。

2. 召回及销毁产品所需附条件交付契据研究——

(1) 研究——总审计长应实施一项研究，以确定对以下事项提出要求的可能性：

(A) 附条件交付契据、保险证明、或按照本《法案》、或由该委员会通过的任何其他《法案》规定的、在数量上足以涵盖对一项国内生产的产品或物质进行销毁时的保证金证明进行过账；

(B) 附条件交付契据、保险证明、或按照本《法案》、或由该委员会通过的任何其他《法案》规定的、在数量上足以涵盖对一项国内生产的或进口的产品或物质进行有效召回时的保证金证明进行过账。

(2) 报告——在本 2008 年《消费品安全改善法案》制定日期之后的 180 天或 180天之内，总审计长应向适当的国会委员会提交一份关于按照第 (1) 段要求的研究的结论的报告。该报告中应包括一份对此附条件交付契据要求是否能够得到执行的评估，以及对于其执行情况的任何建议。"

2. 顺应性修订——在第 219 节中作了修订的第 1 节 (《美国法典》第 15 编第 2051 部分) 的内容目录，通过在末尾增加了以下内容，作了修订：

"第 41 节　财政责任。

第 225 节　与进口消费品安全相关的公权力效力研究及报告

在本《法案》颁布日之后的 1 年或 1 年以内，美国的总审计长应——

(1) 实施一项针对于《消费品安全法》(《美国法典》第 15 编第 2051 部分及其他) 中相关权力及规定的研究，评估此类权力及规定在预防不安全消费品进入美国海关区域的效力。

(2) 对预防不安全消费品进入美国海关辖区的计划进行审查，并提供相关建议；

(3) 将对第 (1) 及第 (2) 段中的研究结果，形成报告，并提交适当的国会委员会，报告中包括至少以下各方面相关的司法建议：

(A) 由该委员会对国外生产厂进行检查；

(B) 要求国外厂家答应由该委员会所提起的法律诉讼，该诉讼须符合美国法院的管理。"

第四章　杂项规定及顺应性修订

第 231 节　先占性

1. 关于优先权的规则——在《消费品安全法》第 25 及 26 节 (《美国法典》第 15 编第

2074 及 2075 部分)、《联邦有害物质法案》第 18 节 (《美国法典》第 15 编第 1261 条注释)、《易燃性织物法案》第 16 节 (《美国法典》第 15 编第 1203 部分), 以及 1970 年的《危险物品包装法案》第 7 节 (《美国法典》第 15 编第 1476 部分) 的规定中, 确定了此类《法案》在先占、限制、或以其他方式影响任何其他联邦、州级、或地方法律、任何规则、程序、条例、或按照州级或地方法律的任何诉讼因由的程度; 该程度不得在范围方面发生扩展、或收缩、或在应用的过程中不会通过此下的任何规则或条例、或通过参考任何前言、政策陈述、行政部门陈述、或其他与所发布的任何此类规则或条例相关的其他事项而受到限制、调整、或扩展。按照此类《法案》的规定, 该委员会不得按照州级、或地方级习惯法、或按照损失索赔相关的州级法律, 按照任何先占性诉讼事由, 对此《法案》任何条文进行解释。

2. 保留某些州级法律——本《法案》或《联邦有害物质法案》中的任何一条, 均不得被解释成为先占性条款、或不得解释成为会以其他方式影响于 2003 年 8 月 31 日生效的州级法律所规定的与消费品或物质相关的警告要求。

第 232 节　各类地形用车辆标准

1. 总体而言——在第 224 节中作了修订的本《法案》(《美国法典》第 15 编第 2051 部分及其他), 通过在末尾增加以下内容而作了修订:

"第 42 节　各类地形用车辆标准

1. 总体而言

(1) 强制性标准——尽管有任何其他的法律规定, 但是, 在本《2008 年消费品安全改善法案》颁布之后的 90 天内, 该委员会应在《联邦公报》上公布一份强制性的消费品安全标准:《针对于四轮各类地形用车辆设备配置的美国国家标准》, 以及由'美国专用车辆研究院'(美国国家标准 ANSI/SVIA-1-2007 委员会) 所制定的《性能要求》。该标准应从其公布日算起的 150 天之后生效。

(2) 遵守标准——在标准生效后, 任何厂家或分销商在商业领域在美国进口或销售任何新组装的或未组装的各类地形用车辆时, 均会被视为非法, 除非是以下情况下:

(A) 各类地形用车辆须符合该标准中的每一条适用规定;

(B) 在本《法案》颁布日期之前, 各类地形用车辆 (ATV) 符合向该委员会针对 ATV 提出的行动计划, 或者符合随后向该委员会提交的, 以及由该委员会批准的 ATV 车辆行动计划; 并带有可证实符合此类要求的、并能够明确标示出生产商、进口商、或私人标签商, 以及其应遵守的 ATV 行动计划的标签;

(C) 生产商及销售商遵守适用的各类地形用车辆 (ATV) 行动计划。

(3) 违反——未遵守第 (2) 段的任何要求应被视为未符合本《法案》的消费品安全标准, 这时, 须按照本《法案》中所适用的所有处罚措施及补救措施进行处理。

(4) 带有额外特点的遵守模式——按第 (2) 段的要求, 对于新的符合该段要求的、但整合了此类要求中未涵盖的新特性及新零件的各类地形用车辆, 则不会禁止对其进行商业性的销售。任何此类的特性及零件, 均应符合本《法案》第 15 节的相关要求。

2. 标准的修订

(1) ANSI 修订——若美国国家标准 ANSI/SVIA-1-2007, 通过适用的共同标准编制程序，在对于各类地形用车辆的产品安全标准在《联邦公报》上公布并对该标准作了修订的日期之后，美国国家标准协会应向该委员会通报该修订的情况。

（2）委员会行动——在其收到由美国国家标准协会所发的实施修订的通知之后的120天之内，该委员会应按照《美国法典》标题5的第553节的规定，发布一份提议的规则制定通知，来修订对于各类地形用车辆的产品安全标准，其中应包括该委员会认为合理的与各类地形用车辆的安全运行相关的任何修订，并将其确定不再有关系的任何规定向该协会进行通报。在对修订所提议的规则制定通知在《联邦公报》上进行公布之日算起之后的180天之内，该委员会应对各类地形用车辆标准颁布一份修订。

（3）不合常理的伤害风险——尽管有本《法案》中的其他任何规定，但是，该委员会也可以按照本《法案》的第7及9节，对各类地形用车辆的产品安全标准进行修订，以将该委员会认定的在减少与各类地形用车辆性能相关的不合理伤害风险所需的任何额外规定包括进来。

（4）某些不适用的规定——在颁布按照第（2）段的产品安全标准的任何修订过程中，本《法案》的第7及9节均不适用。按照第（2）段，对该标准的任何修订的复审应遵守《美国法典》标题5的第7章。

3. 三轮各类地形用车辆的相关要求

符合本《法案》、并适用于三轮各类地形用车辆的强制消费品安全标准目前是有的，新的三轮各类地形用车辆不允许对美国进行商业进口或销售。任何对本子节的违反应视为违反了本《法案》的第19节第1（1）款，并须按照本《法案》的第17节执行。

4. 进一步的程序

（1）最后期限——该委员会应在其名为'各类地形用车辆标准及三轮各类地形用车辆禁令'的诉讼程序上，发布一份最终规则。

（2）年轻人用的各类地形用车辆（ATVS）——在最终规则中，该委员会，在咨询过国家公路交通安全管理局后，可提供多因素的分类方法，其至少须考虑以下事项：

（A）ATV 车辆的重量；

（B）ATV 车辆的最大速度；

（C）对于给定重量的 ATV 车辆，在以该 ATV 车辆的最大速度运行时的速度；

（D）儿童驾驶该 ATV 车辆的设计年龄，或者可能合理期望操作 ATV 车辆儿童的设计年龄；

（E）儿童驾驶该 ATV 车辆的设计平均年龄，或者可能合理期望操作 ATV 车辆儿童的设计平均年龄。

（3）额外安全标准——在最终规则中，该委员会，在咨询过'国家公路交通安全管理局'后，应对按第1（1）子节公布的标准进行审查，并应对各类地形用车辆制定额外的安全标准，使之能够达到保护公众健康及安全所需的程度。作为对其审查的一部分，该委员会至少应考虑制定并强化关于以下内容的标准：

（A）暂停标准；

（B）刹车性能标准；

（C）调速器标准；

(D) 警告标签标准；

(E) 市场推广标准；

(F) 动力学稳定性标准。

5. 定义——在本节中：

(1) 各类地形用车辆或 ATV——术语'各类地形用车辆'或'ATV'的意思是指：

(A) 任何机动性非公路用车辆，其设计以三轮或四轮进行移动，同时，设计有一个座位，供操作员跨骑在其上，并有一个手把，用于对之进行操纵和控制；

(B) 其不包括一种机动性非公路用的各类地形用车辆模型、或专门用于研究及开发目的的其他机动、非公路用的各类地形用车辆，除非该车辆可用来进行销售。

(2) ATV 行动计划——术语'ATV 行动计划'指：一份书面的计划或承诺书，其中描述了厂家或销售商同意为了促进 ATV 安全而采取的行动，此类行动包括驾驶员培训、安全信息的发放、年龄建议、其他用于管理 ATV 的市场销售及出售相关的政策、对此类销售情况的监控，以及其他相关的安全措施。其大体上与 1998 年 9 月 9 月的《联邦公报》（63 FR 48199-48204）上公布的、标题为'委员会通知中的公司承诺'中所描述的计划相似。"

2. 总审计局（GAO）研究——总审计长应对各类地形用车辆的实用性、舒适性，以及其他优点实施一项研究，在《消费品安全法》的第 42 节（《美国法典》第 15 编第 2085 部分）中有对此研究的相关要求；也应对各类地形用车辆相关的事故及伤害相关的成本实施一项研究。

3. 顺应性修订——本《法案》的内容目录可通过在第 42 节相关条目之后插入以下内容来进行进一步修订：第 206 节所修订：

"第 42 节　各类地形用车辆"

第 233 节　按照 1970 年的《危险物品包装法案》实施成本效益分析

《易燃性织物法案的顺应性修订》——通过在对《易燃性织物法案》（《美国法典》第 3 编第 1472 部分）的末尾增加了以下内容，而作了修订：

"5. 在本《法案》中，任何一条条文，均不得解释为：在制定本节中的标准时，需要由'消费品安全委员会'来对在遵守此类标准时会产生的成本应该与此类标准所得到的益处进行考虑和比较。"

第 234 节　织物及服饰产品中的甲醛使用研究

在本《法案》颁布日期之后的两年或两年以内，在与本委员会协商之后，总审计长应对织物及服饰产品、或对在此类产品的任何零件的生产中的甲醛使用实施一项研究，以识别任何由此类产品或此类产品的任何零件的生产中的甲醛使用对消费者所导致的风险。

第 235 节　技术及顺应性变化

1. 定义——通过在第 3 (a) 节（《美国法典》第 15 编第 2052 部分）的末尾加入了以下内容，而对之作了修订：

"(15) 适当的国会委员会：术语'适当的国会委员会'指美国众议院的能源及商业委员会，以及参议院的商业、科学及交通委员会；

（16）儿童用品——术语'儿童用品'指一种消费品，其设计目的主要用于年龄在 12 岁或 12 岁以下的儿童使用。在确定一种消费品的设计目的是否主要用于年龄在 12 岁或 12 岁以下的儿童使用时，可以考虑以下的因素：

（A）生产厂家关于该产品既定用途的陈述，若此陈述合乎情理时，该陈述也应包括该产品上所贴的标签。

（B）该产品在其包装、展示、促销，以及广告方面是否采用适合于年龄在 12 岁或 12 岁以下的儿童的方法进行表现。

（C）该产品在通常情况下是否被消费者认可为既定用于年龄在 12 岁或 12 岁以下的儿童。

（D）由该委员会于 2002 年 9 月发布的《年龄确定指南》，以及对此类指南的任何后续指南。

（17）第三方物流服务商——术语'第三方物流服务商'指一个个人，其可唯一性地接受、持有、或以普通的经营渠道运输消费品，但是，其并不对该产品具有所有权。"

2. 杂项——对第 3 节（《美国法典》第 15 编第 2052 部分）作了修订：

（1）突出了"1. 用于本《法案》的目的"，并插入了"1. 总体而言——在本《法案》中"；

（2）将第 1 子节中的每一段，以及每一子段缩进了 2 个单位；

（3）在第 1 子节中的每一段的名称之后，插入了一个标题，其形式与由本段所定义的术语构成的本子节的章节相一致；

（4）对此类的段落，以及本子节第（1）段中所增加的额外段落，按照字母顺序，基于此类段落的标题进行了重新排序，并在进行了此重新排序之后，对此类段落进行了重新编号；

（5）在第 2 子节的"2."之后，插入了"普通承运商、合同承运商，以及货物运输商"。

3. 顺应性修订

（1）在"合同承运商"之后插入了"第三方物流服务商"，从而对第 3 节第 2 条（《美国法典》第 15 编第 2052（b）部分）作了修订。

（2）通过突出了美国"参议院的商业、科学及交通委员会、或众议院的能源及商业委员会、或此类委员会的任何次级委员会"，并插入了"适当的国会委员会或任何其次级委员会的任一方"，从而对第 6 节第 5（4）条（即《美国法典》第 15 编第 2055 部分第 5（4）条）作了修订。

（3）通过在其出现的地方突出了"美国参议院的商业、科学及交通委员会、或众议院的能源及商业委员会"，并插入了"适当的国会委员会"，从而对第 9 节第 1 条、第 9 节第 3 条，以及第 35 节第 3（2）（D）（iii）项（分别指《美国法典》第 15 编第 2058 部分第 1、3 条，以及 2082 部分第 3（2）（D）（iii），以及 2082 部分第 5（1）条）作了修订。

（4）通过突出了"美国众议院的能源及商业委员会、或参议院的商业、科学及交通委员会"，并插入了"适当的国会委员会"，从而对第 32 节第 2（1）条（即《美国法典》第 15 编第 2050 部分第 2（1）条）作了修订。

（5）通过突出了"美国众议院的能源及商业委员会、或参议院的商业、科学及交通委员会"，并插入了"适当的国会委员会"，从而对第 35 节第 2（1）条（即《美国法典》第 15 编第 2082 部分第 2（1）条）作了修订。

（6）通过突出了"美国国会"并插入了"适当的国会委员会"，从而对第 17 节第 8（3）、28 节第 10（10）（F），以及第 28 节第 11（1）及（2）节（即：分别指《美国法典》第 15 编第 2066 部分第 8（3）、第 2077 部分第 10（10）（F），以及第 2077 部分第 11（1）及（2）条）作了修订。

（7）通过突出了"该委员会"并插入了"尽管有第 6 节第 1（3）条，然而，该委员会……"，从而对第 29 节第 5 条（即《美国法典》第 15 编第 2078 部分第 5 条）作了修订。

第 236 节 加快复审

1. 总体而言——通过在末尾加入了以下内容，而对第 11 节（《美国法典》第 15 编第 2060 部分）作了修订：

"7. 加快复审

（1）应用——本子节适用于以下项目的复审，并将代替此前本节的相应子节：

（A）由该委员会按照第 15（j）节所公布的（关于识别重大危险物品的）任何消费品安全规则；

（B）由该委员会按照第 42 节所公布的（关于各类地形用车辆的）任何消费品安全规则；

（C）由该委员会按照 2008 年《消费品安全改善法案》第 104 节所公布的（关于耐用性婴、幼儿用品的）任何标准；

（D）由该委员会按照 2008 年《消费品安全改善法案》第 106 节所公布的（关于强制性玩具安全标准的）任何消费品安全标准。

（2）总体而言——在一个本子节适用的规则或标准由该委员会颁布之后的 60 天或 60 天以内，任何受此规则或标准负面影响的个人可向美国地方法院提交一份陈情书，要求哥伦比亚特区巡回法庭对该规则进行复审。法庭职员应立刻将陈情书的副本转交该委员会或该委员会为此目的所指定的其他官员，同时，也将之向首席检察官提交一份。该委员会在制定规则时所依据的诉讼程序记录应按照《美国法典》第 28 编第 2112 节的规定，在法庭上进行提交。

（3）审查——在按本子节第（2）段提交了陈情书后，该法庭应有权按照《美国法典》第 5 编第 7 章的规定，对该规则进行审查，并给予适当的补救措施，包括如同本章中所规定的临时性补救措施。

（4）判决的确定性——法庭的判决，不管其是肯定的判决还是休庭，完全或部分，本节中的任何规则均应是最终性的，并均须受到美国高院按照《美国法典》第 28 编中的第 1254 节中所规定的调卷令以及证明文件所实施的审查。

（5）进一步审查——本子节中适用的相关规则或标准不应受到按照第 17 节（关于进口产品）的、或不应受到民事、或强制性刑事诉讼程序的复审。"

2. 不受影响的未决行动——第 1 子节中所作的修订，不适用于在本《法案》颁布日期之前所提起的要求"消费品安全委员会"进行复审的任何陈情书。

第 237 节　撤销

通过突出了第 4 子节，从而对第 30 节（《美国法典》第 15 编第 2079 部分）作了修订。

第 238 节　浴池及温泉安全技术修订

对《2007 年能源独立及安全法案》的标题 XIV（即《公法》的第 110-140 部分）作了修订——

（1）在第 1403 节中，通过在末尾加入以下内容："（8）'州'——术语'州'的意思与在《消费品安全法》的第 3（10）节（《美国法典》第 15 编第 2052（10）部分）中的含义相同，其包括北马里亚纳群岛。"

（2）在第 1404 节中，在第 2 子节的末尾加入以下内容："若提议了一项后续性的标准时，'美国机械工程师协会'应将提议的修订通知该委员会。若该委员会认定所提议的修订符合公众利益时，该委员会应在向公众作了 30 天的通告之后，将该修订整编进入到本标准中。"

（3）在末尾加入以下内容：

"第 1409 节　适用性

本《法案》的适用区域为美国及美国辖区，包括美属萨摩亚群岛、波多黎各自由联邦、关岛、北马里亚纳群岛自由联邦，以及美国维京群岛。"

第 239 节　生效日期及可分割性

1. 生效日期

（1）总体而言——除非在本《法案》中另有明确规定，否则，本《法案》以及由本《法案》中所作的修订应于本《法案》颁布日起开始生效。

（2）生效日期的某些情况的延迟——按照第 103 节第 3 条以及第 214 节第 1（2）款中所作的修订，应于本《法案》颁布日后的 60 天以后生效。《消费品安全法案》第 42 节中的第 3 子节，经本《法案》的第 232 节进行过增加，以及于第 216 及第 223 节第 2 条进行过修订后，应于本《法案》颁布日之后的 30 天以后生效。

2. 可分割性——若本《法案》中的任何规定、或由本《法案》所作的任何修订，或在将此类的规定用于任何个人或情形下为无效时，则在本《法案》中的其余部分以及由本《法案》所作修订的部分，以及在将此类的规定用于其他不同个人或用于其他情形时，应不会受到前述的无效情况的影响。

美国众议院发言人

美国副总统，

参议院主席。

结束。

五、美国对消费品（包括家具）中铅限量的法令要求

重金属铅是一种较软的重金属，大量文档记录铅会摧毁神经并对儿童健康造成危害，包括造成神经损害、智力和身体发育迟缓、注意力不集中、学习能力低下以及听觉破坏。

（一）美国对铅的要求

铅是美国消费品的限制物质之一，同时成为加州第 65 号提案最受关注的化学物质之一。根据 16 CFR 1303 法规（含铅涂料以及某些涂有含铅涂料的消费品禁令），含铅油漆，以及某些消费品如玩具和其他有意供儿童使用的物品上的含铅油漆不得超过 0.06%（600 ppm）的铅含量。

美国出台了关于消费品（包括儿童珠宝）中铅含量限制的新法令要求。自 2007 年初以来，美国的一些州引入了一系列的立法提议。佛蒙特州已提出铅含量不得超过 0.001%（10 ppm）的要求，而其中巴尔的摩市已经开始执行了有关规定（见表 5-3）。

表 5-3　美国各州对铅限量的要求

州/市	议案	铅含量限制	要求/现状
加利福尼亚州	第 AB 1681 号健康和安全规范第 6.5 章	珠宝：成人、儿童及身体穿刺	参考 Safe Guards 67/06
伊利诺斯州	第 HB 4583 号防止铅中毒法案	儿童产品，如：珠宝、附属品、装饰品、玩具、糖果、衣服和家具	参考 Safe Guards 040/072
印地安那州	SB 第 102 号：含铅物质	儿童产品，如：衣服、附属品、珠宝、装饰品、可食用物质、糖果、食品、副食品、玩具和家具。拟生效日期：2008 年 1 月 1 日	≤600 ppm ● 第一次宣读日期：2007 年 1 月 8 日，参考健康与供应商服务委员会要求
马里兰州	第 HB 1214 号副标题 6：含铅产品	消费品，如：珠宝、附属品、玩具、衣服、装饰品、副食品、家具、糖果和食品。拟生效日期：2007 年 10 月 1 日	≤600 ppm ● 第一次宣读日期：2007 年 2 月 21 日
密歇根州	第 HB 4132 号 54B：含铅物质	儿童产品，如：珠宝、附属品、玩具、衣服、装饰品、副食品、家具、糖果和食品	≤600 ppm ● 议案提案日期：2007 年 1 月 25 日 议案印制存档日期：2007 年 1 月 26 日
佛蒙特州	第 S 152 号关于接触含铅消费品的铅中毒预防措施	儿童产品，如：价值在 20 美元或以下的珠宝、玩具、家具、维生素和其他副产品、个人护理品、衣服、食品和食品容器、食品包装 ● 其他消费品包括：其他消费品	<0.001%（<10 ppm） ● 第一次宣读日期：2007 年 2 月 28 日

在美国，儿童产品和玩具含铅量已备受极大关注。自 2007 年以来，美国国会已颁布了一系列限制儿童产品中含铅量的法案。2007 年 12 月，美国众议院通过了《HR 4040 消费品安全修正法案（2007）》。此法案已于 2008 年 8 月获得美国总统批准、生效，则为儿童产品和玩具设立一项联邦级别的新含铅量标准。以下（表 5-4）概括了此项法案的有关含铅量的主要部分和其他要求（经众议院批准或通过）。

表 5-4 HR 4040 实施要求

法案	范围	限制
《HR4040 消费品安全修正法案》	儿童产品（12 岁以下）	600 ppm 法案颁布后的 180 天 300 ppm 法案颁布后的 2 年 100 ppm 法案颁布后的 4 年（除非委员会确定此标准不可行）
	涂料	0.009%（90 ppm）[从 16 CFR 1303.1 标准规定的现行 0.06%（600 ppm）起始] 法案颁布后的 180 天内
	儿童产品和家具涂料和表面涂层	0.009 毫克/平方厘米 [更改 16 CFR 1303.1 标准] 法案颁布后的 180 天内

（二）含铅限用法令 16 CFR PART 1303：

"禁止带有含铅的油漆和某些含铅油漆的消费品"

目　录

§1303.1 范围与应用
§1303.2 定义
§1303.3 豁免
§1303.4 禁止的危险产品
§1303.5 判定

§1303.1　范围与应用

1. 在本 1303 部分中，消费品安全委员会宣布，凡是供消费者使用的，含有铅或铅化合物的油漆和类似的表面修饰剂，其铅含量（按金属铅计算）超过油漆不挥发物总含量的重量或干漆膜（以下将油漆和类似的表面修饰剂简称为"含铅漆"）重量的 0.06% 的，均为被禁止的危险产品，其依据为消费品安全法（CPSA）第 8 和 9 章，15 U.S.C. 2057，2058（该委员会的裁定见 1145.1 和 1145.2 部分，其依据为消费品安全法（CPSA）第 30 章，根据消费品安全法控制含铅漆和某些含有这种油漆的消费品，这是符合公众利益的）。以下消费品也被宣布为被禁止的危险产品：

（1）带有"含铅漆"的玩具及其他供儿童使用的物品。

（2）带有"含铅漆"供消费者使用的家具物品。

2. 这项禁令适用于本节第 1 款中所述范畴的，在 1978 年 2 月 27 日之后制造的产品，这在消费品安全法第 3 节第 1（1）款中被定义为术语"消费品"。因此，上述的那些通常为出售给，或使用于一个家庭或其周围环境、学校、康乐场所、或其他方面的消费者使用、消费、或观赏而生产或销售的产品，都被该法规所涵盖。用于汽车及轮船的油漆和涂料不包括在该禁令范围之内，因为它们在法定的"消费品"定义之外。除直接销售给消费者的那些产品之外，该禁令还适用于那些在其出售之后被消费者使用或欣赏的产品，诸如那些使用于住宅、学校、医院、公园、运动场及公共建筑物或其他消费者会直接接触到其油漆表面的地方。

3. 该委员会已颁布该禁令，因为它已发现存在一种过度的儿童铅中毒的危险，它与儿童有机会接触的铅含量超过 0.06% 的油漆和涂料有关，以及在消费品安全法（CPSA）范畴内没有能够充分保障公众免受这方面风险的可行的消费品安全标准。

§1303.2　定义

1. 在消费品安全法（15 U.S.C. 2052）第 3 节中的定义适用于本 1303 部分。

2. 对本部分来说：

（1）油漆和其他类似的表面涂料是指那种涂于金属、木材、石头、纸张、皮革、布料、塑胶制品或其他表面时会变成一层固态薄膜的，带有或不带细碎着色剂磁悬粉的流体、半液体或其他材料。这一术语不包括印刷油墨或那些实际上成为其基底一部分的材料，如一个塑料制品中的颜料，或那些黏结到基底的材料，如电镀层或陶瓷釉。

（2）含铅漆是指含有铅或铅化合物的油漆或其他类似的表面涂料，其铅含量（按金属铅计算）超过油漆不挥发物总含量的重量或干漆膜重量的 0.06%。

（3）供儿童使用的玩具和其他物品是指那些打算托付给或供儿童使用的玩具和其他物品。这将不包括所有那些儿童可能有机会接触到的，只因为它们存在于一个家庭中的物品。

（4）家具物品是指那些可移动的物品：①用于支承人或物的；②其他功能性或装饰性的家具物品，包括但不仅限于诸如床、书柜、椅子、箱子、桌子、梳妆台、办公桌、钢琴、落地式电视支架和沙发等产品。术语"家具物品"并不包括诸如炉灶、冰箱、洗碗机、洗衣机和烘干机、空调机、加湿器、减湿器等电器，诸如浴室固定设备、内置橱柜、枝形吊灯架、窗户和门等固定物件，或那些家居用品，如遮阳窗帘、软百叶窗或壁挂和帐帘。

§1303.3　豁免

1. 列于本节第 2 段中的产品种类是本 1303 部分所规定的禁令的豁免范围，规定：

（1）这些产品在它们的标记主显示板上应带有，除了任何可能另有要求的标记之外，信号字词"警告"（除一些必需的其他信号词之外）和以下声明："含有铅。如果食用或咀嚼，此种漆的干膜可能是有害的。"

（2）①这些产品还在它们的标记上带有下列附加的声明或其实用的等效指示：

并不适用于玩具及其他儿童的物品、家具、或那些可能被儿童拥有或使用的任何住所或设施的内表面。

并不适用于住宅功能组件的外表面，如窗台、门廊、楼梯或栏杆等儿童通常可能接触到的地方。

放置于儿童不能触及的地方。

② 如果前款第 1 (2)①项所要求的声明被设置于一块不同于主显示板的标记板上，则本节第 1 (1) 款要求设置于主显示板上的声明标记应包含以下附加声明："见（酌情插入'侧面'或'背面'）显示板上的其他警告。"

（3）遵照联邦有害物质法的 16 CFR 1500.121 的要求，规定本第 1 节所要求的安置标记声明的布局、显著性和对比度。

2. 下列产品是本 1303 部分所规定的禁令的豁免范围，它们只需遵照本节第 1 款的要求来提供：

（1）农业和工业设备整修表面的涂料。

（2）工业（与商业）建筑物和设备维修用涂料，包括交通与安全标志用涂料。

（3）绘画艺术涂料（也就是专门销售给广告牌、路标和类似用途以及工厂厂房内的识别标记使用的产品）。

（4）用于农业设备、草坪和花园设备与器具的点缀涂料。

（5）专门销售给无线电遥控动力推动的模型飞机上使用的催化涂料。

3. 下列产品是本 1303 部分所规定的禁令的豁免范围（不必作警告标记）：

（1）作为家具物品一部分的反射镜，它们是属于带有含铅衬底漆的。

（2）艺术家的油漆和相关材料。

（3）带有工厂应用的（铅）涂料的金属家具物品（但不包括儿童的金属家具）。

［42 FR 44199, Sept. 1, 1977, as amended at 43 FR 8515, 1978 年 3 月 2 日］

§1303.4 禁止的危险产品

除§1303.3 所豁免者外，1978 年 2 月 27 日之后制造的下列消费品为禁止的危险产品（见§1303.2 中的定义）：

1. 属于"含铅漆"的油漆和其他类似的表面涂料。

2. 带有"含铅漆"的玩具和其他供儿童使用的物品。

3. 带有"含铅漆"的家具物品。

§1303.5 判定

1. 伤害风险的程度和性质。

（1）该委员会判定，本法规所要消除或减少的伤害风险是儿童中的铅中毒。这种儿童中毒的不良影响可能会导致一定程度的身心失调，如机能亢进、学习能力迟钝、退学、失明，甚至死亡。

（2）铅是在人类中一种累积的有毒重金属，它对肾脏、造血功能、神经系统产生影响。较新的概念表明，儿童时期的铅中毒有三个阶段。在第一阶段对健康的不良影响不是临床出现的，但可以观察到代谢的变化。在第二阶段或有症状的阶段时，发生如食欲不振、呕吐、情感淡漠、昏昏欲睡、无法协调随意肌的运动等症状。这个阶段的后效应包括无规律的病发作，以及各种行为异常和功能性疾病，这些症状通常都被包括在轻微脑功能失调的课题下。研究表明，这种麻痹性眩晕综合征可能包括机能亢进、行为冲动、反应时间延长、知觉障碍和学习能力迟钝。在第三阶段对健康的不良影响可能是永久性的，并且可能包括失明、精神发育阻滞、行为失常和死亡。

2. 受本法令禁止的产品。

（1）受本法规禁止的产品列于§1303.4。

（2）术语"油漆"包括各种各样的涂料，诸如内部和外部的家用油漆、清漆、天然漆、染色剂、搪瓷、底漆，以及为用于不同表面而配制的类似涂料。

（3）所有通常称为玩具和其他打算供儿童使用的物品都受到本法规的监管。属于这个级别的产品的种类为数众多，包括用于游戏、娱乐、教育、健身和儿童照管等物品和设备。

（4）对本规则来说，家具物品是指某些可移动的物品，是用来支承人或物的，或其他功能性或装饰性的家具物品，如躺椅、床、桌、椅、柜和类似物品。电器和类似设备、家用固定物件和某些其他家居用品，如遮阳窗帘、百叶窗、壁挂和类似物品不包括在家具的定义范畴内。该法规适用于在家庭、学校、休闲场所，或其他场所中使用的家具。

结论：委员会认为，本法规，包括其生效日期，对消除或减少少年儿童过度的铅中毒风险是相当必要的，它与§1303.4中所描述的违禁产品有关，本法规的颁布是为了公众的利益。

附：

美国对含铅法规的最新要求（2008年9月28日公布）
（美国对儿童用品铅含量第三方合格评定机构的认可要求）

最近，美国消费品安全委员会在《联邦纪事》刊登对《美国法典》第16章第1303节（Title 16，Code of Federal Regulations，Part 1303——禁用含铅油漆规例）有关第三方认证评核机构的认证要求，即该类机构须符合有关的认证规定，才合资格就儿童用品是否符合禁用含铅油漆规例进行检测。该认证规定于2008年9月22日生效。

"儿童用品"是指主要设计或打算由12岁或以下的儿童使用的产品。《美国法典》第16章第1303节禁止使用含铅量超过0.06%的油漆和其他表面涂层，以及禁止销售涂有含铅油漆并拟供儿童使用的玩具、其他消费品和家具。根据美国《2008年消费品安全改进法》（Consumer Product Safety Improvement Act of 2008），就儿童用品的生产商（包括进口商）或自有品牌者而言，如其产品属于禁用含铅油漆规例的规管范围，则必须将2008年12月22日及以后生产的产品送交经认证的化验室检测，并必须持有就该检测化验室签发的证明书，证明产品符合禁用含铅油漆规例的规定。

一、第三方实验室的基本认证规定

根据上述《联邦纪事》公告，第三方化验室如要获认可为合资格就儿童用品是否符合禁用含铅油漆规例进行检测，必须获得国际实验室认可合作组织——多边互认协议

（International Laboratory Accreditation Cooperation—Mutual Recognition Arrangement）签署方认证机构的认可，以及必须向美国消费品安全委员会就该项认证登记，并获其接纳。协议签署方认可机构的名单可在互联网（http：//ilac.org/membersbycategory.html）上查阅。该项认证必须符合国际标准化组织的国际标准组织/国际电工委员会标准 ISO/IEC 17025：2005——检测和校准实验室能力的通用要求（General Requirements for the Competence of Testing and Calibration Laboratories），认证范围亦必须明确订明为包括符合《美国法典》第 16 章第 1303 节规定的检测。第三方化验室必须以电子方式，向美国消费品安全委员会提交证明其符合上述要求的认证副本和认证范围证明文件，以进行登记。

二、对已采取防止利益冲突措施的实验室的附加认证规定

已采取防止利益冲突措施的化验室如要取得认证资格，必须向美国消费品安全委员会呈交培训文件，以证明其雇员已接受培训，即如雇员发现制造商、自有品牌者或其他有关人士尝试隐瞒或不当干预化验室的检测结果，会以保密的方式即时通知美国消费品安全委员会。凡制造商或自有品牌者的儿童用品由其本身所持有 10%或以上权益的化验室负责检测，这项附加规定便会适用。化验室提出的申请，必须获美国消费品安全委员会以令正式接纳，该化验室才可成为经认证已采取防止利益冲突措施的化验室。

三、政府实验室的附加认证规定

除了基本的认证规定外，《2008 年消费品安全改进法》规定，在以下情况下，由政府全资或部分拥有或控制的化验室可取得认证资格：

1. 在任何国家经营的制造商或自有品牌者，在切实可行的情况下获准选择并非由该国家的政府所拥有或控制的化验室；

2. 化验室的检测结果没有受到任何人包括另一个政府单位的不当干预；

3. 相比在同一国家的其他经认证化验室，该化验室没有获得较优惠的待遇；

4. 相比在同一国家的其他经认证化验室的检测结果，政府其他机关不会较为重视该化验室的检测结果；

5. 该化验室没有就影响其本身运作的事宜，对政府其他机关作出不当干预；或对于其他负责控制产品分销的政府机关依据化验室认证评核结果所作的决定，也不会施以不当干预。

符合基本认证规定和上述条件的政府化验室，均会获美国消费品安全委员会接纳其认证资格。为确保有关政府化验室确实符合资格，美国消费品安全委员会将联络与其认证申请相关的政府单位。

四、化验室就其认证资格申请接纳的方法

美国消费品安全委员会已建立电子认证接纳和登记系统，网址为 http：//www.cpsc.gov/businfo/labaccred.html。申请人须提供基本的身份证明资料，包括其所在地、所申请的认证种类、国际实验室认可合作组织多边互认协议认证证明书和认证范围陈述书的电子副本，以及已采取防止利益冲突措施的化验室的培训文件（如适用）。美国消费品安全委员会人员会复检有关资料是否准确齐备。就第三方化验室的基本认证及政府化验室的认证而言，在复检工作和与申请人进行的所需讨论完满完成后，有关化验室便会获准列入美国消费品安全委员会的经认证化验室名单，名单会载于以下网址 http：//www.

cpsc.gov/businfo/labaccred.html。至于已采取防止利益冲突措施的化验室申请认证资格方面，在复检完成后，有关人员会就认证事宜向美国消费品安全委员会提交建议，以供考虑。如美国消费品安全委员会接纳有关人员的建议，给予该已采取防止利益冲突措施的化验室认证资格，该化验室便会获准列入美国消费品安全委员会的经认证化验室名单。美国消费品安全委员会会以电子方式个别通知有关化验室其认证资格已获接纳。在获得美国消费品安全委员会列入名单之后，有关化验室便可就制造商或自有品牌者的儿童用品进行检测，以证明产品符合禁用含铅油漆规例。

对尚未获美国消费品安全委员会接纳认证的第三方化验室经检测而发出的儿童用品证明书给予有限度的接纳。

如儿童用品在 2008 年 5 月 16 日及以后，即 2008 年 8 月 14 日（《2008 年消费品安全改进法》正式通过的日期）的 90 天前，由经认证的第三方化验室或政府化验室进行检测并发出证明书，证明符合禁用含铅油漆规例，但有关化验室本身的认证，尚未获美国消费品安全委员会接纳，则在以下情况下，美国消费品安全委员会会接纳有关证明书：

1. 该化验室在进行检测时已获国际实验室认可合作组织多边互认协议的签署方认证为符合国际标准组织/国际电工委员会标准 ISO/IEC 17025；

2. 该化验室当时所采用的认证范围已明确订明为包括符合《美国法典》第 16 章第 1303 节规定的检测；

3. 该化验室的认证申请在 2008 年 11 月 26 日或之前已根据《联邦纪事》所刊载的程序获美国消费品安全委员会接纳；

4. 在禁用含铅油漆规例制定的强制性第三方认证规定生效日期之前，该化验室的认证和包括第 1303 节在内的认证范围这两项条件一直有效。

如已采用防止利益冲突措施的化验室未获美国消费品安全委员会接纳其认证资格，该化验室为持有其 1% 或以上权益的制造商或自有品牌者就禁用含铅油漆规例所进行的检测，不可用作证明有关产品符合规定的依据。

美国消费品安全委员会公布第三方铅测试认证程序

最近，美国消费品安全委员会继续推进有关消费品安全改进法案多项条文的实施工作。其中一项重要条文是，禁售任何对象为 12 岁或以下儿童含铅量超出规定的产品。含铅量上限最初定为百万分之六百（600 ppm），于 2009 年 2 月 10 日生效，并于 2009 年 8 月 14 日起收紧至百万分之三百（300 ppm），然后于 2011 年收紧至百万分之一百（100 ppm），除非消费品安全委员会认为这个标准对某种产品或某个产品类别来说并不可行，但仍须为有关产品制订技术上可行的最低标准，即 300 ppm。

消费品安全委员会亦规定，所有进入美国的儿童产品，须领有第三方安全认证。遵守这项规定的期限可能因产品而异，视消费品安全委员会颁布适用认证规定的日期而定。2008 年 9 月 22 日，消费品安全委员会于《联邦纪事》刊登对儿童产品面漆含铅量进行测试的第三方守规评核机构须符合的认证要求。含铅漆的第三方测试规定将适用于在 12 月 22 日或以后制造的儿童产品。

消费品安全委员会指出，第三方化验室如欲取得测试儿童产品面漆含铅量的认证资格，必须领有签署国际化验室认证联盟的相互确认协议的评核机构发出的认证，认证亦必须向消费品安全委员会登记并获委员会认可。有关评核机构名单，载于以下网址：http://ilac.org/membersbycategory.html。认证必须达到国际标准化组织标准 ISO/IEC17025：2005——检测和校准实验室能力的通用要求，认证范围亦必须包括符合《美国法典》第 16 章第 1303 节规定的测试。认证正本及相关证明文件必须以电子方式传送予消费品安全委员会。消费品安全委员会将在其网站刊登已获发认证的化验室的最新名单，以及每项认证的范围。

除基本认证要求外，申请认证资格的化验室必须向消费品安全委员会提交文件，证明雇员已受过训练，能够于生产商、私人品牌商或其他有关人士试图隐瞒化验室的测试结果或对测试结果施加影响时，以保密方式即时通知消费品安全委员会。任何化验室若有 10% 或以上权益由儿童产品制造商或私人品牌商持有并替其产品进行测试，一律适用这项额外规定。

消费品安全委员会已建立网上电子认证接纳及登记系统，网址为 http://www.cpsc.gov/businfo/labaccred.html。上述第三方认证规定已于 2008 年 9 月 22 日生效，但业者仍可于 10 月 22 日或之前递交有关认证程序及总体认证方法的建议。

此外，消费品安全委员会已发表一份内部咨询意见书，讨论面漆含铅禁令是否只适用于在 2009 年 2 月 10 日或以后制造的产品，抑或同时适用于在该日期前的库存或上架产品。意见书提出法律分析，为不得在 2009 年 2 月 10 日以后销售含铅量上限超出消费品安全改进法案规定的库存或上架产品的结论提供依据。咨询意见书仍须获消费品安全委员会通过，相信可能会有所修订或被取代。传闻如果消费品安全委员会采纳意见书而不作出任何修订，有业者会入禀法庭，对意见书提出异议。

在未来数月，消费品安全委员会将在其总部马里兰州毕士大召开以下公众会议，讨论消费品安全改进法案涉及的不同范畴：

测试及认证——10 月 2 日
全地形车辆——10 月 16 日
铅——11 月 6 日
邻苯二甲酸酯——12 月 4 日

六、美国对木制品家具中的甲醛限量要求

甲醛主要来源于家具产品和建筑材料中。在木材工业上，甲醛用于各类人造板、脲醛树脂、胶粘剂、皮革鞣剂、木材防腐剂等。甲醛被国际癌症研究机构（IARC）划分为

致癌物质，属于致敏物质和致畸变物质，容易发生过敏反应，破坏肌膜，破坏中枢神经系统、肝脏和肾脏。健康危害程度依据暴露级别而定。据研究分析，如果儿童长期处于甲醛量高于 16 ppb 的环境中，将会引起咳嗽和过敏反应；高于 50 ppb 的环境将有可能引起哮喘。

（一）美国住房与城市发展部（HUD）制定的甲醛限量要求

家居中，甲醛的主要来源为建材、抽烟、家居用品、燃烧等，其中最主要的是人造板、家具，室内用人造板包括了刨花板、胶合板、中密度纤维板及其饰面板等。通常，室内或室外空气正常的甲醛平均含量低于 0.06 ppm，世界卫生组织（WHO）推荐的室内甲醛含量为不大于 0.05ppm。

美国住房与城市发展部（HUD）在美国联邦法规"家庭建筑及安全标准 24CFR 3280"中规定，家居中使用的人造板和家具用人造板的甲醛含量为不大于 0.2ppm 或 0.3ppm（具体见表 5-5），采用了与室内暴露面积相当的承载率来规定木制品甲醛释放标准。同时，规定了采用 ANSI 标准进行甲醛检测。

表 5-5　美国 HUD 公布的木制品甲醛要求

产品类别	要求 ppm	承载率 m²/m³	标　准	方　法
刨花板（所有级别，除了地板）	0.3	0.425	ANSI A208.1-1999-Standard for Particleboard	
地板等级刨花板、衬垫材料	0.2	0.4	ANSI A208.1-1999-Standard for Particleboard/ANSI /HPVA EF：2002	
MDF 中密度纤维板	0.3	0.26	ANSI A208.2-2002-Standard for MDF	ASTM E1333-96
硬木制胶合板（除了壁板）	0.2	0.425	ANSI/HPVA HP-1：2004	
壁板（硬木制胶合板）	0.2	0.95	ANSI/HPVA HP-SG：1996	

在美国，胶合板及各种复合板的甲醛释放量检测通常采用标准 ASTM E1333 "用大室法在给定条件下确定木制品甲醛释放量的标准试验方法"（Determining Formaldehyde Levels from Wood Products under Defined Test Conditions Using a Large Chamber），该方法规定用容积为 22.6 m³（800 ft³）的测试室，装载率如表 5-5，室内温度（25±1）℃，相对湿度（50±4）%，换气数（0.5±0.05）次/h，不用封边处理，平衡处理 7 天，测试周期 16~20 h。另外，也允许采用小室法 ASTM D6007-02——Small Scale Method for Determining Formaldehyde Emissions from Wood Products，该方法规定用 1m³ 的测试室，或者干燥器法 ASTM D5582-00——Determining Formaldehyde Levels from Wood Products Using a Desiccator。

（二）美国 BIFMA 制定的家具中甲醛限量要求

美国办公家具协会（BIFMA），是一个由 260 家办公家具生产、销售和消费公司组成的非营利性组织，代表了北美办公家具 80%市场份额的家具商的利益。BIFMA 标准因内容全、技术严格而闻名，赢得世界业界的广泛认可，到美国的家具都被建议进行 BIFMA 测试，它代表着产品的安全和质量。2007 年 BIFMA 又相继制订了办公家具中甲醛、VOC 的限量与检测方法标准：BIFMA M7.1-2007 和 BIFMA X7.1-2007。

表 5-6　家具与座椅系统引起的室内空气浓度限量

Chemical/Chemical Group	Workstation Systems （all configuration types）	Seating
总挥发性有机化合物 TVOC toluene1	≤0.5 mg/m³	≤ 0.25 mg/m³
甲醛 Formaldehyde	≤50 ppb	≤25 ppb
Total Aldehydes₂ 醛类	≤100 ppb	≤50 ppb
4-Phenylcyclohexene 苯基环己烯	≤0.0065 mg/m³	≤0.00325 mg/m³

（三）美国加州对木制品甲醛限量的新法规

美国加州空气资源管理委员会（CARB）于 2008 年 4 月投票通过了一项对木质人造板中甲醛释放的限令，即"有毒物质空气传播控制措施（Airborne Toxic Control Measure，ATCM）《降低复合木制品甲醛排放的有毒物质空气传播控制措施》，California Code of Regulations（CCR）第 93120 节"。这项法规成为了全球对复合木制品甲醛释放量最严格的生产标准，而且必须通过第三方认证，并清楚地打上标记，以表明符合加州的要求。所有进口和国产的产品均受此法规管制。

1. 出台背景、目的

使用含有甲醛的胶粘剂和树脂是空气中产生甲醛的主要原因。木材工业中经常使用含甲醛的胶粘剂或树脂。美国 ARB 曾经做过调查研究，表明人类暴露于甲醛环境中吸入甲醛的一个重要原因是含有脲醛树脂的复合板释放出大量的甲醛气体。

美国住房与城市发展部（HUD）于 1984 年制订的建设住宅标准中涉及对木制品甲

醛含量的要求（胶合板 0.2 ppm，刨花板和中密度纤维板 0.3 ppm），至今已经近 25 年。

为降低来自阔叶木胶合板（HWPW）、刨花板（PB）以及中密度纤维板（MDF）的甲醛排放，减少公众与甲醛的接触，减少甲醛的吸入，保护消费者的健康与安全，美国 ARB 颁发修改了《加利福尼亚州规则法典》第 17 册新增的第 93120–93120.12——降低复合木制品甲醛排放的有毒物质空气传播控制措施。

2. 范围、适用性

（1）范围：本项法规所指的木质人造板产品包括：硬木胶合板、刨花板、中密度纤维板，以及由上述材料制造的制成品如木制品、家具、木制玩具等。

（2）适用性：本项测量适用于：

①在加利福尼亚州销售、供应、使用或制造的硬木胶合板、刨花板和中密度纤维板的制造商；

②在加利福尼亚州销售、供应、使用或制造的硬木胶合板、刨花板和中密度纤维板的销售商；

③在加利福尼亚州销售、供应、使用或制造的木质人造板及含有木质人造板的制品的进口商；

④应用硬木胶合板、刨花板和中密度纤维板制造其他产品在加利福尼亚州销售、供应的组装制造商；

⑤在加利福尼亚州销售、供应、使用或制造的木质人造板及含有木质人造板的制品的零售商；

⑥在第 93120.1 章中的标题 17 中定义了第三方认证；

⑦此有毒物质空气传播控制措施不适用于经制造、分销、加工、进口、销售、供销或供应以在加利福尼亚境外装运和使用的硬木胶合板、刨花板、中密度纤维板以及含有复合木制品的成品。

3. 措施的实施

该措施的实施时间分两阶段（P1，P2），实施时间及规定如下：

硬木胶合板（Hardwood Plywood，HWPW）、刨花板（Particleboard，PB）和中密度纤维板（Medium Density Fiberboard，MDF）的甲醛排放标准如表 5-7。

表 5-7　美国加州木制品甲醛新规范要求

硬木胶合板（HWPW）、刨花板（PB）和中密度纤维板（MDF）第 1 和第 2 阶段的甲醛排放标准①					
生效日期	第 1 阶段（P1）和第 2 阶段（P2）的排放标准（ppm）				
	HWPW–VC	HWPW–CC	PB	MDF	薄 MDF
1-1-2009	P1：0.08	—	P1：0.18	P1：0.21	P1：0.21
7-1-2009	—	P1：0.08	—	—	—
1-1-2010	P2：0.05	—	—	—	—
1-1-2011	—	—	P2：0.09	P2：0.11	—

硬木胶合板（HWPW）、刨花板（PB）和中密度纤维板（MDF）第1和第2阶段的甲醛排放标准①				
生效日期	第1阶段（P1）和第2阶段（P2）的排放标准（ppm）			
	HWPW-VC	HWPW-CC	PB	MDF	薄MDF
1-1-2012	—	—	—	—	P2：0.13
7-1-2012	—	P2：0.05	—	—	—

① 基于主要测试方法〔ASTM E 1333-96 (2002)〕（百万分之几，ppm）。HWPW-VC 指单板芯；HWPW-CC 指复合芯。

表 5-8 2009 年开始实施的 CARB 93120# 甲醛释放法规

硬木胶合板（HWPW）、刨花板（PB）和中密度纤维板（MDF）第1和第2阶段的甲醛排放标准①				
第1阶段 释放标准（ppm）				
生效日期	硬木胶合板（单板芯）	硬木胶合板（复合板芯）	刨花板	中密度纤维板（厚度≥8 mm）	薄型中密度纤维板（厚度<8 mm）
美国 HUD 现行标准	0.2 ppm	0.2 ppm	0.3 ppm	0.3 ppm	0.3 ppm
2009.1.1	0.08 ppm	—	0.18 ppm	0.21 ppm	0.21 ppm
2009.7.1	—	0.08 ppm	—	—	—
第2阶段 释放标准（ppm）				
2011.1.1	0.05 ppm	—	0.09 ppm	0.11 ppm	—
2012.1.1	—	—	—	—	0.13 ppm
2012.7.1	—	0.05 ppm	—	—	—

① 基于主要测试方法〔ASTM E 1333-96 (2002)〕（百万分之几，ppm）。

所有 HWPW、PB 和 MDF 制造商必须遵守上述排放标准要求。

4. 产品贴标要求

每块木板或每堆复合木制品必须明确贴标，以表明其符合规定的排放标准。卷标至少应当包括下述所有信息：

①制造商的名称；

②产品批号或所生产的批量；

③表示复合木制品符合第 93120.2（a）节中规定的适用第 1 或 2 阶段排放标准，或是用 ULEF 树脂或不添加甲醛基树脂制成的标志；

④如可能，ARB 分配的经批准之第三方认证机构的编号。

5. 符合性声明

对于每种复合木制品，制造商必须在提单或发票上包括：①如果适用，ARB 分配的经批准之第三方认证机构的编号；②表明复合木制品符合第 93120.2（a）节中规定的适用第 1 或第 2 阶段排放标准，以及是用 ULEF 树脂或不添加甲醛基树脂制成（如果适用）的声明。

6. 记录保存

对硬木胶合板（HWPW）、刨花板（PB）和中密度纤维板（MDF）制造商的记录保存要求。

7. 设施检查

根据第 93120.12 节中附录 2 和 3 的规定，第三方认证机构可能检查每个制造工厂。

8. 测试方法

①主要方法：大型气候箱法 ASTM E 1333-96（2002）large chamber，size≥22m³。

②次要方法：小型气候箱法 ASTM D 6007 Small chamber，size 0.02m³~1m³，同时规定需要与 ASTM E 1333 的方法做相关性的比对试验，确保符合要求；穿孔萃取法 EN 120。

③工厂内控方法：干燥器法 ASTM D 5582、JIS A 1460 Desiccator method。

在工厂进行小规模的品质质量控制，同时规定需要与 ASTM E 1333 的方法做相关性的比对试验，确保符合要求。

美国加州甲醛新法规要求使用 ASTM E 1333 环境气候箱法测定甲醛释放量。该法可以给出板材释放甲醛的时间过程，并且其测定结果更能反映民用建筑室内环境的实际情况，因此，其测量结果更接近于实际，也更有用，它代表着人造板甲醛释放量测试的发展趋势。目前美国采用环境测试舱法而不再采用穿孔法，并且建议用大环境气候箱进行测试。但环境气候箱法检测成本大，又只限于美国十多个指定认可实验室，对我国生产厂家有很大难度。

（四）美国 HUD 标准与加州甲醛新标准的对比及影响

美国加利福尼亚州空气资源管理委员会（CARB）通过了降低复合木制品甲醛排放的有毒物质空气传播控制措施 93120#。该项措施所构筑起的"绿色壁垒"，有可能改变整个人造板业及其相关产业如家具业、地板业等的国际贸易格局。措施要求自 2009 年 1 月 1 日起，在加利福尼亚州出售和使用的硬木胶合板、刨花板以及中密度纤维板等的甲醛排放量分两个阶段降低限量要求，第一阶段（2009 年 1 月 1 日起）由原来的 0.2 ppm 降低为 0.08 ppm（胶合板）、0.3 ppm 降低为 0.18 ppm（刨花板）、0.3 ppm 降低为 0.21 ppm（中密度纤维板）等，并计划在下阶段进一步降低上述制品的甲醛排放标准。该措施也适用于含有这些材料的成品，包括室内家具、橱柜、棚架、工作台面、地板和（装饰用）外框等。新法规的甲醛限量要求，第一阶段（P1）的限量标准与日本的 F☆☆☆ 标准相当，第二阶段（P2）的限量标准和日本的 F☆☆☆☆相当，是相当严格的要求。

该措施同时限制了甲醛检测必须由 CARB 认可的第三方检测机构、并限于使用 ASTM E 1333 检测方法。该项措施的实施将对家具等相关产业产生深远的影响。尽管这是在美国加利福尼亚州实施的措施，但由于美国其他各州并没有相关的法规，所以各州有可能参照执行，实际上很有可能成为美国的一项联邦法规，甚至欧洲也将仿照执行。涉及家具供应商的一个问题是如何证明产品是符合甲醛标准的。由 CARB 认可的第三方认证机构将被要求去对合成板材的生产商进行认证，检验其是否符合标准，而且还包括对制造商所作的甲醛检验的精度进行确认。

保留和记录各种产品数据是确保通过新标准的关键。规定要求整个供应链的档案文件都必须得到完整的保存，从合成板的生产到销售到全球，再到零售终端，这将是一个繁杂的工作。必须关注到每一个板材制造商并且能够证明这些供应商得到适当的监控，CARB 信息官 Dimitri Stanich 负责这项法律的实施，他说："供应链条的每一个人——从供应商到生产商再到销售商——都有责任保证所有的活动都必须符合此规定。"规定要求所有的木制品都标记上 CARB 的认证字样，每一个与此类产品相关的单位需要表明当他们接收到这些产品的时候，板材上带有合格的标签。由于被 CARB 批准的第三方的认证机构很少，因此对于亚洲的供应链来说，想得到第三方认证机构的时间表将是不现实的。

美国加利福尼亚州空气资源管理委员会（CARB）关于木质人造板中甲醛释放量的法规（ATCM）内容十分庞杂、详尽，全文达 100 多页。这项法规的实施将对人造板业有着深远的影响。尽管这是在加州实施的法规，但其内容和采取的措施与最近"美国消费品安全法修正案"（H.R.4040 法案）如出一辙，在实施周期上分阶段逐步加严，不但限量有要求，产品必须由经认可的第三方检测和认证，还有标签要求、处罚措施等。同时由于美国其他各州并没有相关的甲醛法规，所以各州很可能参照执行，实际上它有可能成为美国的一项联邦法规，甚至欧洲也将仿效，从而类似于欧盟的化学品法规（REARC）一样构筑起高高的"绿色壁垒"，可能改变整个人造板业及其相关产业如家具业、地板业等的国际贸易的格局。要有一个清醒的认识，高度重视在经济全球化的新形势下国际贸易的新的"游戏规则"。

加州新法规要求到明年比 HUD 标准降低 60%，于 2011 年达到 75%。这一规定将会成为美国其他各州的参考标准。此规定的实施第一阶段将从 2009 年 1 月 1 日正式开始。

最终产品中甲醛含量的测试方法将按照指定的检测方法 ASTM E 1333 大型气候箱法进行测试，零售店产品的检查将按 ASTM D 6007 小型气候箱法执行。从 2009 年起直至 2012 年，美国木制品甲醛要求将比欧洲还要严格！因为，该法规明确使用指定检测方法——大型气候箱法和指定第三方认可机构进行检测、认证。

（五）"降低复合木制品甲醛排放的有毒物质空气传播控制措施"全文

此译文是由加利福尼亚空气资源委员会免费提供，以协助公众理解该法规的要求。然而，该译文并不具有任何法律效力，亦不控制或影响该计划的解释、管理和执行。该法规的正式英文版是起控制作用的权威版本，当解决关于该法规之要求的任何问题时，必须查阅其正式英文版。

最终管制令

降低复合木制品甲醛排放的有毒物质空气传播控制措施

通过《加利福尼亚州规则法典》第 17 册新增的第 93120–93120.12 各节，内容如下：

一、第 93120 节降低复合木制品甲醛排放的有毒物质空气传播控制措施

1. 降低复合木制品甲醛排放的有毒物质空气传播控制措施包含在第 93120 节至第 93120.12 节中。

2. 目的。此有毒物质空气传播控制措施旨在降低在加利福尼亚销售、供销、供应、使用或制造销售的复合木制品，以及含有复合木制品之成品的甲醛排放。此法规中所涉及的复合木制品是指硬木胶合板、刨花板和中密度纤维板。

3. 适用范围。此有毒物质空气传播控制措施适用于：

（1）制造、销售、供销或供应硬木胶合板、刨花板和中密度纤维板以在加利福尼亚使用的制造商；

（2）销售、供销或供应硬木胶合板、刨花板、中密度纤维板以及含有复合木制品之成品以在加利福尼亚使用的销售商；

（3）销售、供销或供应硬木胶合板、刨花板、中密度纤维板以及含有复合木制品之成品以在加利福尼亚使用的进口商；

（4）使用硬木胶合板、刨花板和中密度纤维板制造其他商品并销售、供销或供应以在加利福尼亚使用的加工商；

（5）销售、供销或供应硬木胶合板、刨花板、中密度纤维板以及含有复合木制品之成品以在加利福尼亚使用的零售商；

（6）《加利福尼亚州规则法典》第 17 册第 93120.1 节所定义的第三方认证机构。

4. 此有毒物质空气传播控制措施不适用于经制造、分销、加工、进口、销售、供销或供应以在加利福尼亚境外装运和使用的硬木胶合板、刨花板、中密度纤维板以及含有复合木制品的成品。

注：引用的权威资料：《健康与安全法典》（Health and Safety Code）第 39600、39601、39650、39658、39659、39665、39666 和 41712 节。参考文献：《健康与安全法典》第 39650、39658、39659、39666 和 41712 节。

二、93120.1 定义

就此有毒物质空气传播控制措施而言，下列定义将适用：

（1）"ANSI" 指美国国家标准协会（American National Standards Institute）。

（2）"ARB" 指加利福尼亚空气资源委员会（Air Resources Board）。

（3）"ASTM" 指美国材料与试验协会（American Society for Testing and Materials）。

（4）"批量" 指在一次轮班期间（8 或 12 小时，加上或减去 1 个小时的生产时间）所制造的复合木制品数量。

（5）"组合芯" 指用于制造硬木胶合板的基板，由数层薄板和刨花板或中密度纤维板组合构成。

(6)"组成部件"指含有一种或多种复合木制品并用于组装成品的装配部件。

(7)"复合芯"指用于制造硬木胶合板或层压制品的基板,由刨花板和/或中密度纤维板或组合芯构成。

(8)"复合木制品"指硬木胶合板、刨花板和中密度纤维板。"复合木制品"不包括硬质纤维板、《自愿性产品标准——结构胶合板》(Voluntary Product Standard-Structural Plywood, PS 1-07)中所规定的结构胶合板、《自愿性产品标准——木基结构板的性能标准》(Voluntary Product Standard -Performance Standard for Wood –Based –Use Panels, PS 2-04)中所规定的结构板、《结构复合木制品评估的标准规范》(Standard Specification for Evaluation of Structural Composite Lumber Products, ASTM D 5456-06)中所规定的结构复合木材、"结构胶粘层压板"(Structural Glued Laminated Timber, ANSI A190.1-2002)中所规定的定向粒片板和胶粘层压板、《预制工字型木搁栅之结构能力的确定和监测标准规范》(Standard Specification for Establishing and Monitoring Structural Capacities of Prefabricated Wood I-Joists, ASTM D 5055-05)中所规定的预制工字型木搁栅、指接材,或《加利福尼亚车辆法典》(California Vehicle Code)第 430 节中定义的新车辆(娱乐用车辆除外)、轨道车、船、宇宙飞行器或航空器中所使用的"复合木制品"。

(9)"分销商"指因转售或商业分配目的而向其销售或供应复合木制品或成品的任何人士,但制造商和零售商不是"分销商"。

(10)"门"指用于封闭房间、壁橱或入口的成品。"门"可透过铰链移动、可滑动或旋转,是由一块活动的木板或数块木板组合而成,且可能包括组成部件。

(11)"执行官"指加利福尼亚空气资源委员会的"执行官"或其代表。

(12)"加工商"指使用复合木制品制造成品的任何人士。"加工商"包括层压制品的生产商。

(13)"设施"指在加利福尼亚境内制造、测试、使用、供应或供销或销售复合木制品或成品的任何场所。"设施"包括但不限于制造工厂、测试实验室、配销中心、装配工厂、仓库和零售商店。

(14)"纤维"指木材或类似纤维素材料的细长丝状成分,可透过化学和/或机械方法(如制浆)分开,且可形成木板。

(15)"成品"指含有硬木胶合板、刨花板或中密度纤维板的任何货物或产品,木板除外。尽管组成部件被用于组装成品,但其本身并非"成品"。"成品"不包括使用过的货物,如古董或二手家具。就此小节而言,"使用过的货物"指以前销售或供应给最终买方的"成品"。"最终买方"指因转售以外的其他原因而诚心诚意购买或获得"成品"的第一个人。

(16)"甲醛"指在室温时无色,在浓度升高时有一股强烈的刺激性气味的气体,可刺激眼睛、鼻子和肺部(即 CAS No. 50-00-0)。

(17)"硬质纤维板"指由纤维素纤维构成的复合板,是在使用或不使用树脂的情况下透过干法或湿法成形和热压纤维垫子制造而成,符合以下 ANSI 标准之一:《基本硬质纤维板》(Basic Hardboard, ANSI A135.4-2004)、《预制硬质纤维板嵌板》(Prefinished Hardboard Paneling, ANSI A135.5-2004)或《硬质纤维板墙板》(Hardboard Siding, ANSI

A135.6—2006)。

(18) "硬木"指每年落叶的阔叶树的木材。"硬木"包括但不限于白杨木、桦木和橡木。

(19) "硬木胶合板"(HWPW)指经粘合剂粘接，由硬木层或数层薄板或薄板结合并由木芯、复合芯、特殊的芯板材料或特殊的背板材料构成的基板而组合成的木板。面板可由硬木或装饰性软木物质组成 (ANSI/HPVA HP-1-2004)。"硬木胶合板"包括壁板、工业用木板以及用于地板制作的"硬木胶合板"嵌板。"硬木胶合板"不包括层压制品、军用特殊胶合板或曲面胶合板。

(20) "硬木胶合板——复合芯"(HWPW-CC)指带复合芯的硬木胶合板。

(21) "硬木胶合板——单板芯"(HWPW-VC)指带由一层或数层薄板组成的芯的硬木胶合板。

(22) "HPVA"指硬木胶合板与薄板协会 (Hardwood Plywood and Veneer Association)。

(23) "进口商"指《联邦法规法典》(Code of Federal Regulations) 第 19 册第 101.1 节海关与边境保护署 (Bureau of Customs and Border Protection) 的法规中所定义的个人或实体。

(24) "层压板"指附在基板上作为装饰性表面的薄板或其他材料。

(25) "层压制品"指由加工商制造的有一块或多块层压板附在基板上的成品或成品的组成部件。如果基板由复合木制品构成，则基板必须符合适用的排放标准。

(26) "批次"指在以下时间段内生产的一种类型产品的数量：①从一次生产作业开始直到首次质量控制测试；②两次质量控制测试期间；③从最后一次质量控制测试到一次生产作业结束。

(27) "制造商"指制造或生产复合木制品的任何人士。

(28) "中密度纤维板"(MDF)指由纤维素纤维（通常为木材）构成的木板，是通过干法成形和热压用树脂浸透的纤维垫子制造而成 (ANSI A208.2-2002)。

(29) "不添加甲醛基树脂"指透过使用不添加甲醛作为树脂交联结构的一部分而配制成的树脂，可用于制造硬木胶合板、刨花板或中密度纤维板。"不添加甲醛基树脂"包括但不限于用大豆、聚乙酸乙烯或亚甲基二异氰酸酯制成的树脂。

(30) "木板"指由复合木制品制造商生产以供销售、供应或配销的任何刨花板、中密度纤维板或硬木胶合板。

(31) "颗粒"指透过机械方式生成的木材或其他纤维素材料的明显碎片，可和树脂一同用于制造刨花板。"颗粒"在尺寸上比纤维要大。

(32) "刨花板"指由以分散颗粒形式（区别于纤维、薄片或丝条）的纤维素材料（通常为木材）透过与树脂一同压缩而成的木板 (ANSI A208.1-1999)。

(33) "人士"的含义应与《健康与安全法典》第 39047 节的定义相同。

(34) "基板"指用于硬木胶合板或层压制品制造的单板芯、复合芯、组合芯、木芯板或特殊的芯部材料。

(35) "胶合板"指由数层薄木板结合基板透过与树脂一同压缩而成的木板产品。

"胶合板"包括通过将薄板热压或冷压（与树脂一起）到基板上而制成的木板产品。

（36）"产品类型"指在组成、厚度、层数（如果是硬木胶合板）以及树脂等方面不同于其他复合木制品的一种复合木制品类型，以区别同一制造商生产的不同复合木制品。

（37）"娱乐用车辆"的含义与加利福尼亚《健康与安全法典》第18010节的定义相同。

（38）"零售商"指直接向消费者销售、供销或供应复合木制品或含有复合木制品之成品的个人或实体。

（39）"软木"指用针叶树制成的木材（ANSI/HPVA HP-1-2004）。

（40）"薄MDF"指最大厚度为8毫米的中密度纤维板。

（41）"第三方认证机构"指执行官批准的，承担以下职责的组织或实体：核实制造商进行甲醛排放试验所使用的排放测试程序与设施的准确性，监督制造商质量保证计划，并提供独立的审核和检查。

（42）"超低排放甲醛（ULEF）树脂"指配方中平均甲醛排放量始终低于第93120.2节中第2阶段之排放标准的树脂，见第93120.3节第4条的规定。

（43）"薄板"指从原木上剥离或切削出来的薄片木材，用于木制品（如胶合板、层压薄木板、层压制品或其他产品）的制造。

（44）"单板芯"指由薄板构成的用于制造胶合板的芯部材料。

（45）"窗户"指安装在建筑物墙壁开口处的、由框架构成的成品，框架中有固定的玻璃窗格，以允许空气和/或光线进入。框架包括边框、窗挺、窗框和栏杆，但不包括窗台、窗搁栅和窗座。

注：引用的权威资料：《健康与安全法典》第39600、39601、39650、39658、39659、39666和41712节。参考文献：《健康与安全法典》第39650、39658、39659、39665、39666和41712节。

三、93120.2 硬木胶合板（Hardwood Plywood，HWPW）、刨花板（Particleboard，PB）和中密度纤维板（Medium Density Fiberboard，MDF）的甲醛排放标准

1. 排放标准。

表5-9中的甲醛排放标准适用于在加利福尼亚销售、供应、供销或制造销售的硬木胶合板（HWPW）、刨花板（PB）和中密度纤维板（MDF）。

除了第93120.2节第2条"豁免"中所规定的，以及第93120.12节附录1中的"延续销售"规定外，在销售或制造时，任何人不得在加利福尼亚销售、供应、供销或制造销售在表5-9所规定的生效日期当天或之后不符合表5-9中之排放标准的任何复合木制品。

如果出现以下情况，则产品"不符合表5-9中的排放标准"：

（1）复合木制品由不具备以下条件的制造商生产：符合第93120.3节第2条要求的现行第三方认证计划，获得第93120.3节第3条中规定的使用不添加甲醛基树脂的ARB有效批准，获得第93120.3节第4条中规定的使用ULEF树脂的ARB有效批准；

（2）由制造商或第三方认证机构进行之测试的记录表明，根据下述方法，在加利福尼亚销售、供应或供销的特定复合木制品超过表5-9中规定的适用排放标准：第93120.9节第1条中规定的硬木胶合板、刨花板和中密度纤维板符合性测试程序或第93120.9节第4条中规定的质量控制测试方法（受制于允许的重新测试、处置或处理）；

表 5-9　硬木胶合板（HWPW）、刨花板（PB）和中密度纤维板（MDF）第 1 和第 2 阶段的甲醛排放标准[①]

生效日期	——第 1 阶段（P1）和第 2 阶段（P2）的排放标准（ppm）——				
	HWPW-VC	HWPW-CC	PB	MDF	薄 MDF
1-1-2009	P1：0.08	—	P1：0.18	P1：0.21	P1：0.21
7-1-2009	—	P1：0.08	—	—	—
1-1-2010	P2：0.05	—	—	—	—
1-1-2011	—	—	P2：0.09	P2：0.11	—
1-1-2012	—	—	—	—	P2：0.13
7-1-2012	—	P2：0.05	—	—	—

① 基于主要测试方法［ASTM E 1333-96（2002）］（百万分之几，ppm）。HWPW-VC 指单板芯；HWPW-CC 指复合芯。

（3）透过使用第 93120.9 节第 1 条中规定的符合性测试方法或第 93120.9 节第 2 条中规定的执行测试方法，在制造出来后的任何时间对制造商所生产的复合木制品进行测试，且测试结果超过表 5-9 中规定的适用排放标准；

（4）根据以上第（1）、（2）或（3）段所阐明的标准，成品含有不符合表 1 中之排放标准的任何复合木制品；

（5）透过使用第 93120.9 节第 3 条中规定的成品执行测试方法，发现成品含有不符合表 5-9 中之适用排放标准的任何复合木制品。

2. 豁免。

（1）第 93120.2 节第 1 条中的排放标准不适用于经制造、销售、供销或供应以在加利福尼亚境外装运和使用的复合木制品或含有这些材料的成品。

（2）第 93120.2 节第 1 条中的排放标准不适用于在须遵守美国住房与城市发展部（Department of Housing and Urban Development）法规（《联邦法规法典》第 24 册第 3280.308 节）的活动房屋中制造、销售、供安装或安装的硬木胶合板和刨花板材料。

（3）如需符合第 93120.2 节第 2（1）款或 93120.2 节第 2（2）款中规定的豁免条件，请求豁免的人士必须保存适当的文件，以证明符合豁免标准。

注：引用的权威资料：《健康与安全法典》第 39600、39601、39650、39658、39659、39666、41511 和 41712 节。
参考文献：《健康与安全法典》第 39650、39658、39659、39665、39666、41511 和 41712 节。

四、93120.3 对硬木胶合板（HWPW）、刨花板（PB）和中密度纤维板（MDF）制造商的要求

1. 排放标准。所有 HWPW、PB 和 MDF 制造商必须遵守第 93120.2 节第 1 条中的要求。除了第 93120.12 节的附录 1 中所规定的"延续销售"规定外，在第 93120.2 节第 1 条规定的生效日期当天或之后销售、供应或供销的所有 HWPW、PB 和 MDF 必须符合第 93120.2 节第 1 条中规定的排放标准。

2. 第三方认证。对于使用含有甲醛的树脂的 HWPW、PB 和 MDF 制造商而言，必须由根据第 93120.4 节的要求经 ARB 批准的第三方认证机构核实与第 93120.2 节第 1 条中规定的排放标准的符合性。这些制造商还必须遵守第 93120.12 节的附录 2 中规定的质量保证要求。

3. 对含不添加甲醛基树脂之 HWPW、PB 和 MDF 制造商的特殊规定。

（1）经执行官书面批准，计划使用不添加甲醛基树脂的 HWPW、PB 和 MDF 制造商不必遵守第 93120.3 节第 2 条的要求。如需申请 ARB 批准，制造商必须向执行官提交以下信息：①表明将使用不添加甲醛基树脂制造哪些产品类型在加利福尼亚销售的声明；②候选不添加甲醛基树脂的化学式表示，包括基础树脂、催化剂和用于制造的其他添加剂；③经 ARB 批准的第三方认证机构的名称；④关于候选不添加甲醛基树脂之排放性能的数据。根据第 93120.12 节的附录 2 中的要求，这些数据必须是透过与经 ARB 批准的第三方认证机构合作而获得，且必须包括三个月的常规质量控制测试数据、常规质量控制测试数据与主要或次要方法测试数据的相关性以及一项主要或次要方法测试的结果。三个月的常规质量控制测试数据以及一项主要或次要方法测试之结果的 90% 必须不高于 0.04 ppm。此外，有关 HWPW 的所有数据必须不高于 0.05 ppm，PB、MDF 和薄 MDF 的不高于 0.06 ppm。

（2）在收到制造商的申请书之后 45 天内，执行官应当以书面形式告知申请人，申请书完整且接受申请，或申请书不完整，并应指出使申请书完整所需的具体信息。

（3）在收到因回复执行官给出的申请书不完整这一判定而提供的额外信息之后 30 天内，执行官应当以书面形式告知申请人，新信息足以使申请书完整且接受申请，或申请书仍不完整，并应指出使申请书完整所需的具体信息。

（4）在申请书已被视为完整之后 90 天内，执行官应当批准或否决该申请。如果申请人提交的证据足以证明申请人已满足第 93120.3 节第 3（1）款的要求，则执行官应当发布"执行命令"批准该申请。批准的有效期限应为两年，制造商可根据本节中的规定申请重新批准。重新批准的申请书必须包括每个产品类型的至少一项主要或次要方法测试的结果（基于经 ARB 批准的第三方认证机构随机选择和测试的一块或一组木板），以及不添加甲醛基树脂的化学式表示。

（5）在处理申请的过程中，执行官可要求申请人阐明、详述、纠正或补充申请所需的信息。申请人和执行官可共同商定延长确定申请书是否完整，或批准或否决申请书的时限。

（6）如果制造商决定改用甲醛基树脂，则必须提前通知 ARB，且制造商必须遵守第 93120.3 节第 2 条中关于该产品类型的要求。

4. 对含超低排放甲醛（ULEF）树脂之 HWPW、PB 和 MDF 制造商的特殊规定。

（1）经执行官书面同意，计划使用超低排放甲醛（ULEF）树脂的 HWPW、PB 和 MDF 制造商可以低于标准要求的频率测试其产品。第 93120.12 节的附录 2 中规定了适用于使用 ULEF 树脂之制造商的测试频率。如需申请 ARB 批准，制造商必须向执行官提交以下信息：①表明将使用 ULEF 树脂制造哪些产品类型在加利福尼亚销售的声明；②候选 ULEF 树脂的化学式表示，包括基础树脂、净化树脂、净化添加剂、催化剂和用于制造的其他添加剂；③经 ARB 批准的第三方认证机构的名称；④关于候选 ULEF 树脂之排放性能的数据，以证明用这些树脂制造的木板始终可达到以下要求：

a. 对于 HWPW 而言，可达到第 93120.2 节第 1 条中规定的第 2 阶段的排放标准；

b. 对于 PB 和 MDF 而言，可达到表 5-10 的排放值。根据第 93120.12 节的附录 2 中的要求，这些数据必须是透过与经 ARB 批准的第三方认证机构合作而获得，且必须包括六个月的常规质量控制测试数据、常规质量控制测试数据与主要或次要方法测试数据的相关性以及两项每季主要或次要方法测试的结果。对于 HWPW 而言，为了符合获得以较低的频率测试任何产品类型之批准的条件，六个月的常规质量控制测试数据和两项每季主要或次要方法测试的结果必须不超过第 2 阶段的排放标准。对于 PB 和 MDF 而言，为了符合获得以较低的频率测试任何产品类型之批准的条件，六个月的常规质量控制测试数据和两项每季主要或次要方法测试的结果必须不超过表 5-10 中列出的 ULEF 目标值，且所有数据必须不超过表 5-10 中列出的 ULEF 上限值。

（2）经执行官书面批准，HWPW、PB、MDF 和薄 MDF 的制造商可使其产品类型符合免予第三方认证的条件。如需使某个产品类型符合免予第三方认证的条件，则六个月的常规质量控制测试数据和两项每季主要或次要方法测试之结果的 90% 必须不超过 ULEF 目标值 0.04 ppm。有关 HWPW 的所有数据必须不超过 ULEF 上限值 0.05 ppm，PB、MDF 和薄 MDF 的不超过 0.06 ppm。第 93120.3 节第 4（1）款的所有其他要求均适用。已被免予第三方认证的制造商不必遵守第 93120.12 节的附录 2 中的要求。

（3）在收到制造商的申请书之后 45 天内，执行官应当以书面形式告知申请人，申请书完整且接受申请，或申请书不完整，并应指出使申请书完整所需的具体信息。

（4）在收到因回复执行官给出的申请书不完整这一判定而提供的额外信息之后 30 天内，执行官应当以书面形式告知申请人，新信息足以使申请书完整且接受申请，或申请书仍不完整，并应指出使申请书完整所需的具体信息。

（5）在申请书已被视为完整之后 90 天内，执行官应当批准或否决该申请。如果申请人提交的证据足以证明申请人已满足第 93120.3 节第 4（1）或 4（2）款的要求，则执行官应当发布"执行命令"批准该申请。批准的有效期限应为两年，制造商可根据本节中的规定申请重新批准。重新批准的申请书必须包括每个产品类型的至少两项主要或次要方法测试的结果（基于经 ARB 批准的第三方认证机构随机选择和测试的一块或一组木板），以及 ULEF 树脂的化学式表示。

（6）在处理申请的过程中，执行官可要求申请人阐明、详述、纠正或补充申请所需的信息。申请人和执行官可共同商定延长确定申请书是否完整，或批准或否决申请的时限。

（7）如果制造商决定变更树脂系统，则必须提前通知 ARB，且制造商必须遵守第 93120.3 节第 2 条中关于该产品类型的要求。

5. 产品贴标要求。每块木板或每堆复合木制品必须明确贴标，以表明其符合第 93120.2 节第 1 条中规定的排放标准。卷标至少应当包括下述所有信息：

（1）制造商的名称；

（2）产品批号或所生产的批量；

（3）表示复合木制品符合第 93120.2 节第 1 条中规定的适用第 1 或 第 2 阶段排放标准，或是用 ULEF 树脂或不添加甲醛基树脂制成的标志；

（4）ARB 分配的经批准之第三方认证机构的编号。此要求不适用于使用已获得 ARB 批准的不添加甲醛基树脂的制造商（见第 93120.3 节第 3 条中的规定），或使用

ULEF 树脂制造的产品（见第 93120.3 节第 4（1）款节中的规定）。

6. 符合性声明。对于每种复合木制品，制造商必须在提单或发票上包括：

（1）如果适用，ARB 分配的经批准之第三方认证机构的编号；

（2）表明复合木制品符合第 93120.2 节第 1 条中规定的适用第 1 或 2 阶段排放标准，以及是用 ULEF 树脂或不添加甲醛基树脂制成（如果适用）的声明。

7. 对硬木胶合板（HWPW）、刨花板（PB）和中密度纤维板（MDF）制造商的记录保存要求。

（1）HWPW–VC、PB、MDF 和薄 MDF 制造商自 2009 年 1 月 1 日起，以及 HWPW–CC 制造商自 2009 年 7 月 1 日起，必须根据第 93120.12 节中附录 2 的规定记录其所有产品的质量保证排放测试数据。使用已根据第 93120.3 节第 3 条的要求获得 ARB 批准之不添加甲醛基树脂的制造商必须保存文件，以证明 ARB 批准其使用不添加甲醛基树脂。已根据第 93120.3 节第 4 条的要求获得关于使用 ULEF 树脂之 ARB 批准的制造商必须保存文件，以证明已获得 ARB 批准。必须以电子或打印稿形式将记录保存两年。

（2）对于生产出来供在加利福尼亚销售的所有复合木制品，制造商必须在其生产设施上将记录保存两年，包括：

（A）追踪信息，以便跟踪生产的每件复合木制品的具体批号或生产的批量；

（B）产品信息（包括复合木制品的品名、制造日期以及批号）；

（C）如果适用，买方信息（包括买方的名称、联络人、地址、电话号码、购买订单或发票编号以及购买数量）；

（D）如果适用，产品运输商信息（包括送货公司的名称、联络人、地址、电话号码以及装运发票编号）；

（E）经 ARB 批准的第三方认证机构的身份（包括公司名称、联络人、电话号码、邮寄地址和电子邮件地址）；此小节（E）不适用于使用不添加甲醛基树脂制造的产品（根据第 93120.3 节第 3 条（1）中的规定），或使用 ULEF 树脂制造的产品（根据第 93120.3 节第 4 条（2）中的规定）；

（F）使用不添加甲醛基树脂或 ULEF 树脂的 HWPW、PB 和 MDF 制造商必须持续保存关于所生产的每件复合木制品的记录，包括：

①ARB 批准函（根据第 93120.3 节第 3 条或第 4 条的规定）；

②以体积和重量为单位报告的树脂使用数量；

③以平方米/产品类型为单位报告的生产量；

④树脂商标名、树脂制造商联络信息以及树脂供货商联络信息；

⑤任何产品类型超过 20% 的压缩时间变化；

⑥不添加甲醛基树脂或 ULEF 树脂的配方变化。

（3）必须保存不合格批次或批量复合木制品的处置记录。这些记录应当包括：受影响之复合木制品的产品类型和数量、批号、为消除不合格复合木制品所采取的措施、重新测试的结果以及对这些批次或批量复合木制品的最终处置。

（4）应当可以应要求向 ARB 或当地空气区域管理人员提供此节所要求的所有记录。

8. 设施检查。根据第 93120.12 节中附录 2 和 3 的规定，第三方认证机构可能检查每个制造工厂。此外，ARB 或当地空气区域管理人员也可能对制造商进行检查。在检查过程中，ARB 或当地空气区域管理人员可要求审核记录或获得测试样品。将使用第 93120.9 节第 2 条中规定的执行测试方法对检查期间获得的复合木制品进行测试，以确定其与适用排放标准的符合性。

注：引用的权威资料：《健康与安全法典》第 39600、39601、39650、39658、39659、39666、41511 和 41712 节。

参考文献：《健康与安全法典》第 39650、39658、39659、39665、39666、41511、和 41712 节。

五、93120.4 第三方认证机构

1. 所有第三方认证机构必须由 ARB 执行官根据小节第 2 条中的规定进行书面批准。执行官将为每个经批准的第三方认证机构分配一个编号。

2. ARB 对第三方认证机构的批准。

（1）申请成为经 ARB 批准之第三方认证机构的，必须以书面方式提交申请给执行官，且申请书必须包括以下内容：

（A）关于检验实验室和木制品的实际现场经验的证据，以证明申请人将能够怎样胜任地执行附录 3 的要求；

（B）关于适当培训和监督检查员之能力的证据；

（C）由《国际实验室认可合作组织多边承认协议》（International Laboratory Accreditation Cooperation Mutual Recognition Arrangement，ILAC，2000 年）签署者颁发的当前"产品认证机构"认可的证据；

（D）申请人申请检验之复合木制品的清单，以及申请人符合检验这些产品之条件的证据。

（2）在收到申请成为经 ARB 批准之第三方认证机构的申请书之后 45 天内，执行官应当以书面形式告知申请人，申请书完整且接受申请，或申请书不完整，并应指出使申请书完整所需的具体信息。

（3）在收到因回复执行官给出的申请书不完整这一判定而提供的额外信息之后 30 天内，执行官应当以书面形式告知申请人，新信息足以使申请书完整且接受申请，或申请书仍不完整，并应指出使申请书完整所需的具体信息。

（4）在申请书已被视为完整之后 90 天内，执行官应当批准或否决该申请。如果申请人提交的证据足以证明申请人能胜任地执行小节第 3 条中描述的任务，则执行官应当发布"执行命令"批准该申请。"执行命令"的有效期限应为两年。在执行命令过期后 120 天内，第三方认证机构可通过向执行官提交更新的申请书，证明能够继续遵守第 93120.4 节第 2（1）款中的规定，申请重新批准。

（5）在处理申请的过程中，执行官可要求申请人阐明、详述、纠正或补充申请所需的信息。申请人和执行官可共同商定延长确定申请书是否完整，或批准或否决申请书的时限。

3. 对第三方认证机构的要求。第 93120.12 节的附录 3 中提供了对经 ARB 批准之第三方认证机构的要求。

4. 批准第三方认证机构之执行命令的修改或撤销。执行官可审查，并基于正当理由修改或撤销批准第三方认证机构的"执行命令"。根据《加利福尼亚州规则法典》第 17

册第 3 部第 1 章第 1.25 分章第 2 条（自第 60055.1 节起）中规定的程序，在没有为第三方认证机构提供参加听证会之机会的情况下，执行官不得修改或撤销"执行命令"。

注：引用的权威资料：《健康与安全法典》第 39600、39601、39650、39658、39659、39666 和 41712 节。参考文献：《健康与安全法典》第 39650、39658、39659、39665、39666 和 41712 节。

六、93120.5 对硬木胶合板（HWPW）、刨花板（PB）、中密度纤维板（MDF）以及含有这些材料之成品的分销商的要求

1. 排放标准。除了第 93120.12 节的附录 1 中规定的延续销售规定外，所有分销商必须遵守第 93120.2 节第 1 条中关于在加利福尼亚销售、供应供销或购销的所有复合木制品和含有这些材料之成品的要求。

2. 协助确保购买合格之复合木制品和成品的其他要求。分销商必须采取合理谨慎的预防措施，以确保其购买的复合木制品和成品中所含有的复合木制品符合第 93120.2 节第 1 条中规定的排放标准。"合理谨慎的预防措施"至少包括指示每个供货商，他们向分销商供应的复合木制品和成品必须符合适用的排放标准，以及从每个供货商获得关于符合此等标准的书面文件。此外，分销商必须保存表明购买日期以及复合木制品和成品供货商的记录，并记录为确保复合木制品以及成品中所含的复合木制品符合适用的排放标准而采取的预防措施。必须以电子或打印稿形式将这些记录保存至少两年，并可以应要求向 ARB 或当地空气区域管理人员提供这些记录。此节并不影响任何人士因违反第 93120.2 节第 1 条的规定而应承担的责任。

3. 复合木制品和成品的产品贴标要求。

（1）复合木制品。如果分销商未修改其获得的复合木制品，则无需额外贴标。如果复合木制品被修改，则分销商必须遵守第 93120.7 节第 4 条中规定的对加工商的贴标要求。

（2）含有 HWPW、PB 或 MDF 的成品。如果分销商未修改其购买的成品，则无需额外贴标。如果成品被修改，则分销商必须根据第 93120.7 节第 4 条中对加工商的规定，对经修改的成品进行贴标。

4. 符合性声明。对于每件复合木制品或使用这些材料制成的成品，分销商必须在提单或发票上声明，复合木制品或成品中含有的复合木制品符合第 93120.2 节第 1 条中规定的适用第 1 或 2 阶段排放标准。

5. 设施检查。ARB 或当地空气区域管理人员可能对分销商进行检查。在检查过程中，ARB 或当地空气区域管理人员可要求审核记录或获得测试样品。将使用第 93120.9 节中规定的适用的执行测试方法对检查期间获得的复合木制品或成品进行测试，以确定其与适用排放标准的符合性。

注：引用的权威资料：《健康与安全法典》第 39600、39601、39650、39658、39659、39666、41511 和 41712 节。参考文献：《健康与安全法典》第 39650、39658、39659、39665、39666、41511 和 41712 节。

七、93120.6 对硬木胶合板（HWPW）、刨花板（PB）、中密度纤维板（MDF）以及含有这些材料之成品进口商的要求

1. 排放标准。除了第 93120.12 节的附录 1 中规定的延续销售规定外，所有进口商必须遵守第 93120.2 节第 1 条中关于在加利福尼亚销售、供应、供销或购销的所有复合

木制品和含有这些材料之成品的要求。

2. 协助确保购买合格复合木制品和成品的其他要求。进口商必须采取合理谨慎的预防措施，以确保其购买的复合木制品和成品中所含有的复合木制品符合第 93120.2 节第 1 条中规定的排放标准。"合理谨慎的预防措施"至少包括指示每个供货商，他们向进口商供应的货物必须符合适用的排放标准，以及从每个供货商获得关于符合此等标准的书面文件。此外，进口商必须保存表明购买日期以及复合木制品和成品供货商的记录，并记录为确保复合木制品以及成品中所含的复合木制品符合适用的排放标准而采取的预防措施。必须以电子或打印稿形式将这些记录保存至少两年，并可应要求向 ARB 或当地空气区域管理人员提供这些记录。此节并不影响任何人士因违反第 93120.2 节第 1 条的规定而应承担的责任。

3. 复合木制品和成品的产品贴标要求。

（1）复合木制品。如果进口商未修改其获得的复合木制品，则无需额外贴标。如果复合木制品被修改，则进口商必须遵守第 93120.7 节第 4 条中规定的对加工商的贴标要求。

（2）含有 HWPW、PB 或 MDF 的成品。如果进口商未修改其购买的成品，则无需额外贴标。如果成品被修改，则进口商必须根据第 93120.7 节第 4 条中对加工商的规定，对经修改的成品进行贴标。

4. 符合性声明。对于每件复合木制品或使用这些材料制成的成品，进口商必须在提单或发票上声明，复合木制品或成品中含有的复合木制品符合第 93120.2 节第 1 条中规定的适用第 1 或 2 阶段排放标准。

5. 设施检查。ARB 或当地空气区域管理人员可能对进口商进行检查。在检查过程中，ARB 或当地空气区域管理人员可要求审核记录或获得测试样本。将使用第 93120.9 节中规定的适用的执行测试方法对检查期间获得的复合木制品或成品进行测试，以确定其与适用排放标准的符合性。

注：引用的权威资料：《健康与安全法典》第 39600、39601、39650、39658、39659、39666、41511 和 41712 节。参考文献：《健康与安全法典》第 39650、39658、39659、39665、39666、41511 和 41712 节。

八、93120.7 对使用硬木胶合板（HWPW）、刨花板（PB）、中密度纤维板（MDF）以及含有这些材料之成品的加工商的要求

1. 排放标准。

（1）除了第 93120.12 节的附录 1 中规定的"延续销售"规定外，所有加工商必须遵守第 93120.2 节第 1 条中关于在加利福尼亚销售、供应、供销或购销的所有复合木制品和含有这些材料之成品的要求。

（2）如果加工商生产层压制品，而不生产复合木制品，则无需遵守第 93120.3 节第 2 条中规定的关于第三方认证的制造商要求。

（3）如果加工商用于制造层压制品的基板由复合木制品构成，则基板必须符合第 93120.2 节第 1 条中规定的适用排放标准。

（4）制造复合木制品专供加工商用于成品制造的加工商必须遵守第 93120.3 节中的所有要求，但第 93120.3 节第 5 条中包括的产品贴标要求除外。

2. 豁免。

（1）如果相对于窗户成品的总体积而言，窗户产品含有的 HWPW、PB 或 MDF 按体积计算之和不到 5%，则含有复合木制品的窗户可免受此节要求的制约。

（2）如果是下述情况，则含有复合木制品的外门和车库门可免受此节要求的制约：①门是由使用不添加甲醛基树脂或 ULEF 树脂制成的复合木制品做成的；②相对于成品外门或车库门的总体积而言，门含有的 HWPW、PB 或 MDF 按体积计算之和不到 3%。

（3）当地政府机构和学区无需遵守第 93120.7 节的记录保存或产品贴标要求，除非成品在加利福尼亚销售、供销或制造销售。

3. 协助确保购买合格复合木制品和成品的其他要求。加工商必须采取合理谨慎的预防措施，以确保其购买的复合木制品和成品中所含有的复合木制品符合第 93120.2 节第 1 条中规定的适用排放标准，并被贴上符合第 93120.2 节第 1 条中适用的第 1 或 2 阶段标准的标签。"合理谨慎的预防措施"至少包括指示每个供货商，他们向加工商供应的货物必须符合适用的排放标准，以及从每个供货商获得关于符合此等标准的书面文件。此外，加工商必须保存表明购买日期以及复合木制品和成品的供货商的记录，并记录为确保复合木制品以及成品中所含的复合木制品符合适用排放标准而采取的预防措施。必须以电子或打印稿形式将这些记录保存至少两年，并可应要求向 ARB 或当地空气区域管理人员提供这些记录。此节并不影响任何人士因违反第 93120.2 节第 1 条的规定而应承担的责任。

4. 产品贴标要求。加工商必须：

（1）将其含有 HWPW、PB 或 MDF，并预期在加利福尼亚销售或供应的成品贴标。应将标签以图章、铭牌、自粘性标签或条形码的形式附在生产的每件成品上，或含有成品的每个箱子上。标签至少应当包括加工商的名称、成品的生产日期，以及表示该产品是用符合第 93120.2 节第 1 条中适用的第 1 或 2 阶段排放标准的 HWPW、PB 或 MDF 制成的标志。如果加工成品时使用的所有 HWPW、PB 或 MDF 都是用不添加甲醛基树脂或 ULEF 树脂制成的，则成品应被贴上此等标签。

（2）在向分销商、进口商、其他加工商或零售商提供的提单或发票上将其货物标示为是用符合第 93120.2 节第 1 条所规定的适用排放标准的 HWPW、PB 或 MDF 制成。

5. 设施检查。加工商需接受 ARB 或当地空气区域管理人员的定期检查。在检查过程中，ARB 或当地空气区域管理人员可要求审核记录或获得测试样本。将使用第 93120.9 节中规定的适用的执行测试方法对检查期间获得的复合木制品或成品进行测试，以确定其与适用排放标准的符合性。

注：引用的权威资料：《健康与安全法典》第 39600、39601、39650、39658、39659、39666、41511 和 41712 节。参考文献：《健康与安全法典》第 39650、39658、39659、39665、39666、41511 和 41712 节。

九、93120.8 对销售、供应或供销硬木胶合板（HWPW）、刨花板（PB）、中密度纤维板（MDF）以及含有这些材料之成品的零售商的要求

1. 排放标准。除了第 93120.12 节的附录 1 中规定的"延续销售"规定外，所有零售商必须遵守第 93120.2 节第 1 条中关于在加利福尼亚销售、供应、供销或购销的所有复合木制品和含有这些材料之成品的要求。

2. 协助确保购买合格复合木制品和成品的其他要求。零售商必须采取合理谨慎的预防措施，以确保其购买的复合木制品和成品中所含有的复合木制品符合第 93120.2 节第 1 条中规定的排放标准。"合理谨慎的预防措施"至少包括指示每个供货商，他们向零售商供应的货物必须符合适用的排放标准，以及从每个供货商获得关于符合此等标准的书面文件。此外，零售商必须保存表明购买日期以及复合木制品和成品的供货商的记录，并记录为确保复合木制品以及成品中所含的复合木制品符合适用排放标准而采取的预防措施。必须以电子或打印稿形式将这些记录保存至少两年，并可应要求向 ARB 或当地空气区域管理人员提供这些记录。此节并不影响任何人士因违反第 93120.2 节第 1 条的规定而应承担的责任。

3. 设施检查。ARB 或当地空气区域管理人员可能对零售商进行检查。在检查过程中，ARB 或当地空气区域管理人员可要求审核记录或获得测试样本。将使用第 93120.9 节中规定的适用的执行测试方法对检查期间获得的复合木制品或成品进行测试，以确定其与适用排放标准的符合性。

注：引用的权威资料：《健康与安全法典》第 39600、39601、39650、39658、39659、39666、41511 和 41712 节。
参考文献：《健康与安全法典》第 39650、39658、39659、39665、39666、41511 和 41712 节。

十、93120.9 测试方法

1. HWPW、PB 和 MDF 符合性测试方法。与第 93120.2 节第 1 条以及第 93120.3 节第 3 或第 4 条（如果适用）中的 HWPW、PB 和 MDF 甲醛排放标准的符合性应当通过进行产品排放测试进行证明，并由第 93120.4 节中规定的第三方认证进行验证，将使用下述方法之一：

（1）被定义为 ASTM E 1333-96（2002）的主要方法（大容器测试方法）。

（2）次要方法（ASTM D 6007-02 中有具体定义），其他条件具体如下：

①应当使用 ASTM D 6007-02 中规定的测试条件和加载速率，以及第 93120.9 节第 1（2）②项中用于建立等效性的调节时间对次要方法进行操作。此外，当测试木板时，应当通过测试代表整块木板的均匀分布部分的九个样品对次要方法进行操作。这九个样品应当以三组，每组三个的形式进行测试，这样就会得出三组测试结果，应对这些结果取平均值以代表该木板的一个资料点。

②每年必须由第三方认证机构为其使用的每个测试实验室至少证明一次次要方法与主要方法之间的等效性。等效性证明的最低要求至少应当包括十个对主要和次要方法之结果进行比较的样品组。比较时必须满足下述参数：

a. 对于主要方法，每个比较样品应当包括同时测试与用次要方法测试的木板同批的适当数量的木板（将加载速率计算在内）的结果。

b. 对于次要方法，每个比较样品应当包括测试代表整块木板均匀分布部分的九个样品。这九个样品应当以三组，每组三个（将载入速率计算在内）的形式进行测试，这样就会得出三组测试结果，应对这些结果取平均值以代表该木板的一个资料点，而且这些结果应当与其各自的主要方法比较样品结果相符。

c. 十个比较样品组应当包括对下述甲醛浓度范围中至少两个的每个范围测试五个样品组，方式与主要方法测量一样：

（a）下限范围：低于 0.07 ppm。

（b）中间范围：0.07~0.15 ppm 以下。

（c）上限范围：0.15~0.25 ppm。

d. 所有比较组之差额的平均及标准偏差应当按照如下方式进行计算。对于用于测试的两个范围，应分别进行以下计算：

（a）将已知范围中的组数表示为 n。

（b）计算主要与次要方法值之间的差额。将第（a）组的差额表示为 Da，（a）的范围为 1 至 n。

（c）根据以下公式计算差额的平均值 X 和标准偏差 S。

e. 如果两个测试范围均符合以下条件，则应将次要方法视为与主要方法等效：

CSX≤+88.0

其中 C 等于：

0.026（下限范围）；

0.038（中间范围）；

0.052（上限范围）。

f. 必须证明主要和次要方法之间的等效性，以表示基于第 93120.2 节第 1 条中针对第三方认证机构已被批准根据 93120.4 节中的规定进行检验之复合木制品规定的排放标准的排放量范围，以及不添加甲醛基树脂或 ULEF 树脂的排放量范围（如果适用）。

（3）还可根据第 93120.9 节第 1（3）①项至第 1（3）③项中的规定使用替代的次要测试程序。

①根据第 93120.9 节第 1（2）②项中规定的最低要求，如果容器测试方法被证明可提供与使用 ASTM E 1333-96（2002）（大容器测试法）获得的结果相当，则可使用容器测试方法，而无须使用 ASTM E 1333-96（2002）。在使用之前，必须由执行官书面批准所有替代的次要测试方法，见下面的规定。

②要求使用替代次要测试方法的申请书必须以书面形式提交给 ARB，且至少必须包括以下信息和数据：

a. 关于定量产品排放所使用之测试方法的完整描述，包括使用的所有程序、精确度和可重复性，以及用于证明测试方法之有效性的标准。

b. 使用替代次要测试方法收集的结果以及相应的等值排放量。

③在收到申请书之后 45 天内，执行官应当以书面形式告知申请人，申请书完整，或是否需要额外信息或测试以完善申请书。如果执行官认为申请书符合此节的要求，则他或她可发布执行命令，证明替代次要测试程序可提供与 ASTM E 1333-96（2002）相当的结果，并批准将其用于符合性测试。

2. HWPW、PB 和 MDF 样品执行测试方法。有关 HWPW、PB 和 MDF 样品的排放测试应当由 ARB 或当地空气区域管理人员根据第 93120.9 节第 1 条中的规定使用次要方法、大容器测试法〔ASTM E 1333-96（2002）〕或替代次要测试程序进行。应当遵循适用的 ASTM 方法或替代次要测试程序中规定的样品处理程序。

3. 含有 HWPW、PB 和 MDF 之成品的执行测试方法。有关成品中含有的 HWPW、

PB 和 MDF 样品的排放测试应当由 ARB 或当地空气区域管理人员根据第 93120.9 节第 1 条中的规定使用次要方法或替代次要测试程序进行。应当遵循符合 ASTM D 6007-02 或替代次要测试程序中之规定的样品处理程序。

4. 质量控制测试方法。与第 93120.3 节所要求的执行常规质量测试的主要或次要方法关联的测试方法。必须在质量控制测试方法与主要、次要或替代次要测试方法之间建立关联。关联必须基于五个数据对的最小样品量。

注：引用的权威资料：《健康与安全法典》第 39600、39601、39650、39658、39659、39666、41511 和 41712 节。

参考文献：《健康与安全法典》第 39650、39658、39659、39665、39666、41511 和 41712 节。

十一、93120.10 通过引用方式并入

此有毒物质空气传播控制措施中通过引用方式并入了以下文件：

1. ANSI A135.4-2004。美国国家标准——《基本硬质纤维板》，2004 年。

2. ANSI A135.5-2004。美国国家标准——《预制硬质纤维板嵌板》，2004 年。

3. ANSI A135.6-2006。美国国家标准——《硬质纤维板墙板》，2006 年。

4. ANSI A190.1-2002。美国国家标准——《结构胶粘层压板》，2002 年。

5. ANSI A208.1-1999。美国国家标准——《刨花板》，1999 年。

6. ANSI A208.2-2002。美国国家标准——《中密度纤维板》，2002 年。

7. ANSI/HPVA HP-1-2004。美国国家标准之《硬木和装饰胶合板》（Hardwood and Decorative Plywood），2004 年。

8. ASTM D 5055-05。《预制工字型木搁栅之结构能力的确定和监测标准规范》，2005 年。

9. ASTM D 5456-06。《结构复合木制品评估的标准规范》，2006 年。

10. ASTM D 5582-00。《用干燥器测定木制品中甲醛水平的标准测试方法》（Standard Test Method for Determining Formaldehyde Levels from Wood Products Using a Desiccator），2000 年。

11. ASTM D 6007-02。《用小型容器测定空气中来自木制品之甲醛浓度的标准测试方法》（Standard Test Method for Determining Formaldehyde Concentration in Air from Wood Products Using a Small Scale Chamber），2002 年。

12. ASTM E 1333-96（2002）。《用大容器测定空气中来自木制品之甲醛浓度以及排放率的标准测试方法》（Standard Test Method for Determining Formaldehyde Concentrations in Air and Emission Rates from Wood Products Using a Large Chamber），2002 年。

13. ILAC。《国际实验室认可合作组织多边承认协议》，2000 年。

14. PS 1-07。《自愿性产品标准—结构胶合板》。国家标准与技术研究所（National Institute of Standards and Technology），2007 年。

15. PS 2-04。《自愿性产品标准——木基结构用板材性能标准》。国家标准与技术研究所，2004 年。

注：引用的权威资料：《健康与安全法典》第 39600、39601、39650、39658、39659、39666、41511 和 41712 节。

参考文献：《健康与安全法典》第 39650、39658、39659、39665、39666、41511 和 41712 节。

十二、93120.11 可分割性

此有毒物质空气传播控制措施（ATCM）的每个部分均应被视为可分割的，如果此 ATCM 的任何部分被判定无效，此 ATCM 的其他部分应继续完全有效。

注：引用的权威资料：《健康与安全法典》第 39600、39601、39650、39658、39659、39666 和 41712 节。参考文献：《健康与安全法典》第 39650、39658、39659、39665、39666 和 41712 节。

十三、93120.12 附录

此节包含了降低复合木制品甲醛排放的有毒物质空气传播控制措施的附录 1 至附录 3。

（一）附录 1　适用于制造商、分销商、进口商、加工商和零售商的延续销售规定和日期

1. 适用于硬木胶合板（HWPW）、刨花板（PB）和中密度纤维板（MDF）制造商的延续销售日期。

（1）在第 1 和第 2 阶段排放标准生效日期之前制造的硬木胶合板、刨花板和中密度纤维板的制造商进行的延续销售。在第 93120.2 节第 1 条中规定的第 1 和第 2 阶段排放标准生效日期之前制造的硬木胶合板、刨花板和中密度纤维板可由产品制造商在每个规定的生效日期之后继续销售、供应或供销最长三个月时间。适用于第 93120.2 节第 1 条中规定的第 1 和第 2 阶段排放标准的具体延续销售日期如下：

①用单板芯制成的硬木胶合板（HWPW-VC）。

a. 在 2009 年 1 月 1 日之前制造的、不符合第 1 阶段标准的 HWPW-VC 板可由产品制造商销售、供应或供销到 2009 年 3 月 31 日。自 2009 年 4 月 1 日起，不管产品的制造日期如何，须遵守第 1 阶段标准的所有 HWPW-VC 均必须符合该标准。

b. 在 2010 年 1 月 1 日之前制造的、符合第 1 阶段标准但不符合第 2 阶段标准的 HWPW-VC 板可由产品制造商销售、供应或供销到 2010 年 3 月 31 日。自 2010 年 4 月 1 日起，不管产品的制造日期如何，须遵守第 2 阶段标准的所有 HWPW-VC 均必须符合该标准。

②用复合芯制成的硬木胶合板（HWPW-CC）。

a. 在 2009 年 7 月 1 日之前制造的、不符合第 1 阶段标准的 HWPW-CC 板可由产品制造商销售、供应或供销到 2009 年 9 月 30 日。自 2009 年 10 月 1 日起，不管产品的制造日期如何，须遵守第 1 阶段标准的所有 HWPW-CC 均必须符合该标准。

b. 在 2012 年 7 月 1 日之前制造的、符合第 1 阶段标准但不符合第 2 阶段标准的 HWPW-CC 板可由产品制造商销售、供应或供销到 2012 年 9 月 30 日。自 2012 年 10 月 1 日起，不管产品的制造日期如何，须遵守第 2 阶段标准的所有 HWPW-CC 均必须符合该标准。

③刨花板（PB）、中密度纤维板（MDF）和薄 MDF。

a. 在 2009 年 1 月 1 日之前制造的、不符合第 1 阶段标准的 PB、MDF 和薄 MDF 板可由产品制造商销售、供应或供销到 2009 年 3 月 31 日。自 2009 年 4 月 1 日起，不管产品的制造日期如何，须遵守第 1 阶段标准的所有 PB 和 MDF，以及薄 MDF 均必须符合该标准。

b. 在 2011 年 1 月 1 日之前制造的、符合第 1 阶段标准但不符合第 2 阶段标准的 PB 和 MDF 板可由产品制造商销售、供应或供销到 2011 年 3 月 31 日。自 2011 年 4 月 1 日起，不管产品的制造日期如何，须遵守第 2 阶段标准的所有 PB 和 MDF 均必须符合该标准。

c. 在 2012 年 1 月 1 日之前制造的、符合第 1 阶段标准但不符合第 2 阶段标准的薄 MDF 板可由产品制造商销售、供应或供销到 2012 年 3 月 31 日。自 2012 年 4 月 1 日起，不管产品的制造日期如何，须遵守第 2 阶段标准的所有薄 MDF 均必须符合该标准。

2. 适用于 HWPW、PB 和 MDF 分销商的延续销售日期。

（1）在第 1 和第 2 阶段排放标准生效日期之前制造的硬木胶合板、刨花板和中密度纤维板的分销商进行的延续销售。在第 93120.2 节第 1 条中规定的第 1 和第 2 阶段排放标准生效日期之前制造的硬木胶合板、刨花板或中密度纤维板可由分销商在每个规定的生效日期之后继续销售、供应或供销最长五个月时间。适用于第 93120.2 节第 1 条中规定的第 1 和第 2 阶段排放标准的具体延续销售日期如下：

①用单板芯制成的硬木胶合板（HWPW-VC）。

a. 在 2009 年 1 月 1 日之前制造的、不符合第 1 阶段标准的 HWPW-VC 板可由分销商销售、供应、供销或使用到 2009 年 5 月 31 日。自 2009 年 6 月 1 日起，不管产品的制造日期如何，须遵守第 1 阶段标准的所有 HWPW-VC 均必须符合该标准。

b. 在 2010 年 1 月 1 日之前制造的、不符合第 2 阶段标准的 HWPW-VC 板可由分销商销售、供应、供销或使用到 2010 年 5 月 31 日。自 2010 年 6 月 1 日起，不管产品的制造日期如何，须遵守第 2 阶段标准的所有 HWPW-VC 均必须符合该标准。

②用复合芯制成的硬木胶合板（HWPW-CC）。

a. 在 2009 年 7 月 1 日之前制造的、不符合第 1 阶段标准的 HWPW-CC 板可由分销商销售、供应、供销或使用到 2009 年 11 月 30 日。自 2009 年 12 月 1 日起，不管产品的制造日期如何，须遵守第 1 阶段标准的所有 HWPW-CC 均必须符合该标准。

b. 在 2012 年 7 月 1 日之前制造的、不符合第 2 阶段标准的 HWPW-CC 板可由分销商销售、供应、供销或使用到 2012 年 11 月 30 日。自 2012 年 12 月 1 日起，不管产品的制造日期如何，须遵守第 2 阶段标准的所有 HWPW-CC 均必须符合该标准。

③刨花板（PB）和中密度纤维板（MDF）。

a. 在 2009 年 1 月 1 日之前制造的、不符合第 1 阶段标准的 PB 和 MDF 板可由分销商销售、供应、供销或使用到 2009 年 5 月 31 日。自 2009 年 6 月 1 日起，不管产品的制造日期如何，须遵守第 1 阶段标准的所有 PB 和 MDF 均必须符合该标准。

b. 在 2011 年 1 月 1 日之前制造的、不符合第 2 阶段标准的 PB 和 MDF 板可由分销商销售、供应、供销或使用到 2011 年 5 月 31 日。自 2011 年 6 月 1 日起，不管产品的制造日期如何，须遵守第 2 阶段标准的所有 PB 和 MDF 均必须符合该标准。

④薄 MDF。

a. 在 2009 年 1 月 1 日之前制造的、不符合第 1 阶段标准的薄 MDF 板可由分销商销售、供应、供销或使用到 2009 年 5 月 31 日。自 2009 年 6 月 1 日起，不管产品的制造日期如何，须遵守第 1 阶段标准的所有薄 MDF 均必须符合该标准。

b. 在 2012 年 1 月 1 日之前制造的、不符合第 2 阶段标准的薄 MDF 板可由分销商销售、供应、供销或使用到 2012 年 5 月 31 日。自 2012 年 6 月 1 日起，不管产品的制造日期如何，须遵守第 2 阶段标准的所有薄 MDF 均必须符合该标准。

(2) 在第 1 和第 2 阶段排放标准生效日期之前制造的、含有以下材料之成品的分销商进行的延续销售：用单板芯制成的硬木胶合板（HWPW-VC）、用复合芯制成的硬木胶合板（HWPW-CC）、刨花板（PB）、中密度纤维板（MDF）或薄 MDF。在第 93120.2 节第 1 条中规定的第 1 和第 2 阶段排放标准生效日期之前制造的、含有 HWPW-VC、HWPW-CC、PB、MDF 或薄 MDF 的成品可由分销商在每个规定的生效日期之后继续销售、供应或供销最长 18 个月时间。适用于第 93120.2 节第 1 条中规定的第 1 和第 2 阶段排放标准的具体延续销售日期如下：

①含有用单板芯制成之硬木胶合板（HWPW-VC）的成品。

a. 含有不符合第 1 阶段标准之 HWPW-VC 的成品可由分销商销售、供应或供销到 2010 年 6 月 30 日。自 2010 年 7 月 1 日起，不管产品的加工日期如何，销售、供应或供销的含有 HWPW-VC 的成品必须符合第 1 阶段标准。

b. 含有不符合第 2 阶段标准之 HWPW-VC 的成品可由分销商销售、供应或供销到 2011 年 6 月 30 日。自 2011 年 7 月 1 日起，不管产品的加工日期如何，销售、供应或供销的含有 HWPW-VC 的成品必须符合第 2 阶段标准。

②含有用复合芯制成之硬木胶合板（HWPW-CC）的成品。

a. 含有不符合第 1 阶段标准之 HWPW-CC 的成品可由分销商销售、供应或供销到 2010 年 12 月 31 日。自 2011 年 1 月 1 日起，不管产品的加工日期如何，销售、供应或供销的含有 HWPW-CC 的成品必须符合第 1 阶段标准。

b. 含有不符合第 2 阶段标准之 HWPW-CC 的成品可由分销商销售、供应或供销到 2013 年 12 月 31 日。自 2014 年 1 月 1 日起，不管产品的加工日期如何，销售、供应或供销的含有 HWPW-CC 的成品必须符合第 2 阶段标准。

③含有刨花板（PB）和/或中密度纤维板（MDF）的成品。

a. 含有不符合第 1 阶段标准之 PB 和/或 MDF 的成品可由分销商销售、供应或供销到 2010 年 6 月 30 日。自 2010 年 7 月 1 日起，不管产品的加工日期如何，销售、供应或供销的含有 PB 和/或 MDF 的成品必须符合第 1 阶段标准。

b. 含有不符合第 2 阶段标准之 PB 和/或 MDF 的成品可由分销商销售、供应或供销到 2012 年 6 月 30 日。自 2012 年 7 月 1 日起，不管产品的加工日期如何，销售、供应或供销的含有 PB 和/或 MDF 的成品必须符合第 2 阶段标准。

④含有薄 MDF 的成品。

a. 含有不符合第 1 阶段标准之薄 MDF 的成品可由分销商销售、供应或供销到 2010 年 6 月 30 日。自 2010 年 7 月 1 日起，不管产品的加工日期如何，销售、供应或供销的含有薄 MDF 的成品必须符合第 1 阶段标准。

b. 含有不符合第 2 阶段标准之薄 MDF 的成品可由分销商销售、供应或供销到 2013 年 6 月 30 日。自 2013 年 7 月 1 日起，不管产品的加工日期如何，销售、供应或供销的含有薄 MDF 的成品必须符合第 2 阶段标准。

3. 适用于 HWPW、PB 和 MDF 进口商的延续销售日期。

（1）在第 1 和第 2 阶段排放标准生效日期之前制造的硬木胶合板（HWPW）、刨花板（PB）和中密度纤维板（MDF）的进口商进行的延续销售。在第 93120.2 节第 1 条中规定的第 1 和第 2 阶段排放标准生效日期之前制造的硬木胶合板、刨花板或中密度纤维板可由进口商在每个规定的生效日期之后继续销售、供应、供销或使用最长三个月时间。适用于第 93120.2 节第 1 条节中规定的第 1 和第 2 阶段排放标准的具体延续销售日期如下：

①用单板芯制成的硬木胶合板（HWPW-VC）。

a. 在 2009 年 1 月 1 日之前制造的、不符合第 1 阶段标准的 HWPW-VC 板可由进口商销售、供应、供销或使用到 2009 年 3 月 31 日。自 2009 年 4 月 1 日起，不管产品的制造日期如何，须遵守第 1 阶段标准的所有 HWPW-VC 均必须符合该标准。

b. 在 2010 年 1 月 1 日之前制造的、不符合第 2 阶段标准的 HWPW-VC 板可由进口商销售、供应、供销或使用到 2010 年 3 月 31 日。自 2010 年 4 月 1 日起，不管产品的制造日期如何，须遵守第 2 阶段标准的所有 HWPW-VC 均必须符合该标准。

②用复合芯制成的硬木胶合板（HWPW-CC）。

a. 在 2009 年 7 月 1 日之前制造的、不符合第 1 阶段标准的 HWPW-CC 板可由进口商销售、供应、供销或使用到 2009 年 9 月 30 日。自 2009 年 10 月 1 日起，不管产品的制造日期如何，须遵守第 1 阶段标准的所有 HWPW-CC 均必须符合该标准。

b. 在 2012 年 7 月 1 日之前制造的、不符合第 2 阶段标准的 HWPW-CC 板可由进口商销售、供应、供销或使用到 2012 年 9 月 30 日。自 2012 年 10 月 1 日起，不管产品的制造日期如何，须遵守第 2 阶段标准的所有 HWPW-CC 均必须符合该标准。

③刨花板（PB）和中密度纤维板（MDF）。

a. 在 2009 年 1 月 1 日之前制造的、不符合第 1 阶段标准的 PB 和 DF 板可由进口商销售、供应、供销或使用到 2009 年 3 月 31 日。自 2009 年 4 月 1 日起，不管产品的制造日期如何，须遵守第 1 阶段标准的所有 PB 和 MDF 均必须符合该标准。

b. 在 2011 年 1 月 1 日之前制造的、不符合第 2 阶段标准的 PB 和 MDF 板可由进口商销售、供应、供销或使用到 2011 年 3 月 31 日。自 2011 年 4 月 1 日起，不管产品的制造日期如何，须遵守第 2 阶段标准的所有 PB 和 MDF 均必须符合该标准。

④薄 MDF。

a. 在 2009 年 1 月 1 日之前制造的、不符合第 1 阶段标准的薄 MDF 板可由进口商销售、供应、供销或使用到 2009 年 3 月 31 日。自 2009 年 4 月 1 日起，不管产品的制造日期如何，须遵守第 1 阶段标准的所有薄 MDF 均必须符合该标准。

b. 在 2012 年 1 月 1 日之前制造的、不符合第 2 阶段标准的薄 MDF 板可由进口商销售、供应、供销或使用到 2012 年 3 月 31 日。自 2012 年 4 月 1 日起，不管产品的制造日期如何，须遵守第 2 阶段标准的所有薄 MDF 均必须符合该标准。

（2）在第 1 和第 2 阶段排放标准生效日期之前制造的、含有以下材料之成品的进口商进行的延续销售：用单板芯制成的硬木胶合板（HWPW-VC）、用复合芯制成的硬木胶合板（HWPW-CC）、刨花板（PB）、中密度纤维板（MDF）或薄 MDF。在第 93120.2 节

第 1 条中规定的第 1 和第 2 阶段排放标准生效日期之前制造的、含有 HWPW-VC、HWPW-CC、PB、MDF 或薄 MDF 的成品可由进口商在每个规定的生效日期之后继续销售、供应或供销最长 18 个月时间。适用于第 93120.2 节第 1 条中规定的第 1 和第 2 阶段排放标准的具体延续销售日期如下：

①含有用单板芯制成之硬木胶合板（HWPW-VC）的成品。

a. 含有不符合第 1 阶段标准之 HWPW-VC 的成品可由进口商销售、供应或供销到 2010 年 6 月 30 日。自 2010 年 7 月 1 日起，不管产品的加工日期如何，销售、供应或供销的含有 HWPW-VC 的成品必须符合第 1 阶段标准。

b. 含有不符合第 2 阶段标准之 HWPW-VC 的成品可由进口商销售、供应或供销到 2011 年 6 月 30 日。自 2011 年 7 月 1 日起，不管产品的加工日期如何，销售、供应或供销的含有 HWPW-VC 的成品必须符合第 2 阶段标准。

②含有用复合芯制成之硬木胶合板（HWPW-CC）的成品。

a. 含有不符合第 1 阶段标准之 HWPW-CC 的成品可由进口商销售、供应或供销到 2010 年 12 月 31 日。自 2011 年 1 月 1 日起，不管产品的加工日期如何，销售、供应或供销的含有 HWPW-CC 的成品必须符合第 1 阶段标准。

b. 含有不符合第 2 阶段标准之 HWPW-CC 的成品可由进口商销售、供应或供销到 2013 年 12 月 31 日。自 2014 年 1 月 1 日起，不管产品的加工日期如何，销售、供应或供销的含有 HWPW-CC 的成品必须符合第 2 阶段标准。

③含有刨花板（PB）和/或中密度纤维板（MDF）的成品。

a. 含有不符合第 1 阶段标准之 PB 和/或 MDF 的成品可由进口商销售、供应或供销到 2010 年 6 月 30 日。自 2010 年 7 月 1 日起，不管产品的加工日期如何，销售、供应或供销的含有 PB 和/或 MDF 的成品必须符合第 1 阶段标准。

b. 含有不符合第 2 阶段标准之 PB 和/或 MDF 的成品可由进口商销售、供应或供销到 2012 年 6 月 30 日。自 2012 年 7 月 1 日起，不管产品的加工日期如何，销售、供应或供销的含有 PB 和/或 MDF 的成品必须符合第 2 阶段标准。

④含有薄 MDF 的成品。

a. 含有不符合第 1 阶段标准之薄 MDF 的成品可由进口商销售、供应或供销到 2010 年 6 月 30 日。自 2010 年 7 月 1 日起，不管产品的加工日期如何，销售、供应或供销的含有薄 MDF 的成品必须符合第 1 阶段标准。

b. 含有不符合第 2 阶段标准之薄 MDF 的成品可由进口商销售、供应或供销到 2013 年 6 月 30 日。自 2013 年 7 月 1 日起，不管产品的加工日期如何，销售、供应或供销的含有薄 MDF 的成品必须符合第 2 阶段标准。

4. 适用于使用 HWPW、PB 和 MDF 之加工商的延续销售日期。

在第 1 和第 2 阶段排放标准生效日期之前生产的成品的加工商进行的延续销售。含有不符合第 93120.2 节第 1 条中规定的第 1 和第 2 阶段排放标准生效日期的 HWPW-VC、HWPW-CC、PB、MDF 或薄 MDF 的成品可由加工商在每个规定的生效日期之后继续使用、销售、供应或供销最长 18 个月时间。适用于第 93120.2 节第 1 条中规定的第 1 和第 2 阶段排放标准的具体延续销售日期如下：

①含有用单板芯制成之硬木胶合板（HWPW-VC）的成品。

a. 用不符合第1阶段标准之HWPW-VC制成的成品可由加工商销售、供应或供销到2010年6月30日。自2010年7月1日起，不管成品的加工日期如何，销售、供应或供销的所有成品均必须用符合第1阶段标准的HWPW-VC制成。

b. 用不符合第2阶段标准之HWPW-VC制成的成品可由加工商销售、供应或供销到2011年6月30日。自2011年7月1日起，不管成品的加工日期如何，销售、供应或供销的所有成品均必须用符合第2阶段标准的HWPW-VC制成。

②含有用复合芯制成之硬木胶合板（HWPW-CC）的成品。

a. 用不符合第1阶段标准之HWPW-CC制成的成品可由加工商销售、供应或供销到2010年12月31日。自2011年1月1日起，不管成品的加工日期如何，销售、供应或供销的所有成品均必须用符合第1阶段标准的HWPW-CC制成。

b. 用不符合第2阶段标准之HWPW-CC制成的成品可由加工商销售、供应或供销到2013年12月31日。自2014年1月1日起，不管成品的加工日期如何，销售、供应或供销的所有成品均必须用符合第2阶段标准的HWPW-CC制成。

③含有刨花板（PB）和/或中密度纤维板（MDF）的成品。

a. 用不符合第1阶段标准之PB和/或MDF制成的成品可由加工商销售、供应或供销到2010年6月30日。自2010年7月1日起，不管成品的加工日期如何，销售、供应或供销的所有成品均必须用符合第1阶段标准的PB和/或MDF制成。

b. 用不符合第2阶段标准之PB和/或MDF制成的成品可由加工商销售、供应或供销到2012年6月30日。自2012年7月1日起，不管成品的加工日期如何，销售、供应或供销的所有成品均必须用符合第2阶段标准的PB和/或MDF制成。

④含有薄MDF的成品。

a. 用不符合第1阶段标准之薄MDF制成的成品可由加工商销售、供应或供销到2010年6月30日。自2010年7月1日起，不管成品的加工日期如何，销售、供应或供销的所有成品均必须用符合第1阶段标准的薄MDF制成。

b. 用不符合第2阶段标准之薄MDF制成的成品可由加工商销售、供应或供销到2013年6月30日。自2013年7月1日起，不管成品的加工日期如何，销售、供应或供销的所有成品均必须用符合第2阶段标准的薄MDF制成。

5. 适用于HWPW、PB和MDF零售商的延续销售日期。

（1）在第1和第2阶段排放标准生效日期之前制造的，用单板芯制成的硬木胶合板（HWPW-VC）、用复合芯制成的硬木胶合板（HWPW-CC）、刨花板（PB）、中密度纤维板（MDF）或薄MDF的零售商进行的延续销售。在第93120.2节第1条中规定的第1和第2阶段排放标准生效日期之前制造的硬木胶合板、刨花板或中密度纤维板可由零售商在每个规定的生效日期之后继续销售、供应或供销最长12个月时间。适用于第93120.2节第1条中规定的第1和第2阶段排放标准的具体延续销售日期如下：

①用单板芯制成的硬木胶合板（HWPW-VC）。

a. 在2009年1月1日之前制造的、不符合第1阶段标准的HWPW-VC板可由零售商销售、供应或供销到2009年12月31日。自2010年1月1日起，不管产品的制造日期如何，销售、供应或供销的所有 HWPW–VC 均必须符合第 1 阶段标准。

b. 在 2010 年 1 月 1 日之前制造的、不符合第 2 阶段标准的 HWPW–VC 板可由零售商销售、供应或供销到 2010 年 12 月 31 日。自 2011 年 1 月 1 日起，不管产品的制造日期如何，销售、供应或供销的所有 HWPW–VC 均必须符合第 2 阶段标准。

②用复合芯制成的硬木胶合板（HWPW–CC）。

a. 在 2009 年 1 月 1 日之前制造的、不符合第 1 阶段标准的 HWPW–CC 板可由零售商销售、供应或供销到 2010 年 6 月 30 日。自 2010 年 7 月 1 日起，不管产品的制造日期如何，销售、供应或供销的所有 HWPW–CC 均必须符合第 1 阶段标准。

b. 在 2012 年 7 月 1 日之前制造的、不符合第 2 阶段标准的 HWPW–CC 板可由零售商销售、供应或供销到 2013 年 6 月 30 日。自 2013 年 7 月 1 日起，不管产品的制造日期如何，销售、供应或供销的所有 HWPW–CC 均必须符合第 2 阶段标准。

③刨花板（PB）和/或中密度纤维板（MDF）。

a. 在 2009 年 1 月 1 日之前制造的、不符合第 1 阶段标准的 PB 或 MDF 板可由零售商销售、供应或供销到 2009 年 12 月 31 日。自 2010 年 1 月 1 日起，不管产品的制造日期如何，销售、供应或供销的所有 PB 或 MDF 均必须符合第 1 阶段标准。

b. 在 2011 年 1 月 1 日之前制造的、不符合第 2 阶段标准的 PB 或 MDF 板可由零售商销售、供应或供销到 2011 年 12 月 31 日。自 2012 年 1 月 1 日起，不管产品的制造日期如何，销售、供应或供销的所有 PB 或 MDF 均必须符合第 2 阶段标准。

④薄 MDF。

a. 在 2009 年 1 月 1 日之前制造的、不符合第 1 阶段标准的薄 MDF 板可由零售商销售、供应或供销到 2009 年 12 月 31 日。自 2010 年 1 月 1 日起，不管产品的制造日期如何，销售、供应或供销的所有薄 MDF 均必须符合第 1 阶段标准。

b. 在 2012 年 1 月 1 日之前制造的、不符合第 2 阶段标准的薄 MDF 板可由零售商销售、供应或供销到 2012 年 12 月 31 日。自 2013 年 1 月 1 日起，不管产品的制造日期如何，销售、供应或供销的所有薄 MDF 均必须符合第 2 阶段标准。

（2）在第 1 和第 2 阶段排放标准生效日期之前制造的、含有以下材料之成品的零售商进行的延续销售：用单板芯制成的硬木胶合板（HWPW–VC）、用复合芯制成的硬木胶合板（HWPW–CC）、刨花板（PB）、中密度纤维板（MDF）或薄 MDF。在第 93120.2 节第 1 条中规定的第 1 和第 2 阶段排放标准生效日期之前制造的、含有 HWPW–VC、HWPW–CC、PB、MDF 或薄 MDF 的成品可由零售商在每个规定的生效日期之后继续销售、供应或供销最长 18 个月时间。适用于第 93120.2 节第 1 条中规定的第 1 和第 2 阶段排放标准的具体延续销售日期如下：

①含有用单板芯制成之硬木胶合板（HWPW–VC）的成品。

a. 含有不符合第 1 阶段标准之 HWPW–VC 的成品可由零售商销售、供应或供销到 2010 年 6 月 30 日。自 2010 年 7 月 1 日起，不管产品的加工日期如何，销售、供应或供销的含有 HWPW–VC 的成品必须符合第 1 阶段标准。

b. 含有不符合第 2 阶段标准之 HWPW–VC 的成品可由零售商销售、供应或供销到 2011 年 6 月 30 日。自 2011 年 7 月 1 日起，不管产品的加工日期如何，销售、供应或供销的含有 HWPW–VC 的成品必须符合第 2 阶段标准。

②含有用复合芯制成之硬木胶合板（HWPW–CC）的成品。

a. 含有不符合第 1 阶段标准之 HWPW–CC 的成品可由零售商销售、供应或供销到 2010 年 12 月 31 日。自 2011 年 1 月 1 日起，不管产品的加工日期如何，销售、供应或供销的含有 HWPW–CC 的成品必须符合第 1 阶段标准。

b. 含有不符合第 2 阶段标准之 HWPW–CC 的成品可由零售商销售、供应或供销到 2013 年 12 月 31 日。自 2014 年 1 月 1 日起，不管产品的加工日期如何，销售、供应或供销的含有 HWPW–CC 的成品必须符合第 2 阶段标准。

③含有刨花板（PB）和/或中密度纤维板（MDF）的成品。

a. 含有不符合第 1 阶段标准之 PB 和/或 MDF 的成品可由零售商销售、供应或供销到 2010 年 6 月 30 日。自 2010 年 7 月 1 日起，不管产品的加工日期如何，销售、供应或供销的含有 PB 和/或 MDF 的成品必须符合第 1 阶段标准。

b. 含有不符合第 2 阶段标准之 PB 和/或 MDF 的成品可由零售商销售、供应或供销到 2012 年 6 月 30 日。自 2012 年 7 月 1 日起，不管产品的加工日期如何，销售、供应或供销的含有 PB 和/或 MDF 的成品必须符合第 2 阶段标准。

④含有薄 MDF 的成品。

a. 含有不符合第 1 阶段标准之薄 MDF 的成品可由零售商销售、供应或供销到 2010 年 6 月 30 日。自 2010 年 7 月 1 日起，不管产品的加工日期如何，销售、供应或供销的含有薄 MDF 的成品必须符合第 1 阶段标准。

b. 含有不符合第 2 阶段标准之薄 MDF 的成品可由零售商销售、供应或供销到 2013 年 6 月 30 日。自 2013 年 7 月 1 日起，不管产品的加工日期如何，销售、供应或供销的含有薄 MDF 的成品必须符合第 2 阶段标准。

（二）附录 2　对复合木制品制造商的质量保证要求

1. 目的。第 93120.12 节中的附录 2 旨在为复合木制品制造商提供质量保证要求，以确保符合第 93120.2 节第 1 条中适用的甲醛排放标准。制造商必须通过第三方认证的方式证明其符合排放标准，且必须遵守附录 2 中包括的质量保证要求。附录 2 中的要求不适用于已获得 ARB 批准使用不添加甲醛基树脂或 ULEF 树脂，且已被免予遵守对这些产品类型的第三方认证要求之制造商生产的产品类型，但基于申请重新批准继续使用不添加甲醛基树脂（见第 93120.3 节第 3 条中的规定）或 ULEF 树脂（见第 93120.3 节第 4 条中的规定）的目的时除外。要求内容明确如下：编制质量控制手册、在制造工厂建立质量控制职能部门（包括测试设备和指定的质量控制人员）、在工厂进行的常规品质控制程序、第三方认证机构参与定期检查和产品测试，以及记录保存。规定这些要求旨在确保经认证的未完成复合木制品（包括已磨光的产品）符合适用的排放标准。

注：在进行表面加工或涂抹外涂层之前，所有木板必须在未完成状态下接受测试。

2. 产品性能方面的职责。制造商对所有经过认证之产品的性能负责，包括符合第 93120.2 节第 1 条中其产品认证所依据的适用标准。

3. 质量控制手册。每个制造工厂均必须有书面的质量控制手册，手册至少应包括以下内容：

（1）质量控制部门的组织结构；

（2）取样程序；

（3）样品处理方法；

（4）小规模质量控制测试的频率；

（5）确定由生产变化造成的甲醛排放变化的程序（例如，树脂百分比的增加、树脂中甲醛/脲摩尔比的增大或压缩时间的减少）；

（6）关于额外测试的规定；

（7）记录保存要求；

（8）每个产品类型的平均树脂百分比和压缩时间。

4. 质量控制设施。

在拥有多个制造工厂的制造商指定的每个制造工厂或场所，均应提供并适当维护作为进行附录 2 要求之测试的质量控制设施的实验室设施和设备。或者，质量控制设施可为合约实验室或由经批准的第三方认证机构营运的实验室。应当根据设备制造商的说明校准设备。应当保存最初以及后续的所有设备校准记录。

5. 质量控制人员。

（1）质量控制经理。

每个工厂均应有一名拥有丰富经验和/或经过足够培训的人员，以负责甲醛排放质量控制。此人应当向工厂经理报告，并应向第三方认证机构表明身份。在他或她的身份发生变更后十天之内，第三方认证机构应当获得书面通知。质量控制经理应审查并批准关于就工厂生产所进行的常规小规模测试的所有结果。如果拥有一个或多个制造工厂的制造商利用测试机构测试常规质量控制生产样品，则质量控制经理应当负责确保根据质量控制手册中规定的程序收集、包装和装运样品。工厂的质量控制经理应负责与公司的测试机构合作，以监督结果，并应通过电话、电子邮件或传真以及书信方式立即告知第三方认证机构关于需要第 93120.12 节的附录 3 中所阐明的重新检查的任何生产变更。

（2）质量控制员工。

质量控制员工应当拥有进行准确化学定量分析测试方面的丰富经验和/或经过足够培训。质量控制经理应将进行常规小规模测试的每个人员的身份告知第三方认证机构。所有质量控制员工均必须接受由第三方认证机构进行的关于操作质量控制测试方法的年度认证。

（3）化学分析测试。

①重复分析。

制造商将联络第三方认证机构，以要求对质量控制经理确认的任何品质控制员工进行认证。第三方认证机构或工厂质量控制经理应当根据制造商的预期甲醛排放量范围对一部分甲醛溶液进行测试；待认证的员工应当测试同一溶液的另一部分。每项测试的结果必须在第三方认证机构确定的浓度范围内，以证实质量控制测试方法的相关性。

②盲样。

待认证的员工必须测定由第三方认证机构或工厂质量控制经理给其的四种样品溶液的甲醛含量。四种样品的甲醛含量必须被测定出在第三方认证机构确定的浓度范围之内，以证实质量控制测试方法的相关性。

6. 主要或次要方法测试。

（1）首次（资格审核）主要或次要方法测试。

每个工厂的每条生产线生产的每个产品类型必须在主要或次要方法测试容器中进行测试。使用此等容器的实验室必须经签署了《国际实验室认可合作组织多边承认协议》（ILAC，2000 年）的认可机构认可。实验室使用的甲醛测试方法必须在其认可范围内声明。基于资格审核测试的目的，并经第三方认证机构批准，如果两个或多个产品类型的排放特征相似，制造商则可将其归类到一起。如果工厂选择用单个产品类型代表所有或多个产品，则该代表产品的首次资格审核测试失败将导致对其代表的所有其他产品的认证失效。每条生产线的每个产品类型的排放量均不得超过适用的标准。

（2）主要或次要方法与小规模测试值的相关性。

为了符合认证条件，制造商必须为每个产品类型和每条生产线建立关于通过主要或次要测试方法获得的值与通过小规模测试获得的值之间的统计学相关性。基于建立这种相关性的目的，必须使用制造商工厂之产品的资料或第三方认证机构获得的资料。相关性必须基于五个数据对的最小样品量。

（3）后续（检验）主要或次要方法测试。

①每季容器测试。

a. 刨花板（PB）和中密度纤维板（MDF）。

应至少每季对每个产品类型的随机选择样品进行一次主要或次要方法测试，具体由第三方认证机构确定。使用 ULEF 树脂，且已根据第 93120.3 节第 4（1）款中的要求获得 ARB 批准的制造商仅需每六个月进行一次主要或次要方法测试。基于检验主要或次要方法测试的目的，如果两个或多个产品类型的排放特征相似，制造商则可将其归类到一起。如果工厂选择用单个产品类型代表所有或多个产品，则该代表产品的每季资格测试失败将导致对其代表的所有其他产品的认证失效。每个产品类型的排放量均不得超过适用的标准。

b. 硬木胶合板（HWPW）。

在审查常规每周质量控制数据之后，应至少每季对第三方认证机构确定的 HWPW 产品的随机选择样品进行一次主要或次要方法测试，以达到排放甲醛的最大可能性。使用 ULEF 树脂，且已根据第 93120.3 节第 4（1）款中的要求获得 ARB 批准的制造商仅需每六个月进行一次主要或次要方法测试。基于检验主要或次要方法测试的目的，如果两个或多个产品类型的排放特征相似，制造商则可选择将其归类到一起。如果工厂选择用单个产品类型代表所有或多个产品，则该代表产品的每季资格测试失败将导致对其代表的所有其他产品的认证失效。每个产品类型的排放量均不得超过适用的标准。

②主要或次要方法测试失败。

a. 超过标准。

如果后续（检验）主要或次要方法测试中获得的排放值超过适用的标准，被测试的产品即违反了第 93120.2 节第 1 条中的规定，该产品类型的认证将随之暂停，直到重新进行资格评估。在这种情况下，第三方认证机构必须通知制造商和 ARB。如果同一产品的主要或次要方法和小规模测试结果不同，则主要或次要方法测试结果应被当作基准值。制造商必须将上个月的质量控制测试数据提交给第三方认证机构，以核实质量控制限值（QCL）或装运 QCL（如果适用）是否反映了主要或次要方法与工厂质量控制测试之间的准确相关性。

b. 重新进行资格评估。

如果出现超过标准情况，则只有当成功完成另一次主要或次要方法测试时，工厂才可恢复生产该产品类型。必须在与未通过检验测试之产品的类型相同的产品中进行重新资格评估的主要或次要方法测试。

c. 对未通过测试批次的处置。

如果制造商可向第三方认证机构满意地证明以下方面，则可获得关于未通过主要或次要方法测试的产品批次的认证：每块板均用净化剂或其他降低甲醛排放的方法（例如，陈化）进行处理；在初次测定未通过测试批次之后六周内，用主要或次要方法测试对从经过处理的木板中随机选择的木板进行测试，并通过测试。

7. 在工厂进行的小规模质量控制测试。

每个制造工厂应当针对每个产品类型和每条生产线进行小规模质量控制测试，以确定工厂经认证的木板并未超过适用的排放标准。或者，可由合约实验室或由经批准的第三方认证机构营运的实验室进行质量控制测试。除非事先给出通知，否则每个工厂经认证合格的每个产品类型的所有批次均将接受测试，且应向认证机构报告每批次的小规模质量控制测试结果。

（1）经批准的小规模测试方法。

下述小规模测试可用作质量控制测试方法：
①ASTM D 5582-00（干燥器）；
②ASTM D 6007-02（小容器）；
③可证明与主要或次要方法测试相关（如第 7（2）小节中的规定），并经执行官批准的替代小规模测试。

（2）质量控制测试与主要或次要方法测试的相关性。每个工厂的质量控制测试结果必须被证明与主要或次要方法测试结果相关。相关性必须基于五个数据对的最小样品量。如果数据呈现与以前使用之相关性的不同，则制造商应当与认证机构合作进行数据评估，以确定是否出现显著的统计学变化。如果出现显著变化，则将由认证机构为制造商确定新的相关性曲线。

（3）质量控制限值。

制造商将与其第三方认证机构合作，以在每个制造工厂为每个产品类型和每条生产线制定质量控制限值（QCL）。QCL 是任何经批准的小规模质量控制测试的值，该值是基于适用标准允许的主要或次要方法测试所获得的值的相关当量。除了 QCL 之外，还应当制定偏差限值，以解释过程和测试差异，从而防止产品的排放量超过适用的标准。根据第三方认证机构制定的超过标准，如果制造商生产的产品批次始终超过适用的 QCL，则应当立即通知认证机构。

（4）基本测试频率。

①PB 和 MDF。

PB 和 MDF 制造商必须对每个产品类型的每条生产线进行常规小规模质量控制测试，每次轮班（8 或 12 小时，加上或减去一个小时的生产时间）至少一次。使用 ULEF 树脂，且已根据第 93120.3 节第 4 条中的要求获得 ARB 批准的 PB 和 MDF 制造商必须对每个产品类型的每条生产线进行常规质量控制测试，每周至少一次。应当在制造商的质量控制手册中规定的时限内对质量控制样品进行分析，以避免配销不合格的批次。此外，如果某个产品类型的生产在未达到 8 小时的生产时间时便结束，或如果出现以下情况之一，则必须进行品质控制测试：

a. 树脂配方改变，以至于甲醛与脲的比例增大；

b. 使用的甲醛树脂的数量增加 10%以上；

c. 指定的压缩时间缩短 20% 以上；

d. 如果质量控制经理或质量控制员工有理由相信所生产的木板可能不符合适用标准的要求。

②降低对 PB 和 MDF 测试的频率。

根据认证机构制定的标准，如果工厂或生产线呈现出让第三方认证机构满意的一致营运活动和低测试值变化性，则测试频率可降低至不低于每 48 小时生产时段进行一次测试。制造商必须预先从第三方认证机构获得书面同意，并将该书面同意保存起来作为制造商记录保存要求的一部分。

③HWPW。

HWPW 制造商必须根据工厂的产量对每个产品类型和每条生产线进行常规小规模质量控制测试。应当在制造商的质量控制手册中规定的时限内对质量控制样品进行分析，以避免配销不合格的批次。测试频率应当如下：

每周的 HWPW 产量（平方英尺）每周对每个产品类型和每条产品线进行的最小常规测试次数 200000 以下，200000~400000，2400000 以上。

（5）不合格批次。

不合格批次是指测试值超过适用标准的任何批次。应当根据制造商的记录保存要求保存不合格批次的测试结果。对于待认证的不合格批次，必须符合下面 7（6）和 7（7）小节的要求。

（6）不合格批次的处置。

不合格批次必须与通过认证的批次分离开来，且必须告知第三方认证机构。除非在根据下面 7（7）小节所进行的处理以及根据 7（8）小节所进行的重新测试之后，不合格批次被确定为符合标准，否则不能通过认证。如果制造商选择不或无法认证不合格批次，则该批次产品不得贴上在加利福尼亚销售的标签。如果该批次产品已被贴上在加利福尼亚销售的标签，则必须撕下或涂掉此等标签。应当在标准偏差和连续批次的认证计算中保留该批次产品的原始测试值。应当在质量控制图中标出此等批次。

（7）不合格产品的处理。

如果每块木板均用净化剂或其他降低甲醛排放的方法（例如，陈化）进行处理，则未通过小规模测试的产品可接受重新测试，以进行认证。

（8）小规模重新测试。

制造商可选择重新测试不合格批次产品。在重新测试不合格批次时，适用以下标准：

①至少应当从三堆单独的木板中选择三块测试木板。所选择的木板应当能代表整个批次。应使用工厂的小规模质量控制测试方法对每块木板进行测试。

②不得从每堆木板的顶部或底部选择测试样品。

③测出的三个代表样品的均值必须等于或低于 QCL 或装运 QCL。

④如果不合格批次产品不能通过认证，则应当以书面方式立即告知认证机构。

（9）装运 QCL 制造商可选择制定装运 QCL，其定义方式与上述 7（3）节中的 QCL 方式相同，但是基于装运前的木板而非刚制造成的木板。如果制造商选择制定不同于 QCL 的装运 QCL，则制造商应与其第三方认证机构合作制定该限值。处理不符合装运 QCL 的产品批次的程序，以及重新测试此等批次的程序与适用于不符合 QCL 的批次的程序相同，见 7（5）至 7（8）小节中的描述。

（10）工厂报告。

每个制造商至少应当将每个工厂、每条生产线和每个产品类型的产品资料报告保存两年，并至少应当每月向认证机构提交一次报告副本。报告应当包括每个具体产品的数据单张（含有测试和生产信息）以及含有以下信息的质量控制图：

①QCL；

②偏差限值；

③装运 QCL（如果适用）；

④质量控制测试结果；

⑤重新测试的值。

8. 记录保存。

制造商应当保存载有以下内容的完整记录：

（1）小规模测试结果，包括测试频率；

（2）生产序列；

（3）任何产品类型的树脂百分比偏离质量控制手册中规定的水平达 10% 以上（根据表面与芯板的树脂固体物和绝干木重进行计算）的变化；

（4）树脂的甲醛/脲摩尔比增大；

（5）任何产品的压缩时间偏离质量控制手册中规定的水平达 20% 以上的变化；

（6）质量控制员工的测试；

（7）不合格产品的处置；

（8）现场主要或次要测试方法（如果有）的校准；

（9）认证机构自行决定要求的与第 93120.12 节附录 3 相关的其他记录。

应随时准备好将这些记录提供给认证机构。应当以电子或打印稿形式将记录保存至少两年。还应可应要求向 ARB 提供记录。

（三）附录 3　对复合木制品第三方认证机构的要求

1. 目的。

第 93120.12 节中的附录 3 旨在就第 93120.2 节第 1 条中规定的甲醛排放标准，为经 ARB 批准的第三方认证机构规定认证复合木制品的要求，以及如果适用，为申请重新批准继续使用不添加甲醛基树脂（见第 93120.3 节第 3 条中的规定）或 ULEF 树脂（见第 93120.3 节第 4 条中的规定）的制造商规定产品类型。

2. 对第三方认证机构之要求的概述。

（1）经 ARB 批准的第三方认证机构应当履行以下职责：

①核实制造商是否遵守第 93120.12 节的附录 2 中所规定的质量保证要求。

②对照主要或次要方法测试结果，核实制造商的小规模测试结果。

③与制造商合作，为每个产品类型和每条生产线制定质量控制、偏差和装运质量控制限值（如果适用）。此外，认证机构还将通知制造商将用于测定产品批次是否始终超过适用的 QCL 的标准，见第 93120.12 节中附录 2 的 7（3）小节中的规定；以及认证机构将用于允许降低 PB 和 MDF 测试频率的标准，见第 93120.12 节中附录 2 的 7（4）②小节中的规定。

④提供对制造商和记录的独立检查和审核。

⑤为制造商提供经 ARB 批准的第三方认证机构编号。

⑥使用由经签署了《国际实验室认可合作组织多边承认协议》（ILAC，2000 年）的认可机构认证的实验室和主要或次要方法进行测试。实验室使用的甲醛测试方法应当在其认可范围内说明。每个实验室每年必须进行一次重新认证。每个实验室还必须与使用类似主要或次要方法对相同复合木制品进行测试的实验室一起参与实验室间测试比较。在实验室被第三方认证机构使用的第一年期间，实验室必须参与实验室间比较，然后每两年参与一次实验室间比较。

⑦以电子或打印稿形式将关于以下方面的记录保存两年，以应要求提供给 ARB 审查：

a. 已通过认证的制造商，以及指定的识别编码（如果有）；

b. 为每个制造商进行的检查和测试的结果；

c. 经过认证的实验室以及第三方认证机构使用的主要或次要测试方法的清单，包括测试条件、调节时间、测试结果，以及用于建立次要方法等效性的复合木制品的类型；

d. 制造商提供的小规模测试结果与主要或次要方法测试结果之间的相关性；

e. 根据第 93120.12 节的附录 2 中 7（4）②小节的规定，被允许降低其测试频率的 PB 和 MDF 制造商；

f. 批准第三方认证机构的 ARB 执行命令。

⑧在每年的 3 月 1 日或之前，向 ARB 提供关于上一日历年的年度报告，包括：

a. 上一日历年中通过认证的制造商，包括制造商使用的树脂以及按树脂和产品类型分类的甲醛排放量均值和范围；

b. 第 93120.12 节的附录 2 中规定的制造商不合格事件清单；

c. 经过认证的实验室以及第三方认证机构使用的主要或次要测试方法；

d. 第三方认证机构使用的实验室的实验室间测试比较结果。

3. 首次工厂合格评估。

在第三方认证机构与制造商签订合约之后，第三方认证机构应当对制造商的每个工厂进行一次或多次检查。此等检查的费用应当由制造商承担。检查的目的应当是确定每个工厂的程序和过程符合，或可使其符合第 93120.12 节中附录 2 的要求。首次工厂合格评估要求包括：

（1）经第三方认证机构批准的书面质量控制手册；

（2）经第三方认证机构批准的质量控制设施和人员；

（3）通过主要或次要方法合格测试；

（4）经第三方认证机构批准的常规小规模质量控制测试；

（5）经第三方认证机构批准的样品选择程序；

（6）经第三方认证机构批准的常规小规模质量控制测试与主要或次要方法测试之间的相关值。

4. 主要或次要方法测试。

第三方认证机构应当与制造商合作，以确保符合第 93120.12 节的附录 2 中第 6 小节的要求。

（1）样品选择、处理和装运。

应当从供装运的单批次产品中随机选择主要或次要方法测试样品。不得选择每堆顶部或底部的复合木制品。在进行样品选择与开始测试调节期间，复合木制品必须完全堆积或密封覆盖。样品应当实时贴标、由第三方认证机构签名、密封堆积、用聚乙烯材料覆盖、用护板保护，并实时运送进行主要或次要方法测试。应当尽快开始调节，不能超过生产之后 30 天。可以与第一组相同的方式选择、处理和运送第二个样品组（保留组）（由工厂任意选择）。

（2）额外的（检验）主要或次要方法测试。

如果第三方认证机构判定额外的主要或次要方法测试是确保符合相关标准所必需的，则应当尽快进行额外的主要或次要方法测试。

（3）见证主要或次要方法测试。

第三方认证机构可自行决定同意在经认证的实验室见证主要或次要方法测试，而不在其实验室进行测试。

①调节。

在调节期间，第三方认证机构应当审查关于调节区域的温度、湿度和周围甲醛浓度的记录，以核实这些条件并未超过主要或次要方法中规定的限值。

②测试。

第三方认证机构或认证机构监督下的主要或次要方法操作者应当进行空气取样，并按照主要或次要方法对其进行甲醛分析。将向制造商和认证机构报告分析结果。主要或次要方法测试操作员或认证机构应当可自行选择测试另一组空气样品，以确定可疑的测试值。如果要进行另一组空气取样，则必须在主要或次要方法中确定的时间参数内进行。如果第二组空气样品的测试值在第三方认证机构确定的浓度范围内，也在第一组样品的测试值范围内，则应当对两个值取平均值。如果第二组空气样品的测试值与第一组值的偏离比第三方认证机构确定的浓度范围要大，则该主要或次要方法测试应当无效。

③标识。

在测试完成之后，主要或次要方法测试中使用的容器应当打开，认证机构应当核实容器内的木板或样品是否为适当的测试样品。

5. 第三方认证机构进行的检查。

（1）目的。

在经 ARB 批准的第三方认证机构核实制造商使用认证机构的 ARB 分配编号将其产品报告为通过认证的情况属实之后，认证机构应当对生产通过认证之产品类型的工厂和生产线进行定期现场检查，以确保完全符合第 93120.12 节中附录 2 的规定，以及工厂的质量控制手册和实践。ARB 或当地空气区域管理人员也可在工厂进行现场检查，以确保符合第 93120.2 节第 1 条中的规定。

（2）频率。

检查应至少每季进行一次。

（3）检查程序。

复合木制品制造商应当在检查的各方面全力配合认证机构，包括但不限于以下方面：

①审查甲醛排放质量控制记录；

②审查生产记录以查看压缩时间和脲醛树脂的使用；

③检查甲醛排放质量控制程序；

④选择样板用于排放测试；

⑤与质量控制员工进行面谈，并对其进行测试；

⑥充分接触涉及甲醛排放认证的质量控制经理和任何质量控制员工。可不允许认证人员进入被认为机密的工厂区域内，但前提是这样不会阻止或妨碍认证人员履行必需的职责。

（4）样品选择和测试程序。

认证人员可在其造访期间进行小规模测试。应当选择待认证的复合木制品中的一块木板进行单个测试。测试结果应当输入制造商保存的测试值记录中。如果向记录中增加该测试值将导致被测试的批次变成不合格批次，则应当根据第 93120.12 节的附录 2 中阐明的不合格批次程序将该批次分开并进行处理。

（5）结果报告。

在检查完成之后，认证人员应当以书面方式准备结果，并同质量控制经理或工厂经理一起审查（如果适用）。一旦可获得完整的测试数据，认证人员就应当向工厂提供书面报告，说明测试结果，并告知工厂必须纠正的任何不足，以保持认证。

6. 重新检查。

如果制造商生产的产品批次始终超过适用的 QCL，则应当立即通知认证机构。在恢复至以前的检查频率之前，认证机构可每月至少重新检查或审核工厂一次，并持续三个月。认证机构还可能要求制造商证明符合首次工厂合格条件的要求。

7. 机密性。

制造商根据第 93120.12 节的附录 3 中的要求向认证机构提供的所有资讯和文件应

被视为机密，认证机构不得揭露此等信息或文件，但 ARB 可能要求的除外。认证机构应将关于设备、过程、技术的任何观察资料或制造商认为专有而认证机构知道的其他事宜视为机密。

注：引用的权威资料：《健康与安全法典》第 39600、39601、39650、39658、39659、39666、41511 和 41712 节。

参考文献：《健康与安全法典》第 39650、39658、39659、39665、39666、41511 和 41712 节。

七、美国对儿童家具的安全标准规范

包括儿童床消费者安全规范标准、婴儿床规范标准要求、双层床安全规范、高脚椅安全规范等。

（一）婴儿床的安全要求

例如，美国标准 ASTM F 1169 婴儿床规范标准要求（摘要）：

1. 基本要求

（1）在进行此规范的任何试验之前，所有的木质部分都应该光滑且无裂片。

（2）表面涂层——产品上的油漆或表面涂层应与 16 CFR 1303 相符。

（3）小部件——在试验前不应有 16 CFR 1501 所定义的小部件，也不应有此种小部件因进行此规范中的试验而产生。

（4）角柱：在与柱或肘状物的最外部轮廓的距离小于 76mm 的范围内，若从端部或侧面板的顶部边缘的最低点测起，角柱组合比端部或侧面板的顶部边缘高，则角柱组合比不能高过端部或侧面板的顶部边缘 1.5mm 以上。

2. 性能要求

包括床垫支撑系统垂直冲击试验要求、婴儿床侧面试验要求、床垫支撑系统试验要求、婴儿床侧面插销试验要求、塑料栏杆试验要求。

3. 标记要求

每一件产品都应有警告陈述。

4. 说明书

必须随婴儿床一起提供说明书，且说明书应简明易懂。

（二）双层床安全规则

美国消费者产品安全委员会应用办公室

双层床安全规则

编号　16 C.F.R.1213 部分　1500 和 1513

1. 制定双层床规则的目的

本规则致力于减少儿童陷于床和地板间，暴露于安全护栏外或靠近木床尾端而由此带来的伤害或者死亡。

2. 有关双层床方面的规则

成人用双层床方面的规则见 16 C.F.R.1213；儿童用双层床方面的规则见 16 C.F.R. 1513。

3. 什么是双层床

双层床是指底部床板离地高于 30 英寸，床垫是指卧或者躺时支撑的基础。双层床的尾部是指头和脚的右上方到手达到的边缘。

4. 双层床规则的要求

安全护栏：

（1）双层床必须至少有两个向上的箱式护栏，一边至少有一根栏杆。矮一些的双层床（床板离地面等于或者低于 30 英寸）没有必要使用安全护栏。

（2）双层床的一边靠近床或者一边靠近梯子时，必须把安全护栏从床的一个边缘连续地移动到另外一边。如果安全护栏没有靠近床的一边，必须保证护栏和床的最近的部分之间的间隙不大于 0.22 英寸。

（3）床的一边的安全护栏也不一定要从一边连续移动到床的尾端，但要保证安全护栏和床的尾端的距离不大于 15 英寸。

（4）安全护栏和床的连接必须有栓子固定。必须尽量减少取下栏杆的次数或者取下它们时必须保证是按多于两个方向的要求移动的，并且是一个接一个地取下它们。

（5）安全护栏的顶部不应少于床垫的上层面的 5 英寸。

（6）当取下双层床的上层床垫时，安全护栏的底部和床垫底层之间的任何空间不允许阻挡用的楔子自由移动。

双层床尾端：

（1）不要打开箱式床上方的尾端的任何一边，否则会导致阻挡用楔子的自由移动。

（2）当你使用生产商推荐的厚床垫和床板时，双层床上方的尾端必须在床垫上方 5 英寸高，到每边的尾端的距离为这个距离的一半。

（3）千万不要打开双层床的上层下面的下层尾端，在下层床垫上面可以允许楔子自

369

由移动，除非在这种条件下预留有 9 英寸的坚固的空间，以保证其自由移动。

（4）在任何情况下打开上层床床板下面的任意一个下层床的尾端测试楔子，都必须相应测试上述提及的 9 英寸空间允许其自由通过时的塌陷风险。

5. 双层床的塌陷风险测试

测试双层床的具体信息文件，参见 16 C.F.R1213.4 和 1513.4。

在床上没有床板时，用楔子在安全护栏和上层床板之间构成的空间即是上层床和下层床之间的空间，把楔子置于最有可能在这个孔自由移动的地方，然后用挂钩拉动楔子的鼻眼至这个空间，当测试安全护栏和上层床板的空间时，拉动楔子后在一分钟内逐步施加 33 磅重的力。

如果楔子能够自由通过这个空间的下层床的尾端，试着放一个直径 9 英寸的球于这个孔，如球能够自由通过，然后测试脖颈塌陷风险，用生产商推荐的最厚的床板和床垫重复这些实验。

6. 脖颈塌陷风险的测试

脖颈塌陷风险实验使用一种特殊设计的探测仪。将这个探测仪的尖头和脖颈插入前述孔洞空间中，由于具体细节包含在有关测试中，在此并不打算详细叙述此过程。想查阅更多详细信息，参见 16 C.F.R1213.4（3）（C），或者 1513.4（3）（C），或者联系我们的应用办公室。

7. 双层床标签要求

每一个双层床必须包含一个特殊的警告性标签或者标志名称，生产商或者进口商的地址、型号数码和生产的年月。同时每张床必须附加有一张详细说明，包括尺寸、床垫厚度和安全使用说明书。

8. 双层床使用要求

儿童用的双层床不能有锋利的角或者棱。同时任何床都不能刷含铅的油漆。（参见 16 C.F.R.1500.48、16 C.F.21500.49 和 16 C.F.2 中 1303 部分。）

9. 双层床的特殊要求

双层床消费安全特殊要求和标准，包含了双层床的设计和性能方面的其他要求，参见 ASTM F 1427-96。

（三）双层床新强制性要求（摘要）

美国消费者产品安全委员会（CPSC），公布关于双层床的安全标准，目的是致力于避免不合理结构的床或者床与墙壁间劈开而导致的儿童受伤或者死亡。

在 2000 年 6 月 19 日后，凡美国生产和销售或向美国出口的双层床都必须满足其安全标准要求。此外，双层床还要满足性能要求和贴上明显的警示性标志。对成人使用的双层床，厂商必须遵照美国消费者安全法第14章的有关规定，还要求生产者公布相应的证书以表明其产品达到了安全标准，其中必须证明对每个产品的测试以及遵循合理的测试程序。

从2000年6月19日起，对没有达到美国关于双层床标准要求的，禁止生产、销售、商业运输。美国安全消费法对于违法活动有详细的惩罚规定，每一项可以处以7000~1650000美元的罚款。

除了美国安全消费法的要求以外，还有一个自愿标准，见ASTM F 1427-96。这里公布了一些其他的风险，例如床板和安全护栏的完整。

除了美国安全消费法公布的有关双层床的塌陷风险以外，还要求考虑由于牢固性风险所导致的儿童伤害，这要求遵循该委员会其他的有关规范。这里我们提供了一个美国安全消费者委员会所做的实验清单，厂商可以参考上述实验规范以保证双层床符合联邦法律要求。美国安全消费者委员会并不强制实施认证其他特殊的产品实验。

八、美国对软体家具的防火安全阻燃要求

（一）美国加州软体家具防火法规

美国的加利福尼亚州技术报告117号（TB 117）Flame retardants of resilient filling materials 规定，所有出售在美国的皮革家具都被强制执行，包括对纤维或多孔状泡沫体填充材料的防火性能测试，TB 117包含了成分测试。出售在加利福尼亚州的皮革家具还会被贴上符合TB 117性能测试的标签。

具体内容见检测方法一章。

（二）床垫防火法规：美国联邦规例守则（CFR 16 Part 1632 & CFR 16 Part 1633）

2006年2月16日，美国消费品委员会一致通过了针对床垫阻燃的新的联邦标准16 CFR 1633，该标准从2007年7月1日起正式生效。早在2004年，美国加州政府率先通过了床垫新的阻燃安全法规TB 603，并在2005年正式开始实施。法规要求从2005年1月1日起，所有进美国加州市场的床垫必须通过TB 603的测试标准。规定任何主辅材料（包含面料、无纺布、填充棉、海绵、乳胶、毛毡、椰棕、滚边带和缝纫线等）无论采用任何阻燃方式，只要成品床垫能具有阻止明火蔓延燃烧的能力，在一定的时间内让火焰自行熄灭，就可被认定为通过燃烧测试，达到TB 603的标准。

最新的联邦法规CFR 16 Part 1633是美国各州以加州TB 603为基础而推出的。根

据联邦标准，所有在标准生效当天或以后制造、进口及翻新的床垫和床垫套装产品都必须符合该标准要求。所有在美国境内制造、进口和销售床垫的厂商都必须以文件和标签来证明产品符合或高于标准要求。厂商必须对其床垫及床垫套装产品的原型确认样，生产中的产品都依照该项标准要求进行测试，获得相应的合格测试报告，并在产品上依照 CPSC 的要求附上永久标签。该项联邦标准设定了两个指标来限定火焰在床垫或床垫套装上的蔓延，其分别是在用喷燃器进行试验时：在 30 分钟的测试时间内，床垫/床垫套装的最高热释放量峰值不得超过 200 千瓦（kW）。在测试的最初 10 分钟内，总热释放量必须小于 15 兆焦耳（MJ）。

（三）家具防火阻燃安全规定 46 CFR 116.423

联邦规则编码 46 CFR 116.423 规定：

（1）椅子、沙发及其类似家具，必须经测试并符合 UL 1056 的要求，即是软体家具防火测试，或符合 SEC.72.05–55 第 H 一节中的要求。

（2）书桌、书柜、壁橱、容器、床等其他箱体式家具和有关独立式家具必须按照 SEC.72.05–55 第 H 一节中有关要求建造。

（3）布料窗帘和其他软体家具，必须按照阻燃要求装饰，其材料必须按照国家防火协会的"软体家具防火测试标准（NFP A701）"的要求进行测试。

（4）小地毯（毡子）、地毯，必须和甲板一起使用。小地毯和地毯必须由 100% 的羊毛组成或者按照 ASTM E84 的测试要求，火苗传递速度不超过 75，发烟速度不超过 100（见 114.600 部分），或者任意形变不少于 0.8WATT/cm²。

（四）美国拟出台软体家具易燃性新法规

2005 年 10 月，美国计划启动软体家具易燃性新法规的制定工作。基于"易燃织物法案（FFA）"，美国消费品安全委员会（CPSC）正在对家用软垫家具的燃烧测试标准进行提议，以便对软垫家具设立性能、测试认证、标贴等要求。相关机构已于 2008 年 3 月 4 日发布了建议法规制定通知（NPR）。

该提议是有关软垫家具易燃性的新法规，就家用软垫家具制定新的强制性易燃标准，并订立适用于软垫家具的性能要求以及认证和标签规定。家具具备以下其中一项条件的符合建议标准：面料符合耐阻燃测试的规定；面料与填充料之间的防火物料符合指定的耐阻燃测试和明焰燃烧耐燃测试规定。新法规将规定软体家具生产商和进口商：证明软垫家具产品符合建议标准；保存记录以证明符合建议标准的适用部分；对用于符合建议标准的面料及防火物料进行测试；软垫家具标签上需注明生产商名称、制造日期、家具名称和类型，以及声明产品符合标准适用规定。

这项提案适用于座位和靠背或扶手装有缓冲材料（泡沫、棉絮以及相关材料）并覆盖织物（纺织、皮革或相关材料）的家用软垫座椅家具。此类家具包括：座椅、沙发、移动家具、睡眠沙发、家用—办公家具，以及用于宿舍或其他住处的软垫家具。与家具一同搭售的软垫和类似的散件也被包括。

该提案中定义的测试分为两类：香烟闷烧测试（Ⅰ类）和燃气明火测试（Ⅱ类）：

Ⅰ类闷烧测试：织物必须保护内部填充物防止持续性闷烧和火焰蔓延。合格的织物可用于任何填充材料。

Ⅱ类：隔离层测试：隔离材料必须保护内部填充物防止持续性闷烧和覆盖织物的火焰蔓延。合格的隔离衬层可用于任何面料和填充材料。

提案明确规定上述产品须符合一类表面织物闷烧测试和二类隔离层燃气明火测试燃烧测试，要求织物和点燃的香烟接触45分钟，表面织物与填充物间的隔离材料用240mm的丁烷气体火焰燃烧45分钟，均不得出现持续闷烧和燃烧现象，合格的织物和隔离层可用于任何填充材料。制造商必须标贴产品以证明其符合Ⅰ类或Ⅱ类的要求。

对标签要求规定。制造商须在产品上贴上标签以证明其符合一类或二类的测试要求，并声明"制造商特此证明该软垫家具符合美国联邦法规16 CFR的1634部分的所有适用要求"。除此之外，还须明显标有下列信息：

● 制造商及进口商的名称（如适用）。

● 制造商及进口商的地址。

● 制造年月。

● 型号识别。

● 类型识别（Ⅰ类或Ⅱ类）

● 声明"制造商特此证明该软垫家具符合美国联邦法规16 CFR的1634部分的所有适用要求"。

我们要密切该法规生效的进展、实施日期。

九、美国家具标准概况及主要标准目录

（一）ANSI 家具标准

美国国家标准学会（ANSI），目前共制定了近百个家具标准，其中引用ASTM标准18个、引用BIFMA标准10个、引用UL标准4个。ANSI家具标准重点在于家具的阻燃性能，共包括17个家具阻燃性能标准，包括装潢家具及其部件、装覆盖饰物、软垫家具、床垫及床上用品、折叠椅的阻燃性能测试，并包括木梯、折叠椅、橱柜五金、运动场的露天看台、橱柜、家用和商用家具、婴儿床、座椅和家具、汽车软垫、床垫及类似用途用软质泡沫材料等家具产品及家具材料标准。

（二）美国 ASTM 家具标准

美国试验与材料协会（ASTM），目前制定了涉及 4 方面 100 多个家具标准：

（1）家具安全标准：包括婴儿床、婴儿栏杆小床、床铺儿童座椅、豆袋椅、未成年人用弹跳座椅、高脚椅弹簧床、婴儿被垫、柜、门柜和橱柜等家具的安全技术规范。

（2）家具阻燃标准：包括软垫、装饰性家具部件、床垫等的阻燃性能。

（3）家具产品标准：户外用塑料椅子、户外用儿童塑料椅子、户外塑料躺椅等产品标准。

（4）家具材料标准：镀银平镜、家具皮革、家具和汽车软垫、床垫及类似用途用软质泡沫材料—氨基甲酸乙酯、机织装饰物、家具抛光剂、家具装饰织物、机织家具套织物、室内家具编织装饰用纤维、悬挂的装饰织物、床垫及箱式弹簧、内弹簧和箱型弹簧、地板覆盖物的纺织材料等材料标准。

（三）美国 BIFMA 家具标准

美国办公家具协会（BIFMA），是一个由 260 家办公家具生产、销售和消费公司组成的非营利性组织，代表了北美办公家具 80%市场份额的家具商的利益。BIFMA 标准因内容全、技术严格而闻名，赢得世界的广泛认可，到美国的家具都被建议进行 BIFMA 测试，它代表着产品的安全和质量。

BIFMA5.1–5.7 分别针对办公椅、文件柜、沙发、办公桌/台、屏风及小型的办公和家用家具的安全要求和测试内容、方法作了详尽的描述。如 BIFMA5.1 对办公椅的测试项目包括：稳定性测试、椅背强度测试、五爪强度测试、沙包自由落体冲击测试、旋转测试摆动机构疲劳性测试、椅座疲劳性冲击测试、扶手强度测试、椅背疲劳性测试、脚轮、五爪疲劳性测试、椅腿强度测试、脚踏板疲劳性测试等，且其要求远高于其他同类标准。

（四）美国家具主要标准目录

标准号	名称
ANSI/ASTM E1474–2007	通过小型耗氧热量计测定装饰家具和垫子组合件或组合材料热释放速率的试验方法
ANSI/ASTM E1537–2007	软垫家具燃烧测试的试验方法
ANSI/ASTM E2320–2004	热环境和室内空气条件下用办公室设施的适用性分类
ANSI/ASTM F1085–2004	船舶舱位用床垫和弹簧床垫用规范
ANSI/ASTM F1178–2001	上釉系统、烘干、金属连接件装置和家具的性能规范
ANSI/ASTM F1550–2001	利用台架规模测定暴力行为后教养院用合成床垫或家具构件火焰试验响应特性试验方法

标准号	名称
ANSI/ASTM F1870-2001	评定拘留所和管教所装饰家具着火试验方法选择指南
ANSI/ASTM F2143-2004	冷藏食物餐具架及工作台性能的试验方法
ANSI/BIFMA M7.1-2007	测定从办公家具、部件和座椅中排放出的挥发性化合物（VOC）的标准试验方法
ANSI/BIFMA X5.1-2002	办公家具. 通用办公椅. 试验
ANSI/BIFMA X5.4-2005	办公家具. 休息室座椅测试标准
ANSI/BIFMA X5.5-2008	写字台. 试验
ANSI/BIFMA X5.6-2003	办公家具. 大板系统. 试验
ANSI/BIFMA X5.9-2004	办公室储藏用家具标准. 试验
ANSI/BIFMA X7.1-2007	低排放办公家具装置和座椅的甲醛和 TVOC 排放物用标准
ANSI/BIFMA/SOHO S6.5-2001	小型办公室/家庭办公室家具. 试验
ANSI/CPA A135.6-2006	硬纸壁板
ANSI/NFPA 102-2006	支架、折叠和伸缩椅、帐篷和搁板结构的标准
ANSI/NFPA 260-2003	已装潢家具的部件对香烟烟火的阻燃性
ANSI/NFPA 261-2003	已装潢家具材料组件对香烟烟火的阻燃性
ANSI/UL 1315-2003	金属制废纸容器安全标准
AS 4084 Supp 1-1993	钢制存放架. 注释（对 AS 4084-1993 的补充）
AS 4084-1993	钢制存放架
ASTM D2097-2003	家具皮革表层挠曲测试的标准试验方法
ASTM D2336-1999	涂料厂对涂覆于木制品的涂层由液态至固态的标准指南
ASTM D2555-2006	建立无结疤木材强度值的标准规范
ASTM D5517-2003	工美材料中金属萃取性测定的标准试验方法
ASTM D5764-1997a	木和木基制品榫支撑强度评定的标准试验方法
ASTM D5764-1997a（2002）	木和木基制品榫支撑强度评定的标准试验方法
ASTM D6007-1996	用小型室测定空气中来自木制品的甲醛浓度的标准试验方法
ASTM D6007-2002	用小型室测定空气中来自木制品的甲醛浓度的标准试验方法
ASTM D6801-2007	艺术品和其他材料最大自发加热温度的测量用标准试验方法
ASTM D6957-2003	测量漆刷子填充材料卷曲度的标准实施规程
ASTM D7016-2004	暴露于明火后垫子的边缘连接组件评价的标准试验方法
ASTM D7016-2007	暴露于明火后床垫的边缘连接组件评定的标准试验方法
ASTM D7023-2004	与家用家具相关的标准术语
ASTM D7023-2006	与家用家具相关的标准术语
ASTM E1352-1999	模型化装软垫的组合家具的抗烟卷点燃性的标准试验方法
ASTM E1352-2002	模型化装软垫的组合家具的抗烟卷点燃性的标准试验方法
ASTM E1353-1999	装软垫家具部分的耐香烟点燃性的试验方法
ASTM E1353-2002	装饰性家具部件的耐香烟点燃性的标准试验方法

标准号	名称
ASTM E1375-1990（1994）e1	作为隔声屏障的家具面板的区间衰减测量用测试方法
ASTM E1474-1996a	用小型耗氧热量计测定装饰家具和床垫部件或组件的放热率的标准试验方法
ASTM E1474-2001	用小型耗氧热量计测定装饰家具和床垫部件或组件的放热率的标准试验方法
ASTM E1474-2002	用小型耗氧热量计测定装饰家具和床垫部件或组件的放热率的标准试验方法
ASTM E1474-2004	用小型耗氧热量计测定装饰家具和床垫部件或组件的放热率的标准试验方法
ASTM E1474-2004e1	用小型耗氧热量计测定装饰家具和床垫部件或组件的放热率的标准试验方法
ASTM E1474-2007	用小型耗氧热量计测定装饰家具和床垫部件或组件的放热率的标准试验方法
ASTM E1537-1999	实尺软垫家具着火试验的标准试验方法
ASTM E1537-2001	实尺软垫家具着火试验的标准试验方法
ASTM E1537-2002	实尺软垫家具着火试验的标准试验方法
ASTM E1537-2002a	实尺软垫家具着火试验的标准试验方法
ASTM E1537-2007	软垫家具着火测试的标准试验方法
ASTM E1590-1999	床垫耐火试验标准试验方法
ASTM E1590-2001	床垫耐火试验标准试验方法
ASTM E1590-2002	床垫着火试验的标准试验方法
ASTM E1590-2007	床垫的防火测试用标准试验方法
ASTM E1822-2002	叠板椅实物的着火试验方法
ASTM E1822-2002a	叠板椅实物的着火试验方法
ASTM E1822-2002b	叠板椅实物的着火试验方法
ASTM E1822-2007	折叠椅的着火测试用标准试验方法
ASTM F1004-1998	扩展门和可扩展外罩的消费者标准安全规范
ASTM F1004-2000	扩展门和可扩展外罩的消费者标准安全规范
ASTM F1004-2002	金属网门和可扩展网罩用消费者安全规范
ASTM F1004-2002a	金属网门和可扩展网罩用消费者安全规范
ASTM F1169-1999	足尺寸的婴儿带栏杆小床
ASTM F1169-2003	全尺寸婴儿带栏杆小床的标准规范
ASTM F1169-2007	全尺寸婴儿床的标准规范
ASTM F1235-1998	便携式钩接式座椅的安全使用要求
ASTM F1235-2003	便携式钩接式座椅的消费者安全标准规范
ASTM F1427-1996	床铺使用的标准安全规范

标准号	名称
ASTM F1427–2001	床铺使用的标准安全规范
ASTM F1427–2004	床铺使用的标准安全规范
ASTM F1427–2004e1	床铺使用的标准安全规范
ASTM F1427–2006	床铺使用的消费者标准安全规范
ASTM F1550–2000	使用实验规模耗氧热量计测定床垫或家具遭破坏后修复用部件或合成材料燃烧试验响应特性的标准试验方法
ASTM F1550–2001	使用实验规模耗氧热量计测定床垫或家具遭破坏后修复用部件或合成材料燃烧试验响应特性的标准试验方法
ASTM F1550–2005	用实验室耗氧热量计测定遭破坏后修复设施中床垫或家具用部件或合成材料燃烧试验响应特性的标准试验方法
ASTM F1561–1996	户外用塑料椅子标准性能要求
ASTM F1561–2003	户外用塑料椅子标准性能要求
ASTM F1821–1997	婴儿床标准使用安全规范
ASTM F1821–2006	婴儿床的消费者安全标准规范
ASTM F1838–1998	户外用儿童塑料椅的标准性能要求
ASTM F1858–1998	户外用带有可调节背或活动靠背结构的多位塑料椅的标准性能要求
ASTM F1870–1999	在滞留和校正设备中评定选择装饰家具的着火试验方法的标准指南
ASTM F1870–2005	拘留和惩罚设施中装饰家具评定用着火试验方法选择的标准指南
ASTM F1912–1998	豆袋椅安全标准规范
ASTM F1967–1999	婴儿浴室座椅的标准用户安全规范
ASTM F1967–2001	婴儿浴室座椅的标准用户安全规范
ASTM F1967–2004	婴儿浴室座椅的消费者安全标准规范
ASTM F1967–2007	幼儿浴室椅用消费者安全标准规范
ASTM F1967–2007a	幼儿浴室椅用消费者安全标准规范
ASTM F1988–1999	户外用带可调节底座的、有或没有活动臂的塑料躺椅的标准性能要求
ASTM F2050–2003	手提式婴儿床的消费者安全性能标准规范
ASTM F2057–2000	柜、门柜和修整器标准安全规范
ASTM F2057–2004	柜、门柜和橱柜标准安全规范
ASTM F2058–2000	家用燃烧蜡烛警示标签的标准规范
ASTM F2085–2001	便携式床围栏的消费者安全标准规范
ASTM F2085–2003	活动式床围栏的消费者安全标准规范
ASTM F2085–2003e1	活动式床围栏的消费者安全标准规范
ASTM F2085–2006	活动式床围栏的消费者安全标准规范

标准号	名称
ASTM F2085-2006a	活动式床围栏的消费者安全标准规范
ASTM F2085-2007	活动式床围栏的消费者安全标准规范
ASTM F2155-2001	扣锁或密封用搭扣和其他固定装置性能的标准规范
ASTM F2194-2006	小儿睡车和摇篮的消费者安全标准规范
ASTM F2194-2007	摇篮车和摇篮的消费者安全标准规范
ASTM F2194-2007a	摇篮车和摇篮的消费者安全标准规范
ASTM F2194-2007ae1	摇篮车和摇篮的消费者安全标准规范
ASTM F2236-2003	软的婴儿运载工具的消费者安全标准规范
ASTM F2285-2004	商用花纹图案变化桌的消费者安全性能标准规范
ASTM F2367-2004	消费者和公共机构用立式扫帚标签的标准规范
ASTM F2367-2004a	消费者和公共机构用立式扫帚标签的标准规范
ASTM F2368-2004	消费者和公共机构用湿拖把标签的标准规范
ASTM F2388-2004	家用婴儿可变桌子的消费者标准安全规范
ASTM F2388-2004e1	家用婴儿可变桌子的消费者标准安全规范
ASTM F2388-2006	家用婴儿可变桌子的消费者标准安全规范
ASTM F2613-2007	儿童折叠椅的消费者安全标准规范
ASTM F381-1999	弹簧床（蹦床）的部件、安装、使用和标签的消费者标准安全规范
ASTM F381-2001	弹簧床（蹦床）的部件、安装、使用和标签的消费者标准安全规范
ASTM F381-2004	蹦床的部件、安装、使用和标签的消费者标准安全规范
ASTM F404-1999a	高脚椅的安全使用规范
ASTM F404-2004	高脚椅的消费者安全标准规范
ASTM F404-2007	高脚椅的消费者安全标准规范
ASTM F406-2004	非全尺寸婴儿床/娱乐场地的消费者安全标准规范
ASTM F406-2005	非全尺寸婴儿床/娱乐场地的消费者安全标准规范
ASTM F406-2005a	非全尺寸婴儿床/娱乐场地的消费者安全标准规范
ASTM F406-2006	非全尺寸婴儿床/娱乐场地的消费者标准安全规范
ASTM F406-2007	非实际大小的婴儿床/玩耍场地用消费者安全标准规范
ASTM F966-2000	全尺寸和非全尺寸的婴儿床角柱延伸件的消费者安全规范
ASTM F977-2000	婴儿学步车的用户安全使用标准规范

十、美国雷斯法案修正案

美国野生动植物保护法（Lacey Act，简称"雷斯法案"）主旨是打击野生生物、鱼类及野生植物的非法贸易。2008 年 5 月 22 日，美国动植物检疫局又重新修订了该法案，并分步实施。此次修订主要变动如下：①范围由 "濒临灭绝的动植物管理" 扩展到 "整个野生植物及其产品"；②要求 2008 年 12 月 15 日后进入美国的野生植物及其产品，需要进口商填报 "植物及产品申报" 单，否则不得入境；③对违法植物产品要采取扣押、罚款和没收措施，对虚假信息、错误标识等行为也要采取处罚措施。美国雷斯法案修正案于 2008 年 12 月 15 日正式实施。

1. 美国雷斯法案修正案目的

禁止非法来源于美国各州或其他国家的植物及林产品，如家具、纸、锯材的贸易，区分合法木材和非法木材，制止非法木材流入市场，增加木材和林产品交易透明度，以便美国政府更好地执行这部法律。

2. 美国雷斯法案修正案涉及植物及产品范围

该法案中 "植物及产品" 定义为 "植物界的所有野生植物，包括根、种子、其他植株组成部分及其产品，包括自然生长的或种植在林地的树木"。由此可见，该法案要求进口商申报的产品范围非常广泛，包括活植物、植株组成部分、板材、木浆、纸、纸板，以及含有某些植物成分的产品如家具、工具、雨伞、体育用品、印刷品、乐器、植物提取物、纺织品等。

野生动植物保护法明确以下三类植物可以免除进口申报：一是除树以外的 "常规栽培植物"、"常规粮食作物"（含根、种子、其他植株部分及其产品），目前美方正在组织界定 "常规栽培植物"、"常规粮食作物" 范围；二是供实验室或田间试验研究使用的植物繁殖材料科学样本（包括根、种子、胚质、其他植株部分及其产品）；三是拟用于种植的植物。

但是，对于上述第二、三种情况，如符合下列情况，仍需要进行申报：①属于《濒危野生动植物物种国际公约》(CITES) 附件所列植物；②属于 1973 年《濒危物种法》所列的濒危或受威胁物种；③依据任何一个州有关物种保护的法律，属于本地物种并濒临灭绝的。

3. 美国雷斯法案修正案新要求

（1）进口商在每次船运进口植物或林产品时都要提供基本申报。这些申报必须包括以下内容：植物种类的拉丁名学名；采伐的国家（产地来源国）；数量和尺寸；进口货值。

（2）如果进口商不知道所采购运输的林产品材料的原产国或植物名称，美国雷斯法案修正案允许申报每一种植物可能的名称、可能的产地。

（3）对于可回收纤维制成的纸制品、包装材料如纸板或草垫，不需要申报可回收材料的种类名称及来源地。

（4）美国进口商被要求于 2008 年 12 月 15 日提供申报信息。根据新修订的《雷斯法案》，一旦企业受到使用可疑木材的起诉或调查，出口商与采购商均将面临货物被没收、罚款，甚至监禁的风险。

4. 美国雷斯法案修正案对进口申报的方法

从 2008 年 12 月 15 日起，进口到美国的受限植物及植物产品，进口商需填写并提交"植物及产品申报单"。申报单上必须注明该植物及产品的学名、货值、数量、产地来源国等信息。

如为纸张，需申报其含可回收使用成分的百分比；如为多种植物的混合产品，需申报可能使用的每种植物的名称；如植物产品来自多个生产来源国家，需填写每个国家的名称。专门用作包装材料（如支持、保护或装载其他物品）的植物及植物产品，不需要进口申报，但如果包装材料本身属于进口商品，则也需要进口申报。

5. 进口申报分阶段实施计划

雷斯法案修正案将对进口植物及产品申报实施分阶段实施计划，具体如下：

第一阶段：2008 年 12 月 15 日~2009 年 3 月底（即该法案实施后 180 天）。对进入美国的野生植物及产品开始要求提供"植物产品申报单"，此阶段只有纸质申报且为自愿提供，但进口商不得伪造申报信息。

第二阶段：2009 年 4 月 1 日（即美国电子申报系统实施日期）~2009 年 7 月 1 日。包括上述受限植物及产品，进入美国的木材、装饰木材（HS 编码 44 章），活树、植物、鳞球茎、切花、观赏植物等（HS 编码 6 章）均必须强制要求提供"植物及产品申报单"，并采用电子申报系统。

第三阶段：2009 年 7 月 1 日~2009 年 9 月 30 日。包括上述受限植物及产品，进入美国的树浆（HS 编码 47 章）、纸（HS 编码 48 章）、音乐器材（HS 编码 92 章）、家具（HS 编码 94 章）均必须强制要求提供"植物及产品申报单"，并采取电子申报系统。

2009 年 9 月 30 日后，美国将在进口电子申报实施基础上，针对《海关目录》其他章节的植物及产品，如油籽、杂谷、种子、果实（HS 编码 12 章），橡胶、树脂、蔬菜汁、提取物（HS 编码 13 章），软木塞、伞、玩具、铅笔、工艺品（HS 编码 45、46、66、82、93、95、96、97 章）等，研究考虑强制要求填报"植物及产品申报单"。

6. 美国雷斯法案修正案生效背景

（1）禁止非法来源于美国各州或其他国家的植物及林产品，如家具、纸、锯材的贸易。

（2）要求进口商报告构成其进口林产品木材的来源地、种属名称（拉丁名）。

（3）建立起违反该法案的处罚制度，包括没收货物和船只、罚款及监禁。

（4）欧盟 FLEGT 进程行动计划。

①为木材生产国的治理改进和能力建设提供支持；致力于发展与木材生产国签订《自愿伙伴关系协议》（VPA），以阻止其非法生产的木材进入欧盟市场。

②努力减少欧盟对非法采伐木材的消耗，并抑制欧盟公共机构可能助长非法采伐活动的投资。

③支持欧盟成员国发展可靠的木材跟踪体系以区分合法木材和非法木材。

④通过立法执行自愿伙伴协议的条款来制止非法木材流入欧盟市场。

⑤对 FLEGT 进程认可（有许可证）的木材采取市场鼓励政策纳入欧盟绿色公共采购范围。

⑥与美国雷斯法案相比，英国议案仅限木材，惩罚更严厉，监禁最高都是 5 年；罚款，美国最高限额为 5 万美元，英国最高限额为 10 万英镑（约 4 倍）。

欧盟 FLEGT 对中国出口贸易的影响较大，大多数出口到欧盟市场的中国木制品被要求出具 FSC 证书。

（5）森林认证。对于当前各界普遍关注的森林采伐、木材正常贸易及反走私问题，使森林可持续发展，各国采用森林认证是其中有效的方法之一。森林认证是林产品进入发达国家的绿卡，目前有 20 多个认证体系如 FSC（森林管理委员会）、PEFC（森林验证认可计划），等等。到目前为止，全球已出现多种森林认证体系，在不同体系下，其认证的程序不完全一样，但主要步骤和项目基本相同，森林经营单位在申请森林认证之前要进行自我评估，为正式认证做准备。

7. 影响

我国是美国林产品市场最大的生产国与供应国之一。我国海关统计数据表明，2007 年美国进口中国林产品总量为中国全部林产品出口量的 22%，折合原木材累计达 1570 万立方米，价值 850 亿美元。美国成为中国林产品出口总量增长最快的国家。

我国出口到美国的木制品所用的木材原料如原木、锯材及木浆来自于俄罗斯、巴布亚新几内亚、印度尼西亚、加蓬及所罗门群岛等国。这些国家存在非法采伐和《雷斯法案》中包含的其他违法行为，用这些木材生产的木制品出口到美国，生产商、出口商与零售商将面临货物被没收、罚款，甚至被监禁的风险。

（1）降低中国林产品出口美国贸易额。美国将对从中国进口的木材、林产品进行严格监管，美国进口商会因担心受罚，而减少进口中国木制品，将导致中国林产品出口美国贸易额下降。

（2）中国木制品出口销售成本大大提高。各种认证使得经营成本、交易成本提高，没有实力的中小企业因此被淘汰。

（3）申报内容涉及面广，交易门槛提高。该法案要求进口商申报的产品种类非常广泛，远远超出对濒临灭绝生物物种的保护，涉及很多商品种类，当前对我国出口木材及木制品贸易影响可能最大。该法案要求美国进口商提报"植物及产品申报单"，必然转化为由进口商要求出口企业提供相关信息。但是，准确提供产品的植物学名、产地来源国家等在操作方面存在较大难度，特别是涉及一些合法性证明，如出口木制品、家具中用到的木材是从第三国进口。对如此众多的产品要求进口申报，无形中增加了一道进口申报审核环节，提高出口成本，必然对我国产品在美国顺利通关构成限制。开始阶段企业难以提供相关合法性证明，因为不仅仅生产商或者出口商要提供，而且产材国也要提供合法证明。

（4）该法案具体操作细节尚不明确，美国执法效果不确定，个案难以应对。同时美国各州法律诉讼不同，尺度不一，执法复杂性与未知性增大，对中国出口商更是一大挑战。

8. 应对策略

（1）增强企业环境责任（包括社会责任）意识，建立企业环境责任制度，树立企业环境形象。

（2）增强企业法律意识，购买原材料时索要相关合法性证明。

（3）充分利用"双刃剑"，关注美国客户情况和政府执法尺度。雷斯法案出发点是保护国内企业和市场，严格执行势必首先影响本国企业，由于各州法律不一致，执法尺度会有一定灵活性，我们要予以密切关注。

（4）保持与美国客户的良好合作关系，有助于出现问题时得到妥善解决。

（5）搞好与非政府组织的关系。非政府组织很关注木材的非法采伐和贸易事件，并采取相应惩罚行动，企业应与之搞好关系，不要成为被攻击的对象。

（6）注意合同条款的签署，明确责任，一旦被罚，共同承担。

（7）出口企业及相关政府部门密切关注美方实施该法案的进展及动态情况，提出应对措施，降低该法案实施对我国出口贸易的负面影响。

十一、美国部分家具标准介绍

1. ANSI/BIFMA X5.1 –2002 General -Purpose Office Chairs—Tests American National Standard for Office Furniture 办公椅通用要求——美国办公家具国家标准

标准适用范围：

这一标准的目的是为制造商、用户提供一个共同的基础去评估办公椅的安全性、耐久性和结构充足性，本标准测试仅用于评估新产品的性能，不适合已用产品性能的评估。

标准测试项目：

条款5　靠背强度静载荷测试（对类型Ⅰ椅）

条款6　靠背强度静载荷测试（对类型Ⅱ、Ⅲ椅）

条款7　底座静载荷测试

条款8　跌落动载荷测试

条款9　旋转循环测试

条款10　倾斜装置循环测试

条款11　座面循环耐久性测试

条款11.3　冲击性测试

条款11.4　前角循环测试

条款12　稳定性测试

条款 12.3 向后稳定性测试

条款 12.4 向前稳定性测试

条款 13 扶手垂直静载荷强度测试

条款 14 扶手水平静载荷强度测试

条款 15 靠背循环耐久性测试（对类型Ⅰ椅）

条款 16 靠背循环耐久性测试（对类型Ⅱ、Ⅲ椅）

条款 17 脚轮、椅底座循环耐久性测试

条款 17.1 独柱底座椅的脚轮、底座耐久性测试

条款 17.2 脚轮、底座耐久性测试

条款 18 脚强度测试（前面和侧面加载）

条款 18.3 前面加载测试

条款 18.4 侧面加载测试

条款 19 脚踏垂直耐久性测试

条款 20 扶手耐久性测试

条款 21 人工可调椅座面外限位性能测试

条款 22 书写板扶手静载荷测试

条款 23 书写板扶手循环测试

2. ANSI/BIFMA X5.4–2005 Lounge Seating—Tests American National Standard for Office Furnishings 休息椅——测试美国办公家具国家标准

标准适用范围：

这一标准的目的是为制造商、用户提供一个共同的基础去评估商用和机构用躺椅的安全性、耐久性和结构充足性，本标准测试仅用于评估新产品的性能，不适合已用产品性能的评估。

标准测试项目：

条款 5 靠背水平静载荷强度测试

条款 6 靠背垂直静载荷强度测试

条款 7 靠背水平耐久性测试

条款 8 靠背垂直耐久性测试

条款 9 扶手水平静载荷强度测试

条款 10 扶手垂直静载荷强度测试

条款 11 扶手水平耐久性测试

条款 12 扶手垂直耐久性测试

条款 13 座面耐久性测试

条款 13.3 单人椅测试

条款 13.3.1 冲击测试

条款 13.3.3 单人椅前角循环测试

条款 13.4 固定座位的多座位椅测试

条款 13.4.1　　冲击测试

条款 13.4.3　　多座位椅前角循环测试

条款 13.5　　无固定座位的多座位椅测试

条款 13.5.1　　冲击测试

条款 13.5.3　　多座位椅前角循环测试

条款 14　　跌落测试

条款 15　　结构强度耐久性循环测试

条款 16　　底座静载荷测试

条款 17　　椅腿强度测试　侧向和向前

条款 17.3　　向前载荷测试

条款 17.4　　侧向载荷测试

条款 18　　单元跌落测试

条款 19　　脚轮和独柱底座的耐久性测试

条款 19.1　　有底座休息椅脚轮和独柱底座的耐久性测试

条款 19.2　　有脚休息椅脚轮和框架的耐久性测试

条款 20　　旋转循环测试

条款 21　　倾斜机构循环测试

条款 22　　稳定性测试

条款 22.3　　向后稳定性测试

条款 22.4　　向前稳定性测试

条款 23　　写字板循环测试

条款 24　　写字板静载荷循环测试

3. ANSI/BIFMA X5.5–2008 Desk/Table Products—Tests American National Standard for Office Furnishings 桌类产品测试——美国办公家具国家标准

标准适用范围：

该标准提供了一个共同的基础，评价在商业办公室和相关的机构环境下使用的家具产品的安全性、耐久性和结构性能以及模式可以预见桌类产品的滥用进行测试。

标准测试项目：

条款 4　　稳定性测试

条款 4.2　　活动部件打开稳定性

条款 4.3　　垂直加载稳定性

条款 4.4　　带脚轮桌的水平稳定性测试

条款 4.5　　高桌的力稳定性测试

条款 5　　单体强度测试

条款 5.2　　集中功能性加载测试

条款 5.3　　分散功能性加载测试

条款 5.4　　集中过载性测试

条款 5.5　分散过载性测试

条款 5.6　交易面抗扭转测试

条款 5.7　可延伸部件静载荷测试

条款 6　上载荷循环测试

条款 7　桌子跌落测试

条款 8　桌腿强度测试

条款 9　高桌的脱离试验

条款 10　可延伸部件的循环测试

条款 10.2　深度大于宽度的可延伸部件的循环测试

条款 10.3　深度小于宽度的可延伸部件的循环测试

条款 10.4　文具抽屉的循环测试

条款 11　可延伸部件的保持力和耐久性测试

条款 12　可延伸部件的反弹测试

条款 13　连锁装置的强度测试

条款 14　锁的测试

条款 14.2　可延伸部件锁的力测试

条款 14.3　门锁的力测试

条款 14.4　锁的机械循环测试

条款 15　可调工作面的垂直测试

条款 16　可调键盘托和输入装置托架的循环测试

条款 17　门测试

条款 17.2　垂直铰链门和推拉门的强度测试

条款 17.3　垂直铰链门的过位测试

条款 17.4　垂直推拉门的强度测试

条款 17.5　水平推拉门的强度测试

条款 17.6　铰链、水平滑道、活动门的疲劳、耐磨测试

条款 17.7　垂直推拉门的疲劳、耐磨测试

条款 17.8　水平推拉门的疲劳、耐磨测试

条款 17.9　垂直和水平推拉门向外加载的冲击和耐久性测试

条款 17.10　垂直推拉门和垂直铰链门的猛关测试

条款 17.11　水平推拉门和水平铰链门的跌落循环测试

条款 17.12　空载门的猛关测试

条款 17.13　加载门的猛开（关）测试

条款 17.14　门的插销测试

条款 18　桌脚轮的耐久性测试

条款 19　拉力测试

4. ANSI/BIFMA X5.3 –2007 Vertical Files—Tests American National Standard for Office Furnishings 垂直文件柜测试——美国办公家具国家标准

标准适用范围：

这个标准描述了评价垂直文件柜的安全性、耐久性和结构性能的手段，这些试验不适用于评估已使用的产品。

标准测试项目：

条款 4 稳定性测试

条款 5 单体强度测试

条款 5.2 功能载荷测试

条款 5.3 过载荷测试

条款 6 搁板抵抗力测试

条款 7 跌落测试

条款 8 延伸部件循环测试

条款 9 抽屉互锁测试

条款 10 回弹测试

条款 11 限位装置保持测试

条款 12 锁测试

条款 12.1 锁的力学测试

条款 12.2 锁装置循环测试

条款 13 门插销静载荷测试

条款 14 空压机测试

条款 15 拉力测试

5. ANSI/BIFMA X5.9 –2004 American National Standard for Office Furniture Storage Units—Tests 文件柜测试——美国办公家具国家标准

标准适用范围：

本标准的目的旨在确定文件柜的安全性、耐久性和结构强度的统一评判基准。所涉及的产品包括独立式、可移式和挂壁式。

标准测试项目：

条款 4 单体强度测试

条款 4.2 功能载荷测试

条款 4.3 过载荷测试

条款 5 腿、导轨组件强度测试

条款 6 搁板抵抗力测试

条款 7 垂直载荷耐久性测试

条款 7.1 循环上载荷测试

条款 7.2 跌落测试（有座面的单元）

条款 7.3　循环冲击耐久性测试（有座面的单元）

条款 8　脱离测试

条款 8.1　垂直连接的水平脱离测试

条款 8.2　向上冲击力脱离测试

条款 9　稳定性测试

条款 9.2　高文件柜水平力稳定性测试（无可延伸部件）

条款 9.3　至少有一个延伸部件文件柜稳定性测试（对类型Ⅰ）

条款 9.4　多延伸部件文件柜稳定性测试（对类型Ⅰ）

条款 9.5　有延伸部件文件柜稳定性测试（对类型Ⅱ）

条款 9.6　无延伸部件文件柜稳定性测试

条款 9.7　有座面文件柜稳定性测试

条款 10　文件柜跌落测试

条款 11　可移动文件柜抗移动耐久性测试

条款 12　回弹测试

条款 13　保持力测试

条款 14　锁测试

条款 14.2　延伸部件锁的力学测试

条款 14.3　门锁的力学测试

条款 14.4　锁装置的循环测试

条款 15　延伸部件的循环测试

条款 15.2　不可旋转延伸部件的循环测试

条款 15.2.1　延伸部件的循环测试（深度大于宽度）

条款 15.2.2　延伸部件的循环测试（深度小于宽度）

条款 15.3　视频输出延伸部件水平循环测试

条款 16　联锁装置测试

条款 17　门测试

条款 17.2　垂直铰链门、垂直推拉门、二折门强度测试

条款 17.3　垂直铰链门的过位测试

条款 17.4　垂直推拉门强度测试

条款 17.5　水平推拉门强度测试

条款 17.6　铰链门、水平滑门的疲劳、磨损测试

条款 17.7　垂直推拉门的疲劳、磨损测试

条款 17.8　水平推拉门的疲劳、磨损测试

条款 17.9　垂直、水平推拉门的限位装置保持抗循环冲击测试

条款 17.10　门的猛开、猛关测试

条款 17.11　垂直铰链门、垂直推拉门的猛关测试

条款 17.12　水平铰链门、水平推拉门的循环跌落测试

条款 17.13　自由跌落门的猛开、猛关测试

条款 17.14　门插销测试

条款 18　挂衣棍静载荷测试

条款 19　视频输出延伸部件循环旋转测试

条款 20　拉力测试

6. ASTM F 1427 –2007 Standard　Consumer　Safety　Specification　for Bunk Beds 双层床的标准安全规范

标准适用范围：

本消费者的安全规范规定了最低设计要求和性能的双层床，它还包括了所需标签和说明材料的要求；减少儿童正常使用及可预见的误用和滥用产生的事故，本安全规范阐明了目前双层床的工艺技术，不包括由于疏忽警告和安全标签说明而导致滥用、误用的双人床；此安全规范适用于床板底部离地面高度大于 762mm 的双人床；本安全规范不适用于机构使用的双人床。

标准测试项目：

条款 4　性能要求

条款 4.1　上下床配合要求

条款 4.2　床垫和床板尺寸及配合要求

条款 4.3　床板支撑系统要求

条款 4.4　侧部栏杆要求

条款 4.5　安全栏杆要求

条款 4.6　床端部结构要求

条款 4.7　楼梯要求

十二、美国进口木材木制品的检疫要求

（一）进口要求

1. 原木

（1）进口前要求

来自疫区的两种不同的原木和木材必须附有说明其符合本节 1（1）①至④段中规定的证明，并交付给 319.40–8 节规定的设备操作。符合上述情况时，才允许按照 1（1）①至 1（3）段的规定进口。

①原木必须来自未受植物虫害的侵害或未有腐烂情况的鲜活的树木。

②原木必须在熏蒸之前按照 319.40–7（b）的规定卸载。

③在树木砍伐后的 45 天内以及原木到达美国之前，装在货舱或密闭的容器中的原木以及任何木制包装必须在运输过程中按照 19.40-7（f）（1）的规定进行熏蒸。盛着出口到美国的原木和木制包装的密闭容器以及货舱也要进行熏蒸。

④在运往美国的过程中，不得有其他本规定所允许的商品与原木同时存在于运输工具中，除非原木与此种商品分开装在不同的货舱或密闭容器中，或如果原木与此种商品一同装在货舱或密闭容器中，那么此种商品也经过 319.40-7（d）中规定的加热熏蒸处理或按照本节 1（1）③段的规定在货舱或密闭容器中进行了熏蒸。

（2）抵达美国后的要求

下列规定适用于抵达美国的原木：

①原木从运输工具上卸下以后就进行隔离直到其经过 319.40-8 节中规定的工具进行了加工。

②原木在运离首先抵达的港口到 319.40-8 所规定地点时应尽可能地选择径直的路线。

（3）对加工设备的要求

原木必须交付给按照 319.40-8 的规定符合下列要求的设备：

①原木或任何原木产品，包括木材，必须按照 319.40-7（c）的规定进行加热处理或按照 319.40-7（d）的规定能够进行蒸汽加热处理。

②原木，包括锯屑、木片或其他原木产品应按照本节（1）3 段的规定在其首先到达的港口卸载后的 60 天内进行加工。

③加工原木产生的锯屑、木片以及必须按照 319.40-7（c）的规定能够进行燃烧、加热处理，按照 319.40-7（d）的规定进行蒸汽加热处理或其他可以杀死锯屑、木片以及废料中的害虫。禁止使用锯屑、木片和废料（例如护根物）和施肥，除非它们按照 319.40-7（f）（3）的规定进行熏蒸处理或按照 319.40-7（c）的规定进行加热处理或按照 319.40-7（d）的规定进行蒸汽加热处理。木片、锯屑以及废料要用密闭的卡车按照 319.40-8 的规定到另外的工厂进行加工。

2. 木材（略）

3. 热带硬木

（1）去皮的

允许进口符合 319.40-9 节中的检验和其他要求，并按照 319.40-7（b）的规定去皮的热带硬木的原木和木材。

（2）带皮的

没有去皮的热带硬木的原木，如果其在抵达美国之前按照 319.40-7（f）（1）中的规定经过了熏蒸处理，那么允许其进口。

4. 温带硬木

除东经 60°与北回归线之间的亚洲地区外，允许从所有地方进口温带原木和木材（带皮或去皮），只要它们在到达美国前经过熏蒸，并经检验且符合 319.40-9 节其他要求。

（二）319.40-6 通用进口选项

1. 原木

如原木在进口前根据 319.40-7（b）节予以剥皮或根据 319.40-6（c）节进行过热处理，可以进口。在处理后和出口之间的整个时间间隔内，原木的存放和处置必须能防止植物有害生物的进入。

2. 木材（略）

（三）319.40-7 处理和安全防范措施

1. 处理和安全措施证书（略）

2. 剥皮

除木材外，一批次中所有检疫物的表面不得有 2% 以上留有树皮，单个检疫物的表面不得有 5% 以上留有树皮。木材必须 100% 的除去树皮。

3. 热处理（略）

4. 除湿热处理（略）

5. 表面农药的处理（略）

6. 溴甲烷熏蒸

下列溴甲烷熏蒸处理的最低标准已获批准。任何超过规定温度/时间/浓度的熏蒸方法均是可接受的。

下面只举对原木的处理标准。

①T-312 表。熏蒸过程中整根原木和周围的空气必须保持在 5℃或以上。熏蒸必须按照《处理手册》中的 T-312 表进行。要代替 T-312 表中溴甲烷的浓度，熏蒸必须在至少 240g/m 暴露量的溴甲烷初始浓度下进行；浓度水平适于给出据溴甲烷初始浓度计算出的至少 17280 克/小时的浓度—时间积。

②T-404 表。熏蒸过程中整根原木和周围的空气必须保持在 5℃或以上。熏蒸必须按照《处理手册》中的 T-404 表进行。要代替 T-404 表中溴甲烷的浓度，熏蒸必须在至少 120g/m 暴露量的溴甲烷初始浓度下进行；浓度水平适于给出据溴甲烷初始浓度计算出的至少 1920 克/小时的浓度—时间积。

（四）319.40-9 首次到货的港口检验和其他要求

1. 用于所有检疫物的程序

（1）所有检疫物需在首次到货的港口接受检验。如果检验员在检疫物上或其中发现植物害虫的迹象，或检疫物与其他受植物害虫侵害的物品有关，则检疫物需按检验员的要求予以清洁或处理。在本节所有适用要求完成之前，检疫物及检疫物的任何产品仍需按检验员任选的时间、地点进行复验、清洁或处理。

（2）检疫物需按检验员指定的场所、时间和方式在首次到货的港口或检验员指定的地点摆放以备检验。

（3）如果依据检验员的判断，发现检疫物被植物害虫侵害到不能清洁和处理的程度，或带有土壤或其他禁止的污染物，则可拒绝整批货物进入美国。

（4）除非某人就检疫物收到检验员的书面通知或通过电子数据库得到通知如下，任何人不得从检疫物首次到货的港口搬移检疫物：

①检疫物符合所有适用的法规，已经过检验并且显然未受植物害虫侵害；或，某些检疫物尚需经过下列检验：319.56 节到 319.56-8 节，"分段—水果和蔬菜"；或本章 360 节下《尼克松种子法案》中的规定；或本章 355 节和 356 节下《危险种属法案》中的规定和 CFR 17 和 23 节的规定。

②检疫物已经检验，检验员要求在首次到货的港口之外的地点进行检疫物的复验、清洁或处理。

2. 抵港通知

在首次到货港口检疫物的目视检验：

（1）至少在根据本小节进口的一批检疫物预计抵达美国日期的 7 天前，被准许人或他/她的代理人必须通知在港口 APHIS 负责官员预计抵达的日期。在 APHIS 颁发的任一具体的许可证上会载明 APHIS 负责官员的电话和地址。预计抵港通知可以是书面的也可以是电话通知。通知必须包括任一具体的许可证号；承载检疫物运输工具的名称，如果有的话；检疫物的类型和数量；预计抵港日期；检疫物的原产国；检疫物将要卸载的码头或区域的名称或编号，如果有的话；在抵达港的进口商或经纪人的名称。

（2）按照 319.40-7 节剥皮且可安全地、实际地进行检验的进口检疫物，要由检验员在首次到货的港口进行植物害虫的目视检验。如果在检疫物上或其中发现植物害虫，或如果检疫物不能安全地、实际地得到检验，则检疫物必须按照《处理手册》进行处理。

3. 检疫物的标记和确认

任何检疫物在进口时，在外部集装箱上（如果在集装箱中）、检疫物上（没在集装箱中），或在检疫物随附的文件上要有如下信息：

——检疫物的一般性质和数量；

——检疫物产生或收获的国家和地点，如果知道；

——进口检疫物人员的名称和地址；

——检疫物接收人的名称和地址；

——辨识发货人的唛头和数字；

——准许检疫物进入美国的许可证号（如果颁发了）。

4. 在首次到货港口针对植物害虫的抽样

任何进口的检疫物要在首次到货的港口进行针对植物害虫的抽样。如果检验员发现需要在首次到货港口对一检疫物进行处理，在处理前要进行抽样。

十三、美国对包装的要求

在"美国联邦公示法案"中，明确规定了货物包装中的毒物限制要求：

强制规定包装或包装物中的铅、镉、汞和六价铬的总体浓度≤100ppm。

第六章 日本对木制品、家具的技术性贸易措施

一、日本的技术法规、标准

"二战"后的日本以贸易立国，通过大力发展民族工业和商品贸易，成功地促进了经济发展，同时也成功地保护了民族工业，这与日本带有强烈保护色彩的产品技术标准和法规是分不开的。

日本有名目繁多的技术法规和标准，其中，只有少数是与国际标准一致的。当外国产品进入日本市场时，不仅要求符合国际标准，还要求与日本的标准相吻合。日本凭借本国先进的技术水平和强大的经济实力，对进口工业产品、消费品和农产品，在有关安全、卫生、环保、包装、标识标签等方面提出严格的要求和审核程序，如 2008 年重新公布了工业产品进口条例手册（HANDBOOK FOR INDUSTRIAL PRODUCTS IMPORT REGULATIONS 2008 March）和消费品进口条例手册（HANDBOOK FOR CONSUMER PRODUCTS IMPORT REGULATIONS 2008 March）。在进口条例手册中规定了进口产品要求符合相应的技术法规，只要有其中一项指标不合格，日方就可以以质量不达标为由将其拒之门外。

日本工业标准调查会（JISC）是日本国家标准化工作的主管机构。日本的技术标准、法规及合格评定程序，一方面促进了企业提高产品质量，保护了消费者的利益；另一方面阻止了外国商品的进口。日本依据各种法规，如《食品卫生法》、《消费品安全法》等以及检验与检疫要求、自动标准等对进口商品进行严格管制。《食品卫生法》要求与食品接触的氯乙烯树脂容器和包装必须测定其重金属镉和铅的迁移量。《消费品安全法》、《日本进口消费品法规指南》要求对家具、玩具等消费品进行严格的安全检测。日本对很多商品的技术标准要求是强制性的，并且通常要求在合同中体现出来，还要求附在信用证上，进口货物入境时要由日本官员检验或指定日本机构检验是否符合各种技术性标准。

进入日本市场的商品，其规格要求很严格，堪称抑制国外商品进入日本市场的"枷锁"。这些商品分为两种规格：一是强制型规格，这主要指商品在品质、形状、尺寸和检验方法上均须满足日本特定的标准，否则就不能在日本制造与销售；二是任意型规格，这类商品主要是每年在日本市场消费者心目中自然形成的产品成分、规格、形状等，此规格又分为国家规格、团体规格、任意质量标志三种。由于这些标准在日本消费

者心目中有明显地位，如果外国商品不能满足这些标准的要求，将很难得到日本消费者的信赖，难以打开日本市场，形成了事实上的壁垒。日本法规中有关安全与健康标准所适用的范围越来越广，内容越来越细。如对入境的农产品，不仅要通过农林水产省的动植物检疫，而且还要由厚生省进行卫生防疫检查。

在产品检验方面，日本规定对不同时间进口的同种商品，每一次都要进行检验，而对本国生产的同类商品，只需一次性对生产厂家作检验就可以了，这对国外进口产品显然具有歧视性。从 1991 年起，日本开始对进口水产品实施外国厂商注册制度。日本政府规定，进口商在进口水产品时，必须事先将进口的水产品品名数量报告给厚生省，然后由政府的检验机构或厚生省授权指定的实验室检验合格后方能通关。检测项目包括微生物、农兽药残留及大肠杆菌等共计 30 多个，通关手续相当烦琐。

二、日本的合格评定

除了技术法规和标准外，日本还通过认证制度和产品的合格检验等对进口商品设置重重障碍。利用复杂的进口手续、苛刻的检验，对进口商品设置壁垒，凡进入日本市场的各国商品，日本的进口部门均须与其国内的生产、消费、需求领域作动向调查，并由其商品流通业界做出定性分析，确定其具有对比性、代表性、适用性、流通性，而且趋于多样化、个性化、感性化和市场畅销率高的商品才能进入日本市场，以确保日本市场的实际效益。

日本质量认证管理体制是由政府部门负责管理质量认证工作，各部门分别对其管辖的某些产品实行质量认证制度，并使用各自设计和发布的认证标志。日本通产省管理认证产品占全国认证产品总数的 90%左右，实行强制性和自愿性两类产品认证制度。强制性认证制度是以法律的形式颁布执行，认证产品主要涵盖消费品、电器产品、液化石油器具和煤气用具等。自愿性认证制度使用 JIS 标志，有两种标志图案：一种是用于产品的 JIS 标志，表示该产品符合日本有关的产品标准；另一种是用于加工技术的 JIS 标志，表示该产品所用的加工方法符合日本工业标准的要求。

三、日本对木制品、家具的技术法规标准的概述

在日本，家具产品归类为消费产品，包括桌、椅、柜、沙发、双层床、床垫、橱柜、婴儿床等。涉及家具技术法规包括：

（1）消费品安全法 Consumer Products Safety Law；

（2）家用物品质量标签法 Household Goods Quality Labeling Law 等；

（3）农林产品规格与标签法 Law Concerning Standardization and Proper Labeling of

Agricultural and Forestry Products;

（4）反不正当补偿和误导性表述法 Act against Unjustifiable Premiums and Misleading Representation；

（5）法律规定基础上的自愿性标签（消费者产品安全协会的 SG Mark、JIS Mark、甲醛释放标签指南等）。

在日本，木制品属于工业产品，包括胶合板、纤维板、刨花板等及其制品、木地板，涉及的技术法规包括：

（1）建筑基准法 Building Standard Law；

（2）消防装置法 Fire Service Law；

（3）工业安全与健康法 Industrial Safety and Health Law；

（4）居室质量保证法 Housing Quality Assurance Law；

（5）家用物品质量标签法 Household Goods Quality Labeling Law；

（6）法律规定基础上的自愿性标签（如 JAS Law、甲醛释放标签）。

（一）《消费品安全法》（Consumer Products Safety Law）

日本的《消费品安全法》强调危险产品对消费者的生命要保证绝对安全，如不准销售没有安全标志的儿童用家具、登山用绳。为了保证绝对安全，日本现有几十种商品规定要求打上 SG 标志（SG: Safety Goods），其中包括双层床、橱柜、儿童用的桌子、椅子等家具。打有 SG 标志的产品如果由于质量问题而造成人身伤亡，有关方面要付赔偿费。打有 Q 标志的商品如果发生质量问题，可以直接向 Q 标志管理委员会反映。打有贴 JIS 标志的产品，其加工质量则受到政府保证。在日本，标准和标志是衡量产品质量的一把尺子，其法令、法规和标准不是一成不变的，它随着新产品的开发及科技的发展，在不断补充、完善和修改，以保证其 JIS 标准的先进性、科学性和权威性。

（二）《家用物品质量标签法》（Household Goods Quality Labeling Law）

日本对商品上的"质量标签"非常重视。所谓"质量标签"，即指包装商标上的标识与商品的实际质量必须相符，否则即判定为不合格产品。

日本的《家用物品质量标签法》规定，在日本市场流通领域的消费品如木制家具，必须标出树种品名、含水率、尺寸规格和甲醛释放量，对家具要用图示标出安装方法、使用注意事项等，同时还要标明产地及经销商名称。

（三）《家用产品有害物质控制法》（Law for the Control of Household Products Containing Harmful Substance）

日本的《家用产品有害物质控制法》规定，一般消费品不得含有对人体有害的物质成分，若超过设定的标准，则不得进口和销售。根据日本该法令规定，限制使用的有害物质包括了甲醇、甲醛、苯并芘、有机汞化合物、狄氏剂等20多种化学物质。

摘要：

生效日期：1974年

适用产品范围：食品、食品添加剂、药品及玩具等以外的为一般消费品

立法背景与目的

现在越来越多的化学物质广泛地应用于各式各样的家用产品，从而进入到消费者的日常生活。在这些家用产品带给人们日渐舒适、多姿多彩的生活时，它们所含有的化学物质对人体健康的危害也逐现端倪。在20世纪60年代末，家用产品的化学物质对人体健康的危害问题变得越来越明朗。为了防止这种危害，于1973年颁布了《家用产品有害物质控制法》，并于1974年开始实施。

建立该法的目的正如《家用产品有害物质控制法》第一章所述，该法律旨在从健康和卫生的角度对家用产品有害物质加以控制以保护公众健康。

该法律为控制家用产品有害物质以保护公众健康的行政法规提供了依据。

主要内容

《家用产品有害物质控制法》定义"家用产品"为一般消费品，不包括《药品法》所定义的药品和《食品卫生法》所定义的食品等。根据该法律，从健康和卫生的角度出发，可以建立必要的标准来限制家用产品有害物质含量等各项指标。目前，该标准限制了为数17种不同物质，包括氯化氢、氯乙烯和甲醛。凡是不符合该标准的产品都必须禁止投放市场。

对不符合该标准的家用产品，为了防止其危害的扩大，在必要的情况下，健康福利省部长、辖区管理人员或市长有权依据相关法律下令回收，或要求提交相关报告、指派家用产品监督员进行实地考察。

对有家用产品监督员的辖区或城市，家用产品监督员的职责除了日常的行政事务，主要是根据限制标准对家用产品实行严格监管并对生产厂家在这方面给予指导。截至1998年年末，全国已有2954个这样的监督员。

另外，该法律还要求家用产品的生产、进口和销售者能很好地理解化学物质对人体健康的潜在影响，并在此基础上，消除其危害。

1. 制定非官方的安全标准确保法律的实施

健康福利省通过完善关于产品安全卫生方面的非官方的标准，来努力提高对相关行业的监管，并建立适用的规定来确保生产安全，同时也能进一步提高产品质量。

目前已建立的这类非官方的标准包括《湿巾安全卫生标准》（日本清洁纸巾及棉产品生产者协会制定）、《家用杀虫剂标准》（日本家用杀虫剂联合会制定）、《普通消费用香料、除臭剂、空气清新剂标准》（香料、除臭剂、空气清新剂联合会制定），等等。

2. 具体适用的产品

1) 该法律第二章定义了"家用产品"为一般消费品，不包括附录另外列举的产品。

"家用商品"和"家用产品"同样适用于《家用商品质量标示法》和《有毒害物质控制法》。《消费品安全法》中提到的"消费产品"同本法律中定义的"家用产品"本质上是相同的。

2) 以下各项不属于本法律管制的范畴，因为它们各有专门的法律进行约束。

a) 由《食品安全法》管制的以下各项：

● 食品

● 食品添加剂

● 仪器设备（包括餐具、厨具、厨房用品等）

● 容器、包装（存放食品或食品添加剂的容器或包装）

● 玩具（健康安全省指出的对婴幼儿有潜在危害的玩具）

● 清洁剂（用于蔬菜、水果或餐具的清洁剂）

b) 由《药品法》管制的各项：

● 药品

● 类似药品

● 化妆品

● 医学仪器

3) 由于在这里家用产品被定义为主要用于一般消费者在日常生活中使用的产品，所以那些主要用于商业目的的产品在这里不属于家用产品的范畴。例如拖拉机，单纯地用于商业目的，很明显则不属于家用产品的范畴。但是这种分类法很难应用于粘合剂类产品。问题在于，这样一些产品可以同时用于商业目的以及普通消费者。对于这个问题，在收集到足够的实例数据之前，可能没办法得到妥善的解决。在实际操作中，这类产品通常被视作家用产品，除非该产品根据其声明的用途等，可以明显判断出它是用于商业目的的，或者环境等因素使它不适合被划分为家用产品。有一点需注意的是，当一个产品它的次要用途是用于商业，但只要它主要是供一般消费者的日常生活之用，那么它就应该被划分为家用产品。例如，主要卖给一般消费者用于日常生活的粘合剂，虽然有商业用途，但是也应该划分到家用产品的范围。

4) 因为家用产品都是成品，所以商品零部件或半成品，都是不属于家用产品范畴的。例如床内的填充物或者夹克衬里都不属于家用产品。

5) "有害物质"在这里指家用产品中含汞的混合物以及其他在国家法令中提到的可能对人体有害的物质。1996 年 3 月 31 日，以下 17 种物质被指出属于有害物质：

● 氯化氢

● 氯乙烯

● DTTB

● 氢氧化钾 KOH

● 氢氧化钠 NaOH

● 四氯乙烯

● 三氯乙烯

● APO

- 磷酸三（2，3-溴丙基）酯
- 三苯锡化合物
- 三丁基锡化合物
- 磷酸二（2，3-溴丙基）酯
- 狄氏剂氧桥氯甲桥萘化合物
- 甲醛
- 丙醇
- 有机汞
- 硫磺酸

3. 明确经营者职责

1) 本法律的第三章规定了经营者的职责：应该清楚地认识到家用产品中含有的物质会对人类健康所产生的影响。法律还要求生产或进口家用产品的人能很好地认知其生产或进口的家用产品中含有的化学物质的属性以防止这些物质对人类健康造成的危害。

2) 这一章根据第一章的条款大致规定了经营者的基本职责。基于其本意，这一章并没有强加惩罚性的规定，而只是劝告性的条款。鉴于像这类卫生性的法规直到法律强制实行才见诸成效，这一章强调了把生产者等的注意力放在家用产品含有的有害物质上。

另外，这一章的深远意义还远不止于此。因为它采用了一种所谓"否定清单体系"，即指出需要加以控制的有限数量的有害物质，而其他化学物质的使用则留给经营者自己加以判断。也可以这样说，本法律希望经营者对还没有标准限制的化学物质能有正确的理解和认识。当然对于有标准限制的物质同样应该有很好的理解和认识。因为并非所有的家用产品都会有政府部门检查，本法律准许产品生产、进口者根据标准自行检查。

在新的化学物质不断发展的今天，有可能限制标准已无法满足实际需要。这种担心并非多余的，因此，只有当产品生产者和进口者在很好地理解法律第三章主旨的基础上，重视他们产品的安全性问题，这样才能确保人们健康安全地生活。

3) 在理解这一章时，应注意以下两点：

a) 本章规定的职责是指产品生产者和进口者的职责，所以产品销售者不要求履行这些职责。因为这些销售进行的是再平常不过的商业行为，他们只是简单地销售国产商品，或者从国外进口，这样一来，把这些职责强加给他们显然不合适，即使他们有对人体健康有潜在影响的产品。

b) "很好地认知对人体健康潜在影响"的意思是很好地理解家用产品含有的物质对人体健康的潜在影响，这种影响的评估是在现今科学水平能达到的基础上通过不同的测试和研究来判断的。

4. 建立和实施家用产品有害物质限量标准

1) 本法律的第四章授权健康福利省指明家用产品的范围，并且建立这些产品中含有的有害物质的含量、溶解量或挥发量的标准。

2) 第四章同第五章、第六章一起构成了本法律的主要部分，包括：

a) 家用产品标准的建立；

b) 实施不符合该标准的产品的禁令；

c) 建立对违犯该法律的相关刑事处罚以及对可能造成健康危害的产品的回收制度。

从这个意义上说，第四章是本法律的核心，或者说是第一章"立法目的"的延伸——旨在从公众健康和卫生设施方面对含有有害物质的家用产品进行有效控制以保护公众健康。

3) 第四章的第一段主要讲有必要从公众健康和卫生的角度建立一套标准来控制家用产品中有害物质含量、溶解量或挥发量。

第二段是讲应根据《有毒害物质控制法》对有毒害物质的定义阐述，建立家用产品包装标准以限制包装中含有的有毒害物质的使用。

4) 以下是对本法律第四章第一段的逐字解释。

a) "指明家用产品"是指健康福利省根据对一般消费者日常生活用品中含有的有害物质建立的标准，指明在该标准中限定的家用产品。

对于盐酸和硫酸这类有害物质，例如被当作家用液体清洁剂的产品，也被看作是家用产品，并且应相应地针对含有这类物质的产品建立标准。

b) 针对"有害物质含量、溶解量、挥发量的最大允许值"分别建立标准是因为家用产品的组成成分、形式、用途等都各不相同，所以根据不同家用产品的特性对不同有害物质的含量、溶解量、挥发量建立不同的标准比较合理。

针对"含量"一项，可以援引有盐酸、硫酸等不同化学物质的清洁剂作为例子。鉴于这类清洁剂对健康的危害主要集中在其所含有的化学物质的浓度上，所以应针对这类清洁剂中混合的有害物质的含量建立标准。

至于"溶解量"，可以以用于衣物的各种化学物质为例，比如防染剂、防虫剂等。有时这些化学物质可能溶解于水中或是汗液中，从而对健康造成危害。为了避免这种情况发生，应该针对纺织商品中含有有害物质的"溶解量"建立相应的标准。

关于"挥发量"，可以参考在家具或粘合剂中用到的挥发物质，例如有机溶媒。因为有可能因为这类有害物质的挥发，被人吸入体内而引起健康危害，所以应该针对这类有害物质的"挥发量"建立相应的标准。

5) 指明家用产品的标准。

a) 要建立标准加以限制的有害物质，应该是用于或可能用于家用产品的，并应正确指明它的属性、用途等。对法律第二章第二段应当注意的是应指明的"有害物质"涵盖的范围不仅仅是实际已在家用产品中用到的有害物质，还包括将来有可能在家用产品中用到的有害物质。

换句话说，如果有某种有害物质绝对没可能用在家用产品中，那么也就没必要对这种有害物质建立相应的标准。

b) 对于指明有害物质，必须考虑到有害物质用于家用产品的一般情况和一切可能接触到人体的情况。

有害物质用于家用产品中，当这些有害物质有机会接触到人体（包括通过空气作介质）时，才会对人体健康产生危害。因此，如果有某种有害物质绝对没可能接触到人体，那么也就没必要对这种有害物质建立相应的标准来加以约束。例如，广泛用于纺织品、床的填充物防霉等产品的某些有害物质，没有接触到人体的可能性，那么这类有害物质就不受家用产品有害物质限制标准的约束。

因此，在以下的情况中，当某种家用产品含有的有害物质有可能接触到人体时，针对这种有害物质建立标准要考虑以下几点：

① 当产品直接接触人体的机会较少时，要考虑这类产品是否能接触人体或者由于各种原因被人体吸入。

② 当产品直接接触人体时，是否只在有限的时间内能接触到或者只是接触到有限的一部分。

③ 是否该产品能直接接触到人体或者能长时间接触到人体。

c）除了以上需要考虑到的几点以外，还应该考虑到这种产品是否适合孩童使用（根据法律的定义"孩童"是指小于 24 个月大的小孩）。如果某种有害物质明令禁止用于家用产品，则无需考虑这一点。但是，当某种有害物质由于它的毒性程度、用途或是功效被允许在某个范围内使用，则需要考虑到这一点。对于某些物质，允许在某种范围内供成人使用，可能并不适合孩童，因为孩童皮肤很细嫩，或者因为孩童皮肤较湿润则可能通过皮肤吸收有害的化学物质，或者因为他们常常喜欢把东西拿在手里朝嘴里放。对于孩童用品制定的严格的标准应该是：用于孩童的家用产品的化学物质应该是被证明为切实可行的，否则应避免使用或者当环境要求无法避免时，则只能最小限度地使用已被证明是安全的化学物质。

6）建立标准的规范。

a）为了保护公众健康而定的有害物质的最大允许值，应在科学的基础上，由法律第二章第二段提到的不同实验的结果来准确地制定。

b）基于该法律的目的是在正常情况下保护公众健康不受家用产品的危害，相应地，标准的建立适用于在正常情况下使用的家用产品。换句话说，非正常的情况，如火灾之类的就不予以考虑。

5. 禁止销售类的产品及其他

1）本法律第五章规定了对不符合有害物质含量等方面标准的家用产品或是根据法律第四章包装不合格的家用产品的禁止销售等方面的问题。

2）根据本法律的第十章，家用产品的生产者、进口者或销售者若是违犯了这一章，即销售或其他涉及这些不符合标准的家用产品的行为，都将被处以一年以下监禁，或不超过 300000 日元的罚款。

在之前提到了，不符合第四章标准的家用产品并非都会对大多数人产生健康危害，所以对所有不符合该标准的人都进行处罚似乎过于苛刻。然而，标准的建立是为了全面地考虑到不同的健康危害，比如过敏，由于个体不同，接触到家用产品的几率也不同，这些都要由实验数据来确定。使用小动物或是其他来代替人体做实验，如果结果显示家用产品不符合标准对小动物有害，那么这种家用产品就会对人体健康产生危害。既然该法律是为了保护公众的健康，因此，它有理由对违反该法律条款的人进行处罚。

3) 以下详细解释了哪些人和哪些行为会受到处罚。

a) 本法律处罚条款适用的人群是限制标准涉及的家用产品的生产、进口或销售者。根据给出的定义，这些是经营生产、进口或销售业务的人员。涉及本条款适用的个体案例，应该采用普遍定义的商业的范畴。

特殊的情况是，对那些由不同部门生产的产品，如何定义其生产者？前面已经提到对于那些只是生产产品零部件或者半成品的生产者是不包括在本法律约束的范围内的。但是，可以这样理解，不仅仅是生产成品的生产者受到本法律的约束，还应该包括所有以生产某种零部件的方式完成某种产品的生产全过程的人，或是加工处理完成品以增加其市场价值的人。

b) 处罚条款适用于为了销售或赠与目的而销售、展示、赠与不符合标准的家用产品的人。

① "销售"指通过转移家用产品而获得一定价值的行为。因此，在这里，销售自然不仅仅包括将产品卖给终极消费者的行为，还包括生产商将产品卖给批发商，同样也包括批发商将产品卖给零售商的行为。这种销售不见得以赚取利润为目的。因此，非营利的组织进行的这种产品的等价交换，例如个人或是文化协会，也包含在"销售"的范围内来加以控制。

② "赠与"是指不为获得一定价值的产品的转移。赠送礼物或纪念品也包含在这个范围内。为了从日常生活的方方面面来杜绝家用产品对人体健康产生的危害，赠与行为也应纳入本法律约束的范围。

③ "展示"是指在人们聚集的地方以一种引人注目的方式来展示产品的行为。只是单纯的展示产品是不属于这个范畴的，但是为了销售或赠与而进行的展示行为则应该被禁止。可以这样理解，一个展示行为是否有销售或赠与目的不是看经营者的主观意图，而要去客观地评判。"展示"行为之所以也被纳入该法律约束的范围是因为它被看作是将家用产品最终转移到一般消费者手中的一个环节。并没有直接规定对生产和进口的控制，因为从生产者、进口者将产品卖给批发商、零售商或是一般消费者开始，通过规范和限制销售、赠与和展示有害的家用产品，就已经能够完全杜绝其进入到市场上流通。

6. 回收令及其他

1) 本法律第六章第一段授权健康福利省和辖区管理人员（市长或健康防护中心人员）可以下令生产、进口或销售不合格的家用产品的人进行回收，或者当他发现在该产品销售或赠与过程中会对人体健康带来危害时采取其他必要的措施。

2) 这项条款的恰当之处在于它不仅仅是根据本法律第五章禁止销售等不符合标准的家用产品，它还赋予了行政人员在紧急情况下下令回收或采取其他必要措施的权力。

根据本法律的第十章，违犯该条款的人，都将被处以一年以下监禁，或不超过300000日元的罚款。

3) 本法律第六章第二段提供了在没有标准约束的情况下发现问题的解决办法。如果没有标准限制的某类家用产品对人体健康造成了严重危害，那么政府有权下令相关组织采取必要的措施，例如回收该产品。

4) 也许最普遍的针对第一段的情况采取的措施就是回收。其他防止健康危害的必要措施之一就是通过报纸、电台或其他合适的媒体通知已经购买了这些有害家用产品的消费者，必须停止使用这些产品，因为这些产品可能对人体健康带来危害，并且在必要的情况下通过适当的方式销毁该产品。

7. 定点检查

1) 本法律第七章授权健康福利省在它认为必要时要求生产、进口或销售家用产品的厂家提交相关的报告、定点检查、询问问题或者收集相关的家用产品进行必要的测试。由于这项工作对技术知识和技能的要求，所以应当由具有某种认证资格的人来完成。

2) 本章提出了关于"管理监控"的条款，即包括定点检查、报告要求、问询等。

根据第十一章的相关规定，凡是不提交任何报告、提交虚假报告、拒绝、干扰或规避检查或收集样品者，或在检查时弄虚作假者均处以罚款不超过 50000 日元。

3) 管理监控包括以下几项：

a) 管理监控由健康福利省、辖区管理人员或建立了公众健康中心的城市的市长来执行。需要注意的是，家用产品卫生监督员同样也可以参与定点检查、问询或收集样品。

家用产品卫生监督员应该从以下人员中选派：由《食品卫生法》指定的食品卫生监督员、《药品法》指定的药品监督员或其他具备了家用产品卫生监督专业知识的工作人员。

一般的规定是，当家用产品的生产者、进口者或其他经营者在政府辖市发展业务时，将由该辖市的家用产品卫生监督员来执行本法律第七章的规定；若是在非政府辖市的地区发展业务，则由该辖区的家用产品卫生监督员来执行。如果有严重的健康危害案例涉及到几个辖区，则由政府的家用产品卫生监督员来负责执行法律效力。

b) 这种管理监督是用以约束家用产品的生产者、进口者或销售者。

c) 管理监督由以下几部分组成：

①要求提交报告。这些报告可能包括家用产品中原材料使用的数据和信息，家用产品的销售等。

②家用产品卫生监督员进入相关的办公室、工厂、公司、商场或仓库：

● 检查相关书籍、文件或其他材料；

● 询问相关人员问题；

● 在测试需要的情况下收集样品。

8. 刑事条款

1) 本法律的第十章到第十二章描述了相关的刑事条款。

第十章的刑事条款用于处罚违犯了禁售令或回收令的人。

这一条款适用于：

a) 销售、赠与或展示用于销售或赠与目的的、不符合根据第四章第一、二段建立的标准的家用产品的人；

b) 违犯了第六章第一、二段所规定的回收令或其他命令的人。

有以上行为的人应当被处以一年或一年以下监禁，或者罚款不超过 300000 日元。

2) 本法律第十一章规定了对不向健康福利省、辖区管理人员或政府辖市的市长提交任何报告、提交虚假报告、拒绝、干扰或规避检查或收集样品者的刑事处罚。该条款适用于：

a) 健康福利省等部门检查时不提交任何报告或提交虚假报告者；

b) 健康福利省等部门检查时，拒绝、干扰或规避检查或收集样品者；

c) 健康福利省等部门问询时，拒绝回答或谎报者。

有以上行为者应罚款不超过 50000 日元。

3) 第十二章提到了双重处罚。根据该条款，代理或雇员等违犯了第十章或第十一章相关条款，也应按照第十章或第十一章相关规定予以处罚。换句话说，不管有以上行为的公司或个人是否指派雇员进行这种违法行为，它的雇员或代理等已经违犯了法律规定。

因此，有代理或雇员等违犯该法律的组织的法人代表的职责是在整个过程中全面监督其代理或雇员等的行为。对于有代理或雇员违犯了该法律的自然人而言同样适用。

（四）产品责任法即 P/L 法（Product Liability）

该法规定只要证明制品缺陷与事故有因果关系，不论制造商是否有过失，受害者均可申请赔偿。

（1）因产品的制造不良而对消费者造成生命或财产损失时，该制造商应对此负责。

（2）当产品自身损坏时，对他人或物品未造成损害，则不予追究。

（3）因产品的制造或生产不良而引发的事故对消费者产生损害时，在得到证实后，制造商应予以赔偿。

（4）在产品质量不良方面：设计上的问题，如材料、规格、加工等问题；制造过程中的问题，如因残留物造成伤害或甲醛的残留对皮肤造成的损伤等；标示不清问题，如因尚未注明注意事项及警告用语提醒消费者而造成消费者对此产品不了解所造成的伤害。

（五）法律规定基础上的自愿性标签

家用物品质量标签法（Household Goods Quality Labeling Law）规定的标签要求（防火标签、甲醛明示标签、性能指标等）。

农林产品规格与标签法（Law Concerning Standardization and Proper Labeling of Agricultural and Forestry Products）。

（六）建筑基准法

2003 年 7 月 1 日开始，日本政府开始实施新的经过修改的《建筑基准法》，以防止室内装修污染综合征，减轻"慢性杀手"危害。为了确保居室不被有害化学物质污染，日本已经开始采用新型无污染建材、生物精密陶瓷粘合剂、光催化剂涂料等新型材料用于装饰装修。

《建筑基准法》将散发有害物质甲醛的建筑装饰装修材料分为三大类：第一类 F☆禁止使用，第二类 F☆☆严格限制使用量，第三类 F☆☆☆适当限制使用量。日本政府公布了 100 多种禁止在住宅室内使用的第一类装修材料目录，装修公司擅自使用将给予严厉的处罚。第二类材料用于室内装修，使用总量不得超过房间面积的 30%。近年来，在日本的住宅装修中，使用第一类 F☆装修材料的家庭越来越少，其主要原因是因为该类材料中含有甲醛等有害物质。

第 1 种释放甲醛的建筑材料（F☆）　　　　　　禁止使用
第 2 种释放甲醛的建筑材料（F☆☆）　　　　　严格限制使用面积
第 3 种释放甲醛的建筑材料（F☆☆☆）　　　　适当限制使用面积
规制对象外建材（F☆☆☆☆）　　　　　　　限制使用

表 6-1　修订过的甲醛释放表（Revisions on the formaldehyde emission amount）

Former 修订前			Revised 修订后		
Sign 符号	Criteria values 标准值		Sign 符号	Criteria values 标准值	
	Average 平均值	Maximum 最大值		Average 平均值	Maximum 最大值
			F☆☆☆☆	0.3mg/L	0.4mg/L
Fc0	0.5mg/L	0.7mg/L	F☆☆☆	0.5mg/L	0.7mg/L
Fc1	1.5mg/L	2.1mg/L	F☆☆	1.5mg/L	2.1mg/L
			F☆S	3.0mg/L	4.2mg/L
Fc2	5.0mg/L	7.0mg/L	F☆	5.0mg/L	7.0mg/L

为此，日本农林水产部门重新修订了相关建筑材料（如胶合板、集成材、地板、单板层积材及结构板）的 JAS 标准，这些 JAS 标准是强制性的。胶合板、集成材、地板、单板层积材及结构板标准，于 2006 年 3 月 1 日起强制实施，必须说明甲醛释放量。其中，修订的甲醛要求为：胶合板、地板、层积材（LVL）和结构板（OSB）为：F☆☆☆☆，F☆☆☆，F☆☆，F☆。对集成材：F☆☆☆☆，F☆☆☆，F☆☆，F☆S。

日本经济工业部门也修订了 JIS 标准中相关结构材料（如中密度纤维板、刨花板、油漆、胶粘剂等）的标准及它们中相应的甲醛释放标准：F☆☆☆☆，F☆☆☆，F☆☆。

四、与木制品、家具有关的日本农林标准 JAS、日本工业标准 JIS

（一）日本农林标准 JAS 制度概要

日本农林标准 JAS 于 2005 年 6 月进行了修订，2006 年 3 月 1 日起强制实施。Further, in June, 2005 a revision of JAS Law was made (enforcement date is fixed on 1st March,

2006)。

日本农林标准制度的目的：为了质量改进、生产合理化、销售的公正化、使用或消费的合理化的农林物资标准的制定和普及。JAS 制度由 JAS 标准制度、品质表示基准制度构成。品质表示基准制度：有助于一般消费者的消费选择的农林物资品质的正确表示。该制度不适用于林产品。日本现对 81 种农林产品（其中林产品 19 种）制定了 292 个 JAS 标准。日本农林标准 JAS 法的适用对象包括：

（1）食品和油脂。

（2）农产品、林产品、畜产品、水产品及其加工品。

其中，林产品包括：原木、锯材、胶合板、集成材、木地板、层积材、定向刨花板等（In the case of forest products，as follows：a. log（round timber）b. sawn lumber c. plywood d. glued laminated timber e. flooring f. laminated veneer lumber g. structural panel or others）。

JAS 标志：可用于品质在 JAS 标准规定基准以上的产品的表示的标志。

JAS 标志的两种使用方法：①认定工厂实施自主评定，付与产品 JAS 标志。②评定机构实施对报检产品评定，付与产品 JAS 标志。JAS 认定工厂以外的工厂的产品，是评定机构对报检产品按规定进行包括产品性能检查等评定手续。评定程序包括评定的申请和受理、试样的抽取（检查员到报检产品现场，按照 JAS 评定的检查方法，确定受检品并抽取试样）、试样的检验（理化学试验，在检查所对试样进行 JAS 标准所规定的理化学试验，做出合格与否的判定）、试样的检查（外观检查等，对理化学检验合格的报检产品，按照规定的检查方法进行尺寸检查）、合格与否的判定（根据检查方法和 JAS 标准，对报检产品进行合格与否的判定）、评定的表示（检查员再度前往现场，按照"评定的表示方式"对合格的报检产品进行 JAS 表示）。

日本认证机构的 JAS 工厂认定包括：认定申请（希望产品在销售中使用 JAS 标志的企业，只要该产品是 JAS 标准适用对象，可向认证机构提出认定申请。认证机构按照"认定的技术基准"对申报者进行合格与否的审查、认定的技术基准（JAS 认定的技术基准，对各类产品的制造加工设施、质量管理方法及担当者的资格、JAS 评定方法及担当者的资格等进行了规定）。主要审查内容包括：①制造或加工、保管、质量管理及 JAS 产品评定所拥有的设施；②质量管理的实施方法；③质量管理担当者的资格及人数；④JAS 产品评定的组织及实施方法；⑤JAS 产品评定担当者的资格及人数。

JAS 工厂的产品自主评定：JAS 认定工厂根据规定的检查方法，对认可品目的产品进行自主评定检查后，判断产品是否符合 JAS 标准，并对符合者进行 JAS 标志表示。

质量保证的确认体系包括：①JAS 认定工厂的定期监察（认证机构对 JAS 认定工厂是否严格按照认定基准进行 JAS 产品的制造、检查、评定实施定期监察）。②市场中 JAS 产品的调查（农林水产省及农林水产消费技术中心对市场上的 JAS 产品的品质、表示是否符合标准·基准进行定期调查）。

（二）日本工业标准 JIS

根据日本工业标准化法建立的全国性标准化管理机构 JIS 成立于 1949 年，总部设在首都东京。日本工业标准调查会的主要任务是组织制定和审议日本工业标准（JIS），调查和审议 JIS 标志指定产品和技术项目。它是通产省主管大臣以及厚生、农林、运输、建设、文部、邮政、劳动和自治等省的主管大臣在工业标准化方面的咨询机构，就促进工业标准化问题答复有关大臣的询问和提出的建议，经调查会审议的 JIS 标准和 JIS 标志，由主管大臣代表国家批准公布。JIS 标准内容包括：产品标准（产品形状、尺寸、质量、性能等）、方法标准（试验、分析、检查与测量方法和操作标准等）、基础标准（术语、符号、单位、优先数等）。多年以来，JIS 标准总数一直保持在 8200 个左右。其中，产品标准约 4000 个，方法标准 1600 个，基础标准 2800 个。根据日本工业标准化法的规定，日本自 1949 年开始实行质量标志制度。最初仅以产品为对象。1966 年又将加工技术正式纳入 JIS 标志制度，诞生了加工技术 JIS 标志。目前已有 1.2 万多个国内外厂家获得了 1.6 万多个指定产品或指定加工项目 JIS 标志许可证。

五、木制品技术法规

根据日本 2008 年 3 月公布的 "工业产品进口法规手册"（HANDBOOK FOR INDUS-TRIAL PRODUCTS IMPORT REGULATIONS 2008 March）的规定，日本对进口锯材、已加工木材、胶合板、木质地板等木制品要求符合相应的技术法规，如植物保护法、建筑基准法、对外贸易法和华盛顿条约、工业安全与健康法、防火法、家用产品质量保证法等。具体要求如下：

（一）日本对进口锯材、已加工木材的相关法规和程序

Import regulations and procedures—Sawn Lumber and Worked Timber；C-12

表 6-2　日本对进口锯材、已加工木材的相关法规

HS No. HS 编码	Commodity 商品	Relevant Regulations 相关法规
4403	Sawn lumber 锯材	Plant Protection Law 植物保护法 Building Standard Law 建筑基准法 Foreign Exchange and Foreign Trade Law 对外贸易法
4406	Railway wooden sleeper 枕木	Plant Protection Law 植物保护法 Building Standard Law 建筑基准法 Foreign Exchange and Foreign Trade Law 对外贸易法

进口锯材和已加工木材时，一是要符合日本的植物保护法、建筑基准法、对外贸

法和华盛顿条约规定的有关检疫、濒危树种限制等方面的进口许可证要求，以及建筑基准法规定的限制使用化学物质如毒死蜱（Chlorpyrifos）、甲醛（Formaldehyde），其中建筑材料不得释放毒死蜱，为禁用类；根据居室类型和空气流动情况限制使用可能释放甲醛的室内装饰材料，即使未使用有甲醛释放的建筑材料，也必须强制安装使用通风装置。二是标签程序要求：包括基于法律规定的自愿标签 JAS 标志、明示甲醛释放等级（Indication of Formaldehyde Emission Grade）等。

（二）日本木地板进口法规与程序

Wood Floor Material，Stone Material and Tile；C-39

表6-3　日本木地板进口法规

HS No. HS 编码	Commodity 商品	Relevant Regulations 相关法规
4407	Wood floor material（flooring） 木质地板材料	Building Standard Law 建筑基准法 Housing Quality Assurance Act 居室质量保证法

建筑基准法（Building Standard Law）规定的限制使用化学物质如毒死蜱（Chlorpyrifos）、甲醛（Formaldehyde），其中建筑材料不得释放毒死蜱，为禁用类；根据居室类型和空气流动情况有条件限制使用可能释放甲醛的室内装饰材料，即使未使用有甲醛释放的建筑材料，也必须强制安装使用通风装置。

居室质量保证法（Housing Quality Assurance Act）规定，建筑内材料/产品必须有十年质保期，并承担相关维修或赔偿责任。

标签程序要求：包括基于法律规定的自愿标签有 JIS 标志和 JAS 标志、明示甲醛释放等级（Indication of Formaldehyde Emission Grade）等。

（三）日本对进口胶合板的相关法规

胶合板法规 Plywood；C-13

表6-4　日本对进口胶合板的相关法规

HS No. HS 编码	Commodity 商品	Relevant Regulations 相关法规
4412	Tropical tree plywood 热带木胶合板	Building Standard Law 建筑基准法 Fire Service Law 防火设施法 Industrial Safety and Health Law 工业安全与健康法
4412	Broad-leaf tree plywood 阔叶木胶合板	Building Standard Law 建筑基准法 Fire Service Law 防火设施法 Industrial Safety and Health Law 工业安全与健康法
4412	Needle-leaf tree plywood 针叶木胶合板	Building Standard Law 建筑基准法 Fire Service Law 防火设施法 Industrial Safety and Health Law 工业安全与健康法

续表

HS No. HS 编码	Commodity 商品	Relevant Regulations 相关法规
4408	Sheet and Veneer for plywood 胶合板用单板、装饰单板	Building Standard Law 建筑基准法 Fire Service Law 防火设施法 Industrial Safety and Health Law 工业安全与健康法

1. 进口胶合板的主要要求（Key Considerations related to Importing）

（1）包括产品进口规则和程序要求、产品销售规则和程序要求、产品使用要求。进口胶合板必须符合建筑基准法、防火设施法、工业安全与健康法等法规要求。

1）建筑基准法（Building Standard Law）要求：不可燃胶合板是由不可燃材料经防火处理合成的不可燃材料，或是土地委员会指定的性能认证机构证明合格的胶合板。能用于建筑内部有限制的装饰使用。包括规格标准如材料名称、外观及其他规格，性能标准如规定的物理性能。建筑基准法规定作为结构用和装饰用的材料必须是防火处理过，防火胶合板要符合防火阻燃材料的性能标准（Performance standards for fire-retardant materials），如当遇到高温或明火时，材料不会发生燃烧、火灭后不严重变形、5 分钟内不会释放出有害烟雾与气体等。

预防居室不适综合征的要求（Regulations to combat sick house syndrome）：建筑法规定建材不得释放毒死蜱（Chlorpyrifos），可能释放出甲醛的建材只可限制使用，密封居室内必须安装空气循环装置，必须有防止甲醛从建材如天花板、地板等散发到居室的措施，对可能释放甲醛的建材应符合 JAS 标准、获得 MLIT 认证。

建筑法规定的装饰装修材料覆盖：胶合板（普通胶合板、特殊用途胶合板）、木地板、刨花板、中纤板、含甲醛的装修装饰材料、墙纸、胶粘剂、油漆等。

2）居室质量保证法（Housing Quality Assurance Law）规定，自 2000 年 4 月 1 日起新建住房，其建筑材料/产品必须有 10 年质保期，并承担相关维修或赔偿责任。

3）防火设施法（Fire Service Law）规定公共场所内必须使用耐火材料。用于展览厅等场合的胶合板应使用"防火胶合板"，自 2001 年 1 月起，防火胶合板生产商必须在消防厅 FDMA 注册，或在指定检测机构内进行防火检测。"防火胶合板"必须有防火标签才能进入市场销售或商用展览。

4）工业安全与健康法（Industrial Safety and Health Law）规定要求符合健康劳工及福利部的相关要求。

2. 标签（Labeling）

（1）法定标签要求（法律规定的标签）（Legally Required Labeling）。

1）防火设施法（Fire Service Law）：阻燃标签"FLAME RESISTANT"必须明确标示在阻燃胶合板的前表面上。

防火胶合板标签须包括：消防厅注册号、指定送检的质量检测机构名称、新标签格式等。如图 6-1 所示。

图 6-1 防火胶合板的新标签格式图例 (Example of new format for fire-retardant plywood)

2）建筑基准法（Building Standard Law）规定，自 2003 年 1 月 1 日起用于室内装饰使用的胶合板必须符合新 JAS 标准要求或者符合某个指定质量检测机构的性能质量评估。

（2）基于法律规定的自愿标签（Voluntary Labeling based on Provisions of Law）。

1）JAS 法（JAS Law）规定了胶合板分为 5 种：①一般用途胶合板；②建筑模板用胶合板；③结构用胶合板；④天然木胶合板；⑤特殊用途胶合板。JAS 标准规定了胶合板的甲醛释放等级、胶合强度、含水率、外观质量和尺寸公差。同时，JAS 对评定依据作出了规定，自 2003 年 2 月 27 日起修订，规定了耐火胶合板另外制定一个相应的甲醛释放量等级标签的标准。

表 6-5 甲醛释放标签 (Formaldehyde emission labeling)

Current JAS Labeling	New JAS Labeling	Interior Finishing Restrictions under the Building Standard Law
Fc2	F*	Prohibited 禁止
Fc1	F**	Restricted to sectional use only 限制使用
Fc0	F***	Restricted to double the floor surface area 双层地板限制使用
None	F****	No restriction 无限制

注：建筑模板用胶合板不要求甲醛释放等级。

获得 JAS 标志的步骤：由注册机构按照 JAS 对产品进行测试。或者在权威机构测试并获得标签后，可以生产。

图 6-2 胶合板 JAS 标志 (JAS Mark) (plywood related)

2）居室质量保证法（Housing Quality Assurance Law）该法规于 2000 年 10 月实施。2001 年 8 月新增加了"居室内空气中化学物质含量限制"。

3）工业安全与健康法（Industrial Safety and Health Law）作为结构用途胶合板，必须符合胶合板结构安全技术协会制定的标准要求。

（3）自愿性工业标签（Voluntary Industry Labeling）。

1）高级木质建材认证（Certification of superior wood building materials）。

日本居室与木材技术中心（HOWTEC）建立了木质建材相应的认证规则，其认证标志为（AQ Mark）。AQ 标志见图 6-3。

图 6-3　AQ 标志（AQ Mark）

甲醛释放等级的注册制度：

由建筑标准法关于装修污染病方面推动的注册制度于 2003 年 7 月生效，目标是室内的建材、家具等。由日本工业协会确认关于甲醛释放等级的现行文件指示：日本木材工业协会的甲醛释放等级是允许的且有效的。指示由标签名、甲醛释放等级、注册号及名称、制造日期或批号、供查询的地址组成。应用于以下材料：

①由刨花板、单板、碎块等以无甲醛胶水粘合成的胶合板（不包括胶合板、木地板、建筑板材、薄板合成的胶合板、饰面板、MDF 和碎板）。

②上述材料的表面处理产品。

③用含甲醛胶水粘合的由刨花板、单板、碎块等胶合成的胶合板，和由土地、基础设施和交通委员会认证的基础材料进行二次加工的产品。

有 JAS 标志的，表面有二次处理的材料的产品如：建筑板材、薄板贴面胶合板、饰面板，但不包括处理过后符合 JAS 标志标准的相应材料。

2）零甲醛标签（Zero-formaldehyde labeling）。

日本胶合板制造会已采用"零甲醛胶合板"标签。此标签清晰地表明了市场上销售的此类胶合板符合 JAS 低甲醛标准。

3）BL 标签（Labeling under the Quality Residential Housing Component Certification Program）。

BL（Better Living）Mark：经 BL 认可的组件或材料，表明其甲醛符合 F☆☆☆☆
要求。

图 6-4　BL 标志（BL Mark）

（四）木材与木制品中甲醛释放要求（Formaldehyde emission from the wood and wood products）

JAS 标准对木材和处理过的木制品有新规定。在这些标准中，从相关木制品中释放的甲醛标准值是有规定的，产品必须符合标准规定。此外，2005 年 6 月 JAS 法修订并于 2006 年 3 月 1 日强制实施。其中，修订的甲醛要求为：

低甲醛木制品的 SM 标签：胶合板、地板、层积材（LVL）和结构板（OSB）为：F☆☆☆☆，F☆☆☆，F☆☆，F☆。对集成材：F☆☆☆☆，F☆☆☆，F☆☆，F☆S。

表 6-6　修订前和修订后的甲醛要求

修订前 Former			修订后（2003）Revised		
符号 Sign	标准值 Criteria values		符号 Sign	标准值 Criteria values	
	平均值 Average	最大值 Maximum		平均值 Average	最大值 Maximum
			F☆☆☆☆	0.3mg/L	0.4mg/L
Fc0	0.5mg/L	0.7mg/L	F☆☆☆	0.5mg/L	0.7mg/L
Fc1	1.5mg/L	2.1mg/L	F☆☆	1.5mg/L	2.1mg/L
			F☆S	3.0mg/L	4.2mg/L
Fc2	5.0mg/L	7.0mg/L	F☆	5.0mg/L	7.0mg/L

（五）日本 JIS 对刨花板、纤维板、油漆、胶粘剂的规定

日本经济与工业部门于 2003 年 3 月 20 日公布了相关材料（包括中密度纤维板、刨花板、油漆、胶粘剂等）甲醛释放量的 JIS 标准的修订本，并于同一天强制实施。

表 6-7 相关材料甲醛释放量的 JIS 标准

等级 Classification	符号 Symbol	甲醛释放量 Formaldehyde emission quantity	
		平均值 Average	最大值 Maximum
F☆☆☆☆	F☆☆☆☆	≤0.3mg/L	≤0.4mg/L
F☆☆☆	F☆☆☆	≤0.5mg/L	≤0.7mg/L
F☆☆	F☆☆	≤1.5mg/L	≤2.1mg/L

注：JIS A 5905-2003 Fibreboards 纤维板。
　　JIS A 5908-2003 Particalboards 刨花板。

六、家具技术要求

依据日本 2008 年 3 月公布的"消费品进口法规手册"（HANDBOOK FOR CONSUMER PRODUCTS IMPORT REGULATIONS 2008 March）的规定，日本对进口家具规定家具产品包括桌、椅、沙发、双层床、床垫、儿童柜 CHEST，进口、销售时必须符合华盛顿条约、家用物品质量标签法、消费品安全法等。具体如表 6-8 所示：

表 6-8 日本对进口家具规定的家具产品

HS No. HS 编码	Commodity 商品名称（按材料分类）
9401.61，69/9403.30~60	Wooden furniture 木家具
9401.30-020，40-020，50-010/9403.80-100	Rattan furniture 藤家具
9401.71，79/9403.10，20	Metal furniture 金属家具
9401.30-010，-030，40-010，-090，50-020，80/9403 70，80-210，-290	Other furniture 其他家具
9401.90，9403.90	Furniture parts 家具零件

要点：

1. 进口时主要考虑（Key Considerations related to Importing）

（1）家用物品质量标签法 Household Goods Quality Labeling Law。
（2）消费品安全法 Consumer Products Safety Law。

2. 标签（Labeling）

（1）强制要求标签 Legally Required Labeling。
1）家用物品质量标签法 Household Goods Quality Labeling Law。
2）消费品安全法 Consumer Products Safety Law。
（2）法律规定基础上的自愿性标签 Voluntary Labeling based on Provisions of Law。
JIS 标志 Industrial Standardization Law（JIS Mark）。
（3）自愿性工业标签 Voluntary Industry Labeling。

1) SG 标志　SG Mark。

2) 甲醛释放明示标签　Labeling Guidelines for Formaldehyde-Emitting Fixtures。

具体要求：

1. 家具种类的定义

与固定的建筑物相关的可活动的装置，包括室内及室外的家具及其部件，但不包括用作医疗目的的装置。

2. 有关进口家具的注意事项

（1）进口家具的法规与程序要求。

家具的进口环节基本上未受管理。但外汇及对外贸易法会根据华盛顿条约的条款要求（所谓的 CITES，关于野生动物群落和植物群落的濒危物种在国际贸易上的条约），对条约附录内列举的野生动物群落和植物群落种类进行管制。对使用某些野生动物皮革制作的家具或 bekko、濒危植物制作的木家具或木制品则受到进口限制的影响。更多关于这些分类的具体内容和适用性的信息，请联系商贸注册局、贸易管理局、经贸合作办公署及经贸工业部。

（2）进口家具的法规与程序要求。

某些家具产品会受到家用产品质量商标法规和消费品安全法规的限制。对使用某些野生动物皮革制作的家具或 bekko 则可能会受到保护野生动物群落和植物群落的濒危物种法规的限制。更多细节，请向野生动植物局、自然保护局及环境部咨询。

1) 家用物品质量标签法　Household Goods Quality Labeling Law。

该法例规定了日常家用产品质量商标设计的内容和格式。目的是藉由提供可帮助消费者选择并正确使用产品的信息，从而保护消费者的权益。受到该法规对商标要求限制的产品包括：①书桌、办公桌和桌子；②椅子、长椅和无腿的椅子（榻榻米中使用的）；③带抽屉的柜子。以上这些产品必须按照家用物品质量标签法规的要求张贴标签。没有标签的产品将不能售卖。

例如，椅子标签：

长×宽×高（外形尺寸　规格）主体结构　表面处理　内部材料　衬垫材料　使用警告　标签名称

2) 消费品安全法　Consumer Products Safety Law。

该法规指出某些结构、材料或使用方式会引起安全问题的消费品作"特殊产品"。特殊产品必须确认产品符合政府的安全标准，并在产品标签上显示 PS 标志。没有根据法规标注的产品将不能在日本售卖。在家具中，婴儿床造成危险的可能性更高，因此被指定为"特别的特殊产品"，而且必须经过指定的第三方组织进行符合性的测试。

3. 标签要求

（1）法定标签要求。

1) 家用物品质量标签法。

各种各样的工业产品质量商标标准都是基于家用物品质量标签法规所指定的标签内容和格式。以下是该法规规定商标所必需的项目。

2）消费品安全法。

根据该法规的规定，婴儿床被指定为"特别的特殊产品"。因此，必须经过指定的第三方组织进行符合性的测试。并在产品商标上附上 PS 标志，它们一定要接受被一个第三者组织运行，而且在它的产品标签上附着 PS 的服从测试，以示符合相关技术标准。

（2）基于法规规定的自愿性商标。

工业标准化法规　（日本工业标准 JIS 标志，JIS Mark）。

根据工业标准化法规，标准是为工业产品的质量而设定。当产品符合日本工业标准可以附上 JIS 标志以作证明。在附上 JIS 标志的产品中，产品会被指定分成不同类别。

（3）自愿性的工业商标。

1）SG 标志（SG Mark）符合消费品安全协会所制定的安全标准的产品就有资格附上 SG 标志。在家具方面，SG 标志适用于双层床、食橱、孩子的化妆台和椅子等家具。有 SG 标志的家具产品，必须具备相当的安全性、稳定性、强度等要求。当消费者在使用 SG 标志核准的产品期间受伤，每个遭受损失的群体有资格接受最高达 1 亿日元的赔偿。该保证只对人身伤害生效。

2）明示甲醛释放量的标签。

日本工业组织已经对释放甲醛的产品建立了统一的商标指引。该指引已在 2003 年 3 月 20 日发布，并代表行业对关于建筑物标准的法规修订作出回应，同时亦要求促进在可使用和非可使用材料方面的鉴定。

产品涉及：居室固定物及成分、设备及由会释放甲醛的建材组成的橱柜等。例如：屋内的门，屋内的分隔物，橱柜的门，房间的入墙衣柜，大厅入口的柜，整体橱柜，食橱，浴室梳妆台，地下的柜，敞开的柜，天花板上的柜，等等。

在家具方面，用于办公的书桌和桌子的产品标准为（JIS S1031–2004），用于办公的椅子产品标准为（JIS S1032–2004），用于办公的储存柜产品标准为（JIS S1033–2004），学校使用的桌椅产品标准是（JIS S1021–2004），用于家用家具的学习桌产品标准为（JIS S106–12004），用于家用家具的学习椅产品标准为（JIS S1062–2004）等。以上种类家具对家具用材的木质材料要求为：材料为胶合板、纤维板、刨花板的甲醛释放量必须符合相应日本 JIS 标准规定的 F☆☆☆（平均值 0.5 mg/L，最大值 0.7mg/L）和 F☆☆☆☆（平均值 0.3 mg/L，最大值 0.4mg/L）。

在 2003 年 7 月 1 日，开始推行新的建筑基准法规，管制由建材及油漆等释放的化合物，防止其污染空气而导致所谓的"不良住宅综合征"。释放甲醛的建材会受到用途的限制或使用区域的限制。进口木制家具经常使用的夹板和胶粘剂中含有大量甲醛，并更坚持在家具方面对甲醛的释放进行限制。一些主要的家具进口商已经只进口采用 F☆☆☆☆级（最高的等级，不受用途及区域的限制）材料制作的家具。同时要求将明示甲醛释放等级的标签材料加到包装材料中，作为健康和安全的声明。

4. 进入日本市场的其他事项

天然木材和藤条这些用于家具的材料会因为湿气而扩张或者收缩。霉菌能在这些材料上生长，而且这些材料会遭受害虫的损害。因此，木材和藤条需要适当地干燥并对潜在的有害物进行处理。同样，金属家具也需要进行防锈的处理。

家具产品不得有诸如锐角边沿、尖锐物等潜在危险的不安全元素存在。

5. 售后服务与质量保证

因为家具是长时间使用的日用品，所以售后服务很重要。进口商应对质量控制给予足够的关注，因为根据日本产品责任法规（P/L 法），如果被证实进口的日用品对人体有害，进口商要负法律责任。

在日本售卖的家具很少附有清晰的保证声明。行业的习惯是零售商和制造商会对售后的产品有一年的保修期。通常消费者会在购买前对产品的性能以及质量作检查，除非产品在运送过程受损，否则消费者很少会提出投诉。另外，公共设施的大宗家具采购通常会附上一份清楚的保证声明。保证声明一般 1~3 年内有效，最常见的保证声明是无偿退款或者更换产品。

维修服务：大多数的公司会为提供服务所产生的实际费用开具账单。

七、日本木制品、家具主要标准目录

JIS A 5905–2003	纤维板 Fibreboards
JIS A 5908–2003	刨花板 Particleboards
JAS JPIC–EW SE 00–01	普通胶合板 Plywood
JIS W 1101–2000	飞行器用胶合板
JAS JPIC–EW SE 00–09	地板（农林告 1073–1974）
JIS K 1570	木材防腐
JIS K 1571	木材防腐有效性的检测方法和性能要求
JIS A 1460	建筑人造板甲醛释放量的测定—干燥器法
JIS A1531–1998	家具. 表面抗冷液的评估
JIS A4401–2005	梳妆台和药品柜
JIS A5901–2004	草编榻榻米和草编芯材榻榻米（日本席垫芯材）
JIS A5902–2004	榻榻米（日本席垫）
JIS A5914–2004	非稻草的榻榻米
JIS L1911–2002	卧具（Futon 蒲团）绝热特性的试验方法
JIS S1010–1978	办公室书写桌的标准尺寸

JIS S1011–1994   办公用椅标准尺寸

JIS S1015–1974   教室连椅课桌的尺寸

JIS S1017–1994   家具性能试验方法通则

JIS S1018–1995   家具抗振动和地震翻倒的测试方法

JIS S1021–2004   学校用家具一般学习场所用桌椅

JIS S1031–2004   办公家具. 桌

JIS S1032–2004   办公家具. 椅

JIS S1033–2004   办公家具. 储存柜

JIS S1038–1994   办公椅的小脚轮

JIS S1039–2005   搁板和支架

JIS S1061–2004   家用家具. 学习桌

JIS S1062–2004   家用家具. 学习椅

JIS S1102–2004   家用床

JIS S1103–2008   木制婴儿床

JIS S1104–2004   家用双层床

JIS S1200–1998   家具. 存储单元件. 强度和耐用性测定

JIS S1201–1998   家具. 存储单元件. 稳定性测定

JIS S1202–1998   家具. 桌子. 稳定性测定

JIS S1203–1998   家具. 椅子和凳子. 强度和耐用性测定

JIS S1204–1998   家具. 椅子. 稳定性测定. 第1部分：直立式椅子和凳子

JIS S1205–1998   家具. 桌子. 强度和耐用性测定

八、日本部分家具标准介绍

（一）椅凳类家具

1. 家具—椅凳类—强度和耐久性测试　JIS S 1203:1998 Furniture–Chairs and stools–Determination of strength and durability

标准适用范围：

本标准适用于所有椅子、简单椅凳类的强度和耐久性测试。

标准测试项目：

条款 7.1　座面静载荷测试

条款 7.2　靠背静载荷测试

条款 7.3　扶手、侧面静载荷测试

条款7.4　扶手向下静载荷测试

条款7.5　座面疲劳测试

条款7.6　靠背疲劳测试

条款7.7　腿向前静载荷测试

条款7.8　腿侧向静载荷测试

条款7.9　底座对角线载荷测试（无脚和基座的椅凳）

条款7.10　座面冲击测试

条款7.11　靠背冲击测试

条款7.12　扶手冲击测试

条款7.13　跌落测试

2. 室内家具—学生椅 JIS S 1062-2004 Domestic furniture-Student chairs

标准适用范围：

本标准适用于小学、初高中学生家内学习用椅（包括装配型），主要部件由座面、靠背、扶手、椅腿、高度可调装置等组成。

标准测试项目：

条款6.1　外观要求

条款7　结构要求

条款8　用料要求

条款10.1　稳定性测试

a）向前稳定性测试和无扶手侧向稳定性测试

b）靠背稳定性测试

c）扶手椅侧向稳定性测试

条款10.2　静载荷强度和耐久性测试

a）座面静载荷测试

b）靠背静载荷测试

c）扶手水平静载荷加载测试

d）扶手垂直静载荷加载测试

e）座面耐久性测试

f）靠背耐久性测试

g）椅腿向前静载荷测试

h）椅腿侧向静载荷测试

i）座面冲击测试

j）靠背冲击测试

k）扶手冲击测试

l）跌落测试

条款10.3　表面层测试

a）耐液测试

b）木制件涂层胶合测试

c) 金属件涂层胶合测试

d) 金属件耐腐蚀测试

（二）桌类家具

办公家具—桌类 JIS S 1031-2004 Office furniture-Desks and table

标准适用范围：

本标准中的桌类是指在商用办公室使用的，由顶板、侧板、桌腿、抽屉等部件构成的桌，包括折叠式和组装式。

标准测试项目：

条款7 结构要求测试

条款8 用料要求测试

条款 10.1 稳定性测试

a) 垂直加载稳定性测试

b) 垂直、水平加载稳定性测试

c) 空载稳定性测试

d) 活动部件垂直加载稳定性测试

条款 10.2 静载荷强度测试

a) 垂直静载荷强度测试

①主工作面测试

②副工作面测试

③持续垂直加载强度测试

b) 水平静载荷强度测试

①主工作面测试

②副工作面测试

③持续垂直加载强度测试

c) 抽屉和转轮静载荷测试

d) 抽屉猛开、关测试

e) 抽屉底板脱离测试

条款 10.3 冲击测试

条款 10.4 耐久性测试

a) 水平面冲击测试

b) 跌落测试

c) 抽屉和转轮耐久性测试

条款 10.5 表面层测试

a) 耐液测试

b) 木制件涂层胶合测试

c) 金属件涂层胶合测试

d）金属件耐腐蚀测试

（三）柜类家具

办公家具—柜类 JIS S 1033-2004 Office furniture-Storage cabinets

标准适用范围：

本标准中的柜类是指办公室中用于储物由顶板、底板、搁板、门等部件构成，包括组合式类型。

标准测试项目：

条款 5　尺寸要求测试

条款 7　结构要求测试

条款 8　用料要求测试

条款 10.1　稳定性测试

a）空载稳定性测试

b）活动部件垂直加载稳定性测试

c）水平加载稳定性测试

条款 10.2　静载荷强度和耐久性测试

a）搁板

①搁板支承件强度测试

②搁板弯曲测试

b）挂衣棍

①挂衣棍支承件强度测试

②挂衣棍弯曲测试

c）顶板、底板强度测试

d）铰链门

①铰链门垂直加载测试

②铰链门水平加载测试

③铰链门耐久性测试

e）双滑门和卷帘门

①双滑门和水平卷帘门猛开、关测试

②双滑门和水平卷帘门耐久性测试

f）翻板

①翻板强度测试

②翻板耐久性测试

g）垂直卷帘门

①垂直卷帘门猛开、关测试

②垂直卷帘门耐久性测试

h）抽屉

①抽屉和转轮强度测试

②抽屉和转轮耐久性测试

③抽屉猛开、关测试

④抽屉底板脱离测试

i）框架强度

①结构和框架强度测试

②配件强度测试

条款 10.3　表面层测试

a）耐液测试

b）木制件涂层胶合测试

c）金属件涂层胶合测试

d）金属件耐腐蚀测试

第七章 中国有关木制品、家具的技术法规与标准

根据 TBT 协议，标准（Standard）是经公认机构批准的、规定非强制执行的、供通用或重复使用的产品或相关工艺和生产方法的规则、指南或特性的文件。标准还可包括或专门关于适用于产品、工艺或生产方法的专门术语、符号、包装、标志或标签要求。它是产品设计、生产、贸易、技术交流、产品检验、质量管理、法律仲裁的技术依据。

按照我国的相关标准化法规，我国的标准分为国家标准、行业标准、地方标准和企业标准，同时规定我国的国家标准和行业标准当涉及产品的安全、卫生等要求时，就以强制性的形式来强制实施、执行，其他的以推荐性的形式表现。强制性标准相当于国际上的技术法规、指令等形式。国家标准中标准号以 GB 开头的为强制性标准，GB/T 开头的为推荐性标准，行业标准原则是必定严于国家标准。按照我国的有关产品质量法规，产品质量安全和包装质量不符合国家强制性标准或行业强制性标准要求时，产品不得进入市场。

国外的标准是经公认机构批准的、自愿执行的通用的产品、工艺、包装、标识要求等，对需要强制执行的规则、指南或特性的文件，通常用技术法规（如法规、指令、条例等）的形式来规定。标准可以被技术法规引用，此时标准规定的规则、指南或特性的要求就已成为强制性的，但标准本身还不是强制性的。

一、进出口木制品、家具检验监管依据

(一) 进出口商品检验法及其实施条例

进出口商品检验的五大原则：保护人类健康和安全、保护动物和植物的生命和健康、保护环境、防止欺诈行为、维护国家安全。

进出口商品检验：是指确定列入目录的进出口商品是否符合国家技术规范的强制性要求的合格评定活动。合格评定程序包括：抽样、检验和检查；评估、验证和合格保证；注册、认可和批准以及各项的组合。

进出口商品检验的监督管理：出入境检验检疫机构根据便利对外贸易的需要，可以对列入目录的出口商品进行出厂前的质量监督管理和检验，对其中涉及人身财产安全、健康的重要出口商品实施出口商品注册登记等管理制度。出入境检验检疫机构进行出厂前的质量监督管理和检验的内容，包括对生产企业的质量保证工作进行监督检查，对出口商品进行出厂前的检验。

(二)《国务院关于加强食品等产品安全监督管理的特别规定》

该规定加大了对违法行为的处罚力度。对包括木制品家具在内的进出口产品生产经营者的义务，有8条明确规定：

(1) 要求生产经营者对生产（生产销售）负责任，是第一责任人，不得销售不符合法定条件及要求的产品；

(2) 生产者应当按照法定条件和要求从事生产经营活动，出口产品须符合进口国或地区技术法规要求，进口产品要符合国家技术规范的强制性要求；

(3) 保证经营活动符合法定条件和要求的可持续性；

(4) 应当取得法律法规的证照后方可从事相应的生产活动；

(5) 使用的原料、附料、添加剂、农业投入品等符合强制性标准；

(6) 进口产品收货人记录，并保持2年；

(7) 按照法律规定的要求申请检验，检验合格方能进出口；

(8) 对存在安全隐患的产品主动召回。

(三) 国家质检总局 [2003] 987 号文

为了保护消费者身体健康和生态环境，2001年国家标准化管理委员会组织有关部门制定并发布了包括人造板及其制品、木家具等在内的室内装饰装修材料有害物质限量10

项强制性国家标准。国家质检总局在 2003 年 12 月 22 日发出了《关于对进出口人造板及其制品增加有害物质检测的通知》(国质检检函 [2003] 987 号),决定自 2004 年 2 月 1 日起,对进出口人造板及其制品增加甲醛项目的检测。同时规定对欧盟于 2004 年 6 月 30 日起实施的 2003/02/EC 指令,欧盟将禁止含有铜、铬和砷溶液处理过的木材、木制品用于易被人类或牲畜皮肤接触的地方,检验检疫机构加强了对进出口木材、木制品中铜、铬和砷项目的抽查检测。

(四) 国家质检总局 [2004] 635 号文

根据国内外技术法规的发展,2004 年 8 月 2 日国家质检总局再次发出了《关于对进出口木制品有毒有害物质实施检测的补充通知》(国质检检函 [2004] 635 号),要求检验检疫机构加强对进出口木制品和出口家具实施安全、卫生、环保项目的抽查检测,重点是检测有毒有害物质以及家具的安全性能。

(五) 国家质检总局 [2007] 1011 号文

为确保我国出口木制品及木制家具产品质量安全,维护对外贸易正常发展,根据《国务院关于加强食品等产品安全监督管理的特别规定》等要求,国家质检总局在 2007 年 12 月 14 日发出《关于对出口木制品及木制家具实施检验监管工作的通知》(国质检检函 [2007] 1011 号),要求对出口木制品及木制家具产品,除实施检疫监管外,还同时实施检验监管。

通知明确出口木制品及木制家具必须符合输入国(地区)技术法规和标准要求,输入国没有要求的,必须符合中国国家强制性标准的要求。对出口木制品及木制家具生产企业实施出口质量许可准入制度,实施分类管理。通知中要求生产企业建立原辅材料台账,企业报检时应提供其产品质量的符合性声明,原辅材料检测不合格不得使用,检测报告必须来自 CNAS 认可的实验室。通知还明确了出口木制品及木制家具实施检验监管的目录。

(六) 国家质检总局 [2008] 69 号文

为进一步提高出境竹木草制品质量安全水平,2008 年 2 月 1 日国家质检总局发出《关于进一步加强出境竹木草制品检验检疫监管工作的通知》(国质检动函 [2008] 69 号),各检验检疫机构要按照《出境竹木草制品生产企业注册登记管理细则》,对出境竹木草制品生产企业全面实施注册登记。主要考核内容是生产企业的安全质量管理制度、厂区环境条件、溯源管理、防疫设施及有害生物控制、安全卫生控制、厂检管理。

2008 年 3 月,国家质检总局发出《关于深入开展部分重点产品质量专项整治行动的通知》,其中家具、人造板等列为产品质量安全专项整治的重点产品,通过专项整治,出口企业 100%签订《产品质量安全承诺书》,法检目录内商品出口企业 100%建立出口质量档案。

（七）国家质检总局 ［2008］ 155 号文

根据美国加利福尼亚州空气资源管理委员会（CARB）于 2008 年 4 月通过降低复合木制品甲醛排放的有毒物质空气传播控制措施，自 2009 年 1 月 1 日起对在该州出售使用的硬木胶合板、刨花板以及中密度纤维板等的甲醛排放量作出限定要求，2008 年 7 月 15 日国家质检总局发出通知（［2008］ 155 号文），要求对 2009 年 1 月 1 日起出口到美国加州的相关木制品及家具产品，要严格按照该州新措施规定的检测方法和要求进行检测，不符合要求的产品不得出口。

最近，有国外媒体报道我国产软体家具在北欧引起数千人皮肤不适或过敏现象，原因是出口家具中使用了含富马酸二甲酯的防霉剂。此"毒沙发"事件对我国出口家具造成了不良影响，为促进我国出口家具贸易的健康发展，有效维护我国出口家具的国际声誉，国家质检总局发出通知要求企业引以为鉴，在家具生产中停止使用该化学物质。要求企业建立完善从原料、生产环节到最后成品的质量安全控制体系，对涉及安全、卫生、环保要求的皮革、布料、板材、防霉剂、干燥剂、胶粘剂、油漆、清洁剂等原辅材料中的有毒有害物质进行严控。

二、我国有关木制品、家具的主要强制性标准

目前，我国对木制品、家具产品及其原材料的强制性标准有 GB 18580-2001《室内装饰装修材料 人造板及其制品中甲醛释放限量》、GB 18581-2001 《室内装饰装修材料 溶剂型木器涂料中有害物质限量》、GB 18583-2001《室内装饰装修材料 胶粘剂中有害物质限量》、GB 18584-2001《室内装饰装修材料 木家具中有害物质限量》、GB 5296.6-2004《消费品使用说明 家具》、GB 17927-1999《软体家具 弹簧软床垫和沙发抗引燃特性的评定》、GB 50206-2002《木结构工程施工质量验收规范》、GB 50325-2001《民用建筑工程室内环境污染控制规范》、GB 18401-2003 《国家纺织产品基本安全技术规范》、GB 20400-2006《皮革和毛皮有害物质限量》、GB 21550-2008《聚氯乙烯人造革有害物质限量》、QB 1952.2-2004《软体家具弹簧软床垫》等。

（一）人造板及其制品的强制性标准

我国强制性标准《室内装饰装修材料 人造板及其制品中甲醛释放限量》GB 18580-2001 于 2002 年 1 月 1 日起正式实施，该标准规定了室内装饰装修材料用各种人造板及其制品中甲醛释放量的限制要求、检测方法和检验规则，具体如表 7-1 所示。

表7-1　人造板及其制品中甲醛释放量试验方法及限量值

产品名称	试验方法	限量值	使用范围	限量标志
中密度纤维板、高密度纤维板、刨花板、定向刨花板	穿孔萃取法	≤9mg/100g	可直接用于室内	E₁
		≤30mg/100g	必须饰面处理后可允许用于室内	E₂
胶合板、装饰单板贴面胶合板、细木工板	干燥器法（9~11L）	≤1.5mg/L	可直接用于室内	E₁
		≤5.0mg/L	必须饰面处理后可允许用于室内	E₂
饰面人造板（包括浸渍纸层压木质地板、实木复合地板、竹地板、浸渍胶膜纸饰面人造板等）	气候箱法	≤0.12mg/m³	可直接用于室内	E₁
	干燥器法（40L）	≤1.5mg/L		

（二）木家具的强制性标准

我国强制性标准《室内装饰装修材料　木家具中有害物质限量》GB 18584-2001 于 2002 年 1 月 1 日起正式实施，规定了室内使用的木家具产品中有害物质的限量要求、试验方法和检验规则，规定了木家具中的可溶重金属元素和甲醛释放量的限制要求，它适用于室内使用的各类木家具产品。有害物质限量要求如表 7-2 所示。

表7-2　木家具中有害物质限量要求

项　目		限量值
甲醛释放量（mg/L）		≤1.5
重金属含量（限色漆）mg/kg	可溶铅（Pb）	≤90
	可溶镉（Cd）	≤75
	可溶铬（Cr）	≤60
	可溶汞（Hg）	≤60

（三）家具使用说明的强制性标准

我国强制性标准《消费品使用说明第六部分：家具》GB 5296.6-2004 于 2004 年 10 月 1 日起正式实施。按照新国家标准要求，2004 年 10 月 1 日之后制造的所有家具均须按规定同步提供有关生产日期、材料、性能、型号、结构、规格、安装、使用、保养、主要技术参数和故障出现及排除等专用的标签铭牌和使用说明书，要求今后市场上出售的家具必须符合国家有关安全、健康、环保方面的法律、法规和标准规定，并对家具所用材料、涂料实际含有的有害物质或放射性等控制指标给予说明。

《消费品使用说明第六部分：家具》是中国第一部关于家具消费品使用的强制性标准，该标准包含了 GB 18580-2001《室内装饰装修材料　人造板及其制品中甲醛释放限量》、GB 18581-2001《室内装饰装修材料　溶剂型木器涂料中有害物质限量》、GB 18583-2001《室内装饰装修材料　胶粘剂中有害物质限量》、GB 18584-2001《室内装饰

装修材料　木家具中有害物质限量》等多个与家具相关的强制性国家标准。其中规定，凡是 2004 年 10 月 1 日以后生产的家具必须附带使用说明书，否则不能在市场上销售。

（四）软体家具防火阻燃的强制性要求

我国强制性标准《软体家具　弹簧软床垫和沙发抗引燃特性的评定》GB 17927–1999，对弹簧软床垫和沙发等软体家具进行了抗香烟引燃特性试验评定。该标准适用于供宾馆、家庭等场合使用的弹簧软床垫和沙发等软体家具，规定了用于弹簧软床垫和沙发等软体家具抗香烟引燃特性的试验方法。目前，该标准对软体家具及其原材料的防火阻燃要求仅引用 ISO8191–1 中的一个点火源进行测试、评定，总体上不够完善，与美国、英国等国家的严格要求有较大的差距。近期国家相关部门正对其进行修订。

（五）GB 50206–2002《木结构工程施工质量验收规范》摘要

我国强制性标准《木结构工程施工质量验收规范》GB 50206–2002 于 2002 年 7 月 1 日起正式实施。该标准规定了本规范应与国家标准《建筑工程施工质量验收统一标准》GB 50300–2001、《建筑装饰装修工程质量验收规范》GB 50210 等标准配套使用；规定了经防护剂加压处理的锯材、层板胶合木、胶合板等木制品应达到的防护剂保持量或透入度，规定了防护剂应具有毒杀木腐菌和害虫的功能，但不致危及人畜和污染环境，对防护剂限制其使用范围：混合防腐油（杂酚油）和五氯苯酚只用于与地（或土壤）接触的房屋构件防腐和防虫，应用两层可靠的包皮密封，不得用于居住建筑的内部和农用建筑的内部，以防与人畜直接接触，并不得用于储存食品的房屋或能与饮用水接触的处所；规定了相应的检测和试验方法。

（六）GB 19790–2005《一次性筷子》摘要

我国强制性标准《一次性筷子》GB 19790–2005 于 2005 年 6 月 28 日起正式实施。该标准规定了一次性木筷和一次性竹筷的产品类型、一般要求、检验规则、包装、标志、储存和运输要求，其中微生物指标和理化指标为强制性规定，包括了微生物指标、二氧化硫浸出量、联苯、噻苯咪唑、邻苯基苯酚、抑霉唑等项目和指标。具体如表 7–3 所示。

表 7–3　一次性木筷、竹筷卫生安全指标要求

样品名称	项　目	指　标
木筷、竹筷	大肠杆菌/（MPN/50cm²）	不得检出
	致病菌	不得检出
	霉菌/（cfu/g）	≤50
	二氧化硫浸出量（mg/kg）	≤600

续表

样品名称	项 目	指 标
竹筷	噻苯咪唑（mg/kg）	≤10
	邻苯基苯酚（mg/kg）	≤10
	联苯（mg/kg）	≤10
	抑霉唑（mg/kg）	≤10

（七）溶剂型木器涂料的强制性要求

我国木器涂料的强制性标准《室内装饰装修材料 溶剂型木器涂料中有害物质限量》GB 18581–2001 于 2002 年 1 月 1 日起正式实施，该标准规定了室内装饰装修材料用溶剂型木器涂料中的有害物质限量要求、试验方法和检验规则。涂料中的有害物质技术要求具体如表 7–4 所示。

表 7–4　溶剂型木器涂料中的有害物质限量技术要求

项 目	限量值		
	硝基漆类	聚氨酯漆类	醇酸漆类
挥发性有机化合物（VOC）[a]/（g/L）≤	750	光泽（60°）≥80，600 光泽（60°）<80，700	550
苯 [b]/%≤	0.5		
甲苯和二甲苯总和 [b]/%≤	45	40	10
游离甲苯二异氰酸酯（TDI）[c]/%≤	–	0.7	–
重金属（限色漆）/ （mg/kg）	可溶性铅	≤90	
	可溶性铬	≤75	
	可溶性镉	≤60	
	可溶性汞	≤60	

a. 按产品规定的配比和稀释比例混合后测定，如稀释剂的使用量为某一范围时，应按照推荐的最大稀释量稀释进行测定。

b. 如产品规定了稀释比例或产品由双组或多组分组成时，应分别测定稀释剂和各组分中的含量，再按产品规定的配比计算混合后的总量。如稀释剂的使用量为某一范围时，应按照推荐的最大稀释量进行计算。

c. 如聚氨酯漆类规定了稀释比例或由双组分或多组分组成时，应先测定固化剂（含甲苯二异氰酸酯预聚物）中的含量，再按产品规定的配比计算混合后涂料中的含量。如稀释剂的使用量为某一范围时，应按照推荐的最小稀释量进行计算。

注：以有机物作为溶剂的木器涂料。

（八）胶粘剂的强制性要求

我国强制性标准 GB 18583–2001《室内装饰装修材料 胶粘剂中有害物质限量》于2002 年 1 月 1 日起正式实施。该标准规定了室内装饰装修材料用胶粘剂中有害物质限量的具体要求、试验方法和检验规则。具体有害物质限量要求如下：

溶剂型胶粘剂中有害物质限量值应符合表 7–5 的规定。

表 7–5　溶剂型胶粘剂中有害物质限量值

项　目	指　标		
	橡胶胶粘剂	聚氨酯类胶粘剂	其他胶粘剂
游离甲醛/(g/kg) ≤	0.5	–	–
苯 1)/(g/kg) ≤	5		
甲苯+二甲苯/(g/kg) ≤	200		
甲苯二异氰酸酯/(g/kg) ≤	–	10	–
总挥发性有机物/(g/L) ≤	750		

注：1) 苯不能作为溶剂使用，作为杂质其最高含量不得大于本表的规定。

水基型胶粘剂中有害物质限量值应符合表 7–6 的规定。

表 7–6　水基型胶粘剂中有害物质限量值

项　目	指　标				
	缩甲醛类胶粘剂	聚乙酸乙烯酯胶粘剂	橡胶类胶粘剂	聚氨酯类胶粘剂	其他胶粘剂
总挥发性有机物（g/L）	≤50				
游离甲醛（g/kg）	≤1	≤1	≤1	–	≤1
苯（g/kg）	≤0.2				
甲苯+二甲苯（g/kg）	≤50				

（九）GB 50325–《民用建筑工程室内环境污染控制规范》摘要

我国强制性标准《民用建筑工程室内环境污染控制规范》GB 50325 于 2002 年 1 月 1 日起正式实施。该标准规定了人造木板及饰面人造木板、涂料、胶粘剂的有害物质限量要求、试验方法和检验规则。具体如下：

1. 人造木板及饰面人造木板的要求

民用建筑工程室内用人造木板及饰面人造木板，必须测定游离甲醛含量或游离甲醛释放量。

人造木板及饰面人造木板，应根据游离甲醛含量或游离甲醛释放量限量划分为 E_1 类和 E_2 类。

当采用环境测试舱法测定游离甲醛释放量，并依此对人造木板进行分类时，其限量应符合表 7–7 的规定。

当采用穿孔法测定游离甲醛含量，并依此对人造木板进行分类时，其限量应符合表 7–8 的规定。

当采用干燥器法测定游离甲醛释放量，并依此对人造木板进行分类时，其限量应符合表 7–9 的规定。

表7-7　环境测试舱法测定游离甲醛释放量限量

类别	限量（mg/m³）
E₁	≤0.12

表7-8　穿孔法测定游离甲醛含量分类限量

类别	限量（mg/100g，干材料）
E₁	≤9.0
E₂	>9.0，≤30.0

表7-9　干燥器法测定游离甲醛释放量分类限量

类别	限量（mg/L）
E₁	≤1.5
E₂	>1.5，≤5.0

饰面人造木板可采用环境测试舱法或干燥器法测定游离甲醛释放量，当发生争议时应以环境测试舱法的测定结果为准；胶合板、细木工板宜采用干燥器法测定游离甲醛释放量；刨花板、中密度纤维板等宜采用穿孔法测定游离甲醛含量。

环境测试舱法，宜按本规范附录 A 进行。

穿孔法及干燥器法，应符合国家标准《人造板及饰面人造板理化性能试验方法》GB/T 17657-1999 的规定。

2. 涂料的要求

民用建筑工程室内用水性涂料，应测定总挥发性有机化合物（TVOC）和游离甲醛的含量，其限量应符合表7-10的规定。

表7-10　室内用水性涂料中总挥发性有机测定项目化合物（TVOC）和游离甲醛限量

测定项目	限量
TVOC（g/L）	≤200
游离甲醛	≤0.1

民用建筑工程室内用溶剂型涂料，应按其规定的最大稀释比例混合后，测定总挥发性有机化合物（TVOC）和苯的含量，其限量应符合表7-11的规定。

表7-11　室内用溶剂型涂料中总挥发性有机化合物（TVOC）和苯的含量

涂料名称	TVOC（g/L）	苯（g/L）
醇酸漆	≤550	≤5
硝基清漆	≤750	≤5
聚氨酯漆	≤700	≤5
酚醛清漆	≤500	≤5
酚醛磁漆	≤380	≤5
酚醛防锈漆	≤270	≤5
其他溶剂型涂料	≤600	≤5

聚氨酯漆测定固化剂中游离甲苯二异氰酸酯（TDI）的含量后，应按其规定的最小稀释比例计算出的聚氨酯漆中游离甲苯二异氰酸酯（TDI）含量，且不应大于 79 mg/kg。测定方法应符合国家标准《气相色谱测定氨基甲酸酯预聚物和涂料溶液中未反应的甲苯二异氰酸酯（TDI）单体》GB/T 18446-2001 的规定。

水性涂料中总挥发性有机化合物（TVOC）、游离甲醛含量的测定方法，宜按本规范附录 B 进行。

溶剂型涂料中总挥发性有机化合物（TVOC）、苯含量测定方法，宜按本规范附录 C 进行。

3. 胶粘剂的要求

民用建筑工程室内用水性胶粘剂，应测定其总挥发性有机化合物（TVOC）和游离甲醛的含量，其限量应符合表 7-12 的规定。

表 7-12　室内用水性胶粘剂中总挥发性有机化合物（TVOC）和游离甲醛限量

测定项目	限量
TVOC（g/L）	≤50
游离甲醛（g/L）	≤1

民用建筑工程室内用溶剂胶粘剂，应测定其总挥发性有机化合物（TVOC）和苯的含量，其限量应符合表 7-13 的规定。

表 7-13　室内用溶剂型胶粘剂中总挥发性有机化合物（TVOC）和苯限量

测定项目	限量
TVOC（g/L）	≤700
苯（g/L）	≤5

聚氨酯胶粘剂应测定游离甲苯二异氰酸酯（TDI）的含量，并不应大于 10 g/kg，测定方法可按国家标准《气相色谱测定氨基甲酸酯预聚物和涂料溶液中未反应的甲苯二异氰酸酯（TDI）单体》GB/T 18446-2001 进行。

水性胶粘剂中总挥发性有机化合物（TVOC）、游离甲醛含量的测定方法，应符合本规范附录 B 的规定。

溶剂型胶粘剂中总挥发性有机化合物（TVOC）、苯含量测定方法，应符合本规范附录 C 的规定。

（十）GB 18585《室内装饰装修材料——壁纸中有害物质限量》摘要

我国强制性标准《室内装饰装修材料——壁纸中有害物质限量》GB 18585-2001 于 2002 年 1 月 1 日起正式实施。该标准规定了室内装饰装修用壁纸的有害物质限量要求、试验方法和检验规则；适用于主要以纸为基材、通过胶粘剂贴于墙面或天花板上的装饰材料，不包括墙毡及其他类似的墙挂。壁纸中的有害物质限量值应符合表7-14规定。

表7-14 壁纸中的有害物质限量值（mg/kg）

有害物质名称		限量值
重金属（或其他）元素	钡	≤1000
	镉	≤25
	铬	≤60
	铅	≤90
	砷	≤8
	汞	≤20
	硒	≤165
	锑	≤20
氯乙烯单体		≤1.0
甲醛		≤120

（十一）GB 18586《室内装饰装修材料——聚氯乙烯卷材地板中有害物质限量》

我国强制性标准《室内装饰装修材料——聚氯乙烯卷材地板中有害物质限量》GB 18586-2001于2002年1月1日起正式实施。该标准规定了室内装饰装修用聚氯乙烯卷材地板中有害物质限量要求、试验方法和检验规则；规定卷材地板聚氯乙烯层中氯乙烯单体含量应不大于5 mg/kg；规定了可溶性重金属限量：卷材地板中不得使用铅盐助剂；卷材地板中可溶性铅含量应不大于20 mg/m²，卷材地板中可溶性镉含量应不大于20 mg/m²。

挥发物的限量：卷材地板中挥发物的限量见表7-15。

表7-15 挥发物的限量（g/m²）

发泡类卷材地板中挥发物的限量		非发泡类卷材地板中挥发物的限量	
玻璃纤维基材	其他基材	玻璃纤维基材	其他基材
≤75	≤35	≤40	≤10

（十二）GB 20400-2006《皮革和毛皮有害物质限量》

我国强制性标准GB 20400-2006《皮革和毛皮有害物质限量》于2007年12月1日起实施，该标准适用于日用皮革和毛皮产品，它规定了皮革、毛皮产品中有害物质限量及其检测方法。

表7-16 有害物质限量要求

项 目	限量值		
	A类	B类	C类
可分解有害芳香胺染料（mg/kg）	≤30		
游离甲醛（mg/kg）	≤20	≤75	≤300

注：A类产品为婴幼儿用品，B类产品为直接接触皮肤的产品，C类产品为非直接接触皮肤的产品。

（十三）GB 18401–2003《国家纺织产品基本安全技术规范》

该标准规定了纺织产品的基本安全技术要求，适用于我国境内生产、销售、使用的家用和装饰用纺织品，如软体家具中的面料、窗帘等。

表7-17 纺织产品技术要求

项 目		A类	B类	C类
甲醛含量（mg/kg）≤		20	75	300
pH值		4.0~7.5	4.0~7.5	4.0~9.0
色牢度/级	耐水（变色、沾色）	3~4	3	3
	耐酸汗渍（变色、沾色）	3~4	3	3
	耐碱汗渍（变色、沾色）	3~4	3	3
	耐干摩擦	4	3	3
	耐唾液（变色、沾色）	4	–	–
异 味		无		
可分解芳香胺染料		禁用		

注：A类：婴幼儿用品；B类：直接接触皮肤的产品；C类：非直接接触皮肤的产品。

（十四）GB 21550–2008《聚氯乙烯人造革有害物质限量》

本标准规定了聚氯乙烯人造革中氯乙烯单体、可溶性铅、可溶性镉和其他挥发物的限量、检测方法、抽样和检验程序。本标准适用于以聚氯乙烯树脂为主要原料并加入助剂，用涂敷、压延、复合工艺生产的发泡或不发泡的、有基材或无基材的聚氯乙烯人造革。

有害物质限量要求：

氯乙烯单体含量：人造革中聚氯乙烯层中氯乙烯单体含量应不大于5 mg/kg。

可溶性重金属限量：人造革中可溶性铅含量应不大于90 mg/kg，可溶性镉含量应不大于75 mg/kg。

其他挥发物限量：人造革中其他挥发物的含量应不大于90 mg/m²。

参考文献

1. 葛志荣. 技术性贸易壁垒协定释义. 北京：中国标准出版社，2006

2. 刘艺卓. 林产品国际贸易及其影响因素研究. 北京：中国农业出版社，2008

3. 张锡嘏. 外国技术性贸易壁垒及其应对. 北京：对外经济贸易大学出版社，2004

4. 欧盟法规与标准：76/769/EEC、2001/95/EC、89/106/EEC、91/173/EEC、1999/51/EC、2001/90/EC、2003/02/EC、1999/13/EC、2173/2005/EC、94/62/EC、欧盟新方法指令、英国家具防火安全条例、EN 13986

5. 美国法规与标准：美国消费品安全法、美国消费品安全修正法案、美国联邦法规16 CFR 1303 含铅限量法令、美国加州甲醛新法规 93120#、美国雷斯法案

6. 日本法规与标准：消费品安全法、家用物品质量标签法、家用产品有害物质控制法、产品责任法、建筑基准法、JIS A 1460

7. GB 18580-2001《室内装饰装修材料——人造板及其制品中甲醛释放限量》

8. GB 18584-2001《室内装饰装修材料——木家具中有害物质限量》

9. GB 5296.6-2004《消费品使用说明——家具》

10. GB 17927-1999《软体家具——弹簧软床垫和沙发抗引燃特性的评定》

11. GB 50206-2002《木结构工程施工质量验收规范》

12. GB 19790-2005《一次性筷子》

13. GB 18583-2001《室内装饰装修材料——胶粘剂中有害物质限量》

14. GB 18581-2001《室内装饰装修材料——溶剂型木器涂料中有害物质限量》

15. GB 20400-2006《皮革和毛皮有害物质限量》

16. GB 21550-2008《聚氯乙烯人造革有害物质限量》

17. QB 1952.2-2004《软体家具弹簧软床垫》

18. GB 50325-2001《民用建筑工程室内环境污染控制规范》

19. GB 18401-2003《国家纺织产品基本安全技术规范》